提倡适度劳动　实现体面就业

2014
中国劳动力市场发展报告

——迈向高收入国家进程中的工作时间

赖德胜　孟大虎　李长安　王　琦　等　著

北京师范大学出版集团
BEIJING NORMAL UNIVERSITY PUBLISHING GROUP
北京师范大学出版社

课题总顾问

赵人伟（中国社会科学院荣誉学部委员）

课题顾问（以姓氏音序排序）

冯乃林（国家统计局人口与就业司司长）

柯春晖（国家教育部政策法规司副司长）

刘燕斌（中国劳动保障科学研究院院长）

吕国泉（全国总工会中国工运研究所所长）

莫　荣（中国劳动保障科学研究院国际劳动保障研究所所长）

施子海（国家发展和改革委员会政策研究室主任）

杨宜勇（国家发展和改革委员会社会发展研究所所长）

余兴安（中国人事科学研究院院长）

张　莹（国家人力资源和社会保障部就业促进司副司长）

张车伟（中国社会科学院人口与劳动经济研究所党委书记、副所长）

课题负责人

赖德胜（北京师范大学经济与工商管理学院院长
　　　　北京师范大学劳动力市场研究中心主任）

报告撰稿人（以姓氏音序排序）

常欣扬（北京师范大学研究生）

高春雷（北京师范大学博士生）

谷志远（华中科技大学博士生）

黄可鸿（北京师范大学学生）

赖德胜（北京师范大学教授）

赖柳华（北京林业大学研究实习生）

李长安（对外经济贸易大学教授）

李欣怡（北京师范大学研究生）

刘　璐（对外经济贸易大学研究生）

刘　娜（北京建筑大学副教授）

刘　茜（华中科技大学研究实习生）

孟大虎（北京师范大学副编审）

潘旭华（国家统计局工作人员）

沈　红（华中科技大学教授）

石丹淅（三峡大学讲师）

苏丽锋（对外经济贸易大学副教授）

田　新（对外经济贸易大学研究生）

王　琦（北京师范大学博士生）

吴　君（首都经济贸易大学研究生）

杨河清（首都经济贸易大学教授）

目 录

导　论

一

　　劳动者在工作与闲暇之间如何进行选择，是劳动经济学研究的传统主题之一。在现实生活中，我们每个劳动者都需要在工作与闲暇之间进行时间配置决策，都希望在工作与闲暇之间找到适合自身的平衡点。然而，要做到这一点并不容易。如同国家主席习近平2014年2月7日接受俄罗斯电视台专访时所说，"今年春节期间，中国有一首歌，叫《时间都去哪儿了》。对我来说，问题在于我个人的时间都去哪儿了？当然是都被工作占去了。"

　　国际经验表明，在一国人均收入水平还不高的经济发展早期阶段，劳动者愿意为了提高收入放弃闲暇时间而增加工作时间；然而，当人均收入提高到一定水平后，劳动者对闲暇的偏好就会变强，这时，只有面对极强的激励时，才会愿意增加工作时间。工作时间长是大部分国家在经济快速发展过程中的特征之一，几乎每个国家在从贫穷到富有的发展史中都出现过劳动者工作时间过长、挤占闲暇活动的现象。这一特征尤其是在第一次工业革命时期最为明显——工作时间往往与"剥削""反抗"等关键词相联系，在当时已经跨入资本主义阶段的国家中，超负荷工作、透支劳动是劳动者的真实写照。而工作时间的大幅减少现象则主要出现在第二次工业革命爆发以后。从19世纪70年代到20世纪90年代，英国、美国、法国、德国的人均年工作时间下降幅度均超过了40％。其中，工业革命爆发地英国的人均年工作时间从2 886小时下降到1 490小时，下降幅度将近50％；第二次工业革命的主要根据地美国和德国的人均年工作时间分别从2 964小时和2 941小时下降到1 589小时和1 563小时，下降幅度均超过了45％。

　　导致工作时间缩短的因素主要有三点：第一，工作时间的缩短受到了社会、政治、法律、文化因素的影响。八小时工作制，以及周末公休、防暑假等闲暇时间的增加都不是经济增长的自然产物，而是长期以来的理论争辩、生产工人与政治层谈判以及文化进步的结果。① 第二，技术进步和劳动生产率的提高，使得积累同样的财富只需要更少的劳动时间，这便使工作时间缩短成为可能。第三，在技术进步加速和对高技能劳动者需求增加后，雇主最初希望这些劳动者长时间守在生产线上创造价值，但是他们发现这种做法扼杀了劳动者的工作积极性和创造性。在以上这三点因素中，第二点是工时缩短的必要条件，第一点和第三点则推动了工时缩短的进程。当然，在这一过程中，社会财富积累的收入效应也潜移默化地发生着影响：社会财富积累意味着劳动者收入增加，由于收入效应的作用，劳动者需要更多的闲暇，最终表现为工作时间的减少。

对于中国这样一个高速发展的经济体而言，随着人均收入水平的提高，时间的经济价值不断提升。但是，劳动者还普遍存在过度劳动的问题，加班现象严重，这也许是"中国奇迹"的密码之一，但也带来了诸多问题，不可持续。因此，展现当前我国劳动者工作时间的特征，探寻其中的变化规律，为实现对过度劳动的有效治理出谋划策，是一项非常有意义的工作，也是一项很紧迫的工作。

二

与国际经验一致，改革开放三十多年来我国劳动者的工作时间呈现不断缩短的趋势。尤其是 20 世纪 90 年代以来，一些企业率先开始了缩减工作时间的实践行动，随后，在政府的主导下，我国经历了几次全国性的工时调整。② 其中，1993—1995 年初是"5 天工作制"的试行阶段。当时实行"隔周 5 天工作制"或者"五天半工作制"，即在原先每周休息一个星期天的基础上每两周再休息一个星期六——俗称"大礼拜"（每周休息两天）和"小礼拜"（每周休息一天），也有部分单位采取每周工作五天半、休息一天半的方式。但该措施只是作为《中华人民共和国劳动法》有关工时规定的试验和过渡。1995 年 3 月 25 日，时任国务院总理李鹏签署国务院第 174 号令，发布《国务院关于修改〈国务院关于职工工作时间的规定〉的决定》。决定自 1995 年 5 月 1 日起，实行五天工作制，即职工每日工作 8 小时，每周工作 40 小时。

虽然工时缩短是一个大趋势，但是要想准确把握我国劳动者的工作时间特征及群体差异，同时，如果在工作时间之外，想了解劳动者在工作、家务劳动及其他有酬、无酬劳动时间方面的配置情况，还需要大量宏观、微观的经验数据做支

---

① Cross G. S., *A Quest for Time：the Reduction of Work in Britain and France，1840—1940*，University of California Press，1989. p. 26.

② 曾湘泉、卢亮：《标准化和灵活性的双重挑战——转型中的我国企业工作时间研究》，载《中国人民大学学报》，2006 年第 1 期。

撑。国家统计局出版的《人口和就业统计年鉴》《劳动统计年鉴》等统计了非农就业人口、城镇就业人口等群体的工作时间，但是没有公布通勤、无酬劳动等数据。2008 年，国家统计局进行了国民时间利用情况的调查，之后再没看到相关出版物发行。1990 年、2000 年和 2010 年，中国妇女联合会和国家统计局联合进行了相关的微观调查，总样本量超过 3 万。

基于上述统计数据和微观调查数据，利用描述性统计方法，我们发现当前我国劳动者工作时间呈现以下八大特征。

(一)虽然工时制度逐步与世界接轨，但加班现象仍然严重

基于国家统计局数据，我们按照标准工时(40 小时)、最高工时限制(44 小时)以及最高工时限制(49 小时)三个衡量指标进行的分析表明，我国非农就业人员的周工时超出了法定"44 小时"界限。2003—2012 年，加班现象严重，但尚未达到 49 小时的违法上界。从平均水平来看，非农就业人员平均周工作时间为 46.0 小时。另外，周工作时间在不同年份略有波动，高峰值出现在 2005 年，达到了 47.8 小时，低谷值出现在 2008 年，为 44.6 小时。为了更好地说明我国非农就业人员加班严重问题，我们也分性别、年龄对周工时进行了描述性统计分析。首先，分性别来看，2003—2012 年各年度，男性和女性就业人员的周工时均大于 43 小时，且男性的周工时比女性长。除 2008 年、2009 年以外，男性和女性的周工时均长于"44 小时"标准，存在严重加班现象。其次，分年龄段来看，虽然各个年龄段工作时间长短有一定差异，但是除 55～59 岁就业人口之外，其他所有年龄段未退休人群(按女性 50 岁、男性 55 岁计算)的平均周工时均超过了 44 小时，这意味着大部分在法定工作年龄内的劳动者都接受或者被迫接受着加班的"残酷"现实。

(二)"长工时低收入"与"短工时高收入"并存

分行业来看，大多数行业每周加班在 4 小时左右。其中，九成行业周工时超过 40 小时，过半数行业每周要加班 4 小时以上。住宿和餐饮业劳动者加班最多；农、林、牧、渔业劳动者周工时最短，为 38.2 小时，公共管理和社会组织，教育，金融，电力、热力、燃气及水生产和供应，国际组织，科学研究和技术服务业，水利、环境和公共设施管理业就业人员平均周工作时间较短，但是按照"40 小时"周工时标准，这五个行业也存在加班现象，大约周加班时间在 2.5 小时左右；而且，不同行业周工时差异大。工时数排名第一的住宿和餐饮业的劳动者比排名最后的农、林、牧、渔业劳动者平均每周多加班 13.2 个小时，比公共管理、社会保障和社会组织平均每周多加班 9.6 小时。

分职业类型来看：第一，商业、服务业人员周工时最长。商业、服务业人员的平均周工作时间为 49.6 小时，在所有职业类型中最长。另外，生产、运输设备操作人员以及单位负责人的平均周工时也较高，分别为 48.8 小时和 48.2 小时。第二，农、林、牧、渔、水利业生产人员周工时最短且下降趋势明显。农、林、牧、渔、水利业生产人员的平均周工作时间为 38.2 小时，为所有职业类型中最短。事实上，农、林、牧、渔水利业是唯一的周工时呈现缩短趋势的职业类型，其生产人员的平均周工作时间从 2003 年的 44.2 小时下降到 2011 年的 38.2 小时。第三，大多数职业的就业人员周工时波动不大。2003—2012 年，大多数行业的周工时变化幅度不大，年平均变化绝对量均在 3 小时之内。不过商业、服务业人员，生产、运输设备操作人员及有关人员的工作时间对经济环境的反应敏感度强，而单位负责人员、专业技术人员、办事人员和有关人员的人均周工作时间受经济波动影响不明显，其各年波动量仅在 0.5～1.5 小时之间。

对不同行业工资和工时进行排序可以发现，在几个"工资高、工时短"的行业中，名次差距超过 10 个位次的行业为金融业，科学研究、技术服务和地质勘查业，电力、燃气及水的生产和供应业。这其中，金融业首屈一指，其就业人员的年平均工资接近 9 万元，为各行业之首，但其周工时仅为 41.9 小时。这意味着金融业的员工享有行业间最高工资，却只需付出很短时间的劳动投入。与金融行业形成鲜明对比的是住宿和餐饮业，该行业就业人员的年平均工资约 3 万元，但是他们的周工作时间达到 51.9 小时。

(三)过度劳动伴随工时闲置

总体来看，第一，我国劳动者的平均闲置工时近些年呈现增加趋势；第二，2003—2012 年，我国城镇劳动者的闲置工时呈现先增加后减少，整体增加的趋势；第三，从城镇劳动者工作时间构成情况来看，周工作时间在 40 小时以下的就业人员占比约在 10%，受经济周期的影响，不同年份出现短期波动，但整体变化不大。而不同行业过度劳动程度和闲置工时特征差异显著：农、林、牧、渔业是城镇就业人员闲置工时最多的行业；居民服务、修理和其他服务业闲置工时较多，且同时存在严重的过度劳动问题；与居民服务、修理和其他服务业类似，建筑业同时存在过度劳动和闲置工时多的特征；制造业、批发零售业过度劳动问题严重，几乎不存在工时闲置情况；科学研究和技术服务业、采矿业闲置工时很少，尤以科学研究和技术服务业为甚。

(四)男性"长工时"与女性"第二轮班"并存

对不同年龄段、不同行业、不同职业类型、不同学历的男性和女性的工时差异特征进行分析发现，大部分分类人群都存在男性工时高于女性的特征，只是绝对差距不同，这一结果与家庭经济学的理论预期一致。然而进一步分析后我们却发现一个矛盾现象：虽然从总体上看，男性和女性的家务劳动时间都在减少，但是女性的分担比率却在增加。"男主内、女主外"的传统家庭时间配置模式正在悄然发生着变化，这种变化似乎与理论相悖，但事实上，它却反映出转型时期落后传统观念与不可改变的性别分工发展趋势之间的矛盾碰撞引发的家庭分工的矛盾。于是，中国出现了"第二轮班"（The Second Shift）现象：尽管妻子的经济地位日渐提升，丈夫所承担的家务并没有增多，而妻子除了在办公室进行"第一轮班"的工作外，还要在家里进行"第二轮班"的工作。

（五）城乡劳动者工作时间差异大

本报告区分休息日、工作日、性别对城乡所有就业人员的工时特征进行分析，发现差异显著。第一，农村就业人员就业时间更长。从总体平均水平上来看，城市和农村就业人员平均每天工作时间分别为 378 分钟和 410 分钟，约合 6.3 小时和 6.8 小时，后者比前者平均每天多工作半小时，平均一周多工作约 3.5 小时。这种差异在工作日不明显：城市就业人员在工作日的工作时间比农村就业人员少 16 分钟，但是在休息日，差异扩大至 62 分钟。这表明，同样通过受雇于他人获得劳动报酬的农村劳动者比城市劳动者的工作时间更长。第二，农村男性就业人员比城市男性就业人员工作时间更长。从总体平均水平上来看，城市和农村的男性就业人员平均每天的工作时间分别为 390 分钟和 450 分钟，约合 6.5 小时和 7.5 小时，二者相差一个小时，这意味着"城里男人"比"农村男人"每周少工作 7 小时，显然，"城里男人"更轻松。分工作日和休息日来看，在工作日，农村男性就业人员比城市男性就业人员平均每天多工作 43 分钟，而在休息日，这一差距扩大至 91 分钟。可以说，"城里男人更轻松"具体体现在休息日上，这也在一定程度上保证了城市男人更顾家的可能性。第三，城市女性就业人员"忙在工作日，闲在休息日"。对城乡女性的工作时间进行对比发现，从总体上看，城市和农村女性就业人员的工作时间几乎无差异。城市和农村女性就业人员平均每天的工作时间分别为 364 分钟和 366 分钟，约合 6 个小时。但是对比工作日和休息日，二者差异明显。在工作日，城市和农村女性就业人员平均每天的工作时间分别为 389 分钟和 375 分钟，前者比后者平均每天多工作 14 分钟；在休息日，城市和农村女性就业人员平均每天的工作时间分别为 311 分钟和 345 分钟，前者比后者平均每天少工作 34 分钟。显然，"城市女人"在工作日并不轻松，但在休息日比"农村女人"轻松很多。

(六)特大城市劳动者上下班时间长

在所调查的典型城市中，上下班时间较长的城市是北京、广州、上海和深圳等几个特大城市，其日平均通勤时间都接近或者超过一个半小时。其中，北京通勤时间最长，达到 97 分钟。如果说这些城市的劳动者每天平均狭义工作时间是 8 个小时，那么其广义工作时间就达到了 9 个半小时，"舟车劳顿"已经成为大城市人群每天都要经历的事情。另外，规模稍小的直辖市和省会城市通勤时间也较长，天津、南京、沈阳、重庆、太原等城市就业者每天的通勤时间均超过了 65 分钟。为了判断交通拥堵问题对城市通勤时间的影响，本报告专门就非上班高峰时段，搭乘相同的交通工具，从居住地到工作地的时间，然后用通勤时间与该时间做差得到"堵车时间"。也就是说这里的"堵车时间"不是拥堵在路上不能行进的时间，是指由于交通拥挤造成的通勤延长。进一步的研究结果证实，虽然不同城市在上班高峰时段或多或少都存在拥堵现象，造成通勤时间延长，但是北京、广州、上海和深圳的拥堵现象最为严重，特大城市的交通阻塞严重影响通勤时间。

(七)雇主比雇员工作时间长

从总体来看，不同就业身份人员工作时间差异较大。根据统计局的分组数据分析发现：所有城镇从业人员平均周工作时间约为 44 小时，雇员工作时间与平均值相同。雇主工作时间最长，超过了 47 小时；其次为家庭帮工，达到 45 小时；自营劳动者(自雇者)周工作时间最短，为 42 小时。从该数据中不难发现，就平均劳动时间来看，雇主的平均周工作时间要长于一般雇员。从工作时间构成来看，在雇员、雇主、自营劳动者、家庭帮工几个就业身份中，55.5% 的雇主平均每周工作时间在 48 小时以上，成为"最辛苦群体"。如果按照法定标准工时(周工作时间为 40 小时)进行衡量，70% 的雇主都会加班。与之形成鲜明对比的是雇员的工作时间构成，47.1% 的雇员平均每周工作时间为 40 小时，而工作时间在 41~48 小时或 48 小时以上的雇员分别占 20.7% 和 27.4%。另外，有 40.9% 的自营劳动者平均每周的工作时间在 48 小时以上。这表明，虽然用算术平均值计算的自营劳动者平均周工作时间只有 42 小时，但是从结构比例来看，工作时间超过法定最长工作时间(44 小时)的自营劳动者也不在少数。可见，无论是雇佣他人协助自己，还是自己雇佣自己进行生产或者提供服务，雇主都投入了比雇员更多的劳动时间。

(八)中国人假期时间远少于世界平均水平

分国家来看，在中国，最短带薪年假为 5 天，且需要工作满一年以上，该数据不仅低于世界平均水平，而且低于亚太国家平均水平。工龄在 20 年及以上的劳动者的法定年假才能达到 20 天，比发达经济体的平均水平还要低。与中国情况类似的还有尼日利亚、菲律宾、玻利维亚等少数几个低收入国家，其余国家劳动者的最低带薪年假均在 10 天以上。尽管中国人的带薪年假天数远低于世界平均水平，但是法定公共假期天数和大部分国家类似，只不过在休假方式上略有差异。另外，"带病工作，不休病假"已经成为一种"气候"。分群体来看，科技工作者、行政工作者、教师等群体少休或不休病假的现象最为普遍。

三

从上述我国劳动者工作时间方面呈现的八大特征来看，在当前阶段，加班和过度劳动问题依然比较严重，大多数劳动者还不可能把工作视为一种享受，劳动者的工作时间还没有表现为一种"体面工作时间"，[①] 如果不对这一问题进行治理，势必影响经济社会的可持续发展进程。同时，按照国家发改委的估计，在 2020 年"十三五"规划结束时，我国将接近甚至进入高收入国家的行列。笔者认为，在迈向高收入国家进程中，必须进一步缩短工作时间，这是因为，缩短工作时间除了有利于劳动者的身心健康和促进劳动生产率的提升之外，还有如下几个方面的价值。

（一）促进就业数量的扩大和就业质量的提高

减少工作时间有利于就业数量的扩大，延长工作时间会造成就业机会被挤占从而导致失业率上升，这一规律早已被国际经验所证明。对于中国的经验研究也表明，过度劳动造成了很多就业机会被挤占，从而造成一些具有劳动能力的人失业。就业者工作时间的不断延长和劳动法治的失效是导致 20 世纪 90 年代以后中国经济就业弹性持续下降的主要因素之一。[②] 今后很长一段时期内，解决数量巨大的劳动力的就业问题，仍然是我国就业领域的一个重要任务。从这个角度说，减少工作时间会有利于就业规模的扩大。

另外，过长的工作时间还会破坏和谐劳动关系，导致劳资冲突，不利于就业

---

① 在本报告中，"体面工作时间"一词的含义是，在这一工作时间内开展工作，不但能使劳动者实现在工作场所的身心愉悦，而且也能在工作和闲暇之间实现平衡，同时，还为劳动者提供了他们处理家庭责任所需的时间和灵活性。

② 程连升：《超时加班与就业困难：1991—2005 年中国经济就业弹性下降分析》，载《中国经济史研究》，2006 年第 4 期；王艾青：《过度劳动及其就业挤出效应分析》，载《华东理工大学学报（社会科学版）》，2007 年第 4 期。

质量的提高。历史上，因为工作时间问题引发劳资冲突的案例并不罕见。以英国为例，劳资冲突始终围绕着工时、工资两个基本核心问题展开，从最初的请愿式的协商到后期武力式的斗争，劳动冲突不断加剧。从频率来看，1741—1760 年，劳资冲突为 57 起，1761—1780 年猛增到 113 起，20 年间翻了一番以上。这 113 起劳资冲突涉及劳动时间、加班工资问题的有 80 起，占劳资冲突的 70.8%，涉及就业条件问题的有 18 起，涉及其他问题的有 15 起。[①] 可见，在诸多影响就业质量的问题中，工作时间问题已经成为最重要的问题之一。同理，在迈向高收入国家进程中，如果不进一步缩短工作时间，势必会影响我国劳动者就业质量的提高。

(二)有利于加快实现从中国制造向中国创造的转变

长期以来，中国的企业尤其是制造业中的加工贸易企业，在很大程度上通过工人的过度劳动实现了企业盈利的增加，也推动中国成为制造大国，但是，这也使得中国的很多企业产生了"加班依赖"症，这种发展模式注定是无法持续的。随着劳动力成本上升，劳动力供给减少，"加班依赖"无法维持。在劳动力市场供大于求的情况下，劳方处于弱势，企业要求工人加班、少付加班费是可能实现的，但是当一国人口结构发生变化，适龄劳动人口减少，劳动力市场供给量下降，或是其他原因导致的劳动力成本上升时，企业继续要求工人低价、长时间加班就会面临困境，然而长期以来的"加班惯性"会影响企业劳动力投入的再选择与再配置，从而导致企业效率下降，成本增加。发生在中国的"民工荒"在一定程度上就体现了企业的"加班依赖"。长期以来，企业理所当然地享受着劳动力供给充足、人工费低的好处，肆无忌惮地要求工人低工资加班。当人工费上涨时，这种"加班惯性"策略依然维持在"低工资、长工时"的标准，最终导致"民工荒"问题出现。

从企业层面来看，虽然非熟练工可以通过反复的、高强度的训练变成熟练工，但这只是人力资本的"外延性增加"，只能带来有限产量的增加。一个企业跨越式的发展是需要以创新做基础的，而创新需要人力资本的"内涵性"提升，这种提升主要源于知识储备的增加。所以给劳动者，特别是知识型劳动者足够的自由时间，有利于他们为创新储备知识，促进企业的良性发展。另外，"加班依赖"不仅提高了技术冲击造成的风险成本，而且不利于企业创新。因为靠增加工时、提高产量发展的企业大多生产科技含量低、价格弹性小、利润率低的产品，而生产科技含量高、有创新性产品的企业最优的生产策略是维持适当产量水平，提高价格。长期默许这些企业加班意味着生产模式的故步自封，不利于创新，也不利于尽早实现由中国制造向中国创造的转变。

---

① 刘金源等：《英国近代劳资关系研究》，南京：南京大学出版社，2012，第 110 页。

（三）激励劳动者进行人力资本再投资

按照卢卡斯的观点，个体的全部时间可分为三部分：一是工作时间；二是闲暇时间，包括睡眠、家庭活动等维持生存的必要闲暇时间和旅游、文化、体育等享受生活的休闲时间；三是受教育时间，这部分时间主要用来形成人力资本。[①]如果我们认可这一时间分类标准，那么从逻辑上很容易推出以下命题：过度劳动会导致人力资本再投资受阻，而缩短工时则能激励劳动者进行人力资本再投资。如果一个劳动者把大部分时间用在重复性的生产工序上，会产生一系列的连锁反应。一方面，劳动者没有时间进行人力资本再投资，影响企业超额利润的扩增。如果劳动者长时间工作，没有时间进行人力资本再投资，这意味着劳动产出只能维持在某一固定的水平，企业只能从绝对劳动时间的增加中获取有限利润，不会从人力资本存量的增加中得到超额利润。另一方面，劳动者不进行人力资本再投资会增加对岗位的依赖性，进而增加技术变化的风险成本。如果劳动者自身没有时间进行学习培训，只依附于某一固定的生产岗位，一旦技术进步导致企业原有生产方式发生变化，他们可能没有足够的配置能力适应这种变化，从而影响生产进度和产出水平，企业只能辞退该员工导致劳动者福利下降。

因此，在迈向高收入国家的进程中，必须进一步缩短工时，这一方面会有利于闲暇时间的增加；另一方面还会使得劳动者有更大的空间实现人力资本再投资决策，从而为技能偏向型技术进步的推进创造更有利的条件。

（四）闲暇时间的增加会潜在地促进创新的发生

过度劳动不利于创新。创新成果的产生需要人的全面发展，而人的全面发展绝对不是靠重复性的、过度的劳动，而是在可以自由支配的时间内完成的。如果工作时间的缩短意味着可以自由支配的闲暇时间的增加，则会潜在地促进创新的发生。具体而言，闲暇之于创新的作用体现在闲暇的三种效应上[②]：

第一，闲暇具有"闲而优"效应。健康而积极的休闲活动有利于形成人力资本中精神、意志方面的禀赋，从而使个体高度投入、感到自足、忘记时间流逝、被激发出创造性、探索感和冒险精神，可以提高个体的效率，增进其人力资本。

第二，闲暇具有"闲中学"效应。在休闲体验中，最有可能产生有意义的学习，休闲中学习的潜力是最大的。所有的个体都这样，则会提高全民素质和整个

[①]　Lucas Robert，On the Mechanics of Economic Development，*Journal of Monetary Economics*，1988，22：3-42.

[②]　魏翔：《关于经济收敛的一个新寓言——引入闲暇后增长性质的改变》，载《经济评论》，2009年第2期。

社会的创新能力，而创新通过外部性改进全社会的技术水平。

第三，闲暇具有"配置改进"效应。闲暇时间既是消费要素也是生产要素，这取决于个体所处的闲暇状态。作为生产要素的闲暇时间展现出配置改进效应：闲暇中的生产性活动类似于工作中的生产性活动，对产出有正向作用，于是，闲暇时间中高效的生产性活动通过改变要素投入结构（主要是时间的投入结构），便可以形成对产出的帕累托改进。

我国要想跨越中等收入陷阱，进入高收入国家行列，走创新之路是必需的选择。从这一意义上说，缩短工时，从而实现闲暇时间的增加就有重要的价值。

四

目前，《劳动法》已经对劳动时间、加班时间、加班补偿、休假、年假、特殊群体假期进行了规定。一些辅助性政策已经出台或正在制定，以促进现有法律法规的有效推进，如国务院 2014 年印发《关于促进旅游业改革发展的若干意见》明确提出，在教学时间总量不变的情况下，高等学校可结合实际调整寒、暑假时间，中小学可按有关规定安排放春秋假，为职工落实带薪年假创造条件。但是，目前的问题在于，法律、法规、政策与现实情况之间依然存在矛盾，过度加班问题依然存在。笔者认为，为治理过度劳动、实现体面工作时间，应考虑进行如下的一些政策选择。

（一）经济发展方式转变是缓解过度劳动的关键

第一，给经济发展方式转变创造良好的市场环境。如果说在当前经济发展阶段，劳动者对劳动的偏好大于闲暇是收入递增阶段的规律现象，那么因为制度因素导致的工作时间过长问题则有必要人为干预。当制度性垄断企业利润降低、城乡就业人群收入差异缩小、劳动者能够在不同劳动力市场自由流动之时，闲置工时得以迅速填补，延长工时得以适时补偿，工作时间方面的不合理差异就会随之减小。第二，为转变经济发展方式储备优质人力资本，在继续推进人才激励、人才引进计划的同时，还要考虑人才引进后对当前工作强度的适应性。高收入、好的科研环境都属于"硬件"，方便人才自由选择工作时间，体现他们对时间的支配力，有充足的时间平衡工作和生活，则是吸引优质人才的"软件"。所以，在提供充足物质保障的同时，还要给他们更多的自由时间。创新火花往往不是在持续的、高强度的工作中产生的，而是在咖啡厅、茶馆这些休闲场所里进行"闲聊"中迸发出来的。第三，增加对一般工人的培训时间，实现收入增长、技能水平和产业升级的同步化。随着知识经济的到来，迅速兴起的第二、第三产业需要大量的具备一定知识或技能的劳动者，同时，人力资本的折旧与贬值正在加速，由低增值性的人力资本转变为高增值性的人力资本尤显重要。为此，应适当减少劳动者消耗在低端、重复性生产劳动上的时间，增加他们的培训时间。

（二）制度设计是缓解过度劳动的基础

第一，从安全与健康以及促进生产力提升的角度考虑，可以继续维持原有的标准工作时间设计，即"40 小时"标准。治理过度劳动问题的根本是治理加班问题。从经济方面考虑，尽管有些国家规定的标准周工时低于 40 小时，如法国实行每周 35 小时工作制，但是就中国而言，在经济转型尚未结束、小康社会尚未建成、老龄化社会已经到来、覆盖全民的社保机制还未健全、居民收入尚待提升的情况下，设置更短的标准工时可能会损害资方和劳方共同的利益。所以，现行的"40 小时"标准没有必要再进行改动。第二，增加延长工时补偿制度。第三，带薪年假制度和过度劳动预防制度的规范化和合理化设计。要适当增加法定带薪年假天数。增加年假天数不仅可以让在岗者得到适当休息，而且可以在一定程度上解决中国劳动力价格上涨、部分外资企业外迁带来的劳动者无业可就的局面，避免工作时间过长对就业产生的挤出影响。第四，建立合理适用的过度劳动认定制度和过度劳动病假制度对保障劳动者生命权和健康权尤为重要。

（三）适当的差异化设计是缓解过度劳动的手段

第一，要进行工作周与日历周工时制度的调整。本报告的研究发现，很多劳动者需要在休息日工作，所以建立合理的工作周与日历周工时制度有其必要性。第二，建立流动性、季节性工人保护措施和激励措施。第三，实现"弹性工作组织""工作分担""家庭办公"等制度的规范化。实施上述制度的用人单位每隔一定的时期都要向有关部门或者工会报告职工个人工作记录和企业记录，对于劳、资两方记录差异较大的事件，有关部门或者工会应该给予核查和监督，并对监督结果进行公示。第四，建立针对青年就业者、女性就业者的交通补偿机制。第五，在部分企业可以试行"年假买卖"政策，以满足当前部分劳动者不希望休年假、只希望工作的需要。不同性别、不同年龄、不同职级、不同工种的员工对休假的偏好不同，一个统一的休假规定并不是使所有人效用最大化的选择，在不影响企业整体效益的情况下，允许工人自由买卖假期是一种帕累托改进的方法。

（四）基于新技术建立的工时协商机制是缓解过度劳动的途径

在法律制定的过程中，我国政府已经开始重视工会在维护工时制度方面的作用，不过仅仅依靠法律的强制约束力规定工会的基本职责，似乎尚难以形成完备的工时协商机制。因为建立良性的工时协商机制需要政府、工会、企业三方共同协作才能完成。为此，应该加强工会的网络信息化平台建设。要建立工会主导的，政府、企业、劳动者三方可视化、透明化的工时记录平台，将劳动者工作时间"晒出来"；要将上述平台与医疗系统关联，以方便医疗单位对过度劳动进行认定，判断企业是否需要给予劳动者过度劳动病假补偿；还应借助信息技术整合信息资源，使那些拥有大量闲置劳动时间的临时性、季节性劳动者能够迅速搜寻到所需要的工作信息，解决部分劳动者收入低、闲置时间多、想工作的难题。

（五）政府宏观协助是缓解过度劳动的保障

政策设计是政府的主要工作，其他事宜交由工会、企业和劳动者即可。一方面，中国作为国际劳工组织的创始成员国、常任理事国，在积极参与国际劳工组织活动、与劳工组织密切合作、在国际事务上发声的同时，更需要主动吸取其他国家有效的工时组织制度，去粗取精，为我所用。另一方面，从国内情况出发，政府还要充分做好外围政策设计，保障劳动者和企业权益。第一，要完善社会保障制度。在养老保险方面，不仅要完成扩大覆盖面的短期目标，还要提升保险质量。通过多种途径保障养老金的可持续性、安全性和透明性，健全多层次的养老保险体系，特别关注困难职工群体、失地农民、非正规就业者的养老保险体系建设。医疗保险方面，既要继续完善城市医疗保险制度，提升农村合作医疗水平，真正解决"看病贵"问题，又要建立起医疗保险与职业病防治，特别是过度劳动防治的对接体系，保证劳动者的健康权。第二，要建立城乡一体化的户籍制度，让更多的流动人口享受城市待遇，这会在很大程度上缓解底层劳动者的过度劳动问题。第三，加强文化建设，建立合理有效的休闲设施。总而言之，一个良好的工时制度背后，需要有各个部门的通力配合，在不违背市场基本运行规律的前提下，组合运用各种手段。

第一篇

我国劳动者工作时间与
政策选择

第一章
经济发展与劳动者工作时间的国际经验

从人类历史发展的角度看，工作时间是经济和社会发展的产物。十八九世纪，西欧与北美工业革命爆发，技术变革带来经济迅猛发展，规模化生产开始形成，"产业工人"的出现宣告了产生于原始社会的自给自足型生产方式以及产生于封建社会的人身依附型生产方式不再占据统治地位，雇佣型生产方式逐渐兴起并成为主要的劳动模式。于是具备现代社会意义的工作时间真正诞生，它是以雇佣关系为基础的，劳动者为了履行劳动义务、获得劳动报酬而进行的改变自然物形态或性质的时间，[①] 简称工时。一般用一定周期内（天、周、月、年）的劳动时间来度量。工作时间不仅成为被雇佣者计算劳动量的测度工具、企业发放劳动报酬的参考依据，而且成为计算不同国家和地区生产力水平的指标以及描述经济社会发展特征的变量。因此，工作时间本身已经突破了劳动计量工具的范畴，它涉及经济、社会、法律等多个方面，更是当代劳动关系体系、劳工保障体系中的核心内容。在许多国家中，工时政策已经成为调控劳动力市场供需、调解劳资矛盾、平衡各利益方协商力量的工具。总之，工作时间是与经济发展密切联系，与劳动者福利息息相关，又受到劳动力市场和劳动者自身条件制约的概念，厘清这一概念对研究国家迈向更高收入背景下劳动力市场特征和劳动者福利意义重大。

改革开放三十多年，中国经济快速发展，按照世界银行 2011 年的标准，中国已经成为中上等收入国家，[②] 并正在向高收入国家迈进。这样的成绩与国民长时间工作不无关系，从国家领导和一般民众的工作时间数据上便可略见一斑。习近平主席在外出访问期间有时一天内不间断工作 15 个小时；[③] 从事一般就业活动的劳动者平均周工作时间达到 46 小时。不妨借用习近平主席在接受俄罗斯媒体

---

① 《资本论》第一卷，北京：人民出版社，1975，第 201 页。

② 张其仔：《中国产业竞争力报告（2012）No.2》，北京：社会科学文献出版社，2011，第 1～10 页。

③ 王毅：《继往开来、影响深远的外交开局之旅》，载《解放日报》，2013 年 3 月 31 日。

采访时的一句话来刻画经济腾飞期劳动者的时间利用状态："时间都被工作占据了"。工作时间长是大部分国家在收入扩增期的特征之一，几乎任何一个国家在从贫穷到富有的发展史中都出现过劳动者工作时间过长，挤占其他活动的现象。20 世纪初的美国、20 世纪 80 年代的日本都出现了严重的加班问题。然而靠过长工作时间，或者说所谓的辛勤劳动是否就能帮助中国成功跨越中等收入陷阱[①]值得商榷，因为如果过长的工作时间用于低端商品生产，意味着一个国家可能存在以下问题：①该国已经或者即将迎来产能过剩期；②在世界分工格局中处于弱势地位；③劳动者劳动技能低下，只能从事低技术产品制造或低端服务提供；④虽然劳动者收入平均水平已经较高，但贫富差异过大且高收入人群占比小，导致低收入劳动者只能靠加班维持生活需求。带着这些问题，本章基于理论和国际经验的判断，对经济发展不同时期劳动者工时特征、企业的工时诉求等特征变化及其背后的理论进行梳理，以期为研究中国劳动者工作时间问题奠定理论和实践基础。

第一节 经济发展阶段与工作时间特征

>>一、工业革命早期与过度劳动<<

工业革命的到来摧毁了人类几千年形成的劳动方式，以机器取代人力，以大规模工厂化生产取代个体手工生产，时间与劳动、工资之间的关联逐渐明晰，雇佣与被雇佣的劳动关系开始成为社会经济关系的组成部分，工业革命催化了工作时间及隐藏在工作时间背后的各种新的社会关系的诞生。工作时间过长是第一次工业革命时期的基本特征，工作时间往往与"剥削""反抗"等关键词相联系。在当时已经跨入资本主义社会的国家中，超负荷工作、透支劳动是这一时期劳动者的真实写照。

工业革命早期，机械化生产使得原始资本积累迅速扩增成为可能，企业主采取各种措施迫使工人进行加班。经济学家和社会学家对这一问题进行了描述和剖析，这一时期最具代表性的著作是马克思（1865）的《工资，价格和利润》[②]，他对

---

① 蔡昉：《中国经济如何跨越"低中等收入陷阱"》，载《中国社会科学院研究生院学报》，2008 年第 1 期。

② 《关于〈工资，价格和利润〉的报告札记》，载《马克思恩格斯全集》，北京：人民出版社，1982，第 44 页。

工作时间进行划分，解释工作时间背后的劳动关系。他认为"商品的价值与生产这些商品所消耗的劳动时间成正比，而与劳动的生产力成反比"。他把劳动时间分为必要劳动时间和剩余劳动时间，"资本家总是千方百计地缩短雇佣工人工作日中的必要劳动时间部分，延长剩余劳动时间部分"。资本家延长剩余劳动时间的办法通常有两种，一是在必要劳动时间既定的情况下，通过延长工作日来延长剩余劳动时间进而形成绝对剩余价值的生产；一是在工作日长度不变的情况下，通过缩短必要劳动时间（比如提高生产技术），相应地延长剩余劳动时间，即进行相对剩余价值的生产。这两种生产方式或是延长了工作时间或是增加了工作强度，都对劳动者形成了剥削。尽管其他学者并没有将劳动时间进行细分和拆解，但也阐释了企业主为维持不间断生产采取的具体措施以及过度劳动带来的后果。企业主为了降低劳动成本，会雇佣大量的童工和女性劳动者。[1] 如在工业革命前期，英国矿场曾经大量雇佣童工，直到政府制定《工厂法》等相关法律，雇佣童工的做法才逐渐得到制止。另外，这一时期的科学管理理念深入人心，其中较著名的理论是泰勒制[2]，这种时间管理模式是把技术熟练的强壮工人的生产时间设定为操作基准，加上适当的休息调整、熟悉操作过程等额外时间，给出完成每个生产动作所需要的标准时间作为定额管理和支付工资的依据。这种管理模式使得大多数劳动者在法定劳动时间内无法完成工作，只能通过加班解决问题。各种各样的管理模式造成了劳动者过度劳动，并产生了一系列问题。Lafargue 在《懒惰权》一书中写道：长时间工作使得劳动者身心健康受到严重影响，"已经达到了耗尽劳动者生命力的程度"，[3] 劳动者没有时间进行人力资本再投资和闲暇活动。恩格斯[4]则专门针对女性长时间工作带来的后果进行了阐述，指出企业大量雇佣女性劳动者，母亲无暇照顾孩子，在这种条件下成长的孩子缺少亲情关怀，对家庭冷漠，缺乏责任感。

>>二、工业革命后期的社会经济发展与工作时间缩短<<

社会财富的迅速积累与工作时间的大幅缩短是近代历史的重要经济特征。不

---

[1] 《英国工人阶级状况》，载《马克思恩格斯全集》（第二卷），北京：人民出版社，1957，第430～444 页。

[2] ［美］弗雷德里克·泰勒：《科学管理原理》，黄榛译，北京：北京理工大学出版社，2012，第1～7 页。

[3] Lafargue P.，*The Right to be Lazy*，Solidarity Publications，1969，p. 5.

[4] 《英国工人阶级状况》，载《马克思恩格斯全集》（第二卷），北京：人民出版社，1957，第430～444 页。

妨首先关注社会财富的积累情况，马克思、恩格斯在《共产党宣言》[①]中指出："资产阶级在不到一百年的阶级统治中所创造的生产力，比过去一切世代创造的全部生产力还要多、还要大。"从 GDP 的增速上大致能看到国民财富迅速累积的缩影。

清华大学萧国亮教授的研究表明，14 世纪以前，世界的经济增长率不足 0.1％，之后 14 至 15 世纪资本主义萌芽以及工业革命的到来带动了欧洲乃至整个世界经济的爆发式增长。15 世纪前后的世界 GDP 年均增长率仅为 0.15％，而到工业革命以后的 19 世纪 20 年代之前，增速达到了 0.32％。19 世纪 20 年代至 70 年代，世界 GDP 年均增长率接近 1％，19 世纪 70 年代至第一次世界大战爆发前的 1913 年，世界 GDP 年均增长率则达到 2.11％，到第二次世界大战后的 20 世纪下半叶，增速已经接近 4％。[②]

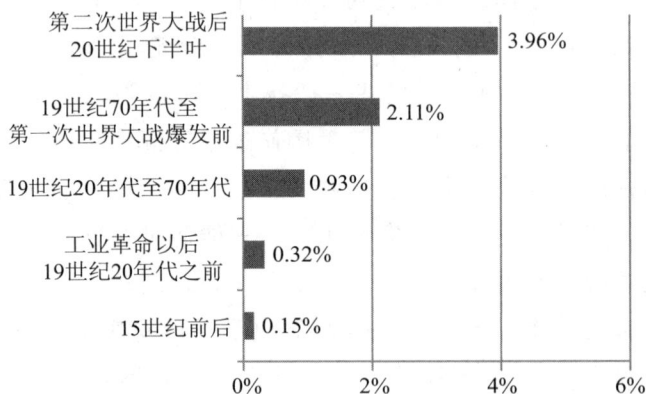

图 1-1　不同历史时期世界 GDP 年均增长速度

数据来源：萧国亮，《从世界经济史的视域看中国的长远发展及其地位变迁》。

分地区来看，14 至 15 世纪资本主义萌芽时期，意大利、西班牙、葡萄牙、荷兰等国以及地中海地区的威尼斯、佛罗伦萨先后出现经济增长。之后 18 世纪 70 年代工业革命先后在英国、法国等地爆发，年经济增长率达到 2％左右，史无前例。19 世纪的美国、德国，在工业化进程中成长起来并超过英国和法国，年经济增长率达到 4％。20 世纪 50 年代以后，东亚的日本、韩国、新加坡以及中国台湾、香港地区的年经济增长率都曾经超过 9％。

---

① 《共产党宣言》第 3 版，北京：人民出版社，1997，第 12～24 页。
② 萧国亮：《从世界经济史的视域看中国的长远发展及其地位变迁》，载《中国经济》，2010 年第 8 期。

表 1-1　部分国家和地区在特定历史阶段的年均经济增长速度

时期	国家或地区	年均经济增长速度
14 世纪之前	欧洲主要国家	0.05％
14 至 15 世纪	威尼斯、佛罗伦萨、西班牙、葡萄牙、荷兰等	0.5％～1％
18 世纪 70 年代	英国	2％
19 世纪	美国、德国、法国等	4％
20 世纪 50 年代以后	日本、韩国、新加坡以及中国台湾、香港地区	9％

数据来源：萧国亮，《从世界经济史的视域看中国的长远发展及其地位变迁》。

与经济快速发展相对应的是工作时间的大幅减少，这一现象主要出现在第二次工业革命爆发以后。如下表所示，从 1870 年到 20 世纪 90 年代，英国、美国、德国、法国的人均年工作时间下降幅度均超过了 40％。其中，工业革命爆发地英国的人均年工作时间从 2 886 小时下降到 1 490 小时，下降幅度将近 50％。第二次工业革命的主要根据地美国和德国的人均年工作时间从分别从 2 964 小时和 2 941 小时下降到 1 589 小时和 1 563 小时，下降幅度均超过了 45％。

表 1-2　部分早期工业化国家工作时间趋势描述

年份	英国		美国		德国		法国	
	年工时（小时）	增速（％）	年工时（小时）	增速（％）	年工时（小时）	增速（％）	年工时（小时）	增速（％）
1870	2 886	—	2 964	—	2 941	—	2 998	—
1913	2 536	−12.1％	2 650	−10.6％	2 584	−12.1％	2 663	−11.2％
1929	2 228	−22.8％	2 342	−21.0％	2 284	−22.3％	2 340	−21.9％
1938	1 927	−33.2％	2 062	−30.4％	2 316	−21.3％	2 097	−30.1％
1950	1 997	−30.8％	1 867	−37.0％	2 316	−21.3％	2 105	−29.8％
1973	1 612	−44.1％	1 717	−42.1％	1 804	−38.7％	2 001	−33.3％
1992	1 490	−48.4％	1 589	−46.4％	1 563	−46.9％	1 771	−40.9％

注：增速为与 1870 年为基期的定基增速。

数据来源：Cross G S. A Quest for Time：the Reduction of Work in Britain and France，1840—1940。[1]

导致工作时间缩短的因素很多。从社会学理论上来看，许多学者认为在雇佣关系存在的条件下，工作时间的缩短主要受到了社会、政治、文化因素的影响。Cross[2] 就认为 8 小时工作制、周末公休、防暑假等休息方式都不是经济增长的

---

① Guedj François and Gérard Vindt，*Le Temps de Travail：Une Histoire Conflictuelle.* Syros，1997，p. 19.

② Cross G S.，*A Quest for Time：the Reduction of Work in Britain and France*，1840-1940. University of California Press，1989，p. 26.

自然产物，而是一个世纪以来的理论争辩、生产工人与政治层谈判以及文化进步的结果。这种说法具有一定道理，但忽视了一个重要的经济现象：生产模式的变化让工时缩短不再显著影响利润的增加。所以说，从经济学意义上讲，社会财富迅速积累和工作时间的缩短与技术进步息息相关。这种关联体现在两个方面：第一，技术进步，生产力提升，积累同样的财富只需要更少的劳动时间，工作时间缩短成为可能；第二，技术进步，知识型劳动者的需求量增加，资本所有者最初希望这些劳动者长时间守在生产线上创造价值，但是他们发现这种做法扼杀了工作积极性和创造性，所以部分有远见的资本所有者也成为减少工作时间的倡导者。① 前者是工时缩短的必要条件，后者则推动了工时缩短的进程。另外，社会财富积累对工时缩短有促进作用，社会财富积累意味着劳动者收入提升，由于收入效应的作用，劳动者需要更多的闲暇，最终表现为工作时间的减少。

>>三、高度发达经济与"工作享受"<<

对高度发达经济工作时间的设想或预测主要基于社会学理论和经济学理论。两类理论的差异在于，前者从人的物质、精神需要出发，探讨设定适度工作时长的必要性；而后者则从社会经济发展的需求出发，揭示工作时长与社会经济发展的适应性。可以说，两个理论分别站在被雇佣方和雇佣方的视角对未来工作时间进行预期。虽然两种理论都不能准确给出在未来人类生产力高度发达阶段劳动者平均每天的工作时长，但这些研究成果都体现了人民大众（包括被雇佣者和雇佣者）对未来工作时间的希望或预期判断：工作时间不再仅仅是国家财富积累和家庭生活质量提升的手段，而是供大众享受的"趣味品"。

在诸多有关工作时间预期的理论中，工作时间继续缩短是较为流行的观点。早期工作时间缩短观点的提出者主要是一些空想主义者，他们强调人的精神需求，从工作时间长短和工作时间配置方式上进行了系统的阐释。认为每天工作 6个小时、4 个小时，② 甚至更短就完全可以"满足需要，同时得到生存的乐趣"。③ 这些人大多满足于当前的科技进步成果和经济发展水平，认为"利用最近 100 年来的发明和发现，以科学、简单、合理、平等、正义的原则组织和管理社会，人

---

① 法国制造商丹尼尔·莱格兰德（Daniel LeGrand）在 1840—1853 年间，多次向欧洲主要国家的政府发出呼吁，要求就劳工立法问题达成共同协议，成为国际劳动标准制定的先导者。

② ［英］托马斯·莫尔：《乌托邦》第 2 版，戴镏龄译，北京：商务印书馆，1982，第 88～106页。［意］托马斯·康帕内拉：《太阳城》第 2 版，陈大维、黎思复、黎廷弼译，北京：商务印书馆，1980，第 7～16 页。

③ Jeremy Rifkin, *The End of Work：The Decline of the Global Labor Force and the Dawn of the Post-Market Era*，New York：Putnam，1995，p. 19.

们就可能在每天不到 4 小时的、有益而愉快的劳动条件下，拥有大量优质产品。"①统计学家傅立叶观察农业、制造业工人在工作过程中的倦怠期，发现工人每工作 1～2 个小时，积极性就会丧失，对工作产生倦怠，提出了生产工作转换的生产方式，每隔一定时间休息换班一次。② 由于每日换班 6～8 次的生产方式影响了劳动者时间配置，同时增加了企业的轮班管理成本，所以这种生产方式几乎没有被采纳过。另外，"工作消失"理论也具有一定历史地位，空想家 Jeremy Rifkin，Dominique Meda 认为经济发展到一定程度，工作会最终消失，人们将整日在闲暇和娱乐中度过。③

尽管上述理论仅是出于对人类工作时间和休闲价值的臆断，但也揭示了工作时间缩短的整体趋势以及权衡工作的经济价值与社会价值的重要性。所以有学者开始着眼于短期，针对一些新工作模式进行细化研究并对未来的工作时间制度进行预期。Christia④ 从工作时间制度的角度进行分析，发现从表面上看，弹性工作制⑤、灵活办公⑥等新的工作时间制度缩短了工作时间，但是灵活性增加、劳动压力增加导致实际工作时间延长，甚至拉大了不同社会阶层之间的工作满意度和幸福感差距。尽管如此，一个较为统一的经济学观点是：工作时间的缩短是必然趋势，工作时间的内涵也将发生变化，但"工作消失"的空想不会存在。

第一，人们投入时间进行生产劳动的目的会发生变化。笔者根据这一变化对经济历史阶段进行再划分，初级阶段：投入工作时间单纯为了获取报酬、补充基本生活资料。这一时期的劳动关系特征是劳方处于弱势，资方对工作时间具有更强的掌控权。中级阶段：投入工作时间是为了满足物质需求、人力资本投资需求、基本娱乐需求等。这一时期技术型工人和知识型工人处于核心地位，他们工作时间的长短、工作情绪直接影响企业的利润率，所以企业采取与工人协商确定工作时间的形式。高级阶段：只需要少量的时间为获得生活资料、积累社会财富而劳动，大部分时间中，人们在享受工作的成功与乐趣，工作已经成为一种提升个人效用的生活方式，工作获得的大部分收入对于个人来说只是副产品。举例说明：产业革命初期的英国、法国（18 至 19 世纪），第二次世界大战后崛起期的日本、韩国（20 世纪 20 年代末和 21 世纪初），部分正在崛起的发展中国家，如越

---

　　① ［英］罗伯特·欧文：《欧文选集（下卷）》，柯象峰、何光来、秦果显译，北京：商务印书馆，1965，第 190～196 页。

　　② Guedj，François and Gérard Vindt，*Le Temps de Travail：Une Histoire Conflictuelle*，Syros，1997，pp. 100-116.

　　③ Méda D.，*Le Travail*，*Une Valeur en Voie de Disparition*，Editions Flammarion，2010.

　　④ Christian Baudelot 和 MichelGolla，1996—1999 年间主持开展了"为了幸福而工作"。

　　⑤ 不必按时上下班，只要完成既定的任务就算是完成岗位职责的一种工作制度。

　　⑥ 只要完成企业绩效可以不到工作场所工作的一种工作制度，往往适用于销售人员。

南、缅甸(当前阶段)都处于初级阶段。当前的发达国家或经济体,如美国、欧盟处于中级阶段,但是尚未有国家达到高级阶段的水平。中国正处在从初级阶段向中级阶段迈进的过渡阶段,具备两个阶段的特征。①

第二,工作时间缩短不再是工作形式上的简单翻新和法律条文的变更,而是工作与健康生活的合理配置,② 工作时间消失的可能性几乎不存在。空想主义者把工作时间视为闲暇时间的对立面,正如经济学家把工作视为"厌恶品"(Bads),其理论的前提假设是:投入时间进行生产劳动的目的限于初、中级阶段,所以一旦经济社会发展到一定程度,生产力高度发达,物质资源极大丰富,人们投入少量工作时间就可以为投资、基础设施建设与维护、教育、医疗、养老等基本生产、生活储备足够的财富。所以当享受更长工作时间和目前一些富人享受闲暇时间一样,都是提升效用的过程,企业也就没有必要一边在设置绩效、是否选择末位淘汰制上花费心思,一边通过设置弹性工作、灵活工作的方法延长实际工作时间以变相躲避法律监管。因为当人们工作不是为了获得收入而是为满足个人兴趣,且可以根据个人喜好自由选择工作岗位时,工作时间成为"良性品"(Goods),这种情况下,为了增加效用,劳动者在保障身心健康的前提下,适当延长工作时间是可能的。但是笔者不赞同"工作终结"的说法,因为只要人类对物质财富有依赖,生产就不可能停止,生产不停止则依附生产而存在的工作时间就不会消失。

总之,在经济高度发达的未来,只需要很少的工作时间就可以满足获得生产生活资料、进行国家财富积累、维持高水平社会保障体系有效运行的目的。延长工作时间不再是为了提升收入,而单纯出于个人兴趣爱好。但是,就当前情况而言,世界各国的生产力水平远没有达到这样的预期,"不喜欢加班""期望缩短工时""希望给多倍补偿报酬的加班多一些"的需求恰恰表明劳动者工作的主要目的依然停留在第一和第二阶段。所以保障必要的工作时间依然是劳动者个人和社会的基本需求,也就是说,在给予劳动者过长休闲时间、保证社会财富增长之间依然存在着矛盾,且这一矛盾在未来一段时间内还会继续下去。

第二节　工作时间相关法律的演变

人类第一部劳工立法是英国在 1802 年颁布的《学徒健康及道德法》,该法主要关注儿童工作时间,并在 1819 年和 1833 年修订。到 19 世纪中叶,在几个老牌资本主义国家完成工业革命之后,他们的生产力水平达到了新的高度,开拓海

---

① 详见第二章。

② 于光远:《论普遍有闲的社会》,北京:中国经济出版社,2005,第1~2页。成思危:《应重视中国休闲学研究》,载《科技导报》,2009 年第 23 期。

外市场、开展国际贸易成为新的需求和目标。但是包括资本家个人在内的大众开始对长时间工作和"榨汁式"的生产方式进行反思。法国制造商丹尼尔·莱格兰德（Daniel LeGrand）在 1840—1853 年间，多次向欧洲主要国家的政府发出呼吁，要求就劳工立法问题达成共同协议，他还在研究了各国劳工法律的基础上，就工时、工休日、夜班等问题起草了一些文件，丹尼尔·莱格兰德被视为开创国际劳工标准的先驱。[①]

目前，大多数国家已经颁布和实施了适合本国特点的法律、法规，使用范围不断扩大，各国劳动法除了规定最低工时标准，适用人群已经从童工、妇女延展到所有劳动者；工作时间、休假已经成为劳动法律体系中的重要内容；各国劳动法规增加了对延时劳动的额外酬劳规定；部分国家专门设置了处理工时纠纷的部门；国际劳动立法迅速发展，并对各国劳动立法产生积极影响。

根据国际劳动组织的标准，考察各个国家有关工作时间的立法内容，可以将其分为如下几个要素板块：标准工时、加班、最高工时限制、工间休息、带薪年假。[②] 并不是所有国家的工时法规都包括所有板块内容，不同国家会根据各自的经济发展水平、文化需求、政治需求选择不同的板块，设置不同的标准，但几个板块的历史变迁也有统一可循的规律特征。

>>一、标准工时<<

在工业革命早期，设立标准工作时间只是为了保障工人的基本安全和健康，给工人一定的闲暇时间进行休整和调节，其目的是为了让工人迅速恢复体力，继续投入生产。但是在现代，标准工时已经成为政府提高国民福利的手段。政府通过立法规定标准工时，给劳动者足够的时间平衡工作、家庭劳动、个人学习和休闲娱乐活动时间，让有酬劳动、无酬劳动、人力资本再投资和闲暇活动有效结合，促进劳动生产力的提升，有效减少加班带来的劳动力市场挤出效应，降低失业率。各国标准工时的设定和功能的发挥与其政治经济环境有关，不同环境下，政府设计标准工时的目的和其实际发挥的作用不同。有些国家把标准工时视为区分是否长时间工作的标准，标准工时是上限值，旨在增加工人的休息时间或者促进就业；而有些国家则将标准工时视作区分是否应该多给付酬劳的界限，旨在劳动者收入的倍增。

---

① 杜晓郁：《全球化背景下的国际劳工标准分析》，东北财经大学博士学位论文，2006，第13 页。

② Deirdre McCann, *Working Time Laws: A Global Perspective, Findings from the ILO's Conditions of Work and Employment Database*, Switzerland: ILO Publications, pp. 19-23.

>>二、加班<<

从有关加班法律的历史来看，对加班的限制经历了从照顾特殊群体到惠及所有劳动者的过程。1802 年，世界上第一部劳动法律《学徒健康及道德法》在英国诞生，该法主要针对儿童加班问题进行了限制。之后又有诸多法律、法规针对妇女、孕妇、矿工、高危作业者等在岗人员的加班时间进行限制，以确保特殊群体或特殊岗位劳动者的权益不受侵害。现在诸多国家开始对最长加班时间、突发事件(如机器故障、厂房停电、恶劣天气、原材料短缺等)加班工资补偿、加班造成的健康补偿、过度加班劳动纠纷争议处理等问题进行了详细规定，这些细节性规定一方面确保了劳动者的生存权益，给因加班权益受侵害者以申诉渠道；另一方面也为规范企业行为提供了标准。从更宏观意义上看，同标准工时制度一样，加班制度在一定程度上起到了促进就业、调节工资的作用。

>>三、最高工时限制<<

在工业革命早期，并没有加班酬劳高于标准工时酬劳的工资给付方式，工时法规大多规定最高工时限制，如 1802 年的《学徒健康及道德法》规定童工最长工作时间为 12 小时。在现代，许多国家已经把最高工时限制作为标准工时制和加班工时制的补充。最高工时的重要性在不同国家有差异，在美国、欧盟等地，集体协商发挥着重要作用，各式各样的集体协议都约定了工作时间不得超过法定最高工时。在其他国家，最高工时成为出现"过劳死"、罢工等事件时判定是否过度劳动的门槛或标准。可以说最高工时在发达国家已经成为预防性警示，而在发展中国家则作为事后裁定标准出现。另外，目前国际标准也只是把标准工时视为基础标准，而把最高工时限制视为特例标准，所以最高工时标准未纳入国际监管范围。

>>四、工间休息<<

与其他的工时法律要素板块不同的是，工休在工时立法之前就存在，只不过在后期逐渐演化为法定公休标准。19 世纪早期，工厂主允许工人每天有一定的吃饭、睡觉时间，这都属于工间休息的范畴，后来工时立法或企业规章中开始明确规定劳动者每天的工间休息时长。但早期立法没有公休日的概念。经过资方、劳方反复斗争，当权者的不断努力，公休日制度才逐渐形成，旨在给民众充足的时间享受娱乐休闲，从事宗教活动，促进社会和谐。又经过一定时期的争辩、修正和完善，公休日从早期的周日一天变为现在的双休日（周六、周日）。所以工休包括两个方面的内容：一是工间休息，即工作日内，劳动者在一定时间的劳作之后进行的休整时间；二是休息日，即在工作周中间的 24 小时及以上的休息期，主要指法定工作周中的公休日。

>>五、带薪年假<<

带薪年假也不是从有了工业大生产之后就存在的工时制度，是世界经济文化水平发展到一定阶段的成果，从 1970 年带薪年假被正式写入国际公约[①]至今，世界上已经有一百多个国家立法规定了劳动者有带薪休年假的权利。国际公约规定工人可以每年至少休三个工作周的年假，但是不同国家各自标准不同，一般西欧国家的法定带薪年假较长，发展中国家带薪年假较短。一般来讲，设置带薪年假的目的主要有两个：第一，在连续时间内，使劳动者的身心得到更大程度的放松，以维持工作期高效率劳动；第二，满足民俗需求，劳动者可以选择在国家或地方公共假日（如圣诞节等）连休带薪年假，从而为民俗活动提供充足时间。

表 1-3　部分国家有关工时立法的演进

年份	国家	法律名称	内容	备注
1802	英国	《学徒健康及道德法》	禁止 9 岁以下儿童到工厂劳动，16 岁以下儿童每天工作时间最长 12 小时，禁止学徒夜间工作	人类第一部劳工立法，在 1819 年和 1833 年曾经再次修订
1806	法国	《工业法》		
1836	美国	《童工法》	限制童工和女工工作时间	
1839	德国	《普鲁士工厂矿山条例》	禁止未成年人每天过长时间的劳动，不准儿童夜间劳动，成年人每日工作 12 小时	
1841	法国	《童工、未成年工保护法》		
1847	英国	《10 小时法》		
1869	德国	《工业劳动法》		
1891	德国	《德意志帝国工业法》		
1901	英国	《工厂和作坊法》		

---

① The Holidays with Pay Convention(Revised)，1970(No. 132).

续表

年份	国家	法律名称	内容	备注
1905	国际	《关于禁止工厂女工做夜工的公约》	禁止女工在晚上9点至第二天5点工作	
1912	法国	《劳工法》		
1913	国际	《关于女工童工工作时间公约》		因第一次世界大战爆发未能通过
1913	国际	《关于童工夜间工作时间公约》		
1918	德国	《工作时间法》	产业工人实行8小时工作制	8小时工作制从此诞生
1918	俄国	《苏俄劳动法典》	8小时工作制	俄国首部劳动法规，第一部社会主义法典
1919	国际	《国家劳动章程》	规定标准工作时间为每天8小时，每周48小时，工人每周至少有24小时的休息，并尽量把周日作为休息日	
1919	法国	10小时工作制改为8小时		
1922	俄国	《俄罗斯联邦劳动法典》		
1922	中国	《劳动法大纲》	每日白天劳动不得超过8小时，夜间不得超过6小时，每天予以24小时休息；一年劳动期间中应有一个月的休假，半年中应有两周的休假，期间有领工资的权利	早期共产党领导的劳动立法活动
1923	中国	《暂行工厂规则》	规定工作时间与休息时间、限制童工和女工工作时间	旧中国第一部劳工法
1935	国际	国际劳工组织第47号公约	标准工作时间为每周40小时	
1937	英国	《工厂法》	工人每年有2~3周带薪年假，规定妇女产假期限	
1949	中国	《全国年节及纪念日放假办法》		
1970	苏联	《苏联和各加盟共和国劳动立法纲要》		

第三节　收入倍增期的工作时间特征

历史上主要的发达国家和地区的居民收入都不是线性的、渐进式的增长，似乎无一例外出现了收入倍增期。美国居民收入水平从 1967 年的 3 254 美元上升到 2005 年的 34 471 美元，年均递增 6.4％；经过 1961—1970 年的发展，在《国民收入倍增计划》政策影响下，日本国民收入的实际年均增长率达到 11.5％；1970 年，法国人均年收入为 9 290 欧元，到 2008 年达到 1.9 万欧元，翻了一番。20 世纪 50 年代我国台湾地区人均国民收入为 50 美元，到 90 年代增长到 6 000 多美元。深入研究不难发现，不同国家和地区收入倍增期的工作时间特征惊人相似，这里总结如下。

>>一、主要劳动力市场中知识工人的劳动时间增加<<

产业化发展到一定时期以后，知识密集型生产的重要性越来越显著，随着知识经济时代的逐步深入，作为知识资本的承载者——知识型劳动者逐渐成为各个生产部门、综合管理机构的主力军，知识工人的劳动时间长是一个国家或地区迈向高收入阶段的重要特征。

Peter Drucker 最早提出了"知识工人"[1]的概念，他认为知识工人是掌握和运用符号概念，即利用知识或者信息进行工作的劳动者。Francis Horibe[2] 则把那些创造财富时用脑多于用手的人定义为知识工人。我国学者[3]也对知识工人的概念进行了总结，他们认为伴随着社会发展以及科学技术的进步，社会各个领域均出现了大量含有知识要素的技术问题和管理问题，那些利用知识资源和知识工具，承担创造知识、运用知识相关任务的新兴工作者就是知识工人。这些劳动者可以通过分析、判断、整合、设计，给产品或服务带来附加值，科技工作者、教师、管理人员、专业技术人员和销售人员等都属于知识工人。

显然，知识工人不同于一般劳动者，他们以知识的获取、传播、应用、创新为主要工作内容，其工作强度要高于一般工人，除此之外，知识工人还具有其特

---

[1]　Drucker P F., Knowledge-Worker Productivity: The Biggest Challenge, *California Management Review*, 1999, 41(2).

[2]　[加]赫瑞比:《管理知识员工:挖掘企业智力资本》，郑晓明等译，北京:机械工业出版社，2000，第 5～15 页。

[3]　孙锐、陈国权:《知识工作、知识团队、知识工作者及其有效管理途径:来自德鲁克的启示》，载《科学学与科学技术管理》，2010 年第 2 期。

殊性。① 第一，知识工人对生产资料的依赖性更低，流动性更强。与依附于机器和工厂的普通工人不同，知识工人储备了更高技能的人力资本，这种依存于劳动者内部的不可替代性②资本使得他们成为昂贵的稀缺资源。知识工人凭借较高的知识储备量以及知识运用能力提升了与资方之间的工时议价能力。第二，知识工人具备自我控制和自我管束能力。知识工人一般素质较高，自主工作和自主创造的能力较强，即便在缺乏监督和管理的情况下，依然具有强烈的工作动机，他们从高效率、高质量完成工作的过程中获得的效用很高。第三，知识工人的工作寿命可能长于一般人。这里所说的工作寿命长可能源于两个方面，一是人们常说的自然寿命，知识工人一般保健意识和健康意识强，加之企业对知识工人的特殊保护使得他们的自然寿命可能延长。但更重要的是另外一个方面，知识工作者的工作年限，雇佣知识工人进行生产的企业方会以退休返聘等方式增加他们的工作年限，以创造更多价值和财富。

正是在上述外因和内因的共同作用下，知识工作者往往比一般劳动者的工作时间更长，而且这种工作时间的延长往往具有隐蔽性，难以计量。现实中，存在这样几种显性和隐性的工作状态。第一，在收入尚未达到高水平的经济发展阶段，即便知识工人的收入高于平均水平，但是仍没有达到"背弯"供给曲线③的转折点，他们的闲暇—工作曲线依然呈现随工作时间延长而增加的特征。加之追求利润最大化的企业用一系列的措施激励延时工作，知识工人加班现象普遍。拿中国来看，2013 年，中国超过日本成为"过劳死"第一大国，④ 其中"白领"成为"过劳死"的主要人群之一。第二，部分承担知识传播和知识创造的劳动者需要在规定工作时间之外进行非标准化劳动，这种劳动时间是无法计量的，如大学教授、科研人员等。靠正规教育积累的知识储备也存在折旧，在知识更新不断加快的现代化社会，不学习新知识意味着知识存量的减少。特别是在一个竞争激烈的开放型社会经济体内，其他人知识存量的绝对增加意味着自身知识存量的相对减少。所以知识工人一般会"被迫"或者"自觉"在工作场所或非工作场所加班，进行人力资本再生产，虽然这种再生产活动并不计入工作时间，但是它为提升工作效率、提高工作质量奠定了基础。第三，知识工人工作强度高于一般工人，"倍加"工时无法计量。如果按照马克思的观点，脑力劳动相当于倍加的体力劳动，知识工人的工作时间应该是一般劳动者的若干倍。但是不同知识型劳动者的知识技能水平不同，且不同工种的工作强度也存在显著性差异，无法找到一个可供参考的"倍加"标准。

---

① 刘秀荣：《知识工作者的培养与管理》，载《企业经济》，2004 年第 3 期。

② 赖德胜：《与经济学同行》，广州：广东经济出版社，2004，第 230～245 页。

③ 陈钊、陆铭：《微观经济学》，北京：高等教育出版社，2008，第 145～161 页。

④ 吴晓东：《"压力山大"背后的集体焦虑感值得警惕》，载《中国青年报》，2012 年 10 月 28 日。

>>二、次要劳动力市场自愿加班者占据相当比率<<

"自愿加班"是人力资源在经济发展特殊时期所处的一种就业状态。[①] 在不同国家收入倍增的历史时期，"自愿"加班的劳动者都曾经占据相当比率。17世纪的法国规定工人可以享受最高164天的假期，设置这一政策的目的是为了让工作者能从繁重的劳动中解脱出来，从事休闲娱乐活动。但是，对于农业生产者和连续运作的生产线上的技工而言，无酬假期成为"死亡之季"。他们没有足够的金钱享受闲暇消费，过长的假期只能导致工作日更繁重的劳作，因为休假使得他们收入下降，为了补偿这一损失，他们不惜延长工作日工作时间，于是过度劳动现象发生。早期西方国家在经济迅速发展过程中出现的"自愿"加班并非偶然现象，战后崛起的亚洲国家也有这样的特征。中国学者杨河清的研究表明：在日本，缩短劳动时间的主要阻力来自于企业和雇员自身，许多雇员都自愿延长劳动时间。[②] 2007年12月19日，刊登在英国《经济学家》杂志的文章指出，尽管日本统计数据显示2006年，日本人均年工作总时长为1 780小时，但这个数据是不准确的，因为日本政府没有将日本企业中普遍存在的"自愿"加班时间计算在内。有调查显示，30至40岁的日本员工中，有的工人每周工作超过60小时。但是日本企业有时并不会为自愿加班的员工支付薪水，也不会向那些利用周末参加企业培训的员工支付补偿。这种现象在中国也出现了，以经济发达的珠江三角洲和长江三角洲地区为甚。2011年12月20日，广东省佛山市华鹭自动控制器有限公司数百名员工集体罢工要求加班。富士康公司出现员工过劳问题后，遵照劳动法规定控制员工加班，可是在2013年7月23日深圳富士康龙华园区约200多名白班员工因此集体停工一天。

之所以在一国迈向高收入时期，劳动者存在"自愿加班"的现象，原因很多。第一，收入低。法律规定的标准工作时间内工资低，高额加班费提振劳动者加班热情。如马克思所述："在正常工作时间内，劳动价格很低，就会迫使那些想挣得足够工资的工人在额外时间去做报酬较高的工作。"[③]第二，社会保障体系不健全也是导致工人"自愿加班"的原因。"理性人"会规划个人的收入与一生的消费，如果社会保障体系不健全，他会考虑当前收入是否能满足未来养老、医疗、子女教育等刚性需求。[④] 在次要劳动力市场，劳动者劳动生产力水平普遍低下，企业

---

① 王艾青：《过度劳动及其就业挤出效应分析》，载《华东理工大学学报（社会科学版）》，2006年第4期。

② 杨河清：《劳动经济学》，北京：中国人民大学出版社，2002，第158页。

③ 刘朝译：《资本论》，北京：中国社会科学出版社，2009，第560~567页。

④ 尼尔森全球副主席Rick Kash在博鳌亚洲论坛2012年年会上的演讲，"亚洲中产阶级的兴起与消费变革"。

不给劳动者上保险、只上一部分保险、只上低水平保险的现象很多，劳动者预期未来收入不高，加班工作成为满足未来刚性需求的主要途径。第三，劳动密集型企业劳动者可替代性强，劳动力供给充足，"自愿加班"成为劳动者保住饭碗的方法。在过去的 30 年中，中国的人口红利给中国制造业，特别是低端制造业带来巨额收入，但同时劳动力供给充足意味着那些技能水平不高、只能在次级劳动力市场中就业的、收入微薄的劳动者还要面临失业的压力，他们通过自愿加班的方法维持低水平就业。第四，企业分配给工人工作量过多，以致在法定标准工作时间内无法完成，不得不加班以免被扣除基本工资。原劳动部《关于〈中华人民共和国劳动法〉若干条文的说明》(1994 年 9 月 5 日)中第 37 条明确规定："对于实行计件工资的用人单位，在实行新的工时制度下，应既能保证劳动者享受缩短工时的待遇，又尽量保证劳动者的计件工资收入不减少。"但事实上，在企业里，所谓"适量劳动"可以是泰勒制中推崇的"最优员工标准"，也可以是所有劳动者平均水平劳动量，所以追求利润最大化的企业可操作空间很大，他们一般会自行制定超过一般劳动者能力、在 8 小时标准工作时间内不能完成的工作量，劳动者不得不延长工作时间以完成工作任务。第五，企业制定特殊考核管理机制激励工人加班。劳动力供给充足的情况下，有些企业实行"压力"管理，比如采用末位通报制、末位换岗制、末位扣工资制等，造成了"人人自危"的局面，不加班的劳动者会面临工作层次降低的风险，所以在这种管理模式下，工人自动加班成为常态。第六，劳动管理部门对劳动者"自愿加班"缺乏监管。劳动保障行政部门对加班现象的监督范围仅限于用人单位主动安排劳动者延长工作时间的情况，而劳动保障行政部门无权监管"自愿加班"。由于劳动保障行政部门遵循"法无禁止则允许"的原则，劳动者填自愿加班申请表，变相安排劳动者加班以规避劳动法律监察。

>>三、工作时间的暂时性延长<<

借助经济发展史的时间轴来看，虽然在较长历史时期内，工作时间呈现递减趋势，但这种趋势并不是线性、单调的。[1] 它经历了多次、反复的调整之后才呈现下降趋势，这种下降趋势一方面体现在时间序列数据上的波动，另一方面则体现在工作时间相关法律的变更。

据美国《新闻与世界报》报道，从数据上来看，1987 年到 1997 年，美国工薪阶层平均每周工作时间从 43 小时增加到 47 小时，年工作时间增加到 1966 小时。[2] 日本人在第二次世界大战以后工作时间延长，日平均工作时间曾一度达到

---

[1] 龙静：《欧洲一体化中的工作时间研究》，华东师范大学博士学位论文，2008，第 52～57 页。

[2] 车耳：《投资西方》，北京：中信出版社，2003，第 76～81 页。

9 小时。[①] 近年来，日本重视"过劳死"问题，对要求工人超时工作的企业进行严格监管，虽然工人"过劳死"问题有好转，但工作时间过长挤占睡眠时间的问题依然存在，2011 年的数据显示，日本劳动者平均睡眠时间每天只有 7 小时 15 分钟。[②]

从法律制定上来看，对工时长短的限制也出现过"倒退"现象。以法国为例，法国 1814 年通过法令禁止周日工作，但是在 1880 年废除，直到 1906 年重新订立；1936 年的 40 小时工作制法令被 1938 年的 Reynaud 法令暂缓，后又被 1941 年的维西政权取消，直到 1946 年才得以恢复。这种法律上的变更即便在当今社会同样存在，法国政府自 1906 年便通过法令[③]，规定除面包店、肉店或其他小商店等周日上午仍可开门营业外，其余所有商店星期天必须休息，否则就要面临巨额罚款。但是在 2009 年经济萧条期，还是出现了知名大型超市员工要求周日工作合法化的大规模集会活动。为了振兴经济，政府不得不出台了扩大旅游区零售商店（超市不在此列）周日开门营业的法案。

之所以会产生工作时间的暂时性延长现象，其主要原因在于经济周期的波动以及物质文化消费需求与加班制度的矛盾。首先，经济的周期性萧条是导致这种反复的主要原因。国民财富尚未达到极大丰富的水平，一旦经济危机到来，短期内，棘轮效应作用下，财富存量不能完全支撑高水平的、难以下降的国民消费需求，政府失业补贴对失业者来说可谓杯水车薪，所以大量人员希望就业或者增加劳动时间以获得更多报酬。况且，诸多国家规定加班工资倍增，这就使得劳动者在危机期对工作的渴求更高。

其次，物质文化消费需求与加班制度的矛盾也是导致工作时间暂时性反复的原因。贫富不同的地区，文化消费需求不同。专业调查机构 Lfop（受《地铁报》委托）在 2013 年发布了一份统计报告显示：在巴黎 80％的受访者赞成商店在周日营业。与之形成鲜明对比的是，法国最新劳动法规定，非正常工作时间，公司将不允许向员工发送邮件，也不可以向员工打电话。这意味着法国公众对服务业的营业时间要求与个人对劳动时间缩短的渴求之间存在矛盾，这样的矛盾目前在很多其他西欧国家也存在，所以工作时间的暂时性反复变化也就成为可能。

最后，部分国家经济、人口结构等发生变化，导致已有的财富积累受到冲击，进而导致工作时间的暂时性延长。以中国为例，改革开放以来，中国社会的 GDP 总量以年均 7％的水平激增，目前已经成为世界第二大经济体，但是历史原因导致中国面临老龄化问题。老龄化社会的到来，一味缩减工作时间只能导致财富积累的下降，不足以维持非劳动人口的基本物质和精神生活保障。

---

① 金良：《各国每天平均工作时间知多少》，载《工人日报》，2011 年 4 月 15 日。
② 详见日本《新华侨报》（2011 年 2 月 23 日）文章《日本人平均睡眠时间逐年递减》。
③ 《我们要在周日工作：法国百年禁令难敌经济萧条》，载《时代周报》，2013 年 10 月 24 日。

第二章
我国劳动者工作时间特征

《2013年国民经济和社会发展统计公报》显示，中国城镇居民人均可支配收入18 311元，同比增长10.9%，扣除价格因素，实际增长8.1%。国务院总理李克强在人民大会堂与2013财富全球论坛和全球首席执行官委员会的企业家代表座谈时说，"中国已进入中等收入阶段，中国有潜力、有条件实现经济持续健康发展。"劳动者作为经济活动的最活跃因素，其工作状态直接关系我们国家是否真正实现经济持续健康发展。几乎任何一个国家在从贫穷到富有的经济发展史中都出现过劳动者工作时间过长以致挤占其他活动的现象，20世纪初的美国、20世纪80年代的日本都出现了严重的加班问题，中国也在2013年超过日本成为"过劳死"第一大国。[①] 这一时期企业的工时诉求、劳动者的工作—休闲选择都发生了一系列变化，厘清这些变化特征对改善劳动者福利、提高企业生产率和管理水平、完善加班制度等具有建设性和指导性意义。

要真正了解就业者劳动时间（包括工作、家务劳动及其他有酬和无酬劳动时间）及配置情况，需要大量的宏观和微观数据做支撑。国家统计局出版的《人口和就业统计年鉴》《劳动统计年鉴》等统计了非农就业人口、城镇就业人口等群体的工作时间。但是没有公布通勤、无酬劳动等数据。2008年，国家统计局进行了国民时间利用情况的调查，之后再没看到相关出版物发行。1990年、2000年和2010年，中国妇女联合会和国家统计局联合进行了微观调查，总样本量超过3万，本报告利用这一数据对宏观描述结果进行补充说明。

另外，鉴于上述微观数据系2010年之前的成果，不能很好地体现最近时间段的情况，2014年3～4月，北京师范大学劳动力市场研究中心和腾讯网财经频道合作完成了网络调查，用以辅助解释我国劳动者的工作时间特征，共得到32 578份样本，其中，男性、女性占比分别为52.2%和47.8%，城市、农村占比分别为56.7%和43.4%。

---

① 《"压力山大"背后的集体焦虑感值得警惕》，载《中国青年报》，2013年7月12日。

第一节　工时制度逐步与世界接轨

所谓工时，又叫工作时间，是指一定周期内（天、周、月、年）劳动者为了履行劳动义务、获得劳动报酬而进行的改变自然物形态或性质的时间，工作时间是有酬劳动的量化手段。[①] 事实上，劳动者上班之前的通勤、制服更换以及工作日进食工作餐的时间都可以计入工时中。[②] 因为这些活动都是因工作而产生的，为"改变自然物形态或性质"而进行的准备活动，为劳动力的再生产投入时间显然可以视为广义工作时间。但这种界定与法定工作时间有一定差异，法定工作时间特指法律规定的，劳动者为履行劳动义务，在法定限度内应当从事劳动或工作的时间。劳动法的重要内容之一是工作时间，它是保障和实现劳动者休息权的强制性手段。工作时间制度可分为标准工作时间制度、缩短工作时间制度、延长工作时间制度、综合计算工作日制度、不定时工作时间制度等。本节首先对中国的工作时间制度进行简单解释，然后对就业人员的周工作时间特征进行分析。

>>一、中国工作时间制度的历史<<

1923 年，北洋政府下辖的农商部公布了中国历史上第一部劳动法《暂行工厂规则》，虽然该法颁布较晚，但是同其他国家的劳动法规类似，有关工作时间与休息时间的规定已经出现，并且在之后的所有劳动立法中，工作时间一直被列为重要内容专辟章节给予列示。不过，此时的劳动法徒具形式，只是掌权政府借以镇压工人运动的工具。

1924 年 11 月，孙中山颁布《工会条例》，第 15 条规定，"工会对于会员工作时间之规定……"进行"增进与改良"，承认雇员与雇主团体地位对等，而且明确了工会在改善现行工时制度过程中应发挥的积极作用。

1931 年 11 月，中华苏维埃工农兵第一次代表大会通过《中华苏维埃共和国劳动法》，它是第二次国内革命战争时期中农村根据地最重要、最完备的法律。在第四章和第五章中分别阐释了"工作时间"和"休息时间"，不仅规定所有雇佣劳动者通常每日的工作时间不得超过 8 小时，而且对童工、夜班工人、危害身体健康工作部门工人的工作时间以及公共假期进行了详尽的规定，该法律中有关工时的规定已经非常接近新中国成立之后的劳动法，且与当时很多国家的劳动立法已经

---

① 《工资，价格和利润》，北京：人民出版社，1972，第 72 页。

② 详见国际劳工组织网站：http://www.ilo.org/global/statistics-and-databases/statistics，Statistical definitions and legal definitions。

非常相似。

新中国成立之初,并没有对工作时间做出非常明确的规定,不同行业有着各自的规定。1957 年,我国开始进行《中华人民共和国劳动法》的起草工作,由于后期集中精力开展"反右派""大跃进""文化大革命"等运动,劳动立法虽未废止,但没有得到顺利实行。[①] 1979 年第二次起草《劳动法》[②]之后,我国原则上实行每周 6 天工作制,每天工作 8 小时,标准周工作时间为 48 小时。

90 年代初期第三次起草《劳动法》,1993—1995 年初是"五天工作制"的试行阶段。当时实行"隔周五天工作制"或者"五天半工作制"[③],即在原先每周休息一个星期天的基础上每两周再休息一个星期六,即俗称的"大礼拜"(每周休息两天)和"小礼拜"(每周休息一天),也有部分单位采取每周工作五天半,休息一天半的方式。但该措施只是作为《中华人民共和国劳动法》有关工时规定的试验和过渡,1995 年 3 月 25 日,时任国务院总理李鹏签署国务院第 174 号令,发布《国务院关于修改〈国务院关于职工工作时间的规定〉的决定》。决定自 1995 年 5 月 1 日起,实行 5 天工作制,即职工每日工作 8 小时,每周工作 40 小时。

2008 年 1 月 1 日,修改后的《中华人民共和国劳动法》(以下简称新《劳动法》)和《职工带薪年假条例》同步实施,宣告了完善后的工时制度在中国诞生。虽然新《劳动法》主要针对劳动关系问题新增了大量内容,但部分条款为 1995 年《劳动法》已经确立工时制度的有效推进提供了保障。《职工带薪年假条例》则对年假天数、年假期间工资发放问题、不能享受年假的情形、政府部门和劳动部门在执行条例中的职责、违反条例的处罚措施等都进行了详细规定。该条例的颁布意味着我国劳动者历史性地有了享受带薪假期的权利。至此,我国劳动相关法律已经全部覆盖国际上主要发达国家工时制度所包含的项目,标准工时、加班制度、休假、年假等均列其中,只是在细节规定上尚有差异,后面章节一一介绍并进行比较分析。

表 2-1 中国工时法律制度的演进

年份	法规	有关工时规定
1923	《暂行工厂规则》	第一部劳动法,开始有最长工作时限制的规定
1924	《工会条例》	工会可以对工作时间进行干预
1931	《中华苏维埃共和国劳动法》	规定"8 小时工作制"
1957—1978	第一次起草《劳动法》	不明确

[①] 潘超正:《中国劳动法的历史发展及其现状》,载《现代企业文化》,2010 年第 9 期。
[②] 张志京:《劳动法学》第 3 版,上海:复旦大学出版社,2014,第 34 页。
[③] 黄健:《对实行五天半工作制的初步考察》,载《消费经济》,1994 年第 1 期。

续表

年份	法规	有关工时规定
1979—1992	第二、第三次起草《劳动法》	原则上实行每日工作 8 小时，平均每周工作 6 天
1993—1994	《劳动法》试行	每日工作 8 小时，平均每周工作 44 小时、平均每周工作五天半
1995	《国务院关于修改〈国务院关于职工工作时间的规定〉的决定》	每日工作 8 小时、每周工作 40 小时的 5 日工作制
2008	修改后的《劳动法》开始实行	主要对劳动关系方面的内容进行规定
2008	《职工带薪年假条例》	开始有年假的规定

>>二、我国工时制度的说明与解释<<

从法律规定上来看，中国的加班制度有标准工时制、不定时工时制和综合工时制三种。但是有关三种工时制度的适用岗位规定以及其他相关内容并非都出现在《劳动法》中，该法主要对标准工时制度进行了规定。《劳动部关于企业实行不定时工作制和综合计算工时工作制的审批办法》对除标准工时制度的其他工时制度进行了规定；《违反〈中华人民共和国劳动法〉行政处罚办法》对违反劳动法中有关工时规定的情况如何进行行政处罚又作出了详细规定。三个文件都在 1995 年 1 月 1 日开始实行，并且在 2008 年开始实施的新法中没有太多变化，但其内容侧重点不同。

第一，《劳动法》主要对标准工时制度进行了规定。该法第 36 条规定："国家实行劳动者每日工作时间不超过八小时、平均每周工作时间不超过四十四小时的工时制度。"同时第 41 条又规定："用人单位由于生产经营需要，经与工会和劳动者协商后可以延长工作时间，一般每日不得超过一小时；因特殊原因需要延长工作时间的，在保障劳动者身体健康的条件下每日不得超过三小时，但是每月不得超过三十六小时。"这就意味着如果企业按照国家规定要求雇员每天工作 8 小时，每周工作 5 天，标准工作时间应该是 40 小时，再延长工时也不应超过 44 小时。但是如果企业有特殊需求，每月加班不得超过 36 小时，即平均每周不超过 9 小时，那么标准周工作时间 40 小时加上允许加班时间 9 小时，总的周工作时间为 49 小时。也就是说，只要法律给企业一个合适的理由，员工每周工作 49 个小时是可以的。事实上，这种周工时设定方式与国际上规定的标准工作时间和最长工作时间是相对应的。

第二，《劳动部关于企业实行不定时工作制和综合计算工时工作制的审批办法》(以下简称《办法》)对《劳动法》进行了补充,明确规定企业因生产特点不能实行《劳动法》第 36 条可以实行不定时工作制或综合计算工时工作制等其他工作和休息办法。其中,第 4 条规定:企业对符合下列条件之一的职工,可以实行不定时工作制。(1)企业中的高级管理人员、外勤人员、推销人员、部分值班人员和其他因工作无法按标准工作时间衡量的职工;(2)企业中的长途运输人员、出租汽车司机和铁路、港口、仓库的部分装卸人员以及因工作性质特殊,需机动作业的职工;(3)其他因生产特点、工作特殊需要或职责范围的关系,适合实行不定时工作制的职工。第 5 条规定:企业对符合下列条件之一的职工,可实行综合计算工时工作制。(1)交通、铁路、邮电、水运、航空、渔业等行业中因工作性质特殊,需连续作业的职工;(2)地质及资源勘探、建筑、制盐、制糖、旅游等受季节和自然条件限制的行业的部分职工;(3)其他适合实行综合计算工时工作制的职工。

第三,《违反〈中华人民共和国劳动法〉行政处罚办法》也是对《劳动法》的补充,第 4 条规定:"用人单位未与工会和劳动者协商,强迫劳动者延长工作时间的,应给予警告,责令改正,并可按每名劳动者每延长工作时间一小时罚款一百元以下的标准处罚。"这条规定的执行结果不容易测度。首先,有些单位没有工会,不存在与工会协商的问题,所以用人单位与劳动者协商,资方强大的情况下,劳动者是否被迫延长劳动时间很难判断。第 5 条规定:"用人单位每日延长劳动者工作时间超过三小时或每月延长工作时间超过三十六小时的,应给予警告,责令改正,并可按每名劳动者每超过工作时间一小时罚款一百元以下的标准处罚。"这个标准尚能准确判断具体的违法延时工作时间。

2008 年实施的新《劳动法》也涉及了工时制度的有关内容,虽然没有对标准工时等内容进行大的调整,但更注重劳动条约(合同)的合规性,区分自愿加班和被迫加班,加强了对拖欠、少付加班费行为的监督与监管,强化了工会在改善和维护加班制度中的作用。具体包括以下几项基本内容:

(1)"劳动条约(包括劳动合同)应当具备的条款"中需要包括休息休假的内容(第 17 条)。这意味着工时、公休写入用人合同,用人单位一旦违反规定要求工人不合理加班,工人可以借助劳动条约维护个人利益。(2)"用人单位应该严格执行劳动定额标准,不得强迫或者变相强迫劳动者加班。用人单位安排加班的,应当按照国家有关规定向劳动者支付加班费。"(第 31 条)非自愿加班的问题写入法律条文,同时保证了法律的公正性和劳动者劳动需求的差异性。(3)"企业职工一方与用人单位通过平等协商,可以就……休息休假……事项订立集体合同,集体合同草案应当提交职工代表大会或者全体职工讨论通过。"(第 51 条)法律赋予职工代表大会更多权限,以维护劳方利益。(4)"县级以上地方人民政府劳动行政部门依法对下列实施劳动合同制度的情况进行监督检查。"(第 74 条)(5)"用人单位有下列情形之一的，由劳动行政部门责令期限支付劳动报酬、加班费或经济补偿：劳动报酬低于当地最低工资标准的，应当支付其差额部分；逾期不支付的，责令用人单位按应付金额百分之五十以上百分之一百以下的标准向劳动者加付赔偿金。"（第 85 条）第 74、85 条分别就劳动者合法加班和获得应有加班费问题加强了监管"防护"。

>>三、从就业人员周工时审视工时制度<<

（一）标准界定

事实上，从上述法律分析不难发现，按照我国法律标准是存在两套周工时计算模式的：（1）针对一般实行标准工时制度的企业而言，平均每周工作时间不超过 44 小时；（2）针对《办法》中明确规定的岗位以及其他"有特殊要求的企业"而言，平均每周工作时间不得超过 49 小时。鉴于《办法》中规定的行业很多，根据统计局 20 个行业的分类方法，该规定涉及约 70%。[①] 如果一般企业和特殊企业的界限模糊，那么法律在惩罚过度加班方面的强制性就会下降很多。暂不去考虑法律制定方面的问题，为了研究解决"两套标准"的差异性问题，区分加班的严重程度，我们根据《劳动法》规定，认为周工时小于等于 40 小时的情形符合标准工时；把周工时大于 40 小时、小于等于 44 小时的情形视为一般性加班；大于 44 小时、小于等于 49 小时的情形视为严重加班；大于 49 小时的情形视为违法，[②] 下文根据工时数据和工时变化特征对就业人员的加班情况进行综合分析。需要说明的是，本节用周工时作为计量单位也是考虑到"两套标准"的差异性。鉴于多条法律都以周工时作为计量单位规定工作时间，而报告重点考察就业人员工作时间是否符合法律规定，所以用周工时作为计量单位标准统一、方便对比。所以为了方便可比，除非特殊说明，本报告主要研究劳动者实际投入到工作上的时间，具体包括公司规定的正常上班时间和加班时间，其中加班时间包括公司强制和劳动者自愿加班时间，工作地点不限。

---

① 按照《办法》规定，统计局行业分类中 20 个大行业中，只有信息传输、软件和信息技术服务业，金融业，科学研究和技术服务业，教育，卫生和社会工作，公共管理、社会保障和社会组织，国际组织几个行业没有在《办法》规定的职业中，但是这几个行业的部分岗位也有申请不定时工作的可能。另外，如果把高管人员算上，这意味着所有行业中都会有部分劳动者都属于"符合非标准工时制度的职工"。

② 这种分类不一定精确合理，只是为了方便描述性分析，依据现行法律设置一定的标准。

(二)数据描述

所谓就业人员是指经济活动人口(16～59 岁人口)中,在一定时期内为各种经济生产和服务活动提供劳动力供给,并取得报酬或经营收入的人员。不同国家对经济活动人口年龄的界定不一致,[①] 不同学者界定的经济活动人口的所属范围也不一致,[②] 本报告依据国家统计局的标准对其进行界定。

根据中国妇女联合会的数据,我国就业人员周工时略高于法定 40 小时界限。1990 年、2000 年和 2010 年中国就业人员周工时分别为 40.3 小时、40.1 小时和 41.1 小时,高于国家规定的标准工时但并没有超过 44 小时标准。但是该数据存在问题:农村人口就业特征和城镇人口有显著差异,只从事农业生产的劳动者可视为自我雇佣者,其周工作时间受季节影响显著,农忙时从事农业生产,农闲时进行兼职的劳动者工作时间不确定;没有统计法定休息日的工时情况,这里只能假设被调查者在法定休息日不工作,对周工时的核算存在低估。即便可以用平均劳动时间代表农村就业人口的工作时间,也很难用法律标准工时进行比对,所以考察非农就业人员的周工时价值更大。根据国家统计局的数据,我国非农就业人员的周工时超出了法定 44 小时界限。2003—2012 年,加班现象严重,但尚未达到 49 小时的违法上限。从平均水平上来看,非农就业人员平均周工作时间为46.0 小时。另外,周工作时间在不同年份略有波动,高峰值出现在 2005 年,达到了 47.8 小时,低谷值出现在 2008 年,为 44.6 小时。

(小时)

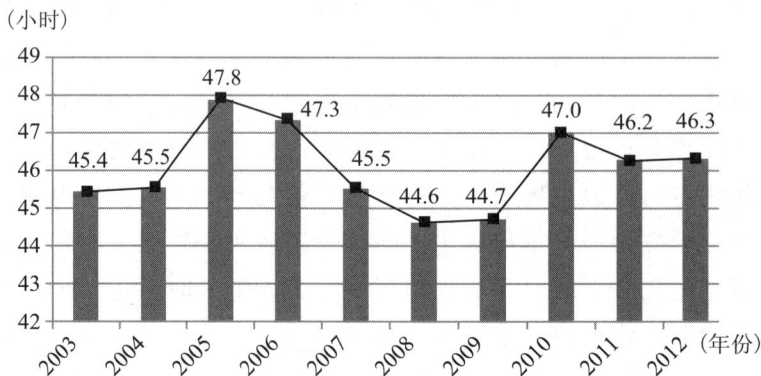

图 2-1 非农就业人员周工作时间

数据来源:国家统计局。

为了更好地说明我国非农就业人员加班严重问题,我们也分性别、年龄对周

---

① 如世界银行规定劳动人口年龄区间下限为 15 岁,而中国国家统计局规定为 16 岁。
② 有学者认为学生和军人不应计入经济活动人口。

工时进行了描述性统计分析。首先，分性别来看，2003—2012 各年度，男性和女性就业人员的周工时均大于 43 小时，且男性的周工时比女性长。除 2008 年、2009 年以外，男性和女性的周工时均长于 44 小时标准，存在严重加班现象。

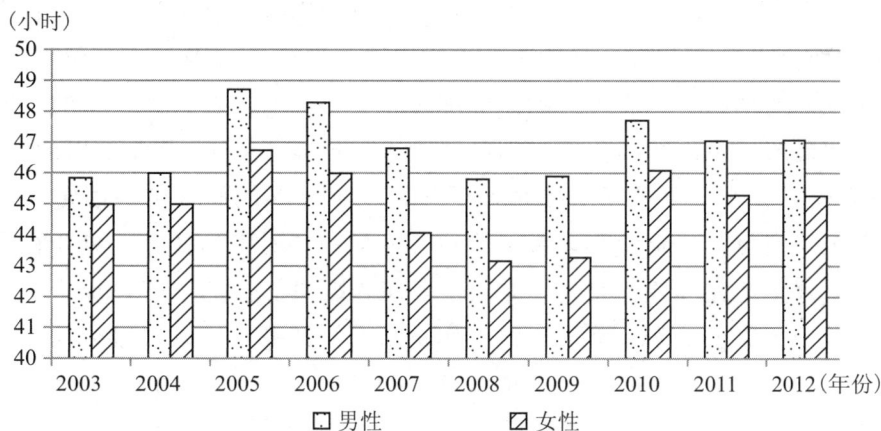

图 2-2　分性别非农就业人员的周工作时间

数据来源：国家统计局。

其次，分年龄段来看，虽然各个年龄段工作时间长短有一定差异，但是除 55～59 岁就业人口之外，其他所有年龄段未退休人群（按女性 50 岁、男性 55 岁计算）的平均周工时均超过了 44 小时，这意味着大部分在法定工作年龄内的劳动者都接受或者被迫接受着加班的"残酷"现实。

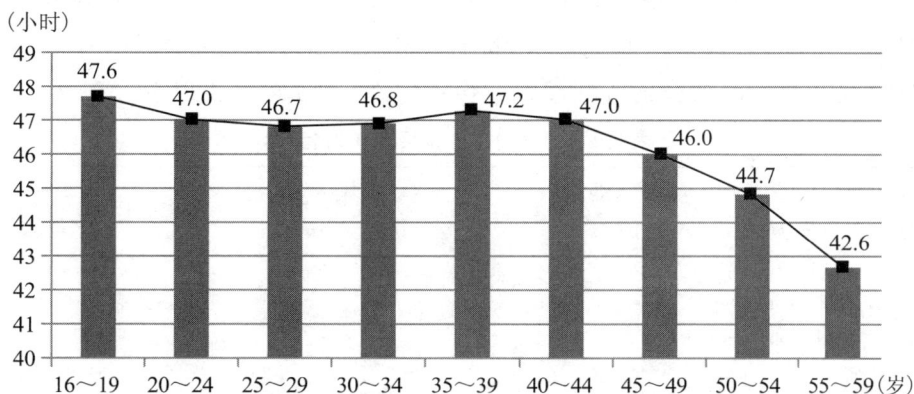

图 2-3　2012 年不同年龄非农就业人员的周工作时间

数据来源：国家统计局。

（三）对比分析

法律的模糊界定在一定程度上"保护"了企业的加班权力，但这种影响并非起决定性作用。就劳动法本身而言，同时设定 44 小时标准和 49 小时标准是为了既保护劳动者权益，又保障有特殊需要的企业不会因工时限制而影响正常生产或者突发事件的处理。客观地说，这样的规定在一定程度上赋予资方更强的工时协商能力，即便存在非标准工时申报制度，企业可以给出各种理由让工人延长周工时至 49 小时而免受法律责罚。但是，法律的作用范围毕竟有限，一方面，在利益、更好职业发展的诱惑下，职工可能偏好加班；另一方面，在一些新型的工时设计方案下，明确劳动者的实际工作时间已属难事。比如部分 IT 企业推出的"弹性工时"设计，这种方案不要求职工按时上下班，也不要求他们一定在固定长的时间内坚守在工作岗位上，企业管理者给劳动者分配一定的工作任务，只要在时间节点上能保质保量地完成并上交就算是履行了工作职责。当然一般情况下，企业会按照中等或中等以上效率水平员工的工作量来发派任务，所以一般劳动者并不会因为"弹性工时"而增加休闲。所以更细化、科学的监督与监管是推行合理工时制度的重要保障，这也是我国不断完善《劳动法》，同时出台各项细化条例的原因。

除了法律的作用范围容易被打破之外，从横向视角对中国和其他国家法律条款中有关周工时的规定进行对比，也能在一定程度上透视出法律规定工时的作用效力是有限的。事实上，就当前的社会生产力水平而言，尚未有哪个国家达到"工作将消失"的发达程度。部分欧洲国家实行的所谓"短工时"制度也是较世界其他国家相对而言，是在一定范围内的"短工时"。根据国际劳工组织 2013 年的报告，[①] 全球法定标准周工作时间最短的国家为法国、比利时等，这些国家规定周工作时间一般不得超过 35 小时，大部分国家把标准工时设定在 40～45 小时之间，肯尼亚和瑞士的部分行业把周工时标准定在了 49 小时或以上。

表 2-2 部分国家和地区周工时标准

国家 （地区）	无一般 性规定	35～39 小时	40 小时	42～45 小时	48 小时	49 小时 或以上
非洲	尼日利亚， 津巴布韦	乍得	阿尔及利亚， 贝宁，喀麦 隆等	纳米比亚， 卢旺达，南 非等	埃及，莫桑比 克，突尼斯等	肯尼亚
亚太地区	印度，巴基 斯坦		韩国， 蒙古等	新加坡	马来西亚，菲 律宾，泰国等	
欧洲南部和 独联体国家			俄罗斯，哈 萨克斯坦， 摩尔多瓦等	土耳其		

---

① Working Conditions Laws Report 2010.

续表

国家 （地区）	无一般 性规定	35～39 小时	40 小时	42～45 小时	48 小时	49 小时 或以上
发达经济 体和欧盟	澳大利亚， 丹麦，德国， 爱尔兰，荷 兰，英国等	比利时， 法国	加拿大，芬 兰，希腊， 意大利，日 本，挪威， 西班牙，美 国等	瑞士（1）		瑞士（2）
拉丁美洲 及加勒比 海地区	牙买加等		巴哈马，厄 瓜多尔	巴西，智 利，古巴， 多米尼加等	阿根廷，巴拿 马，巴拉圭， 秘鲁等	
中东					约旦，黎巴嫩	

注：（1）部分工业生产岗位、技术岗位、大型商业服务岗位等；（2）其他岗位。

数据来源：国际劳工组织 2013 年 Working Conditions Laws Report。

除了规定标准工时之外，很多国家也设置了周工时上限。根据国际劳工组织的报告，世界各国设定的最低周工时上限为 47 小时，这其中包含了瑞典、芬兰、法国、意大利、挪威等发达国家，也包含了委内瑞拉、哈萨克斯坦、贝宁、古巴等发展中国家，设定的最高工时上限为 60 小时。而日本、美国、印度等国家则没有统一的标准，或者各个省（州、邦等）各自制定标准，或者没有专门的法律规定。

表 2-3　部分国家和地区周工时上限

国家 （地区）	47 小时	48 小时	49～59 小时	60 小时	无一般 性规定
非洲	贝宁，委内瑞 拉，乍得等	阿尔及利亚， 安哥拉等	肯尼亚，莫桑 比克，纳米比 亚，南非等	喀麦隆，埃及， 加蓬，塞内加 尔，突尼斯	马里，尼日 利亚，津巴 布韦等
亚太地区			印尼，韩国， 老挝，越南	柬埔寨，马来 西亚，西班 牙，泰国	印度，蒙 古，菲律宾
中部、东南部 欧洲及独联体 国家	哈萨克斯坦， 马其顿，摩尔 多瓦，俄罗斯		克罗地亚， 土耳其		
发达经济体和 欧盟	芬兰，法国， 意大利，挪 威，葡萄牙， 西班牙，瑞典	加拿大，丹麦， 德国，希腊， 爱尔兰，卢森 堡，荷兰，瑞 士（1），英国	比利时， 瑞士（2）		澳大利亚， 日本，新西 兰，美国等

续表

国家 （地区）	47 小时	48 小时	49～59 小时	60 小时	无一般 性规定
拉丁美洲及 加勒比海地区	古巴， 委内瑞拉		阿根廷，巴西， 智利，墨西哥 等	玻利维亚，哥 伦比亚，洪都 拉斯等	伯利兹，牙 买加，秘 鲁等
中东				黎巴嫩	约旦

注：（1）部分工业生产岗位、技术岗位、大型商业服务岗位等；（2）其他岗位。

数据来源：国际劳工组织 2013 年 Working Conditions Laws Report。

从上述对比中不难发现，各个国家设定法定工时的特征并没有明显规律可循。因为法律的设定除了受到经济影响之外，还受到政治、当地文化，甚至自然因素的影响，所以法律强制力的有限性决定了企业可以在一定程度上"蔑视"标准工时，可以说，企业的选择是一种"弱法律约束下"的利润最大化行为。

>>四、国际通行"灵活工时制度"的原因<<

通过上文的分析不难发现，以周工作时间为例，无论国际还是国内法律条文，几乎无一例外地设置了标准工时和最大工时"双重"标准，之所以进行"灵活"的工时制度设计，主要取决于经济约束。在中国，如果把《劳动法》作为衡量标准，在不同性别、不同年龄的人群中，周工时超过 44 小时，也就是劳动者平均每周加班 4 小时以上已经成为普遍现象，过度加班的问题在中国已经非常严重。且各项数据表明，平均加班时长恰好是"擦边球"的"火候"，虽然法律第 36 条规定了 44 小时界限，但按照第 44 条规定所述的"企业特殊要求"情形，我国城镇就业人员的周平均工作时间并没有超过 49 小时，也就是说大部分企业都能做到"适当延长工作时间而不违法"。事实上，作为衡量劳动力市场特征的维度之一，就业人员的周工时会受到法律政策、经济环境、劳动力市场特征、劳动人口自身特征等诸多因素的影响，法律存在可操控的余地。当然有些原因可以解释大部分国家的现象，系"国际通用"，而有些原因只能解释中国的问题，系"本国特有"。

（一）经济发展阶段

工时过长问题是一个国家或地区特殊经济发展阶段的产物。纵观经济发展史，大部分国家或地区的经济发展都经历了两个阶段：第一，以第一、第二产业积累为主的粗放型大规模制造与增长阶段；第二，以第三产业为主的集约型创造与发展阶段。

第一阶段中，基于财富积累和国民需求不足的现状，国家或地区的主要投资方向是基础设施建设、基本消费产品生产、基本服务提供等，其最终产品或服务的技术含量低、价格弹性小，企业对价格的控制能力差。所以需求充足的情况下，增加利润的方式只能是增加产量，而增加产量的前提是让生产线连续运作。在不违反法律的情况下，企业要求工人工作更长时间才能达到追求利润最大化的目的。虽然多雇佣工人，采取"倒班制"也能保证生产线的连续运转，但多雇佣工人可能会增加招聘成本和培训成本，所以企业选择让工人加班是"理性"的。

第二阶段中，当财富积累到一定程度，国家和国民的需求都开始发生改变。就国家而言，粗放型生产带来的环境污染、在国际贸易分工中被动承接低端产品制造、没有国际贸易话语权等问题开始出现，所以产业结构升级和产业转型是该国面临的主要任务，转型成功与否关系整个国家今后的发展方向和发展质量。就国民而言，收入提高后，高技术含量的产品和服务以及休闲的需求开始增加。基于这样的需求、利益驱使下，企业开始转型生产科技含量高、价格弹性大的产品和服务。而能够生产或提供高价格弹性产品或服务的企业往往在一定时期内拥有价格控制能力，适当提价使企业利润增加，过度增加产量只能使供给增加、价格下降，最终导致利润下降，所以企业没有必要再要求员工过度延长工作时间。

中国目前正处在第一阶段的尾声，正视不同发展阶段工时特征差异的客观存在不等于"放任"加班时间"自由"扩张，因为延时工作既是经济问题，也是社会问题，还要对加班问题引发的健康、劳资矛盾进行深入分析和探讨才具有实践意义。

（二）经济周期

经济周期对就业人员的工作时间产生同步影响，投资拉动导致工时增加。无论是市场需求拉动下的投资增加，还是政府干预的以经济增长为目的的投资扩张，都必然要求人力资本的投入与资本投入相匹配，否则生产无法顺利进行，而周工时作为度量劳动量的手段之一与人力资本投入的增加相对应。因此，就业人员的工时与经济波动呈同向联动特征。

以中国为例，下表数据显示，2003—2005 年，城镇固定资产投资增速接近30％，2005—2006 年人均周工时从 45 小时延长至 47 小时，紧接着，2006 年、2007年 GDP 增速提升至 11％以上；2009 年城镇固定资产投资增速为 30.4％，2010 年周工时从 2009 年的 44.7 小时延长到 47 小时，2010 年的 GDP 增速也从 2009 年的9.2％上升到 10.4％。过去的 10～20 年间，中国处于全面、快速发展时期，工业化推进速度加快，各年人均周工作时间均在 44 小时以上，有些年份甚至出现了超过47 小时的现象。相对应的，进入 21 世纪，我国的 GDP 增长率保持在 7％以上，尽管遭遇经济危机，但已有的发展基础加上政府的宽松财政政策和货币政策使得宏观经济维持了高速增长的态势。暂不考虑经济发展中出现的问题，仅从劳动力投入角度看，资本投入推动下的劳动力投入已经体现在工作工时延长的问题上。事实上，不仅中国，美国等发达国家的劳工部门每月推出的就业报告中都会统计平均每周工时的数据，该数据被用来与失业率等其他指标一起分析经济形势。

表 2-4 固定资产投资、周工时和 GDP 增速

年份	城镇固定资产投资增速（%）	非农就业人员的周工时（小时）	国内生产总值增速（%）
2003	29.1	45.4	10.0
2004	28.8	45.5	10.1
2005	27.2	47.8	10.2
2006	24.3	47.3	11.1
2007	25.8	45.5	11.4
2008	26.6	44.6	9.6
2009	30.4	44.7	9.2
2010	25.7	47.0	10.4
2011	24.0	46.2	9.3
2012	20.7	46.3	7.8

数据来源：国家统计局。

如果说上述两个原因属于"国家通用"，那么人口和工资率则属于"中国特有"，这里分别给予解释说明。

(三) 人口

我国的人口结构正在发生着变化，改革开放初期，中国青壮年人口众多，这些人成为生产主力军，但是在过去的几十年中，充足的劳动力供给削弱了劳动者的"工时协商"力量。另外，农村人口迁移为城市企业提供了大量劳动力，改革开放初期中国城市外来务工人员数量不足 0.3 亿，随着城乡一体化推进，农村剩余劳动力转移，到了 2012 年，该指标已经达到 2.6 亿，增加了约 8 倍；中国城镇化率已经从 1978 年的 17.9% 上升到 2012 年的 52.6%，城镇地区大量的劳动力供给使得人力成本在很长一段时间内维持低水平状况。另外，充足的劳动力供给也使得诸多工作岗位可替代性强，特别在二级劳动力市场上，早已形成了"强资方、弱劳方"的力量对比格局，从签订劳动合同、商定工作时间，到上岗参与生产、获得基本工资和加班补助，再到基本假期的享受，劳动者都只能服从企业安排，话语权小。

总而言之，特殊时期，青壮年劳动力人口占比高为生产提供了人力投入来源，对收入要求不高的农村剩余人口降低了企业成本，这样的人口结构为经济发展提供了优越的条件，但同时也在一定程度上削弱了劳动者"工时协商"力量。虽然政府一直试图借助法律规范、就业保护措施、三方协调机制来解决包含工时问题在内的劳动关系矛盾，但是在劳动力供大于求的情况下，基本供需规律决定了劳动力买方市场的强大，人为干预的作用略显乏力。

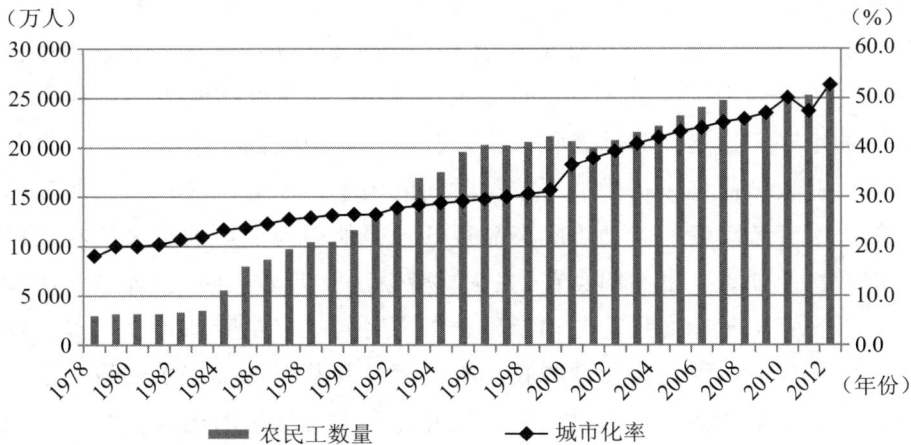

图 2-4　1978—2012 年农民工数量和城市化率

数据来源：国家统计局。

(四)工资率

工资率增长快，但总体工资水平不高，低水平工资导致劳动者借助加班提升收入。毋庸置疑，近些年来，中国人的实际工资增长迅速，甚至对全球工资年平均增长速度都起到了提拉作用。单从流动人口工资来看，农民工工资在 2003—2008 年以年平均 10.2％的速度提高。① 2013 年国际劳工组织的报告显示，如果在计算工资增长时，将中国剔除核算范围，2006—2011 年全世界的人均年平均工资增长率会降低 0.6～1 个百分点，而亚洲的人均年平均工资增长率降低了3.6～6.6 个百分点。甚至在有些年份，如 2008 年、2009 年，如果不包含中国，亚洲的年人均工资增长率为负值，即呈现工资减少的状态。

表 2-5　2006—2011 年全球及亚洲实际工资年平均增长率

年份	世界			亚洲		
	含中国(%)	不含中国(%)	差距(百分点)	含中国(%)	不含中国(%)	差距(百分点)
2006	2.6	2.0	0.6	6.7	2.1	4.6
2007	3.0	2.3	0.7	6.6	1.2	5.4
2008	1.0	0.3	0.7	3.9	−2.0	5.9
2009	1.3	0.3	1.0	5.7	−0.9	6.6
2010	2.1	1.3	0.8	6.3	2.7	3.6
2011	1.2	0.2	1.0	5.0	−0.9	5.9

数据来源：国际劳工组织《2013 年全球工资报告》。

---

① 蔡昉：《中国证券报》，2010 年 11 月 5 日。

　　尽管中国人均工资增长率不低，但是劳动者整体工资水平依然偏低，以制造业为例，2010 年，全球小时工资最高的国家是丹麦，为 34.78 美元，而中国城镇雇员的小时工资仅为 2.8 美元，是丹麦的 7.9%，甚至低于刚果、巴西等其他发展中国家的水平。显然，劳动者收入少，其工作—闲暇的替代率就低。也就是说对于中国就业人员而言，每增加一单位时间的闲暇，他们所愿意放弃的工作时间是很少的。尽管劳动者的劳动边际产品很低，但他们为了得到更多的收入以满足物质需求而接受加班。虽然国家在《宪法》《劳动法》《劳动合同法》等诸多法律中强调企业不得违背工时标准强迫劳动者延长加班时间，但是劳动者在很多时候并不选择行使法律权力，因为在较低的收入不能满足其基本物质需求的情况下，借助法律强制力要求缩短劳动工时对他们来说并非最大化效用的选择。

表 2-6　2010 年部分国家制造业小时工资

国　　家	制造业小时工资（美元）	国　　家	制造业小时工资（美元）
菲律宾	1.41	意大利	18.96
中国	2.77	法国	21.06
刚果	4.74	英国	21.16
波兰	4.86	奥地利	21.67
巴西	5.41	美国	23.32
爱沙尼亚	6.10	荷兰	23.49
捷克	6.81	比利时	24.01
葡萄牙	7.16	加拿大	24.23
阿根廷	8.68	瑞典	24.78
新加坡	12.68	芬兰	25.05
希腊	13.01	德国	25.80
西班牙	14.53	爱尔兰	26.29
以色列	15.28	澳大利亚	28.55
新西兰	17.29	瑞士	34.29
日本	18.32	丹麦	34.78

　　注：国际劳工组织的报告中没有给出中国制造业的小时工资公式，我们根据 2010 年中国城镇制造业城镇单位就业人平均工资、城镇就业人员平均周工时以及当年人民币对美元汇率年平均中间价数据计算中国制造业小时工资。

　　数据来源：国际劳工组织《2013 年全球工资报告》。

第二节　"长工时低收入"与"短工时高收入"并存

　　随着市场经济的发展和行业分工的细化，传统计划经济条件下的行业间协作关系、利益分配关系、职业层级差异都发生了一系列变化，进而导致不同行业、不同职业类别间的薪酬、福利、利润率、组织结构等差异明显，[①] 以工时特征为切入点窥视不同行业、不同职业的差异特征，是否能看到更多有待进一步深入讨论的问题呢？计划经济体制下，几乎没有个体和私营经济，各个岗位劳动者都按照国家统一规定的劳动工时进行集体化生产，效率低下，"大锅饭、磨闲工"现象严重，改革开放以后，工时在不同行业间、不同职业类型间的差异开始显现，大致呈现偏脑力劳动的行业人均工时短，偏体力劳动的行业人均工时长的特征，但各个行业或职业的工时特征在不同时期又有细节性差异，并且呈现出工时与收入不匹配现象，本部分就这些细节性差异和矛盾现象进行描述和阐释。

>>一、不同行业、职业工时差异特征及变化趋势描述<<

分行业来看，大多数行业每周加班在 4 小时左右，且住宿和餐饮业工作时间最长，公共管理和社会组织工作时间最短，行业特征、工作性质等决定了这一差异。如第一节所述，按照标准工时(40 小时)、一般工时限制(44 小时)以及最高工时限制(49 小时)三个标准对不同行业、职业工时差异特征的具体描述性统计分析结果如下：

第一，九成行业周工时超过 40 小时，过半数行业每周要加班 4 小时以上。从城镇数据来看，除农、林、牧、渔业之外，所有行业的周工时均超过了 40 小时。另外，大多数行业的周加班时间(按标准工时 40 小时计算)在 3～5 小时之间，超过 50% 的行业的平均周工时超过了 44 小时，即《劳动法》规定的"无特殊需求企业"应该遵守的一般工时限制(44 小时)。

第二，住宿和餐饮业劳动者加班最多。对所有行业平均周工时进行排名不难发现，住宿和餐饮业劳动者平均每周工作时间长达 51.4 小时。建筑业，居民服务、修理和其他服务业的平均周工时分别以 50.2 小时、49.4 小时、49.1 小时，列二至四位，以上四个行业的周工时均已经超过法律规定的"特殊行业"周工时界限(49 小时)。交通运输、仓储和邮政业以及制造业的周工时为 48.8 小时和 48.2 小时。上述六个行业每周的加班时间均超过了 8 个小时，也就是说，依照《劳动法》规定的每日 8 小时标准，这些行业的工作者平均每周只能休息一天甚至更少。该六个行业的工作人员大多从事体力劳动，工作岗位的可替代性较强。

第三，农、林、牧、渔业劳动者周工时最短，为 38.2 小时，公共管理和社会组织，教育，金融，电力、热力、燃气及水生产和供应，国际组织，科学研究和技术服务业，水利、环境和公共设施管理业就业人员平均周工作时间较短，但是按照"40 小时"周工时标准，该七个行业也存在加班现象，大约周加班时间在 2.5 小时左右。这些行业的工作人员大多从事脑力劳动，工作岗位的可替代性

[①] 吴敬琏 2006 年 6 月 26 日在"长安讲坛"上题为《贫富分化源自腐败和垄断》的讲话。

差，工作强度和工作密度相对较高。

第四，不同行业周工时差异大，最高达 10 小时。工时数排名第一的住宿和餐饮业的劳动者比排名最后的农、林、牧、渔业劳动者平均每周多加班 13.2 小时，比公共管理、社会保障和社会组织平均每周多加班 9.6 小时。一方面，这与行业性质有关，农、林、牧、渔业机械化程度提高，工时缩短，而提供公共管理和社会服务的机构能够规定顾客或服务需求方在工作日购买服务，但是住宿和餐饮业却没有这样的特权，提供服务的时间段更长。另一方面，行业目标对工作时间具有一定影响，事实上，公共管理和社会组织等属于非营利机构，并不是以利润最大化为目标，这些行业的就业人员只需按部就班地依照法律条文设定每日上下班时间就可以不影响基本事务的执行。

表 2-7　2012 年城镇不同行业周工作时间及排名　　　（单位：小时）

行　业	周平均工作时间	超过标准工时（40 小时）小时数	超过一般工时限制（44 小时）小时数	超过最高工时限制（49 小时）小时数
住宿和餐饮业	51.4	11.36	7.36	2.36
批发和零售业	50.2	10.24	6.24	1.24
建筑业	49.4	9.38	5.38	0.38
居民服务、修理和其他服务业	49.1	9.11	5.11	0.11
交通运输、仓储和邮政业	48.8	8.81	4.81	−0.19
制造业	48.2	8.15	4.15	−0.85
信息传输、软件和信息技术服务业	47.8	7.77	3.77	−1.23
租赁和商务服务业	46.2	6.23	2.23	−2.77
房地产业	45.9	5.91	1.91	−3.09
采矿业	45.7	5.73	1.73	−3.27
文化体育和娱乐业	45.6	5.56	1.56	−3.44
卫生和社会工作	44.1	4.09	0.09	−4.91
水利、环境和公共设施管理业	43.8	3.84	−0.16	−5.16
科学研究和技术服务业	43.4	3.38	−0.62	−5.62
国际组织	43.4	3.35	−0.65	−5.65
电力、热力、燃气及水生产和供应业	43.3	3.33	−0.67	−5.67
金融业	43.2	3.22	−0.78	−5.78
教育	42.5	2.54	−1.46	−6.46
公共管理、社会保障和社会组织	41.8	1.84	−2.16	−7.16
农、林、牧、渔业	38.2	−1.84	−5.84	−10.84

数据来源：国家统计局。

　　分职业类型来看，商业、服务业人员周工时最长，农、林、牧、渔、水利业生产人员周工时最短且下降趋势明显，大多数职业的就业人员周工时波动不大。具体描述性统计分析结果如下：

　　第一，商业、服务业人员周工时最长。商业、服务业人员的平均周工作时间为 49.6 小时，在所有职业类型中最长。另外，生产、运输设备操作人员以及单位负责人的平均周工时也较高，分别为 48.8 小时和 48.2 小时。周工时高的三类职业中，商业、服务业以及生产、运输设备操作人员主要从事体力劳动，工作可替代性强，工人工时协商的力量弱，不得不接受平均每周 7~9 个小时的超额加班。单位负责人承担的任务多、责任重，加之这些人往往比一般员工有更高的工作热情，所以他们的工作时间较长。

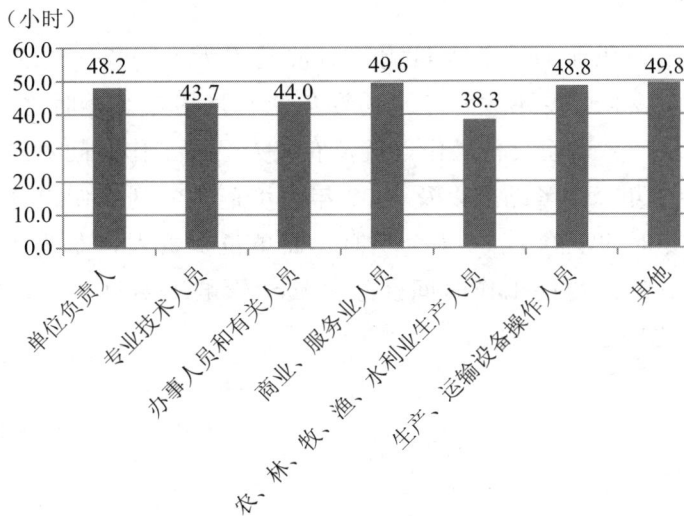

（小时）

职业类型	周工作时间
单位负责人	48.2
专业技术人员	43.7
办事人员和有关人员	44.0
商业、服务业人员	49.6
农、林、牧、渔、水利业生产人员	38.3
生产、运输设备操作人员	48.8
其他	49.8

图 2-5　2012 年不同职业类型城镇就业人员周工作时间

数据来源：国家统计局。

　　第二，农、林、牧、渔、水利业生产人员周工时最短且下降趋势明显。农、林、牧、渔、水利业生产人员的平均周工作时间为 38.3 小时，为所有职业类型中最短。事实上，农、林、牧、渔、水利业是唯一的周工时呈现缩短趋势的职业类型，其生产人员的平均周工作时间从 2003 年的 44.2 小时下降到 2011 年的 38.3 小时。虽然 2008 年政府的四万亿人民币投资导致劳动力投入随之增加，使得农、林、牧、渔、水利业生产人员的平均周工作时间在 2010 年出现小幅上跳，但从十年的数据来看，指标整体下降趋势明显，且 2010 年的指标值为 41.5 小时，依然较 2003 年下降了 2.7 小时。另外，办事人员和有关人员以及专业技术人员的周工作时间分别为 44 小时、43.7 小时，基本和所有人员平均周工作时间持平。

（小时）

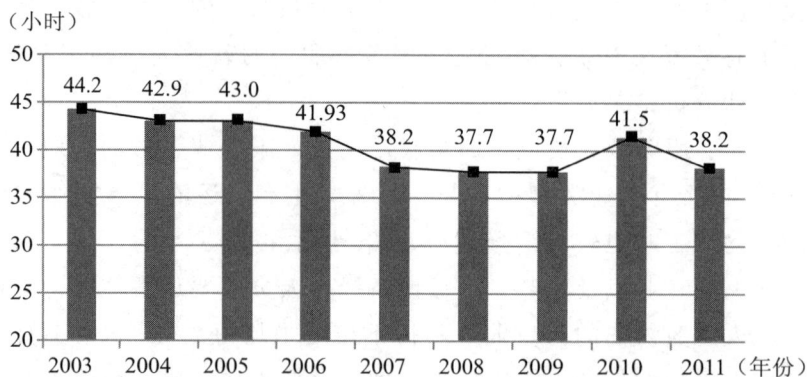

图 2-6　2003—2011 年农、林、牧、渔、水利业生产人员周工作时间
数据来源：国家统计局。

第三，大多数职业的就业人员周工时波动不大。2003—2012 年以来，大多数行业的周工时变化幅度不大，年平均变化绝对量均在 3 小时之内。不过商业、服务业人员，生产、运输设备操作人员及有关人员的工作时间对经济环境的反映敏感度强，2003 年经济紧缩期以及 2008 年经济危机的到来使得这些行业就业人员的人均周工作时间下降了 2～4 个小时。而单位负责人，专业技术人员，办事人员和有关人员的人均周工作时间受经济波动影响不明显，其各年波动量仅在 0.5～1.5 小时之间。

（小时）

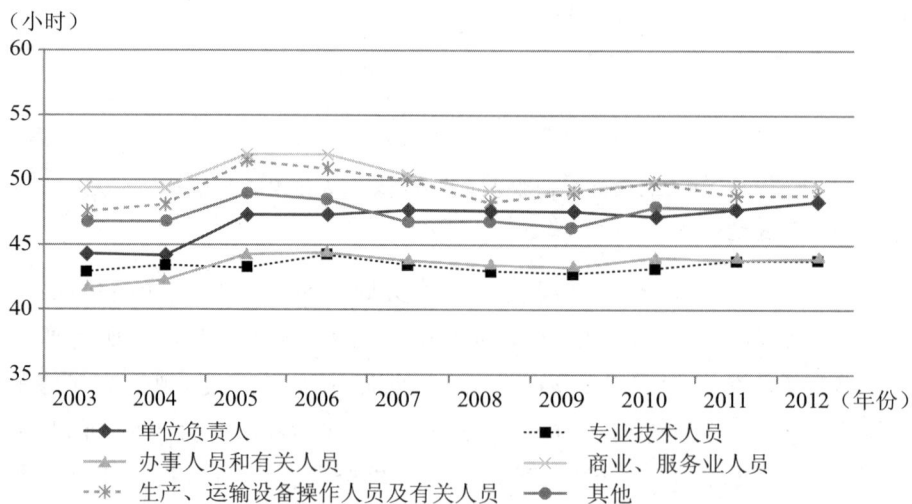

图 2-7　2003—2012 年部分职业类别就业人员的周工作时间
数据来源：国家统计局。

>>二、不同行业工时、工资特征分析<<

按照一般规律，"脑力劳动等于倍加的体力劳动"，劳动的技术含量与工时相关，技术含量高、工时长的工作应该得到高工资，技术含量低、工时短的工作应该得到低工资。[①] 但是在中国有些行业，这一规律似乎并不适用，劳动力市场的扭曲和垄断利润的存在都引发了不同行业工时、工资不匹配的问题。以往的研究大多借助工资、利润等讨论市场扭曲和垄断问题，本报告对工时、工资两个指标进行对比，发现了较之前的观察结果更为严重的现象。

对不同行业工资和工时进行排序发现，在几个"工资高、工时短"的行业中，名次差距超过 10 个位次的行业为金融业，科学研究、技术服务和地质勘查业，电力、燃气及水的生产和供应业。这其中，金融业首屈一指，其就业人员的年平均工资接近 9 万元，为各行业之首，但其周工时仅为 41.9 小时，仅比周工时最短的公共管理和社会组织行业长 0.4 小时。这意味着金融业的员工享有行业间最高工资，却只需付出很短时间的劳动投入。其次是科学研究、技术服务和地质勘查业，其就业人员的年平均工资接近 7 万元，排名第 2，但周工时为 42.4 小时，排名第 16 位。再次是电力、燃气及水的生产和供应业，该行业就业人员的年平均工资为 5.8 万元，在所有行业中排名第 4 位，但周工时为 42.8 小时，排名第 15 位。

与金融行业形成鲜明对比的是住宿和餐饮业，该行业就业人员的年平均工资约 3 万元，但是他们的周工作时间达到 51.9 小时。从工资排序和工时排序的差距来看，其他几个差距大于等于 10 个位次的行业分别为建筑业，居民服务和其他服务业以及批发和零售业。其中，建筑业就业人员的年平均工资为 3.6 万元，其周工时为 49.8 小时；居民服务和其他服务业就业人员的年平均工资为 3.5 万元，其周工时为 49.7 小时；批发和零售业就业人员的年平均工资为 4.6 万元，其周工时为 44 小时。

表 2-8　不同行业周工作时间及排名

行　业	年平均工资（元）	工资排序	工时（小时）	工时排序	工时排序—工资排序
金融业	89 743	1	41.9	17	−16
信息传输计算机服务和软件业	80 510	2	44.7	10	−8
科学研究、技术服务和地质勘查业	69 254	3	42.4	16	−13
电力、燃气及水的生产和供应业	58 202	4	42.8	15	−11

[①]　晏智杰：《重温马克思的劳动价值论》，载《经济学动态》，2001 年第 3 期。

续表

行　业	年平均工资（元）	工资排序	工时（小时）	工时排序	工时排序—工资排序
采矿业	56 946	5	46.2	7	-2
文化、体育和娱乐业	53 558	6	45.1	9	-3
交通运输、仓储和邮政业	53 391	7	48.1	6	1
租赁和商务服务业	53 162	8	45.9	8	0
卫生、社会保障和社会福利业	52 564	9	43.7	12	-3
教育	47 734	10	41.7	18	-8
房地产业	46 764	11	44.0	11	0
批发和零售业	46 340	12	51.1	2	10
公共管理和社会组织	46 074	13	41.5	19	-6
制造业	41 650	14	48.7	5	9
建筑业	36 483	15	49.8	3	12
居民服务和其他服务业	35 135	16	49.7	4	12
水利、环境和公共设施管理业	32 343	17	43.3	13	4
住宿和餐饮业	31 267	18	51.9	1	17
农、林、牧、渔业	22 687	19	42.9	14	5

　　注：国家统计局没有列示国际组织就业人员平均工资，所以这里仅列示 19 个行业的数据。工资排列顺序按照从高到低，工时排列顺序按照从长到短，所以"工时排序—工资排序"为负的行业为"工资高、工时短"行业，为正的行业为"工资低、工时长"行业。

　　数据来源：国家统计局。

　　上文只是借助统计局数据进行了简单描述，为了进一步对问题进行分析，我们有必要知道各个行业就业人员的小时工资。但是目前通过中国的官方数据库尚不能找到分行业小时工资的数据，所以我们根据各个行业就业人员的周工作时间对小时工资进行了推断，具体推算方法如下：

$$某行业就业人员小时工资 = \frac{该行业就业人员年人均工资}{该行业就业人员平均周工时 \times (52-3)}$$

　　需要说明的是，公式中（52－3）是指按照一年 365 天计算，全年大概是 52 周，按照中国法定节假日，每年会休息 3 周（清明节、端午节、国庆节、元旦、春节等），当然国家还规定了在职一定时间的员工的休年假标准，为简化算法，这里暂且忽略不计。这种推断假设高估了住宿和餐饮业、批发和零售业、建筑业、制造业等高工时行业的小时工资，因为这些行业的员工往往不会像公共管理和社会组织，水利、环境和公共设施管理等行业那样，能够享受到法定节假日全假期休息的待遇。对小时工资的高估就意味着对不同行业小时工资的差异进行了低估，所以对所有行业按照法定节假日扣除工作周数存在一定问题，尽管如此，我们依然可以看到不同行业间工资和工时不匹配的问题。

（一）金融、IT 和科研成为小时工资最高"三巨头"行业

金融行业就业人员小时工资为 43.7 元，为 19 个行业中最高，是所有城镇就业人员平均小时工资的 2.4 倍，是小时工资最低行业农、林、牧、渔业的 4.0 倍，这一结果也印证了上文所述金融行业存在垄断利润的问题。信息传输计算机服务和软件业以 36.8 元的小时工资位列第二位，中国改革开放以来，特别是加入 WTO 以来，开放的市场造就了 IT 产业的崛起。以软件业为例，2003—2012 行业各年收入环比增速均超过了 28%，是 GDP 增速的 3~4 倍，在中国成为 IT 业"世界工厂"的过程中，其就业员工的工资水平也是水涨船高。小时工资排在第三位的是科学研究、技术服务和地质勘查业，为 33.3 元，该行业属于知识密集型产业，工作难度大，对在业人员技能要求高，小时工资高是与岗位性质相匹配的。

（二）第一产业和低端服务业小时工资最低

各行业中，农、林、牧、渔业的小时工资最低，仅为 10.8 元，是所有行业平均小时工资的 58%。另外，住宿和餐饮业、居民服务和其他服务业的小时工资分别为 12.30 元和 14.42 元，均未达到所有行业平均小时工资的 80%。这两个行业属于服务业中的低端行业，高度竞争的市场特征加上充足的劳动力供给使得这些行业的就业人员付出了较多的劳动，却没能得到足够多的收入。其他低于全体就业人员平均小时工资的行业还有建筑业，水利、环境和公共设施管理业以及制造业，其小时工资分别为 14.94 元、15.23 元和 17.45 元。

表 2-9　2012 年不同行业小时工资

行　业	小时工资（元）	小时工资排序	与平均小时工资差值（元）	小时工资/平均小时工资	与最低小时工资差值（元）	小时工资/平均小时工资
金融业	43.66	1	25.18	2.36	32.87	4.05
信息传输计算机服务和软件业	36.79	2	18.31	1.99	26.00	3.41
科学研究、技术服务和地质勘查业	33.34	3	14.86	1.80	22.55	3.09
电力、燃气及水的生产和供应业	27.72	4	9.24	1.50	16.93	2.57
采矿业	25.14	5	6.66	1.36	14.35	2.33
卫生、社会保障和社会福利业	24.54	6	6.06	1.33	13.75	2.27
文化、体育和娱乐业	24.24	7	5.76	1.31	13.45	2.25
租赁和商务服务业	23.63	8	5.15	1.28	12.84	2.19
教育	23.38	9	4.90	1.27	12.59	2.17
公共管理和社会组织	22.64	11	4.16	1.23	11.85	2.10
交通运输、仓储和邮政业	22.64	11	4.16	1.23	11.85	2.10
房地产业	21.67	12	3.19	1.17	10.88	2.01

续表

行　业	小时工资(元)	小时工资排序	与平均小时工资差值(元)	小时工资/平均小时工资	与最低小时工资差值(元)	小时工资/平均小时工资
批发和零售业	18.51	13	0.03	1.00	7.72	1.72
制造业	17.45	14	−1.03	0.94	6.66	1.62
水利、环境和公共设施管理业	15.23	15	−3.25	0.82	4.44	1.41
建筑业	14.94	16	−3.54	0.81	4.15	1.38
居民服务和其他服务业	14.42	17	−4.06	0.78	3.63	1.34
住宿和餐饮业	12.30	18	−6.18	0.67	1.51	1.14
农、林、牧、渔业	10.79	19	−7.69	0.58	0.00	1.00
平均值	18.48	—	—		—	—

（三）工作时间长、小时工资最低的行业吸纳三成就业人口

从上表中不难发现，在所列示的 19 个行业中，低于全体就业人员平均小时工资的行业只有 6 个，其他 13 个行业的小时工资都大于平均水平。虽然从表面上来看，大部分行业就业人员小时工资都不低，但事实上，低于全体就业人员平均小时工资的这 6 个行业却吸纳了 47.14% 的就业人口，6 个行业人均小时工资只有 16.14 元。6 个行业中，除农、林、牧、渔业以及水利、环境和公共设施管

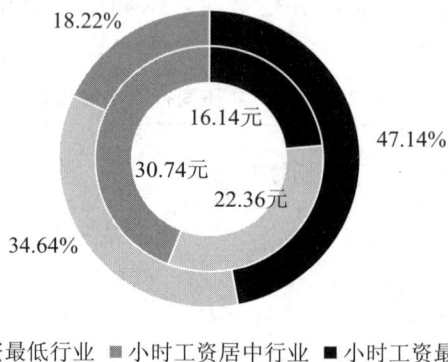

■ 小时工资最低行业　■ 小时工资居中行业　■ 小时工资最高行业

图 2-8　2012 年分小时工资行业就业人员占比

注："小时工资最低行业"是指小时工资低于全行业平均水平的 6 个行业，包括农、林、牧、渔业，制造业，水利、环境和公共设施管理业，建筑业，居民服务和其他服务业以及住宿和餐饮业。"小时工资最高行业"是指小时工资在全行业排名中位于前 6 位的行业，包括金融业，信息传输计算机服务和软件业，科学研究、技术服务和地质勘查业，电力、燃气及水的生产和供应业，采矿业，卫生、社会保障和社会福利业。其他 6 个行业为"小时工资居中的行业"。内圈为分组后平均小时工资(元)，外圈为分组行业就业人员占比(%)。

数据来源：根据国家统计局推算。

理业之外，其他 4 个行业的周工作时间都超过了 44 小时，其就业人口占比达到总就业人口的三成。而小时工资最高的 6 个行业只吸纳了 18.22％的就业人口，其小时工资达到 30.74 元。其中，除采矿业以及信息传输计算机服务和软件业之外，其他行业周工作时间均超过了 44 小时。另外，其他几个行业吸纳了 34.64％的就业人口，平均小时工资为 22.36 元，行业间差距明显。

>>三、基于"时间经济价值"观点的原因分析<<

总结上文描述性分析不难发现，不同行业、不同职业就业人员的工时差异大，且行业间差异较为明显；行业间工资、工时不匹配现象严重，不同行业间小时工资差异明显；各个职业类型中，只有农、林、牧、渔业周工时存在下降趋势，其他行业或变化不大，或略有上升，但上升幅度很小。我国就业人员工时呈现上述特征源自经济、市场、政策等多方面的因素，本节对诸多影响因素进行一一解析。

在进行原因分析之前，有必要说明的一个问题是，这里所讲的工资、工时不匹配是指在劳动难度不高的行业内部出现"高工资，短工时"，也就是说"高工资、短工时"并不意味着匹配不合理。笔者认为，如果劳动难度大，劳动者短时间工作获得高工资，那么这种工时、工资的匹配就是合理的，如果劳动难度小，劳动者进行短时间工作却获得高工资，那么这种工时、工资的匹配就是不合理的。但是这种说法看似合理，却没有一个可度量的尺度，为了说明这个问题，不妨引入时间经济价值的概念，我们暂且把劳动者单位时间内创造的直接或间接经济价值称之为时间经济价值。举例而言，一般性地，育种科学家、制造业企业家和洗头工在同样一个小时的工作中所创造的经济价值存在一定差异。育种科学家创造的经济价值可以用专利价值以及专利投入生产后创造的利润体现；制造业企业家可能自己并不参与生产，但他的决策影响了整个企业的利润，所以正确企业决策带来的利润的增加或者利税情况可以反映企业家的经济价值；洗头工的经济价值可以通过被服务者愿意付出的洗头费来体现。从平均水平来看，科学家和企业家在单位时间内创造的经济价值会高于洗头工，或者说科学家和企业家的时间经济价值比洗头工要高。不妨称一个小时创造的时间经济价值为小时经济价值，最理想的一种配置方式是，小时经济价值和小时工资是一致的，如果存在小时经济价值与小时工资不对等的现象，这说明劳动力市场出现了错配。但是在没有数据可以计算小时经济价值的时候，我们只能用对比的方法进行分析。

(一)行业特征和国民财富水平影响了工时、工资

由于行业自然属性的限制，部分行业(如住宿和餐饮业中)的部分岗位(如旅

店登记人员、酒店服务生)对人力资本的需求只限于小时经济价值低的劳动者，显而易见，经济价值低的劳动者的小时工资一般不会太高。在劳动力供给充足的中国，从事这些行业的人员不得不接受长工时和低工资。另外，在规定服务时间方面，公共管理和社会组织、教育、金融等行业具有更大主动权，一般情况下，被服务方接受服务方设定的时间并在规定时间内享受或者购买服务。而住宿和餐饮等行业则不同，被服务方需要购买服务的时间并非在大多数人的工作时间表内（如早九点到晚六点）。

除了自身属性特征，各行业的发展现状也会影响工资、工时特征。在社会整体技术水平不高，但又需要大力扩充社会经济财富的发展阶段，农、林、牧、渔业，制造业，居民服务和其他服务业等行业对人力资本的需求也是限于小时经济价值低的劳动者，而中国目前恰恰处于这样的发展阶段。美国麻省理工学院和《自然》杂志在 2011 年发布的《世界各国科技综合实力绿皮书》显示，中国的科技综合实力还位于较低级别。所以说，一些行业的部分企业有待升级为高科技企业，一旦升级成功，其生产需要匹配的高技能劳动力也就会随之增加，工资上涨、工时缩短才会成为可能。

表 2-10　部分国家科技综合实力级别对照

级　别	国　家
第一级	美国（只此一家）
第二级	英国、德国、法国、日本
第三级	芬兰、俄罗斯、意大利、以色列、加拿大、澳大利亚、挪威、韩国、捷克等中等发达国家
第四级	中国、印度、墨西哥、南非等发展中国家
第五级	其余发展中贫穷国家，比如津巴布韦、索马里等国

数据来源：《2011 年世界各国综合科技实力报告》，美国麻省理工学院和英国《自然》联合发布。

另外，在社会整体财富还不充足的情况下，劳动者的平均财富水平也不高，IMF 数据显示，2012 年中国的人均 GDP 在全世界仅排第 89 名，居民财富依然匮乏，收入—闲暇替代率低。这一时期，低财富禀赋的劳动者也会欣然接受长工时带来的总收入水平的增加。

如上所言，行业的自然属性和发展状况以及国民财富的积累程度决定了其就业人员的工时长短和小时工资高低。行业的自然属性往往难以改变，并且社会中总有一定比率技能水平不太高的劳动者有到这类岗位进行工作的需求。但是行业发展状况带来的小时经济价值和工时、小时工资不匹配问题则需要通过整个社会的发展和进步来解决。

（二）垄断是导致工资、工时不匹配的重要因素

不妨把"工资高、工时短"行业分成两大类：一类是人均小时经济价值低、工时短、工资高的行业；另一类是人均小时经济价值高、工时短、工资高的行业。鉴于人均小时经济价值不容易计量，把科学研究、技术服务和地质勘查业，金融业以及电力、燃气及水的生产和供应业作为对照组进行分析。

如果对几个行业的平均技术含量水平进行主观评估，科学研究、技术服务和地质勘查业无疑排首位，金融业以及电力、燃气及水的生产和供应业次之。但现实是，技术含量略逊一筹的金融业的就业人员却得到了比科学研究、技术服务和地质勘查业员工高30％的工资，并且金融业的周工作时间更少。现代经济的发展需要发达的金融体系和先进的金融工具，如果没有金融，经济体将在经理国库、调控经济、融资等方面失去一个重要的工具，整个经济体将失去信用中介、支付中介，经济不能有效运行，金融业在经济发展中起着举足轻重的作用。但是，金融业具有初始资本投入大的特征，加之目前我国金融市场开放程度低，市场竞争力弱，金融业是一个靠资金与制度垄断，具有较高超额利润的行业。所以我们这里严格确定对比对象来进行行业归类：在科学研究、技术服务和地质勘查，金融以及电力、燃气及水的生产和供应三个行业所构成的对比组中，把金融业归类为"人均小时经济价值低、工时短、工资高"的行业，把科学研究、技术服务和地质勘查业归为"人均小时经济价值高、工时短、工资高"的行业是具有实践依据的。

另外，在电力、燃气及水的生产和供应业，就业人员依靠资源垄断同样获得了"高工资，短工时"的优待。一般来讲，电力、燃气及水的生产和供应项目在前期基础建设过程中投入资金和技术较多，一旦设施建设完毕、设备安装完成，后期维护成本迅速降低。也就是说在电力、燃气及水开始生产，为人们所使用并收取使用费过程中，随着其产量的增加，其平均成本降低，以至于在长期，边际成本会维持在平均成本之下，即便总的消费量是不变的，平均利润依然在增加。这就意味着一旦某个生产者占据这些资源，除非有政府力量干预，其他生产者几乎不可能进入该市场，由廉洁政府经营管理这类自然垄断行业也就成为经济学家呼声较高的办法之一。所以我们这里把电力、燃气及水的生产和供应业归类为"人均小时经济价值低、工时短、工资高"的行业。

综上所述，资本垄断、自然资源垄断以及一定程度上的政策垄断导致了部分行业的人均小时经济价值和工时、小时工资不匹配。资本垄断与行业内部企业的原始资本积累有关，自然垄断往往与自然资源的私人占有有关，涉及私人产权不可剥夺的问题，但如果资本垄断、自然资源垄断曾经历史性地与政策垄断相结合，那么政府有必要对其进行调整。

与垄断形成对比的是其他竞争性行业，如居民服务和其他服务业，住宿和餐饮业，农、林、牧、渔业，低端制造业等，所有这些行业都具有一个共同特征：行业内部竞争激烈、企业准入门槛低，其大多数产品所在市场为垄断竞争市场或接近完全竞争市场，工作岗位技术含量低，可替代性强，行业内所招聘的基层岗位员工学历水平低、流动性强，外地人口占比高。这些员工协商能力弱，被动接受"长工时、低工资"的现实。

（三）新兴行业的就业人员凭借高额时间经济价值获得高额小时工资

软件开发、互联网等新兴行业以科技含量高、新产品更新迅速为特征，从其行业收入的增长速度及其收入额占工业收入总额的比重可以窥视出行业就业人员高额的时间经济价值。2006—2012 年，软件业、电信业以及规模以上电子信息制造业主营业务收入占全国工业主营业务收入总额的比重超过 10%，且均实现了环比增长。其中，软件业的年均增长速度达到了 31.7%。

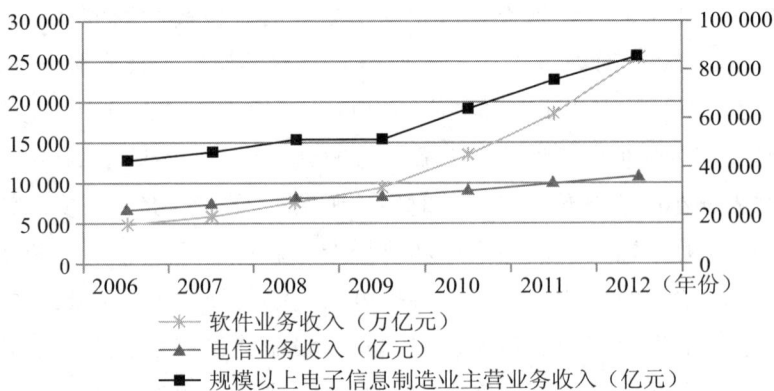

图 2-9　2006—2012 年软件业、电信业以及电子信息制造业收入情况

数据来源：国家统计局。

处在"朝阳"期的高科技行业，企业竞争激烈，对劳动者的需求量大、对就业人员技能要求高。一方面，只有单位时间价值足够高的劳动者才能进入该行业，其价值体现在高额小时工资上；另一方面，这些企业在业务范围上扩张空间大，他们可以渗透到商品贸易、信息服务、基本公共设施建设等各个领域，甚至在政府垄断放松的前提下可以冲击金融行业。总之在尚处于"原始积累、瓜分市场"的阶段内，新兴行业的周工作时间也会遵循一般的劳动时间特征规律："靠增加工时来实现初始资本积累"，因为在与计算机、互联网技术相关的诸多领域中，企业主不会因为吝惜一点加班工资而放弃尚待发掘的高额利润空间。因此，"长工时、高额小时工资"就成为软件开发、互联网、信息技术行业的特征。

（四）农业劳动生产率提高使得农林牧渔业平均工时减少——

近十年来，中国制造业的发展带动了农用工具的改进，农业劳动生产的机械化水平越来越高，2003—2012 年，拖拉机及配套农具、灌溉机械、渔用机动船的使用数量都有增加，甚至有些机械的使用量实现翻番，农业机械总动力从 2003 年的 6.04 亿千瓦增加到 2012 年的 10.26 亿千瓦，第一产业劳动生产率迅速提升。尽管农村劳动力大量转移到城市，脱离了第一产业生产，在一定程度上影响了农林牧渔业的人力投入数量，但是机械化水平的提升使得农业生产尚能保持平稳状态，与此同时，农民劳动工时明显减少，尽管从事农业生产得到的小时工资不高，但劳作时间的减少也是农民利益增加的体现。

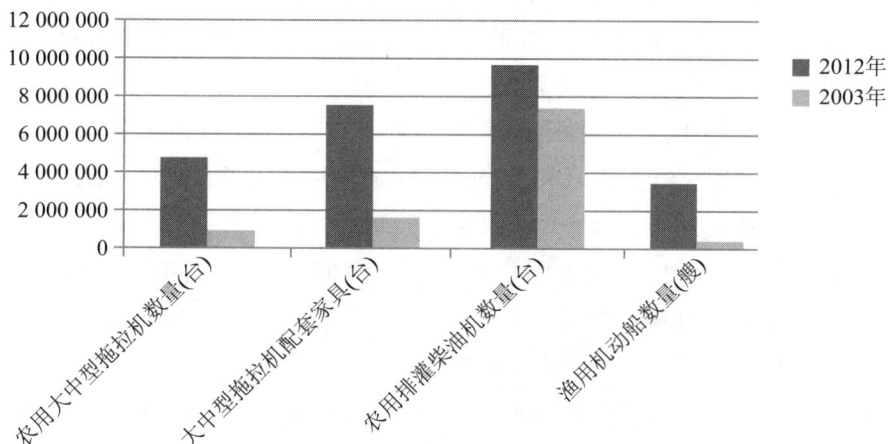

图 2-10　2003 年、2012 年农具使用情况对比

数据来源：国家统计局。

第三节　过度劳动伴随工时闲置

上文已经从总体水平上讨论了延长工时与过度劳动的问题，但忽视了平均周工作时间不满 40 小时的劳动者。有些就业者从事的工作具有特殊性，由于季节、项目期间隔等原因，他们只能在某一特殊的时间暂时性地离开工作岗位，这就出现了工时闲置问题。但目前鲜有学者对中国的闲置工时进行估计，本报告对闲置工时进行推算，并得到一个相对可靠的统计结果：在某些行业、某些人群中，过度劳动伴随工时闲置问题。下文对该问题进行详细阐述以期为解决该问题找到实践依据。

>>一、闲置工时的概念解释<<

从生产的角度看，闲置工时一般是指设备无效、等待或停工过程中所耗费的时间。[①] 从劳动力供给的角度看，闲置工时则可以解释为就业人员自愿或因企业设备无效、等待或停工而减少的有酬劳动时间。本报告主要讨论劳动力供给方面，即劳动者的平均周工作时间少于法定标准工作时间（40 小时）的情况。这些劳动者可能自愿减少工作时间，也可能从事临时性工作、季节性工作，在工作转换期或者停工期没有工作可做，无论是自愿还是非自愿的工作停滞，最终都表现为工时闲置，在一定程度上可以认为是劳动力资源的浪费。

按照计量单位分，闲置工时可以用就业人员日闲置小时数、周闲置小时数、年闲置天数等来计算。鉴于第一节的分析，报告中采用周闲置工时进行统计分析，定义周闲置工时的计算公式为：

工作时间不足 40 小时周闲置工时＝

（40 小时－周工作时间不足 40 小时的就业人员的平均周工作时间）×

周工作时间不足 40 小时的就业人员数

另外，为了方便对比，报告中也对周工作时间不足 20 小时的就业人员的闲置工时进行了计算，具体计算公式为：

工作时间不足 20 小时周闲置工时＝

（40 小时－周工作时间不足 20 小时的就业人员的平均周工作时间）×

周工作时间不足 20 小时的就业人员数

需要说明的是，这里就业人员工作时间不足 40 小时周闲置工时和工作时间不足 20 小时周闲置工时在后文简称"不足 40 小时周闲置工时""不足 20 小时周闲置工时"，两者都是根据《劳动法》规定的标准工作时间进行比较。根据发生原因不同，笔者将闲置工时分为自愿性闲置工时、季节性闲置工时、摩擦性闲置工时、突发性闲置工时。以下分别逐一给予解释和说明。

（1）自愿性闲置工时是指就业者本来可以参与法定标准工作时长的劳动，但是出于个人喜好而缩短工作时长后的实际工作时间。之所以产生自愿性闲置工时，是因为就业者更偏好于休闲、娱乐或者从事家务劳动、公共慈善等非有酬活动，工作时间达不到法定标准。一般情况下，在经济发展水平尚待提升、国民收入水平还不够高的国家或地区，自愿性闲置工时很少。（2）季节性闲置工时是指由于企业生产的产品或提供的服务具有季节性特征，导致就业人员只能在旺季工

[①] Dovring F.，Unemployment in Traditional Agriculture，*Economic Development and Cultural Change*，1967，pp. 163-173.

作、淡季休息进而形成的闲置工作时间。一般情况下，会遇到季节性闲置问题的就业者主要涉及农业、轻工业和部分服务业劳动者，如棉花采摘工人、羽绒服厂生产工人、季节性景区服务人员等。（3）摩擦性闲置工时。摩擦性闲置工时是由于管理组织体系不健全、企业信息不对称、劳动者之间协作不顺畅所造成的闲置工作时间。企业效率低下与摩擦性闲置工时的增加有关。（4）突发性闲置工时。突发性闲置工时是指由于某些突发性事件所造成的闲置工作时间，如台风、停水、停电、设备损坏、罢工等不可抗力或人为因素都会导致闲置工时增加。以上几种闲置工时都会不同程度地影响企业利润和社会福利，本节报告给予特别关注。

>>二、过度劳动和闲置工时数据特征描述<<

（一）总趋势描述

国家统计局公布的数据只能计算城镇就业人员的闲置工时，但是无法考察农村就业人员的工时闲置情况。所以北京师范大学劳动力市场研究中心根据国家妇女联合会和统计局合作进行的微观调查数据估计了 1990 年、2000 年、2010 年的工时闲置情况，同时用统计局数据估计了 2003—2012 年，城镇就业人员的闲置工时。

第一，中国就业人员的平均闲置工时近些年呈现增加趋势。如图 2-11 所示，就妇女联合会的数据来看，1990 年、2000 年、2010 年，中国就业人员的不足 40 小时和不足 20 小时周闲置工时分别为均呈现上升态势。在 1990—2000 年变化较大，20 世纪 90 年代，虽然改革开放已经开始推进，但是计划色彩浓重，有些就业人员属于隐性失业，人在岗位上，但属于低工资、低水平就业，劳动强度小，相应的"隐性闲置工时"无法统计。在 2000—2010 年也出现增加趋势，主要是经济危机原因导致 2010 年就业者闲置工时增加。需要说明的是，该数据虽然考虑了农村就业人员的工作时间，但是存在着三方面的问题：一是没有考虑周末工作时间可能会低估平均闲置工时，因为数据只有日工作时间，虽然询问了当天"是否是您的工作日"，但是并不容易估计周六、日的工作情况，所以这里只统计了工作日的工作时间情况，然后假设所有劳动者周六、日都不工作来计算周闲置工作时间。二是该数据调查时间一般是 11～12 月份，所以在北方农闲季节影响下，数据结果又可能会被拉高。三是 2000 年和 2010 年都在金融危机后期（1997 年亚洲金融危机，2008 年全球金融危机），所以数据参考价值有待进一步核实。这里只是借助该数据进行趋势性描述，考察城镇就业人员的闲置工时对其进行补充说明。

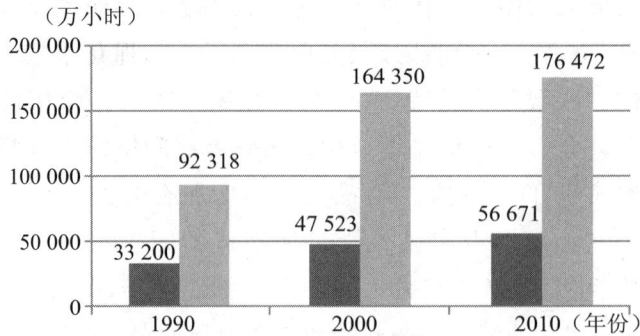

图 2-11　1990—2010 年中国就业人员闲置工时

数据来源：中国妇女联合会，北京师范大学劳动力市场研究中心。

第二，2003—2012 年，中国城镇就业人员的闲置工时呈现先增加后减少，整体增加的趋势。其中，不足 40 小时闲置工时在 2003 年为 26 669 万小时，之后基本维持稳定，到 2007 年，闲置工时突然增加，达到 52 660 万小时，在接下来的三年中，该指标维持攀升状态，在 2011 年才出现下降，达到 41 767 万小时，2012 年，又缓慢增至 53 350 万小时。不足 20 小时闲置工时也呈现类似的特征。2003—2006 年，维持在 6 000 万小时左右，2007 年出现突增，达到 18 411 万小时，2008 年又跳跃到 25 401 万小时，之后这种状态维持到 2010 年，在 2011 年出现新的"跳跃式"下降。

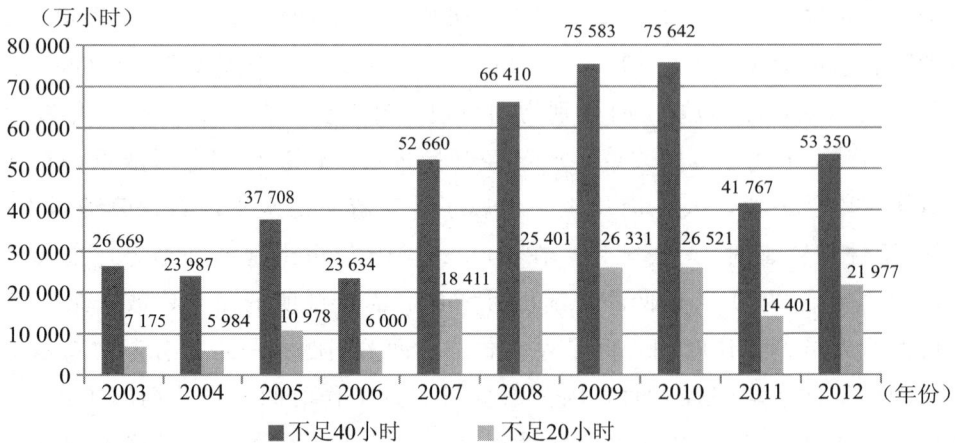

图 2-12　2003—2012 年中国城镇就业人员闲置工时

数据来源：国家统计局，北京师范大学劳动力市场研究中心。

第三，从城镇就业人员工作时间构成情况来看，周工作时间在 40 小时以下的就业人员占比在 10% 左右，受经济危机的影响，不同年份出现短期波动，但整体变化不大。值得注意的是，2006—2012 年，在加班人群中，周加班时间在 48 小时以上的就业者占比均超过了 30%，而周加班时间在 41～48 小时的就业者占比几乎都在 20％以下。这意味着大约有一到二成的就业人员每周工作时间不满 40 小时，有约三成的就业者所在企业应该面临《劳动法》规定的超时加班调查甚至处罚。

表 2-11 2006—2012 年中国城镇就业人员工作时间构成 （单位：％）

年份	不同工作时间人员构成					
	1～8 小时	9～19 小时	20～39 小时	40 小时	41～48 小时	48 小时以上
2006	0.4	1.7	11.1	31.2	16.1	39.6
2007	0.6	2.2	12.8	33.0	17.1	34.4
2008	0.6	2.3	14.8	33.3	18.3	30.8
2009	0.6	2.1	14.2	34.2	18.5	30.5
2010	0.4	1.0	7.6	37.9	15.3	37.7
2011	0.7	1.4	8.5	37.8	18.7	32.9
2012	0.5	1.2	8.1	37.1	20.3	32.8

数据来源：国家统计局，劳动力市场研究中心。

（二）分类特征描述

不同行业过度劳动程度和闲置工时特征差异显著。在第二节中已经借助周工作时间数据对不同行业的工时进行了对比分析，为了说明不同行业过度劳动情况的差异，这里再次借助工作时间构成数据进行简单证实，同时根据上文公式再对不同行业就业人员闲置工时进行计算和特征分析，得到如下结论：

（1）农、林、牧、渔业是城镇就业人员闲置工时最多的行业，一方面，从结构数据来看，平均周工作时间不足 40 小时和不足 20 小时的就业人员占比分别达到了 40.75％和 8.44％，高出其他行业 10～20 倍；另一方面，从就业总人口来看，从事农、林、牧、渔业生产的就业人员占比达到了 13.67％，所以闲置时间长、闲置人员多，双重因素作用下，该行业闲置工时达到 26 255 万小时。

（2）居民服务、修理和其他服务业闲置工时较多，且同时存在严重过度劳动问题。居民服务、修理和其他服务业的就业人员占比为 3.66％，就业者规模不大，但闲置工时较多。具体的，居民服务、修理和其他服务业周工作时间不足 40 小时和 20 小时就业人员的构成比分别为 9.60％和 1.82％；平均周工作时间不足 40 小时和 20 小时闲置工时分别为 1 667.71 万小时和 611.74 万小时。该行业成为除农、林、牧、渔业外闲置工时最多的行业。但同时，45.3％的就业人员周工作时间在 48 小时以上，可见该行业存在不确定性，有工作可做的期间出现过度劳动现象，一旦项目期结束，就又存在工时闲置问题。

（3）与居民服务、修理和其他服务业类似，建筑业同时存在过度劳动和闲置工时多的特征。行业内 46.6％的就业人员周工作时间在 48 小时以上，与本章第二节的结论一致。从闲置时间来看，建筑业平均不足 40 小时和 20 小时周闲置工时分别达到了 1 781.74 万小时和 936.77 万小时，相应地，从闲置时间构成比来看，建筑业平均周工作时间不足 40 小时和 20 小时的就业人员占比分别为 6.24％和 0.87％。结合房地产业闲置时间构成不难发现，房地产业就业人员的周工作时间不足 20 小时闲置工时构成比为 1.35％，仅次于居民服务、修理和其他服务业，在所有行业中排位第三。建筑业和房地产业属于上下游企业，关联度高，所以前者闲置工时多，另后者闲置工时也多。

（4）制造业、批发零售业过度劳动问题严重，几乎不存在工时闲置情况。先考察过度劳动问题，47.5％的批发零售业就业人员周工作时间在 48 小时以上，尽管该指标对于制造业就业人员而言较低，为 35.5％，但是制造业劳动者工作时间在 41～48 小时的占比高，为 27.3％。以下讨论工时闲置问题，制造业平均周工作时间不足 40 小时和不足 20 小时的就业人员占比分别为 4.04％和 0.46％，批发零售业分别为 5.27％和 0.77％，占比较低。但是由于这两个行业劳动者数量大，所以尽管制造业、批发零售业闲置总工时也较长，分别为 3 856 万小时和 3 882 万小时，但从平均水平来看，工时闲置情况在这两个行业并不存在，且后面章节的分析也能证明这一观点。

（5）科学研究和技术服务业、采矿业闲置工时很少，尤以科学研究和技术服务业为甚。一方面，从行业闲置工时构成来看，科学研究和技术服务业就业人员平均周工作时间不足 40 小时和不足 20 小时的占比分别为 2.52％和 0.55％，相应地，采矿业的指标值分别为 2.72％和 0.43％；另一方面，从就业人员数来看，从事科学研究和技术服务业、采矿业的就业人员占比分别为 0.86％和 1.88％，所以闲置时间短、闲置人员少，双重因素作用下，两个行业闲置工时分别为 320.48 万小时和 696.52 万小时。尽管科学研究和技术服务业劳动者周工作时间在 48 小时以上的不多，但是一些隐性加班这里并没有统计，所以不容易断定其过度劳动问题的严重性。

表 2-12　2012 年中国城镇就业人员闲置工时及人员构成

行　业	就业人员数（万人）	行业就业人员占比（％）	不足 40 小时（万小时）	不足 20 小时（万小时）	不同工时就业者占行业内就业人员总数的比重（％）			
					19 小时以下	20～39 小时	41～48 小时	48 小时以上
农、林、牧、渔业	5 073	13.7	26 255	9 955	8.4	40.6	14.3	20.6
采矿业	697	1.9	251	92	0.4	2.7	29.4	23.1
制造业	8 142	21.9	3 856	937	0.5	4.0	27.3	35.5
电力、热力、燃气及水生产和供应业	535	1.4	312	42	0.3	5.4	17.7	15.6

续表

行　　业	就业人员数（万人）	行业就业人员占比（%）	不足40小时（万小时）	不足20小时（万小时）	不同工时就业者占行业内就业人员总数的比重（%）			
					19小时以下	20～39小时	41～48小时	48小时以上
建筑业	2 368	6.4	1 782	937	0.9	6.2	19.9	46.6
批发和零售业	6 069	16.4	3 882	1 151	0.8	5.3	21.1	47.5
交通运输、仓储和邮政业	2 065	5.6	1 469	409	0.7	5.8	18.2	40.6
住宿和餐饮业	1 633	4.4	1 132	333	0.8	5.7	23.3	49.4
信息传输、软件和信息技术服务业	1 203	3.2	656	261	0.8	4.1	19.2	35.6
金融业	843	2.3	428	105	0.5	4.3	17.2	14.1
房地产业	502	1.4	346	171	1.4	4.8	25.5	26.2
租赁和商务服务业	646	1.7	369	144	0.8	4.3	22.7	27.0
科学研究和技术服务业	320	0.9	122	59	0.6	2.5	18.6	13.3
水利、环境和公共设施管理业	291	0.8	237	60	0.9	6.9	16.3	19.7
居民服务、修理和其他服务业	1 356	3.7	1 668	612	1.8	9.6	19.8	45.3
教育	1 533	4.1	1 160	463	1.1	5.6	13.0	13.5
卫生和社会工作	1 112	3.0	605	135	0.5	4.7	18.2	18.5
文化体育和娱乐业	521	1.4	448	191	1.3	6.2	16.2	27.3
公共管理、社会保障和社会组织	2 190	5.9	1 331	189	0.3	5.5	11.1	9.0

注："不足40小时闲置时间构成"是"城镇就业人员闲置时间构成"指标中"1～8小时""9～19小时""20～39小时"闲置时间构成比之和；相应地，"不足20小时闲置时间构成"是"城镇就业人员闲置时间构成"指标中"1～8小时""9～19小时"闲置时间构成比之和。人员构成是指工作时间不足40小时（或者20小时）的就业者占总就业人数的比。

数据来源：国家统计局，北京师范大学劳动力市场研究中心。

除此以外，不同教育水平的就业人员闲置工时特征存在差异。教育水平低的就业人员闲置工时多。从工作时间构成来看，未上过学的城镇就业人员平均周工作时间不足40小时和不足20小时的占比分别为42.35%和10.94%，比高中及以上学历的劳动者高出10～15倍。小学学历城镇就业人员平均周工作时间不足40小时和不足20小时的占比分别为26.17%和5.20%，相应地，初中学历城镇就业人员在这两个指标上的占比分别为11.93%和2.00%。尽管相对未上过学的就业人员，小学和初中学历就业人员闲置工作时间构成比在减少，但是只有初中或高中文化水平的就业人员占比很高，分别为39.58%和24.81%，所以这两类人群闲置工时都很高。"初中"教育水平分组中，平均周工作时间不足40小时和20小时的周闲置工时分别为2 057 821.36万小时和599 904.47万小时，"高中"教育水平分组中，平均周工作时间不足40小时和20小时的周闲置工时分别为588 049.42万小时和190 417.91万小时。

表 2-13　2012 年分受教育水平中国城镇就业人员闲置工时及构成

受教育程度	就业人员数（万人）	就业人员占比（%）	不足 40 小时		不足 20 小时	
			闲置工时（万小时）	闲置工时构成（%）	闲置工时（万小时）	闲置工时构成（%）
未上过学	31 269.02	0.84	158 446.40	42.35	60 236.15	10.94
小学	354 113.40	9.54	1 056 274.24	26.17	313 794.59	5.20
初中	1 468 561.11	39.58	2 057 821.36	11.93	599 904.47	2.00
高中	920 422.76	24.81	588 049.42	5.25	190 417.91	0.93
大学专科	532 455.48	14.35	248 771.56	3.95	65 110.18	0.50
大学本科	368 245.79	9.93	169 680.78	3.81	46 532.84	0.47
研究生	35 132.42	0.95	13 761.48	3.43	3 887.61	0.62

　　数据来源：国家统计局，北京师范大学劳动力市场研究中心。

　　分性别来看，不同性别城镇就业人员闲置工时构成同样存在随教育水平增加而减少的现象，城镇就业人员闲置工时呈现随教育水平先增加后减少的趋势。如上文所述，我国劳动者学历结构水平直接影响了不同分组就业人员闲置工时总量，小学、初中学历水平就业者闲置工时最高。

　　另外，不同学历水平男性和女性城镇就业人员之间的闲置工时及构成特征也有显著差异。同等学力水平下，男性就业人员闲置工时及构成比都明显低于女性，且闲置工时差异随着学历水平的提升而缩小。具体地，"未上过学"的就业人群中，平均周工作时间不足 40 小时的男性和女性的闲置工时分别为 64 476.67 万小时和 282 906.35万小时，女性是男性的 4.4 倍，而这一差距在"小学"组中下降到 2.1 倍，在其他分组中均低于 1.6 倍。"未上过学"的就业人群中，平均周工作时间不足 20 小时的男性和女性的闲置工时分别为 23 050.31 万小时和 109 509.34 万小时，女性是男性的 4.8 倍，而在其他分组中均低于 2.5 倍。就闲置工时构成比来看，以平均周工作时间不足 40 小时构成比指标为例，未上过学的男性和女性的指标值分别为 29.85% 和 48.79%，大学专科及以上男性和女性的指标值分别在 2.5%～4.0% 之间和 4.0%～5.0% 之间，男性闲置工时构成比低于女性。

表 2-14　2012 年分性别、受教育水平中国城镇就业人员闲置工时及构成

性别	受教育程度	就业人员数（万人）	就业人员占比（%）	不足 40 小时		不足 20 小时	
				闲置工时（万小时）	闲置工时构成（%）	闲置工时（万小时）	闲置工时构成（%）
	未上过学	18 487.66	0.51	64 476.67	29.85	23 050.31	7.45
	小学	313 292.62	8.40	726 686.71	20.45	202 771.56	3.73
	初中	1 478 063.64	39.82	1 633 086.91	9.56	429 077.89	1.41

续表

性别	受教育程度	就业人员数（万人）	就业人员占比（%）	不足 40 小时		不足 20 小时	
				闲置工时（万小时）	闲置工时构成（%）	闲置工时（万小时）	闲置工时构成（%）
男性	高中	983 481.12	26.53	563 332.70	4.62	195 214.45	0.87
	大学专科	513 022.58	13.81	222 114.59	3.78	49 813.79	0.42
	大学本科	367 866.09	9.90	150 344.85	3.55	31 125.84	0.31
	研究生	35 986.23	1.01	10 910.79	2.73	2 488.94	0.39
女性	未上过学	48 109.79	1.31	282 906.35	48.79	109 509.34	12.74
	小学	407 899.10	11.07	1 491 103.79	31.97	460 281.34	6.70
	初中	1 456 040.53	39.21	2 620 761.07	15.12	826 304.88	2.79
	高中	837 336.67	22.61	620 904.51	6.23	184 134.53	1.01
	大学专科	558 060.36	15.0	284 063.21	4.16	85 388.17	0.60
	大学本科	368 746.05	9.93	195 271.00	4.16	66 923.88	0.68
	研究生	34 007.42	0.91	17 496.54	4.41	5 720.77	0.95

数据来源：国家统计局，北京师范大学劳动力市场研究中心。

（三）过度劳动、闲置工时与就业分析

从上文的分析不难发现，城镇就业人口中，大多数行业都存在周工作时间超过 40 小时的问题，农、林、牧、渔业成为工时闲置最严重的行业。"就业挤出"并不容易估计，但不妨参考第一章所述法国社会党的估计方法，对我国劳动者工作时间进行再计算。首先，考察可增加就业情况，不妨假设（1）：就业人员不存在加班现象，假设（2）：有足够多数量的非就业人员有能力并且愿意从事当前加班者的工作。或者说考量如果加班的劳动者把法定标准工作时间（如 40 小时）以上的加班时间都"奉献"出来之后，让那些没有工作的能增加多少潜在就业人口。

计算公式如下：

$$L = \frac{\sum_{i=1}^{N}\sum_{t_1=1}^{T_1}(\bar{x}_{it}-A)-\sum_{j=1}^{M}\sum_{t_2=1}^{T_2}(A-\underline{x}_{jt})}{A(T_1+T_2)}$$

$$= \frac{\sum_{i=1}^{N}\sum_{t_1=1}^{T_1}\bar{x}_{it}+\sum_{j=1}^{M}\sum_{t_2=1}^{T_2}\underline{x}_{jt}-A(NT_1+MT_2)}{A(T_1+T_2)}$$

A 为法定标准工作时间，L 为潜在新增就业人口，$\bar{x}$ 为周工作时间超过 A 的就业人员的实际周工作时间，$\underline{x}$ 为周工作时间少于 A 的就业人员的实际周工作时间。N 和 M 分别为周工作时间超过 A 和不足 A 的就业人口数，T_1 和 T_2 分别代表周工作时间超过 A 和不足 A 的就业人员年工作周数。所以 $\sum_{i=1}^{N}\sum_{t_1=1}^{T_1}(\bar{x}_{it}-A)$ 代表超过标准工时的人"奉献"出的加班时间中，用以填补闲置工时的那部分时

间。$\sum_{i=1}^{N}\sum_{t_1=1}^{T_1}(\bar{x}_{it}-A)-\sum_{j=1}^{M}\sum_{t_2=1}^{T_2}(x_{jt}-A)$ 则代表了超过标准工时的人"奉献"出的加班时间中，填补了闲置工时以后依然"多余"的时间。

按照中国的法律标准，设 A＝40，对 2012 年我国城镇就业人口潜在增加量进行计算。第一，如果对所有进行闲置工时进行填补，即 $\sum_{j=1}^{M}\sum_{t_2=1}^{T_2}(A-x_{jt})$ 取最大值，如果当前所有劳动者工作时间都为 40 小时，我国城镇将增加潜在就业人口数 641 万人，增加比达到 1.73%。

第二，有些行业，如科学研究、教育存在隐性工作时间，非正式的学术讨论、对学生的课下辅导等都应该列入工作时间，但是这些时间并无法准确评估并体现在统计数字上。因此，把既有的闲置工时都填补进去不符合现实经济意义。为了能让结果更加有参考价值，不妨只填补部分行业的闲置工时，再计算潜在新增就业人口。

首先，根据上文的研究结果，农、林、牧、渔业闲置工时构成占比最高，接近 50%，所以填补该行业闲置工时，然后计算得到的潜在就业人口增加量为 1 799 万人，增加比达到 4.85%。其次，考虑到制造业，建筑业，居民服务、修理和其他服务业有闲置工时和过度劳动并存的现象，所以同时填补农、林、牧、渔业，制造业，建筑业，居民服务、修理和其他服务业闲置工时之后，再计算得到的潜在就业人口增加量为 1 509 万人，增加比达到 4.07%。

第三，有些岗位可能会雇佣残疾人等特殊劳动者，所以工作时间不满 40 小时也是有可能的；有些劳动者出于自愿减少工作时间，即便有人"奉献"出加班机会，他们也不会加班或者说没有人强迫他们加班，如部分自由职业者。同时，为了方便和上述研究进行对比，这里对所有行业都不进行闲置工时填补，即 $\sum_{j=1}^{M}\sum_{t_2=1}^{T_2}(A-x_{jt})=0$，计算得到，2012 年我国城镇将增加潜在就业人口数 2 456 万人，增加比达到 6.62%。计算结果如下表所示：

表 2-15　潜在就业人口增加数及占比

填补闲置工时的行业名称		潜在就业人口增加数（万人）	潜在就业人口增加比（%）
所有行业都填补闲置工时		641.52	1.73
部分填补	农、林、牧、渔业	1 799.25	4.85
	农、林、牧、渔业，制造业，建筑业，居民服务、修理和其他服务业	1 509.45	4.07
无填补闲置工时行业		2455.62	6.62

数据来源：北京师范大学劳动力市场研究中心。

>>三、闲置工时特征的原因和影响结果分析<<

(一)原因分析

1. 经济周期

从总体来看,闲置工时的波动特征与经济周期有关,且中国就业人员闲置工时的变化具有前导性特征。在 2007 年,也就是经济危机发生的前一年,就业人员闲置工时就出现了跳跃式增长现象。金融危机期间,首当其冲的是劳动密集型出口行业、原材料行业、大宗能源行业、金融行业等。大宗能源、金融等行业尚能借助在国内的垄断优势和政府的保护伞在危机动荡中少受损失,不至于引起严重的劳动力闲置问题。[①] 但是劳动密集型出口、原材料生产等行业则无法躲避经济冲击,特别是行业中的一些中小企业,所以经济危机前期和经济危机持续期,许多在临时性岗位工作的劳动者、兼职人员的工作时间就会缩短,最终结果是整个劳动力市场的闲置工时增加。

2. 行业特征

农、林、牧、渔业生产具有季节性特征,特别是在淮河以北地区,农闲时间较长,加之农业机械化生产的普及,闲置工时出现。虽然乡镇企业的发展、城市企业的外迁给农闲劳动者创造了一定数量的就业岗位,但是这些有限数量的工作岗位只能在一定程度上解决部分劳动者的工作需求。因为以农业生产为主业的就业者大多教育水平不高,且一般专注于农业技术,不具备其他行业的劳动技能,所以企业只给这些季节性工人提供一些收入不高、简单易干的少量岗位,劳动者无需具备太多技能或者仅需要进行简单培训就能胜任这些工作,大多数劳动者在农闲季节没有工作。

建筑业以及居民服务、修理和其他服务业有临时性特征,劳动者一般通过个人宣传、合伙人承接项目、中介机构介绍等形式搜寻工作。有劳务需求的企业或个人会临时性地雇用这些劳动者,一旦完成生产项目或者服务期结束,劳动者就面临再搜寻或者项目等待过程。这些就业人员在生产或服务项目密集期的工作时间比平均水平长,而在生产或服务项目较少的时期就存在工时闲置问题。

从事科学研究和技术服务业的劳动者属于稀有优质人力资本,几乎没有闲置工时。这一现象不仅在国内存在,在诸多发达国家也存在。首先,中国正处于经济转型和收入跨越的关键时段,科技工作者是各行各业创新的主体,他们辛勤工

---

① 事实上,存在隐性闲置工时,因为在岗位上不工作或者工作量减少意味着人力资本的闲置。

作是时代的需求。其次，科研制度的不完善导致诸多科技工作者不仅仅要从事科学研究，还要在其他行政、财务、监管等流程上耗费很多时间，部分管理工作效率低下也是导致其科技工作者闲置工时过少的原因。最后，科技工作者很多出于兴趣工作，所以乐此不疲，闲置时间少。

3. 劳动者教育水平差异大

过度劳动与工时闲置问题在一定程度上体现了中国劳动力市场的人力资本结构不合理，而这种结构错位是劳动者教育水平差异大造成的后果。《2013 年人类发展指数报告》显示，尽管近些年来中国义务教育普及率逐渐上升，劳动者的平均受教育年限不断提升，但整体水平依然偏低。中国的高等教育毛入学率仅为25.9%，不仅低于美国（94.8%）、日本（59.0%）、加拿大（60.0%）等发达国家，而且低于泰国（47.7%）、巴西（36.1%）、菲律宾（28.9%）等发展中国家。文盲率为 6.7%，高于菲律宾（4.6%）、泰国（6.5%）等。中国的教育现状导致了低技能劳动者供给大于需求，高技能劳动者需求大于供给的问题。部分技术水平要求高的岗位人才需求量大，但是由于劳动者教育水平低、技能差，无法胜任工作，企业只能维持岗位空缺或者鼓励在岗者加班，最终导致过度劳动问题。一些对技术水平要求低、临时性的岗位也只需要有限数量的劳动力，但是符合这些岗位需求条件的劳动者供给量大，导致大量闲置工时存在。

表 2-16　部分国家高等教育毛入学率和文盲率对比

国家	高等教育毛入学率（%）	文盲率（%）
印度	16.2	37.2
中国	25.9	6.7
墨西哥	27.0	6.9
菲律宾	28.9	4.6
埃及	30.4	28.0
巴西	36.1	9.7
泰国	47.7	6.5
黎巴嫩	54.0	10.4
法国	54.5	—
日本	59.0	—
加拿大	60.0	—
新加坡	71.0	4.9
澳大利亚	75.9	—
俄罗斯	75.9	0.4
美国	94.8	—

数据来源：Human Development Index 2013，北京师范大学劳动力市场研究中心。

4.低学历女性劳动者处于弱势地位

上文的研究过程中还有一个重要的现象需要进行解释：低学历女性劳动者的闲置工时多。首先，低学历女性人力资本水平低，只能参与部分非脑力劳动，一般很难进入第一类劳动力市场。其次，女性就业人员在二级劳动力市场也处于弱势，因为相比男性，她们没有体力优势。最后，没有受过教育的女性劳动者大多生活在经济不发达地区，这些地区的文明程度一般比较落后，大部分就业女性只参与少量有酬劳动，更多参与无酬家务劳动。多重因素作用下，低学历女性就业人员闲置时间多于高学历女性和男性就业者。

（二）影响结果分析

1.财富差距进一步拉大

高收入者过度劳动与低收入者工时闲置的问题继续恶化会导致财富差距进一步拉大。从上文的分析不难发现，在中国，闲置工时多的就业人员大多就业层次不高、人力资本水平低，这表明闲置工时多不是劳动者不想多工作，而是没有能力多工作。长此以往，已经较大的收入差距面临继续扩大的态势。在第一类劳动力市场就业的劳动者有"好"工作，且竞争者少，一个人干几个人的工作，挣加班工资。在第二类劳动力市场就业的劳动者只能边工作、边休息、边继续找新的活计，甚至在工作淡季只能消耗工作旺季获得的工资，财富积累缓慢，于是高收入群体和低收入群体的财富差距进一步扩大。

2.结构性失业

闲置工时增加且没有被合理利用的结果会导致结构性失业问题。第一，闲置工时增加使得低技术能力劳动者失去了增加工作经验、由"非熟练工"变成"熟练工"的机会。第二，劳动者闲置工时增加当然也可能转向教育和培训，但如果个人缺少资金、缺乏投资意识或者政府缺少相应投入，劳动者不能在闲置时间内提升人力资本水平，于是将会长期固着在简单劳动岗位上。也就是说，如果"干中学"和专门的人力资本投资都没有跟上，"再过几年，中国一定要向资本密集型和第三产业的技术密集型产业升级时，他们就可能面临失业。"[①]而且这种结构性失业是靠短期的刺激性政策难以解决的，因为即便成功创造出足够多的就业岗位，诸多缺乏技能的劳动者也无法胜任。

3.创新缺失

创新形成的条件是多方面的，从人力资本角度来看，高技能人才的创新设计

---

① 2014年3月16日，中国社科院人口与劳动经济所所长、全国人大常委蔡昉教授在北京大学国家发展研究院举办"两会解读报告会"上的发言。

和创新想法与一般技能劳动者的实践是重要的两个方面。第一，在建设创新型国家的过程中，高技能人才发挥着关键性作用，但是他们过度劳动势必影响创新思维的发挥。神舟飞船首任总设计师、全国政协委员戚发轫在接受采访时说"人太累就没办法创新了"[1]，高技能人才的过度劳动抑制了创新。第二，一般技能劳动者不足，创新丧失了实践基础。因为一个国家或地区的创新绝对不是个别人独立完成的，而是需要整个社会平均人力资本水平的提高，需要有劳动者能够胜任创新成果的大批量生产任务。所以拥有大量闲置劳动时间的就业人员不进行人力资本投资，社会就缺乏了创新的基础环境。

第四节　男性"长工时"与女性"第二轮班"并存

一般来讲，社会发展的阶段性特征使得体力劳动者更具比较优势，所以男性劳动者在家庭中占据核心地位，[2] 生理属性差异奠定了传统家庭分工模式的基础，男性工时高于女性已经成为普遍共识。如果从生产角度剖析家庭分工问题，[3] 时间也是家庭生产的投入要素，市场商品和服务可以替代家务劳动时间，但由于这些替代品生产成本更高或者难于做合适的替代性安排，所以女性更多参与家务劳动。基于对家庭责任的预见性，[4] 女性对教育和培训的投资减少，人力资本投入的减少使得她们更适宜进行家务劳动生产。本节对不同年龄段、不同行业、不同职业类型、不同学历的男性和女性的工时差异特征进行分析发现，大部分分类人群都存在男性工时高于女性的特征，只是绝对差距不同，这一结果与家庭经济学的理论一致。

另外，随着社会的发展，家政服务专业化、家用电器普及，接受教育者增加，现代社会的性别分工模式开始发生变化，教育水平高、收入高的妇女会购买更多家务劳动，减少家务劳动分担比率。从本质上讲，劳动工具的自动化导致了家务劳动时间的绝对减少，使劳动者从繁重的家务劳动中解脱出来；家务劳动的社会化则导致了家务劳动时间的相对减少，做家务的时间由家庭转移到了社会，

---

[1] 新华社记者查文晔在 2014 年 3 月 1 日对全国政协委员、神舟飞船首任总设计师戚发轫的专访。

[2] Parsons T and Bales R F，Family，*Socialization and Interaction Process*，Washington：Psychology Press，1955，p. 307.

[3] Gary S. Becker，A Theory of Social Interactions，*Journal of Political Economy*，Vol. 82，1974，pp. 1063-1093. Gary S. Becker，*A Treatise on the Family*，Boston：Harvard University Press，2009，p. 30.

[4] Mincer J.，Investment in Human Capital and Personal Income Distribution，*Journal of Political Economy*，Vol. 66，1958，pp. 281-293.

从无酬劳动变成有酬劳动，无酬劳动时间也相应变成了工作时间。为了更清晰地阐释上述关系，列示意图如下：

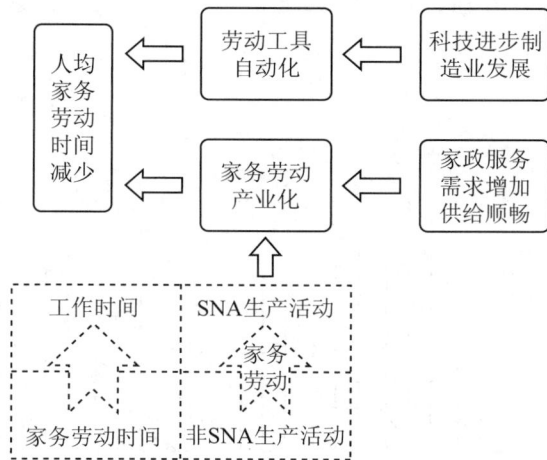

图 2-13 就业人员家务劳动时间减少成因分析示意图

然而本节却发现一个矛盾现象：虽然从总体上看，男性和女性的家务劳动时间都在减少，但是女性的分担比率却在增加。"男主内、女主外"的传统家庭时间配置模式正在悄然发生着变化，这种变化似乎与家庭经济理论相悖，但事实上，它却反映出转型时期落后传统观念与不可改变的性别分工发展趋势之间的矛盾碰撞引发的家庭分工的矛盾。中国出现了霍其斯希尔德提出的"第二轮班"现象：尽管妻子的经济地位日渐提升，丈夫所承担的家务并没有增多，而妻子除了在办公室进行"第一轮班"的工作外，还要在家里进行"第二轮班"的工作。[①]

>>一、分工特征描述<<

(一)不同性别劳动者工作时间总体特征描述

1. 男性的周工作时间高于女性

2003—2012 年，我国城镇男性和女性就业人员平均周工时分别为 46.9 小时和 44.9 小时，男性比女性高出 2 小时，差异显著。但是在不同的时期，差距值略有变化，经济不景气的年份差距略大，并且差距的扩张现象出现在经济衰退期来临之前。具体地，2003—2006 年，男性和女性劳动者的平均周工时差异为 1.8

---

① Hochschild A R，Machung A.，*The Second Shift：Working Parents and the Revolution at Home.* New York：Viking，1989，p. 212. Craig L. Is There Really a Second Shift，and if so，Who Does It? A Time-diary Investigation，*Feminist Review*，2007，86(1)：149-170.

小时，2007—2009 年，平均周工时差异扩大到 2.7 小时，而 2010—2012 年又下降到 1.7 小时的平均水平上。总而言之，男性的周工作时间普遍高于女性，并且其差异随经济周期略有波动，在一定程度上，男、女周工时差异起到了经济景气前期预警的作用。

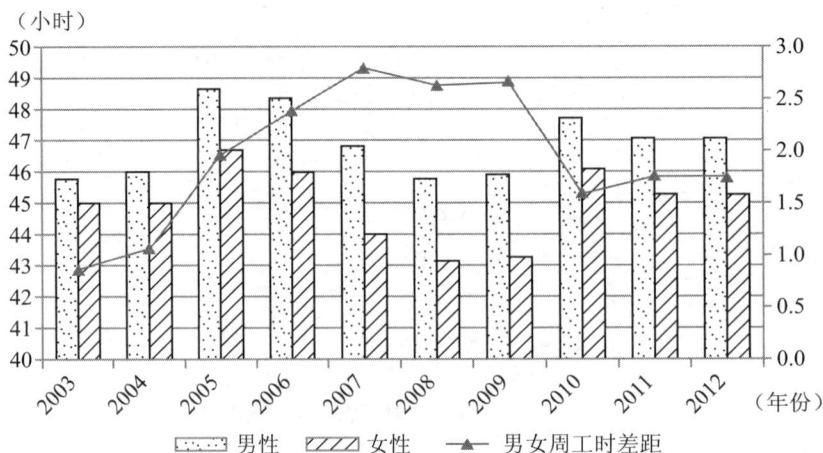

图 2-14　2003—2012 年分性别城镇就业人员的周工作时间及差距

数据来源：国家统计局。

2. 女性单位负责人工作时间和男性相似

尽管男性和女性周平均工作时间差异大，但是男性和女性单位负责人的工作时间相似。2008—2012 年，所有年份男性和女性单位负责人工作时间都超过了 46 小时，且差异不大。这意味着，如果女性想要在职场上和男性获得同样的地位，她必须付出和男性一样，甚至更多的劳动。

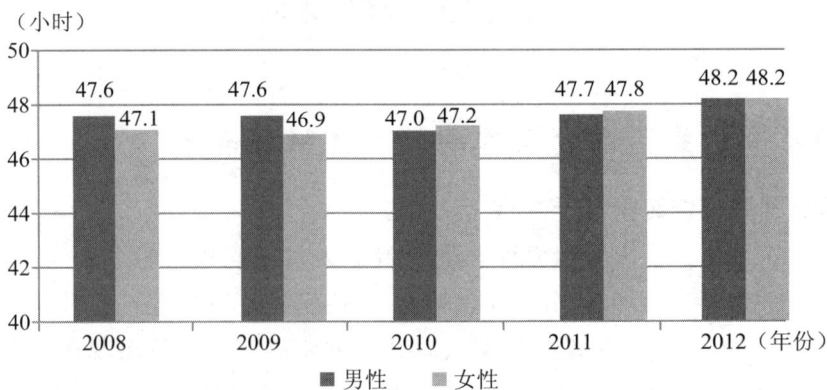

图 2-15　2008—2012 年分性别城镇就业人员中单位负责人周平均工作时间

数据来源：国家统计局。

另外，为了进一步证实上述结论，北京师范大学劳动力市场研究中心和腾讯公司合作也进行了网络调查，结果发现：大城市女性管理层的工作时间是男性的1.2倍，但是在农村和小城市，男性和女性管理层的工作时间差异不大。

3. 性别工时差距随教育水平提升而降低

从总体趋势来看，所有教育水平层次上，男性的周工作时间均比女性要长，且周工时差距随学历水平的提高而降低。具体地，未上过学或者只有小学学历的男性和女性就业人员的周工时差距最大，为3.7小时；读过初中或者专科的男性和女性就业人员的周工时也有一定差距，分别为1.9小时和1.5小时；男性和女性劳动者周工时差距较小的是高中学历、大学本科、研究生及以上学历水平者，其差值分别为0.9小时、0.6小时和0.4小时。容易理解，文盲或者只读过小学的人大多从事农、林、牧、渔业或者其他体力劳动为主的工作，所以女性劳动时间显著低于男性；而大学及以上学历者多从事脑力劳动或者脑体结合的劳动，女性在体力方面的弱势会被削弱，男性、女性间工时差距小。

值得说明的是，从教育年限上来看，高中教育年限与专科相近甚至更短，大学专科毕业的男性和女性工时差异却高于高中学历者。之所以产生这样的结果，原因在于，高中培养的劳动者大多为通用型人力资本，大多从事简单文职工作，如办事人员、政府或公共组织的非在编雇员等，所以男性和女性工时差异不大。而专科培养的劳动者大多为具有初等技能的，适合在一般制造业以及需要一定技能的服务业岗位工作的专用型人力资本，而这些行业对男性的"偏好"更高，男性工作时间更长。

（二）不同性别就业者时间配置特征

一般来讲，家务劳动时间是指家庭成员为家庭无偿付出非货币化（或非市场化）的劳动而使用的时间。现代社会，随着劳动工具的改善和专业分工的细化，家务劳动的绝对时间和相对时间都在减少。劳动工具的改善提高了单位时间内家务劳动数量和劳动质量，最终导致了绝对劳动时间的减少。家务劳动的市场化使得家务劳动的性质发生变化，需要人们在减少单位家务劳动时间和增加单位家政服务购买之间的边际利益得失进行权衡。

另外，尽管家务劳动时间减少，如下图所示，但工作时间占全天的比率变动不大。就中国妇女联合会调查数据显示：1990年、2000年和2010年，就业人员家务日平均劳动时间分别为2.76小时、2.15小时和1.24小时，家务劳动时间在全部时间（24小时）中的占比从1990年的11.5％下降到2010年的5.2％，下降了6.3个百分点。与之相对应的显著变化是其他可自由支配时间。工作、睡眠等其他时间占比变动不大，部分可自由支配时间从家务劳动中释放出来。

（年份）

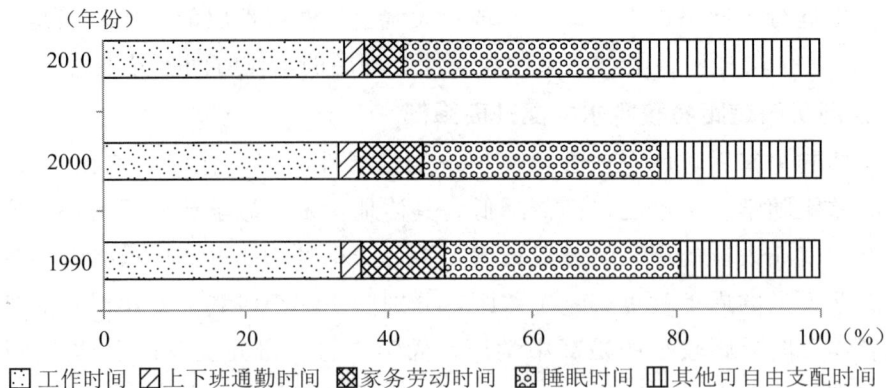

图 2-16　就业人员日时间分配情况

图例：⬚工作时间　▨上下班通勤时间　⬚家务劳动时间　⬚睡眠时间　⧠其他可自由支配时间

家务劳动时间总的趋势特征与家庭性别分工都在发生着变化，从两者变化趋势的差异性可以得到新的结论。

1. 男性家务劳动时间降低幅度高于女性

如上文所述，家务劳动时间大幅降低的趋势下，男性家务劳动时间降低幅度显著高于女性。1990 年、2000 年和 2010 年中国妇女联合会三次调查数据来显示，[①]男性平均家务劳动时间从 1990 年的 1.88 小时/天下降到 2010 年的 0.76 小时/天，下降了 59.7%，而相应年份女性平均家务劳动时间从 3.77 小时/天下降到 1.86 小时/天，下降了 50.6%，下降幅度比男性低约 9 个百分点，进行非参数显著性检验显示该下降幅度差异显著。[②]

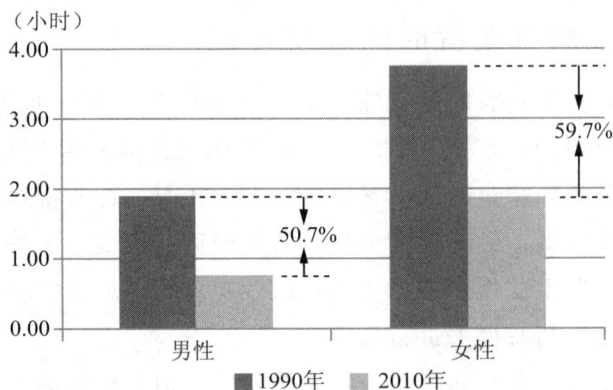

图 2-17　不同性别家庭成员家务劳动时间降幅

数据来源：中国妇女联合会，中国国家统计局。

---

①　中华全国妇女联合会和中国统计局在 1990 年、2000 年、2010 年在全国范围做了中国妇女社会地位调查。

②　该数据比国家统计局时间调查数据要略低，因为妇女联合会只是把"做饭、洗衣、清洁"等几乎每天都能遇到的基本家务劳动时间计入核算范围，并没有核算"动手修理、维护和调试""家务事物的安排"等时间。

2. 女性家务劳动分担比上升

男性和女性日平均工作时间变化不大，但女性家务劳动时间分担比例上升。[①] 1990 年、2000 年和 2010 年，男性平均日工作时间在 8.1～8.6 小时，而女性在平均日工作时间在 7.7～8.2 小时，男性略高于女性且波动不大。但是，女性家务劳动时间的平均分担比重从 1990 年的 66.9％上升到 2010 年的 71.3％，相应地，男性平均分担比重从 33.1％下降到 28.7％。可见，现代女性不仅维持一定的工作时间，而且分担着更多家务劳动，即存在"第二轮班"现象。

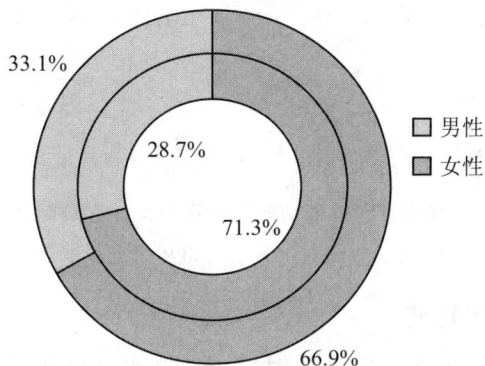

图 2-18 不同性别家庭成员家务劳动时间配比

注：内圈为 2010 年，外圈为 1990 年。

数据来源：中国妇女联合会，中国国家统计局。

但是，高学历女性群体中，"第二轮班"情况略有好转。就平均水平而言，男性家务时间分担比重比女性低，但是这种差异在不同学历群体中不同。具体地，大学及以上学历劳动者中，男性工作时间分担比为 51％，而在高中及以上学历劳动者中，该比率为 58％。学历水平越低的群体中，女性家务劳动时间分担比越高。高中及以下学历群体中，女性家务劳动时间分担比为 76％，大学及以上学历劳动者中，该比率为 67％。这意味着，高学历女性群体的"第二轮班"情况略有好转，但是工作、家务劳动时间分担的不均衡性依然存在，女性分担着 2/3 的家务劳动时间。

---

① 女性（或男性）家务劳动时间分担比＝女性（或男性）家务劳动时间/(男性家务劳动时间＋女性家务劳动时间)。由于妇女社会地位调查数据并非以家庭户为单位，可匹配为一个完整家庭的样本量太小，所以根据国家统计局时间利用调查数据，用平均女性（或男性）家务劳动时间/(平均男性家务劳动时间＋平均女性家务劳动时间)计算女性家务劳动时间分担比。同样工作时间或有偿劳动时间分担比的计算方法类似。

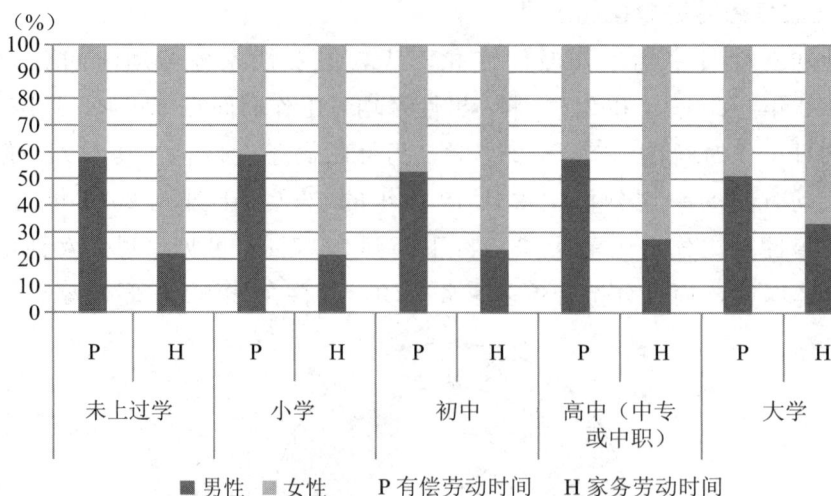

图 2-19　2014 年按教育程度和性别划分的男性和女性有酬劳动和家务劳动分担比

数据来源：国家统计局，北京师范大学劳动力市场研究中心 2014 年工时调查。

3. 闲暇时间的配置特征

从微观角度看，马克思认为闲暇时间是"劳动力再生产"的时间，是"使个人得到充分发展的时间"，[①] 本报告对劳动者的闲暇配置时间进行了分析并发现：虽然我国就业者自由支配时间略有增加，但闲暇活动单一，休闲方式不健康，对缓解过度劳动带来的疲劳益处不大。人们把大部分自由支配时间给了电脑、电视或游戏。劳动者平均每人每天借助媒体进行两个半小时娱乐活动，包括看电视、阅读书刊杂志、上网等，占到了所有娱乐时间的 65％ 以上。其中，男性和女性每天使用媒体进行娱乐的时间分别为 165 分钟和 140 分钟，男性比女性的娱乐时间长 25 分钟。劳动者平均每天健身时间不足 25 分钟，健身时间低于欧、美、日等发达国家水平。另外，劳动者每天用在棋牌游戏、计算机游戏等非运动性游戏的时间较长，达到了 22 分钟，约占所有娱乐时间的 10％。其中男性的非运动性游戏时间比女性长 40％，男性对游戏的特有偏好、充裕的自由支配时间以及更高的货币收入导致了这样的结果。

表 2-17　中国就业者娱乐活动项目时间及占比

娱乐活动项目	合计		男性		女性	
	活动时间（分钟）	占比（％）	活动时间（分钟）	占比（％）	活动时间（分钟）	占比（％）
合计	233	100	252	100	215	100
使用媒体	152	65.24	165	65.48	140	65.12

---

① 《马克思恩格斯全集》第 46 卷下册，北京：人民出版社，1980，第 221、225 页。

续表

娱乐活动项目	合计		男性		女性	
	活动时间（分钟）	占比（%）	活动时间（分钟）	占比（%）	活动时间（分钟）	占比（%）
健身	23	9.87	24	9.52	22	10.23
社会交往	23	9.87	22	8.73	24	11.16
非运动性游戏	22	9.44	26	10.32	18	8.37
相关交通活动	8	3.43	9	3.57	7	3.26
外出参观、看电影和演出	2	0.86	3	1.19	2	0.93
其他	3	1.29	3	1.19	2	0.93

数据来源：中国妇女联合会，中国国家统计局。

对使用媒体和健身项目进行分析发现：电视、电脑、手机等电子设备，报纸杂志等成为中国劳动者使用媒体进行娱乐的主要工具。劳动者每天借助这些媒体进行娱乐的时间约为 140 分钟，其中男性的使用时间更长，达到 150 分钟，比女性长 20 分钟；人均每天阅读纸质书的时间仅为 11 分钟，男性略长，为 14 分钟，女性为 9 分钟；收听广播和音频节目的时间更是少之又少，人均约 1 分钟；走路、跑步是劳动者主要的锻炼方式，人均每天走路、跑步的锻炼时间约为 18 分钟。其次是跳舞和球类运动，男性参与球类运动者多于女性，而参与跳舞者少于女性。

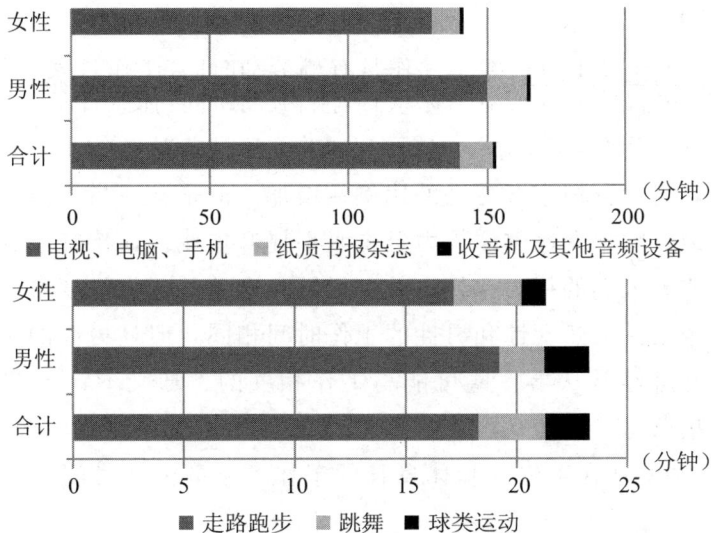

图 2-20　使用媒体和健身细分项目活动时间

数据来源：中国妇女联合会，北京师范大学劳动力市场研究中心 2014 年工时调查。

(三)典型省市分工特征描述

1. 指标说明

(1)工时倍率,本报告定义工时倍率是有酬劳动时间与家务劳动时间的比。除了上文提到的家务劳动时间分担比或工作时间分担比之外,工时倍率也可以评判一个家庭成员在工作和家务劳动时间上的配比关系。公式表达如下:

$$工时倍率 = \frac{有酬劳动时间}{家务劳动时间}$$

根据贝克尔的家庭经济学理论,[1] 家庭成员不仅从"物品密集型"消费中获得效用,而且从"时间密集型"商品中获得效用。"物品密集型"消费是靠劳动者在劳动力市场上获取收入后才能享受的,而对"时间密集型"商品的享受是以家务劳动时间的投入为特征的。因此,刻画一个家庭成员在有酬劳动时间与无酬家务劳动时间之间的对比关系就具有经济学价值。它揭示了一个劳动者在某种特定的劳动力市场环境、社会传统文化、个人人力资本水平等条件约束下,对工作和家务劳动的选择偏好。

(2)顾家系数是家庭成员工作日工时倍率与休息日工时倍率之比。现代社会,很大一部分男、女家庭成员都会外出工作,同时分担家务劳动。但是一个国家或地区的劳动力市场特征、社会性别歧视程度、法定休息日是否休假等因素可能会造成工作日和休息日的工时倍率差异。为了衡量这种差异,本节设定了顾家系数这一新指标,用公式表达如下:

$$顾家系数 = \frac{工作日工时倍率}{休息日工时倍率} = \frac{工作日有酬劳动时间/工作日家务劳动时间}{休息日有酬劳动时间/休息日家务劳动时间}$$

之所以将其称为"顾家系数",是因为如前文所述,从整体水平来看,虽然随着学历的提升,男性分担家务劳动的比例在增加,但是女性"第二轮班"现象依然严重。究其原因,除了女性整体人力资本水平提升步伐快,传统家庭分工模式转型落后依然影响着人们的行为选择之外,男性和女性的工作强度可能也是影响这一结果的重要因素。虽然女性和男性的工作时间相同,但是男性的工作强度和工作密度更大,并且经常从事一些可能与工作相关的、却又不计入工作时间的活动,如阅读书报杂志、借助互联网进行信息搜寻和知识获取等。所以设计"顾家系数"考量男性和女性在工作日和休息日的工作、家务劳动时间分配差异具有现实价值。

---

[1] Gary S. Becker, A Theory of the Allocation of Time, *The Economic Journal*, Vol. 75, 1965, pp. 493-517.

2. 北京男人最顾家

根据统计局时间利用调查数据，在被调查十省市中，北京男性的顾家系数最高，为4.64；其次是广东，为2.85；黑龙江以2.33的水平位列第三，比系数平均值（2.25）略高。河北、云南、河南、浙江、甘肃、四川、安徽几省份男性的顾家系数均低于十省市平均水平，其中，安徽男性的顾家系数最低，仅为1.68。从工作日的工时倍率来看，所有十个省份的指标值都超过了6.0，这一结果也佐证了男性加班时间多于女性的现实。另外，十省市工作日的工时倍率差异不大，指标值均在6.0至8.5之间。与工作日工时倍率形成鲜明对比的是休息日工时倍率，四川省最高，为4.93，北京市最低，为1.69，最大值约为最小值的3倍。休息日工时倍率的差异是影响不同省市男人顾家程度差异的重要因素。北京男性虽然在工作日承担家务较少，但是在休息日表现积极，属于"工作日辛勤工作，休息日还操劳家务"的典范。

需要说明的是，这里仅有10省市的基本情况，基于数据可得性限制，我们没有更细致的结果。一般情况下，大城市男性的男女平等意识更强，参与家务劳动的男性更多。

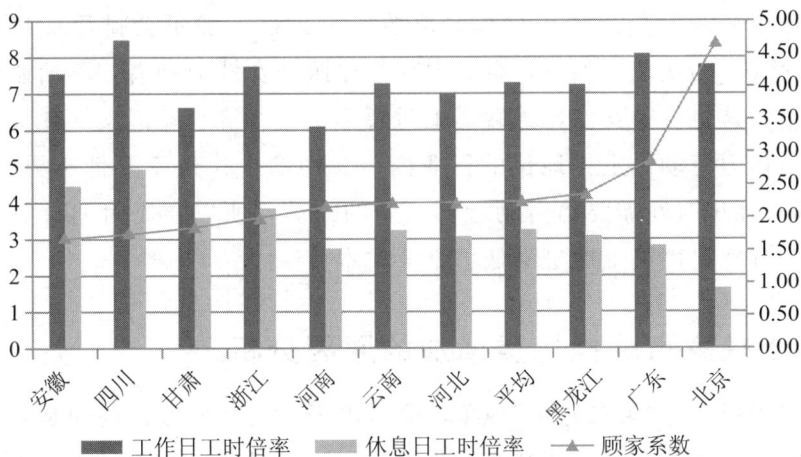

图 2-21 十省市男性工时倍率和顾家系数

数据来源：国家统计局，北京师范大学劳动力市场研究中心2014年工时调查。

>>二、不同性别工时差异成因分析<<

从上文的描述性分析不难发现，虽然从整体上看，男性周工时高于女性，但是按照家务分担、教育水平、地区等分组进行再分析发现，还是存在诸多细节性差异，这里进行简单总结。（1）虽然男性和女性的家务劳动时间都减少，但是女性家务劳动的分担比率上升，这意味着女性"白天在外打拼，晚上回来还要承担更多家务"，即"第二轮班"现象显著。（2）在经济不景气时期，男、女周工时差距会扩大。（3）女性领导者的周工时与男性领导者相同甚至略高，其差异特征不符合男性周工时高于女性的一般现象。（4）大多数偏脑力劳动的行业中男、女工时差异不大，而在偏体力劳动的行业内则不然；教育水平与工时差异成反比，教育水平越高的人群中男、女工时差异越明显。产生这些特征的原因是多方面的，男性和女性的自然属性、文化因素、经济利益因素、法律因素等都导致了男、女工时差异迥异。

（一）男性普遍比女性加班多的原因分析

男性普遍比女性加班多的原因很多，自然因素、文化因素、经济利益因素等都会造成这一现象。一是自然因素，在经济发展水平尚待提升、靠粗放型生产进行资本积累的阶段，第一、第二产业在国民经济发展中占有很大份额，而这些产业的一个共同特征是体力劳动占主导，女性先天的身体条件要弱于男性，所以选择男性加班是基于男性和女性自然生理属性的选择。二是传统文化因素，一方面，女性更多承担家务责任，一般选择工作时间短的行业，而男性更多希望扮演"养家糊口"的角色，所以为了增加家庭收入，男性一般不会排斥加班；另一方面，"女士优先"的文化氛围下，企业内部往往照顾女性劳动者，不给她们增加额外的工作量，这也使得女性比男性周工时短。三是经济利益因素，在大多数行业内，特别是体力劳动占主导地位的行业内，女性的工作效率要低于男性，《劳动法》规定延长加班时间需要给劳动者付更多的酬劳，所以在以时间计算加班报酬的情况下，选择男性员工加班降低了企业成本。

（二）女性家务分担比重增加的原因分析

之所以出现女性"第二轮班"现象，既有内因，又有外因，内因是女性在家务劳动方面的比较优势在家务劳动机械化趋势下更加显著，外因是劳动力市场与传统习俗的"黏性"。贝克尔认为："按照绝对优势原则或者比较优势原则，在市场部门具有绝对优势或者比较优势的家庭成员会在从事市场工作方面更加专业化，而在家庭部门具有绝对优势或者比较优势的成员会逐步在从事家庭活动方面专业化。"[1]家务劳动工具自动化水平提高，人们的居住环境发生变化，原本许多男性更擅长的家务劳动，如砍柴、购买灌装煤气、给院落除草等逐渐消失或者女性完全可以借助机械完成。另外，大多数女性的工作时间比丈夫要短（见第一部分），

---

① ［美］加里·贝克尔：《人类行为的经济分析》，王业宇，陈琪译，上海：格致出版社，2008，第233页。

如果男性在过度加班、疲惫状态下再进行家务劳动，他从边际时间投入中获得的边际劳动成果会降低，加之长期以来女性从事家务劳动更多的传统使得女性在家务劳动方面的技能更加娴熟，比较优势显著。因此，就目前的外在和内在条件约束下，她们投入单位时间进行家务劳动的边际产出会更高，所以女性家务分担比重增加。

（三）男性和女性的周工时差异随经济周期波动原因分析

男性和女性的周工时差异随经济周期波动的现象主要与经济利益驱动下的性别歧视有关。一旦经济出现过热或者危机信号，需要减缩生产、减少劳动力投入的时候，一方面，在诸多以体力劳动为主导、有必要延长劳动时间的岗位上，企业一般会首先淘汰劳动生产率低的员工，于是女性员工首当其冲，留在工作岗位上的女员工一般都不需要更多地延长劳动时间来满足企业的生产需求，进而导致男、女工时差异扩大；另一方面，如上文所述，即便企业不会辞退女性员工，也会选择平均劳动生产率高的男性加班，这样通过加班时间的方法降低劳动力成本。另外，劳动力投入是企业主在完成一个生产周期的前期阶段要做的重要工作，所以男性和女性的工时差异也就成为经济波动的前导信号。

（四）领导层男性和女性就业人员工时差异小的原因分析

不妨从企业经济利益的角度出发分析造成男性和女性管理者差异的原因，第一，在管理岗位工作的女性休产假、哺乳假可能会带来企业成本增加，包括短时间内搜寻新管理者的成本、新管理者与企业的磨合成本等；第二，有些管理工作需要较强体能者，比如需要经常出差的销售岗位、建筑业的中层管理岗位等；第三，女性承担家庭责任会影响工作，增加企业成本。第一、第二个原因与劳动力市场的选择规律有关，第三个原因则更多与传统文化因素相关。如果企业从用工成本上考虑雇佣男、女管理人员，从工时上看，男性管理者的周工时应该大于女性管理者，因为企业选择男性管理者加班效率更高、成本更低。但我们得到的描述性结果却恰恰相反，女性管理者的周工时和男性接近。由此可以得出结论，文化因素导致的歧视问题使得女性很难进入领导岗位，女性一旦成为领导者，其付出的代价是劳动本身和冲破传统观念的加总。

（五）不同学历男女分工特征差异的原因分析

高学历群体一般在金融、教育、社会组织等行业工作，男、女工时差异小，所以脑力劳动和体力劳动的性质不同是造成这一特征的主要原因。高学历群体一般从事创造发明、传授知识、知识的实践性运用等纯脑力劳动或者脑体结合的劳动，而低学历群体一般从事单纯付出体力或者不需要太多脑力的劳动，而女性在体力劳动方面显然不占优势，一旦女性的学历水平达到一定程度，她们就有可能凭借不低于男性的脑力优势参加生产活动。同样，金融、教育、社会组织等行业需要更多从事脑力劳动的人，女性在体能方面的竞争劣势也就不再成为其胜任工作的短板。从时间经济价值的角度看，当一个女性劳动者的时间经济价值通过教育、技能培训等方式提高并顺利进入以脑力劳动为主的行业之后，男、女工时差异就会弱化。

综合以上原因解释，造成男女家庭分工模式差异的原因主要可以归结为两个方面：一是客观经济特征；二是主观传统意识。事实上，从长远来看，经济社会发展对家庭分工的影响要远超过传统观念对家庭分工的影响。在 1800 年前，男性和女性都要做大量的家务劳动。[1] 直到 19 世纪中期，家庭内外的劳动没有区别。[2] 在工业革命影响下，许多重体力劳动从家庭中转移出来，男性家务劳动时间减少。在 20 世纪后半叶，妇女在家庭和劳动力市场中的角色发生了变化，妇女的劳动参与率有所增加，从事家务劳动的数量和比例有所下降，国外有学者也研究发现，20 世纪 50 年代至 60 年代，女性家务劳动是男性的 6～7 倍，80 年代至 90 年代降到 2～3 倍。[3]

>>三、时间配置特征的变化预期<<

随着经济社会的发展，包括性别分工在内的时间配置特征在中国可能会发生如下变化：

第一，女性"第二轮班"现象在一些大城市正在逐步减弱。

历史上，"男主内，女主外"并不是作为一种带有歧视性的言论出现的，而是基于既有经济条件和不同性别劳动者的禀赋优势自然形成的一种分工模式，这种分工模式是人类最优化选择的结果。但是，当工业化、机械化、自动化生产的时代到来以后，女性开始更多参与劳动力市场。同时随着人们收入的显著提升，文化消费兴起，所以在某些领域，如幼儿教育、传媒、高级护理，女性劳动者的比较优势高于男性。很多女性走出家门，到社会上去工作，这就给还没有来得及发生观念转变的家庭带来冲击，这种冲击就导致了问题的出现：女性希望通过在劳

---

① Cowan R S. , *More Work for Mother: the Ironies of Household Technology from the Open Hearth to the Microwave*, Basic Books, 1983. p. 23.

② 甄美荣：《关于家务劳动的经济学研究综述》，载《妇女研究论丛》，2009 年第 2 期。

③ Robinson, John P. and Geoffrey Godbey, *Time for Life: The Surprising Ways Americans Use Their Time*, University Park: Penn State Press, 1997, p. 12. Coverman, Shelley, Explaining Husbands Participation in Domestic Labor, *Sociological Quarterly*, 1985, p. 26.

动力市场上工作发挥其应有的价值，而传统观念要求她们来照顾家庭。所以女性"第二轮班"就成为特殊时期的特殊现象。

但是，通过上文对部分典型城市的研究不难发现，"男主内，女主外"的观念已经逐渐在大城市发生转变，诸多可以在休息日不工作的男性开始更多承担家务劳动，以缓解工作日女性"第二轮班"的辛苦。或者说"第二轮班"现象开始从女性群体扩展到男性群体。但就目前的情况来看，在自然因素（如女性的生育需求）和社会因素（如企业的性别歧视）的双重作用下，在未来很长一段时期内，女性的平均工作时间还会比男性少，这就导致了女性"第二轮班"现象还会持续下去。但是，在夫妻双方都从事脑力工作的家庭，男性思想观念的转换会使得女性"第二轮班"时间减少。

第二，长期内，闲暇消费会逐渐增多。

所谓闲暇消费是指消费者在自由支配时间内进行的、对有支付能力的产品和服务的购买。闲暇消费是社会经济发展进步的标志，而闲暇消费质量的高低则反映了国民生活水平和生活质量的高低。合理的闲暇消费[1]能够推动产业结构调整以适应消费结构的优化。闲暇时间与经济发展阶段有关，一个经济体从不发达走向发达的过程中，闲暇时间呈现"U型"特征，也就是说，生产力水平极端低下和高度发达阶段，公民的闲暇时间较多。而闲暇消费则与经济发展成正相关关系，且经济体在顺利完成转型之后会出现爆发性增长的特征。闲暇消费需要同时具备两个前提条件：自由支配时间增加和收入增加，二者缺一不可。在经济不发达阶段，虽然闲暇时间较多，但是国民没有能力购买闲暇消费品。在不发达阶段的后期以及经济转型阶段，虽然国民购买力在一定程度上提升了，但是很多人忙于工作，闲暇时间较少，没有时间消费闲暇品。即使有时间消费闲暇品，由于单位小时收入尚没有达到足够高的水平，也只是消费低端闲暇品。在经济发达阶段，闲暇消费的两个必要条件都满足了，闲暇消费会迅速增加。

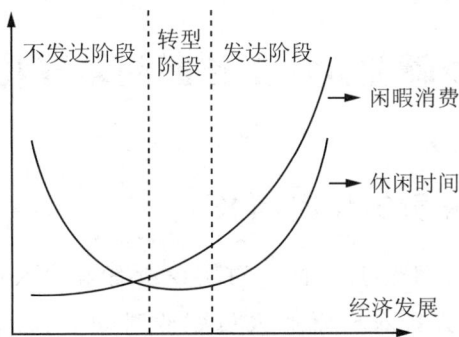

图 2-22　休闲消费、休闲时间与经济发展阶段的特征描述

---

① 之所以强调合理的闲暇消费，是因为有些闲暇消费，如赌博对净化社会风气无益。

显然，目前中国处于转型阶段。无论男性还是女性劳动者，他们都还在为生计或未来不确定的养老情况努力工作，增加收入；家务劳动时间减少只是在一定程度上增加了闲暇消费；劳动者闲暇消费的设施很简单，大多基于廉价的、有能力负担的互联网设施。很少有女性到舞蹈房，男性到健身馆参与体育休闲活动。但是，随着居民收入的稳步提升和社会保障的完善，闲暇消费在长期内会逐渐增多。且这种预期已见端倪，以出版业为例，人民群众日益重视教育、精神文化生活与科学知识学习的背景下，2012 年，全国出版、印刷和发行服务实现营业收入 16 635.3 亿元，较 2011 年增长 14.2%；图书种类达到 41.4 万种，较 2011 年增长 12.0%，其中，文化、科学、教育和体育类图书增长 19.6%；电子和数字出版物市场更是出现爆发性增长，利润总额 2.3 亿元，增长 76.8%；数字出版实现营业收入 1935.5 亿元，较 2011 年增长 40.5%。

第五节　城乡劳动者工作时间差异大

二元经济结构是中国从低收入向高收入阶段推进的主要特征之一，美国经济学家刘易斯认为二元经济是一种现代化的工业和传统农业并存的经济结构，在中国，这种经济结构特征具体体现在城市、乡村之间。在过去计划经济体制和尚未解决户籍管理制度的影响下，国民经济畸形发展，城乡差距扩大，形成了二元经济结构，导致城乡居民收入水平差异巨大。在市场经济体制下，乡镇企业扩张，同时农村低廉的劳动力成本和土地成本吸引部分城市企业迁至郊县，这在增加农村就业、提高农村总收入、改变农民收入结构方面发挥了关键作用，同时对加快农村小康社会建设起了积极作用。尽管如此，城市和农村企业的劳动者在工时、工资、劳动保障、就业环境等方面差异显著，本节以工作时间为切入点，对城乡差异进行分析。

>>一、城乡就业人员工作时间差异特征分析<<

(一)农村就业人员工作时间长

本报告区分休息日、工作日、性别对城乡所有就业人员①的工时特征进行分析，发现差异显著。首先，农村就业人员就业时间更长。从总体平均水平上来看，城市和农村就业人员平均每天工作时间分别为 378 分钟和 410 分钟，约合

---

① 根据统计局的分类，有酬劳动分为就业活动和家庭经营活动，这里仅指"就业活动"。

6.3 小时和 6.8 小时，后者比前者平均每天多工作半小时，平均一周多工作约 3.5 小时。这种差异在工作日不明显，城市就业人员在工作日的工作时间比农村就业人员少 16 分钟，但是在休息日，差异扩大至 62 分钟。这表明，同样通过受雇于他人，以出卖劳动力获得劳动报酬的农村劳动者比城市劳动者的工作时间更长。

其次，农村男性就业人员比城市男性就业人员工作时间更长。从总体平均水平上来看，城市和农村的男性就业人员平均每天的工作时间分别为 390 分钟和 450 分钟，约合 6.5 小时和 7.5 小时，二者相差一个小时，这意味着"城里男人"比"农村男人"每周少工作 7 小时，显然，"城里男人"更轻松。分工作日和休息日来看，在工作日，农村男性就业人员比城市男性就业人员平均每天多工作 43 分钟，而在休息日，这一差距扩大至 91 分钟。可以说，"城里男人更轻松"具体体现在休息日上，这也在一定程度上保证了城市男人更顾家的可能性。

最后，城市女性就业人员"忙在工作日，闲在休息日"。对城乡女性的工作时间进行对比发现，从总体平均水平上来看，城市女性就业人员与男性就业人员的工作时间几乎无差异。城市和农村女性就业人员平均每天的工作时间分别为 364 分钟和 366 分钟，约合 6 个小时。但是对比工作日和休息日，二者差异明显。在工作日，城市和农村女性就业人员平均每天的工作时间分别为 389 分钟和 375 分钟，前者比后者平均每天多工作 14 分钟；在休息日，城市和农村女性就业人员平均每天的工作时间分别为 311 分钟和 345 分钟，前者比后者平均每天少工作 34 分钟。显然，"城市女人"在工作日并不轻松，但在休息日比"农村女人"轻松很多。

表 2-18　城乡就业人员日工作时间差异

分　类		合计 分钟（小时）	工作日 分钟（小时）	休息日 分钟（小时）
城市	合计	378(6.30)	403(6.72)	325(5.42)
	男性	390(6.50)	416(6.93)	336(5.60)
	女性	364(6.07)	389(6.48)	311(5.18)
农村	合计	410(6.83)	419(6.98)	387(6.45)
	男性	450(7.50)	459(7.65)	427(7.12)
	女性	366(6.10)	375(6.25)	345(5.75)
差异（城市—农村）	合计	−32	−16	−62
	男性	−60	−43	−91
	女性	−2	14	−34

数据来源：中国妇女联合会，北京师范大学劳动力市场研究中心。

（二）男性、农业户口的城镇就业人员工作时间最长

为了补充说明以户籍制度为基础的城乡二元体制对城镇就业人员工作时间的影响，本报告又专门分户口性质和性别对城镇就业人员的工作时间构成进行了描述性统计分析，得到类似的结论，并发现了新的问题。

第一，从总量来看，工作时间为 40 小时和 48 小时以上的城镇就业人员占比最高，这意味着按照法定标准工时上班和长时间加班的就业人员最多，似乎表明城镇就业人员"要么不加班，要么加长班"。90％的就业人员每周的工作时间在 40 小时及以上，这与第一节得到的结果相呼应。这其中，工作时间为 40 小时和 48 小时以上的就业人员占比分别为 37.1％和 32.8％，工作时间在 41～48 小时的就业人员仅为 20.3％，呈现"不加班"和"加长班"并存的现象。另外，每周工作时间在 39 小时以下的就业人员占比不高，仅为 9.8％。

第二，分农业和非农业人口来看，非农业人口工作时间构成比呈现随工作时间增加而递增的现象，而非农人口工作时间构成比则大致呈现随工作时间增加，先增加后减少的"倒 U"特征，这恰好解释了"不加班"和"加长班"并存的现象：农业劳动人口长时间加班者居多。具体地，非农业户口就业人员中，每周工作时间为 40 小时的占比最高，为 50％。而每周工作 41～48 小时和 48 小时以上的就业人员也占据了一定比例，分别为 19.8％和 25.4％。农业户口就业人员中，每周工作时间为 48 小时以上的占比最高，为 41％。每周工作 41～48 小时和 48 小时以上的就业人员的占比接近，分别为 22.1％和 20.9％。

第三，农业户口剩余劳动力多于非农业户口剩余劳动力。具体地，1～8 小时、9～19 小时、20～39 小时周工作时间的分组中，非农户口就业人员的占比均小于 5％，他们往往是自由职业者或者兼职人员。1～8 小时、9～19 小时、20～39 小时周工作时间的分组中，农业户口就业人员占比分别为 0.7％、2.2％、12.7％。有些农村劳动者参与的一般就业活动大多为半农半工性质的，这些工作往往以小时工资或者计件的方式给付报酬，如钟点工可在住所进行计件生产等。这些工作为农户增加了收入，但往往自由度大、不正规，甚至没有签订劳动合同，游离在法律监管范围之外。

第四，分性别来看，非农业户口男性和女性城镇就业人员工作时间构成特征差异不大，而农业户口男性和女性工作时间构成差异明显。在不同的工作时间构成分组中，男性和女性非农业户口就业人员的构成比的绝对差值在 0～2.1 个百分点。该差值区间在农业户口就业人员中为 0.5～9.3 个百分点，其中，差异最明显的是 48 小时以上分组。该结果进一步证明男性农业户口就业人员是"加长班"的主要群体。

表 2-19　按户口性质、性别分的城镇就业人员工作时间构成　　（单位：%）

户口性质	1～8 小时	9～19 小时	20～39 小时	40 小时	41～48 小时
总计	0.5	1.2	8.1	37.1	20.3
农业	0.7	2.2	12.7	22.1	20.9
非农业	0.3	0.4	4.2	50.0	19.8
男性	0.4	0.9	6.6	36.7	20.4
农业	0.5	1.5	9.9	21.2	21.4
非农业	0.3	0.3	3.7	49.9	19.5
女性	0.6	1.8	10.1	37.6	20.1
农业	1.0	3.2	16.4	23.2	20.1
非农业	0.3	0.5	4.7	50.1	20.1
非农业（男性—女性）	−0.1	−0.2	−1.0	−0.3	−0.5
农业（男性—女性）	−0.5	−1.7	−6.5	−1.9	1.3

数据来源：中国国家统计局，北京师范大学劳动力市场研究中心。

总之，农村就业人员工作时间普遍高于城市就业人员，且这种差异性在男性劳动者中更加明显；在休息日，农村男性和女性的工作时间都长于城市。在经济发展过程中，城镇企业迅速发展，大量失地农民或者对农业生产不再感兴趣的城市郊县农民开始更多参与工业生产和服务业就业活动，但是农业户口所在劳动力市场的规范程度较之非农户口所在劳动力市场要差很多，即便在同一个劳动力市场，非农业户口劳动者的就业质量也高于农业户口劳动者。

>>二、城乡就业人员工作时间差异的原因分析<<

城乡就业人员工作时间的差异是城乡二元结构的表现特征之一，导致这种差异的因素既有宏观层面的，也有微观层面的。宏观层面，城乡经济发展水平、社会保障水平、市场特征、工时相关法律的贯彻和监督、文化等方面的差异都会影响城乡劳动者的工时特征；微观层面，劳动者的技能水平、维权意识等也会导致城乡工作时间特征差异。以下对上述影响劳动者工时的因素逐一进行阐释。

中国城乡经济发展水平差异明显。新中国成立初期，劳动者进行生产劳动，获取劳动报酬都依靠政府统一调配，城市和农村工时差异不大，工资按照城乡消费水平差异设定，尚能保障劳动者的基本购买能力差异不大。计划经济时期，国民经济发展水平落后，为了保障重工业的优先发展，形成了以户籍制度为基础的城乡二元体制。[①] 虽然这种二元体制在物资匮乏的时代并没有造成城乡劳动者在工作时间上的显著差异，却为 1978 年的改革开放埋下了"后患"，因为这种偏向城市的发展模式打破了经济发展的基本规律，强制性地形成了以社会化生产为主

---

①　杨汝岱、姚洋：《有限赶超与经济增长》，载《经济研究》，2008 年第 8 期。

要特点的城市经济和以小生产为主要特征的农村经济"各自为营"的模式。[①] 尽管改革开放以来，二元式发展模式有所改变，政府在农产品价格、城乡劳动力转移等方面的政策逐渐放开。但是，计划经济体制下形成的城乡二元体制导致城乡禀赋差异大的现实并未真正改变，城乡差距问题依然是影响到国民经济能否持续健康发展的重要因素。

(一)城乡居民收入差异大

尽管很多劳动者离开耕地，转变成工人，但他们为了增加收入，不得不延长有酬劳动时间以满足基本物质和文化生活需求。中国传统的农业部门和现代化工业、服务业部门非对称的分布在农村和城市。两个部门的工资决定原则不同，加之中国农业生产技术落后，扎根在农村的农业部门的实际工资低。国家统计局数据显示，尽管改革开放以来，农民收入有了一定提高，城乡居民收入差距曾经在20 世纪 80 年代至 90 年代初期有所缩小，但是这种趋势并没有持续多久。

1990 年城市居民人均收入是农村居民的 2.2 倍，2000 年增至 2.9 倍，2011年和 2012 年又进一步扩大为 3.1 倍。2012 年，城镇居民人均可支配收入为24 565元，而农村居民人均纯收入为 7917 元，这意味着 47％的农村人口却只拥有不到 1/4 的财富。从国际数据来看，城乡的收入比一般低于 1.5，极少超过 2。如果加上城镇居民所享有的实物性福利和补贴，城乡居民实际收入的差距会更大。低收入水平下，中国农村劳动者为了获得更高收入，选择长时间加班。

表 2-20　城乡人均可支配收入和增速

指标	年份	城镇居民人均可支配收入(元)	农村居民人均纯收入(元)	城乡收入水平对比(农村居民＝1)
总量指标(元)	1978	343	134	2.6
	1990	1 510	686	2.2
	2000	6 280	2 253	2.9
	2011	21 810	6 977	3.1
	2012	24 565	7 917	3.1
指数(％)(2012 为以下各年)	1978	1 146.7	1 176.9	—
	1990	578.8	378.2	—
	2000	298.9	243.5	—
	2011	109.6	110.7	—
平均增长速度(％)	1979—2012	7.4	7.5	—
	1991—2012	8.3	6.2	—
	2001—2012	9.6	7.7	—

注：本表速度指标中，城乡居民收入指标均按可比价格计算。

数据来源：国家统计局。

---

① 林毅夫、刘明兴：《中国经济的增长收敛与收入分配》，载《世界经济》，2003 年第 8 期。

另外，农村居民收入增速低于城市。改革开放初期，城乡人均可支配收入的增速差异不大，且城镇略高于农村，但是这一趋势在 20 世纪 90 年代发生了变化，在 1991—2012 年、2001—2012 年两个时间段内，城镇人均可支配收入的增速分别为 8.3% 和 9.6%，但是农村居民人均纯收入增速仅为 6.2% 和 7.7%，依然维持在改革开放初期的水平，甚至有所下降。

(二)城乡消费增速同步

如上文所示，尽管农村居民和城市居民的收入增速差异明显，但消费增速差异不大，"低收入、高消费"使得农村劳动者持续增加劳动时间以满足不断增加的消费支出。再观察消费数据不难发现，1987 年，城镇居民消费水平是农村居民的 2.9 倍，到了 2012 年，该指标为 3.2 倍，虽然这期间略有波动，但变化不大。1987—2012 年，农村居民和城镇居民消费增速差异也不大，除了 1990 年，城乡消费指数的差值均在 6 个百分点以下。劳动者参与就业、获得收入的最终目的是为了消费。农村劳动者消费增加快，收入增加慢，甚至入不敷出必然导致劳动者投入更多时间去工作。

表 2-21　1987—2012 年城乡居民人均消费和增速

年份	绝对数(元)			城乡消费水平对比(农村居民＝1)	指数(上年＝100)			
	全体居民	农村居民	城镇居民		全体居民	农村居民	城镇居民	差异(农村—城市)
1978	184	138	405	2.9	104.1	104.3	103.3	1.0
1980	238	178	489	2.7	109.0	108.4	107.2	1.2
1985	446	349	765	2.2	113.5	113.3	111.1	2.2
1990	833	560	1 596	2.9	103.7	99.2	108.5	−9.3
1995	2 355	1 313	4 931	3.8	107.8	106.8	107.2	−0.4
2000	3 632	1 860	6 850	3.7	108.6	104.5	107.8	−3.3
2005	5 596	2 657	9 593	3.6	108.2	110.8	105.0	5.8
2006	6 299	2 950	10 618	3.6	109.8	108.2	108.0	0.2
2007	7 310	3 347	12 130	3.6	110.9	106.9	109.7	−2.8
2008	8 430	3 901	13 653	3.5	109.0	108.5	106.9	1.7
2009	9 283	4 163	14 904	3.6	110.3	107.7	109.1	−1.3
2010	10 522	4 700	16 546	3.5	108.2	108.0	105.9	2.1
2011	12 570	5 870	19 108	3.3	110.3	112.6	107.3	5.3
2012	14 098	6 515	21 120	3.2	109.4	107.9	107.8	0.1

注：本表速度指标中，城乡居民收入指标均按可比价格计算。

数据来源：国家统计局。

(三)城市社会保障优于农村

城乡社会保障差异导致农村人为了远期的养老、医疗等潜在消费而努力工作。第一,农村社会保障覆盖比率依然偏低。在 2012 年,城市的养老保险覆盖率已经达到 90% 以上,而农村刚刚接近 50%。在城市已经普遍建立的失业、工伤、生育等保险在我国大部分农村还是空白。第二,农村社会保障水平不高,以养老金为例,据全国老龄工作委员会报告,2011 年中国农村月均养老金仅 74 元,约为城市老年人平均月退休金的 5%。这意味着,大部分农村劳动者没有社会保障,且有社会保障的人所享受的保障层次又很低。在这种情况下,农村劳动者为了"攒钱防老""攒钱防病",为未来的消费预期储蓄,所以增加工作时间以增加总收入。

表 2-22　城市和农村社会保障及相关项目对比

保障项目		城市	农村
社会保险	养老保险	普遍建立	2010 年为 24%①,2013 年约 50%
	医疗保险	普遍建立	新型农村合作医疗覆盖率在 90% 以上②
	失业保险	普遍建立	部分地区在试点
	工伤保险	普遍建立	部分地区在试点
	生育保险	普遍建立	部分地区在试点
社会福利		职工福利:福利设施、补贴、休息等公办福利:社区服务、福利院等教育福利:九年义务教育	公办福利:五保户供养、养老院等教育福利:九年义务教育
社会救助优抚安置补充保障		最低生活保障制度和城市扶贫、优待、抚恤、安置企业保障、商业保险	农村救济、救灾和扶贫、优待、抚恤、安置、少量商业保险

数据来源:王国军:《社会保障:从二元到三维》,北京:对外经济贸易大学出版社,2005,第 36 页;北京师范大学劳动力市场研究中心。

(四)城乡劳动力市场分割

劳动力市场分割③的存在导致城乡就业质量差异巨大,这种差异也影响着城

---

① 时任国家发展和改革委员会副主任徐宪平 2011 年十一届全国人大四次会议上答记者问时的讲话。

② 2009 年 4 月 10 日,时任卫生部新闻办公室主任邓海华说:"新农合医疗今后 3 年覆盖率将保持在 90% 以上。"

③ 赖德胜:《论劳动力市场的制度性分割》,载《经济科学》,1996 年第 6 期。

乡劳动者的工作时间特征。在城市，国有企事业单位、较高端的私营企业占主导（见表 2-23），对较复杂脑力劳动者需求量大，工资收入高于农村，福利和社会保障更高。在农村，改革开放以后，乡镇企业和私营企业开始出现并大量增加，但是这些企业大多属于低端制造业，对体力劳动者需求量大，工作不稳定，工资收入低，福利保障差。这种情况下，劳动者为了增加收入，"自愿"延长劳动时间，尤其是体力优势较为显著的男性劳动者，更愿意"多干一会儿，养家糊口"。

表 2-23　2012 年按城乡、企业性质分就业人员数（年底数）及占比

	指标	就业人员数（年底数，万人）	占比（%）
	合计	76 704	100.00
城镇	小计	37 102	48.37
	国有单位	6 839	8.92
	集体单位	589	0.77
	股份合作单位	149	0.19
	联营单位	39	0.05
	有限责任公司	3 787	4.94
	股份有限公司	1 243	1.62
	私营企业	7 557	9.85
	港澳台商投资单位	969	1.26
	外商投资单位	1 246	1.62
	个体	5 643	7.36
	其他	9 041	11.79
乡村	小计	39 602	51.63
	私营企业	3 739	4.87
	个体	2 986	3.89
	其他	32 877	42.86

数据来源：国家统计局。

除此以外，劳动力市场分割条件下，企业对工时法律的贯彻和执行力度也不一样，造成劳动者"被迫"延长劳动时间。一方面，城市劳动力市场劳动者普遍人力资本水平高，不可替代性强，谈判能力强，法律意识强，企业为了留住人才，保住利润，"不值得"让员工过度加班；农村劳动力市场劳动者的技能水平低，边际劳动生产率低下，可替代性强，谈判能力弱，法律意识淡薄，企业为了增加利润，"强迫"劳动者加班，甚至乐此不疲地"陪"员工加班；另一方面，城市劳动力市场中，法律监管严格，大多数企业"不敢"让员工过度加班；在农村，法律监管不到位，甚至部分微型加工制造企业完全游离在法律监管范围之外，"肆意"让劳动者加班。

（五）"城市外来务工者"的管理问题

城市外来务工人员，也称"农民工""进城务工人员"，产生于 20 世纪 80 年代，已经成为中国城镇化过程中的一个特殊群体，这个群体自身的特征和政府管理的缺失导致了城镇农业户口就业人员工作时间长。为了更细致地解释"男性、农业户口的城镇就业人员工作时间长"的原因，本报告专门对"城市外来务工者"的就业情况进行分析。

中国"城市外来务工者"众多，《2013 年全国农民工监测调查报告》显示：中国农民工有 2.7 亿人，中国社会科学院社会学研究所发布的《2012 年中国社会形势分析与预测》蓝皮书表明近三成农业户籍人口已居住在城镇。由于种种原因，这些劳动者往往被"边缘化"管理，几乎没有要求工作时间的话语权。第一，从政府层面来看，户籍制度限制，城市外来务工人员，特别是北京、上海这些城市的外来务工人员在短时期内很难获得市民待遇。他们从事的工作大多劳动强度大，工作时间长，并且不能享有城市居民的社会保障福利。所以，大多数农民工的想法都是："趁着体力好，能在城里找到份工作，多挣点钱，回家养老"。第二，从企业层面来看，由于外来务工者自身因素（文化程度低、缺乏技能等）限制，企业对男性、青壮年劳动者具有更强的需求偏好，这些农民工大多分布在建筑、制造、批发零售等劳动密集型行业。如前面章节所述，工作时间长、工资低是这些行业的主要特征。第三，从劳动者个人层面来看，非正规就业是城市外来务工者的主要就业方式，[①] 所以法律规定的标准工时制度对甲方没有任何约束力。另外，大部分农民工都是通过"老乡""亲朋"这些社会资源获得就业信息，[②] 通过简单的、低端的就业渠道找到的工作往往是无合同保障的，所以很多外来务工者虽然没有签订劳动合同，但已形成事实劳动关系。即便出现"被迫"延长工时的现象，并且劳动者有诉求劳动争议部门或者法律部门的想法，也会因无合法劳动合同而影响申诉效果。

≫三、城乡工作时间差异的影响结果分析≪

城乡工作时间差异只是一个指标值的显性特征，前文的研究表明：这种显性特征与中国目前的发展阶段有关，但同时也受到了体制、法律等社会因素的影响。事实上，除了找到工作时间特征产生的原因，更有意义的事情是发掘这个指

---

① 赖德胜、石丹淅：《我国就业质量状况研究：基于问卷数据的分析》，载《中国经济问题》，2013 年第 5 期。

② 李红艳：《新生代农民工就业信息获取渠道中的断裂现象》，载《青年研究》，2011 年第 2 期。

标值背后，中国经济转型、城镇化进程过程中，有关经济、社会、文化等方面更深层的问题。鉴于此，本文对城乡工作时间差异继续扩大可能存在的影响结果进行了总结和分析。

（一）形成城市更强、农村更弱的"马太效应"

城乡工时差距继续扩大，会导致城市和农村劳动者在个人人力资本投资、子女教育、健康等方面差距进一步扩大，最终形成城市更强、农村更弱的"马太效应"。第一，城乡工作时间差异继续扩大，意味着城市劳动者有更多的人力资本再投资的时间，而农村劳动者只能依附于工厂或者机器从事反复性的、无技术含量的工作，长此以往，城市和农村劳动者的人力资本差距会进一步扩大，以致形成城市更强，农村更弱的"马太效应"。一旦这种效应形成，城市人高收入、农村人低收入的趋势会进一步恶化，收入不平等引发的社会问题增多，最终导致社会管理成本增加，城市和农村的福利都受到损失。

第二，城乡工作时间差距继续扩大，导致城乡劳动者对子女的家庭教育时间差异显著，最终导致跨代际的"马太效应"出现。诸多农村劳动者工作时间过长，没有休假，导致他们没有时间照看子女，或者直接把子女委托给家庭中的老年人照看。在农村中，这些老年人的知识水不仅低于城市平均水平，而且还低于农村青年或中年人的平均水平，甚至很多为文盲，这必然会影响对下一代的教育，导致城市儿童和农村儿童的家庭教育差距更大。如果说劳动者自身人力资本投资的缺失只会影响当代人的生产力水平，那么农村儿童家庭教育的缺失对国家的影响则是长远的，在短时间内难以弥补的。

（二）影响消费结构和经济结构

城乡工作时间差异继续扩大，意味着城市人群拥有更多的休闲娱乐时间，而农村人群每天被繁重的工作所累，长久下去，城乡闲暇经济特征就会发生显著的变化：农村闲暇消费停滞甚至减少，城市闲暇消费扩增，最终导致城乡消费结构差异显著。另外，如上文所述，随着农村劳动者人力资本投资绝对时间的减少，他们的收入增加速度会继续降低，增加与城市人收入差距，这也会导致农村劳动者闲暇消费支出的减少。事实上，这种趋势已经存在，以旅游为例，国家统计局数据显示：2008—2012 年，中国城镇居民国内旅游人次平均增速为 28.8%，而农村居民国内旅游人次平均增速仅为 0.3%，而在 2003—2007 年，城镇和农村居民国内旅游人次平均增速分别为 14.9% 和 17.8%。[①] 这意味着近五年来，大多数

---

① 国家统计局：《2013 年中国统计年鉴》，北京：中国统计出版社。

中国"农村人"根本没有时间和金钱用在较高层次的消费上。从表面上看，旅游人次差异只是影响了城乡居民的消费结构特征，但更深层次上看，城乡经济结构特征也会受到影响。

旅游消费只是闲暇消费的一个侧面，闲暇消费还涉及娱乐活动、体育活动、艺术欣赏、购买美容保健服务等诸多方面，这些需求的增加对拉动内需、改善经济结构、实现经济转型有着重要意义。一旦消费结构发生改变，劳动者的劳动层次会发生变化，从长工时、低工资渐变为长工时、高工资，最终实现高工资、短工时。然而在农村，不仅长时间劳动、收入低的现状迫使农村劳动者过度劳动、没有时间享受闲暇，而且从长远看，更高层次的产业将难以落户农村，对改善农村劳动者的生产或者劳务服务环境无益。

(三)"农民工"难融入城市导致社会和谐度降低

农民工工作时间过长也是导致他们难以融入城市群体的原因之一。诸多学者对农民工难以融入城市生活的原因进行了细致深入地分析，制度障碍[1]、社会歧视[2]、地域转移[3]、交往局限[4]阻碍了进城务工人员的身份转换与身份认同，使得他们对融入城市社会文化生活既有憧憬又产生畏惧感。除此之外，还有一个原因有待重视：进城务工人员的工作时间太长，没有时间改变本来就已经与城市差异很大的休闲娱乐活动方式。

农民工是能动的社会主体和政治主体，每时每刻都在以自己的"实践"来创造新的东西，而不是完全为"结构"和制度所规定的行动者。[5] 他们在外出流动之前，在自己的生活经验基础上已形成一个对城市的基本想象和对未来的憧憬。[6]然而这种憧憬往往被新的生产模式和过长的工作时间所抹杀，每天忙碌于工地、雇主的住所等各种工作场所，他们没有时间适应城市文化生活。在农村进行农业生产的劳动者可以边劳动边在田间地头聊天取乐，进行简单的社会交流。尤其是在北方，较长的农闲时间给劳动者足够的时间创造有农村特色的娱乐文化模式。但是这种传统的娱乐模式在一定程度上被城市化所打乱：首先，进城务工者每天

---

① 赖德胜：《全面深化改革对就业影响深远——访北京师范大学经济与工商管理学院院长、劳动力市场研究中心主任赖德胜》，载《中国劳动保障报》，2013 年 12 月 4 日。

② 王毅杰、高燕：《社会经济地位、社会支持与流动农民身份意识》，载《市场与人口分析》，2004 年第 2 期。

③ 文军：《农民市民化：从农民到市民的角色转型》，载《华东师范大学学报》，2004 年第 3 期。

④ 朱力：《准市民的身份定位》，载《南京大学学报》，2000 年第 6 期。

⑤ 项飚：《流动、传统网络市场化与"非国家空间"》，载《战略与管理》，1996 年第 6 期。

⑥ 彭远春：《论农民工身份认同及其影响因素——对武汉市杨园社区餐饮服务员的调查分析》，载《人口研究》，2007 年第 2 期。

被"黏着"在工作地点，严格的企业管理模式不允许他们在劳动的过程中进行聊天等娱乐活动；其次，过长的劳动时间使得他们失去了法定标准工作时间之外的自由支配时间。长此以往，"进城打工"成为就业和谋生的手段，而不是农村劳动者融入城市生活的暂时性过渡方式。

第六节　特大城市劳动者上下班时间长

随着城市化进程加快，城市通勤问题开始影响国民生活，国内个别大城市，如北京、上海的政府管理者已经开始意识到通勤对就业者的影响，许多大型企业设置通勤车管理规定、自设班车，不少就业者采取"出租个人房，租用他人房"的方法解决上班远问题。北京大学社会调查研究中心发布的 2012 年度"中国职场人平衡指数调研报告"以及中科院 2010 年公布的《2010 中国新型城市化报告》中都就重点大型城市的通勤问题进行了调查，发现中国特大城市通勤时间普遍偏长。中国零点研究咨询集团最新的调查数据显示在遭遇交通拥堵时，64.6％的受访者会产生焦虑感。但是还少有国内研究机构对全国范围内的通勤问题进行系统性研究，所以北京师范大学劳动力市场研究中心对该问题进行了更细致的调查。

>>一、广义工作时间与狭义工作时间<<

为了更好地解释个别特大城市通勤时间过长的社会现象，这里界定狭义工作时间和广义工作时间。所谓狭义工作时间在第一节已经提到：劳动者为了履行劳动义务、获得劳动报酬而进行的改变自然物形态或性质的时间，具体可以理解为在雇主的要求下，每天在工作场所或工作场所之外的场地进行的劳动。广义的工作时间是指狭义工作时间加上为了达到雇主的要求，而从事的其他与工作相关的活动所耗用的并可以获得报酬的时间，工作前准备、工作后扫尾、通勤、在连续工作间隙用餐时间等。事实上，并没有明确的广义工作时间的定义，但是不同国家或地区的法律、法规对工作时间的计算也有简单说明，从工作时间界定说明的差异中大致可以分出广义和狭义工作时间。

具体的（如表 2-24 所示），日本、美国加利福尼亚州的工作时间定义范围较广，日本明确规定了工作前准备、工作后清理、进入和离开工作场所都属于工作时间，加利福尼亚则在狭义工作时间中加入了进餐时间。中国江苏则把生产、工作不容间断的三班制企业员工的用餐时间划定到工作时间之内，是针对特殊情形对狭义工作时间的扩展。而德国、韩国、阿联酋联邦各国的定义都属于狭义工作时间范畴。尽管韩国规定了具体的休息时间，但是并没有规定休息时间需要付酬劳，所以不能将其视为广义定义。

表 2-24　部分国家或地区广义工作时间和狭义工作时间定义举例

国家或地区	定义和内容阐释	定义类别归属	资料来源
日本	工作时间是劳动者在雇主指挥命令下的劳动，工作前准备、工作后清理、进入和离开工作场所	广义	《劳动基准法》（1992 年修改）
美国加利福尼亚州	每日工作超过 5 小时的职工应享受不少于 30 分钟的进餐时间，每日工作超过 10 小时的职工应享受每次不少于 30 分钟的两次进餐时间。但是在雇主与职工双方一致同意的前提下可以调整。没有对通勤时间做出规定	广义	*Eight-Hour-Day-Restoration and Workplace Flexibility Act of 1999*
中国江苏	生产、工作不容间断的三班制企业员工班中就餐是自身生理需要和工作需要，其短暂中断的用餐时间应算作工作时间	特殊情况下采用广义定义	《关于对企业职工三班制工作时间有关问题请示的答复》（苏劳社办函[2000]123 号）
德国	工作时间从工作开始到结束以及在工作场所之外按照雇主之令而进行的劳动，不包括通勤时间	狭义	王益英主编：《外国劳动法和社会保障法》，北京：中国人民大学出版社，2001，第 122 页
韩国	劳动者在雇主的指挥和监督下提供劳动合同规定的劳务所用的时间，不包括通勤时间，休息时间是劳动 4 小时休息 30 分，劳动 8 小时休息 1 小时以上。在休息时间，劳动者可自由活动，企业主在休息期间，可不必向其支付工资	狭义	韩国《劳工标准法》（1997 年 3 月修订）
阿联酋（阿布扎比，迪拜，沙迦，阿治曼，哈依玛角，乌姆盖万，富查依拉）	通勤时间不计入工作时间	狭义	阿联酋《劳动法》（联邦法案 1980 年第 8 号）

　　本节报告的目的是考察通勤时间对劳动者的影响，所以界定广义劳动时间是狭义劳动时间与通勤时间之和，即：

$$广义劳动时间＝狭义劳动时间＋通勤时间$$

　　或者从国民核算的角度定义广义有酬劳动时间是狭义有酬劳动时间与通勤时间之和，即：

$$广义有酬劳动时间＝狭义有酬劳动时间＋通勤时间$$

一般来讲，理性劳动者在工作搜寻过程中，会在通勤时间、狭义工作时间之间进行选择。劳动力市场的供需水平、工作环境、总工资收入、劳动保障等其他条件一定的前提下，如果一份工作通勤时间较长，他又接受了这份工作，唯一理性的选择是：除非狭义工作时间较短，否则选择距离工作地较近的工作。但对于特大城市的就业人员而言，可能居住地离所有可选择的工作场所都很远，酬劳高的工作在市中心，而就业者只有能力购买或者租借郊县的房子，增加了通勤时间。

>>二、通勤时间及广义工作时间特征描述<<

从直观感受容易发现，大城市通勤时间一般高于中小城市，但这种直观感受只能帮助我们确定专题调查的切入点，同时就通勤时间讨论通勤时间，或者就通勤时间讨论交通等公共设施建设，但是更系统性的分析首先需要对通勤时间的总体变化特征进行探讨。

(一)总体特征描述

从纵向来看，1990 年以来中国劳动者(不含在家就业人员)日平均通勤时间递增趋势明显。妇女联合会调查数据显示，就业人员日平均通勤时间从 1990 年的 39 分钟，增加至 2010 年的 43.2 分钟。2014 年北京师范大学劳动力市场研究中心最新调查数据显示，该指标已经增至 44 分钟。

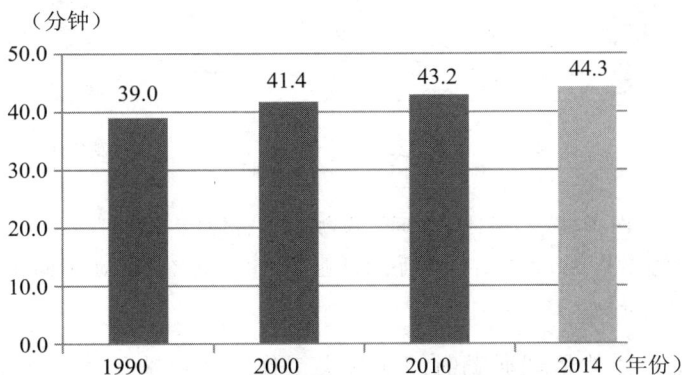

图 2-23 就业人员平均日通勤时间

注：1990 年、2000 年、2010 年数据为妇女联合会和国家统计局联合调查数据，2014 年数据为北京师范大学劳动力市场研究中心最新调查数据。日通勤时间 ＝ 单程时间×往(返)次数，下同。

从横向来看，根据"工作场所与居住地距离"(后文称"通勤距离")分组，除在家工作的就业者之外①，其他组别就业人员在工作日用于通勤时长在30～90分钟之间，但通勤时间增加对狭义工作时间的挤占并不显著。值得注意的是，小于1公里的劳动者大多是雇主或者自营劳动者及家庭帮工，工作时间较长，后面的数据分析也具有类似特征，不再赘述。通勤距离在3公里以内的就业人员选择在家吃午饭的占比高，所以增加了往返工作场所的次数和总的通勤时间。尽管如此，通勤距离在10公里以内的就业人员的狭义工作时间差异不大，只有距离在10公里以外的就业人员的狭义工作时间才略有减少。具体的，通勤距离在1～10公里的就业人员的平均狭义工作时间在376分钟至421分钟之间，且随通勤时间增加，狭义工作时间略有增加。尽管其显著性不高，但足以表明通勤活动时间没有减少狭义工作时间，相应地增加了广义工作时间（如下图所示）。另外，通勤距离在10公里以上的组别里，狭义工作时间略有减少，且与临组"5～10公里"相比，其平均交通活动时间增加的绝对量（67分钟－55分钟＝12分钟）与狭义工作时间较少的绝对量（385分钟－376分钟＝9分钟）差异不大。

总之，短距离组内（10公里以内），平均通勤时间的增加对狭义工作时间影响不大，导致广义工作时间增加。长距离组内（10公里及以上），平均通勤时间的增加才会对狭义工作时间有影响。

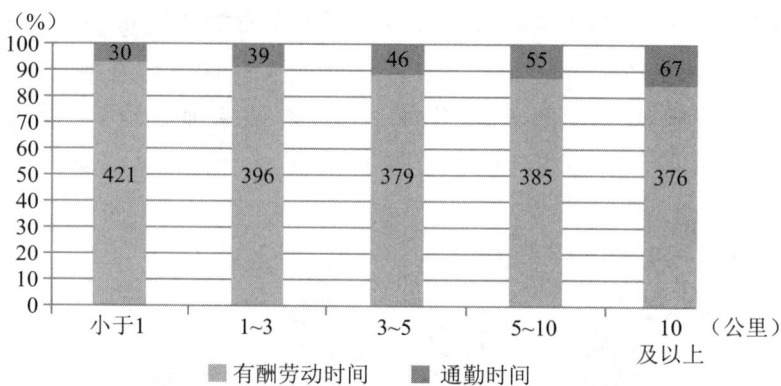

图 2-24　有酬劳动时间及通勤时间（分钟）及占比（％）

注：柱形图中的整数标签分别为有酬劳动（含就业活动和家庭经营活动）时间和通勤时间。

数据来源：国家统计局。

分性别来看，依然呈现通勤时间对狭义工作时间影响不大，导致广义工作时间增加的现象。但男女略有差异，首先对男性的基本情况进行描述性分析。除在家工作的情形之外，男性平均通勤时间为46分钟，平均日广义工作时间为449分钟。具体地，通勤距离在1公里以内以及1～3公里的男性就业人员的狭义工

_____

① 在家就业的人员包括以家庭工作台为媒介的网络服务、由他人供货的自营、家庭手工制作、家庭养殖等工作，通勤时间应该为0。

作时间略长,分别为 460 分钟和 423 分钟。其他距离分类组的男性就业人员的平均狭义工作时间在 400～410 分钟之间,波动不大,而其通勤时间随着住所与工作地距离的增加而增加,所以广义工作时间相应增加。其中,10 公里及以上距离的就业者每天耗在交通活动上的时间达到了 68 分钟,狭义工作时间为 408 分钟,广义工作时间为 476 分钟,比其他组别的平均广义工作时间长 10～30 分钟。可见,男性对于长通勤时间的敏感度很小,通勤活动时间绝对量的增加并不会导致其狭义工作时间的明显减少,只是延长了广义工作时间。

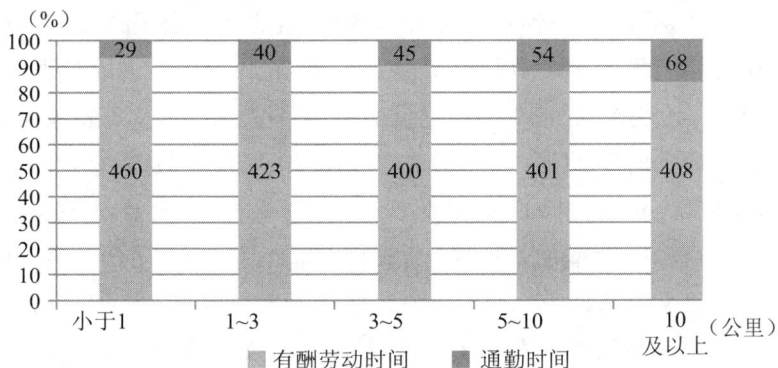

图 2-25　男性有酬劳动时间及通勤时间(分钟)及占比(%)

注:柱形图中的整数标签分别为有酬劳动(含就业活动和家庭经营活动)时间和通勤时间。

数据来源:国家统计局。

就女性而言,她们的日平均通勤时间为 42 分钟,比男性少 4 分钟,平均广义工作时间为 429 分钟。通勤距离在 10 公里以内的几个分组中,女性狭义工作时长并没有呈现随通勤时间增加而减少的现象,但是在距离 10 公里以上的分组中,女性狭义工作时间明显减少。具体地,在小于 1 公里、1～3 公里、3～5 公里以及 5～10 公里分组中,虽然交通活动时间随路途的增加而增加,但是劳动者

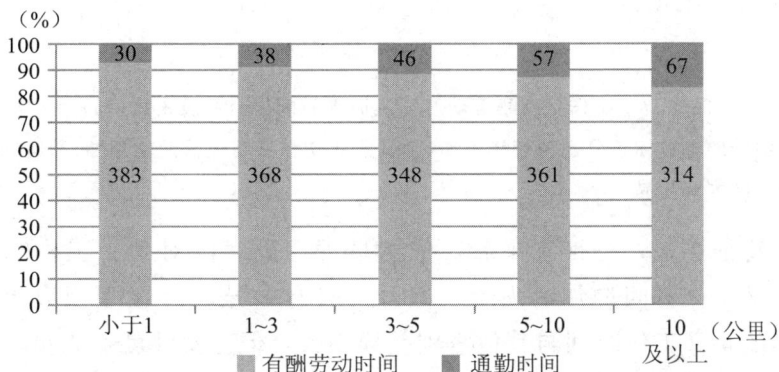

图 2-26　女性有酬劳动时间及通勤时间(分钟)及占比(%)

注:柱形图中的整数标签分别为有酬劳动(含就业活动和家庭经营活动)时间和通勤时间。

数据来源:国家统计局。

平均狭义工作时间差异不大，均在 355 分钟左右。在 10 公里以上组中，劳动者平均通勤时间增加至 67 分钟，同时平均狭义工作时间急剧减少到 314 分钟。这表明女性对长工作距离和长交通活动时间的敏感性要高于男性，一旦通勤时间太长，女性会在狭义工作时间和通勤时间之间做出选择。

（二）工作日特征描述

进行描述性统计分析发现，除在家工作的就业者之外，劳动者在工作日用于通勤的时间较长，达到 47 分钟；除小于 1 公里组之外，按通勤距离分组的就业人员狭义工作时间差异不大。具体地，通勤距离在 1～10 公里的就业人员的平均狭义工作时间在 440 分钟至 450 分钟之间，差异不大。而 1～3 公里组和 10 公里及以上组的平均通勤时间差异为 34 分钟。相应地，通勤距离在 1～10 公里的就业人员的平均广义工作时间依次从 490 分钟增至 522 分钟，显然随着住所距工作单位距离的增加，通勤时间增加，广义工作时间增加。另外，小于 1 公里组比 1～3 公里组就业人员狭义工作时间长 10 分钟，但通勤时间少 13 分钟，所以广义工作时间差异不大。总之，从绝对量上看，工作日的广义工作时间和狭义工作时间均高于总体水平，但其横向变化特征和总体水平相近，即平均通勤时间的增加对狭义工作时间影响不大，导致广义工作时间增加。

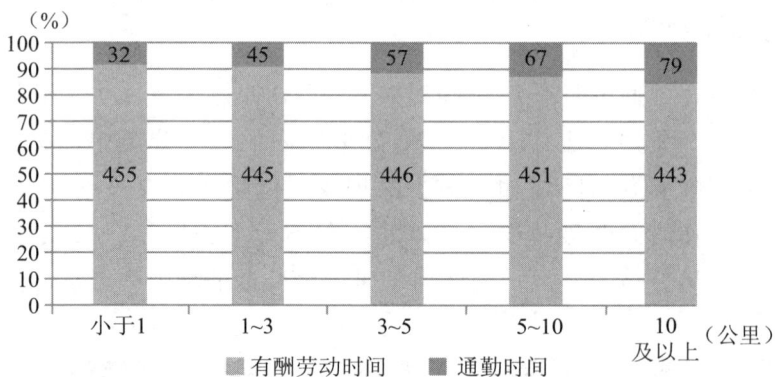

图 2-27 工作日有酬劳动时间及通勤时间（分钟）及占比（%）

注：柱形图中的整数标签分别为有酬劳动（含就业活动和家庭经营活动）时间和通勤时间。

数据来源：国家统计局。

和总体特征类似，分性别来看，依然呈现通勤时间对狭义工作时间影响不大，导致广义工作时间增加的现象。但男女略有差异，10 公里及以上组中，男性就业人员的狭义工作时间与其他组别差异不大，但是女性就业人员的狭义工作时间明显短于其他组别。

具体地，首先对男性的基本情况进行描述性分析。除在家工作的情形之外，通勤距离在 1 公里以内的男性就业人员的狭义工作时间略长，为 494 分钟。其他距离分组的男性就业人员的平均狭义工作时间均在 470 分钟左右，波动不大。但是通勤时间随着其住所与工作地距离的增加而增加，广义工作时间差异拉大。10 公里及以上距离组的就业者每天耗在交通活动上的时间达到了 79 分钟，加上狭义工作时间 471 分钟，得到广义工作时间为 550 分钟，比其他组别的平均广义工作时间长 10～30 分钟。可见，通勤活动时间绝对量的增加并不会导致男性狭义工作时间的减少，只是延长广义工作时间。

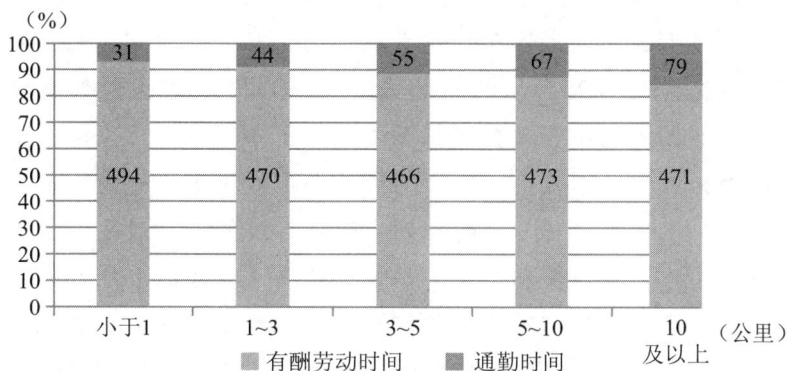

图 2-28　工作日男性有酬劳动时间及通勤时间（分钟）及占比（%）

注：柱形图中的整数标签分别为有酬劳动（含就业活动和家庭经营活动）时间和通勤时间。

数据来源：国家统计局。

就女性而言，她们的有酬劳动时间和通勤时间都比男性少，其通勤距离在 10 公里以内的几个分组中，女性狭义工作时长并没有呈现随通勤时间增加而减少的现象，但是在距离 10 公里以上的分组中，女性狭义工作时间明显减少，比 10 公里以内分组数据值低 30～40 分钟。相应地，随着通勤距离增加女性广义工作时间增加，从 450 分钟增至 490 分钟，并在 10 公里以上组出现下降，降至 460 分钟。这表明女性对长通勤距离的敏感性要高于男性，一旦通勤距离或通勤时间太长，女性会在狭义工作时间和通勤时间之间做出选择。

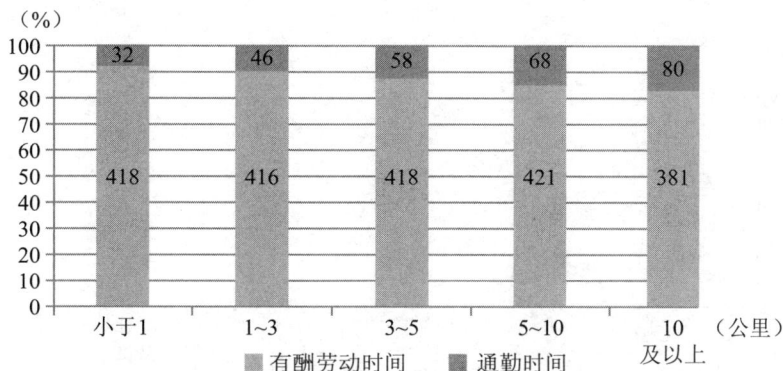

图 2-29　工作日女性有酬劳动时间及通勤时间（分钟）及占比（%）

注：柱形图中的整数标签分别为有酬劳动（含就业活动和家庭经营活动）时间和通勤时间。

数据来源：国家统计局。

（三）休息日特征描述

为了对上述结论进行验证，同时考察劳动者在休息日的广义和狭义劳动时间，本报告又对休息日参加有酬劳动的人群分组进行了描述性统计分析。研究发现，与工作日不同，劳动者休息日的狭义劳动时间随通勤距离的延长而递减，或者说劳动者在休息日对长通勤距离的敏感性要高于工作日。

第一，离家越近的劳动者休息日狭义和广义有酬劳动时间越长。不包括在家工作的人群，根据狭义有酬劳动时间的分段特征，可以把通勤距离分为三个等级：第一等级，通勤距离小于1公里；第二等级距离在1～3公里；第三等级距离在3公里以上。其中，划入第一等级的劳动者步行去工作即可，其狭义和广义工作时长分别约为5.5小时和6小时；划入第二等级的劳动者需要借助自行车等低级交通工具去工作，其狭义和广义工作时长约为4.5小时和5小时；第三等级一般需要借助公共交通或自驾车去工作，其狭义和广义工作时长约为3.5小时和4小时。总之，分等级、就平均水平来看，在休息日还要工作较长时间的劳动者大多离家较近，狭义有酬劳动时间和广义劳动时间都呈现递减的趋势。

第二，从通勤时间来看，休息日与工作日相比，按照通勤距离分组的指标值差异较大。具体地，除去小于1公里组，其他分组的就业人员的通勤时间均有减少，其中大于10及以上公里组的平均通勤时间比工作日少了20分钟。离工作场所近的劳动者每日往返工作地点的次数多，所以通勤时间长，上文已经介绍，不再赘述。通勤时间不仅和通勤距离有关，还与通勤方式和路况有直接关系。路况是许多城市，特别是大型城市交通管理部门主要关注的重点问题，它对通勤时间的影响显著。一般来讲，休息日不存在上下班高峰期，路况较好，所以通勤时间较短。另外，一般出现大城市长距离通勤的情况较多，所以工作日和休息日在长通勤距离组内差异更显著。

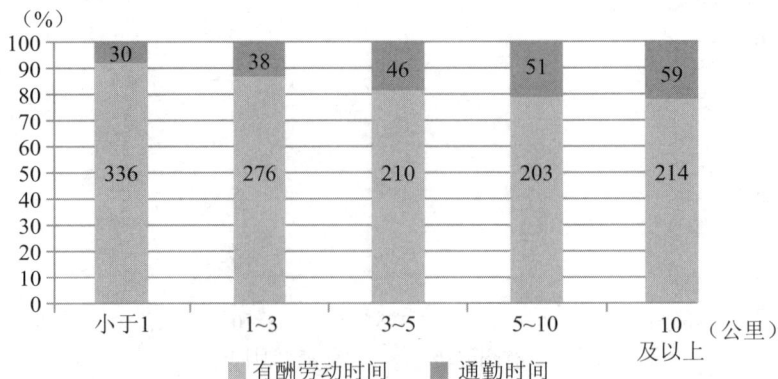

图 2-30　休息日有酬劳动时间及通勤时间（分钟）及占比（%）

注：柱形图中的整数标签分别为有酬劳动（含就业活动和家庭经营活动）时间和通勤时间。

数据来源：国家统计局，北京师范大学劳动力市场研究中心。

第三，男性劳动者在休息日的狭义有酬劳动时间与总体特征类似，也存在离家越近狭义有酬劳动时间越长的特征，广义劳动时间随通勤距离增加而略有减少。根据狭义有酬劳动时间的分段特征，可以把男性通勤距离分四个等级：第一等级，通勤距离小于1公里；第二等级1～3公里；第三等级3～10公里；第四等级10公里以上。具体地，第一至第四等级男性劳动者的平均狭义有酬劳动时间最高为6小时，最低为3.5小时，不同分段组中男性的通勤时间在30～60分钟之间。相应的，广义有酬劳动时间分别为6.5小时、5.5小时和4.5小时和5小时。通勤距离与广义、狭义有酬劳动时间均成负相关关系，距离工作场地远的劳动者的广义、狭义工作时间都短。但是10公里以上组的狭义有酬劳动时间和广义劳动时间都有上扬趋势，比其相邻组（5～10公里组）分别多23分钟和29分钟。产生这一现象的可能原因有两个：一是"收入倍增效应"，如果通勤距离较远，休息日依然去工作的男性往往考虑"通勤收益"，周末加班工资高，劳动者会适当延长狭义工作时间增加收入；二是"特殊事件效应"，工作场所出现困难或紧急事件，而男性负责人的占比高，他们不得不在休息日远距离通勤工作，而特殊事件一般比较耗时。

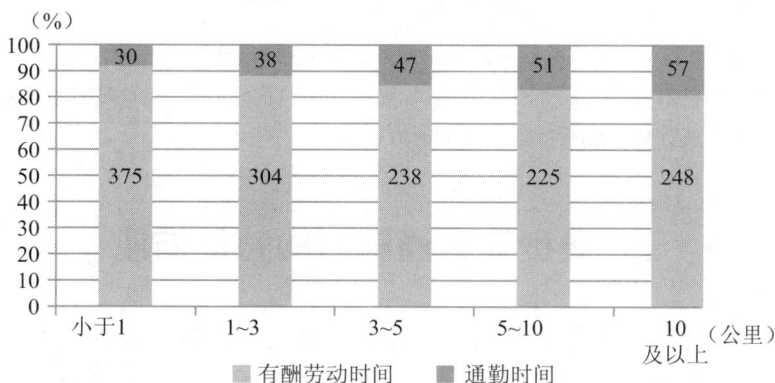

图 2-31　休息日男性有酬劳动时间及通勤时间(分钟)及占比(%)

注：柱形图中的整数标签分别为有酬劳动(含就业活动和家庭经营活动)时间和通勤时间。

数据来源：国家统计局，北京师范大学劳动力市场研究中心。

第四，女性在休息日的狭义有酬劳动时间长于男性，且受通勤距离的影响程度要高于男性，广义有酬劳动时间变化不显著。根据狭义有酬劳动时间的分段特征，按照上述方法把女性通勤距离分为四个等级，从5小时依次递减至2小时。[①] 不同等级中女性的通勤时间在39～64分钟之间，均比工作日低，其中，10公里

---

① 统计局的数据和劳动力市场研究中心的调查数据略有差异。劳动力市场研究中心的调查数据显示：工作场所与居住地距离大于10公里组内，女性有酬劳动时间为97分钟，而统计局的数据为117分钟。但是两组数据都没有出现10公里以上组的休息日男性平均有酬劳动时间高于5～10公里组的现象。

以上组的通勤时间与工作日差异最大，为 16 分钟，这一特征与男性相似。相应地，四个等级分组中，女性广义有酬劳动时间分别为 5.5 小时、4.5 小时、3.5 小时和 3.5 小时。与休息日男性工作时间特征相比，随通勤距离的增加，除非工作场所在家门口（1 公里以内），女性不会选择在休息日过多增加广义有酬劳动时间。也就是说，如果遇到休息日，她会在狭义工作时间和通勤时间之间做出选择，到距离居住地远的工作场所去上班就会缩短狭义工作时间。

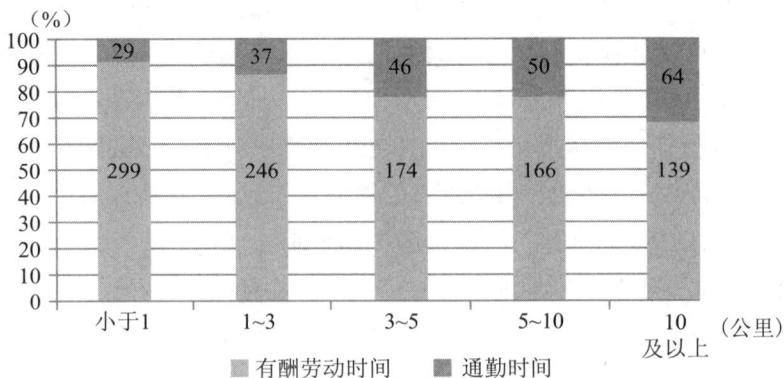

图 2-32　休息日女性有酬劳动时间及通勤时间（分钟）及占比（%）

注：柱形图中的整数标签分别为有酬劳动（含就业活动和家庭经营活动）时间和通勤时间。
数据来源：国家统计局，北京师范大学劳动力市场研究中心。

>>三、典型地区通勤时间特征描述<<

为了与国家统计局工作时间调查典型城市对比，本报告首先就几个典型地区的通勤时间进行分析。在所调查的十个典型省（市、自治区）中，北京平均通勤时间最长，为 97 分钟，[①] 其次是广州，为 47 分钟；黑龙江、四川最低，分别为 34 分钟和 33 分钟；其他省市在 40 分钟至 45 分钟之间。特大城市（北京）或者特大城市聚集的省份（广东）平均通勤时间较长，地区内大城市数量较少的省份通勤时间较短。与 2008 年国家统计局的"时间调查数据"相比，各省市平均通勤时间有不同程度的提高，但大部分省市差异不大。另外，分性别来看，北京男性通勤时间最长，达到了 102 分钟。另外，河北男性通勤时间也较长，达到 53 分钟。京、

---

　　① 该结果比北京大学社会调查研究中心推出的《2012 年度中国职场人平衡指数调研报告》（上下班时间：1.32 小时，约 80 分钟）略高，比中科院可持续发展战略研究组推出的《2010 中国新型城市化报告》（上班时间：52 分钟，假设下班时间也为 52 分钟，上下班时间总共 104 分钟）略低，但差异不大，主要是由样本选择过程的随机误差所致。鉴于网络调查存在局限性，在此列出其他报告调查结果，与本报告进行相互印证。

津、冀经济圈形成，三地通勤便利，但是京、津房价高，使得越来越多的男性选择京、津工作，河北居住，所以平均通勤时间较长。需要说明的是，河北女性的通勤时间并不长，在传统文化因素和女性体力条件的限制下，她们大多选择就近就业以减少通勤时间。

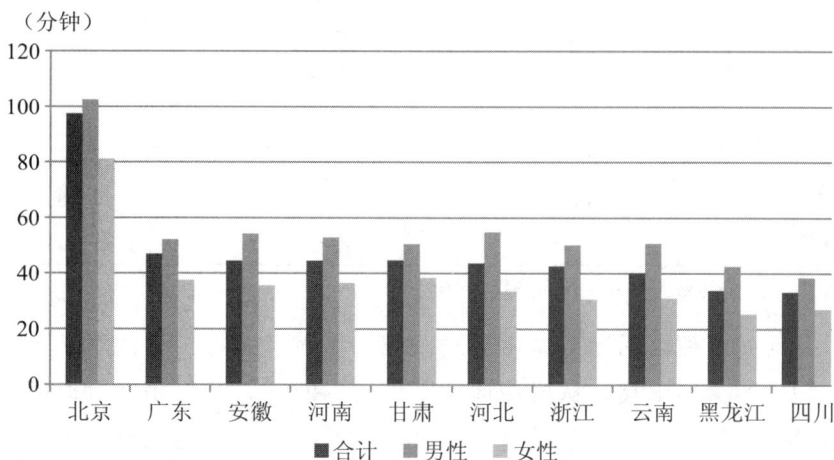

图 2-33　部分省(市、自治区)通勤时间

数据来源：国家统计局，北京师范大学劳动力市场研究中心。

对典型地区的调查不难发现，北京和其他地区通勤时间差距明显。事实上，虽然各个省市平均通勤时间可能低于直辖市，但是省会等大型城市的通勤时间远高于其所在地区的平均水平，所以分性别、休息日等重点考察部分城市的通勤时间可能具有一定现实意义。

上下班时间较长的城市依然是北京、广州、上海和深圳几个特大一线城市，其日平均通勤时间都接近或者超过一个半小时。或者说如果这些城市的劳动者每天平均狭义工作时间是 8 个小时，那么其广义工作时间达到九个半小时，"舟车劳顿"已经成为大城市人群每天都要经历的事情。另外，规模稍小的直辖市和省会城市通勤时间也较长，天津、南京、沈阳、重庆、太原等城市就业者每天的通勤时间均超过了 65 分钟。

表 2-25　2014 年部分城市(30 个)通勤时间汇总

城市	通勤时间(分钟)	城市	通勤时间(分钟)
北京	97.0	昆明	57.2
广州	92.2	济南	57.1
上海	89.8	成都	56.7
深圳	89.2	西安	56.7
天津	79.9	乌鲁木齐	56.0
南京	68.7	合肥	55.7

续表

城市	通勤时间（分钟）	城市	通勤时间（分钟）
沈阳	67.2	苏州	54.9
重庆	66.3	长春	54.4
太原	65.6	呼和浩特	54.0
杭州	64.8	青岛	53.0
武汉	61.4	大连	52.7
石家庄	61.2	宁波	52.5
唐山	60.8	包头	52.3
哈尔滨	58.1	无锡	51.5
郑州	57.8	南宁	51.4

数据来源：北京师范大学劳动力市场研究中心。

为了判断交通拥堵问题对城市通勤时间的影响，本报告专门就非上班高峰时段，搭乘相同的交通工具，从居住地到工作地的时间，然后用通勤时间与该时间做差得到"堵车时间"。也就是说这里的"堵车"时间不是拥堵在路上不能行进的时间，是指由于交通拥挤造成的通勤延长。进一步研究结果证实，虽然不同城市在上班高峰时段或多或少都存在拥堵现象，造成通勤时间延长，但是北京、广州、上海和深圳的拥堵现象最为严重，特大城市的交通阻塞严重影响通勤时间。

表 2-26　2014 年部分城市（30 个）堵车时间汇总

城市	堵车时间（分钟）	城市	堵车时间（分钟）
北京	27.7	昆明	15.0
广州	26.8	济南	14.8
上海	24.6	成都	13.1
深圳	22.3	西安	14.6
天津	18.8	乌鲁木齐	12.2
南京	15.5	合肥	10.9
沈阳	16.4	苏州	12.3
重庆	17.2	长春	7.2
太原	16.0	呼和浩特	6.3
杭州	17.5	青岛	8.9
武汉	16.2	大连	8.4
石家庄	17.1	宁波	5.6
唐山	16.4	包头	7.3
哈尔滨	16.6	无锡	8.7
郑州	17.1	南宁	6.5

数据来源：北京师范大学劳动力市场研究中心。

另外，本报告还针对北京、广州、上海和深圳四个城市的就业者单独进行了以下调查：(1)对四大城市特有的"郊外买房，转租他人，市内租房"现象进行了简单调查，研究发现，四城市中 1/5 的劳动者为了节约成本，选择了以上方式解决通勤问题。假设如果能定居在当地，将近 3/4 外来人口打算选择上述方式购房。(2)对四大城市的已婚男性和女性就业者的通勤时间进行了调查，发现如果夫妻双方的通勤距离一远一近，76% 家庭中的男性是长距离通勤者，这一结果和第二部分的分析一致。

>>四、通勤时间变化特征原因分析<<

总之，通过上述描述性统计结果可以发现中国劳动者的通勤时间有以下几个基本特征：第一，大城市通勤时间明显高于中小城市。第二，在工作日，随着通勤距离和通勤时间的增加，狭义工作时间变化不大，广义工作时间明显增加。第三，在休息日，随着通勤距离和通勤时间的增加，狭义工作时间减少，但广义工作时间变化不大。第四，女性对通勤距离和通勤时间的敏感度比男性高，一旦通勤距离或通勤时间过长，女性狭义工作时间减少幅度高于男性。第五，男性和女性都存在通勤距离的可接受阈值，也就是说，当通勤距离达到某一限度时，男性和女性都可能考虑减少狭义工作时间。

(一)"通勤时间陷阱"

第二部分的描述性统计结果显示了这样一条基本规律：除工作地点离家很近(1 公里以内)的雇主、自营业者和家庭帮工，在一定的通勤时间或者通勤距离之内，劳动者的狭义劳动时间变化不大，通勤时间或者通勤距离一旦超过某一界限区间，劳动者会减少狭义劳动时间。这与第一部分理论分析的结果相悖，从理论上讲，如果其他条件相同，劳动者的理性选择是"除非狭义工作时间较短，否则选择距离工作地较近的工作"。为什么会产生现实与理论相悖的现象？原因在于理论分析是有假设前提条件的：不同通勤距离的工作岗位的总收入、工作环境、岗位与劳动者专业技能的匹配度等其他条件相同。鉴于此，我们引入"通勤时间(距离)陷阱"的概念。称通勤距离(或通勤时间)增加而不显著影响狭义劳动时间变化的通勤距离(或者通勤时间)段为"通勤时间(距离)陷阱"。事实上，"通勤时间(距离)陷阱"是一个闭区间，称这个闭区间的上限为通勤时间(距离)阈值。

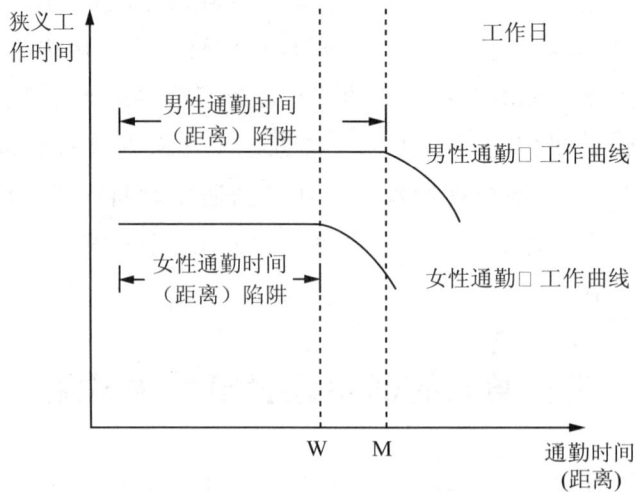

图 2-34　分性别工作日通勤时间（距离）陷阱

注：M 点和 W 点分别对应男性和女性的通勤时间（距离）阈值。

　　另外，第二部分的描述性统计结果显示，"通勤时间（距离）陷阱"往往出现在工作日，在休息日，狭义工作时间往往随通勤距离（时间）的减少而减少，且只有通勤距离很近的员工才会在休息日加班 4 小时以上，所以不存在明显的"通勤时间（距离）陷阱"。这意味着，一方面，在休息日，劳动者对休闲和娱乐的偏好提升，对工作的偏好下降，要求通勤距离（时间）长的劳动者增加狭义劳动时间会影响他们的休闲效用，所以"路特别远"的员工不会加班太长时间；另一方面，长通勤距离上班族一般聚集在城市，城市的休假和加班制度较为严格，企业"不敢"让员工在休息日长时间加班。而短通勤距离上班族一般聚集在小城市或农村，这些地区休假和加班制度不严格，且工作岗位大多为私营或中小企业所提供，大多是临时性的，岗位可替代性强，职工话语权小，所以休息日狭义工作时间长。不妨用下图粗略描绘休息日男性和女性的通勤时间—工作曲线。

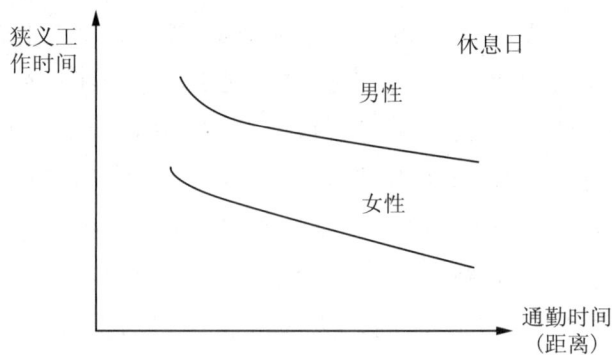

图 2-35　分性别休息日通勤—工作曲线

(二)原因分析

1. 特大城市区划特征

转型期城市化进程加快导致原有市政规划重新布局，而市政交通不畅通则直接影响通勤时间。政策倾斜和市场禀赋原因，大城市经济发展速度快，吸引流动人口涌入，城市化进程导致城市向郊区延展。部分新兴城市预期到城市扩张速度快，在建设新城之前对市政交通、产业布局进行合理设计，尚能保证就业人员通勤畅通，但仍然存在通勤时间长的问题。而部分古城政府却不可能对预期到的城市扩张速度迅速反应，因为一旦发现城市扩张迹象，就需要调整原有城市布局，对原有公共设施进行改造，而调整和改造的时间远远长于新建时间，且文物保护的需要使得部分地上交通可改造的空间很小。所以原有市政交通设施一时间难以与人口迅速膨胀、企业"郊区化"扩张相匹配，通勤问题已经成为影响劳动者时间配置的重要因素之一。

以北京为例，各行业办公地址选择具有明显的向心性，其劳动者有酬劳动活动地点的分布特征表现为：以天安门为中心，在以环线为集中带的圈层结构中，由内向外逐层递减，其中，中心区集中了相当数量的机关单位和商业场所。办公区位的空间分布对交通依赖性强，主要集中在交通干线附近，如长安街沿线、交通环线和机场高速沿线等。特别是金融、IT 等行业的办公区位可选范围较小，多集聚于 CBD、金融街等特定办公区域。与之相对应的是，城市中心住房成本高促使新流入北京的劳动者，特别是青年劳动者大多在 4～6 环租住或者购买房屋，这就造成了办公地点集中在市中心，居住地却分散在外环。所以很多在京工作的劳动者不容易在居住地周围找到收入、工作环境等适宜的工作，只能选择远距离通勤，于是陷入"通勤时间陷阱"。

2. 买方劳动力市场

近 30 年来，虽然中国劳动力市场供需结构已经发生了变化，但是长期形成的买方占优格局限制了劳动者对通勤时间—狭义工作时间的选择。从劳动参与率的变化数据大概窥探出中国劳动力市场的势力对比。自 1990 年以来，无论是男性还是女性的劳动参与率都出现了明显的下降趋势，男性参与率下降了 6.7 个百分点，而女性下降了 8.9 个百分点。总体劳动参与率则从 1990 年的 78.9％下降到 2012 年的 71.1％，下降了 7.8 个百分点。但是与其他国家相比，中国劳动参与率较高，比高收入国家和中等收入国家平均水平高 10.4 个和 8.3 个百分点，比低收入国家低 4.6 个百分点。在未来 3～5 年的短周期内，从平均水平上看，劳动力市场从买方占优向买方、卖方势均力敌的根本性改变尚待时日。

表 2-27　1990 年和 2012 年部分国家劳动参与率对比

国家	合计(%)		男性(%)		女性(%)	
	1990 年	2012 年	1990 年	2012 年	1990 年	2012 年
中国	78.9	71.1	84.8	78.1	72.7	63.8
巴西	64.6	69.9	85.4	80.9	44.6	59.5
澳大利亚	63.9	65.3	75.7	71.9	52.3	58.8
菲律宾	65.4	65.2	82.8	79.7	47.9	51.0
俄罗斯	67.2	63.5	76.3	71.4	59.6	57.0
美国	65.5	62.9	75.4	69.3	56.4	56.8
韩国	60.1	60.8	73.4	72.0	47.1	49.9
法国	55.9	59.8	69.6	66.4	43.4	53.5
日本	63.2	58.9	77.2	70.4	50.1	48.1
南非	53.5	51.8	68.2	60.0	39.4	44.2
OECE 国家	60.3	59.7	73.7	69.1	47.7	51.0
高收入国家	61.4	60.7	73.4	69.0	50.3	52.8
中等收入国家	66.9	62.8	82.6	78.1	50.8	47.2
低收入国家	76.3	75.7	84.5	82.9	68.4	68.6

注：世界银行将劳动参与率界定为年龄在 15 岁及 15 岁以上的人口中从事经济活动的人口比率，经济活动人口则界定为在特定阶段内为货物和服务的生产提供劳力的人员。

数据来源：世界银行(Labor force participation rate，modeled ILO estimate)。

上述数据显示，在劳动力市场中，劳动力供给过剩，劳资双方力量对比悬殊，谈判和博弈优势高度向资方倾斜，劳动者因为通勤时间长而放弃工作岗位或者与资方谈判增加通勤补贴的可能性小。也就是说，虽然人口红利有减少的态势，但劳方地位仍然不高，资方占主导的劳动力市场上，"工作地点距离居住地远"显然还没有对劳动者的职位搜寻决策产生明显影响。尽管企业福利(如交通补贴、餐补)很低或者没有福利，劳动者依然接受长距离通勤。

3. "岗位黏性"

一个劳动者在某个行业工作一段时间以后往往会对这一岗位产生依赖，不妨将其称之为"岗位黏性"。产生这种依赖的原因可能有以下几个方面。

第一，劳动者进行人力资本投资过程中自动形成的"岗位黏性"。随着劳动者教育水平的提高，具备大学及以上学历的人往往会专注于某一门学科，他们一般会寻找和自身专业相匹配的工作并持续做下去，以减少更换行业带来的人力资本再投资成本。

第二，企业长期劳动合同导致劳动者对特定岗位的依赖性增强。长期劳动合同是厂商与工人之间的协议，[①] 其中规定了一年或更长时间内的工作职责等。长

---

① 新古典凯恩斯主义的观点。

期在一个企业工作，劳动者已经适应某一种特定的工作方式，全面了解相应的工作内容、工作流程，并提升了娴熟的操作技能，一旦合同期结束，他已经丧失了再选择行业的能力或者再选择其他行业风险更高，这时就产生了"岗位黏性"。

第三，企业培训特征导致劳动者在专用型人力资本方面的储备更多，进而产生"岗位黏性"。大多数企业在对员工进行培训的过程中，都会讲授一些仅限于本企业可用的知识或技能。因为如果讲授更多的通用型知识或技能，一旦劳动者跳槽，企业培训的外部效应就会体现，企业不希望投入成本为竞争者培养人才，所以企业这种内部化的培训模式使得劳动者转行的可能性更小。

第四，劳动者对"岗位黏性"具有传导机制，"马太效应"会越来越显著。当一个劳动者对自己的行业或岗位厌烦，开始在其他领域进行人力资本投资，并试图改变现有状态时，新领域的人力资源管理者往往会对其产生怀疑，招聘者一般不会或很少录用没有经验的劳动者。①

第五，劳动者长期在某一个行业工作，他的社会资本也会固化。劳动者在某一个企业或行业工作一段时间后，就会形成特有的社会网络、规范、信任、权威、行动的共识，即社会资本。社会资本是无形的，它通过人与人之间的合作进而提高个人生产效率和配置能力。由于个人不能直接占有和运用它，只有通过成为该网络的成员或建立起网络联系，才能接近与使用该资本，"岗位黏性"由此产生。

总而言之，一系列原因造成的"岗位黏性"使得大多数劳动者不会因居住地距离单位远而随意放弃工作以减少工作时间。

第七节 雇主比雇员工作时间长

改革开放以来，中国政府对市场的控制弱化，企业对国家的依赖降低，政府宏观服务、微观放开以及企业自主经营、自我管理、自负盈亏、自行发展的局面逐渐打开，有了更多自主权的企业迅速发展壮大。现如今，企业利税额大幅增加，中国企业家开始出现在世界富人排行榜上，许多自我雇佣者、自营劳动者也实现了收入倍增和生活质量的提高。惊人的发展速度和令人振奋的成绩背后是企业领导者、企业雇员、自营家庭辛勤劳作的结果。从加班的角度来看，雇主在要求加班方面的权力有双层内涵，第一层内涵在本章第一节中已经谈到：要求工人在法律允许范围内加班；第二层内涵：雇主为自己加班，攫取利润。自营劳动者和家庭帮工的工作时间也存在这样的特征，自营劳动者自己劳动或者和他（她）的

---

① 大学毕业生除外，因为大学毕业生要求的工资低。事实上，大学生就业难和他们无工作经验也有关系。

家庭帮工共同劳动，他们为了增加家庭收入不惜延长劳动时间。除了获得收入的方式不同，不同身份就业人群所生产产品或提供服务的特征、劳动者受到的有关工时法律的约束都有差异。另外，城镇化进程中，诸多农村劳动者，特别是居住在郊县的农村劳动者发生了身份转变，由依附于土地的农民转变为小生产者、小商品经营者，成为城镇中特有的劳动群体。鉴于此，本章节专门对城镇不同身份就业者的劳动时间进行研究发现，这种差异综合作用的结果是雇主的加班情况比雇员要严重得多，家庭帮工的工作时间长于自营劳动者。

>>一、就业身份的经济统计学解释<<

根据统计局的标准，就业身份有两套分类方式：第一套分类方式是把就业身份分为城镇单位就业人员、乡镇企业就业人员、农村农林牧副渔劳动者、私营个体雇员、私营个体雇主、自营劳动者和其他，这种方式被运用在《中国劳动统计年鉴》中。第二套分类方式是把劳动者分为雇主、雇员、自营劳动者和家庭帮工。这种分类方式在1‰人口抽样调查、人口变动和劳动力调查、《中国劳动和就业统计年鉴》中都出现过，按照《中国劳动和就业统计年鉴》的时间构成调查情况，本节报告也借用第二套分类方式进行分析。

在进行具体分析之前需要对雇主、雇员、自营劳动者和家庭帮工的概念进行解释，并就中国劳动者的就业身份构成进行简单介绍。根据国家统计局的指标解释，[①] (1)雇员是指那些为领取劳动报酬而为某一单位或雇主工作的人员。(2)雇主指自负盈亏或与合伙人共负盈亏，具有企业经营决策权，其报酬直接取决于生产、经营利润的人员。雇主的基本特征是雇用其他人为自己工作并向被雇用人支付工资。(3)自营劳动者指自负盈亏或与合伙人共负盈亏，具有经营决策权的人员。自营劳动者的特征是既不被雇也不雇用他人。如果有亲属帮忙但不支付工资，经营者本人仍属自营劳动者。(4)家庭帮工指家庭成员在自家经营的摊位、商店、门市部、工厂工作，但无经营决策权，不领报酬的人员。例如，夫妻二人从事个体经营，妻子帮助丈夫打理生意，收入归家庭所有，丈夫并不给妻子发工资，妻子为家庭帮工。[②]

事实上，雇主和雇员对应着在一般的企业、事业单位中的 SNA 生产，而自营劳动者和家庭帮工对应着小型家庭式 SNA 生产。就目前的中国城镇劳动力市场而言，受雇于国家或私人单位的劳动者以及自营者居多，占比分别达到 67%和 24%，而雇主和家庭帮工的占比较低，分别为 6%和 3%。

---

① 详见 2005 年 1‰人口抽样调查指标说明。

② 这里仅是举例说明，共同生产、共同消费的家庭中，无显性报酬的生产或经营支持都属于家庭帮工。

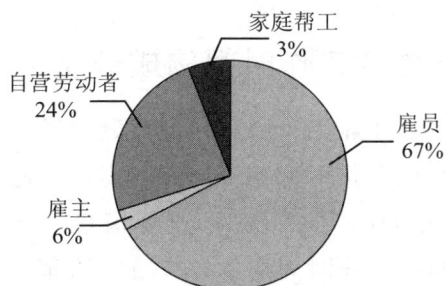

图 2-36　2012 年全国就业人员就业身份构成

数据来源：国家统计局。

>>二、按就业身份分劳动者工作时间描述性统计<<

(一)分就业身份总体工作时间特征分析

从总体来看，不同就业身份人员工作时间差异较大。根据统计局的分组数据计算得到所有城镇从业人员平均周工作时间约为 44 小时，[①] 雇员工作时间与平均值相同。雇主工作时间最长，超过了 47 小时；其次为家庭帮工，达到 45 小时；自营劳动者周工作时间最短，为 42 小时。从该数据中不难发现，就平均劳动时间来看，雇主的平均周工作时间要长于一般雇员，而家庭帮工的平均周工作时间却长于自营劳动者。但这并不能说明大部分自营劳动者的工作时间都很短，因为数据中包括了农业人口，受极端值影响，平均值的大小可能只是在一定程度上反映工作时间特征。所以下文还要对不同就业身份劳动者的工作时间构成进行分析才能得到最终结论。

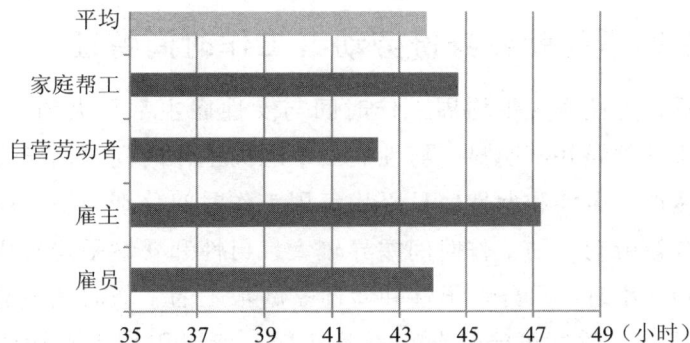

图 2-37　2012 年全国就业人员按就业身份工作时间

数据来源：国家统计局。

---

① 农业人口平均周工作时间较低，所以该数据比非农就业人口的情况略低，详见第二节对不同行业工作时间的对比。

（二）分就业身份总体工作时间构成分析

从工作时间构成来看，在雇员、雇主、自营劳动者、家庭帮工几个就业身份中，55.5％的雇主平均每周工作时间在 48 小时以上，成为"最辛苦群体"。如果按照法定标准工时（周工作时间为 40 小时）进行衡量，70％的雇主都会加班。与之形成鲜明对比的是雇员的工作时间构成，47.1％的雇员平均每周工作时间为 40 小时，而工作时间在 41～48 小时或 48 小时以上的雇员分别占 20.7％和 27.4％。另外，有 40.9％的自营劳动者（也有学者称之为自雇者[①]）平均每周的工作时间在 48 小时以上。这表明，虽然用算术平均值计算的自营劳动者平均周工作时间只有 42 小时，但是从结构比例来看，工作时间超过法定最长工作时间（44 小时）的自营劳动者也不在少数。可见，无论是雇佣他人协助自己，还是自己雇佣自己进行生产或者提供服务，雇主都投入了比一般雇员更多的劳动时间。需要说明的是，"家庭帮工"是一类特殊的劳动者群体，他们没有自己的显性收入，只能依附于其他家庭成员，尽管也付出了劳动，但是其从属性地位导致了工作时间要长于平均水平。

表 2-28　2012 年按就业身份分城镇就业人员工作时间构成　（单位：％）

就业身份	总计	1～8 小时	9～19 小时	20～39 小时	40 小时	41～48 小时	48 小时以上
总　计	100.0	0.7	1.4	8.5	37.8	18.7	32.9
雇　员	100.0	0.3	0.4	4.1	47.1	20.7	27.4
雇　主	100.0	0.4	0.7	4.4	24.2	14.8	55.5
自营劳动者	100.0	1.7	4.2	20.9	17.2	15.0	40.9
家庭帮工	100.0	0.8	2.6	15.1	19.2	11.8	50.5

数据来源：国家统计局。

（三）分性别不同就业身份劳动者工作时间特征

分性别来看，男性雇主平均周工作时间与女性雇主都是大约 47 小时，女性雇主略高，但这种差异并不明显。男性雇员平均周工作时间要高于女性雇员，但差异不大。具体地，男性和女性雇员平均每周工作时间分别为 44 小时和 43 小时。但是不同性别自营劳动者的工作时间差异较大，男性和女性平均每周工作时间分别为 44 小时和 40 小时。另外，男性和女性家庭帮工的工作时间差异不大，都在 44 小时左右。同样，数据可能是非正态分布的，所以用算术平均值代表平均周工作时间有一定的局限性，下文分性别对不同性别、不同就业身份就业人员的工作时间构成进行再分析。

---

① 解垩：《中国非农自雇活动的转换进入分析》，载《经济研究》，2012 年第 2 期。

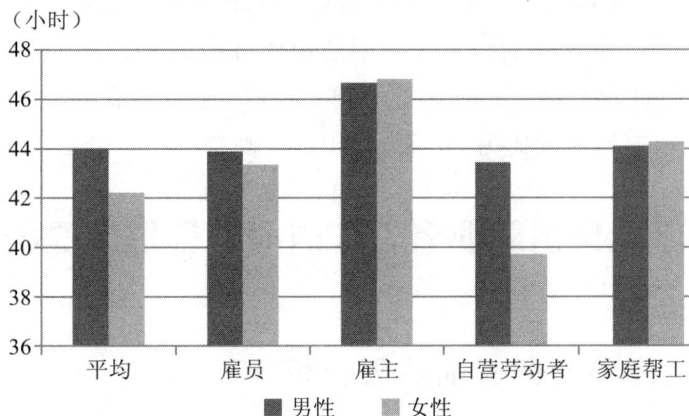

图 2-38 2012 年全国就业人员按就业身份工作时间

数据来源：国家统计局。

（四）分性别不同就业身份劳动者工作时间构成特征

分性别考察劳动者的工作时间构成特征不难发现：首先，分别有 46.5％和 48％的男性和女性雇员的周工作时间为 40 小时。但是就周工作时间超过法定工时（40 小时）的男性来看，长时间加班（48 小时以上）者居多。具体地，男性雇员中，35.0％以上的人工作时间在 48 小时以上，而平均周工作时间在 41～48 小时、48 小时及以上的就业人员占比分别为 21.3％和 25.4％，差异不大。所以男性雇员的特征：要么不加班，要么多加班。但该特征在女性雇员中不明显。其次，分别有 55.0％和 56.5％的男性和女性雇主的周工作时间超过了 48 小时，勤

表 2-29 2012 年按就业身份、性别分的城镇就业人员工作时间构成 （单位：％）

就业身份	总计	1～8 小时	9～19 小时	20～39 小时	40 小时	41～48 小时	48 小时以上
男	100.0	0.5	1.0	7.1	37.5	18.8	35.0
雇员	100.0	0.3	0.3	3.8	46.5	20.2	28.9
雇主	100.0	0.4	0.8	4.3	24.4	15.2	55.0
自营劳动者	100.0	1.2	2.9	16.7	17.4	16.4	45.4
家庭帮工	100.0	1.8	3.0	13.6	17.9	12.3	51.4
女	100.0	0.8	1.9	10.2	38.3	18.6	30.1
雇员	100.0	0.3	0.5	4.5	48.0	21.3	25.4
雇主	100.0	0.5	0.5	4.6	23.8	14.1	56.5
自营劳动者	100.0	2.3	6.0	26.9	17.0	13.1	34.7
家庭帮工	100.0	0.5	2.5	15.6	19.5	11.6	50.3

数据来源：国家统计局。

劳的企业家精神在不同性别的雇主身上都体现的很明显。再次，男性和女性自营就业人员工作时间在 48 小时以上组别中的构成分别为 51.4％和 34.7％，该数据与上文不同性别自营劳动者的工作时间差异特征吻合。最后，女性家庭帮工在 48 小时以上组别中的构成比为 50.3％，比男性高约 5 个百分点。

>>三、不同身份就业者工作时间特征形成原因分析<<

(一)雇主工作时间长的原因分析

企业家精神和中国目前的生产特征、投资环境、法律环境决定了雇主的工作时间要长于其他群体，其中，最重要的是内因——企业家精神，同时中国目前经济发展阶段的特征和政府投资环境也对雇主的工作时间产生了影响。

1. 企业家精神

企业家精神是一种重要的生产要素,[1] 它包括很多方面，如合作能力、创新能力、敢于承担风险的品质等，这其中有些因素直接导致了雇主的工作时间长于雇员，具体体现在以下三个方面。

第一，人力资本的稀缺性和不可替代性。一般情况下，企业家的不可替代性决定了他可能会比一般雇员更辛苦。从客观上来看，虽然大多数企业主间接参与生产，但却是企业的管理者和核心人力资本之一，在一定程度上有员工的"精神领袖"的作用，所以其岗位可替代性差。雇佣其他管理者对生产进行组织虽然减少了工时，但增加了成本，还可能因其管理技能的缺乏而影响生产效率，所以在有些时候企业主亲力亲为，延长个人的工作时间是收益最大化的选择。

第二，勤奋。尽管政治学更偏向于认为雇主是"唯利主义"的，但是不能否认，企业家的勤奋程度高于平均水平。从经济学的角度看，一般雇员也是理性"经济人"，他们也希望能获得高收入，但是为什么有些人成为雇主，而有些人成为雇员？原因很多，比如有些雇主占有垄断资源，有些雇主拥有好的创业机会，有些雇主有较强的创新能力，但大多数企业家有一个共同的特征：敢于吃苦，这种性格使得他们不惜牺牲与家人相处、娱乐消遣的时间，把有限的精力投入到他们认为可能会带来高额利润的生产中去，至少在公司的某个发展阶段是这个样子的，如创业初期、潜在竞争对手入侵的时候。尽管敢于吃苦不一定能成为雇主，但是能成为雇主的人大部分有敢于吃苦的企业家精神。

第三，渴望成就。除了独有的人力资本和勤奋的品质之外，企业家对成就感

---

① Schumeter J., *The Theory of Economic Development*，Harvard University Press，1934，p. 23.

的需求要高于一般人。① 即便现有工作的待遇、环境、保障都能满足其基本的物质生活需求，但是依然会选择自己创业。他们认为创业才能获得更大的发展空间，雇佣他人、与他人合作、与同业者竞争、从挑战中获得的财富能让他们产生驾驭感和自豪感。所以很多企业家不惜通过过度加班的方法获得这种驾驭感和自豪感。所以，对成就的强烈渴望甚至在一定程度上削弱了他们对过度加班的厌恶。

2. 中国特有的经济特征和投资环境

中国特有的经济特征和投资环境也导致雇主的工作时间长于雇员。第一，中国有相当数量的贫穷推动型企业。从经济学角度看，贫穷推动型②的企业家在中国比较普遍。③ 他们创业可能是被迫的，如部分国有企业职工下岗，他们为了生存选择创业。贫穷推动型的企业家是相对机会推动型（Opportunity Pull）企业家而言的，贫穷推动型的企业家更倾向于在风险低、门槛低的行业进行投资，这些行业一般生产的产品或提供的服务技术含量低。所以当一国处于物质产品不够丰富，民众收入水平正在提升、对产品和服务的需求量大的经济发展时期，企业增加单位产品产量带来的总的利润增量也多，雇主不辞辛苦，努力工作，获得更多利润。

第二，政府对企业实行的繁杂的管理制度。企业管理者和一般员工有着本质的差别，他们既要监督生产（有些企业主甚至自己参与生产）又要与监管部门接触。在中国特殊的社会环境下，政府干涉较多，企业主不仅需要考虑生产组织和管理问题，还要忙于应对各种复杂公共管理程序，如注册程序、登记程序、税收程序、项目申报和审核程序。甚至有些企业还要为了顺利完成这些程序动用社会资本，不仅增加了企业成本，而且增加了管理的时间成本。

第三，法律监管的空缺。这里所述的法律监管空缺除了涉及上文所提到的有关工时的法律法规，还包括其他有关劳动力市场和就业的法律文件。首先，一些法律漏洞给了雇主打"擦边球"的机会，不仅变相要求员工在一定时间范围内加班，而且也满足了自己延长工作时间、与员工一起参与生产、增加利润所得的意

① McDougall P. P., Shane S. and Oviatt B. M., Explaining the Formation of International Ventures: The Limits of Theories from International Business Research, *Journal of Business Venturing*, 1994(9), pp. 469-487.

② Bygrave W, Hay M, Ng E, et al., Executive forum: a Study of Informal Investing in 29 Nations Composing the Global Entrepreneurship Monitor, *Venture Capital: An International Journal of Entrepreneurial Finance*, 2003, 5(2): 101-116.

③ 薛红志、张玉利、杨俊：《机会拉动与贫穷推动型企业家精神比较研究》，载《外国经济与管理》，2003年第25期。杨忠、张骁、陈扬等：《"天生全球化"企业持续成长驱动力研究——企业生命周期不同阶段差异性跨案例分析》，载《管理世界》，2007年第6期。

愿。有关法律缺失的详细阐释见第二章第一节，这里不再赘述。其次，法定工时在雇员身上发挥了更多作用，对雇主的约束力不大。雇主通过安排雇员倒班的方法维持企业的连续性运作，所以雇员的工作时间大多不会超过法定标准（44 小时）。但是雇主作为整个生产流程的总监管者，他们大多采取"全程监督"的策略。显然，他们也可以雇佣管理人员，但是法律缺位、诚信体制不健全加上劳动力市场本身不成熟、信息不对称严重导致外雇管理者存在较大的"委托—代理"风险，代理人目标与委托人目标不一致的情况下，道德风险和逆向选择风险都可能给企业带来成本损失，所以企业主，特别是小生产主宁愿延长个人的工作时间、亲自组织生产。

（二）家庭帮工工作时间长的原因分析

事实上，在有酬劳动过程中，从就业人员的劳动地位来看，雇主和自营劳动者都处于主动地位，相应地，雇员和家庭帮工都处于从属地位。但是与雇主和雇员不同的是，自营劳动者比家庭帮工工作时间要短。之所以会形成这样的结果，原因在于两类生产模式存在着很大差异。所以本部分从差异比较入手，对自营劳动者和家庭帮工的工作时间特征产生的原因进行阐释。根据统计局的指标解释，把雇主、雇员、自营劳动者和家庭帮工进行组合，很显然，雇主和雇员属于一组，自营劳动者和家庭帮工属于一组。两类组合在法律约束力、生产产品或提供服务的特征、劳动者人力资本水平等方面都有显著差异。

第一，法律约束力不同。雇主和雇员所在的机构一般为各类事业或者企业单位，都有合法的工商注册名称，且经过国家工商、社会保障、环境保护等各个部门认证之后才允许运行。自营劳动者和家庭帮工所组成的小型经济单位不一定有合法的工商注册名称（如县城中夫妻开设小吃摊），有关法律或者行政部门定期或不定期对他们进行整顿。这意味着雇主只能在一定限度内要求雇员加班，而只要不出现法律上的人身伤害问题，自营劳动者可以要求家庭帮工无限制地加班。

第二，生产的产品或提供的服务不同。一般来讲，雇员所在企业或者事业单位涉及各个行业，且机构的管理组织模式规范，生产的产品或者提供的服务科技含量高、附加值高。而小型家庭生产单位大多管理自由、没有固定的组织方式，涉及低端农产品加工，简单小商品制造、批发或零售，家政服务，建筑等行业，所以生产的产品和提供的服务大多没有太多技术含量、附加值低。在一定意义上看，雇员大多在垄断行业或者在垄断竞争行业工作，而家庭帮工往往在近似的完全竞争行业工作，投入更多的劳动时间能够增加收入，所以，家庭帮工的工作时间要长于雇员。

第三，平均人力资本水平不同。雇主和雇员所在企业或者事业单位投入的知识性人力资本较多，而小型家庭生产单位投入以体力劳动为主的劳动力。所以，在雇主和雇员所在的生产机构中，雇员的议价和协商能力都较强，而在自营劳动者和家庭帮工所组成的小型生产单位中，家庭帮工的议价和协商能力都较弱。相对于雇主和雇员，家庭帮工的从属地位更显著，所以家庭帮工过度劳动的现象要多于自营劳动者，也多于雇员。不妨用受教育程度来代表劳动者的人力资本水平进行简单分析。很显然，"自营劳动者"和"家庭帮工"分组中，低学历劳动者占比高，初中及以下学历就业人员占比分别为90％和77.5％，高学历劳动者占比少，研究生及以上学历劳动者占比为0。

表 2-30　按就业身份、性别分的全国就业人员受教育程度构成　　　　（单位：％）

受教育程度	就业人员	雇　员	雇　主	自营劳动者	家庭帮工
总　　计	100.0	100.0	100.0	100.0	100.0
未上过学	2.0	0.5	0.3	3.7	1.5
小　　学	19.0	7.6	9.2	31.5	17.7
初　　中	48.3	41.4	48.6	54.8	58.3
高　　中	17.1	24.2	28.9	8.8	17.8
大学专科	8.0	15.0	8.9	1.0	4.0
大学本科	5.2	10.3	3.8	0.2	0.8
研究生及以上	0.5	1.0	0.3	0.0	0.0

数据来源：国家统计局。

（三）不同性别家庭帮工的工作时间特征成因分析

除了以上提到几个问题之外，还有一个研究内容有必要专门提及——女性帮工的人力资本水平与性别歧视。在具体讨论这一问题之前，需要对家庭帮工的人员构成进行描述，在所有男性就业人员中，家庭帮工只占了1％，而在所有女性就业人员中该比率为4.1％。这意味着诸多学历低、人力资本水平低的女性劳动者只能"屈从"于家庭成员，从事协助性的生产劳动。

明确了家庭帮工的性别比例，不妨回到雇主和雇员、自营劳动者和家庭帮工的对比上来。一般来讲，雇主和雇员所在企业或者事业单位中，男性的体力优势并不总是能够充分发挥出来。因为在诸多需要复杂脑力劳动的工作岗位上，只要女性的知识水平、专业技术水平或者管理能力足够高，就可以和男性完成一样的工作任务。但是这种现象在自营劳动者和家庭帮工所在的小型生产组织中却难以见到，在人力资本水平都不高的情况下，男性先天的体力优势就会在生产中得到更多的体现。这种性别之间的差异导致女性家庭帮工比男性家庭帮工的从属地位更显著，于是性别歧视在这种情况下发挥了更显著的作用，靠出卖体力的女性劳动者没有竞争优势，被排除在了一般劳动力市场之外，她们只能帮家庭成员工作来获得生活资料。

总而言之，较低端的自雇[①]生产模式具有这样的特征：工作时长和收入多少呈现较高的正相关关系，家庭生产虽然创造了家庭财富，减轻了国家的就业负担，但这种游离于法律之外的低端的、家族式的生产模式需要通过政府的监管和劳动者素质的提高来改进。

第八节　中国人假期时间远少于世界平均水平

许多国家除了立法明确标准工时、最长加班时间等，还规定了带薪年假、法定节假日、产假等。各国设置各种休假日的目的不同、涉及人群不同。其中，能自由支配的假期是带薪年假，不同国家设置带薪年假有其特有社会和经济意义，有的国家是为了让劳动者能得到更好的放松，促进家庭和谐、保障子女教育时间，有的国家则是为了缩短在业人员工作总时长，增加就业；而有的国家是为了让劳动者有足够的时间进行消费，促进闲暇经济的繁荣，也有国家兼而有之。法定节假日大多和民俗、宗教、纪念日有关，如中国的清明节、端午节，法国、德国的复活节，美国的国庆日等。产假是专门针对女性劳动者的特殊假期，以保护女性劳动者的生育权益。虽然放假的目的各有不同，但是对于一般的中国劳动者而言，假期更多的是与休息画等号，所以考察法定休假特征也能在一个特定视角上窥视出目前中国劳动者的过度劳动情况。

>>一、中国的休假规定<<

中国是国际劳工组织的常任理事国，中国部分的休假法律是参照国际劳动组织的标准和条例制定的，同时也根据中国的国情进行了细节性的调整。第一，带薪年假是指给职工一年一次的带薪假期。中国自 2008 年 1 月 1 日起开始正式施行的《职工带薪年休假条例》第 3 条明确规定，"职工累计工作已满 1 年不满 10 年的，年休假 5 天；已满 10 年不满 20 年的，年休假 10 天；已满 20 年的，年休假 15 天。国家法定休假日、休息日不计入年休假的假期。"

第二，法定节假日是指根据我国传统民俗习惯和纪念要求，由国家法律统一规定的用以进行庆祝或者度假的休息时间。2007 年修订的《全国年节及纪念日放假办法》确定了中国七大放假的节日，分别为元旦、春节、清明节、端午节、劳

---

① 需要说明的是，自营劳动者属于自我雇佣的范畴，这里根据国家统计局的划分标准，把自我雇佣者单独作为一类进行分析。

动节、中秋节和国庆节，全民公休节日的假期通过调整双休日、加班的方式来集中休假，休假时段每年由国务院发布。地方性节日、少数民族传统节日、其他特定群体的节日限于特定群体或局部地区。

第三，针对女性职工的生育需求，产假也被列入了法律条文。产假是指在职妇女产期前后的休假待遇，2012 年 4 月，国务院常务会议审议并原则通过《女职工劳动保护特别规定（草案）》，将女职工生育享受的产假由 90 天延长至 98 天，并规范了相关待遇。同时，《劳动法》规定，"职业女性在休产假期间，用人单位不得降低其工资、辞退或者以其他形式解除劳动合同。"

第四，另一种休假形式少有人关注——病假。事实上，大多数国家除了规定法定年假之外，还规定了休病假的期限、调休方法以及在生病期间请假企业应该如何给付劳动者工资等，目的是为了保障工人的基本健康权益。依据劳动部《企业职工患病或非因工负伤医疗期规定》第 3 条企业职工因患病或非因工负伤，需要停止工作医疗时，根据本人实际参加工作年限和在本单位工作年限，给予 3 个月到 24 个月的医疗期。企业职工患病或非因工负伤，在医疗期内停工医疗累计不超过 180 天的，由企业发给本人工资的 70％，超过 180 天的，发给本人工资60％的疾病救济费，病假工资或疾病救济费不能低于当地最低工资标准的 80％。

带薪年假、法定公共假期体现了法律赋予职工的休息权利、参与民俗活动和纪念活动的权利，而产假及有关规定则体现了法律对女性劳动者的特殊保护。本文首先对不同国家的情况进行简单比较，然后再针对中国的问题加以阐释。

>>二、中国与其他国家休假时间比较<<

(一)带薪年假：全世界最短

带薪年假是第二次世界大战以后各国劳动部门才逐渐关注的问题，它隶属于劳动者福利的范畴，是工作日间休、双休日、法定节假日之外唯一可以为劳动者自由支配的休闲时间，这体现了劳动力权益立法的进步。在中国，带薪年假制度刚刚兴起，中国劳动者的带薪年假还远低于世界平均水平。

分地区来看，根据国际劳工组织 2012 年报告数据显示，在所列示的 118 个国家中，除没有明确规定年假标准的 17 个国家之外，其他国家就业者平均最短带薪年假[①]天数为 16.8 天。几个地区中，亚太地区就业者平均年假天数国家最少，为 10.1 天，发达经济体及欧盟国家最多，为 21.0 天。

---

①　之所以专门统计最短带薪年假是因为不同国家和地区的法律不同，有些国家不同行业、不同工龄劳动者的带薪年假不同。最短带薪年假一般指劳动者工作第一年或者工作满一年可享有的年假天数。

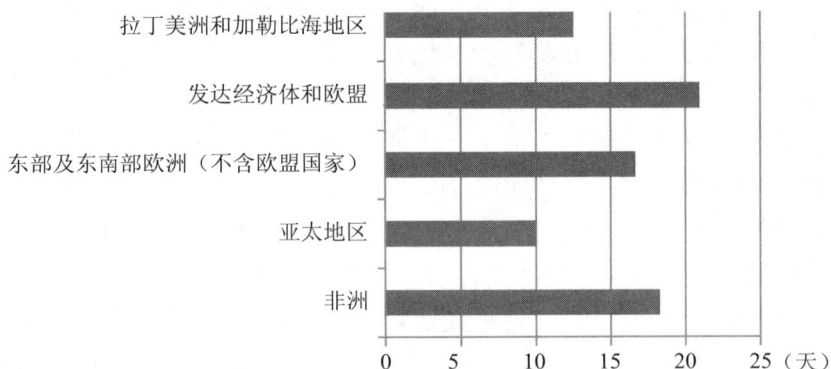

图 2-39　世界各地区工龄一年劳动者平均年假

数据来源：国际劳工组织 2012 年"Working Conditions Laws Report"。

　　分国家来看，在中国，最短带薪年假为 5 天，且需要工作满一年以上，该数据不仅低于世界平均水平，而且低于亚太国家平均水平。工龄在 20 年及以上的劳动者的法定年假才能达到 20 天，且比发达经济体及欧盟国家的平均水平还要略低。与中国情况类似的国家还有尼日利亚、菲律宾、玻利维亚等少数几个低收入国家，其余国家劳动者的最低带薪年假均在 10 天以上。大部分国家的法定最低带薪年假在 10～25 天，英国、科威特、叙利亚、阿拉伯联合酋长国等国家的法定最低带薪年假时间更长，有的甚至达到 30 天。

表 2-31　部分国家劳动者最短带薪年假

年假	国家
无广泛适用规定	冈比亚、印度、基里巴斯、巴基斯坦、斯里兰卡、美国
少于 10 天	尼日利亚、文莱、中国、日本、马来西亚、缅甸、菲律宾、新加坡、泰国、洪都拉斯、墨西哥
10～14 天	博茨瓦纳、刚果、厄立特里亚、埃塞俄比亚、加纳、莱索托、莫桑比克、索马里、斯威士兰、突尼斯、孟加拉共和国、斐济、印度尼西亚、老挝、尼泊尔、几内亚、越南、土耳其、圣马力诺、阿根廷、巴哈马群岛、伯利兹、加拿大、哥伦比亚、多米尼加、多米尼亚、厄瓜多尔、萨尔瓦多、格林纳达、危地马拉、圭亚那、海地、牙买加、尼加拉瓜、巴拉圭、委内瑞拉、约旦
15～19 天	安哥拉、布隆迪、喀麦隆、埃及、肯尼亚、马拉维、毛里塔尼亚、毛里求斯、墨西哥、卢旺达、塞舌尔、南非、苏丹、乌干达、赞比亚、阿富汗、柬埔寨、韩国、蒙古、所罗门群岛、瓦努阿图、亚美尼亚、比利时、保加利亚、克罗地亚、捷克、爱沙尼亚、芬兰、德国、匈牙利、爱尔兰、意大利、拉脱维亚、立陶宛、摩尔多瓦、荷兰、挪威、葡萄牙、罗马尼亚、俄罗斯、塞尔维亚、斯洛伐克、斯洛文尼亚、西班牙、瑞士、巴巴多斯、玻利维亚、智力、伊拉克、黎巴嫩、卡塔尔

续表

年假	国　家
20～23 天	阿尔及利亚、贝宁、布基纳法索、乍得、加蓬、几内亚、几内亚比绍共和国、马里、纳米比亚、尼日尔、拉脱维亚、塞内加尔、坦桑尼亚、多哥、津巴布韦、澳大利亚、伊朗、新西兰、奥地利、丹麦、法国、冰岛、卢森堡、马耳他、瑞典、巴西、古巴、巴拿马、秘鲁、乌拉圭、巴林、沙特阿拉伯
24～25 天	科摩罗、吉布提、利比亚、马达加斯加、英国、科威特、叙利亚
26 天以上	阿拉伯联合酋长国、也门

数据来源：国际劳工组织 2012 年"Working Conditions Laws Report"。

(二)法定公共假期天数：与他国差异不大

尽管中国人的带薪年假天数远低于世界平均水平，但是法定公共假期天数和大部分国家类似，只不过在休假方式上略有差异。中国的法定公共假期一般会连上双休日，然后在假期前或假期后补班。但有些国家采取"不调休，有'桥'就休"的方式，如法国等。例如，法国的国庆日恰好赶上了周四，按照法律规定，周四放假，但是周六、周日中间只间隔了周五一天，所以周五就被称之为"桥"，这意味着国民可以从周四一直休息到周日，所以每年假期天数不大一样。并且不同行业或者人群会有自己的假期，如国际上有教师节、儿童节等，俄罗斯特有的印刷节等。

表 2-32　部分国家和地区法定公共假期

国家和地区	法定公共假日扣除双休日和补班(天)
中国内地	10
新加坡	12
日本	13～16
中国台湾地区	9～11
中国香港特区	12
美国	15～18
俄罗斯	10
法国	11～15
比利时	10
新西兰	10～12
德国	10～13
挪威	10～12
荷兰	10～13
英国	8～9
巴西	10～13

数据来源：各国或地区劳动组织网站。

(三)针对女性的法定休息和休假:"政策不敌对策"

中国法律对女性的休息和休假规定与国际标准相近。首先,法定休息和休假的项目分若干类,具体包括与生育相关的假期和妇女节。其中,与生育相关的假期①主要有产假、产前假、哺乳假、保胎假、授乳时间、男性陪产假②等。在诸多假期中,最早出现,也是最重要的休假是产假,1919 年,国际劳工组织创立之时就规定了妇女在产前和产后具有休假权力的规定。在 2000 年,国际劳动组织对这一标准进行了修订,③ 要求企业必须为产妇提供至少 14 周的带薪休假,但是各国的标准不大一样。

第一,中国法定产假规定符合国际劳工组织标准。全世界 85% 的国家会给适龄妇女提供 12 周及以上的产假,其中,53% 的国家为妇女提供 14 周及以上的休假,中国立法机构也在近期做出了调整。2012 年 4 月 18 日,国务院常务会议审议并原则通过的《女职工劳动保护特别规定(草案)》,第 7 条第 1 款明确说明:参照国际劳工组织公约的规定,将产假由 90 天增至 14 周。

第二,中国法定产假天数比欧洲和独联体等发达国家少。中国的产假期限比亚洲及太平洋国家要高,将近 70% 的亚洲及太平洋国家规定法定产假不足 14 周,中国不在这个群组内。但是,与欧洲和独联体等高收入国家相比中国的情况略显逊色。具体地,60% 的欧洲和独联体国家中的法定带薪产假在 18 周及以上。

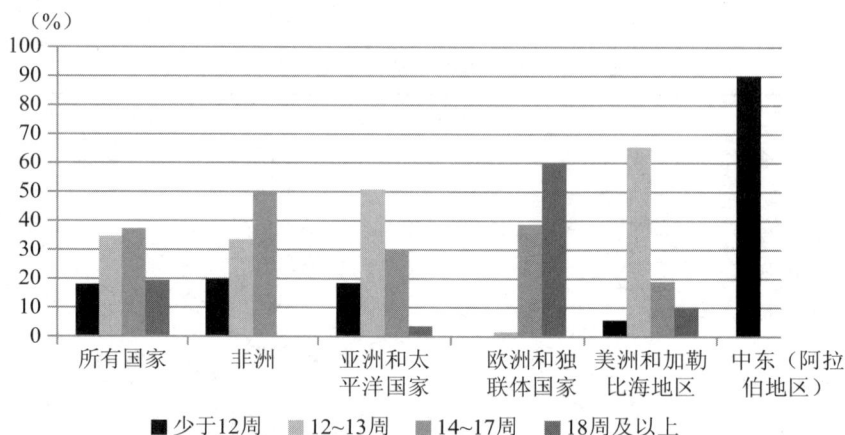

图 2-40 分地区、法定产假周数国家数量占比

数据来源:国家统计局,国际劳工组织 2012 年"Working Conditions Laws Report"。

---

① 详见 2012 年 4 月 18 日,国务院常务会议审议并原则通过的《女职工劳动保护特别规定(草案)》。

② 虽然男性陪产假是男性享有的假期,但目的是为了保障受孕期或者哺乳期女性的权益。中国大城市的部分企事业单位也规定了男性有休陪产假的权利。

③ ILO:the Maternity Protection Convention,2000 (No.183).

第三，法律规定与公司执行呈两条线。尽管中国立法给妇女以权益保障，但是企业一方的执行情况并非尽如人意。显性和隐性的侵权行为时有出现，显性侵权行为尚容易监管，如扣除员工在产假期间的工资，将孕期或者产期的员工辞退等，但是隐性侵权行为很难控制，比如同等能力条件下，企业会选择招聘有孩子的女性，将未孕女性排除；企业找借口擅自将哺乳期女性调离原工作岗位，许多女性可能由于不适应新的工作内容，自动请求辞职，这就实现了企业变相辞退员工而不给予赔偿的目的。

（四）休病假情况

大多数亚洲人，特别是中国人认为"轻伤不下火线""有病不下火线"是一种优秀的品质，并把带病坚持工作的劳动者树立为楷模，大肆宣传，鼓励其他人效仿。不畏辛劳，为国家和集体奉献的精神自然可贵，但是从另外一个更加理性的、经济学的角度来看，带病工作给社会、家庭、个人带来的福利似乎并不高。本节对工人休病假的情况进行简单描述性统计分析与总结。

第一，中国劳动者两周患疾病率[1]在增加，但是病假休工天数却在减少。

1998—2008 年，就业人员两周患病率呈现递增趋势，从 1998 年的 137‰增加到 2008 年的 168‰。[2] 分城乡来看，在城市，就业人员两周患病率呈现先减少后增加的趋势，其中，尤其以大城市的波动最为明显，从 1998 年的 152‰下降到

表 2-33　就业人员两周患病率　　（单位：‰）

年份	合计	城市				农村				
		小计	大	中	小	小计	一类	二类	三类	四类
1998	136.9	138.6	152.0	126.8	133.8	136.5	124.6	133.1	155.3	118.7
2003	144.7	97.6	77.3	102.8	113.5	153.6	133.8	147.1	174.1	150.2
2008	167.9	114.7	124.5	89.7	125.9	178.8	165.6	170.3	198.5	173.6

注：（1）根据统计局的调查数据，两周患病率一般用‰表示。（2）1993 年没有区分在岗和非在岗人员进行调查，所以数据从 1998 年开始。（3）市区常住人口 50 万以下的为小城市，50 万～100 万的为中等城市，100 万～300 万的为大城市，300 万～1000 万的为特大城市，1000 万以上的为巨大型城市。（4）按照富裕程度对农村划分为四类：一类是"富裕"水平；二类是"小康"水平；三类是"温饱"水平；四类是"贫困"水平。

数据来源：国家统计局。

---

[1] "两周患病"的定义为：被调查者在入户调查当天的前 14 天内调查"患病"，包括：（1）自觉身体不适，去医疗卫生单位就诊、治疗；（2）自觉身体不适，未去医疗卫生单位就诊治疗，但采取了自服药物或一些辅助疗法如推拿按摩等；（3）自觉身体不适，未去就诊治疗，也未采取任何自服药物或辅助疗法，但因身体不适休工、休学或卧床一天及以上者，上述三种有其一者，认为"患病"。

[2] 根据中国卫生统计年鉴的标准，一般用千分数表示两周患病率，这里也采用这样的方式。

2003 年的 77.3‰，之后又上升到 2008 年的 124.5‰。在农村，就业人员两周患病率从 1998 年的 137‰增加到 2008 年的 179‰，并且在所有类型的农村，该指标都呈现递增趋势。

同时，"带病工作，不休病假"已经成为一种"气候"。对时间数据进行分析不难发现，每千人因病休工天数呈现递减趋势，从 1993 年的 239 天下降到 2008 年的 90 天。其中，1998 年，休工天数有增加迹象，从 1993 年的 239 增加到 308 天，但是在 2003 年很快出现了反转，并且这一趋势一直持续到 2008 年。事实上，每千人休工天数的统计范围包括了适龄劳动人口和非适龄劳动人口，在 1993—2008 年，我国适龄劳动人口占比增加了 6.1 个百分点。所以，如果考虑适龄劳动人口的增加情况，因病休工天数的递减趋势更加明显。另外，一个值得注意的问题是，2008 年，工人因病休工天数比 2003 年下降了 53.6%，该下降幅度为 15 年来最高，国家法规政策因素起了一定作用，后文会加以详尽阐释。

表 2-34　1993—2008 年工人因病休工天数和适龄劳动人口占比

年份	每千人休工天数（天）	适龄劳动人口占比（%）
1993	239	66.7
1998	308	67.6
2003	194	70.4
2008	90	72.8

数据来源：国家统计局。

根据国家统计局数据，只能观测到 2008 年的基本情况，2013 年的调查结果还没有公布。所以借助北京师范大学劳动力市场研究中心与腾讯公司产经频道合作进行的网络调查进行补充研究分析发现：2013 年，41.9% 的全职工作者都因看病用掉了 3 天及以上的年假，71.2% 的劳动者认为"发烧、感冒、肠胃炎等小毛病不会影响工作"。这一结果与国家统计局的数据形成呼应，"有病不下火线"已经成为当前中国人的工作模式。

第二，科技工作者、行政工作者、教师等群体少休或不休病假的现象多。对照国家卫生服务调查报告和网络调查数据可以证明，"有病不下火线"的工作方式正在持续，且已经严重影响脑力劳动者的身体状况。国家卫生服务调查报告数据显示，科技工作者两周患病率最高，为 17.3%，其次为行政人员和教师，均为 17.2%。2014 年北京师范大学劳动力市场研究中心和腾讯公司合作完成的网络调查数据显示，"是否身体经常感觉不舒服，但也能坚持上班"的科技工作者占比达 15.9%。统计局数据和网络调查数据均显示，科技工作者是"带病加班"最严重的群体，而且已经影响到他们的健康。另外，教师、金融业务人员和行政人员中，认为"身体经常感觉不舒服，但也能坚持上班"的就业人员占比分别为 14.8%、14.4% 和 14.2%。

表 2-35　不同职业人群两周患病率及"带病上班"情况

职业	1993 年第一次国家卫生服务调查报告（%）	2014 年网络调查"带病上班"情况（%）
工人	11.9	8.6
农民	12.8	8.4
科技	17.3	15.9
行政	17.2	14.2
金融	15.1	14.4
商业	11.7	7.1
教师	17.2	14.8
医务	13.3	11.2

注：国家统计局只在 1993 年第一次国家卫生服务调查报告公布了不同职业人群两周患病率的信息。为了补充说明该问题，北京师范大学劳动力市场研究中心询问了就业人员"是否身体经常感觉不舒服，但也能坚持上班"。

>>三、中国休假制度执行情况的经济学分析<<

单纯从法律的角度上来看，公共假期和针对女性的休息和休假规定都已经与国际接轨，这里不再对其进行经济学阐释和分析。带薪年假不休，或者借带薪年假休病假的现象在中国比较普遍，这里对其进行深入分析。

(一)中国人休假少的原因分析

第一，国民收入扩增期。国民收入扩增期，整个社会的经济处于不间断运转和时刻变革状态。一方面，劳动者有增加收入的诉求，即便设置带薪年假，他们也有选择放弃休息的倾向；另一方面，收入扩增期往往与经济结构调整同步。旧产能被淘汰，新兴技术产业被推上舞台，国家转型的背后是企业的终结或重生，在激烈竞争的状态下，任何一个企业不敢"消极怠工"，电子商务的兴起迫使家电卖场"大鳄"加班搞网络与实体店共营建设就是例证。2012 年，《人民日报》的"百姓生活版"推出了题为《今年你休假了吗》的调查文章[①]数据显示，65.7% 的网民表示"没休，单位执行不力，有假难休"。

事实上，这一现实恰恰可以通过国际数据的比较进行阐释：高收入国家法定带薪年假较多，而其他收入层级的国家带薪年假与收入的关系特征不明显。高收入国家中，近 85% 带薪年假在 20 天以上。但这只能证明收入特别高的国家的居民更倾向于享受假期，但是并不能说明越富裕的国家，人们享受闲暇的时间越多。因为这一结论在中上等收入国家和中下等收入国家的对比组中是不成立的。

① 郑莉绘：《今年你休假了吗》，载《人民日报》，2012 年 11 月 22 日。

中上等收入国家中，46.43％的国家的带薪年假天数在10～14天，而中下等收入国家中，占比最高的是带薪年假天数在15～19天的国家，达到44.44％。

这表明，中上等收入国家的公民比中下等收入国家的公民在某种程度上更"愿意"放弃休假。这并不是与"背弯的劳动供给"结论相悖，因为"背弯的劳动供给"曲线描述了微观个体的劳动供给行为，从宏观上看，劳动供给行为还要受到经济、政治、文化因素的影响。本研究认为本部分开头所提到的经济因素占主导。下面从工会力量对比和文化因素入手对中国人带薪年假少的原因进行分析。

表2-36　按收入、带薪年假天数分类的国家数量占比　　　　（单位：％）

按收入分类	少于10天	10～14天	15～19天	20天及以上
低收入国家	5.56	33.33	27.78	33.33
中下等收入国家	11.11	33.33	44.44	11.11
中上等收入国家	14.29	46.43	25.00	14.29
高收入国家	10.53	5.26	50.00	34.21

注：（1）根据世界银行的标准，借助人均GNI对各经济体进行划分，组别分为：低收入经济体为1 005美元或以下者；中下等收入经济体在1 006～3 975美元之间；中上等收入经济体在3 976～12 275美元之间；高收入经济体为12 276美元或以上者。（2）调查国家总数111个，对国际劳工组织2012年"Working Conditions Laws Report"中所列示的国家进行归类，把对年假"无广泛适用规定"的国家删掉。

数据来源：国家统计局，国际劳工组织2012年"Working Conditions Laws Report"。

第二，工会力量薄弱。在对中国工会的现状进行分析之前，不妨先关注一项有关带薪休假的调查。中国青年报社会调查中心[①]对3 913人调查的结果显示，所在单位实行带薪休假的受访者不足半数（40.6％），50.4％的人表示所在单位不实行带薪休假。具体单位性质上，74.3％的人认为私企带薪休假实行情况最差，其次为个体工商户（60.1％）。78.1％的人认为：劳资双方不对等，员工没有话语权，导致带薪休假难以真正贯彻。

所谓没有话语权无非是工人个人和集体协商力量无法与企业抗衡，所以工会力量薄弱也是造成中国人法定休假少的原因之一。与西方国家相比，中国工会制度建立较晚，发展不够成熟，导致了工人与企业力量对比悬殊，地位不平等。首先，目前的工会组织制度影响了工人的休假话语权。中国的工会制度沿袭了"层级式"管理模式，工会的独立性较差。我国《工会法》第9条第5款明确规定"上级工会组织领导下级工会组织。"《企业工会工作条例》第51条也规定，"企业工会接受同级党组织和上级工会双重领导，以同级党组织领导为主。"这种复杂的层级关系导致企业在财务、人事上可自由发挥的空间小，严重影响了工会功能的发挥。其次，虽然我国的工会数量逐年增加，但是许多小型民营、私营企业并没有组建

---

① 周易：《50.4％受访者直言所在单位不实行带薪休假》，载《中国青年报》，2012年10月30日。

工会。显然，这些企业"游离"在法律之外。《工会法》第 7 条规定："会员二十五人以上的企业建立工会委员会；不足二十五人的可以单独建立工会委员会，也可以由两个以上企业的会员按地域或行业联合建立基层工会委员会。"这意味着企业如果不建立工会也没有什么惩罚措施，所以让企业自行建立代表劳动者权利的工会的可能性小。最后，中国现有工会没有太多作为。所谓没有太多作为主要是指工会没能在集体谈判中发挥更大的作用，而这种作用的发挥体现在工会功能和权利的细节化。就带薪年假而言，以法国为例，员工的休假情况被记录在工会、企业、个人都能登录的网页上，一旦某个员工的带薪休假没有休完，工会组织可能会派人调查原因，如果是工人"被迫"不能休年假，则企业会受到严厉处罚。这些政策也产生了连带效应：促进了就业的增加。

第三，文化因素。文化因素导致中国乃至亚洲劳动者有加班偏好。在统计的所有 111 个国家中，仅 3 个高收入国家的带薪年假少于 10 天，它们都是亚洲国家，即新加坡、文莱、日本。在中高收入国家中，有 4 个带薪年假少于 10 天的国家，除墨西哥为美洲国家，马来西亚、中国、泰国均为亚洲国家。最近几十年，部分亚洲国家，如日本、中国先后进入了经济腾飞期，劳动者收入增长快、工作紧张、生活节奏快是这一时期的主要特征。但是与那些同样处于经济快速增长阶段的其他大洲的国家相比，亚洲依然是"不喜欢休假者的聚集地"，尤以中国为甚。劳工组织 2012 年的数据显示，处于经济上升期的巴西、南非、俄罗斯等国家的带薪年假均在 15 天以上，尤其是巴西，最长带薪年假达到 41 天。总之，从数字上来看，爱工作是亚洲人的整体特征。

表 2-37　近年来部分经济发展迅速国家和地区年假情况

国　家	带薪年假（天）
印度	无广泛性规定
中国	5（工作满一年才有权利享受）
泰国	6
新加坡	7
日本	8
越南	10
印度尼西亚	12
韩国	15

数据来源：国家统计局，国际劳工组织 2012 年"Working Conditions Laws Report"。

另外，上文数据还显示：除了低收入国家组，其他收入组别带薪年假天数与国家数量的占比关系都是"倒 U"型的，即带薪年假天数增加，对应的国家占比数量先增加后减少。而在低收入国家中，年假天数在 10～14 天、20 天及以上的国家占比均为 33.33%，年假天数在 15～19 天的国家占比也不低，为 27.78%。所以说，除高收入国家以外的其他收入层级的国家带薪年假与收入的关系特征不明显。这说明低收入国家的国民大多在不同政治文化制约下规定年假，只要法律允许，不想过劳工作的"穷人"也可以享有法定年假。

事实上，这种文化特征是历史传承的结果。首先，大家族观念、家庭经济责任与更强储蓄动机。亚洲文化最突出的一个特征就是大家族观念，这种观念最早起源于中国，五伦（君臣、父子、夫妇、兄弟、朋友）中关于家族的理论占了60%，暂不去探讨大家族观念的对文化发展的影响。单从经济学角度来看，大家族观念导致很多人为了能够"上赡老，下扶小"，"给子孙后代留家产"而勤奋工作。很多中年人和青年人之所以夜以继日地加班，很大原因是为了保证无劳动能力家庭成员（老人和子女）能够在未来很长时间内有充足的物质保障。也就是说，传统文化在当今社会依然决定着中国人的责任观，在这种责任观的诱导下，中国人或者亚洲人的预防性动机和遗产动机比其他地区更强，进而导致他们放弃节假日、为储蓄的增加而劳动，同时这种强烈的预防性动机和遗产动机又成为家庭世代连接的纽带。其次，为效忠君主、为国出力的思想深入人心。虽然效忠君主的概念已经成为历史，但是"忠诚"观发展到今天逐步演化成了为国家和集体利益努力工作的精神。

（二）中国人"微恙不请病假"的原因分析

内因和外因的双重作用导致了中国劳动者"有病不下火线"的状况。内因来自于劳动者自身，不妨先从内因出发对中国劳动者病假减少的原因进行分析。在进行原因阐述之前，有必要根据劳动者个人特征对其进行分类，以便能够有的放矢地进行分析。就笔者看来，能做到"有病不下火线"的劳动者大致可以分为四类。

（1）劳动者人力资本水平不高，只能卖苦力劳作，否则无法维持基本生活。他们可能因为某种原因，如残疾、没有接受过教育或培训，人力资本水平不高，于是为了生存不得不一刻不停歇地劳动，即便身体不适也不会停下收入微薄的工作，因为与饥饿比起来，劳累不算是更痛苦的事情。

（2）劳动者具备一定人力资本水平，但是家庭负担重。一个家庭中无劳动能力的人过多，家庭赡养或者抚养责任太重，为了维持基本生活，让家庭早日脱离贫困，有劳动能力的少数家庭成员很有可能会"拼命"工作。他们挣钱赡养老人、给下一代提供教育费用，不仅为家庭福利的改善在努力工作，而且为社会减轻了负担。

（3）劳动者具备一定的人力资本水平，出于个人发展和家庭财富积累的考虑而勤奋工作。部分接受过教育、有一技之长的劳动者为了实现人生目标、积累个人和家庭财富而勤奋工作，即便身体处于亚健康状态也毫不在意，继续为个人理想和家庭梦想而"战斗"。

(4)具备较高人力资本水平的劳动者。这些人又可分为两种,一种是利己主义者,秉持"活得长不如活得精彩"的理念,为了充分展现个人价值,成为某个行业或者某个领域的佼佼者,不惜牺牲娱乐、与家人相处的时间,埋头工作。另一种是利他主义者,[1] 他们出于对国家、集体的责任感和使命感,带病坚持工作,其工作成果甚至影响经济发展、社会进步、国家安全、人们的日常生活。这两种劳动者的特质往往有交叉,很多具备高水平人力资本的劳动者在勤奋工作的过程中同时实现了个人价值和社会价值。针对不同人群的特征,可以大致归纳出导致中国人带病工作、工休少的原因。

1. 社会保障与社会转移支付

社会保障体系不健全和社会转移支付不足使得劳动能力差的群体(上文所述第一、第二类群体)"不舍得"休病假。长期以来,城乡差异、地区差异导致我国社会保障和社会转移支付具有分割性特征,而行业差异、企业性质差异进一步扩大了不同群体劳动者的保障质量差距。这种差距使得诸多生活在农村、学历低、非正规就业者既没有高收入也没有预期生活保障,特别是那些工作岗位不固定的临时性或季节性就业者,非自愿闲置工时较多,为了能够在仅有的有酬劳动时间内获得更多收入,他们就会带病坚持工作。在某种程度上,覆盖所有劳动者的社会保障体系尚未建成之前,这种"自上而下""自城镇至农村"逐步推进的社会保障建设过程拉大了收入差距,"不舍得休假"并非是个例现象,涉及所有没有保障或者保障尚待提升的所有劳动者。

另外,社会转移支付水平低使得那些只有有限劳动能力的弱势群体靠补贴或福利无法维持生活,带病坚持工作是不得已而为之。2012年年底,全国共有城市低保对象1 114.9万户,至少涉及3 000万家庭人口,全国城市低保月人均补助水平239.1元;全国农村低保对象2 814.9万户,至少涉及8 000万家庭人口,低保月人均补助仅为104.0元。[2] 仅依靠政府补贴,这些家庭根本无法维持正常生活,家庭中有劳动能力或者只有有限劳动能力的成员不得不为了生计带病工作。

2. 带薪休假条例

从上文的描述性统计结果不难发现,千人因病工休天数在2008年大幅度下降,除了以上提到的几点原因之外,还有政策冲击的影响。2008年1月1日《职工带薪年休假条例》正式实施,规定"累计工作已满1年的劳动者可以享受最低五

---

① ［美］加里·贝克尔:《人类行为的经济分析》第2版,王业宇、陈琪译,上海:上海人民出版社,2008,第335页。

② 民政部《2012年社会服务发展统计公报》。

天的带薪休假"。而按照法律规定，休病假是要扣工资的，"职工患病或非因工负伤治疗期间，在规定的医疗期间内由企业按有关规定支付其病假工资，病假工资可以低于当地最低工资标准支付，但不能低于最低工资标准的80％。"这意味着，如果员工请病假，企业具有很大的自主权规定员工的病休工资，网络调查的数据显示，80％以上的企业单位都有病假扣工资的规定。所以劳动者为了不影响收入，一般情况下会选择借年假看病。而累计工作年限不足10年的劳动者只有5天年假，一旦中途出现患病住院的情况，仅有的5天年假基本上就耗在了病床上。

另外，尽管《职工带薪年休假条例》已经实施，但许多第二类劳动力市场上的企业并没有真正执行年假制度。所以能借年假休班的劳动者大多在国有企事业单位、正规三资企业、个别大型民营企业工作，相比第二类劳动力市场上的劳动者，能看病休年假不扣工资已经成为第一类劳动力市场就业人员（上文第三、第四类劳动者大多在第一类劳动力市场工作）的福利。

3. 人力资本

脑力劳动者的劳动特征、优质人力资本匮乏、政府"后勤工作"不到位等都是造成科技工作者、教师等就业群体带病加班、患病率高的原因。首先，科技工作者、教师的隐性工作时间长，除了统计数据可以检测到在办公室中的时间，许多工作量都无法计入统计表，如科技工作者在非工作时间思考问题、查阅资料、进行学术讨论，教师在课下备课、批改作业、对学生进行家访，特别是大学教师，兼科研和教学为一身，工作量大、工作内容涉及范围广。另外，从事脑力劳动的人容易身心疲惫，通过充足的睡眠、饮食等方式并不一定能够迅速减轻疲劳。体力劳动在一定程度上能起到锻炼身体的作用，良性循环，而长期脑力劳动，身体可能会越来越差，所以猝死者大多出现在脑力劳动工作者中。医学研究表明："脑力劳动者和体力劳动者的平均心率差异显著，体力劳动者的心率明显缓慢"，"脑力劳动者对脂肪耐受力较差"。[①]

其次，优质人力资本匮乏、科技单位管理制度不完善也是导致科技工作者、教师群体带病工作占比高的原因。目前中国具备较高人力资本水平的劳动者数量少，"一个好汉顶多个桩"的现象在很多单位，尤其是部分技术更新快的国有企事业单位非常常见。与高科技工作者匹配的行政管理制度不健全，部分行政部门没有做好"好汉"的"后勤部长"。[②]

---

① 吕维善、曾尔亢、张传刚等：《脑力劳动与体力劳动对老年人健康影响的比较研究》，载《老年医学杂志》，1982年第1期。刘爱兵、李卫东：《健康人脂肪耐量试验460例分析》，载《中华检验医学杂志》，2001年第24期。

② 1978年3月18日，邓小平在全国科学大会上的讲话，"我给你们当后勤部长"。

总而言之，就前两类群体来看，劳动者个人或者劳动者的家庭成员在经济社会组织中处于劣势地位，需要通过社会保障、社会福利等二次收入分配的手段进行调控，同时还要增加对低技能劳动者的教育投入、培训投入等，从根本上提高他们的就业水平。就当前情况来看，我国正处在"建成小康社会"的特殊阶段，国民收入正在从中等水平向高水平迈进，大多数人属于第三和第四类。

（三）年假和病假少的影响

中国劳动者不仅工作时间长，不休年假，而且有病不休息。这种工作方式确实带来了个人收入增加、企业利润扩大、国家财富积累的同时，也会造成一系列的负面影响。微观上，劳动者身体和心理健康受影响；宏观上，劳动者身体素质下降的直接后果是医疗消费增加，间接后果是影响经济发展。当然，劳动者患病概率增加的原因是多方面的，环境污染、饮食不合理等都会造成患病率增加，但中国民众休息时间减少、身体素质下降是造成疾病增多的重要原因之一。长此以往，还可能带来一系列的社会问题。

1. 带薪年假过少的负面影响

第一，带薪年假已经成为一种福利，不同行业、不同企业性质的劳动者有不同的年假享有规则，所以带薪年假的差异引发心理上的不平等感，影响社会和谐。中国的现状是，国有企业、事业单位、政府机关、部分大型"三资"企业等能够保障员工的休假福利，在有些企业甚至出现了"员工不休假，企业做工作"的局面。[①] 然而部分私企或者没有带薪休假制度或是有其名无其实，对有些人来说，带薪休假不仅成了"看得见、摸不着"的福利，而且成为人们对社会不公平的抱怨，一旦产生这种情绪，必然影响社会和谐。

第二，完全以法定公共假期为依托的休假制度导致旅游业在"黄金周"不堪重负。由于带薪休假制度难以落实，高涨的假期出游需求只能压缩在"黄金周"，导致旅游区五一、十一等节假日人满为患，游客滞留现象频发。不仅如此，出游者从旅游消费中得到的效用也会降低。全国假日办假日旅游信息显示，长假期间，部分景区游客日访问量超过最佳接待量数倍甚至十倍，拥挤不堪让出游满意度大打折扣。另外，带薪休假天数少，人们往往采取与"黄金周"休假期一同休年假的策略，这就导致搭乘交通工具远行的游客量增加，交通阻塞也成为"黄金周"的隐患。

2. 带病坚持工作的负面影响

第一，身体状况无法适应"延迟退休年龄"。如果延迟退休年龄成为中国应对

---

① 宝钢新闻中心：《年假，你休了吗》，2009 年 9 月 12 日。

老龄化社会的办法之一，那么就目前中国劳动者的身体素质来看，诸多劳动者能否在 60 岁之后胜任工作值得考虑。上文统计数据表明，中年劳动者(40～55 岁)的两周患病率有明显增加趋势，如果法律规定退休年龄延迟到 60 岁，这意味着接近 1/3 的劳动者只能带病工作，对很多劳动者而言，"有病不下火线"的状态还要持续 5～10 年。

第二，增加医疗负担。到目前为止，我国医疗保险覆盖率还有待提升，国力财富水平不足，人口众多是造成这一结果的根本原因。尽管近年来，政府不断加大城乡医疗保障体系建设的人、财、物投入。特别是 2003 年开始实行农村合作医疗制度以来，农村参保率已经达到 90％以上。但是保障水平依然不高，参保者还需要自行支付一部分医疗费用，医疗资源有限、供给小于需求的现状仍然会持续。所以，在这种情况下，劳动者过度劳动导致患病率增加必然会增加国家和地方的医疗负担，造成福利损失。

第三，具备高水平人力资本的劳动者带病工作造成社会福利损失。积累优质人力资本需要更多的前期投入，一方面，教育成本投入大，从生均经费来看，硕士、博士生的生均成本是本科或大专生的 2～3 倍；另一方面，教育或培训时间投入长，从事科研活动的劳动者平均受教育年限在 20 年左右，这意味着从事科研活动的劳动者参与社会生产的起始年龄比一般人大。这种前期投入显然需要通过后期的劳动产出来弥补，优质人力资本是各个团队中的核心，在单位时间内能创造出比一般人力资本更高的经济效益。一旦过度劳动导致健康问题，甚至威胁生命、寿命缩短，不仅不能继续创造更多的社会福利，而且导致前期资本投入无法收回。当然这种分析仅限于经济利益，如果再考虑优质人力资本的带动效应、精神财富效应，价值难以估计。

第三章
实现体面工作时间的政策选择

从第一章和第二章的分析中不难发现，过度劳动已经成为中国从中等收入国家向高收入国家迈进过程中的标志和特征，过度劳动给中国带来巨大经济利益的同时，也带来一系列的负面影响。诸多企业管理者也开始意识到了这一问题，鼓励员工进行工间活动，从 20 世纪 90 年代开始，许多美国大企业开始利用工间茶歇时间，"强制"员工运动。中国政府和企业也开始重视工间休息，北京[①]、上海[②]等大型城市开始推行工间操活动。但这些仅仅是微观层面的调节，从宏观层面把握该问题发生的原由，找到合理的政策路径才是关键。

第一节　过度劳动的影响和原因分析

>>一、过度劳动的影响<<

在以制造业为主导的"大生产"时期，劳动者辛勤工作带来了国家财富的迅速积累，实现了国民收入的显著提高，传承了勤奋吃苦的民族精神。为提升国家综合实力奠定了物质基础，为建成小康社会提供了有力保证，为民众丰富物质文化生活提供了前提条件。即便在科技发达的现代化国家，劳动者勤奋工作也是推动国家进步、社会创新、人类文明的重要因素。况且，在收入水平尚待提升、老龄化社会即将到来、建成小康社会的任务正在推进的历史时期，保证一定的工作时间是必要的。然而过犹不及，劳动者长时间工作带来一系列积极影响的同时，也

---

① 北京市政府 2009 年颁布《健康北京人——全民健康促进十年行动规划》确定推进职工工间操项目，并明确规定要保证每名职工每日至少 1 次健身活动，每次不少于 20 分钟。

② 从 2011 年 6 月份开始，留美海归人士王又石联合上海黄浦区政府侨办、南京东路街道主办启动了白领工间操系列活动。

会带来部分负面影响。所以"趋利"的同时也要"避害"，才能有效利用时间，在保证个人、企业利益的同时，实现国家整体福利的最大化。

上文针对劳动时间与经济发展史的同步变化规律、工作时间特征等进行简单的梳理发现，从工作时间特征来看，目前阶段，大多数人还不能把工作视为一种享受，诸多尚需进行财富积累的不发达国家和地区的劳动者"被迫"或者"自愿"延长工作时间的现象依然普遍。所以结合理论和实证研究成果以及不同国家的现状描述，本章节对劳动者延长工作时间的影响结果进行分析。为下一章节研究当前中国劳动者加班严重、工作时间配置不合理等问题进行铺垫。

（一）劳动者健康

过度劳动成为中国的普遍现象，已经严重影响劳动者的身体健康。医学研究表明，过度劳动会导致身体系统功能紊乱，引起体内主要的器官和系统失衡，比如心律不齐、内分泌失调等。并且已经处于疲劳状态的人通过进食营养食品几乎得不到恢复效果，因为身体功能紊乱的情况下，对营养物质的吸收能力也下降。另外，过度劳动的人感染疾病的概率也会相应提高，疲劳症状强烈的人比一般人患上呼吸、消化系统、循环器官等各种感染症的机会也增加。严重者甚至引发精神疾病，造成死亡。世界卫生组织一项统计显示，全球由于职场压力和过度劳动所导致的自杀在近年内上升了两倍。[1] 在个别地区、个别人群中，"过劳死"问题也困扰着劳动者。杨河清等学者通过对北京地区政府、企事业机构员工进行问卷调查和个别访谈发现，61.6%的人已经具备过劳死的征兆或者已经进入"过劳死"的预备军。[2] 近年来，在中国，过度劳动在生活压力较大的城市白领阶层中非常常见。"2012 关爱职场白领、关注白领健康调查"显示，2/3 的受访者认为自己的身体处于亚健康状态。《生命时报》一项类似的调查反映，所有受访白领中仅12.28%的人认为自己完全健康。

（二）劳动者工作效率

过度劳动会影响劳动者工作效率，这种影响的表现形式多样，包括在标准工作时间内连续工作无间歇，工作日加班以及连续数日工作不休假等。首先，标准工作时间内无间歇劳作会影响工作效率，这种情况在工业社会早期较为常见。弗洛伦斯在 1924 年通过实证研究[3]提出，在最初工作的一个小时内，劳动者的工作

① 许民彤：《我们进入社会的焦虑时代》，载《科学养生》，2013 年第 2 期。
② 杨河清、韩飞雪、肖红梅：《北京地区员工过度劳动状况的调查研究》，载《人口与经济》，2009 年第 2 期。
③ 王丹：《知识工作者过度劳动的形成机理探析》，载《技术经济与管理研究》，2012 年第 7 期。

绩效最高，其后便逐步递减，在临近下班的 2 个小时内，工作绩效急剧下降。诸多企业通过"茶歇""工间操"的方式解决这一问题。其次，有些公司存在"加班文化"也导致了工作效率低下。管理者喜欢早到晚走，也要求员工与他同步，所以这就造成了部分效率高的员工在标准工作时间内"磨闲工"现象，工作日加班效率往往并不高。再次，连续数日工作不休假会导致"工作倦怠"。1974 年，美国心理学家 Freudenberger 最早创造了"工作倦怠"一词，该词汇一开始用来描述那些服务行业的劳动者因工作期持续过长、压力大、精神紧张而导致的一种疲惫不堪、逃避工作的状态，后来被用到护士、教师、管理者、消防员等各个岗位工作者的心理分析。[①] 心理学的研究成果之后被用到管理学领域，政策制定者和企业管理者推出了"年假"制度，让员工工作一段时间后得以彻底放松和休息，以提升工作效率。

（三）劳动者人力资本再投资

过度劳动会导致人力资本再投资受阻。根据亚当·斯密的理论，一个人的技能可以被视为一台具有真实成本和回报的机器，所以可以将人视为资本的原因之一是：在其他条件不变的前提下，增加人本身的花费将增加劳动力的产出，从而增加国民财富。而增加人本身的花费除了包括以货币形式付出的教育和培训费用，还包括参加这些活动付出的时间，最终才表现为知识增加、技能提升、企业利润提高和国民财富扩增。如果一个劳动者把大部分时间用在重复性的生产工序上，会产生一系列连锁反应。第一，劳动者没有时间进行人力资本再投资，影响企业超额利润的扩增。如果劳动者长时间工作，没有时间进行人力资本再投资，这意味着劳动力产出只能维持在某一固定的水平，企业只能从绝对劳动时间的增加中获取有限利润，不会从人力资本存量的增加中得到超额利润。第二，劳动者不进行人力资本再投资会增加对岗位的依赖性，进而增加技术变化的风险成本。如果劳动者自身没有时间进行学习培训，只依附于某一固定的生产岗位。一旦技术进步，企业原有生产方式发生变化，他们可能没有足够的配置能力适应这种变化，从而影响生产进度和产出水平，企业只能辞退该员工导致劳动者福利下降。当然，劳动者也可以在被辞退之后进行人力资本再投资，但是这种投资方式成本高。

（四）企业的"加班依赖"

第一，劳动力成本上升、供给减少与"加班依赖"。在劳动力市场供大于求的

---

① 李永鑫：《三种职业人群工作倦怠的比较研究——基于整合的视角》，华东师范大学博士毕业论文，2005，第 11～15 页。

情况下，劳方处于弱势，企业要求工人加班、少付加班费是可能实现的，但是当一国人口结构发生变化，适龄劳动人口减少，劳动力市场供给量下降，或是其他原因导致的劳动力成本上升时，企业继续要求工人无偿、长时间加班就会面临困境，然而长期以来的"加班惯性"会影响企业劳动力投入的再选择与再配置，从而导致企业效率下降，成本损失增加。发生在中国的"民工荒"就体现了企业的"加班依赖"。长期以来，企业理所当然地享受着劳动力供给充足、人工费低的好处，肆无忌惮地要求工人低工资加班。当人工费上涨的时候，这种"加班惯性"导致他们的招工策略依然维持在"低工资、长工时"的标准，最终"民工荒"问题出现。

第二，劳动者人力资本投资与"加班依赖"，如上文所述，企业长时间加班导致劳动者人力资本再投资时间减少，这不仅影响劳动者个人的福利，而且给企业带来福利损失。一旦技术革新到来，现有的工人无法适应这种变化，无论是企业再拿出时间和金钱对工人进行临时性培训，还是辞退现有工人再招聘新工人都会造成成本增加，利润减少。所以说企业"加班依赖"从表面上看，只是直接导致了劳动者没有时间进行人力资本投资，适应新技术的能力差，但更大的损失是企业在遇到技术冲击的时候增加雇佣成本。

（五）劳动关系

过长的劳动时间会破坏和谐劳动关系，导致劳资冲突，甚至引发恶性事件。历史上，因为劳动时间问题引发劳资冲突的案例并不罕见。以英国为例，劳资冲突始终围绕着工时、工资两个基本核心问题展开，从最初的请愿式的协商到后期武力式的斗争，劳动冲突不断加剧。从频率来看，1741—1760 年，劳资冲突为 57 起，1761—1780 年猛增到 113 起，20 年间差不多翻了一番。在 1761—1780 年这 113 起劳资冲突中，涉及劳动时间、加班工资问题的有 80 起，占劳资冲突的 70.8%，涉及就业条件问题的有 18 起，涉及其他问题的有 15 起。[①] 可见，在诸多影响就业质量的问题中，劳动工人的工作时间问题已经成为最重要的问题之一。

现代社会，因工时引发的劳动关系矛盾依然存在。虽然与早期劳资矛盾不同，工会在处理劳资矛盾的过程中，角色发生了变化，从事后压制转变为事前预防，但是因工作时间问题导致劳资关系恶化的问题依然存在。2009 年 7 月，上海持续数日高温，市总工会特别指出：用人单位需给员工放高温假，但是一些建筑企业"上从'高温假'政策，下行'扣工资'对策"的做法变相损害劳动者利益，导致劳动者不满情绪升温。

---

① 刘金源等：《英国近代劳资关系研究》，南京：南京大学出版社，2012，第 110 页。

（六）就业

减少工作时间有利于就业，延长工作时间会造成就业机会被挤占，失业率上升，该结论已经为许多学者和政府管理者从理论和经验上得以证实。澳大利亚国家职业教育与培训研究信息数据库（VOCED plus）的报告证实，延长工作时间不仅给劳动者带来不愉快情绪，还影响了就业水平。[①] 中国学者的研究表明，从业人员的过度劳动造成了很多就业机会被挤占，从而造成一些具有劳动能力的人失业。就业者工作时间的不断延长和劳动法制的失效是导致20世纪90年代以后中国经济就业弹性持续下降的主要因素之一。[②] 同时，过度劳动对所在行业的资本盈利与经济增长的影响并不显著，资本盈利与经济增长所应带来的就业增长均被过度劳动所抵消。[③] 除此以外，社会管理者也就减少工作时间对就业的影响进行过估计，法国社会党认为将每周法定工时从39小时降到35小时，5年内可创造140万个就业机会。[④]

（七）闲暇消费

劳动者过度劳动影响闲暇消费。[⑤] 过度劳动必然挤占闲暇时间，休闲与经济活动存在内在联系，这种内在联系体现在闲暇消费上，而闲暇产品和服务作为经济产业链上的一部分对经济结构转型具有一定意义。首先，当劳动者收入提升到一定水平并有能力进行闲暇消费时，休闲时间的增加有利于刺激闲暇消费，以中国为例，越来越热的假日经济[⑥]最主要特征就是消费。目前，旅游、购物成为假日消费资金流增加的主要"推手"，与此同时，餐饮业、交通运输业、广告业也从繁荣的假日经济中获得好处，利润扩增。根据商务部监测数据显示，2003—2013年春节假期、国庆假期零售和餐饮企业销售额年均增长速度均在10%以上。从上述数据中不难发现，随着工资收入的增加，社会保障体系的健全，公共服务体系的完善，中国劳动者的消费需求正在提升，过度加班势必会对这种需求产生挤压，不利于扩大内需。其次，闲暇消费有利于建立新的市场，形成新的产业结

---

① Buchanan J. and Bearfield S. , Reforming Working Time: Alternatives to Unemployment, Casualisation and Excessive Hours. *Report from VOCED Plus* , 1997，pp. 1-2.

② 程连升：《超时加班与就业困难：1991—2005年中国经济就业弹性下降分析》，载《中国经济史研究》，2006年第4期。

③ 王艾青：《过度劳动及其就业挤出效应分析》，载《华东理工大学学报（社会科学版）》，2007年第4期。

④ 车耳：《投资西方》，北京：中信出版社，2003，第76～81页。

⑤ 成思危：《应重视中国休闲学研究》，载《科技导报》，2009年第23期。

⑥ 假日经济尚不构成经济学名词，这里只是作为一种现象进行阐述。

构。闲暇消费，特别是文化闲暇消费产品和服务大多源于第三产业，闲暇消费的增加对改善目前的产业结构有积极作用。最后，闲暇消费不只限于当前在中国较为盛行的"吃、喝、玩"，随着文明程度的提升，闲暇消费还包括阅读、艺术欣赏、社会交往等一系列活动，这些不仅对经济良性发展有积极意义，而且有利于和谐社会建设。

（八）创新

过度劳动不利于创新。从个人层面来看，人是创新最活跃的因素，OECD 对人力资本的定义是：个体所拥有的那些能够促进个人创造社会和经济福利的知识、技能与能力。[1] 创新成果的产生需要人的全面发展，而人的全面发展绝对不是靠重复性的、过度的劳动，而是靠"可以自由支配的时间"或者说"个人得到充分发展的时间。"[2] 人们在通过投入劳动时间创造财富的同时，也有必要投入时间进行闲暇享受，当然这种享受并不是指游手好闲和奢侈浪费。[3] 在闲暇时间里，如果人们主要从事业余的科学文化活动、体育以及各种娱乐和休息活动，智力和体力会得到有效恢复和发展。同时，休闲活动除了起到补偿消耗和丰富生活的作用，还为人们提供了激发基本才能的条件：意志、知识、责任感和创造能力的自由发展。[4]

从企业层面来看，虽然劳动者的"技能可以从过去的经历和劳动中继承"[5]，非熟练工可以通过反复的、高强度的训练变成熟练工，但这只是人力资本的"外延性增加"，只能带来有限产量的增加。一个企业跨越式的发展是需要创新做基础的，而创新需要人力资本的"内涵性"提升，这种提升主要源于知识储备的增加。所以给劳动者，特别是知识型劳动者足够的自由时间，有利于他们为创新储备知识，促进企业的良性发展。另外，如上文所述，企业长期通过"增加工时，压低工资"的方式进行生产，会产生"加班依赖"，事实上，这种"加班依赖"不仅提高了技术冲击造成的风险成本，而且不利于企业创新。因为靠增加工时、提高产量的企业大多生产科技含量低、价格弹性小、利润率低的产品，而生产高科技含量、有创新性产品的企业最优（或者说利润最大化）的生产策略是维持适当产量水平，提高价格。长久鼓励这些企业加班意味着生产模式的故步自封，不利于创新，对中国的综合竞争能力将产生负面作用。

---

① 苏尚锋等译：《教育政策分析 2002》，北京：教育科学出版社，2006，第 123 页。

② 《马克思恩格斯全集》，第 46 卷（下），北京：人民出版社，1972，第 221～226 页。

③ Pieper J., *Leisure：The Basis of Culture：The Philosophical Act*，Ignatius Press，2009，p. 12.

④ 国际休闲会议：《休闲宪章》，比利时布鲁塞尔，1970。

⑤ 赖德胜：《教育经济学》，北京：高等教育出版社，2011，第 47 页。

>>二、过度劳动的原因分析<<

从上文的描述性分析中，可以得到这样的结论：过度劳动问题在中国非常严重，这似乎与经济学理论有悖。第一，从产业经济学的角度讲，科技发展、技术水平提升、企业生产的机械化和自动化程度提高都会减少人们的劳动时间，这似乎与我们得到的经验数据结论不吻合；第二，从家庭经济学的角度讲，中国的现实情况只是验证了加里·贝克尔所提出的"当工资率上升时，家庭就会倾向于减少家务工作时间"，并没能验证"劳动背弯"供给曲线的结论："当工资率上升到一定水平时，劳动者倾向于减少市场工作时间，增加闲暇"。但是结合中国经济社会现状来进一步思考其中的原因，就能很快解释这一问题。

(一)当前发展阶段经济特征系"过劳"的直接原因————

中国当前的经济特征与过度劳动现象关系密切。尽管中国经济发展迅速，但对于企业来说，尚未达到劳动力单位加班时间成本高于利润率的水平，对于个人来说，工资上涨程度还没有达到劳动供给曲线的"背弯"阶段。劳动力市场竞争加剧、老龄化社会来临、国家财富积累不足、家庭负担预期增加都导致了过度劳动现象频发。

第一，技术进步带来劳动力劳动效率提升的同时，也会引发资本的大量投入，进而推动利润不断增加，当利润增加的速度超过企业维持甚至增加原有工作时间而付出的用工成本时，工作时间不减也就成为可能。在进行具体阐释之前，我们要明确的一个事实情况是，近些年来，工作时间不减甚至反增的国家不只中国一个，美国、日本、阿根廷、墨西哥、智利等国家都曾经出现了工作时间先减少后增加的现象。在法律允许的范围之内，如果能带来利润的增加，企业愿意支付不断上涨的工资以维持原有工作时间。因为技术在进步，劳动力效率提升，相对劳动时间在缩短，而与此同时，企业从单位资本投入中得到的利润也在增加，而只要增加后的利润额高于上涨后的工资成本额，这就足以促使企业不会做出压缩劳动力成本、减少工人劳动时间的选择。

第二，劳动力市场竞争加剧，在岗工作者的危机意识迫使他们接受加班合同。虽然中国的"人口红利"已经在减少，但是劳动力市场的竞争依然激烈，仅从大学生就业现状就能透视出劳动力市场人才竞争的激烈程度。从扩招后第一批大学生开始找工作的 2002 年算起，10 年间大学生初次就业率一直维持在 70%～80% 的水平，这意味着在毕业的时候，20%～30%，也就是百万以上的大学生找不到工作，大学生"就业难"早已成为公共话题，这至少说明在大学毕业生的搜寻范围内，工作岗位竞争依然激烈。在就业尚待解决的前提下，劳动者与企业在平等地位上商议缩短劳动时间似乎并不可行。

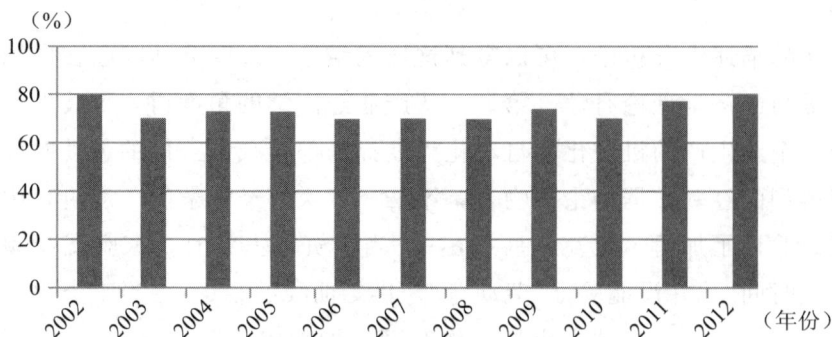

图 3-1　2002—2012 年中国大学生初次就业率

数据来源：人力资源和社会保障部。

第三，老龄化社会来临、少子化严重，家庭抚养负担加剧将影响就业人员劳动时间。首先，老龄化趋势已经成为共识，据《中国养老政策的人口和经济分析》①报告称，我国已经成为全世界老年人口最多的国家，占世界老年人总数的1/5，占亚洲老年人口的 1/2。该报告预测，到 2050 年左右，中国的劳动力人口总数将比目前减少 18％～35％。与之并存的是少子化程度加剧，在 3000 万人口以上的国家中，中国已经和德国、乌克兰、俄罗斯一起进入"严重少子化"梯队。青壮年劳动人口的减少将是我国在未来几十年内一直面临的问题，在技术水平等其他条件不变的前提下，如果大幅度减少工作时间，必然带来社会财富增加量甚至财富总量的减少。

表 3-1　3000 万人口以上国家 0～14 岁占总人口的比例

国名	普查时间	0～14 岁占总人口比例（％）	少子化程度
日本	2005-04-01	13.80	超少子化
意大利	2003-01-01	14.30	超少子化
西班牙	2003-07-01	14.50	超少子化
德国	2002-12-31	15.00	严重少子化
乌克兰	2002-12-31	15.80	严重少子化
中国	2010-12-31	16.60	严重少子化
俄罗斯	2002-01-01	16.80	严重少子化
波兰	2001-12-31	18.20	少子化
加拿大	2003-07-01	18.30	少子化

①　华盛顿战略与国际研究中心同保德信金融集团联合发布该报告。

续表

国名	普查时间	0~14岁占总人口比例（%）	少子化程度
英国	2002-06-30	18.60	少子化
法国	2003-01-01	18.90	少子化
韩国	2002-07-01	20.60	正常
美国	2002-07-01	21.00	正常
阿根廷	2001-11-17	28.30	多子化
南非	2001-10-01	32.10	严重多子化
印度	2001-03-01	34.40	严重多子化
坦桑尼亚	2002-08-24	44.20	超多子化

注：0~14岁占总人口的比例在15%以下，为超少子化；15%~18%，为严重少子化；18%~20%，为少子化；20%~23%，为正常；23%~30%，为多子化；30%~40%，为严重多子化；40%以上，为超多子化。

数据来源：日本总务省统计局。

(二)收入和社会保障不足诱发过度劳动

收入和社会保障关乎劳动者切身物质利益，收入水平的高低和社会保障的质量直接与劳动者当前和今后的福利相关。在收入水平尚待提升、社会保障体系尚需健全的情况下，劳动者通过增加劳动时间改善生活质量、增加储蓄、提升抵御未来风险的能力。

2013年，我国GDP达568 845亿元，人均GDP达6 700美元，已进入中等偏上收入国家行列。但人均GDP水平只是说明国家的相对富裕程度，而国家的富裕状况并不必然带来所有居民的富裕。这一数据只能说明我国的国家财富进入了世界的前半部梯队，并不代表所有居民都已经进入中高收入群体。我国人均收入差距依然较大，2013年全国居民收入基尼系数为0.473，超过国际公认警戒线。截至2012年年底，中国贫困人口仍接近1亿。中低收入人口大量存在，加之经济不景气，社会保障体系不健全，通货膨胀，房价与生活成本的不断上涨给人们带来巨大经济压力。在过度劳动人群中，有很大一部分人是自愿延长劳动时间的，这部分人既包括低收入人群，也包括中上等收入人群。

部分低收入人群为了增加收入，过劳问题严重。城乡一体化进程加快，农村劳动力流入城市，他们倾向于选择工作、放弃休闲。一方面，这些人收入的替代效应大于收入效应，他们倾向于延长劳动时间，减少休闲。另一方面，财富禀赋匮乏的农村劳动人口的物质文化需求缺口更大，他们亟待增加收入来填补这一缺口，满足其基本生活需要和更高层次的精神需求。而增加收入的渠道无非有两条：一是增加单位时间的工资水平，二是延长劳动时间，在农村务工人员技能水平尚未实现显著性提高的情况下，延长劳动时间就成为增加收入的主要方式。并且在城市二元结构下，农村劳动力收入水平明显低于城市居民，这种差距有拉大的趋势（如下图）。除此以外，一般情况下，中上等收入人群的人力资本水平高，相应的工资报酬很高，放弃加班的机会成本也高。所以，在我国经济快速发展与社会转型阶段，人们面临的不确定因素增多，为了能给自己和家人的未来以更多保障，中上等收入人群也甘愿加班。[①]

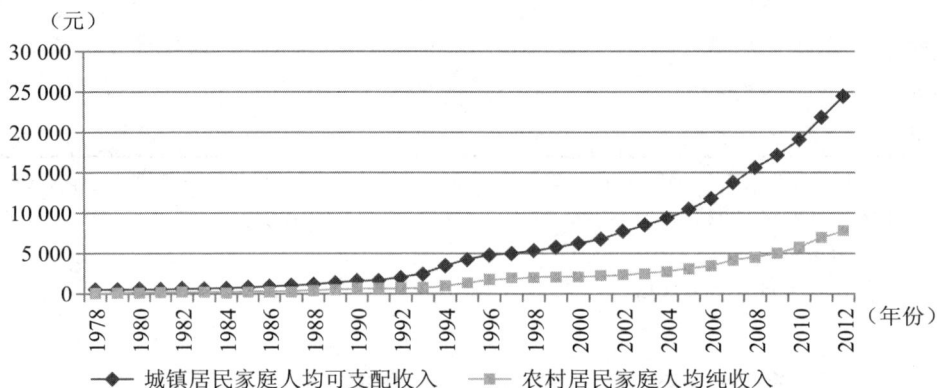

（元）

图 3-2　1978—2012 年中国城乡居民人均收入

数据来源：国家统计局。

　　除了收入之外，社会保障也是影响劳动者加班的主要因素。目前，我国的社会保障仍不健全，覆盖面小、水平低，很多劳动者以及后备劳动者都为了能在有社会保障的制度安排的用人单位工作而争抢有限的岗位。该问题在农村尤为突出，养老保险双轨制，医疗保险低水平，工伤保险难落实，社保资金增值途径窄、使用透明度低，这些都是我国社会保障体系建设过程中面临的挑战。面对没有保障的未来，延长劳动时间成为很多劳动者不得不做出的选择。

（三）劳动力市场分割导致部分行业"过劳"严重

　　劳动力市场方面，制度性分割和企业所有制结构的差异是导致部分劳动者过度劳动，部分劳动者闲置工时多的原因。

　　第一，我国劳动力市场存在着严重的分割。由于制度原因，我国劳动力在城市劳动力市场与农村劳动力市场间以及体制内劳动力市场与体制外劳动力市场间不能自由流动。其后果是非正规部门劳动力不能享有的各种补贴和福利，而且只能被动接受所属行业的低水平工资标准，为了维持生计，劳动者只有依靠加班加点工作。另外，城乡户籍差异，使得农村劳动力在城市中寻找工作时受限，很难

---

　　① 　翟昶明、王利利：《员工"过度劳动"现象的探因与防治》，载《商场现代化》，2010 年第 9 期。

进入收入高、福利待遇好的正规部门就业。并且教育保障与医疗保障难以异地实现也使得以农民工为主的劳动人群难以享受社会保障服务，进一步导致过度劳动增加。

正规部门短缺的高技能劳动者得不到补充，非正规部门过量的低技能劳动者难以就业，劳动力的不合理配置与劳动力闲置率上升。在部分人才紧缺的正规部门，由于人力资源不足导致行业现有劳动者过度劳动。非正规部门就业形势严峻，大量的剩余劳动力留在劳动力市场蓄水池中，在职的员工面临竞争压力，如果工作做得不够好或不够多，随时有失业的可能，这也促使了过度劳动现象的出现。

第二，不同所有制企业对应的人力资源运行机制不同，也造成了过度劳动。通常来讲，在国有或准国有部门①的企业、事业单位就业的劳动者出现过度劳动的情况较少，过度劳动多出现在非国有经济部门。国家对非国有经济部门的劳动保护制度执行状况监督不够，因此给企业强制劳动者加班留下了较大的操作空间。另外，尽管劳动法对劳动时间进行了明确规定，但是这种关于时间的规制及对于超时工作的监督机制尚待健全，许多地区的劳动保护部门只是把工资是否能够按时发放作为劳动监察的主要内容，忽略了对劳动时间的监督。加之目前我国尚无对过度劳动以及过劳死的认定机制，为追求高额利润，许多民营和私营企业更加肆无忌惮，出现一些"血汗工厂"②。

（四）用人单位管理不当造成加班问题严重

用人单位管理不当也是造成加班问题的原因之一。第一，用人单位单纯追求高额利润，忽视人力资源的可持续发展。在日趋激烈的社会竞争中，很多单位倾向于采取延长工作时间和增加用工强度的办法，以减少用工、降低成本。现今我国劳动力市场仍是买方的市场，劳动者与用人单位签约时地位不平等，劳动者为维持生计，只能选择接受用人单位的苛刻条件。

第二，用人单位用工制度不科学。许多用人单位用工制度设计不科学，管理水平低，在制定工作时间、工作量时，建立的规则不合理，并且不注重员工的工作环境与配套保障。员工缺乏工作自主权，其人力资源部门的主要工作仍停留在传统人事管理上，管理层难以与员工进行有效沟通，无法及时解决员工困难，员工只能是单位用工制度的被动接受者，最终导致员工过度劳动。③

---

① 大型国有企业股份制改造之后，依然存在政府垄断问题。
② 张明：《"过劳"问题的"脱劳动"社会根源分析》，载《经济论坛》，2012年第11期。
③ 杨河清：《北京地区员工过度劳动状况的调查研究》，载《中国人力资源开发》，2009年第2期。

第三，部分企业把加班与否作为衡量员工素质的重要指标。部分企业以工作时间的长短作为提薪升职的必要条件，偷换加班的概念，"员工不加班就代表工作没热情、不努力、不勤奋"；此外，如不经常加班影响考评成绩，薪水一降再降，最后迫使工人不得不自动加班。

（五）工会组织协商能力不足无法有效防范"过劳"

尽管国家《劳动合同法》第 4 条明确规定："用人单位在制定、修改或者决定有关劳动报酬、工作时间、休息休假、劳动安全卫生、保险福利、职工培训、劳动纪律以及劳动定额管理等直接涉及劳动者切身利益的规章制度或者重大事项时，应当经职工代表大会或者全体职工讨论，提出方案和意见，与工会或者职工代表平等协商确定。"但是工会组织未能有效发挥其集体协商功能，在规制加班问题方面尤显乏力。

第一，工会的利益代表性不强。虽然诸多企业建立了工会组织，但其领导者或者核心成员以企业高层居多，甚至有些单位的工会已经从第三方的角色转换为企业的下属部门，公信度有所降低。如果按照西方有些国家政府的管理模式，"缩短工作时间既不属于联邦政府的职权范围，也不属于宪法规定的内容，"[①]那么这意味着没有任何一股较为强势的力量可以和资方进行工时协商。所以建立真正属于基层劳动者的工会组织是建立工时协商机制的前提条件。

第二，工会没有较为独立的财权和事权，企业甚至会忽视工会的存在。按照《工会法》的规定：工会应该是"有必要财产和经费，有名称、组织机构、工作场所，能独立承担民事责任的法人"。但是资方掌控着工会部分的财权和事权，所以法人地位在一定程度上名存实亡。尽管工会法明确规定工会有权针对"随意延长工人劳动时间"的行为与企业、事业单位进行交涉或"请求当地人民政府依法作出处理"，但是工会往往权不在手，只能在维护工人合法权益方面爱莫能助。

第三，工会在经济转型期面临新挑战。在经济体制改革的大环境下，传统工会的工作方式已经被打乱，非公有制经济迅速发展，传统工会的组织和运行模式面临着挑战。部分中小企业、私营企业已经没有工会组织，劳动者有问题无处反映；部分企事业单位维持着所有在编人员一律入会的状态，按照工会组织方式来划分劳方、资方已经没有现实意义。部分改制企业的工会尚能在一定程度上发挥作用，但存在权力滥用、监管不严、人浮于事的状态。

---

① 吕小平：《瑞士工会、雇主及政府对缩短工作时间的看法》，载《中国劳动科学》，1990 年第 8 期。

（六）法律规定缺陷导致过度劳动频发且无法认定

尽管国家《劳动法》在设定工时标准的过程中进行了严格周密的考证、科学的分析，且该法律在限制雇员工作时间方面也发挥了作用，在一定程度上减轻了劳动者工作压力，有助于劳动者协调家务劳动时间、平衡工作－休闲关系。但其个别条文的设计依然存在着漏洞和缺陷、可操作性差，这里逐条进行解释和分析。

第一，"灵活性"规定使得用人单位有机会不为基本工时标准所束缚。《劳动法》第41条规定："用人单位由于生产经营需要，经与工会和劳动者协商后可以延长工作时间，一般每日不得超过一小时；因特殊原因需要延长工作时间的，在保障劳动者身体健康的条件下延长工作时间每日不得超过三小时，但是每月不得超过三十六小时。"这意味着，如果用人单位、工会、劳动者同意，在工作日，劳动者每天工作9～10个小时是不违法的（按照一个月20～22个工作日计算）。因此，当资方处于优势地位、工会发挥作用效果不显著的情况下，即便有8小时工时标准，劳动者依然要延长工作时间。

第二，"重叠性"规定造成了法律"盲区"，为用人单位提供了加班"借口"。《劳动法》第42条规定有指定情形之一的，"延长工作时间不受本法第四十一条的限制"，其中三项指定情形为："（一）发生自然灾害、事故或者因其他原因，威胁劳动者生命健康和财产安全，需要紧急处理的；（二）生产设备、交通运输线路、公共设施发生故障，影响生产和公众利益，必须及时抢修的；（三）法律、行政法规规定的其他情形。"这意味着对该条文的理解可以有以下几种方式：①特殊情况发生时，不"经与工会和劳动者协商就可以延长工作时间"；②特殊情况发生时，延长工作时间每日可以超过三小时；③特殊情况发生时，每月延长工作时间总和可以超过三十六小时。尽管《违反〈中华人民共和国劳动法〉行政处罚办法》规定了出现上述问题的行政处罚措施，但"法律、行政法规规定的其他情形"的条文无处可寻。

第三，部分法律描述过于笼统，可操作性差。我国劳动法并没有针对劳动者过度劳动问题进行详细规定，只是针对职业安全和职业健康问题进行了笼统概括。《劳动法》第52条规定："用人单位必须建立、健全劳动安全卫生制度，严格执行国家劳动安全卫生规程和标准，对劳动者进行劳动安全卫生教育，防止劳动过程中的事故，减少职业危害。"但是并没有详细规定安全教育的具体操作方式，如何对安全教育的成果进行评估，也没有详细规定减少职业危害的分类、具体措施。第56条规定："劳动者在劳动过程中必须严格遵守安全操作规程。劳动者对用人单位管理人员违章指挥、强令冒险作业，有权拒绝执行；对危害生命安全和身体健康的行为，有权提出批评、检举和控告。"但是更详细的控告程序，控告后有关单位多长时间内不给予答复算违规等具体事宜并没有写入法律。第 57 条还规定了劳动者在劳动过程中发生的伤亡事故和劳动者的职业病状况的统计、报告和处理事宜，并没有明确规定过度劳动的认定办法和补偿办法。

（七）亚洲和中国传统文化中含有"过劳"基因

社会文化的积淀与发展因素是"过劳"问题产生的更深层次原因。横向来看，整个亚洲崇尚勤奋、刻苦、耐劳的精神。上章的分析也表明，存在过度劳动问题的发达国家几乎都集中在亚洲。也就是说，即便亚洲人富裕了、衣食无忧了，他们还是习惯于加班，因为懒汉文化和休闲文化在亚洲地区并不盛行，懒惰、不积极进取、有能力生存但又靠救济生活的人往往被藐视。自古以来，儒家传统道德文化价值体系崇尚"鞠躬尽瘁，死而后已"的品格，提倡无私奉献精神。在儒家文化价值体系的熏陶下，一大批社会精英因为工作过度劳累倒在了自己的岗位上。有学者提出知识分子"过劳死"的社会文化根源是"官本位"意识的观点。人们为了晋升，为自己设定过高的人生目标，高强度工作，而对身体则很不在乎，久而久之突破生理极限，对健康造成伤害。"吃得苦中苦，方为人上人""少壮不努力，老大徒伤悲"等价值观念教导人们牺牲眼前的享乐，奋发追求未来的发展与幸福，相比眼前的安逸，人们更倾向于稳定的未来。为了实现这种憧憬，人们不断地努力地工作，甚至过度工作。

第二节　治理过度劳动问题的基本理念

不同国家和地区都有各自的工时法律法规和设计，其内容迥异，但是大多不会脱离国际劳动组织的基本框架，厘清该原则有利于帮助我国确定工时政策和立法的标准，基于国际劳动组织规定的"体面工作"的原则，有学者又提出了以下"体面工时"的理念。[1]

（1）安全与健康（Safe and Healthy），工作时间不能过长，影响劳动者的身体健康甚至生命安全。体面工时理念是工时立法理念中最基本、最重要的内容，劳动者的生存权[2]是基本权利，它不仅是指劳动者的生命在生理意义上得到延续的权利，还是一个国家、民族及其人民在社会意义上的生存得到保障的权利，包含

---

① Deirdre McCann，*A Global Perspective Working Time Laws：World Findings from the ILO's Conditions of Work and Employment Database*，2005，p. 1.

② 《世界人权宣言》第 22 条对社会保障权的规定，把过去的市民权延伸到国际公认的生存权。1991 年 10 月，国务院新闻办公室发布我国第一份人权白皮书《中国的人权状况》明确提出"生存权是中国人民长期争取的首要人权"。

了人们的生命安全不受侵犯、健康水平得到保障两层含义，即生命权和健康权。① 事实上，这种规定旨在表明工时的设计要考虑到人的持续发展②和自我价值实现两方面的问题。③

（2）家庭和谐（Family Friendly），工时设定要考虑工作时间和家务劳动时间的配置关系，不能因工作时间过多影响家庭和谐。④ 因为家庭是社会的细胞，家庭经济与社会经济相关联，家庭和谐与社会和谐是统一的。例如，父母加班过多导致幼儿教育缺失，进而影响后期单位公共教育资源投入的产出下降，更严重的，青少年犯罪导致家庭和公共福利损失；父母忙于工作忽视了对老人的照料，导致老人有病不能及时就医、烦闷无人排解，影响身心健康，不利于社会敬老风尚的形成。

（3）促进性别平等（Promote Gender Equality），不能出现歧视女性的现象。这一理念设定早期主要是针对男女"同工不同酬"的现象而设置的，该问题最早出现在英、美等国家，女性在劳动力市场上处于弱势地位，在劳动过程中受到了不平等待遇。"同工不同酬"主要体现在：男性和女性工作时间相同，男性工资高于女性；男性和女性加班时间相同，但是男性加班费高于女性。之后"促进性别平等"的理念又扩充到应该给孕期或哺乳期的女性劳动者以合理的工时安排。

（4）促进生产力提升（Advance Productivity）理念，确保一定的工作时长，促进生产进行，同时限制过长工作时间，给劳动者进行人力资本再投资的机会，促进生产力加速提升。产业革命后期，越来越多的经济学家开始关注加班对产出的影响，"过度延长工作时间并不能导致产出的显著性增加"⑤的结论已经为大多数学者所证实。在创新越来越重要的今天，依靠长时间的生产制造来提升一个国家经济实力的方式愈显乏力，创意、高附加值产品才是支持生产力持续提升的关键，而这些是与科学的工作时间组织方式相匹配的。

（5）方便工人自由选择工作时间，体现工人对时间的支配力（Facilitate

①　奥地利法学家门格尔（Anton Menger，1841—1906），1886 年写成的《全部劳动权史论》。

②　Lee S，McCann D.，Working Time Capability：Towards Realizing Individual Choice，*Decent Working Time*，2006：65.

③　Anker R，Chernyshev I，Egger P，et al.，Measuring Decent Work with Statistical Indicators，*International Labor Review*，2003，142(2)：147-178.

④　Junor A. Permanent Part-time Work：New Family-friendly Standard or High Intensity Cheap Skills，*Labor & Industry：a Journal of the Social and Economic Relations of Work*，1998，8(3)：77-95.

⑤　Golden L.，*The Effects of Working Time on Productivity and Firm Performance：a Research Synthesis Paper*，ILO，2012，p.1.

Worker Choice and Influence）。[①] 这一理念更偏重于企业管理的视角，采取一些更加灵活的工作时间组织制度，让劳动者有更多自由分配时间的方式，如在家办公、弹性工时、遇到个人紧急事件能及时处理等。事实上，第 5 条理念是第 4 条理念的补充，即给劳动者充足的时间进行人力资本投资、精神调整或非工作上的紧急事务处理，所以工作时间的组织安排也成为体面工作的重要方面。

虽然上述标准已经对各国制定工时法律法规和政策选择产生积极影响，但是不同经济发展阶段、不同国家和地区、不同行业、不同企业性质的工作特征不同，所以工作时间制度的设定并没有完全同一的原则，即便存在着相对一致的原则，同一个制度设计对于不同性别、不同人力资本水平、不同职位的劳动者的适用性也有显著差异。所以从宏观视角出发，参考国际标准，考虑微观个体的特征差异是进行政策设计的有效方法，下文提出政策设计的具体选择路径和方法。

第三节　治理过度劳动问题的政策设计

显然，中国的《劳动法》已经对劳动时间、加班时间、加班补偿、休假、年假、特殊群体假期进行了规定。一些辅助性政策正在制定或已经出台，以促进现有法律法规的有效推进，如国务院近日印发《关于促进旅游业改革发展的若干意见》明确提出，在教学时间总量不变的情况下，高等学校可结合实际调整寒、暑假时间，中小学可按有关规定安排放春秋假，为职工落实带薪年休假创造条件。但是，第一节已经分析：法规、政策与现实情况之间依然存在矛盾，过度加班问题依然存在。同时，有些法律或政策定义模糊、可操作性差，不能满足第二节提到的几个原则。另外，北京师范大学劳动力市场研究中心的多位专家认为以上五个原则在改善劳动者工时配置方面都有益处，但就目前中国转型期存在的工作时间问题来讲，在进行政策路径选择的过程中，首要遵循的原则是安全与健康、促进生产力提升，同时兼顾其他原则。

>>一、经济发展方式转变是缓解过度劳动的关键<<

首先要说明的一点是，收入扩增背景下劳动力成本上升，在短期内，这种变化可能会使得出口加工企业受阻，制造业竞争力下降，甚至可能引发工资推动型通货膨胀。但是，如果工资的上涨与社会创新、国家产业结构升级、企业生产率提高、劳动者技能提升相匹配，上述现象就可能不会持续过长时间，甚至不会出

---

① McCann D., Regulating Working Time Needs and Preferences, *Working Time and Workers' Preferences in Industrialized Countries：Finding the Balance*，2004，pp. 10-28.

现，与此同时，劳动时间的缩减也自然与规律性特征同步显现。之所以得出这样的结论，主要源于对历史和现实情况的总结。第一章分析表明，工作时间过长是第一次工业革命时期西方诸多国家的基本特征，劳动者平均日工作时间曾一度达到12小时以上，不妨称这一阶段为"透支工时期"。这之后出现了经济的迅速发展和劳动时间的缩减，这中间夹杂着工作时间的暂时性延长，不妨称这种暂时性的波动阶段为"调整工时期"。

与上述西方国家不同的是，由于历史原因资本主义革命没有在中国爆发，"工人依附机器"日夜劳作的生产方式在中国持续时间很短暂。客观地说，自改革开放至今，从贫穷到有一定经济实力，中国经历了财富的原始积累阶段，尽管这一阶段比西方社会产业革命时期的积累模式更加迅速，但其积累过程相对"温和"。因为中国在单方面破旧立新、努力推进经济发展的同时，没有拒绝外来技术的流入和外来工厂的落户，尽管有些技术已经落后于当期最先进水平，但相比中国当时的情况，依然具有比较优势。这种适时性、选择性的"拿来"模式不仅促进了经济的发展，而且确保了中国劳动者只在封建社会末期和民国初期经历了很短的"透支工时期"。

与西方国家相同的是，处于转型期的中国正在经历"调整工时期"，工时的暂时性延长是这一阶段的主要特征，过度劳动问题已经影响着劳动者福利。转变经济发展方式是平稳度过该阶段的关键，从政策层面来讲，转变经济发展方式不仅仅包括增加对高科技企业、新型企业在资金上的投入。通俗来讲，"暴发户"靠砸钱只能吸引投机取巧的门面美女，不能"娶到"能"上厅堂下厨房"的优雅太太。资金投入固然重要，但是经济增长函数中还包括了人力资本因素，如何让人的转变与经济发展方式的转变同步是艰巨和长远的任务。所以从工时政策选择设计理念的角度出发，经济发展方式转变还包括帮助高科技人才设计合理工作时间、有效平衡工作和生活的关系，对技术工人工时权益的有效保护以及其他有利于各层次劳动者健康工作的外围政策措施。这里总结如下：

第一，给经济发展方式转变创造良好市场环境。政府放权简政，给市场更多自主权，让非市场因素导致的过度劳动现象尽量减少。行业之间的差异与不可流动性导致部分行业"干的轻松收入高"，部分行业"忙的要死收入低"。如果说当前经济发展阶段内，劳动者对劳动的偏好大于闲暇是收入递增阶段的规律现象，那么因为制度因素导致的工作时间过长问题则有必要人为干预。当制度性垄断企业利润降低、城乡就业人群收入差异缩小、劳动者能够在不同劳动力市场自由流动之时，闲置工时得以迅速填补，延长工时得以适时补偿，工作时间方面的不合理差异就会随之减小。

第二，为转变经济发展方式储备优质人力资本，在继续推进人才激励、人才引进计划的同时，还要考虑人才引进后对当前工作强度的适应性。当今社会，发达国家和部分具有发展潜质的国家都在激烈争夺人才，中国也推出了一系列措施，如"千人计划"等。在积极推进这些措施的同时，还要辨析人才的需求特征。高收入、好的科研环境都属于"硬条件"，"方便人才自由选择工作时间，体现他们对时间的支配力"，有充足时间"平衡工作和生活"则是吸引优质人才的"软条件"。所以在提供充足物质保障的同时，还要给他们更多的自由时间，创新火花往往不是在持续的、高强度的工作中产生的，是在咖啡厅、茶馆这些休闲场里进行的"闲聊"中迸发出来的。

第三，增加对一般工人的培训时间，实现收入增长、技能水平和产业升级的同步化。随着知识经济的到来，迅速兴起的第二、第三产业需要大量的具备一定知识或技能的劳动者，同时，人力资本的折旧与贬值正在加速，由低增值性的人力资本转变为高增值性的人力资本尤显重要。因为更多的知识工人补充到劳动力市场才有可能实现经济的真正转型，否则人力资本这一个因素会成为经济发展的绊脚石。适当减少劳动者消耗在低端、重复性生产劳动上的时间，增加他们的培训时间，才能真正实现收入增长、技能水平和产业升级的同步化。

>>二、制度设计是缓解过度劳动的基础<<

我国《劳动法》专门规定了劳动者的日工作时间、周工作时间、加班应得到的补偿标准。与其他国家相比，中国的法定标准工时并不长，加班补偿标准也不低，然而硬性规定似乎并没有遏制过度劳动现象，寻其解决方式，还要从上文提到的法律制度设计中存在的漏洞着眼，找到适合中国劳动力市场的法律制度设计。笔者建议有关部门在制定标准工时可考虑如下策略：

第一，从安全与健康以及促进生产力提升的角度考虑，可以继续维持原有的标准工作时间设计，即"40 小时"标准。从上文分析中不难发现，中国劳动者过度劳动并不是在 8 小时之内，或者说，大多数劳动者并不在劳动强度大的行业工作，如科学研究等。如果企业和员工都严格按照 8 小时工作制进行生产和劳动，过度劳动现象不会如此普遍。况且，随着社会的发展，劳动者在家务劳动方面投入的时间越来越少，这也在一定程度上增加了他们的休息和休闲时间。所以 8 小时之外延长工作时间才是导致过度劳动的根本原因，治理过度劳动问题的根本是治理加班问题。从经济方面考虑，尽管有些国家规定的标准周工时低于 40 小时，如法国实行每周 35 小时工作制。但是就中国而言，经济转型尚未结束、小康社会尚未建成、老龄化社会已经到来、覆盖全民的社保机制还未健全、居民收入尚待提升的情况下，设置更短的标准工时可能会损害资方和劳方共同的利益。所以，现行的"40 小时"标准既不影响劳动者休息和健康，也能保证生产有效进行的法律制度选择，没有必要再进行改动。

第二，增加延长工时补偿制度。所谓延长工时补偿制度是指劳动者有自由选择权，如果"经与工会和劳动者协商后"，用人单位延长了劳动者的工作时间（《劳动法》第 41 条），或者因第 42 条规定的情形延长了工作时间，劳动者首先要获得应有的加班报酬，还有选择或放弃"休息或休假补偿"的权利。具体的，①劳动者有权利申请"休息或休假补偿"，休息或休假补偿时间与延长的工作时间相同，休息和休假期间，劳动者只能得到低于工资水平的报酬（如标准工资的50％），但是用人单位不能扣除劳动者的加班报酬。所以假设没有其他福利，申请"休息或休假补偿"的劳动者最终获得的收入可以用如下公式计算：

申请"休息或休假补偿"的劳动者的月收入

＝工资总额＋加班报酬总额－"休息或休假补偿"工时×标准工时工资×工资折扣率（如：50％）

②劳动者选择放弃"休息或休假补偿"，最终获得基本工资和加班报酬，用公式表达如下：

申请"休息或休假补偿"的劳动者的月收入＝工资总额＋加班报酬总额

另外，劳动者申请不成功的可以由其所在工会代理申请"休息或休假补偿"，工会申请不成功的可以通过法律渠道申请。例如，因生产设备发生紧急故障，某工人需要加班 2 天，在故障解除之后的其他非紧急工作时间，劳动者或者其所在工会有权利申请休息或休假 2 天。

之所以提出这样的建议，主要是因为虽然法律规定了劳动者标准工作时间，最长加班时间，加班补偿，但是加班可能存在两种原因：一是资方力量强大，劳动者"被迫"加班，相对加班获得劳动报酬而言，劳动者希望获得更多休息时间；二是劳动者收入低，希望通过加班得到更多报酬。如果是第一种情况，劳动者可以选择申请延长工时补偿，如果是第二种情况，劳动者可以通过加班获得更高收入。该措施的好处是，无论是否经过用人单位、工会、劳动者之间的协商，无论协商各方力量对比如何，"自愿加班"和"被迫加班"借助休假补偿自动区分开来，劳动者有更多选择权利。但是该措施可能会增加行政管理成本，因为记录工时，申请和审批延长工时补偿的流程都要耗费人力和时间。

第三，带薪年假制度和过度劳动预防制度的规范化和合理化设计。中国法定节假日天数和其他国家差异不大，然而随着人民生活水平的提高，假日经济繁荣，年假少导致法定节假日旅游业、交通业的需求在短时间内集中爆发，这些与节假日相关的行业已经难以承受需求突增之苦。所以，笔者建议，适当增加法定带薪年假天数或者"折薪"年假天数是解决过度加班问题和节日旅游业爆棚、交通拥堵问题的途径之一。并且如果劳动者的全额带薪年假没有休完，企业有责任提示劳动者休假，如果劳动者拒绝休假，企业应该按照未休满假期天数增加劳动补偿，而不是像目前大多数企业的做法——"过期不补"。中国带薪年假少的问题在本篇第二章已经做了详尽阐释，增加年假天数不仅可以让在岗者得到适当休息，而且可以在一定程度上解决中国劳动力价格上涨、部分外资企业外迁带来的劳动者无业可就的局面，避免工作时间过长对就业产生的挤出影响。

第四，建立合理适用的过度劳动认定制度和过度劳动病假制度对保障劳动者生命权和健康权尤为重要。目前，我国的法律还没有针对过度劳动问题的法律制度，建立这一制度可能需要假以时日。因为过度劳动的医学认定较为复杂，近些年来，在工作岗位上出现突发性疾病，造成身体不适甚至死亡的案例增加。但是原因认定需要有事前记录才能完成。显然，一个员工在身体出现问题之前是健康的，因数日连续工作导致不良结果肯定可以归因于过度劳动；但是如果用人单位没有对该员工在较长一段时间内的工作时间和健康情况进行记录或者记录不完整，医学上很难界定其不良结果的原因。所以建立合理过度劳动认定制度和过度劳动病假制度的首要工作是建立劳动者工作时间和健康记录监督体系，之后在其基础之上，建立过度劳动休病假制度和过度劳动引发不良后果的赔偿制度。

另外，鉴于因工作时间产生的纠纷具有可分类性，如借"弹性工时"不给加班费、借"在家办公"增加劳动量等，建议政府采取成文法与判例相结合的办法，便于执法部门有效操作。总之，要制定清晰、有可操作性、容易理解的法律法规，即便该法规在某种程度上尚需改进，也应尽量详尽、可考，让工会、企业、劳动者明确看到标准和依据。

>>三、适当的差异化设计是缓解过度劳动的手段<<

第一，工作周与日历周工时制度的调整。第二章的研究发现，很多劳动者需要在休息日工作，所以建立合理的工作周与日历周工时制度有其必要性。就现阶段中国的发展水平和国内居民的需求来看，有些行业，如餐饮、住宿、交通需要劳动者周末工作，所以对工作时间进行更灵活又具有可操作性的规定就更有必要。一般情况下，这些行业规定的日历周和工作周可以不重合，工作周可以在一周内的任何一个时间开始，比如周二到周六，根据企业需要，对不同岗位设置不同的工作周。但是根据"家庭和谐原则"，单纯将工作周和日历周分开的设计并不利于那些在周末还要工作的劳动者照顾家庭，所以在周末上班的劳动者应该得到比那些在周一至周五上班的劳动者更高的工资。

但是这种制度设计也存在问题，周末上班者可以得到高工资奖励，这可能导致大多数员工争抢周末轮班；用人单位设置的工资奖励可能不满足员工的需求，或者说，劳动者从单位周六、日上班时间中得到的报酬增量低于他选择非周末上班的单位时间并从周末休息中获得的效用增量。所以确定合适的周末上班工资奖励是设计该制度的关键，只有劳动者选择周末上班的边际收入与不选择周末上班的边际效用相等的时候才可能在用人单位顺利推行这一措施。同时如果由管理者主观决定某个员工是否需要在周末轮班，很可能出现寻租现象。

第二，建立流动性、季节性工人保护措施和激励措施。事实上，这种专门针对流动工人和季节性工人的保护措施由来已久，美国早在 1983 年就建立了《流动性和季节性农业工人保护法案》，该法案被列入美国的联邦劳动部工资及工时司所负责的基准劳动法之一。[①] 事实上，与美国 20 世纪 30 年代的迁徙潮不同，中国的农民工流动和农业生产更具团体性。就城镇务工人员而言，诸多劳动者都是经亲朋介绍到同类型的用人单位打工，所以工时闲置特征也具有群体性。另外，改革开放后，许多企业到乡村建厂，其中与农业生产加工相关的企业往往带动一村、一镇的多户居民从事类似的农业种植活动和加工活动。所以这种流动性、季节性的工人保护措施的制定和实施需要深入到村镇社区这些基层单位。

另外，不同地区的用工信息交流和用工合作也颇为重要。气候原因和地理原因使得中国的南北方农业生产特征差异大，加之大批农民外出打工，部分地区在农业收获季节雇佣不到足够劳动力，而部分其他地区的劳动者则出现工时闲置。所以政府或第三方机构的信息提示有必要发挥其应有的作用，与交通部门合作，集中进行闲置工时补充。

第三，"弹性工作组织""工作分担""家庭办公"等制度的规范化。有些企业推出了"弹性工作"[②]"工作分担"[③]"家庭办公"[④]等灵活工时制度，这些制度在一定程度上可以方便劳动者更好地配置时间，在提高了工作效率的同时平衡了工作和生活的关系。但是由于监管不严格，这种工作制度也存在一定问题，有些企业借"弹性工作"之名，在规定劳动时间之外要求劳动者加班不付加班费；借"工作分担"之名要求劳动者分担更多集体性任务，延长工作时间；借"家庭办公"之名分配给劳动者过多的劳动任务，劳动者长时间加班却没有加班记录，只能接受繁重的劳动而得不到应有的报酬。因此，对一系列新型工作时间组织模式进行制度性的规范和管理具有积极意义。

"新型工时组织制度"申报体系的建立可能会在一定程度上解决这一问题。具

---

① Pedersen D B., Migrant and Seasonal Agricultural Worker Protection Act: A Preliminary Analysis. *The Ark. L. Rev.*, 1983(37)，p. 253.

② Julkunen R，Nätti J., *The Modernization of Working Times: Flexibility and Work-Sharing in Finland*，Sophi，1999，p. 34.

③ Hunt J，Katz L F., Hours Reductions as Work-Sharing，*Brookings Papers on Economic Activity*，1998，pp. 339-381. Calmfors L，Hoel M., Work-Sharing and Overtime，*The Scandinavian Journal of Economics*，1988，pp. 45-62.

④ Olson M H., Remote Office Work: Changing Work Patterns in Space and Time，*Communications of the ACM*，1983，26(3)，pp. 182-187.

体的，对于实施"弹性工作组织""工作分担""家庭办公"等制度的用人单位每隔一定时期都要向有关部门或者工会报告职工个人工作记录和企业记录，对于劳、资两方记录差异较大的事件，有关部门或者工会应该给予核查和监督，并对监督结果进行公示。

第四，建立针对青年就业者、女性就业者的交通补偿机制。不妨首先关注青年群体，在大中城市，通勤时间长的劳动者大多是青年人。很多青年就业者是刚刚走出校门的学生或者从外地流入城市的"新生代"农民工，他们具备一定的文化基础，有一定的人力资本水平，自身有"闯大都市"的奋斗意愿，是未来城市社会经济发展的重要力量和财富创造者。但是他们一般没有财富积累，也没有属于自己的住房，而市中心昂贵的房租导致大多数人选择在市郊居住，所以通勤时间长就成为这些人的共同特征。部分福利较好的企业会给劳动者发放交通补助或者为青年就业者提供住宿，但是大部分企业没有这样的福利，所以收入本来就不高的青年人在权衡了居住地距离和通勤费、通勤时间之后，只能付出更多通勤成本，节约房屋租赁成本。这意味着，青年人不仅比一般劳动者的广义工作时间更长，还要为其投入通勤成本，所以适当的交通补偿是帮助改善青年人就业质量的途径之一。

为了与更好地贯彻家庭和谐原则和促进性别平等原则，可以为女性增加"携子出行补贴"。在文化因素和经济因素的双重作用下，女性就业者"第二轮班"现象突出，大多数女性，特别是城市女性，既参与一部分社会经济活动又参与家务劳动。女性的"第二轮班"促进了家庭和谐、社会稳定，为政府节约了幼儿教育费用，所以有必要减少女性带儿童出行的交通费用。该制度已经在部分欧盟国家实施：如果妇女带领一名或者多名儿童乘用公共交通工具，儿童可以免收交通费。

第五，在部分企业可以试行"年假买卖"政策，以满足当前部分劳动者不希望休年假，只希望工作的需要。不同性别、不同年龄、不同职级、不同工种的员工对休假的偏好不同，一般情况下，女性、年老者、低职级的员工对加班的偏好低，法定假期似乎不能满足其需要。而有些员工对加班的偏好高，如中层管理者、青年人等，虽然法定假期是带薪的，但是假期影响了他们获得加班奖金和额外福利的机会，甚至有员工认为过多的休假会影响他们的事业发展。所以一个统一的休假规定并不是使得所有人效用最大化的选择，在不影响公司整体效益的情况下，允许工人自由买卖假期是一种帕累托改进的方法。美国部分企业就采取了员工"自由兑换休假"的办法，也就是说如果某个员工在法定假期自愿不休息，假期不再自动作废。当员工不想休假时，他可以把假期卖给另外一位需要休假的工人，想多休假的工人只需赔付给不休假工人在休假期的工资即可，但是这种交换有一定的限制，只有同薪酬的工人才能交换。

>>四、基于新技术建立的工时协商机制是
缓解过度劳动的途径<<

在法律制定的过程中，我国政府已经开始重视工会在维护工时制度方面的作用，除了第二章中提到的新《劳动法》中有关工会职能的解释，在《中华人民共和国工会法》（以下简称《工会法》）中也做了说明。《工会法》明确规定："维护职工合法权益是工会的基本职责。工会在维护全国人民总体利益的同时，代表和维护职工的合法权益。工会维护职责包括……劳动工时……休息休假……"不过仅仅依靠法律的强制约束力规定工会的基本职责，似乎尚难以形成完备的工时协商机制，因为建立良性的工时协商机制需要政府、工会、企业三方共同协作才能完成。

第一，工会的网络信息化平台建设。上文所提到的一系列建议都是以现代化的网络信息化平台为基础的。首先，建立工会主导的，政府、企业、劳动者三方可视化、透明化的工时记录平台，让劳动者工作时间"晒出来"。仅仅凭借现有技术水平就可以实现这一目标，只要把指纹识别或电子签到技术与企业人力资源办公系统、工会和政府监督平台联机，劳动者的工作时间完全可以简单、便捷、清晰地记录到平台中，方便各方查阅和监督。其次，将上述平台与医疗系统关联，以方便医疗单位对过度劳动进行认定，判断企业是否需要给予劳动者过度劳动病假补偿。最后，借助信息技术整合信息资源，使那些拥有大量闲置劳动时间的临时性、季节性劳动者能够迅速搜寻到所需要的工作信息，解决部分劳动者收入低、闲置时间多、想工作的难题。

第二，工会职能转换。工会职能独立是解决工时协商的前提，这要从两个方面入手：一是淡化工会政治色彩，强化其独立的第三方特征，提升工会的公信度。工会借助法律和法规赋予的权力行使其职责，而不是依附于某一个或者某几个更强权力机构去发挥作用。二是给工会足够自由的财政权力，只要劳动者有效参与、费用使用透明度高、监管部门时时可查，就可以让工会自行决定财务问题。事实上，由于事权、财权的非独立性，工会在有些时候成为各方势力的"润滑剂"。中国的工会还没有完全做到"在雇员与雇主协商劳动争议时，帮助雇员免受刁难"。[①] 只有工会功能独立，其承担的工时协商职能才能充分发挥作用，才能真正在帮助劳动者申请延时加班补偿、翔实记录劳动者工作时间、帮助医疗机构进行过度劳动认定等方面起到关键性和积极性的作用。

---

① ［美］理查·海曼：《比较工会运动》，许继峰、吴育仁译，北京：韦伯文化国际出版有限公司，2004，第224～227页。

第三，企业调整管理方式。企业调整管理方可称为"企业自救渠道"，之所以认为企业需要"自救"，原因在于，上文的分析发现，过度劳动的现象不仅发生在劳动者身上，也发生在雇主身上，甚至雇主比雇员的工作时间更长。即便企业可以凭借其资方优势凌驾于劳动者和工会之上，但是从长远来看，靠加班、拼产销量的做法在经济发展初期尚能维持利润扩增，一旦居民收入达到一定水平，消费需求发生变化，经济社会转型期到来，企业就会陷入技术提升和产品创新困境，难以继续壮大和发展。所以工时协商机制不是表面上谁有实力"抢工时"或"抢休假"的问题，而是企业倾听劳动者建议，劳动者了解企业发展目标，合理配置劳动者工作时间，提高生产效率和增加企业竞争力的过程。

第四，政府与工会通力合作，加大对困难职工的帮扶力度。上文的研究不难发现，部分劳动者不顾身体健康，"拼命"加班的原因往往在于家庭收入少、负担重。因此，政府的社会帮扶和企业工会的救助工作要结合到一起。帮助困难职工切实解决问题，工会的帮扶工作包含两方面的内容：一是监督和落实好针对困难职工群体的各项基本保障政策，让困难职工了解掌握并充分享受到这些政策；二是建立困难职工的登记和跟踪系统，不仅有效在企业内部广泛开展对困难职工的就业救助、子女工作分配、医疗救助。还要把困难职工的信息及时反馈给政府，借助公共资源推动送温暖工程的系统化、经常化、制度化，为职工排忧解难。帮扶工作应加强针对性，保证实效性，从职工群众迫切需要帮助的方面入手，探索多种帮扶形式，使帮扶资源得到有效配置和整合，让政府和工会的合力充分发挥作用。

第五，工会帮助劳动者增强法律意识，提升人力资本水平以拥有更多话语权。首先，劳动者法律意识淡薄是造成"被加班，无处诉"的原因，许多劳动者，特别是二级劳动力市场上的劳动者没有意识到加班是违法问题，而且对于国家的加班补偿规定不熟悉。所以，提高劳动者的法律意识，不想加班的劳动者才能有法可诉，想加班的劳动者才能劳有所得。工会成员可以借助现代化社交工具，通过微信、微博、短信平台给工人发送法律宣传信息，以低成本、高渗透率的方式在短时间内传播基础知识。其次，人力资本水平低也是导致劳动者被动接受加班得不到应有报酬的原因，像建筑工人、采摘工人等，只有在项目期或者农忙期才能有收入，而这些岗位的可替代性又很强，所以劳动者话语权小，只能接受用人方的加班安排。工会的工作重点之一是申请培训资源、组织培训活动，提高劳动者人力资本水平。

总之，要借助现代化的交流工具和通信工具，对劳动者工时的记录采取透明化处理，减少人为干涉，完善人事组织、管理组织方式等辅助方式需并行。

>>五、政府宏观协助是缓解过度劳动的保障<<

政策设计是政府的主要工作，其他事宜交由工会、企业和劳动者即可。一方面，立足国际，中国作为国际劳工组织的创始成员国、常任理事国，[①] 积极参与国际劳工组织活动，与劳工组织密切合作，在国际事务上发出声音的同时，更需要主动吸取其他国家有效的工时组织制度，去粗取精，为我所用。

另一方面，从国内情况出发，政府还要充分做好外围政策设计，保障劳动者和企业权益，下文具体介绍。

第一，完善社会保障制度。从上文的分析中不难发现，劳动者选择加班的重要原因之一是社会保障体系不完善。历史原因导致城乡、不同所有制企业、不同行业的社会保障质量差异很大。在养老保险方面，不仅要完成扩大覆盖面的短期目标，还要提升保险质量。通过多种途径保障养老金的可持续性、安全性和透明性，健全多层次的养老保险体系，特别关注困难职工群体、失地农民、非正规就业者的养老保险体系建设。医疗保险方面，既要继续完善城市医疗保险制度、提升农村合作医疗水平，真正解决"看病贵"问题，又要建立起医疗保险与职业病防治，特别是过度劳动防治的对接体系，保证劳动者的健康权。

第二，建立合理的户籍制度政策。打破户籍制度，建立城乡一体化的社会保障体系不仅关乎全体劳动者的根本利益，而且是解决底层劳动者过度劳动的途径之一。尽管近些年来，随着城市化进程的加快，不少流动人口走出农村，到城市工作，实现了收入增加，改善了生活状况。但由于户籍身份不同，即便同样的岗位，外来务工者工作时间长、保障差、福利少，事实上，很多流动人口只是实现了"工作城镇化"，并没能实现"生活城镇化"。所以建立城乡一体化的户籍制度，让更多的流动人口享受城市待遇，是缓解底层劳动者过度劳动问题的途径之一。

第三，加强文化建设，建立合理有效的休闲设施。在这方面，大陆不妨借鉴台湾地区的部分做法。20 世纪 80 年代，[②] 台湾劳工生活状况调查显示劳动者休闲活动的匮乏。政府开始采取各种措施解决这一问题：举办讲座联谊活动、艺术课程、手工艺研习、参观博物馆、旅行、厂庆运动会、歌唱比赛等。并且还针对不同劳动者制订了包括旨在帮助劳动者学习新知识、新技能，丰富劳动者业余生活的教育发展和娱乐休闲方案。另外，政府还制订了调查评估性方案对上述政策进行后期跟踪和评价。

---

① 1944 年，中国成为国际劳工组织常任理事国。
② 王晓慧：《论职工闲暇与工会社会工作的介入》，载《中国劳动关系学院学报》，2012 年第1 期。

总而言之，一个工时制度背后，需要有各个部门的通力配合，在不违背市场基本运行规律的前提下，组合运用各种手段。为了对上述阐述进行概括，这里用图示的方式对政策设计进行刻画。

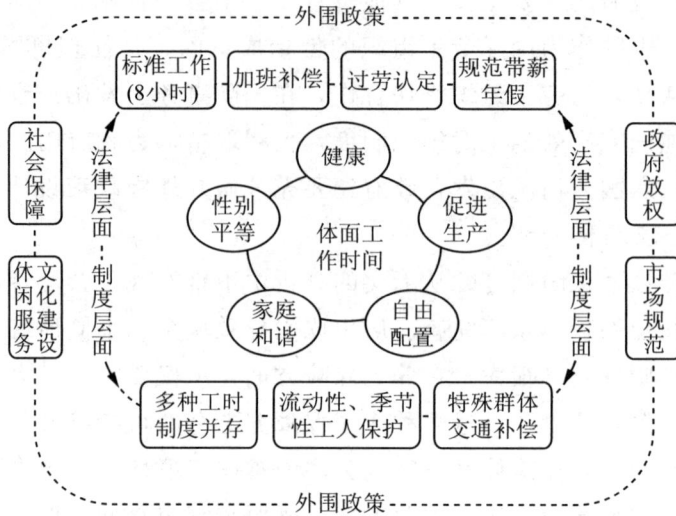

图 3-3 治理过度劳动问题政策选择与政策设计示意图

第二篇

典型群体工作时间问题研究

第四章
北京市 CBD 知识员工过劳状况调查研究

本章由对北京 CBD 企业白领员工过劳现状进行的调查数据出发，从性别、年龄、学历、职位、收入和单位性质等视角，在工作疲劳、工作过度疲劳、服务对象疲劳、个人疲劳四个维度上，对 CBD 员工过度劳动的结构和特征进行分析，发现北京市 CBD 男女白领员工过度疲劳指数较高，已经超过了个人疲劳指数；31～40 岁的员工疲劳指数高于其他年龄段的员工；拥有硕士学位的员工工作过度疲劳指数较高；职位越高，工作过度疲劳指数就越高；月收入 3 000 元以下和 20 000 元以上的员工工作过度疲劳指数较高；民营、外资和合资企业的员工疲劳指数高于国有企业。

本项调研指向为北京 CBD 企业白领员工的过度劳动程度、原因以及影响，并做了以下假设：（1）北京市 CBD 企业白领员工存在一定程度的过度劳动；（2）不同年龄、性别、职位层级、工作年限等因素对 CBD 企业白领员工过度劳动的程度存在显著差异。

第一节　问卷的编制和问卷信度分析

>>一、问卷编制<<

（一）基本信息

选取了性别、年龄、职称、专业等 8 个变量，以期对这些变量与过度劳动的程度以及工作特性进行相关分析，探析 CBD 员工过度劳动的人口统计学特征。

（二）劳动者的工作特性

主要包括三个方面的工作特性考查：工作负荷、工作控制、就业不安定性。

参考的是工作压力流行病学研究领域被广泛采用的 Karasek"负荷 — 控制模型",及其衍生的中文版"工作内容问卷"。

（三）劳动者的过劳状况

主要包括四个疲劳量表,此量表主要参考《哥本哈根量表》以及德国社会学家 Siegrist 所研制的工作压力模型,分别为个人疲劳量表、工作疲劳量表、服务对象疲劳量表和工作过度疲劳量表。个人疲劳属综合性评估,旨在测量受测者整体的疲劳感受,其来源不限于工作,亦可来自家庭、生活、社交人际、本身疾病等;工作疲劳专指由工作带来的,可归因于工作所带来的感受;服务对象疲劳是指工作者在工作中与服务对象互动所产生的疲劳感受;工作过度疲劳指工作者主动自愿投入长时间、高强度的工作所导致的疲劳感。

>>二、问卷信度分析<<

本项调研以北京 CBD 内的白领员工为对象,发放问卷 300 份,共收回问卷 228 份,其中,有效问卷 194 份,有效率为 85%。

194 份有效问卷的基本情况如表 4-1 所示。

表 4-1　有效样本的总体情况

统计量	选项	人数	占比（%）
性别	男	81	41.8
	女	113	58.2
年龄	25 岁以下	44	22.7
	26～30 岁	62	31.9
	31～40 岁	50	25.8
	41～50 岁	28	14.4
	51 岁以上	10	5.2
学历	大专以下	14	7.2
	大学专科	34	17.5
	大学本科	106	54.6
	硕士研究生	33	17.1
	博士研究生	7	3.6

续表

统计量	选项	人数	占比(%)
参加工作年限	1 年以下	14	7.2
	1～3 年	40	20.6
	4～6 年	53	27.3
	7～10 年	40	20.6
	11～15 年	12	6.2
	16 年及以上	35	18.1
职位层级	初级	87	44.8
	中级	71	36.6
	高级	36	18.6
职业类别	科研与研发	10	5.2
	律师	8	4.1
	会计／审计	22	11.3
	咨询	12	6.2
	创意工作者	4	2.1
	医师	6	3.1
	记者／编辑	2	1.0
	市场／营销	31	16.0
	HR	13	6.7
	金融类	32	16.5
	其他	54	27.8
平均月收入	3 000 元以下	30	15.5
	3 000～5 000 元	69	35.6
	5 000～8 000 元	46	23.7
	8 000～10 000 元	20	10.3
	10 000～20 000 元	24	12.4
	20 000 元以上	5	2.5
单位性质	国有控股	39	20.1
	民营企业	40	20.6
	外资企业	62	31.9
	合资企业	23	11.9
	事业单位／政府机关	30	15.5

本章采用 Cronbach's Alpha 系数对各部分问卷进行信度检验，结果如表 4-2 所示。

表 4-2 问卷的信度分析

被检验子问卷	Cronbach's Alpha 系数	N of Items
工作心理负荷	0.724	7
工作控制	0.644	9
就业不安性	0.747	6
简式健康量表	0.805	5
个人疲劳	0.873	5
工作疲劳	0.793	5
服务对象疲劳	0.857	6
工作过度疲劳	0.582	5

在"工作—生活质量"问卷的子问卷中，简式健康量表、个人疲劳和服务对象疲劳问卷有很好的信度，工作心理负荷、就业不安性和工作疲劳问卷的内在一致性可以接受，而工作控制和工作过度疲劳问卷的信度偏低，在今后的研究中，需对其进行修改。

第二节 研究的结果分析

>>一、不同性别白领员工的过度劳动状况<<

男女性的 4 个疲劳量表中，工作过度疲劳指数均最高，然后依次是个人疲劳指数、工作疲劳指数、服务对象疲劳指数。工作过度疲劳指数位于第一，说明男女性都非常重视工作，甚至占用早上一起床、下班回家后、上床睡觉等休息时间工作；个人疲劳指数排在第二位，无论男女性，疲劳不仅仅来源于工作，与家庭、生活、社会关系也是紧密相连的，它们所带来的疲劳感不容忽视；男女性的工作疲劳指数与服务对象疲劳指数相对较低。而总体来说，男女性之间在 4 个疲劳指数上无明显差异。

表 4-3 不同性别白领员工的 4 个疲劳量表指数

性别		个人疲劳	工作疲劳	服务对象疲劳	工作过度疲劳
	均值	42.72	37.47	34.98	46.11
男	N	81	81	81	81
	标准差	18.253	16.010	16.715	17.923
	均值	41.42	36.19	31.86	46.20
女	N	113	113	113	113
	标准差	15.832	15.078	15.510	21.028

性别		个人疲劳	工作疲劳	服务对象疲劳	工作过度疲劳
	均值	41.96	36.73	33.16	46.16
总计	N	194	194	194	194
	标准差	16.851	15.446	16.055	19.743

>>二、不同年龄白领员工的过度劳动状况<<

由表 4-4 可知，50 岁及以下的被调查者工作过度疲劳指数较高，其次是个人疲劳指数，然后是工作疲劳指数和服务对象疲劳指数。与性别维度一样，较高的工作过度疲劳指数说明此年龄段的调查对象会牺牲部分闲暇时间用于工作，存在自主工作过度倾向；51 岁以上的被调查者 4 个疲劳量表指数均低于总体均值，其中个人疲劳指数位于第一，其后依次为工作过度疲劳指数、工作疲劳指数、服务对象疲劳指数，可推测此部分工作者由于年龄原因，更多地追求工作、健康之间的平衡。

表 4-4　不同年龄白领员工的 4 个疲劳量表指数

年龄		个人疲劳	工作疲劳	服务对象疲劳	工作过度疲劳
	均值	41.36	40.00	35.13	44.32
25 岁以下	N	44	44	44	44
	标准差	17.632	16.566	18.707	14.690
	均值	40.65	37.98	31.45	46.13
26～30 岁	N	62	62	62	62
	标准差	16.409	15.952	16.298	15.349
	均值	44.40	35.90	35.00	49.61
31～40 岁	N	50	50	50	50
	标准差	17.043	14.346	14.725	27.011
	均值	43.04	34.46	32.59	46.79
41～50 岁	N	28	28	28	28
	标准差	16.851	12.862	13.845	18.965
	均值	37.50	25.00	27.50	35.50
51 岁以上	N	10	10	10	10
	标准差	16.541	15.092	14.326	21.660
	均值	41.96	36.73	33.16	46.16
总计	N	194	194	194	194
	标准差	16.851	15.446	16.055	19.743

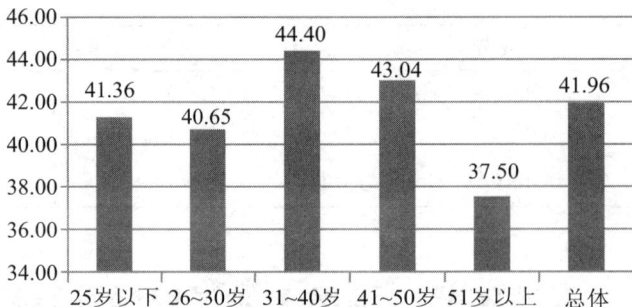

图 4-1 不同年龄白领员工的个人疲劳指数

在个人疲劳指数中，31～40 岁与 41～50 岁的调查对象个人疲劳指数分别是 44.40 与 43.04（指数均四舍五入保留两位小数），无明显差异且在总体均值 41.96 之上，明显高于 25 岁以下与26～30 岁的个人疲劳指数的 41.36 与 40.65，这两者亦无较大差异且小于总体均值，51 岁以上的被调查者个人疲劳指数远低于上述年龄者，仅有 37.50。由此可将年龄段重新整合成三大时间段：31～50 岁的高度个人疲劳人群，30 岁以下的中度个人疲劳人群，51 岁以上的轻度个人疲劳人群。

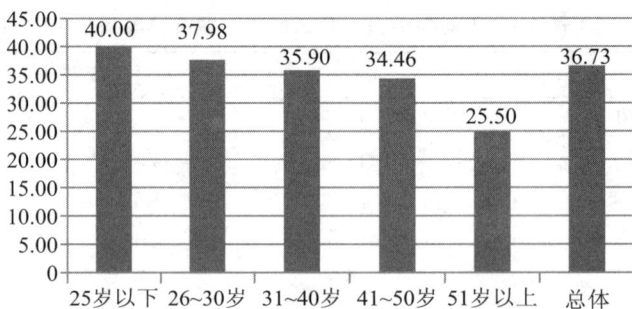

图 4-2 不同年龄白领员工的工作疲劳指数

由图 4-2 可明显看出随着年龄的增加，工作疲劳指数降低。25 岁以下与 26～30 岁的调查对象工作疲劳指数分别为 40.00 与 37.98，高于总体均值 36.73，31～40 岁与 41～50 岁的被调查者这一数据分别是 35.90 和 34.46，低于总体均值，51 岁以上的数据为 25.00，远低于总体均值。可推测，之所以年龄较小者，即 30 岁以下的调查对象工作疲劳指数较其他年龄段要高，是因为他们刚参加工作，正是不断奋斗、积累经验的阶段，会由于繁重枯燥的工作感到心力交瘁，会由于职业选择不当或工作不顺心而感到挫折难熬等。

针对年龄的服务对象疲劳指数中，25 岁以下与 31～40 岁的被调查者指数分别是 35.13 和 35.00，无明显差异且在总体均值 33.16 之上，但明显高于 26～30 岁与 41～50 岁的数据，分别是 31.45 与 32.59，亦无明显差异且低于总体均值，51 岁以上的调查对象疲劳指数最低，为 27.50。说明 25 岁以下劳动者初涉社会，

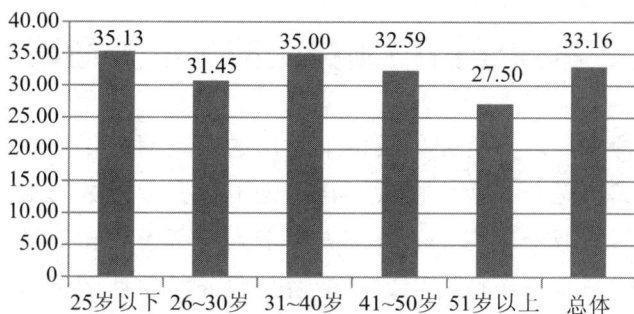

图 4-3　不同年龄白领员工的服务对象疲劳指数

需要耗费时间精力来适应与服务对象之间的互动；31～40 岁劳动者大多处于事业瓶颈与上升期，如何与服务对象更深入地相处来促进职业发展将是他们所考虑的。

　　工作过度疲劳指数中，可看出不同年龄段指数的变化呈正态分布，31～40 岁的调查对象指数最高，为 49.61，大于或小于此年龄段的工作过度疲劳指数逐渐降低，且大于此年龄段的指数下降速度快于小于此年龄段的速度。

　　综合来看，个人疲劳方面，可将年龄段重新整合成三大段：31～50 岁的高度个人疲劳人群，30 岁以下的中度个人疲劳人群，51 岁以上的轻度个人疲劳人群；工作疲劳方面，调查对象的疲劳程度与年龄呈反比；服务对象疲劳方面，25 岁以下与 31～40 岁的调查对象疲劳指数较高；工作过度疲劳方面，整个年龄段的数值分布呈正态分布，其中 31～40 岁的调查对象疲劳指数远高于其他年龄段。

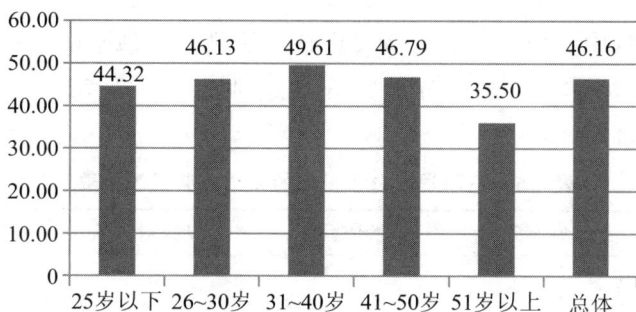

图 4-4　不同年龄白领员工的工作过度疲劳指数

　　具体来看，26～30 岁和 41～50 岁年龄段是职业生涯的过渡阶段，各疲劳指数无明显特征；31～40 岁是人生中非常特殊的时期，个人疲劳指数、服务对象疲劳指数以及工作过度疲劳指数在其他年龄段中都处于较高位置；51 岁以上劳动者的 4 个疲劳量表指数明显降低。

>>三、不同学历白领员工的过度劳动状况<<

由表 4-5 可看出，硕士研究生及以下学历的调查对象工作过度疲劳指数高于其他疲劳指数，其次是个人疲劳指数，再次是工作疲劳指数，最低的是服务对象疲劳指数；而学历为博士研究生的被调查者个人疲劳指数相对较高，第二是工作过度疲劳指数，第三是工作疲劳指数，最后是服务对象疲劳指数。通过分析，本数据样本具有博士学位者为 7 人，其中 6 人为女性，年龄在 31～50 岁，收入在8 000～20 000 元，无论女性就业与否，中国传统社会性别角色的定位要求女性较多地承担家务，作为高学历劳动者，尤其是高学历的女性劳动者疲劳来源更为广泛。

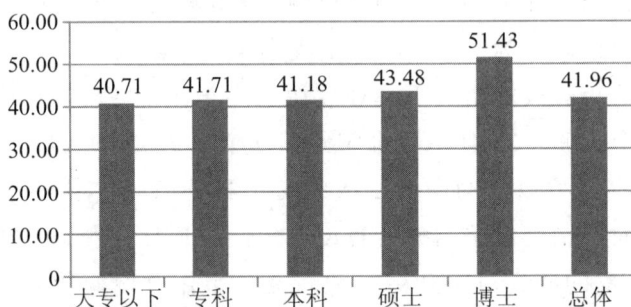

图 4-5 不同学历白领员工的个人疲劳指数

个人疲劳指数中，博士较高，为 51.43，明显高于硕士的 43.48，大专以下、大学专科与大学本科的个人疲劳指数分别是 40.71、41.71、41.18，无明显差异。数据与上述解释相符。

表 4-5 不同学历白领员工的 4 个疲劳量表指数

学历		个人疲劳	工作疲劳	服务对象疲劳	工作过度疲劳
大专以下	均值	40.71	36.79	29.46	41.07
	N	14	14	14	14
	标准差	21.291	18.668	18.306	18.727
大学专科	均值	41.71	38.53	35.42	46.62
	N	34	34	34	34
	标准差	16.121	17.775	18.754	16.177
大学本科	均值	41.18	35.99	32.51	45.43
	N	106	106	106	106
	标准差	16.883	15.297	15.774	21.793

续表

学历		个人疲劳	工作疲劳	服务对象疲劳	工作过度疲劳
硕士研究生	均值	43.48	37.12	33.96	50.61
	N	33	33	33	33
	标准差	16.512	12.871	13.863	17.310
博士研究生	均值	51.43	37.14	35.71	44.29
	N	7	7	7	7
	标准差	12.150	13.184	13.145	15.660
总计	均值	41.96	36.73	33.16	46.16
	N	194	194	194	194
	标准差	16.851	15.446	16.055	19.743

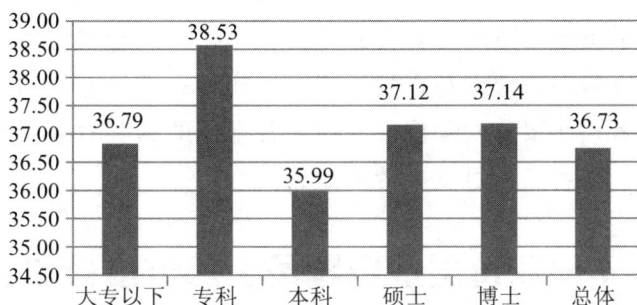

图 4-6 不同学历白领员工的工作疲劳指数

从图 4-6 可以看出，大学专科白领员工的工作疲劳指数明显高于其他学历者，大学本科工作疲劳指数最低，并低于总体工作疲劳指数均值。对此现象，学历为专科的调查对象职位层级多为初级，且月收入在 5000 元以下，年龄多小于 30 岁，可推测其由于学历较低造成职业发展上的艰难，使其有较强的心理压力，或有较强挫折感和焦虑感，其中不少人处于育儿期，家务繁重，在工作之余还要上各种培训班、进修班等，感到筋疲力尽。

服务对象疲劳指数中，大学专科与博士的指数分别是 35.42 和 35.71，相差不大，高于硕士的 33.96 与大学本科的 32.51，最低为大专以下，指数是 29.46。

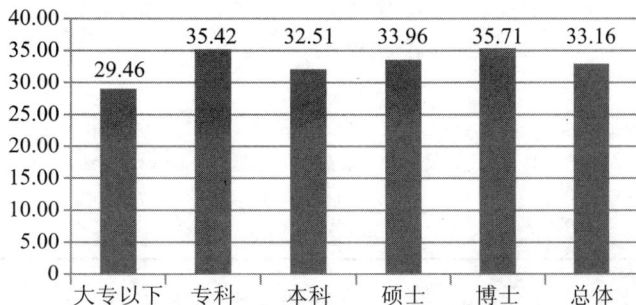

图 4-7 不同学历白领员工的服务对象疲劳指数

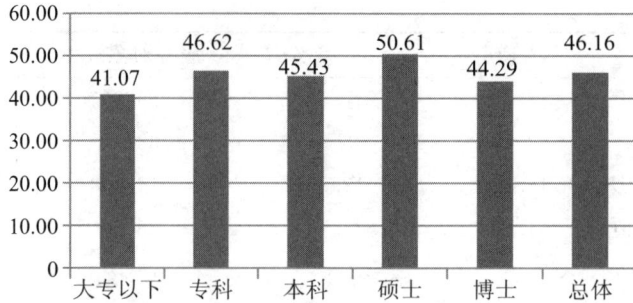

图 4-8　不同学历白领员工的工作过度疲劳指数

从图 4-8 可看出，硕士工作过度疲劳指数为 50.61，明显高于大学专科的 46.62，两者均在总体均值之上，大学本科与博士工作过度疲劳指数分别为 45.43 与 44.29，差别不大且小于总体均值，大专以下最低为 41.07。此样本中，硕士在一定程度上更具有事业心，自愿花费在工作上的时间更多。

综上分析可以看到，博士存在较强的个人疲劳；大学专科的工作疲劳指数明显高于其他学历者；在服务对象疲劳方面，各学历的调查对象无明显差异；硕士与大学专科的被调查者工作过度疲劳指数较高。

>>四、不同职位层级白领员工的过度劳动状况<<

由表 4-6 可知，无论劳动者的职位层级高低，4 个疲劳量表的疲劳指数排序是一致的，由高到低为工作过度疲劳指数、个人疲劳指数、工作疲劳指数、服务对象疲劳指数。

表 4-6　不同职位层级白领员工的 4 个疲劳量表指数

职位层级		个人疲劳	工作疲劳	服务对象疲劳	工作过度疲劳
初级	均值	38.74	36.44	32.47	43.10
	N	87	87	87	87
	标准差	17.206	15.938	16.026	17.207
中级	均值	45.85	39.01	34.86	48.32
	N	71	71	71	71
	标准差	14.904	14.895	15.705	22.837
高级	均值	42.08	32.92	31.48	49.31
	N	36	36	36	36
	标准差	18.376	14.898	16.945	18.328
总计	均值	41.96	36.73	33.16	46.16
	N	194	194	194	194
	标准差	16.851	15.446	16.055	19.743

由图 4-9 至图 4-11 可看出，中级职位的调查对象在个人疲劳指数、工作疲劳

指数与服务对象疲劳指数上均比初、高级职位的数据要高。

在图 4-12 中，可明显看出随着职位层级的升高，工作过度疲劳指数也随之增加。

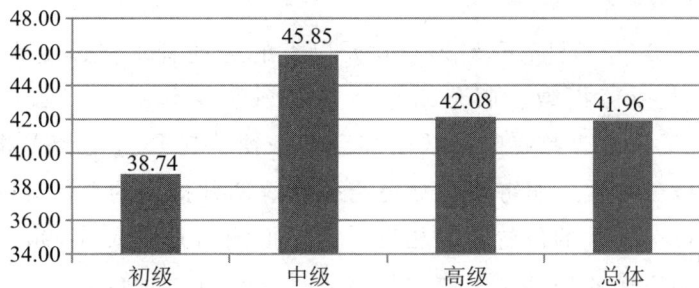

图 4-9　不同职位层级白领员工的个人疲劳指数

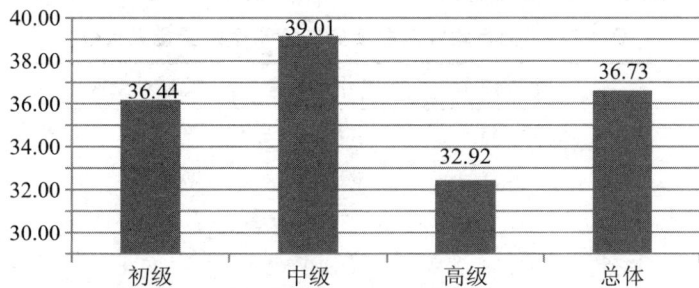

图 4-10　不同职位层级白领员工的工作疲劳指数

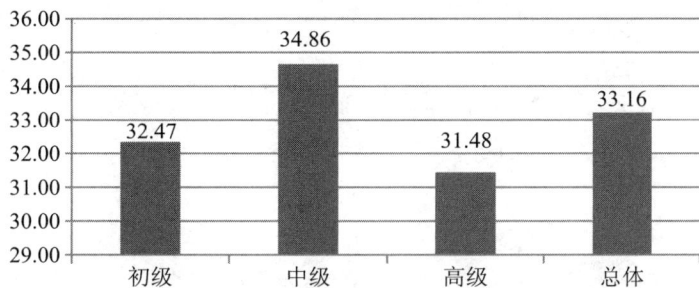

图 4-11　不同职位层级白领员工的服务对象疲劳指数

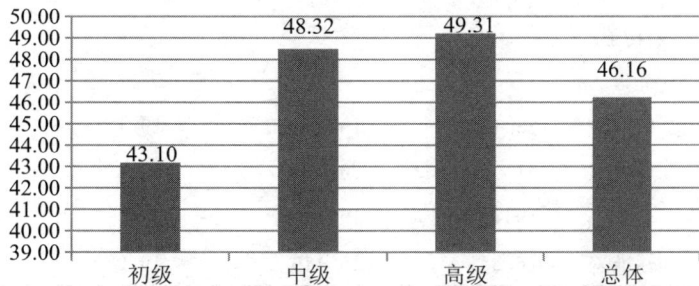

图 4-12　不同职位层级白领员工的工作过度疲劳指数

>>五、不同月均收入白领员工的过度劳动状况<<

月均收入在 3 000 元以下及 20 000 元以上的劳动者工作过度疲劳指数较高，然后依次是个人疲劳指数、服务对象疲劳指数、工作疲劳指数；月均收入在 3 000～2 0000 元的劳动者疲劳指数由高到低依次为工作过度疲劳指数、个人疲劳指数、工作疲劳指数、服务对象疲劳指数。这两种排序的差别在于工作疲劳指数与服务对象疲劳指数的位置刚好相反。可以推测出月收入 3 000 元以下的员工初涉社会，接触更多的是基层工作、与服务对象沟通，他们精力充沛，对自己的职业发展具有信心。月收入 20 000 元以上的员工由于工作熟练，与服务对象的接触已上升到较高层次，如何有进一步的突破是他们关心的问题。

表 4-7　不同月均收入白领员工的 4 个疲劳量表指数

平均月收入		个人疲劳	工作疲劳	服务对象疲劳	工作过度疲劳
3 000 元以下	均值	35.83	33.17	34.72	39.83
	N	30	30	30	30
	标准差	17.473	17.738	18.741	18.499
3 000～5 000 元	均值	41.59	37.10	29.89	45.94
	N	69	69	69	69
	标准差	17.160	16.391	16.481	17.993
5 000～8 000 元	均值	44.57	39.02	35.05	48.81
	N	46	46	46	46
	标准差	16.153	13.192	13.511	24.774
8 000～10 000 元	均值	45.00	35.75	35.96	48.25
	N	20	20	20	20
	标准差	14.049	14.168	14.388	19.282
10 000～20 000 元	均值	45.00	38.33	37.33	48.75
	N	24	24	24	24
	标准差	15.673	13.884	16.090	15.691
20 000 元以上	均值	33.00	28.00	28.33	42.00
	N	5	5	5	5
	标准差	25.150	19.235	19.185	16.432
总计	均值	41.96	36.73	33.16	46.16
	N	194	194	194	194
	标准差	16.851	15.446	16.055	19.743

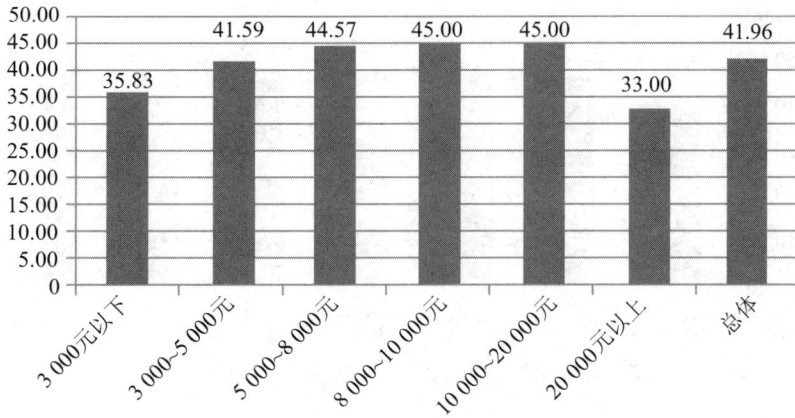

图 4-13　不同月收入白领员工的个人疲劳指数

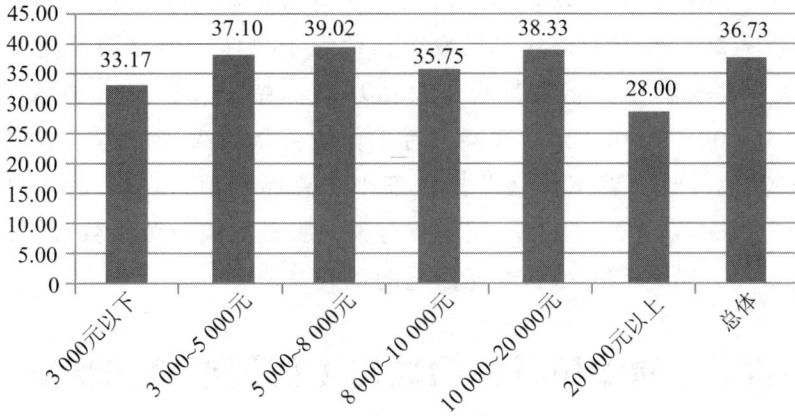

图 4-14　不同月收入白领员工的工作疲劳指数

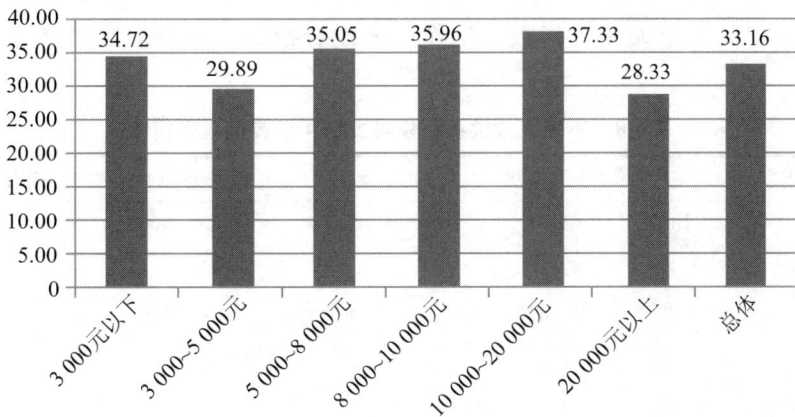

图 4-15　不同月收入白领员工的服务对象疲劳指数

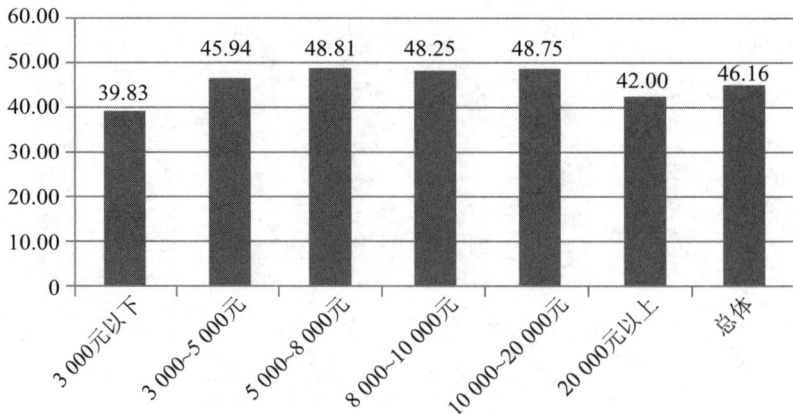

图 4-16　不同月收入白领员工的工作过度疲劳指数

由图 4-13 和图 4-16 可以看出，对于个人疲劳指数与工作过度疲劳指数，月收入在 5 000～20 000 元的调查对象疲劳指数大于总体均值且明显高于其他月收入者，其他月收入者疲劳指数都小于总体均值；在图 4-14 中，月收入 3 000～8 000 元和 10 000～20 000 元的被调查者工作疲劳指数大于总体均值且高于其他月收入者，其他月收入者工作疲劳指数都小于总体均值；在图 4-15 中，月收入在 3 000 元以下和 5 000～20 000 元调查对象的服务对象疲劳指数大于总体均值，且高于 3 000～5 000 元和 20 000 元以上的调查对象。

>>六、不同单位性质白领员工的过度劳动状况<<

民营、外资和合资企业的疲劳指数相对排序一致，由高到低为工作过度疲劳指数、个人疲劳指数、工作疲劳指数、服务对象疲劳指数；国有控股企业疲劳量表指数由高到低为个人疲劳指数、工作过度疲劳指数、服务对象疲劳指数、工作疲劳指数。

表 4-8　不同单位性质白领员工的 4 个疲劳量表指数

单位性质		个人疲劳	工作疲劳	服务对象疲劳	工作过度疲劳
	均值	43.33	39.74	40.60	42.44
国有（控股）	N	39	39	39	39
	标准差	16.675	15.430	17.670	17.654
	均值	41.13	36.63	31.04	49.76
民营企业	N	40	40	40	40
	标准差	18.963	17.701	16.342	26.485

单位性质		个人疲劳	工作疲劳	服务对象疲劳	工作过度疲劳
外资企业	均值	45.16	38.15	33.87	47.18
	N	62	62	62	62
	标准差	15.654	14.322	15.230	14.783
合资企业	均值	38.26	38.04	29.89	50.43
	N	23	23	23	23
	标准差	15.998	14.828	14.305	18.884
事业单位/政府机关	均值	37.50	29.00	27.36	40.83
	N	30	30	30	30
	标准差	16.596	13.287	13.387	20.723
总计	均值	41.96	36.73	33.16	46.16
	N	194	194	194	194
	标准差	16.851	15.446	16.055	19.743

第三节　小　结

本章的研究标明，北京市 CBD 企业白领员工工作过度疲劳指数较高，甚至超过了个人疲劳指数，值得关注。具体来说，有以下几点结论：

（1）无论男女，都存在强烈的"自发过度"工作现象，且由于家庭、生活的压力更加剧了其在工作上努力的程度所致的疲劳。

（2）从年龄上看，31～40 岁是人生中非常特殊的时期，个人疲劳指数、服务对象疲劳指数以及工作过度疲劳指数在这个年龄段中都处于较高值；26～30 岁和 41～50 岁年龄段是职业生涯的过渡阶段，各疲劳指数无明显特征；51 岁以上劳动者的 4 个疲劳量表指数明显降低。

（3）博士存在较强的个人疲劳；大学专科毕业的调查对象在工作疲劳指数与工作过度疲劳指数上明显较高；硕士的工作过度疲劳指数较高。在服务对象疲劳层面，各学历的调查对象无明显差异。本科与大专以下的调查对象在各维度中无明显特征。

（4）中级职位的调查对象在个人疲劳指数、工作疲劳指数与服务对象疲劳指数上均比初、高级职位的数据要高，而随着职位层级的升高，工作过度疲劳指数也随之增加。

（5）月均收入在 3 000 元以下及 20 000 元以上的劳动者工作过度疲劳指数较高，然后依次是个人疲劳指数、服务对象疲劳指数、工作疲劳指数；月均收入在

3 000～20 000 元的劳动者疲劳指数由高到低依次为工作过度疲劳指数、个人疲劳指数、工作疲劳指数、服务对象疲劳指数。这两种排序的差别在于工作疲劳指数与服务对象疲劳指数的位置刚好相反。

（6）民营、外资和合资企业的疲劳指数排序一致，由高到低为工作过度疲劳指数、个人疲劳指数、工作疲劳指数、服务对象疲劳指数；国有控股企业疲劳量表指数由高到低为个人疲劳指数、工作过度疲劳指数、服务对象疲劳指数、工作疲劳指数。

第五章

青年白领加班现象研究：以北京市为例

本章利用 2013 年 3 月对北京市青年白领的微观调查数据，以实证分析的方法对青年白领阶层的加班问题展开研究。研究发现，第一，总体而言青年白领加班情况较严重，其中接近一半的劳动力长期处于较大的工作压力中，出现体力和精神负荷"双高"现象。尤其对于男性白领、刚工作不久的白领、外派员工及管理阶层而言，加班频率处于较高的状态。小型企业及超大型企业的员工加班现象也较明显。第二，合资外企与民营企业加班现象较严重，而国有大型企业相对较轻。第三，不同受教育年限的青年白领加班差异巨大，高低相差 10 个百分点。第四，户籍地与婚姻状况的因素对于青年白领加班状况的影响力有下降的趋势。

第一节　研究背景和文献综述

>>一、研究背景<<

目前，国内对于劳动关系的研究还处于初级阶段。而随着就业压力的日趋增大，对于劳动关系更深一步的研究也逐渐提上日程。加班，作为一种越来越常见的现象，逐渐成为当今社会的热点问题，而与加班现象联系最紧密的莫过于白领阶层。白领作为我国劳动力的重要组成部分，研究白领加班问题的现象有助于为我国劳动关系的进一步改善提供理论和事实依据。

一方面，青年白领群体是社会的重要阶层。通过研究加班现象了解白领阶层工作中的问题，深入白领工作环境，有益于保障白领阶层的劳动权益，进而改善其就业现状，提高就业质量，宏观上来讲实现了就业的切实需要。而作为我国劳动力市场中最有朝气和潜力的中坚力量，通过对青年白领加班现象的研究有助于缓和劳务纠纷，激发和保障其工作热情，实现其价值的最大化，进而实现社会劳动力价值的最大化。另一方面，劳动关系是最基本的社会经济关系，构建和谐劳动关系是保障和改善民生、维护社会安定和谐的基础。可以说白领阶层的生存现状是当今社会广泛关注的社会基层现实，维护白领阶层劳动关系的和谐有利于促进社会整体和谐劳动关系的建立。

>>二、文献综述<<

(一)青年白领的特点与作用

西方学者对白领的研究与中产阶级密切相关，19 世纪，马克思根据欧洲发展的实际情况，从"资本主义史"的角度，提出了中产阶层的想法。Harry Braverman 认为中产阶级仍属于工人阶级，因为他们也是受雇佣的领取薪金的劳动者。[①] 20 世纪五六十年代以后，美国社会学家莱特·米尔斯认为"白领"阶层有以下特点：依附于庞大机构，无固定资产，靠知识与技术谋生，思想保守。[②]

国内学者认为白领群体在中上、中间、中下三个阶层均有分布。李培林指出，中产阶级是指生活水平、财产地位处于中等层次的社会群体。青年白领可能成为发展中的"稳定器"、社会矛盾的"缓冲层"、社会行为的"指示器"。[③]

(二)加班与超时加班的概念与影响

新古典经济学理论认为，劳动供给是在一定的市场工资率的条件下，劳动力供给的决策主体愿意并能够提供的劳动时间。如果劳动者的劳动能力低于社会水平，他会延长劳动时间使自己的时间效用达到一定水平。马克思主义经济学则认为加班是资本主义剥削制度下劳动者付出的剩余劳动。像马克思一样，布雷弗曼也把加班看成一个完全被动与强制的过程。[④]

根据我国《劳动法》规定，延长工作时间一般每日不得超过 1 小时，特殊原因每日不得超过 3 小时，每月不得超过 36 小时。超时加班实际上属于过度劳动的一种。

张丽宾认为，超时加班易引起过度工作。这里的"度"，一是指工作的生理限度，包括精神和体力能够承受的限度；二是制度规定的限度。[⑤] 王艾青则认为，

---

① Braverman H. , *Labor and Monopoly Capital* , New York：Monthly Review，1974.

② ［美］莱特·米尔斯：《白领美国的中产阶级》，南京：南京大学出版社，2006。

③ 李培林：《社会学视野中的中等收入阶层》，载《湖南师范大学社会科学学报》，2003 年第 4 期。

④ Braverman H. , *Labor and Monopoly Capital* , New York：Monthly Review，1974.

⑤ 张丽宾：《超时加班应有"度"》，载《中国劳动保障报》，2008 年第 3 期。

过度劳动可界定为"人力资源在较长时期的过度使用"，即就业者在较长时期处于一种超出社会平均劳动时间和强度的就业状态。[①]

部分学者分析了加班的种种危害，认为长时间工作会大大增加受伤和生病的危险，且很多伤害和疾病都是由于加班加点、长时间工作引起的。我国学者高洁指出，过度加班对劳动者而言其身体和心理都承受着很大的压力，不利于培养职业健康习惯。而且经常性加班势必会造成员工情绪低落，工作效率低下，进而发展成劳资矛盾，影响企业长远发展。[②]

综上可见，青年白领作为社会的重要阶层，对他们加班现象的研究、对社会和谐劳动关系的发展意义重大。

第二节　青年白领加班现状分析

一、调查方法和数据描述

(一)调查方法

本章数据来自对外经济贸易大学"北京市白领阶层劳动关系满意度调研组"于 2013 年 3 月对北京市青年白领的劳动关系调查。调查首先根据国家统计局第六次人口普查对年龄和职业划分的标准，确定了青年白领的抽样范围，青年在本次调查中被界定为年龄在 22～35 岁，白领的界定依据是：第六次人口普查将就业人口的职业分为国家机关企事业单位负责人、专业技术人员、办事人员、商业和服务业人员、农林牧渔水利业、生产运输设备操作人员、其他。按照国际通行的分类法，一般将前 4 类主要从事脑力劳动的人员划入"白领"范围，第 5、第 6 类主要从事体力劳动的人员划入"蓝领"范围。本研究中将相关白领职业做了适当的拆分整合。然后采用从北京市代表性行业中随机抽样的方法确定被调查对象，最终由调查员当面访谈的方式完成问卷。调查共发放问卷 1334 份，获得有效问卷 1120 份，问卷有效回收率为 84％。

[①]　王艾青：《过度劳动的经验分析及其对就业的影响 》，载《工业技术经济》，2009 年第 3 期。
[②]　高洁：《企业超时加班问题的深思》，载《企业观察》，2011 年第 1 期。

（二）数据描述

表 5-1　样本主要变量统计描述

变量名称		样本量（个）	占比（％）
性别	男	609	54.4
	女	511	45.6
婚姻状况	已婚	388	34.6
	未婚	732	65.4
党员	是	405	36.2
	否	715	63.8
职位状况	正式职工	1 026	91.6
	派遣员工	47	4.2
	试用期	32	2.9
	其他	15	1.3
受教育程度	大学及以上	1 099	98.1
	高中及以下	21	1.9
户口	本地	482	43.0
	非本地	638	57.0
单位性质	国有及国有控股企业	330	29.5
	政府机关及有关部门	81	7.2
	事业单位	105	9.4
	私营/民营	388	34.6
	外企/合资	216	19.3
职业性质	生产/销售/公关/市场业务人员等	295	26.3
	财务/行政/人事等	299	26.7
	技术研发人员	177	15.8
	专业人士	317	28.3
	其他	32	2.9
职位级别	普通员工	821	73.3
	基层管理者	195	17.4
	中层管理者	90	8.0
	高层管理者	14	1.3
企业职工人数	100 以内	402	35.9
	100～500	245	21.9
	500 以上	473	42.2

续表

变量名称		样本量（个）	占比（%）
月平均收入	3 000 元以内	160	14.3
	3 000～5 000 元	424	37.8
	5 000～8 000 元	317	28.3
	8 000 元以上	219	19.6
是否工会成员	是	387	34.6
	否	733	65.4
平均年龄（岁）		27.2	
样本量（个）	1 120		

　　表 5-1 为问卷数据的描述性分析。根据统计结果显示，在全部 1120 份有效问卷中，男性白领比例略高于女性白领比例，接近 55%。未婚青年白领占 65.4%。与全国平均水平相比，被调查者中党员占比较高，达 36.2%。从职位层级来看，青年白领仍以普通员工和基层管理者为主，一定程度上说明对于青年白领仍有职位的提升空间。在被调查的青年白领中，大学及以上学历占绝大部分，达到 98%以上，说明青年白领阶层的受教育程度普遍较高。43%的青年白领拥有本地户口，但也有 57%的人没有本地户口。在国有及国有控股企业工作的青年白领占 29.5%，机关事业单位占 16.6%，非国企占 53.9%。样本的平均年龄为 27.2 岁，工会成员的比重约 1/3，从收入水平来看，青年白领的薪资状况较好，以 3 000～8 000 元的薪资水平为主体，占到 66.2%，同时仍不乏接近 20%的青年白领拥有 8 000 元以上的月平均收入，已拥有较高的生活水平。

>>二、青年白领加班的现状<<

(一)不同年龄段的青年白领加班情况

　　根据图 5-1 显示，各个年龄段在加班次数上表现出：26～30 岁年龄段的劳动者加班意愿最强，这个年龄段的劳动者通常情况下正处于事业的奋斗期，具有加班的主观意愿，其高加班频数是主观意愿与客观条件（如单位性质、职业性质等）相互作用的结果。而 31～35 岁的劳动者由于年龄的增长，加班的热情降低，导致相比于其他两个年龄段，有更多的人在从不加班区间。对于加班费是否符合规则，可以从图 5-2 中看出，处于事业奋斗期的 26～30 岁年龄段对于加班费是最没有意见的，说明他们可能更注重未来的发展机遇，而对当前的加班费不是特别在意。

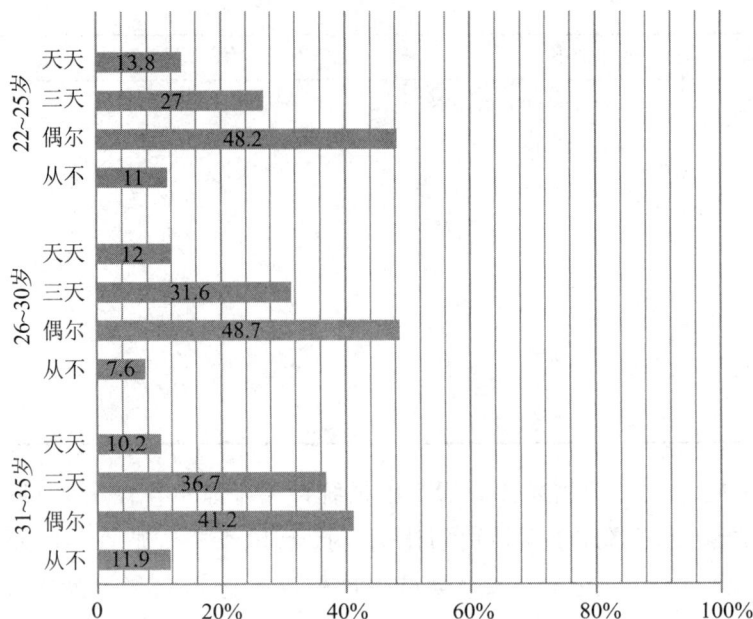

图 5-1　不同年龄白领的每周加班频率比较

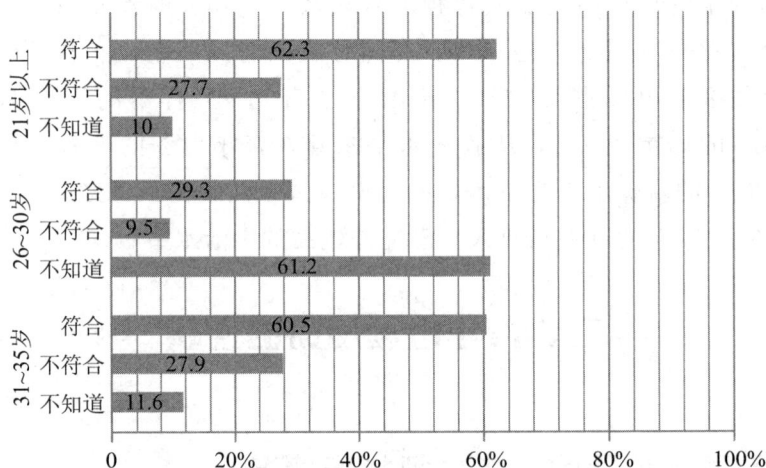

图 5-2　不同年龄白领对加班费是否符合规定的认识

(二)不同性别的青年白领加班情况

由图 5-3 可以看出，男性白领的加班强度明显大于女性白领，这一方面是由于男性在体力上的先天优势；另一方面还由于男性承受了更大的养家糊口的压力。可能也正是由于这种压力，导致在图 5-4 中，有多于女性 4.5％的男性白领认为加班费不符合规则。

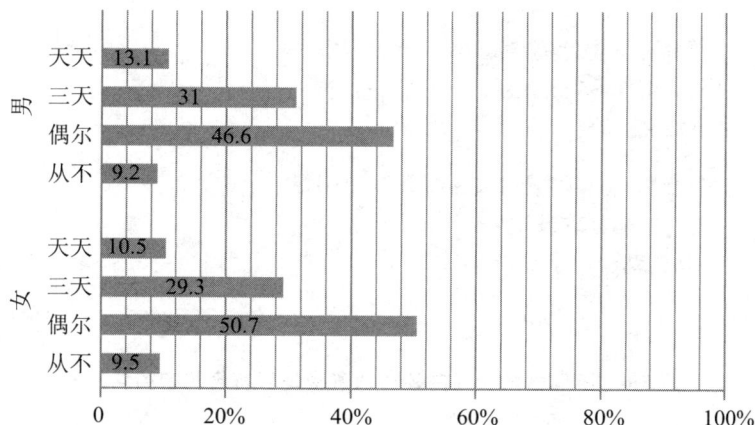

图 5-3　不同性别白领的每周加班频率比较

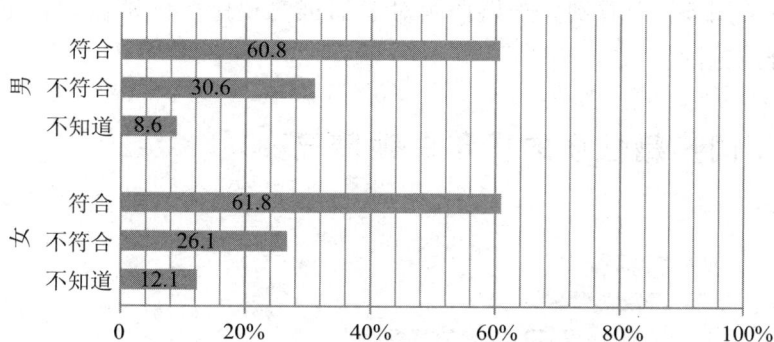

图 5-4　不同性别白领对加班费是否符合规定的认识

（三）不同婚姻状况的青年白领加班情况

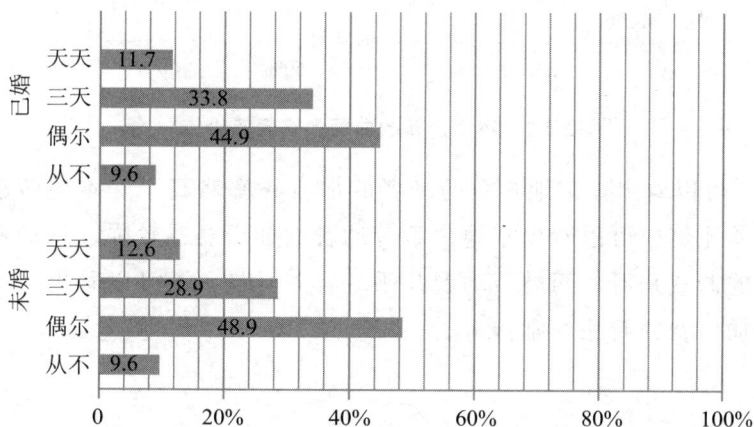

图 5-5　不同婚姻状况的白领的每周加班频率比较

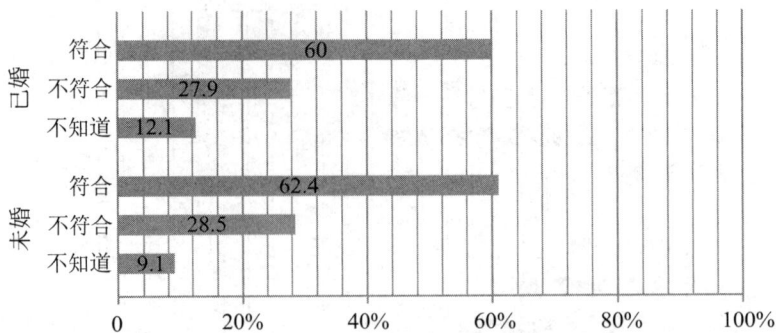

图 5-6　不同婚姻状况白领对加班费是否符合规定的认识

由图 5-5 可以明显看出未婚白领加班频率明显高于已婚白领，说明工作在未婚白领中占主导地位，也就是说，已婚白领的生活重心慢慢偏离到家庭中去了。所以又可以从图 5-6 中看到，未婚白领对于加班费相比于已婚白领，更觉得加班费是不符合规范的。

（四）不同户籍性质的青年白领情况

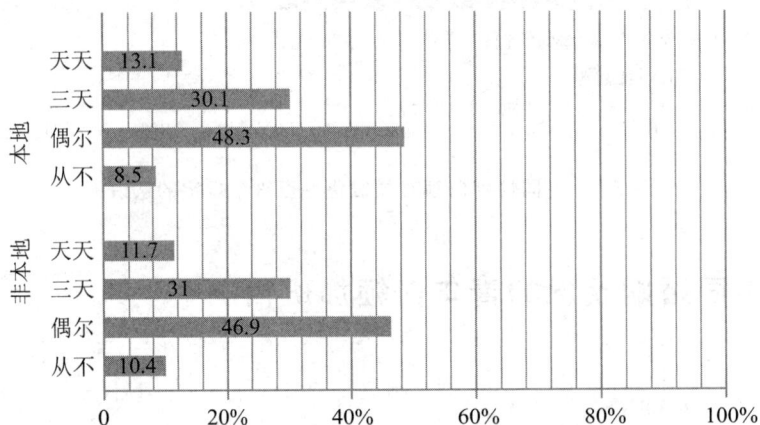

图 5-7　不同户籍的白领加班频率比较

从图 5-7 可以看出，本地户籍劳动者的加班频率略高于非本地劳动者，尤其在从不加班的比例中可以看出本地户籍劳动者的加班意愿较强。从加班费是否符合要求这项的调查来看，两类劳动者几乎一样，从图 5-8 可以看出，不同户籍的劳动者对于加班费的看法非常接近。

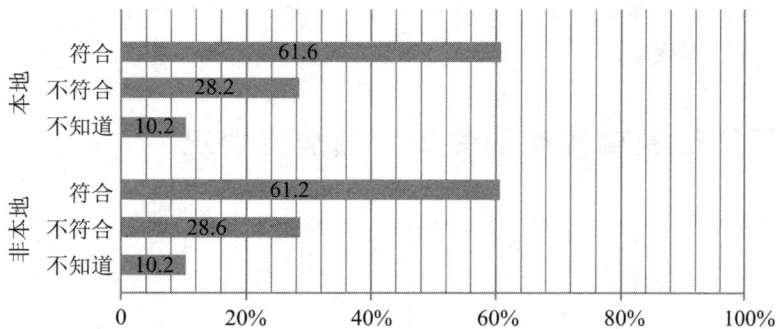

图 5-8　不同户籍白领对加班费是否符合规定的认识

（五）党员与非党员的青年白领加班情况

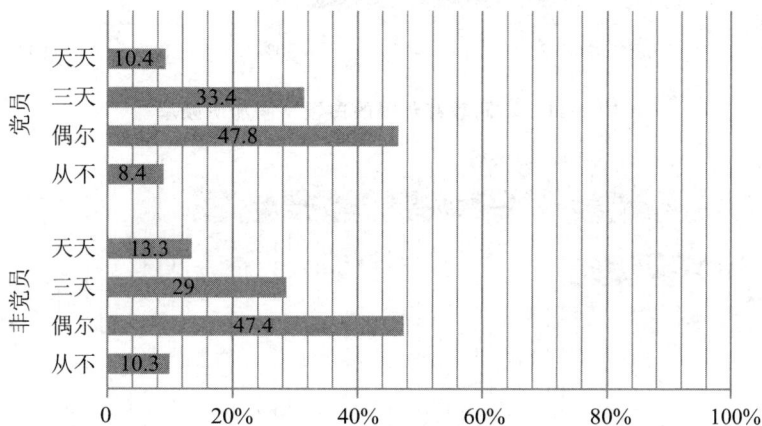

图 5-9　党员的不同加班频率

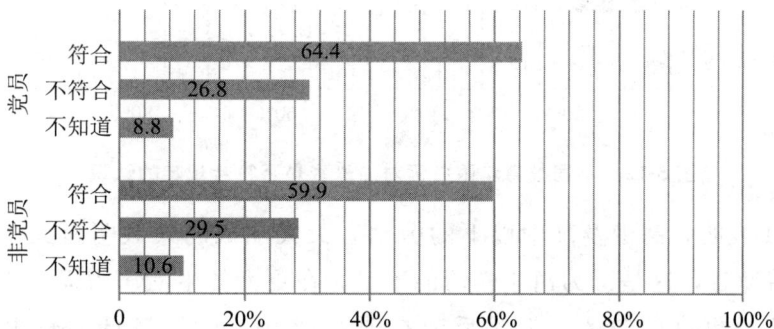

图 5-10　党员对加班费是否符合规定的认识

从图 5-9 可以看出是否是党员不是影响加班频率的主要因素，因为在各项数据上党员和非党员没有明显差距。但是，相比非党员，多了 4.8％的党员认为加班费符合要求。总的来说,从数据来看,对于加班时间和对于加班费的看法,党员与非党员差别不大。

(六)不同受教育程度的青年白领加班情况

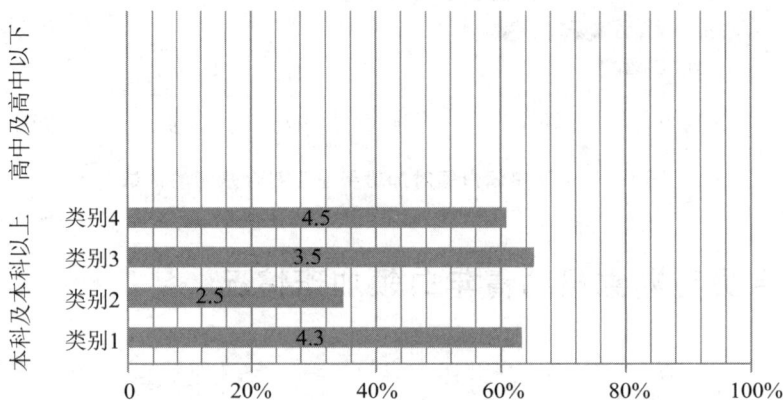

图 5-11　不同教育年限的白领不同加班频率

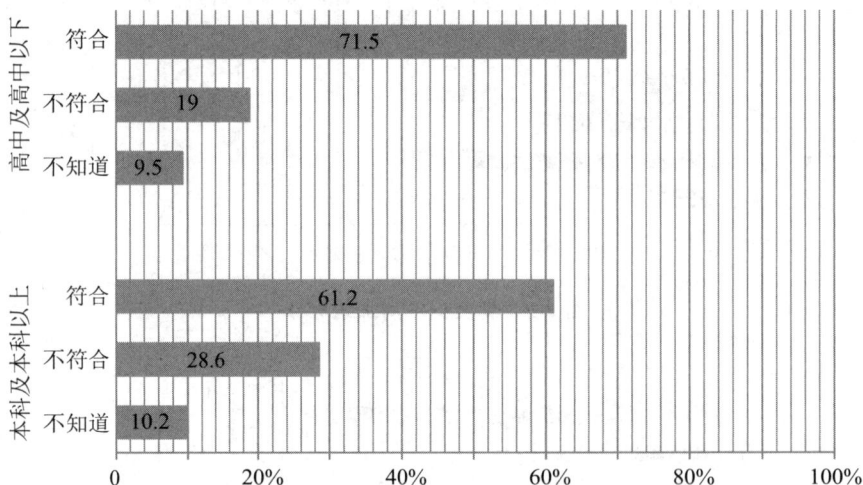

图 5-12　不同教育年限白领对加班费是否符合规定的认识

图 5-11 表明,高中及高中以下的劳动者天天加班的人数明显大于本科及本科以上的劳动者,这是因为由于学历的不足,在更大的生活压力面前不得不通过多加班来获得更高的收入。但是反映在图 5-12 中,学历较低的较少数劳动者(19%),他们认为加班费是不符合规定的,相比之下,本科及本科以上的劳动者认为加班费不符合规定的劳动者比例,足足高了约 10%。

（七）不同职位情况的青年白领加班情况

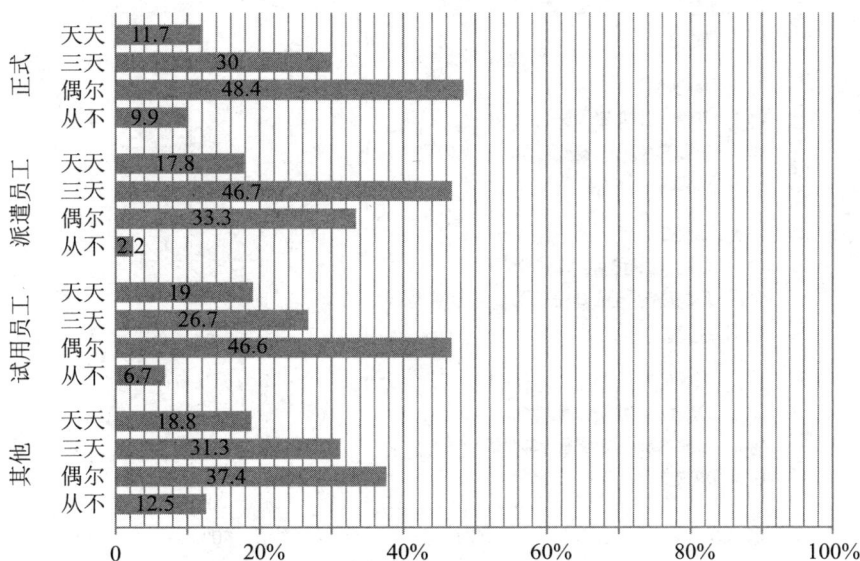

图 5-13　不同职位白领的每周加班频率比较

由图 5-13 可以看出派遣员工与试用员工的加班频率最高，而正式员工加班频率最低，有将近10％从不加班，说明工作的正规程度有助于减少加班频率。对于加班费是否符合规定的看法，派遣员工和其他类员工有更高比例的认为加班费是不符合规定的。

（八）不同月收入青年白领加班情况

由图 5-14 可以看出，各个收入段在加班次数上表现出：收入低于 3 000 元的受访对象，加班频率最小，月收入在 5 000～8 000 元的白领加班频率最高。月收入位于 5 000～8 000 元波段的劳动者，通常情况下正处于事业的奋斗期，具有加班的主观意愿，其高加班频数是主观意愿与客观条件（如单位性质、职业性质等）相互作用的结果。而月收入 8 000 元以上的劳动者加班的主动意愿会降低，其从不加班的频率略高于月收入 5 000～8 000 元的劳动者。对于加班费是否符合规定的看法，由图 5-15 可以非常直观地看到：各个月收入段的人中，均有大于一半的人认为加班费符合要求，但是认为加班费不符合要求的，随着月收入的增加呈现递减趋势。

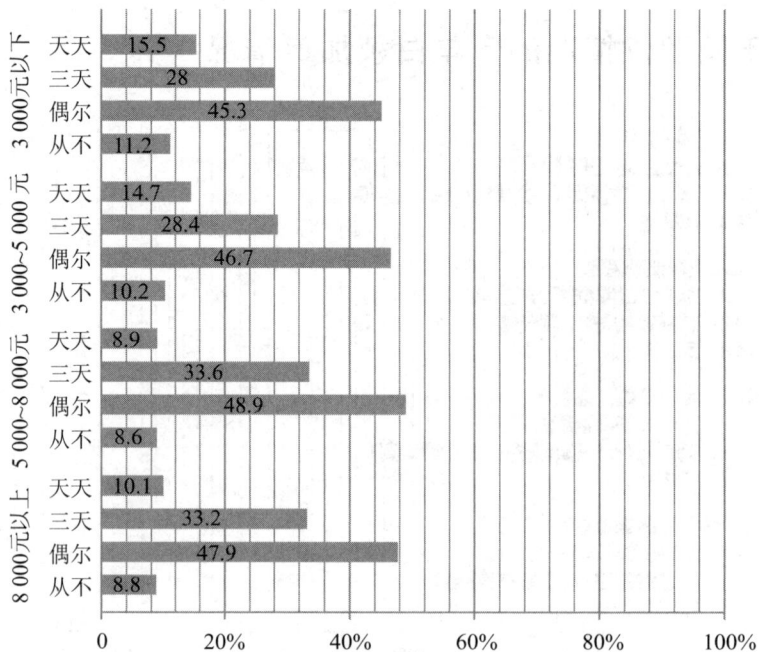

图 5-14 不同月收入白领的每周加班频率比较

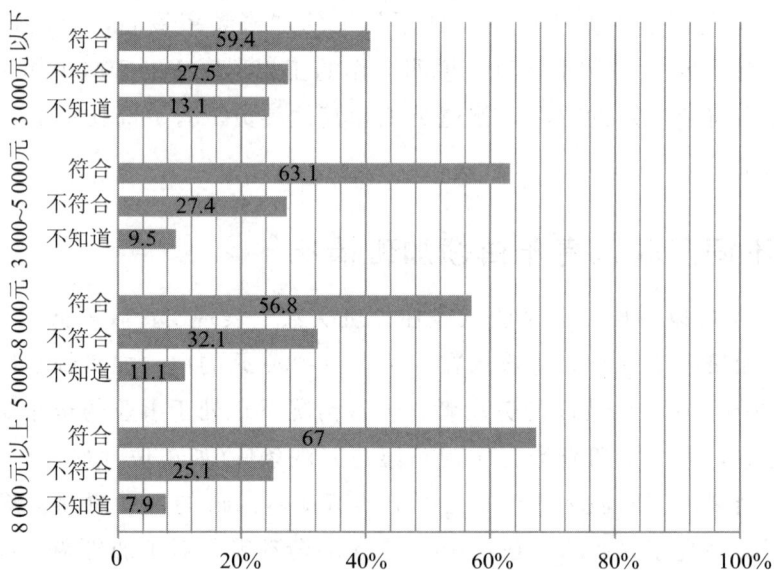

图 5-15 不同月收入白领对加班费是否符合规定的认识

（九）不同规模单位的青年白领加班情况

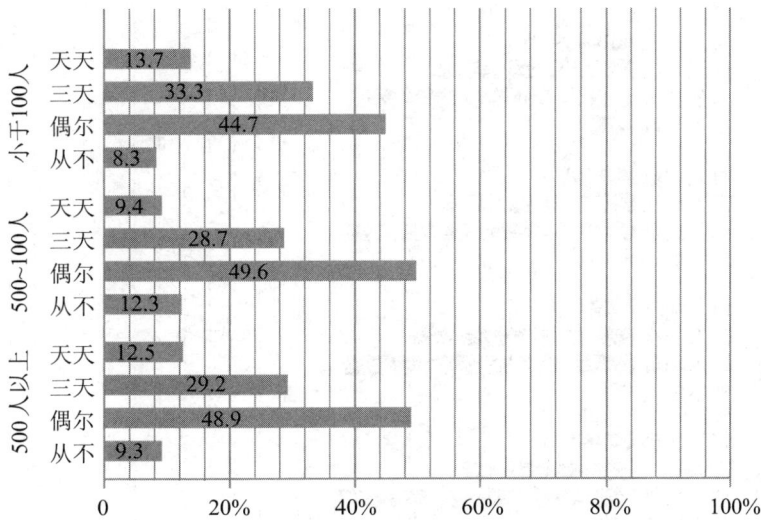

图 5-16　不同规模单位白领每周加班频率比较

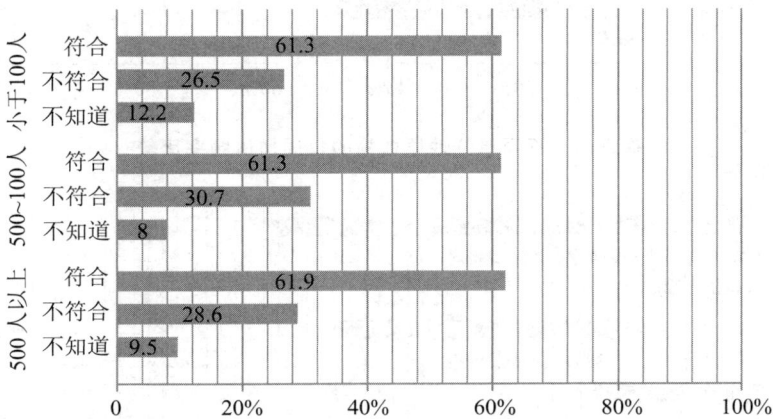

图 5-17　不同规模单位白领对加班费是否符合规定的认识

从图 5-16 中可以看出，单位规模最小（职工人数少于 100 人）的企业从不加班的比例最低，为 8.3%，但几乎天天加班的比例较高，为 13.8%。这与小型企业的生存型经济活动和职能部门构建有关。总体而言，在各种单位规模中，最普遍的情形是偶尔加班一次。对于加班费是否符合规定的问题，可以从图 5-17 看到，各规模企业均有超过 61% 的人认为加班费符合要求，说明企业的大小对加班费的评价影响不大。

(十)不同单位性质的青年白领加班情况

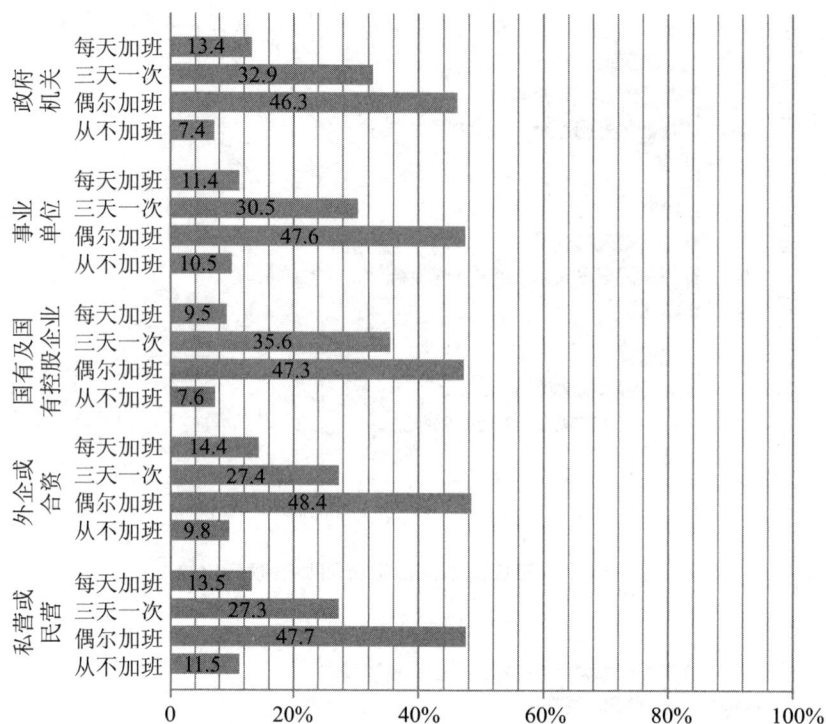

图 5-18 中不同单位性质白领的每周加班频率：

政府机关
- 每天加班 13.4
- 三天一次 32.9
- 偶尔加班 46.3
- 从不加班 7.4

事业单位
- 每天加班 11.4
- 三天一次 30.5
- 偶尔加班 47.6
- 从不加班 10.5

国有及国有控股企业
- 每天加班 9.5
- 三天一次 35.6
- 偶尔加班 47.3
- 从不加班 7.6

外企或合资
- 每天加班 14.4
- 三天一次 27.4
- 偶尔加班 48.4
- 从不加班 9.8

私营或民营
- 每天加班 13.5
- 三天一次 27.3
- 偶尔加班 47.7
- 从不加班 11.5

图 5-18 不同单位性质白领的每周加班频率比较

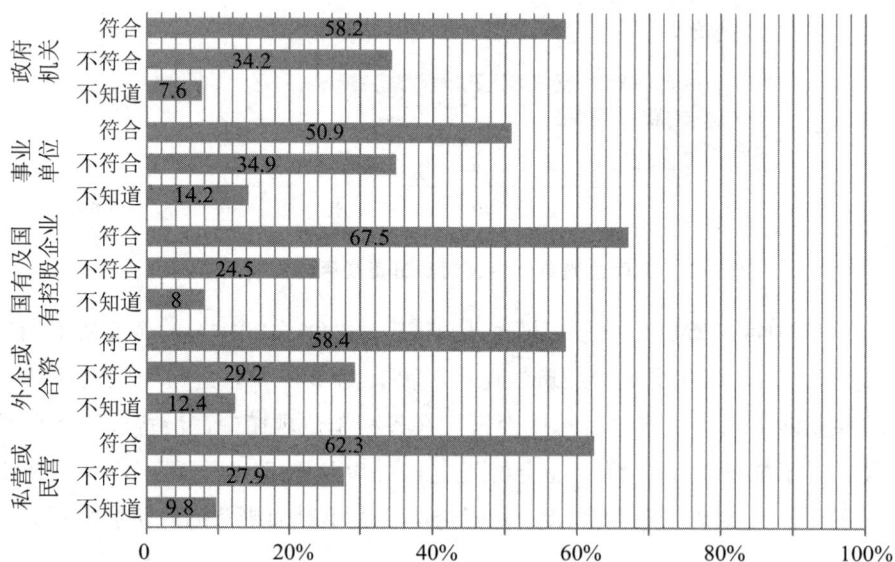

图 5-19 中不同单位性质白领对加班费是否符合规定的认识：

政府机关
- 符合 58.2
- 不符合 34.2
- 不知道 7.6

事业单位
- 符合 50.9
- 不符合 34.9
- 不知道 14.2

国有及国有控股企业
- 符合 67.5
- 不符合 24.5
- 不知道 8

外企或合资
- 符合 58.4
- 不符合 29.2
- 不知道 12.4

私营或民营
- 符合 62.3
- 不符合 27.9
- 不知道 9.8

图 5-19 不同单位性质白领对加班费是否符合规定的认识

从图 5-18 中可以看出，政府机关、事业单位加班频率较低，企业加班频率则较高。具体来说，政府机关、事业单位从不加班的比例均超过 7％，偶尔加一次班的比例均超过 45％；国有及国有控股企业、私营/民营企业通常是偶尔加一次班，而外企/合资企业每天加班的达到 14.4％，反映出外企/合资企业较高的工作强度和压力。而对于加班费是否符合规定的调查可以从图 5-19 反映出来，国有企业白领认为加班费符合要求的远远高于其他企业，达到 67.2％，而外资企业等工作压力比较大的企业中白领反映加班费不符合要求多于其他企业，说明外资企业的白领拥有较高的工作强度和压力。

（十一）不同职业性质的青年白领加班情况

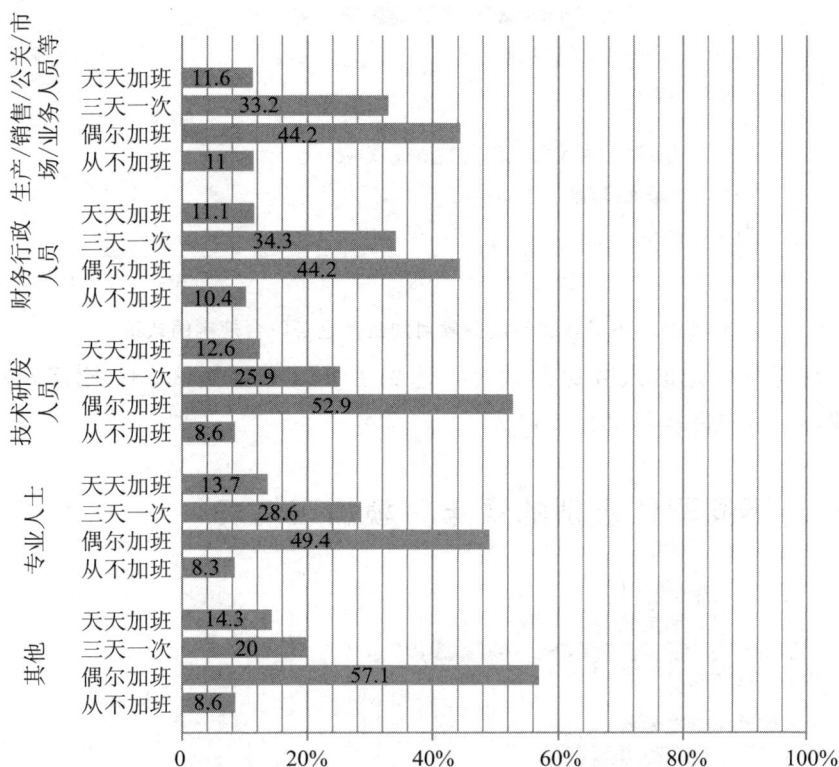

图 5-20　不同职业性质白领的每周加班频率比较

图 5-20 显示，技术研发人员与会计师、律师等专业人士中，从不加班的比例均大于 8％，而财务/行政人事与生产/销售/公关等职位中，从不加班的比例在11％左右。所以，技术性、专业性较强的岗位（技术研发人员与会计师、律师等专业人士）的加班频率略高于技术性较弱的岗位（财务/行政人事与生产/销售/公关等职位）。加班频率最高职业为财务行政人员，其加班次数三天一次的比例甚至达到了 34.3％。图 5-21 显示，相比其他岗位，生产/销售/公关/市场/业务人员等，

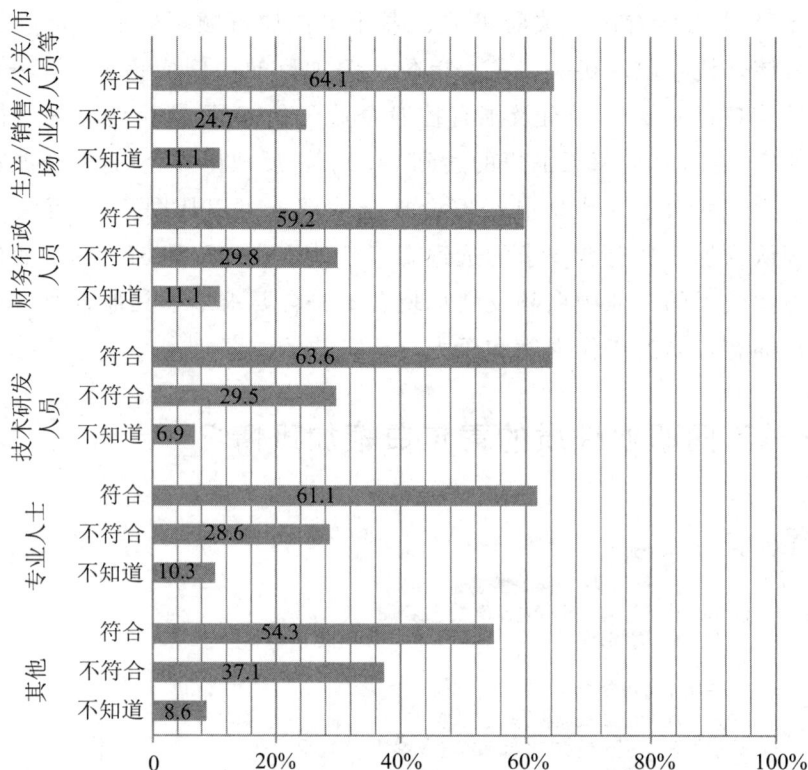

图 5-21　不同职业性质白领对加班费是否符合规定的认识

认为加班费符合规定的人数比例最高，达到了 64.1%，而 29.8% 财务/行政人员（最高比例）认为加班费不符合规定。

（十二）不同职位级别的青年白领加班情况

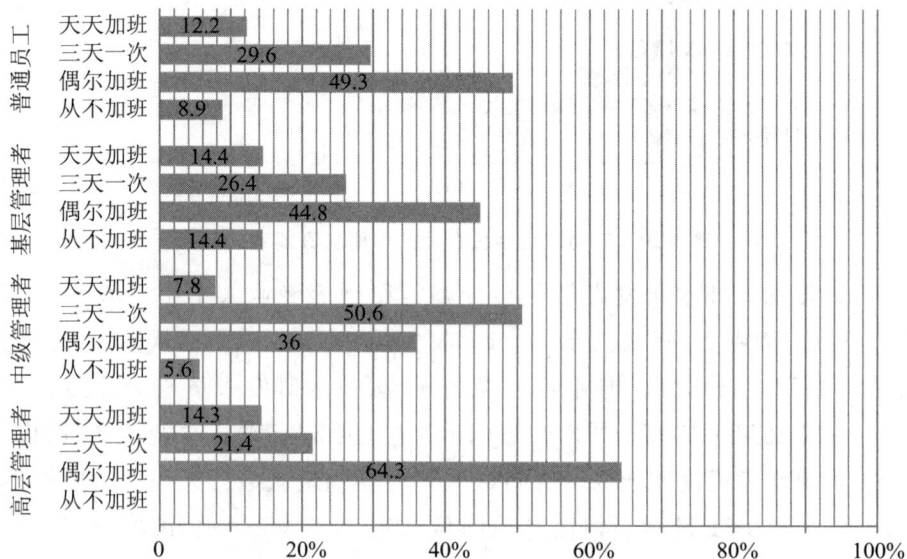

图 5-22　不同职位级别白领的每周加班频率比较

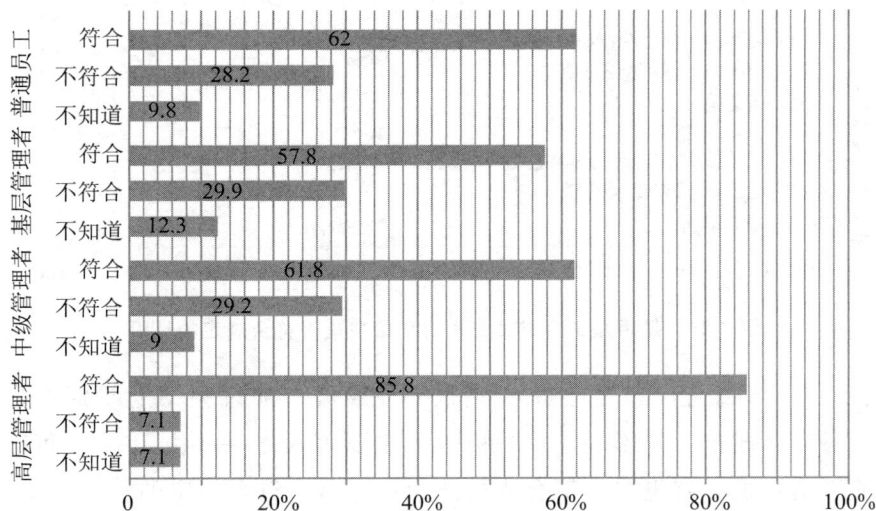

图 5-23　不同职位级别白领对加班费是否符合规定的认识

图 5-22 显示，普通员工的加班频率略低于管理层，普通员工从不加班的比例为 8.9%，管理层中，随着级别的上升，从不加班的比例降低，偶尔加一次班的比例上升，加三天班左右明显上升。对于加班费是否符合要求，可以从图 5-23 中看到：随着级别的上升，对加班费的满意程度逐渐提高，这说明相较于普通和基层管理者而言，职位越高的白领对加班费越满意。

(十三)是否是工会成员的青年白领加班情况

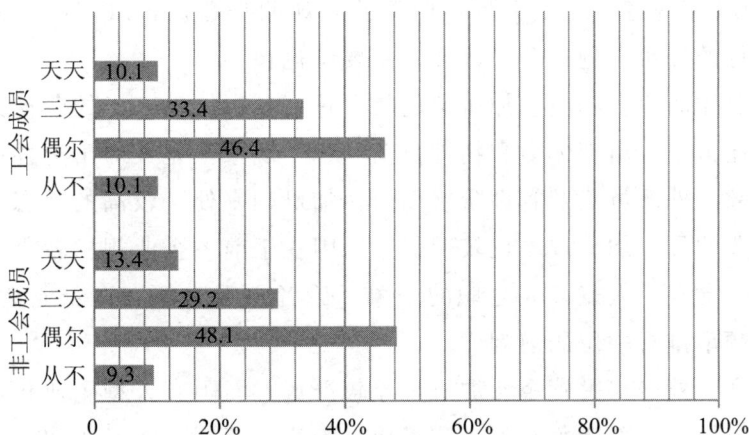

图 5-24　是否是工会成员白领的每周加班频率比较

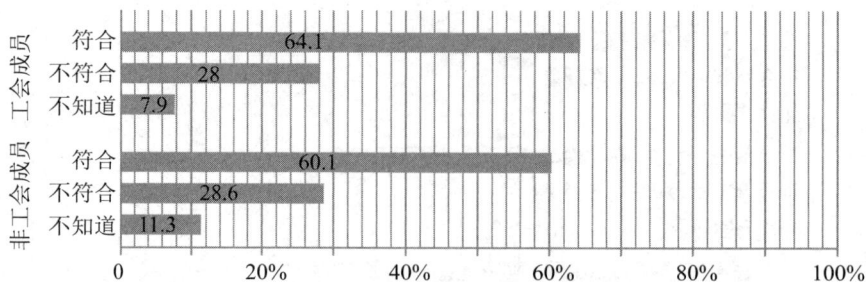

图 5-25　是否是工会成员白领对加班费是否符合规定的认识

从图 5-24 可以看出，工会成员与非工会成员在加班频率上差别不是很大，说明是否是工会成员不是影响加班积极性的主要因素之一。由图 5-25 可以看出，相比于非工会成员，有更多的工会成员认为加班费是符合规定的。

第三节　结论与政策建议

>>一、主要结论<<

我国正走在全面建成小康社会的道路上，努力构建和谐社会是我们一直以来的目标，如何处理好劳动关系问题是我国就业战略的重中之重。作为我国劳动力市场的中坚力量，青年白领的就业环境与状况一直以来都是社会所关注的热点。本章利用 2013 年 3 月对北京市青年白领的微观调查数据，以实证分析的方法对青年白领阶层的加班问题展开了研究。主要结论包括：

第一，总体而言青年白领加班情况较严重，其中接近一半的劳动力长期处于较大的工作压力中，出现体力和精神负荷"双高"现象。尤其对于男性白领、刚工作不久的白领、外派员工及管理阶层而言，加班频率处于较高的状态。小型企业及超大型企业的员工加班现象也较明显，原因在于前者企业规模较小，工作分界相对不明确，常有一人兼多人之职的现象，后者则因为超大型企业竞争压力大，因而在加班频率排行中位居前列。

第二，合资外企与民营企业加班现象较严重，而国有大型企业相对较轻。这主要源于合资外企内部竞争激烈，节奏快，淘汰周期短，在工作和心理层面给青年白领以较大压力，催生出相对严重的加班现象。而国有大型企业工作氛围相对宽松，同时待遇、福利高，就工作压力而言相对外企较轻，因而加班情况不太普遍。

第三，不同受教育年限的青年白领加班差异巨大，高低相差 10 个百分点。

一般而言就业人员自身的素质与其受教育程度成明显的正比关系，因此教育的重要性不言而喻。

第四，户籍地与婚姻状况的因素对于青年白领加班状况的影响力有下降的趋势。是否为本地户籍并没有很大程度的引起加班状况的不同。婚姻状况因素也是如此，已婚和未婚青年白领大体上享受同等待遇，也面对同样的加班现状。这两个因素印证了当今社会发展的一个趋势，户籍歧视和性别歧视正在逐渐消退，人才才是核心竞争力和发展力。

>>二、政策建议<<

第一，缩小由于单位性质不同而产生的加班状况不同的现象。相比合资外企和民营企业，国有大型企业之所以拥有相对较小的压力、轻松的工作环境，究其深层原因，是在过去三十多年的市场化进程中，对国有企业双轨制的实行造就其相对宽松和高福利的就业环境。在这种宽松的工作氛围下势必会产生竞争不均衡、效率低下等问题，严重滞后生产力的发展。另一方面，通过白领阶层加班问题的分析研究我们可以看到，非公经济的加班现象比较严重和普遍，为此，对民营企业的支持和平等竞争环境的营造刻不容缓，同时注重加强对非公经济劳动关系的监督检查，尽量减少因加班过度等问题引发的劳资纠纷。

第二，完善法制，出台或拟定相关法律条文维护就业人员的相关权益，避免加班歧视现象。由分析可知，相对年纪轻的收入低群体以及外派员工加班频率高且加班费的合规性难以保证，权益无法得到完全保障。这一现象的出现本质上不是来自于就业者本身，而是法制与制度的不健全。只有当真正有明文条款或有效监督机构的有效运转之时，就业人员的基本权益才可以得到充分保障。

第三，加大政府教育投入，努力提高劳动者素质。受教育年限对青年白领加班状况的影响在本章讨论中已经给出了明确的阐释，即受教育程度提高将有助于减少加班现象的频发，并且劳动者素质的提高还能够帮助他们更好地维护自身的相关权益。

第六章
新生代农民工工作时间及其影响因素

　　基于河南、北京、福建、广东四省市的问卷数据，采用统计分析和计量分析相结合的方法，本章探讨了新生代农民工的工作时间问题。研究发现，不同受教育程度、技能水平、职业、行业、所有制类型、劳动合同关系、工会身份、单位规模的新生代农民工的工作时间有较大差别。总体上看，当前我国新生代农民工的工作时间偏长，日均工作时间超过 8 小时、9～10 小时，11 小时以上的新生代农民工比例分别为 60%、50% 和 20%。有序概率模型的计量结果显示，年龄、子女数量、受教育程度、是否为蓝领、劳动合同关系、工作单位规模、是否为工会会员、是否亲自照看孩子、求职途径等因素显著影响着新生代农民工的工作时间。缓解新生代农民工过度劳动的有效对策在于：帮助新生代农民工提高人力资本水平，重视工会作用，稳步推进新生代农民工"建会""入会"工作，完善新生代农民工就业创业服务和管理。

第一节　引言及相关文献

　　随着时间的经济价值不断提高，劳动者个体选择工作或闲暇的机会成本也会随之增加，收入效应和替代效应互为博弈的结果则最终决定着劳动者个体的劳动参与决策和社会整体劳动供给状况。对于参与劳动的个体而言，工作时间作为衡量工作质量优劣状况的重要指标之一，其长短既影响着劳动者个体工作和生活的和谐度，又影响着劳动者个体的工作效率和身心健康，进而影响着劳动者个体的就业质量和生活质量。事实上，过长的工作时间（即过度劳动）还对就业、消费产生有明显的挤出效应，也会使企业更多地依赖掠夺式使用人力资源而轻于合理开发人力资源、技术进步、改善管理、提升产品与服务质量而保持市场竞争力。因此关注劳动者个体的工作时间问题，对更好地认识和激励适度劳动、有效地治理过度劳动和劳动不足现象等具有较大的启发意义，这最终有利于在新时期更好地促进和推动劳动者个体实现更高质量的就业。

本章将关注新生代农民工的工作时间问题。新生代农民工通常是指 20 世纪 80 年代后出生的、登记为农村户籍而在城镇就业的人群。[①] 2013 年全国农民工监测调查报告显示,我国农民工总量达到 26 894 万人,其中,新生代农民工约为 12 528 万人。[②] 新生代农民工已成为农民工群体的就业主体、现代产业工人队伍的主力军、城市化工业化进程中的新生力量。相比其父辈,新生代农民工具有文化程度高、择业趋于多元化、城市融入快捷化、价值观念理性化、身份地位边缘化等特点。[③] 关注和重视新生代农民工的工作时间问题、揭示新生代农民工工作时间的特点、探究影响新生代农民工工作时间的具体因素,对更好地促进他们充分就业、体面就业、和谐就业以及社会融合等均有较强的现实意义和政策价值。

从现有文献看,国内学术界对工作时间研究还相对较少,只是在最近几年才有学者介入此问题的研究,而专门关注新生代农民工工作时间的研究则更为少见。譬如,曾湘泉等基于调查数据研究发现,我国企业工时正在向标准化和灵活化的双重趋势演进,工时的灵活安排在中国内地企业普遍存在,而企业工人对灵活工时模式更感兴趣。[④] 程连升考察了改革开放后中国劳动力市场特点和就业环境变化,认为劳动法治的失效、就业者工作时间的不断延长是导致 20 世纪 90 年代以后中国经济就业弹性持续下降的主要因素之一。[⑤] 基于 2000 年中国妇女社会地位调查福建省样本数据,石红梅的实证研究显示,1990—2000 年间,城镇和农村已婚女性工作时间总量明显上升,婚姻、妻子健康状况、夫妻教育水平差距、家庭财产支配能力、居住地等因素对已婚女性的工作时间影响显著。[⑥] 使用问卷和访谈数据,杨河清等研究了北京地区政府、企事业机构员工的过度劳动问题,发现当前北京地区过度劳动现象比较普遍,而加强劳动保障立法与执行、建立职业化的社会援助机构、倡导科学的工作价值观念则可以较好缓解过度劳动现象。[⑦] 另外,李珍珍等利用 2008 年江苏和浙江两省农民工调查数据分析了农民工的健康状况,结果显示,家庭负担系数越大、日工作时间越长的农民工健康状况

---

① 王春光:《新生代农村流动人口的社会认同与城乡融合的关系》,载《社会学研究》,2001 年第 3 期。

② 国家统计局:《2013 年全国农民工监测调查报告》。

③ 陈兰:《新生代农民工新特征》。

④ 曾湘泉、卢亮:《标准化和灵活性的双重挑战——转型中的我国企业工作时间研究》,载《中国人民大学学报》,2006 年第 1 期。

⑤ 程连升:《超时加班与就业困难——1991—2005 年中国经济就业弹性下降分析》,载《中国经济史研究》,2006 年第 4 期。

⑥ 石红梅:《已婚女性的时间配置研究》,厦门大学博士学位论文,2006。

⑦ 杨河清、韩飞雪、肖红梅:《北京地区员工过度劳动状况的调查研究》,载《人口与经济》,2009 年第 2 期。

越差。[1] 张世伟等采用劳动力参与模型和工作时间模型研究了城市中农村迁移家庭的供给行为，研究表明，受教育年限提高，男性工作时间明显增加，身体健康有助于男性和女性工作时间的增加，而随着年龄增长，个体则倾向于减少工作时间。[2] 沈红等使用 11 个省份 68 所大学 3612 名大学教师的调研数据研究发现，男教师比女教师工作时间长，高职称比低职称教师的工作时间长，"985"大学教师比一般大学教师的工作时间长。[3] 田艳芳使用中国健康与养老追踪关于浙江和甘肃两省的预调查数据，采用 Tobit 模型估计了居民健康状况对劳动工作时间的影响，她发现健康冲击会显著减少劳动者的工作时间。[4] 王晶等人的研究显示，两性群体之间在休闲时间总量上，不仅呈现群体之间的性别差异，而且同一性别群体内又呈现出代际差异（受教育程度差异和职业差异）。[5] 杨春江等人以河北省四市 310 名农民工为研究对象，重点考察了农民工收入和工作时间对城市融入的影响，结果表明，收入对城市融入的影响并不显著，但工作时间对城市融入具有显著的负向影响。[6] 王小洁等人使用 CHIP 2007 年外来务工人员的个体调查数据，将贸易开放引入工时方程，研究发现，总体上贸易开放显著降低了农民工工时，贸易开放对较高技能农民工工时的负向影响高于对低技能农民工的影响，意味着高劳动强度的低技能农民工反而受到了更少工时下降的影响。[7]

　　鉴于此，本章使用 2013 年的专项问卷调查数据，采用统计分析和计量分析相结合的方法，首先从性别、受教育程度、技能水平、职业、行业、所有制类型、劳动合同类型、是否为工会成员、单位规模等维度对新生代农民工的工作时间和加班状况进行描述性统计分析，然后构建了适合的计量回归模型，对影响新生代农民工工作时间和加班的因素进行了探究，在对回归结果分析的基础上，最后提出了相应的政策建议。

---

①　李珍珍、陈琳：《农民工健康状况影响因素分析》，载《南方人口》，2010 年第 4 期。

②　张世伟、贾鹏、周闯：《城市中农村迁移家庭的劳动供给行为分析》，载《中国人口·资源与环境》，2011 年第 8 期。

③　沈红、谷志远、刘茜：《大学教师工作时间影响因素的实证研究》，载《高等教育研究》，2011 年第 9 期。

④　田艳芳：《健康状况和健康冲击对工作时间的影响》，载《人口学刊》，2011 年第 2 期。

⑤　王晶、孙瞳：《男女两性休闲时间的差距——基于第三期中国妇女社会地位调查吉林省数据研究》，载《云南民族大学学报》，2013 年第 1 期。

⑥　杨春江、李雯、逯野：《农民工收入与工作时间对生活满意度的影响——城市融入与社会安全感的作用》，载《农业技术经济》，2014 年第 2 期。

⑦　王小洁、李磊、刘鹏程：《贸易开放对农民工工时的影响研究——来自 2007 年外来务工人员调查数据的经验分析》，载《财经研究》，2014 年第 5 期。

第二节 数据来源与数据描述

>>一、数据来源<<

本章所使用的数据来源于北京师范大学中国教育政策研究院"城市化进程中新生代农民工职业教育与社会融合问题研究"课题组于2013年1~7月所组织的"城市务工青年的工作与生活状况调查"数据。采用整体抽样与随机抽样相结合的方法，课题组先后在河南、北京、福建、广东等10余个城市展开问卷调查，回收有效问卷5 193份。与此同时，课题组成员还与各地市局委部门、用人单位、新生代农民工代表、职业学校、社会培训机构代表等进行了深度访谈，获得了关于新生代农民工工作与生活状况的一手数据。问卷数据显示，样本年龄均值为26岁，男性占比57.41%，已婚者占比41.53%，平均受教育年限为11.4年，职业主要以生产或加工工人（32.59%）、专业技术人员（14.57%）为主，40.67%的新生代农民就业于私营企业，19.92%的新生代农民工就业于个体企业，行业分布以制造业为主要代表（39.53%）；在劳动合同关系方面，45.13%的新生代农民工为长期合同工（一年及以上合同工），平均月工资为3 017.36元，其中，男性月工资均值为3 372.97元，女性为2 661.75元。

>>二、工时与加班状况的描述性统计分析<<

在月休息时间方面，数据显示，每月能够休息8天以上的新生代农民工比例仅为3.04%，能够休息8天的占比8.62%，休息4~8天、≤4天、没有休息的比例依次为18.74%、56.13%和13.48%。不难看出，当前近六成的新生代农民工每周工作时间在6天左右，而每周都没能及时休息者的比例也不容忽视。为更加细致地揭示出新生代农民工工时与加班特点，结合数据可得性，下文将从性别、受教育程度、技能水平、职业、行业、所有制类型、劳动合同类型、是否为工会成员、单位规模等维度对新生代农民工的工作时间状况进行描述性统计分析。需要补充的是，我们将日工作时间为8小时及以下的情况归类于工作适度，将日工作时间超过8小时的情况归类为过度劳动，即加班。

总体上看，问卷数据表明，新生代农民工日工作时间8小时及以下的比例为35.8%，工作时间为9~10小时、11~12小时、12小时以上分别占比43.13%、15.73%和5.34%。

分不同性别考察，男性新生代农民工日工作时间8小时及以下、9~10小时、

11～12 小时、12 小时以上的比例依次为 35.19％、43.59％、16.30％和 4.92％，女性新生代农民工对应占比为 36.41％、42.67％、15.16％和 5.76％，不难发现，新生代农民工工作时间的性别差异特点不明显。

分不同受教育程度讨论，数据显示：（1）随着新生代农民工受教育程度的提高，其日工作 8 小时及以下的比例逐渐提高。例如，学历为小学及以下的新生代农民工的日工作时间在 8 小时及以下的比例是 22.66％，而拥有本科及以上学历的新生代农民工，其对应比例则为 50.64％。（2）新生代农民工受教育程度越低，越有可能加班。比如学历为小学及以下的新生代农民工，其日工作时间为 11～12 小时、12 小时以上的比例分别为 22.84％和 9.18％，而本科及以上学历者的对应比例则为 7.42％和 3.58％，前者明显高于后者。（3）随着新生代农民工文化程度的提高，其日工作超过 8 小时以上的比例总体上呈下降趋势，详见表 6-1。

表 6-1　不同受教育程度者的日工作时间状况　　　　　　　　（单位：％）

	≤8 小时	9～10 小时	11～12 小时	>12 小时	合计
小学及以下	22.66	45.32	22.84	9.18	100
初中	24.67	45.20	24.36	5.77	100
高中	32.53	46.80	16.63	4.04	100
中职中专	38.49	40.68	16.33	4.50	100
大专/高职	46.40	42.30	6.80	4.50	100
本科及以上	50.64	38.36	7.42	3.58	100

对于拥有不同技能状况的新生代农民工而言，数据表明：（1）相比于无任何职业资格证书者，拥有职业资格证书级别越高的新生代农民工，其日工作时间 8 小时及以下的比例越高；（2）随着职业技能水平的提高，新生代农民工过度劳动的概率会随之降低。比如，相比于无职业资格证书者，拥有中级职业资格证书及以上的新生代农民工，其日工作时间为 9～10 小时的比例由 46.28％减至 40.65％，其日工作时间 11～12 小时的比例由 22.32％降至 10.62％。详见表 6-2。

表 6-2　不同技能水平者日工作时间状况　　　　　　　　　　（单位：％）

	≤8 小时	9～10 小时	11～12 小时	>12 小时	合计
无职业资格证书	24.79	46.28	22.32	6.61	100
拥有初级证书	37.44	42.82	14.03	5.71	100
拥有中级及以上	45.24	40.65	10.62	3.49	100

注：初级职业资格证书即国家职业资格五级；中级对应为国家职业资格四级。

职业为蓝领的新生代农民工，其日工作时间在 8 小时及以下、9～10 小时、11～12 小时、12 小时以上的比例分别为 25.77％、46.55％、20.97％和 6.71％，而职业为白领的新生代农民工对应比例依次为 45.83％、39.71％、10.49％和 3.97％，可见白领新生代农民工工作时间状况明显优于蓝领者。就业于私营企业的新生代农民工日工作时间在 8 小时及以下、9～10 小时、11～12 小时、12 小时以上的占比依次为 33.56％、46.4％、14.97％和 5.07％，受雇于个体企业的新生代农民工日工作时间对应占比为 39.7％、38.47％、17.14％和 4.69％。在垄断行业工作的新生代农民工日工作时间在 8 小时及以下、9～10 小时、11～12 小时、12 小时以上的比例分别为 29.82％、46.02％、21.05％和 3.11％，而处于非垄断行业的对应比例则为 41.78％、40.24％、10.41％和 7.57％。

在劳动合同关系与日工作时间方面，问卷数据显示，正式工日工作时间在 8 小时及以下的比例高于长期合同工（合同期为一年及以上），而长期合同工的对应比例则高于短期合同工（合同期为一年以下）和临时工；日工作时间为 9～10 小时、11～12 小时、12 小时以上的比例则呈现出相反的特征，即总体上看临时工高于短期合同工、长期合同工和正式工。换言之，较之正式工和长期合同工的新生代农民工，劳动关系为其他两种状态的新生代农民工更易被加班。详见表 6-3。

表 6-3　不同劳动合同关系者的日工作时间状况　　　　　（单位：％）

	≤8 小时	9～10 小时	11～12 小时	>12 小时	合计
正式工	43.10	38.08	15.02	3.80	100
长期合同工	39.73	38.63	16.19	5.45	100
短期合同工	31.01	47.09	15.93	5.97	100
临时工	29.22	48.64	16.00	6.14	100

在工会与日工作时间方面，属于工会成员的新生代农民工日工作时间在 8 小时及以下的比例明显高于非工会成员者，而日工作时间在 9～10 小时、11～12 小时、12 小时以上的比例则低于非工会成员者，说明工会身份有利于改善新生代农民工工作时间状况。比如问卷数据证实，对于工会成员者，日工作时间为 8 小时及以下、9～10 小时、11～12 小时、12 小时以上的比例分别为 44.18％、43.16％、9.49％和 3.17％，而非工会成员者对应占比为 27.42％、43.1％、21.97％和 7.51％。

在单位规模与日工作时间方面，问卷数据显示，随着单位规模增加，新生代农民工日工作时间为 8 小时及以下的比例呈现下降态势，工作时间为 9～10 小时的占比呈现类似倒 U 型变动趋势，工作时间为 11～12 小时的比例则呈现 U 型趋势，而工作时间为 12 小时以上的占比总体上则基本维持不变（详见表 6-4）。综合起来看，对新生代农民工而言，随着单位规模增大，其日工作小时逐渐增加，这似乎有悖常理，因为对于普通劳动者而言，通常情况下，工作单位规模越大，其工作时间应该越短才合乎预期。出现这一现象，可能与新生代农民工在工作单位中的职位分布有关。如果新生代农民工在较大规模的单位中仅从事较低层次的工作，如一般的生产工人，其日工作时间较长也就不难理解了。具体原因有待下文进一步分析。

表 6-4 不同单位规模的日工作时间状况　　　　　　　　　　（单位：%）

单位规模	≤8 小时	9～10 小时	11～12 小时	＞12 小时	合计
1 人	45.00	34.72	15.39	4.89	100
2～5 人	33.33	43.08	13.53	10.06	100
6～20 人	38.64	44.05	12.67	4.64	100
21～49 人	35.29	49.22	12.16	3.33	100
50～99 人	34.44	44.41	16.95	4.20	100
100～499 人	32.00	46.80	17.00	4.20	100
≥500 人	30.58	39.66	22.39	7.37	100

第三节　计量模型选择与变量赋值

上文主要使用了统计分析法描述了当前我国新生代农民工的工作时间状况，使我们对当前新生代农民工的工作时间特点有了总体性的了解和把握。为了更加深刻地探究新生代农民工工作时间特点，下文将构建适当的计量模型进一步展开分析。

>>一、计量模型选择<<

由于被解释变量 y 工作时间的取值具有序列等级特点，因此本文选用了有序 probit 计量模型开展研究。[①]模型如下：

假设潜变量 y^* 由下式决定：

$$y^* = x\beta + e, \quad e \mid x \sim \text{Normal}(0, 1) \tag{1}$$

进一步假设 $\alpha_1 < \alpha_2 < \cdots < \alpha_J$ 表示未知切割点（cut point），定义为：

$$
\begin{aligned}
y &= 0 \quad \text{如果 } y^* \leqslant \alpha_1 \\
y &= 1 \quad \text{如果 } \alpha_1 < y^* \leqslant \alpha_2 \\
&\quad\cdots \\
y &= J \quad \text{如果 } y^* > \alpha_J
\end{aligned}
\tag{2}
$$

---

① 当然，也可以使用有序 logit 模型研究此问题，这取决于研究者的偏好。

根据模型的设定，y 的每个取值的概率就可以用下式计算出：

$$P(y=0\,|\,x)=P(y^*\leqslant\alpha_1\,|\,x)=P(x\beta+e\leqslant\alpha_1\,|\,x)=\phi(\alpha_1-x\beta)$$

$$P(y=1\,|\,x)=P(\alpha_1<y^*\leqslant\alpha_2\,|\,x)=\phi(\alpha_2-x\beta)-\phi(\alpha_1-x\beta)$$

$$\cdots \tag{3}$$

$$P(y=J-1\,|\,x)=P(\alpha_{J-1}<y^*\leqslant\alpha_J\,|\,x)=\phi(\alpha_J-x\beta)-\phi(\alpha_{J-1}-x\beta)$$

$$P(y=J\,|\,x)=P(y^*>\alpha_J\,|\,x)=1-\phi(\alpha_J-x\beta)$$

上述模型可以通过最大似然法估计出来。最大似然估计的结果表示的是 x 对 $E(y^*\,|\,x)$ 的影响，基于本章的研究目的，我们更为关心 x 对 $P(y=j\,|\,x)$ 的影响，而这可以通过估计边际效应得到，边际效应则可以借助下式得到：

$$\frac{\partial p_0(x)}{\partial x_k}=-\beta_k\phi(\alpha_1-x\beta)$$

$$\frac{\partial p_J(x)}{\partial x_k}=\beta_k\phi(\alpha_J-x\beta) \tag{4}$$

$$\frac{\partial p_j(x)}{\partial x_k}=\beta_k[\phi(\alpha_{j-1}-x\beta)-\phi(\alpha_j-x\beta)],\ 0<j<J$$

其中，$\phi()$ 为标准正态的密度函数。

>>二、变量选取与赋值<<

解释变量包括新生代农民工人口学特征变量、人力资本特征变量、社会资本特征变量和工作特征变量。具体变量及其赋值情况见表 6-5。

表 6-5　变量选取及赋值说明

变量	变量标识	变量定义
worktime	工作时间	等于 1，如果日工作时间≤8 小时；等于 2，如果日工作时间为 9～10 小时；等于 3，如果日工作时间为 11～12 小时；等于 4，如果日工作时间为高于 12 小时
age	年龄	个体年龄
gender	性别	等于 1，为男性；否则为 0
child	孩子数	等于 1，如果个体无孩子；等于 2，如果个体有一个孩子；等于 3，如果个体有两个孩子；等于 4，如果个体有三个及以上孩子
edu	教育程度	等于 1，如果文化程度为小学及以下；等于 2，如果文化程度为初中；等于 3，如果文化程度为高中；等于 4，如果文化程度为中职中专；等于 5，如果文化程度为大专；等于 6，如果文化程度为本科及以上
certi.	技能证书	等于 1，如果个体没有证书；等于 2，如果个体有初级职业资格证书；等于 3，如果个体有中级及以上职业资格证书
exp	经验年限	个体工作经验年限

续表

变量	变量标识	变量定义
exp^2	经验平方	个体工作经验年限平方
bluec.	蓝领	等于 1，如果个体职业属于蓝领；否则为 0
ownship	所有制	等于 1，如果个体单位所有制类型为私有或个体企业；否则为 0
indus.	行业	等于 1，如果个体就业所属行业为垄断行业；否则为 0
contrac.	合同关系	等于 1，如果个体为正式工；等于 2，如果个体是长期合同工；等于 3，如果个体是短期合同工；等于 4，如果个体为临时工
sizes	单位规模	等于 1，如果单位规模为 1 人；等于 2，如果单位规模为 2～5 人；等于 3，如果单位规模为 6～20 人；等于 4，如果单位规模为 21～49 人；等于 5，如果单位规模为 50～99 人；等于 6，如果单位规模为 100～499 人；等于 7，如果单位规模为 500 人及上。
unionm.	工会会员	等于 1，如果个体是工会会员；否则为 0
childcare	照顾孩子	等于 1，如果个体自己照顾孩子；否则为 0
channel	求职途径	等于 1，如果个体借助政府行为找寻工作；否则为 0

第四节　实证结果与分析

新生代农民工工作时间状况的有序概率模型的回归结果见表 6-6。

表 6-6　工作时间状况的 Ordered Probit 回归结果

变量	系数	标准误差	边际效应
年龄	−0.009 7	0.006 1	−0.001 0
性别	−0.038 5	0.068 1	−0.003 7
孩子数	0.105 2*	0.059 9	0.010 3
受教育程度	−0.056 6**	0.027 2	−0.005 5
职业资格证书	−0.074 7	0.050 6	−0.007 3
经验年限	−0.000 1	0.008 1	−7.730 0
经验年限平方	0.000 1	0.000 1	2.720 0
蓝领	0.421 2***	0.072 2	0.043 8
私营或个体企业	0.076 1	0.070 0	0.007 7
垄断行业	0.198 0	0.145 4	0.012 1
劳动合同关系	0.144 2***	0.041 3	0.014 1
单位规模	0.051 2**	0.023 3	0.005 0
工会会员	−0.417 5***	0.086 2	−0.059 3
照顾孩子	−0.148 8**	0.070 5	−0.016 0
求职途径	−0.117 1*	0.071 8	−0.012 3
样本数	1 217		

续表

变量	系数	标准误差	边际效应
对数似然估计	−1 313.14		
LR chi2	164.92		
Pseudo R²	0.099 1		
预测概率			0.494 9

注：(1)*** 表示 p＜1％，** 表示 p＜5％，* 表示 p＜10％。

(2)表中边际效应反映的是 worktime＝2(即日工作时间为9～10小时)时的结果。当然也可以将边际效应设置为 worktime＝3或4的结果。之所以这样选择的原因在于，上文数据显示，有五成新生代农民工的日工作时间落入此区间，因此选择此区间分析更具有现实意义。

具体来看，计量回归结果显示，年龄越大，新生代农民工每日工作更长时间的倾向会降低，可能的原因在于，能否工作更长的时间，是需要一定的身体素质做支撑的，年龄更大者可能会因身体素质或家庭因素(如照顾家庭)主动放弃日工作时间较长的工作；另外，这一定程度上也反映出，较之父辈，新生代农民工的吃苦精神有限，但系数不显著。

在性别方面，相比于男性，女性新生代农民工日工作的时间更长，可能的解释是，由于受人力资本水平、用人单位偏好等因素影响，使女性去了就业环境不好的岗位或部门，而这些岗位或部门往往日工作时间较长。但如同年龄变量那样，其系数也不显著。

在孩子数量方面，拥有子女数量越多的新生代农民工，其日工作时间越长，边际效应表明，每多增加一个子女，新生代农民工选择每日工作9～10小时的概率会增加0.010，可能的解释在于，家庭子女越多，家庭开支也就越多，为更好地满足家庭生计需求，他们需要不断地工作而增加家庭收入。

在教育程度方面，新生代农民工受教育程度越高，其每日工作时间相对会越短，原因在于，教育是人力资本形成的主要途径，新生代农民工受教育程度越高，其生产能力和配置能力越强，这有利于其在主要劳动力市场上就业或"向上"工作流动，而通常情况下，主要劳动力市场中的工作具有工作环境好、薪酬待遇高、劳动关系规范、晋升空间大等特点，这保证了新生代农民工能够更大可能地享受每天8小时工作制；另外，较高的受教育水平也提高了新生代农民工的维权意识和议价能力，使他们能够更好地保护自身权益。边际效应显示，新生代农民工受教育程度每提高一个层次，其日工作时间9～10小时的概率就会降低0.006。

在职业方面，职业为蓝领的新生代农民工日工作时间更长，边际效应证实，其日工作时间9～10小时的概率将会提高0.044。相比于正式工，无合同临时工的日工作时间更长，其日工作时间9～10小时的概率会提高0.014。出现这种现象的原因在于，劳动合同关系为正式工、长期合同工的新生代农民工，其劳动关系也会相对更为规范稳定，工作时间会更为合理，而无合同临时工属于非正规就业，其工作环境、劳动关系和工作时间则不具有这样的特点。

在单位规模与日工作时间方面，单位规模变量系数为正且显著，表明新生代农民工所在的工作单位规模越大，其日工作时间也会越长。与前文统计分析结果一致。进一步分析后发现，在那些规模较大的企业中工作的新生代农民工，四成以上为生产或加工工人，即在其某一生产线某个生产环节承担常务性工作，在日益激烈的竞争中，为保持盈利，这类企业往往会采用延长员工工作时间、提高产量的方式追求更多的剩余价值，因此工作在其中的新生代农民工的日工作时间通常都会超过 8 小时。而选择自我雇佣者，则可以灵活安排上班时间，工作自由度较高。[①] 边际效应显示，随着单位规模逐渐增大，新生代农民工日工作 9～10 小时的概率会提高 0.005。

在工会身份与工作时间方面，回归结果显示，属于工会会员的新生代农民工的日工作时间相对较低；边际效应进一步表明，是工会会员的新生代农民工，其日工作时间 9～10 小时的概率会降低 0.059。工会是维护工人利益的集体工具，这说明入会后，工会可以切实保障好新生代农民工的基本权益和福利状况，这与姚洋等、石丹淅等、李明等的研究结论一致。[②]

在子女照看与工作时间方面，相比于那些由家里老人或亲戚照顾孩子的新生代农民工，需要亲自照顾孩子的新生代农民工的日工作时间会相对较短，这可能是劳动者个体处于家庭与工作理性决策后的结果。这与 Fagan & Burchell、Anxo、Anxo & Boulin、Lee & McCann、於嘉等人的研究结论一致，他们认为由于受家庭责任和义务的影响，使那些拥有子女（≤6 岁）的劳动者更倾向于降低劳动参与和工作时间，对于女性劳动者个体，这一特点更为显著。[③] 本研究的边际效应具体显示，需要亲自照顾子女的新生代农民工，其日工作时间 9～10 小时的概率会降低 0.016。

---

① 石丹淅、赖德胜：《自我雇佣问题研究进展》，载《经济学动态》，2013 年第 10 期。

② 姚洋、钟宁桦：《工会是否提高了工人的福利——来自 12 个城市的证据》，载《世界经济文汇》，2008 年第 5 期。石丹淅、赖德胜、李宏兵：《新生代农民工就业质量及其影响因素研究》，载《经济经纬》，2014 年第 3 期。李明、徐建炜：《谁能从中国工会会员身份中获益》，载《经济研究》，2014 年第 5 期。

③ Fagan C., Burchell, B. J. Gender, *Jobs and Working Conditions in the European Union* (Dublin, European Foundation for the Improvement of Living and Working Conditions), 2002；Anxo D., Working Time Patterns Among Industrialized Countries：A Household Perspective, in Messenger, J. C. (ed.) *Working Time and Workers' Preferences in Industrialized Countries：Finding the Balance*, London：Routledge, 2004；Anxo D., Boulin, J. Y., *Working Time Options over the Life Course：Changing Social Security Structures* (European Foundation for the Improvement of Living and Working Conditions, Luxembourg, Office for Official Publications of the European Communities, 2005)；Lee S., McCann D., Messenger J. C., *Working Time Around the World*, London：Taylor & Francis Group, 2007, pp.66-68；於嘉：《性别观念、现代化与女性的家务劳动时间》，载《社会》，2014 年第 2 期。

求职途径一定程度上影响着劳动者的就业状况优劣与就业公平。因为选择不同的求职途径，会不同程度地降低劳动者的工作搜寻成本，与此同时，会使劳动者面临不同的就业风险，因为不同求职途径传递的就业信息质量是有差别的。回归结果显示，借助政府行为获得工作的新生代农民工，其日工作时间相对越短，边际效应表明，通过政府行为获得工作的新生代农民工，其日工作时间为 9～10 小时的概率会降低 0.012。

此外，回归结果表明，技能状况、工作经验变量与新生代农民工工作时间呈负向关系，意味着职业技能状况、工作经验多寡有助于改善新生代农民工工作时间状况，但系数不显著。与此同时，回归结果还显示，私营企业或个体企业、垄断行业变量与新生代农民工工作时间呈正向关系，表明当前就业于私营企业或个体企业、垄断行业的新生代农民工，其日工作时间也往往会更长，前者不难理解，对于处于垄断行业就业的新生代农民工，他们日工作时间较长，这可能与处在垄断行业的新生代农民工的具体职业层次（岗位类型）有关。但两个变量系数都未通过相应的显著水平检验。总的来看，模型整体的预测概率为 49.5%，说明模型选取的变量能够较好地反映现实。

需要说明的是，为更好地实证检验影响新生代农民工加班状况的影响因素，我们还专门对新生代农民工的加班状况进行了有序概率模型回归，[①] 计量结果与表 6-6 没有太大的差异，这表明当前影响新生代农民工工作时间的这些变量基本上也是影响其加班状况的主要因素。

第五节　结论与政策建议

描述性统计分析的结果表明，除性别之外，不同性别、受教育程度、技能水平、职业、行业、所有制类型、劳动合同类型、是否为工会成员、单位规模的新生代农民工的工作时间差别较大。从总体上看，当前我国新生代农民工的日工作时间偏长，约 60% 的新生代农民工每天工作时间超过 8 小时，近五成的新生代农民工日工作 9～10 小时，1/5 的新生代农民工日工作时间在 11 小时以上。Ordered Probit 模型的计量结果显示，年龄、子女数量、受教育程度、是否为蓝领、劳动合同关系、工作单位规模、是否为工会会员、是否亲自照看孩子、求职途径等因素显著影响着新生代农民工的工作时间。其中，年龄、受教育程度、工会、是否亲自照看孩子、求职途径等变量显著降低了新生代农民工每天工作更长时间的概率，而蓝领、无合同临时工等变量则显著提高了新生代农民工每天工作更长时间的概率。为使更多的新生代农民工每天能有适度的工作时间，提高他们的就

---

① 此时的模型中仅考虑到日工作时间为 9～10 小时、11～12 小时和＞12 小时三种情况，而不再将日工作时间为≤8 小时纳入模型中。

业质量和生活质量，基于本文的研究结论，我们提出如下三点政策建议：

第一，进一步帮助新生代农民工提高人力资本水平，提升其就业能力，使他们能够体面就业。人力资本形成的途径有多种，基于新生代农民工群体的特性，应大力推进职业教育和职业技能培训。职业教育和职业技能培训具有"增能"和"赋能"效应，它们通过提高新生代农民工人力资本水平而改善他们的工作时间状况。职业教育是"社会走向博雅的杠杆"，[①] 调适教育财政制度，增加对职业教育的财政扶持，争取使更多的新生代农民工拥有职教机会，与此同时，不同层级的职业教育自身也需不断变革，加强课程设计与教育定位，明确其人才培养目标，竭力减少职业教育"普教化"，使职教人才与普教人才之间形成互补态势而非替代关系。这也可以增加职业教育对新生代农民工的吸引力。在职业培训方面，则需积极完善现行职业技能培训体系。比如，可适当延长培训周期，增加技能型培训内容，提高实操课时比重，建构适合新生代农民工群体特征的考核机制，简化对培训机构的行政审批和报销手续，加大职业技能培训投入，体现为提高对培训机构的师资及设备补贴力度，增加对学员培训期间的各种补贴，加大对"三园共建"工程的资助，使培训园能长期驻足工业园、创业园，平衡好职业技能培训的供给与需求。[②]

第二，稳步推进新生代农民工"建会""入会"工作。本章的研究结论显示，工会身份可以明显改善新生代农民工的工作时间状况。因此，新时期，在构建和谐劳动关系方面，政府需更加重视工会作用，积极推进新生代农民工所在地区、行业、企业的"建会"和"入会"工作。具有来看，一方面，需要继续推进"两个普遍"，进一步提高工会建会率；另一方面，要尽可能减少工会组织与企业的依附程度，使工会更好地反映工人群体诉求，代表工人与雇主进行谈判、协商。此外，还需要进一步推进工资集体协商制度，使新生代农民工的劳动收入保持在一个合理的具竞争力的水平内。加强执法力度，督促企业实执行"三法一条例"，规范新生代农民工的劳动合同关系。

第三，完善新生代农民工就业创业服务和管理。具体而言，政府应在培育人力资源市场、加强对职业中介机构的监管、建立失业预警制度、建立新生代农民工劳动力调查和就业(失业)登记制度等方面发挥作用，并激励社会组织介入其中，使更多的新生代农民工能够且愿意借助政府和市场行为搜寻工作，而非过度依赖自身的社会网络找寻工作，因为不同求职途径所带来的工作信息质量是有差别的，而依赖政府和市场途径获得工作的新生代农民工，其工作时间往往更加适度。

---

① 周明星、汪开英：《现代职业教育之理念探微》，载《河北师范大学学报(教育科学版)》，2003 年第 4 期。

② 赖德胜、石丹淅：《完善培训体系，促进新生代农民工和谐就业》，载《人民政协报》，2013 年 10 月 16 日。

第七章
建筑和房地产业管理者加班情况调查

本章主要以北京、上海地区的建筑和房地产业的中、高级管理者为调查研究对象，应用调查法、观察法等研究方法，在数据分析的基础上，研究和探讨北京、上海地区的建筑和房地产业管理者的加班现状。通过对加班时间等相关问题基本数据的描述统计分析，进一步讨论了这两个地区的建筑和房地产业中、高级管理者的工作强度和工作状态、是否存在过度劳动的现象、对加班的态度和看法、对当前企业加班管理制度合理性的看法，以及自我维权意识和维权能力等问题。此外，还初步分析了加班状况对和谐劳动关系的影响，以及工会在缩短加班时间或提高加班工资的商议中所起的作用，并在此基础上对北京、上海地区的建筑和房地产业的中、高级管理者的工作强度进行了比较分析，并进一步提出相应的对策建议。

第一节　引　言

自 1999 年中国住房制度改革之后，房地产开发投资速度加快，投资规模加大，房价不断提高，2008 年虽有所回落，但之后又再度攀升，房地产相关产业[①]的投资和消费不仅促进了我国的经济增长，为我国的经济发展做出了贡献，在我国经济高速发展的进程中，经济增长同时也促进了建筑业与房地产业的发展。

表 7-1 数据显示，我国 2009 全年国内生产总值 340 903 亿元，比上年增长 9.2%。分产业看，其中，第二产业增加值 156 958 亿元，增长 9.5%；第三产业增加值 142 918 亿元，增长 8.9%；第二产业增加值比重为 46.8%，下降 0.7 个

---

　　① 房地产相关产业：从产业结构角度看，房地产相关产业包括建筑业和房地产业。前者是房地产生产部门，后者是房地产服务部门。根据国际标准产业分类(ISIC/Ver.4.2008)，建筑业属第二产业，房地产业属第三产业。中国标准产业分类也是如此(GB 2002)。况伟大：《房地产与中国宏观经济》，北京：中国经济出版社，2010，第 18～19 页。

百分点；第三产业增加值比重为 42.6％，上升 0.8 个百分点。我国 2010 全年国内生产总值 401 513 亿元，比上年增长 10.4％。其中，第二产业增加值 186 481 亿元，增长 12.2％；第三产业增加值 171 005 亿元，增长 9.5％；第二产业增加值比重为 46.8％，第三产业增加值比重为 43.0％。我国 2011 全年国内生产总值 473 103 亿元，比上年增长 9.3％。其中，第二产业增加值 220 592 亿元，增长 10.6％；第三产业增加值 203 260 亿元，增长 8.9％。第二产业增加值比重为 46.8％，第三产业增加值比重为 43.1％。我国 2012 全年国内生产总值 519 470 亿元，比上年增长 7.7％。第二产业增加值 235 319 亿元，增长 8.1％；第三产业增加值 231 626 亿元，增长 8.1％；第二产业增加值比重为 45.3％，第三产业增加值比重为 44.6％。我国 2013 全年国内生产总值 568 845 亿元，比上年增长 7.7％。其中，第二产业增加值 249 684 亿元，增长 7.8％；第三产业增加值 262 204 亿元，增长 8.3％；第二产业增加值比重为 43.9％，第三产业增加值比重为 46.1％。

第二、三产业增加值占 GDP 的比重，表明了第二、三产业对我国 GDP 增长所做出的贡献。表 7-1 数据说明，第二产业近几年虽然一直处于增长中，但是占 GDP 的比重有所下降，相反第三产业占 GDP 的比重却有所增加，并于 2013 年第三产业增加值占 GDP 的比重首次超过了第二产业。建筑业属于第二产业，房地产业属于第三产业，两者都处于增长中，对国民经济的增长起促进作用。

表 7-1　国内生产总值及其增长速度与第二、三产业增加值占 GDP 的比重

年份	全年国内生产总值(亿元)	GDP 增长率(％)	第二产业增加值占 GDP 比重(％)	第三产业增加值占 GDP 比重(％)
2009	340 903	9.2	46.8	42.6
2010	401 513	10.4	46.8	43.0
2011	473 104	9.3	46.8	43.1
2012	519 470	7.7	45.3	44.6
2013	568 845	7.7	43.9	46.1

注：第一产业包括农、林、牧、渔业，第二产业包括工业和建筑业；第三产业包括服务业和房地产业等。因本报告的研究对象为建筑业和房地产业，所以不对第一产业的情况加以探讨。

数据来源：国家统计局：《2009—2013 年中华人民共和国国民经济和社会发展统计公报》。

表 7-2 数据显示，我国 2009 全年全社会建筑业增加值 22 399 亿元，比上年增长 18.6％；我国 2010 全年全社会建筑业增加值 26 661 亿元，比上年增长 13.5％；我国 2011 全年全社会建筑业增加值 31 943 亿元，比上年增长 9.7％；我国 2012 全年全社会建筑业增加值 35 459 亿元，比上年增长 9.3％；我国 2013 全年全社会建筑业增加值 38 995 亿元，比上年增长 9.5％。以上数据显示建筑业的产业规模继续扩大，并将继续发挥在国民经济中的支柱产业作用。

表7-2 国内建筑业增加值及其增长速度

年份	全年全社会建筑业增加值（亿元）	比上年增长率（%）
2009	22 399	18.6
2010	26 661	13.5
2011	31 943	9.7
2012	35 459	9.3
2013	38 995	9.5

值得强调的是国家统计局在《国民经济和社会发展统计公报》的固定资产投资部分，除分别统计了第一产业、第二产业和第三产业的投资总额及增长比例的变化之外，唯一特别统计了房地产的开发投资总额和增长率的变化。如表7-3所示，我国2009全年房地产开发投资36 232亿元，比上年增长16.1%；我国2010全年房地产开发投资48 267亿元，比上年增长33.2%；我国2011全年房地产开发投资61 740亿元，比上年增长27.9%；我国2012全年房地产开发投资71 804亿元，比上年增长16.3%；我国2013全年房地产开发投资86 013亿元，比上年增长19.8%。

表7-3 房地产开发投资总额及其增长速度

年份	全年房地产开发投资总额（亿元）	比上年增长率（%）
2009	36 232	16.1
2010	48 267	33.2
2011	61 740	27.9
2012	71 804	16.3
2013	86 013	19.8

建筑、房地产业的持续健康发展不仅需要高水平的专业技术人才还需要一大批专业的经营管理人才，尤其是中、高级管理者，他们既是企业核心竞争力的源泉，也是企业发展的主要动力，因为他们将决定着企业的发展方向、是企业战略决策的制定者、参与者和执行者，都是稀缺的专业复合型人才，资源的稀缺性决定了他们的重要性，但同时企业也需要他们比普通白领阶层付出更多的劳动、更多的机会成本，还有更多的工作时间，也就意味着他们可能面临着不得不加班的情况，尤其是隐形加班时间应该要比普通白领阶层更多。其中的一部分中、高级管理者，如项目经理和高级项目经理长期从事超负荷、超强度的工作，工作压力较大，严重危害了身心健康，导致建筑、房地产企业的中、高级管理者流失率也较高，如果不加以关注，将成为影响构建和谐劳动关系的不利因素。

清华大学社会学教授李强指出："中产阶级是指生活水平、财产地位处于中等层次的社会群体"，可能成为社会发展中的"稳定器"、社会矛盾的"缓冲层"、社会行为的"指示器"。而建筑、房地产业的中、高级管理者很显然是中产阶级的主要成员，是白领群体中的中、上阶层。在西方经济学文献中，劳动力市场一般按四种方式进行划分，即主要和次要市场的划分、主要内部市场的划分、种族引起的划分和性别引起的划分等。① 毋庸置疑，建筑、房地产业的中、高级管理者也都应归属于主要劳动力市场，因此，对建筑、房地产企业的中、高级管理者的加班情况进行调查研究，富有一定的社会意义和现实意义。

第二节　概念界定

>>一、建筑、房地产业<<

（一）"建筑业"的概念界定、基本特征以及发展现状———

世界上产业分类的通用标准是联合国统计署编制的《全部经济活动的国际标准产业分类》(1989 年修订的第三版)（*International Standard Industrial Classification of all Economic Activities*，*ISIC/Rev. 3*），在英国、美国、日本、德国等发达国家基本与联合国规定相一致。我国现行的产业分类《国民经济行业分类(GB/T 4754/2002)》也是在参考联合国产品分类标准的基础上制定的。"建筑业"在国民经济体系、《全部经济活动的国际标准产业分类》和《中心产品分类》等体系和标准中，分为"狭义建筑业"和"广义建筑业"两类。狭义的建筑业指建筑产品的生产（即施工）活动；广义的建筑业涵盖了建筑产品的生产以及建筑生产有关的所有服务内容，包括规划、勘察、设计、建筑材料与成品及半成品的生产、施工及安装，建成环境的运营、维护及管理，以及相关的咨询和中介服务等，这反映了建筑业真实的经济活动空间。② 本章采用狭义的建筑业定义。

我国 1998 年 3 月 1 日起施行的《建筑法》从管辖范围角度，将建筑业的活动分为四个大类：(1)各类房屋建筑及附属建造和与其配套的线路、管道、设备的安装活动。(2)抢险救灾及其临时性房屋建筑和农民自建低层住宅的建筑活动。(3)军用房屋建筑工程的建筑活动。(4)其他专业建筑工程的建筑活动（铁路、水利水电工程、公路、港口、码头、机场等)。本报告中的调查研究对象不涉及(2)(3)两项的活动范围。

---

① 赖德胜：《论劳动力市场的制度性分割》，载《经济科学》，1996 年第 6 期。
② 国务院第二次全国经济普查领导小组办公室、中国建筑业协会：《中国建筑业发展研究报告》，北京：中国统计出版社，2012，第 1 页。

建筑业的基本特征：建筑业是国民经济是否有生机活力的重要标志，与国家的经济发展密切相关，是国民经济的支柱产业。建筑业本身还是一个庞大的产业系统，与国民经济中众多行业具有高度的关联性，为其他生产部门提供重要的物质技术基础，是各行业赖以发展的基础性先导行业，会消耗大量的各类物质材料，能够带动众多相关产业的发展。建筑业行业本身还具有资金密集型和劳动密集型的产业特征。建筑业成为提供就业、吸纳农村富余劳动力的主要渠道，成为农民增加收入的主要来源。

前文中表7-2的数据显示，2009年和2010年建筑业增长迅速，但自2011年至2013年，虽然建筑业仍在发展，但增长趋缓，增速已不及10%。建筑业技术进步的步伐也比较缓慢，在大数据时代的背景下，建筑业未来投资在经济增长中的作用也将逐步弱化。此外，建筑成本和人工成本的急剧上涨，严重削弱了建筑企业的利润空间，企业融资难、融资贵、市场份额不断缩小，国内市场竞争激烈，国际竞争明显加剧，以及高级管理人才的匮乏等因素，都将对长期依靠扩大固定投资规模运行的建筑业产生不利影响，建筑业增速下行的趋势可能会持续。

（二）"房地产业"的概念界定、基本特征及其发展现状

目前，在理论上不同研究领域的学者对"房地产业"的概念界定仍未达成统一共识，在现实中也存在对房地产业认识模糊的问题。但是按照房地产业的活动范围来界定房地产业，通常可分为两种，一种是狭义的房地产业，是指以房地产为对象的开发经营、管理与服务等一系列经济活动的总称。房地产业应属于第三产业，具体而言是指从事房地产开发、经营、销售、租赁等活动而取得经济效益的行业。目前我国国家统计局的统计口径与国外对房地产业的界定基本是一致的，都是狭义的房地产业。另一种是广义的房地产业，即在狭义房地产业的基础上把房地产开发投资包括在内。[①] 本报告采用狭义的房地产业的定义。

房地产业也是其他行业的先导和基础性产业，产业链比较长，与众多产业部门密切相关。房地产业是我国经济增长中投资和消费两驾马车的"重要支撑点"，对国民经济具有重要作用，是我国国民经济的支柱性产业，对相关产业的发展起促进作用。我国的房地产业对引导消费、调整消费结构、促进经济发展有重要作用。从房地产的投资过程来看，房地产业属于高投资和高风险并存的产业，其建设周期长，是一个大量资金运作的过程。房地产业除产生一定的经济效益之外，还能产生明显的社会效益，产生一定的外部性，其中正向的外部性（外部经济）如

---

① 刘水杏、张凌云、贾卓、常琳琳：《北京市房地产业的社会经济效应》，北京：北京建筑工业出版社，2011，第1~2页。

促进就业、满足人们的居住需求，改善居住条件以及美化自然环境等。负的外部性（外部不经济），如因监管不力而产生的环境污染，增加了 PM 2.5 的值，影响居民身体健康等。

房地产业最突出的特征是与土地相连，以土地为依托，是一个区域差异巨大、级差收益明显，地区性特别强的行业。由于房地产的空间固定性，房地产业的发展比其他行业更受制于区域经济发展水平。一般而言，地区经济发展水平高、发展速度快，房地产业的发展相应比较快，而地区经济发展水平低、发展速度慢，相应房地产业也发展较慢。因此，本报告选取了北京和上海两个我国经济发展较快的地区，作为调查研究的对象，具有一定的代表性。

前文中表 7-3 的数据显示，房地产开发投资继续增长，2010 年和 2011 年增长迅速，近两年投资增长趋缓，不足 20%，房地产投资将逐步回归理性，因房地产的宏观调控政策的影响，以及第三产业中信息传输、计算机服务和软件业、商务服务业等几大行业进入了快速发展时期，占领了第三产业的大部分空间，房地产业的发展增速放缓的趋势也可能会持续，与建筑业相一致。

>>二、"建筑、房地产业管理者"的概念界定<<

"建筑、房地产业管理者"的概念界定范围，在本章中仅限于中、高级管理者。

着眼于社会主义市场经济体制改革和构建现代企业制度的需要，建筑、房地产业的中、高级管理者不仅需要具有良好的政治素质、广博的专业知识，而且应该具有较强的经营管理才能，在复杂的市场竞争中能进行战略思考、科学决策、统筹协调、勇于创新，同时应具有较强的驾驭市场经济的能力。

目前建筑和房地产业的高级管理者主要包括总经理、副总经理、成本控制总监、市场总监、销售总监、总工程师、总经济师、技术总监、客户总监、人力资源总监、项目管理咨询师、高级建筑师、高级项目经理等。中级管理者主要包括各部门经理和项目经理等。

本章主要调查对象为北京、上海地区的建筑、房地产业的中、高级管理者，研究和探讨的主要问题是北京和上海地区建筑、房地产业的中、高级管理者的加班状况，以及加班时间对和谐劳动关系的影响。

>>三、"加班"与"加班时间"的概念界定<<

我国的法律、法规对"加班"使用了不同的名称和称谓，如《劳动法》第四章和第十二章都使用了"延长工作时间"的称谓，《对劳动部关于印发〈工资支付暂行规定有关问题的补充规定〉的通知》（劳部发〔1995〕266号）使用"加班加点"的名称，而《劳动法》则使用"加班"的名称，本章采用《劳动法》中"加班"的称谓。"加班"简而言之，就是指"增加"的"上班"，即工作时间以外仍继续工作的状况。"工作时间"是指劳动者为履行劳动义务，在法定限度内应当从事劳动和工作的时间。我国《劳动法》第36条规定："国家实行劳动者每日工作时间不超过八小时、平均每周工作时间不超过四十四小时的工时制度。"1995年3月颁布的《国务院关于修改〈国务院关于职工工作时间的规定〉的决定》，将标准工时规定为"职工每日工作8小时，每周工作40小时"。

"加班时间"是指在国家规定的标准工作时间以外延长或者增加的工作时间，包括在休息日的"上班时间"（俗称加班）和在标准工作时间以外提前上班的时间和延后下班的时间（俗称加点）。因此，加班时间又称"加班加点"或者"延长工作时间"。

美国法律中除规定每周标准工作时间为40小时外，对加班时间（相当于我国劳动法中的延长工作时间）的上限没有硬性规定。但对哪些活动属于"工作"，应算入工作时间，则有比较详细的规定。首先，并非只有雇主要求的工作才是上班，雇主允许的工作也是工作时间。譬如，职工在一天结束时为了完成未完成的工作或纠正一件错误，都属于工作，必须支付工资；因工作需要必须等待的时间也是工作时间；工作期间短时间的休息也必须算是工作时间；值班不超过24小时的职工即使在值班期间可以睡觉或做私事，也必须按工作时间对待；但我国对于哪些时间应该被纳入工作时间的范畴，《劳动法》并未给出明确规定，为此产生了大量的相关劳动争议案件。

第三节　建筑和房地产业管理者加班状况的现状分析

本次调研采用问卷调查、访谈和观察等方法，共随机发放了290份问卷，回收率为92.5％，有效问卷为268。其中北京地区国有建筑、房地产企业随机发放130份问卷，回收率为94.5％，有效问卷为123份；北京地区非国有建筑、房地产企业随机发放30份问卷，回收率为73％，有效问卷为22份；上海地区国有建筑、房地产企业随机发放100份问卷，回收率为94％，有效问卷为94份；上海地区非国有建筑、房地产企业随机发放30份问卷，回收率为97％，有效问卷为29份。调查问卷发放和回收的具体情况见表7-4。

表 7-4　调查问卷发放回收情况

单位类型	问卷发放（份）	问卷回收（份）	问卷流失（份）	回收率（%）
北京国有建筑、房地产企业	130	123	7	94.5
北京非国有建筑、房地产企业	30	22	8	73
上海国有建筑、房地产企业	100	94	6	94
上海非国有建筑、房地产企业	30	29	1	97
合计	290	268	22	92.5

>>一、调查对象基本情况的描述统计<<

（一）调查对象的性别、婚姻和党员分布情况

268 份有效问卷中，除 4 份问卷此项为空白外，男性 147 人，女性 117 人。男性、女性有效百分比分别为 54.9% 和 43.7%。被调查者中，除 3 份问卷此项未填写外，已婚 198 人，未婚 67 人，已婚、未婚有效百分比分别为 73.9% 和 25.0%。是否是党员的分布情况，统计数据显示，268 份有效问卷中，除 4 份为空白外，党员共计 148 人，非党员共计 116 人，党员、非党员有效百分比分别为 55.2% 和 43.3%。具体分布情况如表 7-5 所示。

表 7-5　调查对象性别、婚姻、党员分布情况

性别	有效百分比（%）	婚姻	有效百分比（%）	是否是党员	有效百分比（%）
男性	54.9	已婚	73.9	党员	55.2
女性	43.7	未婚	25.0	非党员	43.3

（二）调查对象的文化程度、年龄和户口分布情况

回收的 268 份有效问卷中，除了 2 份问卷未填写此项外，研究生、本科、大专、中专、高中（职高、中技）的有效百分比分别为 18.7%，56.9%，16.8%，3.8%，3.8%。具体分布情况如图 7-1 所示。

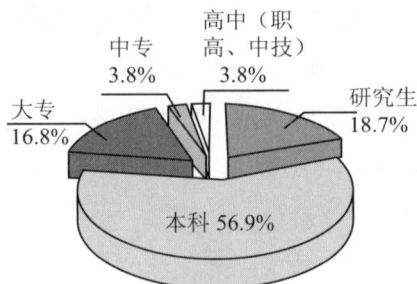

图 7-1　调查对象的学历分布情况

有效的 268 份问卷中,除了 10 份为空白问卷外,年龄 25 岁以下、26～30岁、31～40 岁、41～50 岁、50 岁以上年龄段的有效百分比分别为 9.3%,22.7%,35.4%,23.2%,5.7%。具体分布情况如图 7-2 所示。

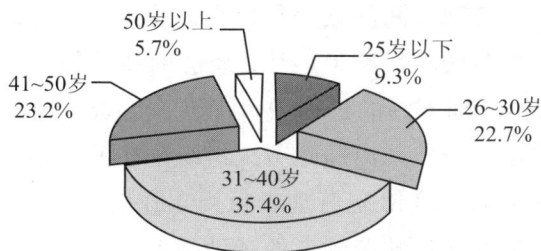

图 7-2　调查对象的年龄分布情况

有效的 268 份问卷中,除了 4 份未填写此项外,本市(县)非农业户口、本市(县)农业户口、外地非农业户口、外地农业户口的有效百分比分别为 71.1%,3.7%,17.9%,6.7%。具体分布情况如图 7-3 所示。

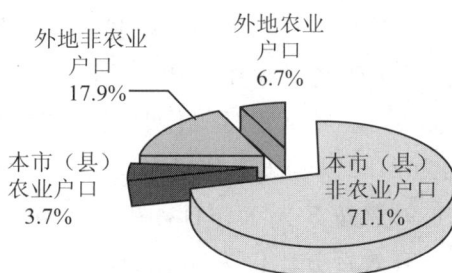

图 7-3　调查对象的户口分布情况

(三)调查对象的职业性质分布情况

回收的 268 份有效问卷中,除了 6 份问卷未填写此项外,从事生产/销售/公关/市场/业务等管理工作的 76 人,从事财务/行政/人事等工作的 102 人,从事技术研发/设计管理工作的 22 人,从事项目管理/事业部管理工作的 15 人,从事公司总体战略和运营管理工作的 17 人,有效百分比分别为 29.4%,39.3%,8.2%,15.6%,7.5%。具体分布情况如图 7-4 所示。

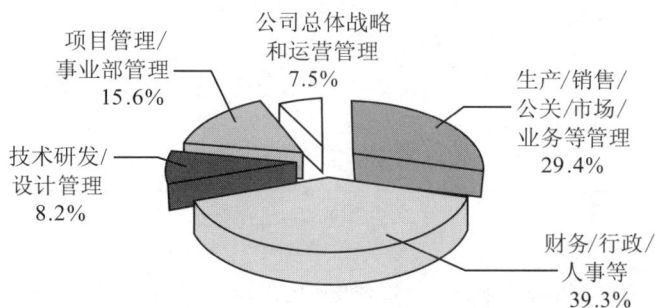

图 7-4　调查对象的职业性质分布情况

>>二、调查对象加班状况的基本数据分析<<

学者们普遍认为，劳动时间的减少是社会进步的一种体现，第二次世界大战以后，西方国家的工作时间几乎减半，因为经济的增长使得他们的工资也在不断上升，在争取工人劳动时间下降的过程中，工会、劳资双方的谈判、立法的完善扮演着重要的角色。尽管如此，由国际劳工组织公布的一项调查显示，全世界仍有大约 22% 的劳动力，即 6.142 亿劳动者每周工作时间"过长"，超过 48 小时。[①]可见，周工作时数能很好地反映劳动者的劳动强度，但是除周工作时数外，日劳动小时数、月工作天数以及全年工作月数也是重要的测量指标。

(一)调查对象的工作时间和具体加班时间分析

(1)调查对象的工作时间分析。本章采用日劳动小时数为主要测量指标，分析调查对象的加班状况。针对北京和上海地区的建筑、房地产业的中、高级管理者的调查结果如表 7-6 所示：调查对象中 2013 年全年平均每天工作 8 小时的共 183 人，有效百分比为 68.3%，属于正常工作时间范畴，每天工作 8.5～15 小时的共 60 人，有效百分比为 21.2%，属于加班时间范畴，其中每天工作 10 小时的人数为 32 人，占比为 11.9%（按 5 天工作日，折合为 50 小时/周），而每天工作 7～7.5 小时之间的 8 人，有效百分比仅为 3%。可见，平均每天延长工作时间的人数远远高于工作时间不足的人数，加班或延长工作时间（平均每天工作时间超过 8 小时）的建筑、房地产业的中、高级管理人员达到 20% 以上。

表 7-6 2013 年全年平均每天工作时间统计

平均每天工作时间（小时）	人数	百分比（%）
7	4	1.5
7.25	1	0.4
7.5	3	1.1
8	183	68.3
8.5	3	1.1
9	14	5.2
9.5	1	0.4
10	32	11.9
11	3	1.1

① 袁殷：《我国劳动者劳动时间变化趋势及原因初探》，载《南方人口》，2009 年第 3 期。

续表

平均每天工作时间(小时)	人数	百分比(%)
12	6	2.2
15	1	0.4
21	2	0.7

(2)调查对象的加班时间分析。我们采用工作日(周一到周五)平均每次加班时数为主要测量指标，分析调查对象的加班状况。回收的 268 份有效问卷中，除了 37 份问卷未填写此项外，工作日(周一到周五)平均每次加班时数为 1 小时以下的 61 人，工作日(周一到周五)平均每次加班时数为 1~2 小时的 83 人，工作日(周一到周五)平均每次加班时数为 2~3 小时以下的 48 人，工作日(周一到周五)平均每次加班时数为 3 小时以上的 36 人，有效百分比分别为 22.8%，31.0%，17.9%，13.4%。

具体分布情况如图 7-5 所示。数据显示，北京、上海地区建筑和房地产业的中、高级管理者在工作日(周一到周五)平均每次加班时数 1~2 小时的人数最多，超过了 30%，其次加班时数为 2~3 小时，超过了 20%。

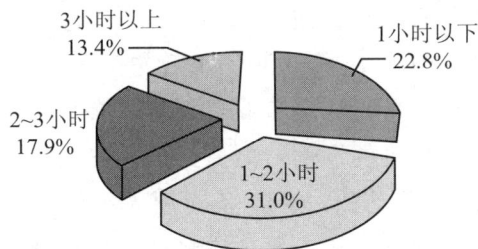

图 7-5　工作日平均每次加班时数统计情况

我们除了采用工作日(周一到周五)平均每次加班时数为主要测量指标之外，还采用平均每周(周一到周五)加班天数为主要测量指标，来进一步分析调查对象的加班状况。回收的 268 份有效问卷中，除了 37 份问卷未填写此项外，工作日(周一到周五)加班天数为 1 天的 83 人，工作日(周一到周五)加班天数为 2 天的 43 人，工作日(周一到周五)加班天数为 3 天的 13 人，工作日(周一到周五)加班天数为 4 天的 6 人，工作日(周一到周五)加班天数为 5 天的 5 人，有效百分比分别为 31.0%，16.0%，4.9%，2.2%，1.9%。

具体分布情况如图 7-6 所示。数据显示，30% 以上的北京、上海地区的建筑和房地产业中、高级管理者至少在工作日(周一到周五)要加班 1 天，16% 以上的中、高级管理者要至少加班 2 天，甚至还有每天都加班的人员，虽然人数不多，但仍然存在着过度劳动的现象。

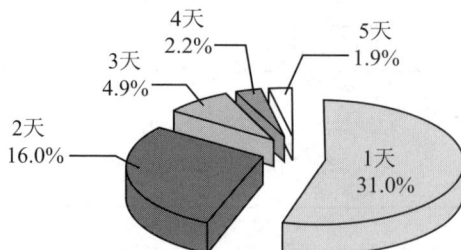

图 7-6　工作日加班天数统计情况

以上统计数据显示调查对象工作日每周加班 1 天，每次加班 1～2 小时的比例最大，超过了 30%。

(3)《劳动法》规定的加班时间的具体情况分析。本调研从三个维度对加班的具体情况进行了分析。A. 通常情况下是否延时加班。调查对象中除 14 人未填写此项外，215 人是延时加班，有效百分比为 80.3%，39 人是非延时加班，有效百分比为 14.6%，此数据表明，几乎 80% 的调查对象都有过延时加班的经历。B. 通常情况下是否休息日加班。调查对象中除 14 人未填写此项外，144 人是休息日加班，有效百分比为 53.7%，108 人是非休息日加班，有效百分比为 40.3%，可见，50% 以上的人都有过休息日加班的情况。C. 通常情况下是否法定节假日加班。调查对象中除 14 人未填写此项外，81 人是法定节假日加班，有效百分比为 30.2%，170 人是非法定节假日加班，有效百分比为 63.4%，非法定节假日加班是法定节假日加班的 2 倍，之所以出现法定节假日加班比例较少的现象，我们分析是因为我国《劳动法》第 44 条对用人单位安排劳动者加班应该支付加班工资的标准做了明确规定：用人单位安排劳动者延长工作时间的，支付不低于工资的 150% 的工资报酬；休息日安排劳动者工作又不能安排补休的，支付不低于工资的 200% 的工资报酬；法定休假日安排劳动者工作的，支付不低于工资的 300% 的工资报酬。即按照法律规定，对于实行标准工时制度的劳动者而言，在标准工时长度(工作时间)以外的工作时间，有权获得高于标准工时(工作时间)支付标准的加班工资，尤其法定节假日加班支付的报酬为平时工资的三倍，由于加班成本太高，所以企业较少安排员工在法定节假日加班。

(二)调查对象是否是被迫强制加班分析

如图 7-7 所示：268 份有效问卷中，除 26 人，占比 9.7% 未填写此项，为空白的无效卷外，共有 200 人，百分比为 74.6% 的调查对象是被迫强制加班，42 人，有效百分比为 15.7% 的调查对象是非被迫强制加班。数据显示，建筑、房地产业的中、高级管理者的被迫加班现象较为严重，将近 75% 的调查对象都属于被迫加班，而非自愿加班。

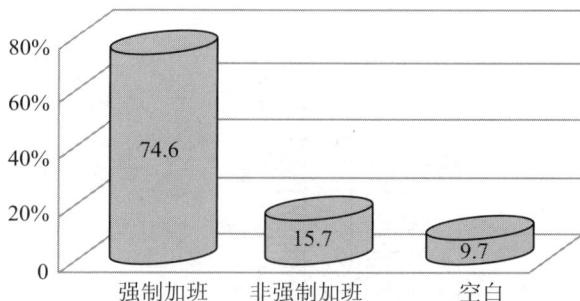

图 7-7　调查对象是否是被迫强制加班

（三）调查对象工作状态分析

我们通过分析调查对象当前的工作强度作为衡量其工作状态的主要指标。"工作强度"的大小决定了管理者是否需要延长工作时间以完成工作任务，"工作强度"成为决定管理者是否需要加班的首要决定因素。对北京、上海地区建筑、房地产业中、高级管理者的工作强度的调查结果如表 7-7 所示：14.2%的调查对象觉得自己的工作强度"很大"，37.3%的调查对象觉得自己的工作强度"较大"；认为"一般""较小"和"很小"的共占 45.9%。可见超过 50%的调查对象觉得自己的工作强度超过了自己的正常承受程度。

表 7-7　调查对象的工作强度情况

工作强度	人数	百分比（%）
很大	38	14.2
较大	100	37.3
一般	105	39.2
较小	16	6.0
很小	2	0.7
空白	7	2.6
合计	268	100.0

具体分析如下：从性别方面看，北京和上海地区建筑、房地产业的男性中、高级管理者的工作强度略高于女性中、高级管理者，因为男性在职场中要比女性具有性别上的优势，更容易得到晋升，成为管理者，承担的工作任务通常也要比女性多。具体数据如图 7-8 所示。

分地区来看，上海地区的建筑和房地产业的中、高级管理者的工作强度普遍要高于北京地区的建筑和房地产业的中、高级管理者，这与上海市一直是中国的经济中心有一定关系。具体数据如图 7-9 所示。

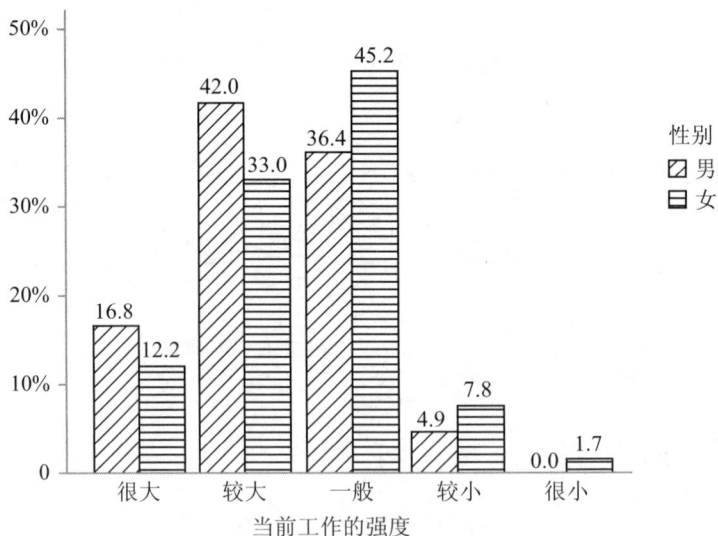

图 7-8　工作强度的性别比较

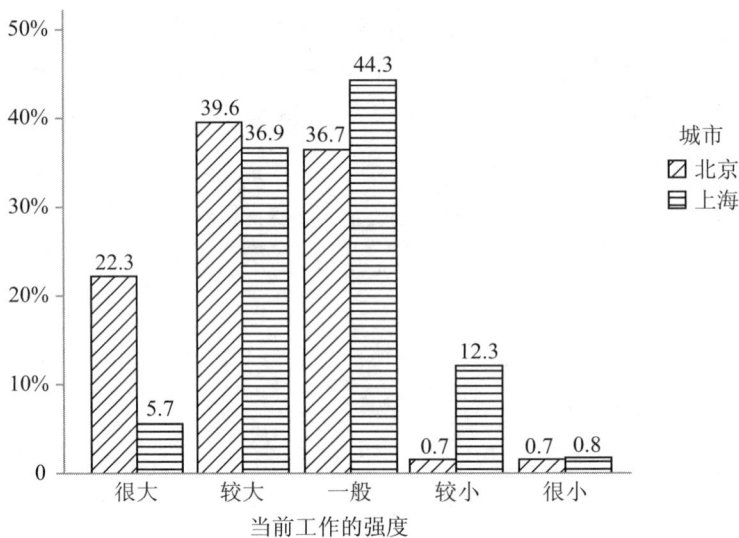

图 7-9　工作强度地区比较

从婚姻状况的角度看，北京和上海地区的建筑、房地产业已婚的中、高级管理者的工作强度略高于未婚的中、高级管理者，因为已婚者要担负更多的家庭责任，需要更多的家庭支出，因此也会主动承担更多的工作任务，以期获得更多的报酬。具体数据如图 7-10 所示。

从是否是党员的角度看，是党员的中、高级管理者的工作强度要略高于非党员的中、高级管理者，党员要以身示范，因此通常会承担更多的工作任务，工作强度也就会更大些。具体数据如图 7-11 所示。

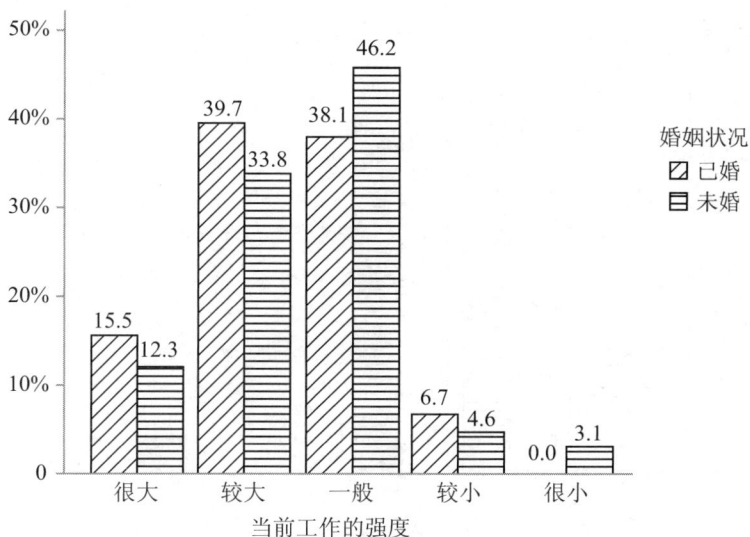

图 7-10　工作强度的婚姻状况比较

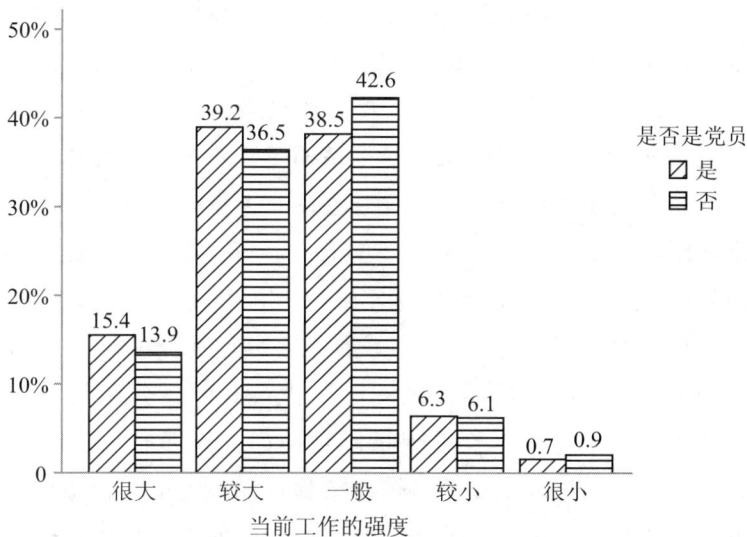

图 7-11　工作强度的政治面貌状况比较

从企业性质的角度看，民企的建筑和房地产业的中、高级管理者的工作强度明显高于国企的建筑和房地产业的中、高级管理者，其原因应该在于，一方面，民企的工作不稳定，为了保住自己的生活来源，管理者不得不努力工作，通过加班来体现自己的价值；另一方面，加班可以获得相应的工资，通过延长工作时间以期获得更多的薪酬。

从职业性质的角度看，从事项目管理/事业部管理的中、高级管理者的工作强度最大，从事财务/行政/人事等的中、高级管理者的工作强度最小；从学历角度

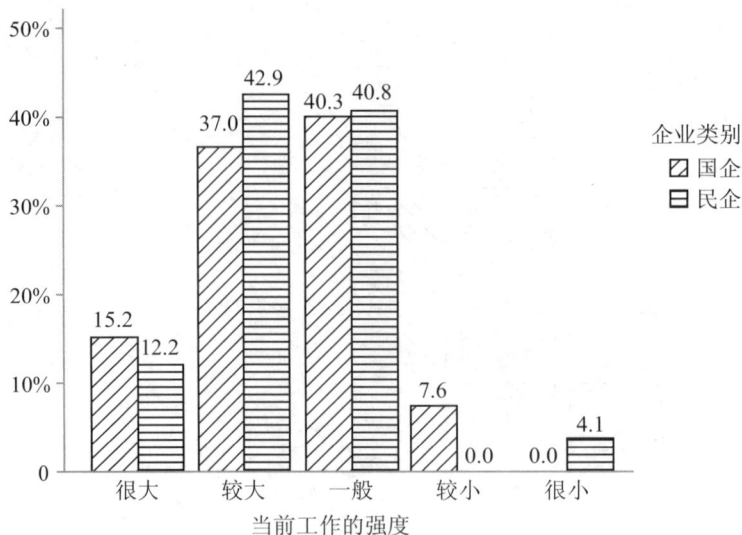

图 7-12　工作强度的企业性质比较

看，研究生学历中、高级管理者的工作强度最大，略高于其他学历的中、高级管理者的工作强度，中专学历的中、高级管理者工作强度最小，而大专学历的中、高级管理者的工作强度却高于本科学历的中、高级管理者，其他职业差异不大。

　　我们还采用在非工作时间里为工作的事情而感到焦虑的情况作为中、高级管理者工作状态的另一个主要衡量指标。调查对象在非工作时间里为工作的事情感到焦虑的统计结果如图 7-13 所示：268 份有效问卷中，除 37 人，占比 13.8％未填写此项，为无效问卷外；共有 45 人，有效百分比为 16.8％的调查对象会经常在非工作时间里为工作的事情而感到焦虑；159 人，有效百分比为 59.3％的调查对象会有时候在非工作时间里为工作的事情感到焦虑；27 人，有效百分比仅为 10.1％的调查对象是从不在非工作时间里为工作的事情感到焦虑。数据显示，超过 70％的人都会不同程度在非工作时间里因工作的事情而感到焦虑，为工作状态堪忧，工作压力不同程度上困扰着北京、上海地区的建筑和房地产业的中、高级管理者。

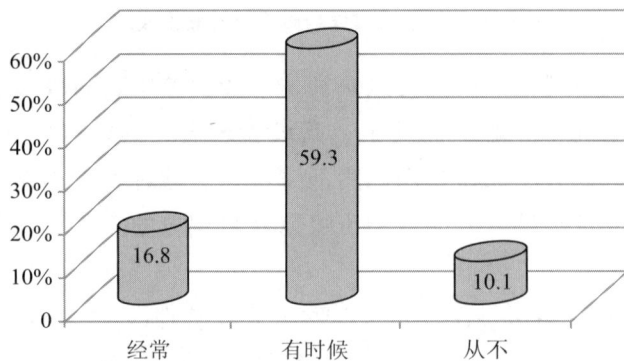

图 7-13　在非工作时间里为工作的事情感到焦虑的情况

另外，我们还采用了工作时间太长造成没时间做家务和进行其他活动的频率，作为建筑和房地产业中、高级管理者工作状态的又一个衡量指标。调查对象因工作时间太长造成没时间做家务和进行其他活动的频率统计结果如图 7-14 所示：268 份有效问卷中，除 42 人，占比 15.7% 未填写此项，为无效问卷外；共有 41 人，有效百分比为 15.3% 的调查对象会经常因为工作时间太长造成没时间做家务和进行其他活动；130 人，有效百分比为 48.5% 的调查对象会有时候因为工作时间太长造成没时间做家务和进行其他活动。可见，超过 60% 的人会经历因为工作时间太长而没有时间做家务和进行其他活动的情况。仅有 55 人，有效百分比为 20.5% 的调查对象是从不会因为工作时间太长造成没时间做家务和进行其他活动。工作时间过长挤占了做家务或健身、社交、看父母和朋友等活动的时间，会影响家庭的和谐，甚至会影响其身心健康。

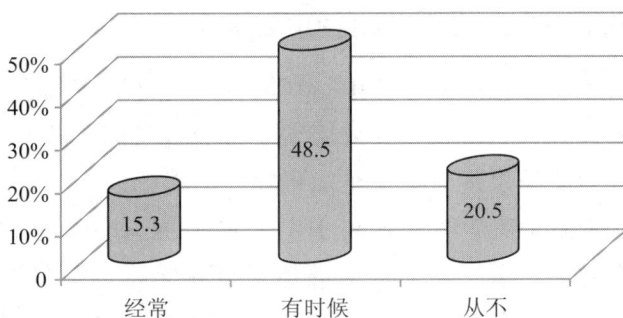

图 7-14　工作时间太长造成没时间做家务和进行其他活动

（四）调查对象上下班交通时间

员工花费于上下班交通时间太长的问题在北京和上海地区显得尤为突出。为避开上下班高峰，提前或延后上班和下班时间，从而挤占了员工的休息时间，成为一个普遍的社会现象和社会问题。为避免上班高峰的拥堵，需要提前 1 个小时，甚至 2 个小时出门，这也是大城市病的一种表征。

本次调查采用每天上下班共用时间（小时）作为上下班交通时间的衡量指标。结果如表 7-8 所示：排除 15 个奇异值，调查对象每天上下班交通时间最长的为 4 小时，最短的为 0.5 小时，平均每天上下班交通时间约为 2 小时。34.0% 的调查对象平均每天上下班交通时间约为 2 小时，49.3% 的调查对象，近半的调查者平均每天上下班共用时间超过 2 小时（按 5 天工作日计算，周平均每天上下班交通时间为 10 小时），32.5% 的调查对象平均每天的上下班交通时间为 1 小时，3.4% 为 0.5 小时，还有 4.5% 为 1.5 小时。

表 7-8　调查对象每天上下班共用时间

每天上下班时间(小时)	人数	百分比(%)
0.5	9	3.4
1	87	32.5
1.5	12	4.5
2	91	34.0
2.5	4	1.5
3	31	11.6
4	6	2.2
空白	12	4.5

(五)调查对象对加班的态度和看法分析

本次调研共采用两个维度来分析中、高级管理者对加班的态度和看法,即加班的作用和加班的危害,具体又分别采用了 3 个衡量指标,共 6 个指标进行数据分析,通过统计分析的结果进一步探讨加班存在的影响。

(1)加班可以加强自我学习,有利于个人能力提升、受重视。如图 7-15 所示,11.6%的调查对象完全同意加班能够加强自我学习,有利于个人能力提升、受重视;22.0%的调查对象比较同意,持一般态度的调查对象没有明确的倾向性,在此不做具体分析;13.1%的调查对象完全不同意加班有此作用;持比较不同意观点的占 17.2%。总体而言,约 32.6%的调查对象持肯定态度,30.3%的调查对象持反对态度,差异不大,但是肯定加班可以加强自我学习,有利于能力提升、受重视的管理者要略高于持否定态度的人数。

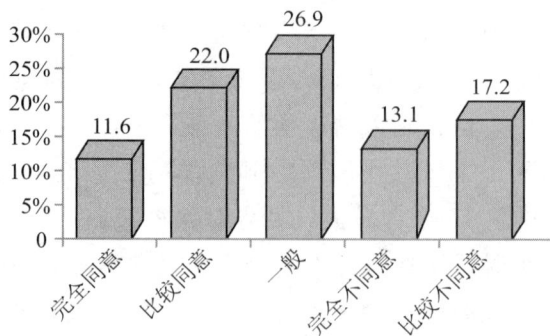

图 7-15　加班有利于个人能力提升、受重视

分析原因,应该是心理契约的因素,员工的普遍心理是经常加班的人往往是受到领导重视的人,或者位居重要职务的人,由于此次调研的国企中、高级管理

者居多，中级管理者比重远远大于高级管理者的比重，调查对象对企业都有较高的忠诚度，需要更多的职业发展空间，因此加班常常被认为是积极工作的一种表现，表明自己愿意奉献的态度和决心，证明自己有能力、有潜力得到领导的认可，从而获得晋升的机会。

调查对象首先关注的是受重视，如果参加培训的时间能被列入加班时间的范畴，那么，就不难解释，调查对象也认为通过加班能够加强自我学习和提升个人能力。如果不能列入加班时间的范畴，则调查对象应该并不太赞成加班能加强自我学习和提升个人能力，因为本次调查问卷同时设计了一个开放式问题"您认为提升工作能力的有效途径是什么"，绝大多数的调查对象都回答是"参加培训"。关于"您是否自己花钱参加有利于职业发展的培训"问题的统计数据显示，61.2％的调查对象都会自己花钱参加职业发展培训，这与前一开放问题相一致。

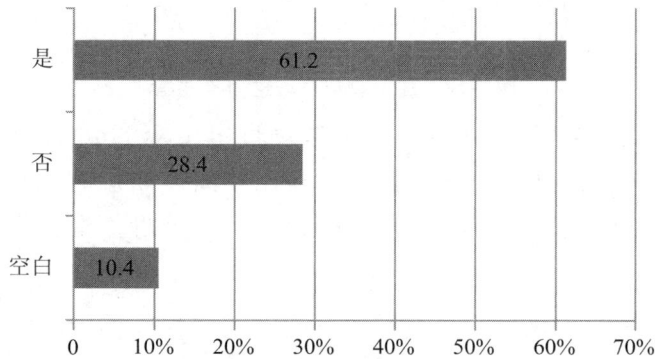

图 7-16 是否自己花钱参加有利于职业发展的培训

(2)加班有助于控制消费欲。如图 7-17 所示，17.2％的调查对象完全不同意和 42.9％的调查对象比较不同意加班有助于控制消费欲，仅有 15％的调查对象完全同意和比较同意加班有助于控制消费欲，持否定态度的中、高级管理者明显高于持肯定态度的中、高级管理者。可见，加班并不会有助于控制人们的消费欲望。

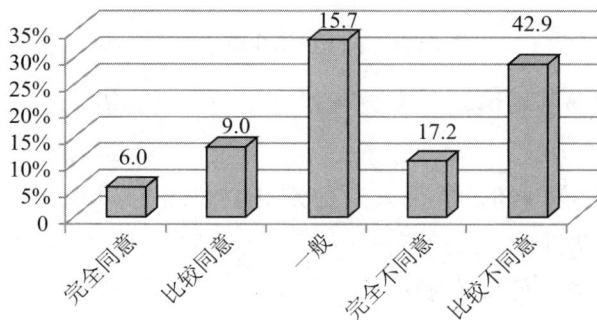

图 7-17 加班有助于控制消费欲

（3）加班有利于增进同事间友谊。如图 7-18 所示，10.5％的调查对象完全不同意和 28.7％的调查对象比较不同意加班有利于增进同事友谊，仅有 18.7％的调查对象完全同意和比较同意加班有利于增进同事友谊，持否定态度的中、高级管理者明显高于持肯定态度的中、高级管理者，可见加班也不能增进同事之间的感情。

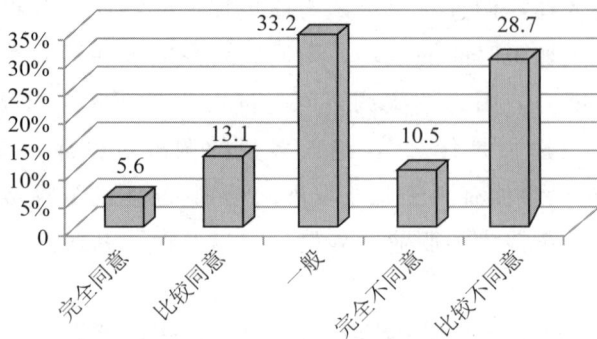

图 7-18　加班有利于增进同事友谊

（4）加班时工作效率不高（与正常工作时间相比）。268 份有效问卷中，如图 7-19 所示，28％的调查对象完全同意和比较同意加班时工作效率不高，但竟然有将近 39.9％的调查对象认为加班时工作效率与正常工作时间相比没有区别。

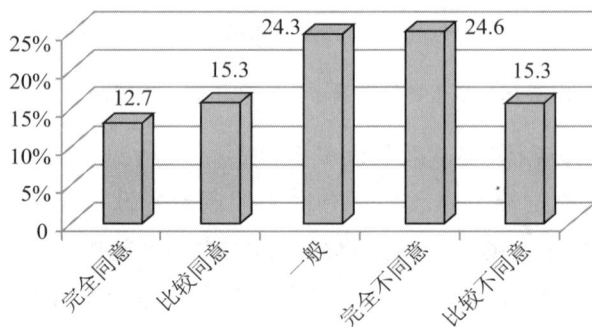

图 7-19　加班时工作效率不高

对于加班产生的不利影响，多数调查对象的态度和看法基本保持一致。具体分析如下：

（5）加班导致没有时间发展个人兴趣爱好。如图 7-20 所示，43％的调查对象认为加班挤占了发展个人兴趣爱好的时间，仅有 24.3％的调查对象认为加班对发展自己的个人兴趣爱好没有影响。加班时间挤占了个人发展兴趣爱好的时间，影响到个人的心理健康，造成生活质量的下降。

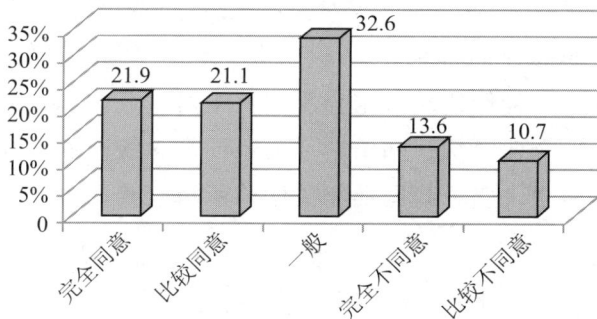

图 7-20　加班导致没有时间发展个人兴趣爱好

（6）加班打乱了个人时间管理，不利于兼顾家庭生活。如图 7-21 所示，43.3％的调查对象比较同意和完全同意加班会打乱个人时间管理，不利于兼顾家庭生活，对此感受明显，比较不同意和完全不同意的仅占 14.9％。加班时间挤占了个人的休息时间和家庭生活所需的时间，造成了工作和生活的失衡。

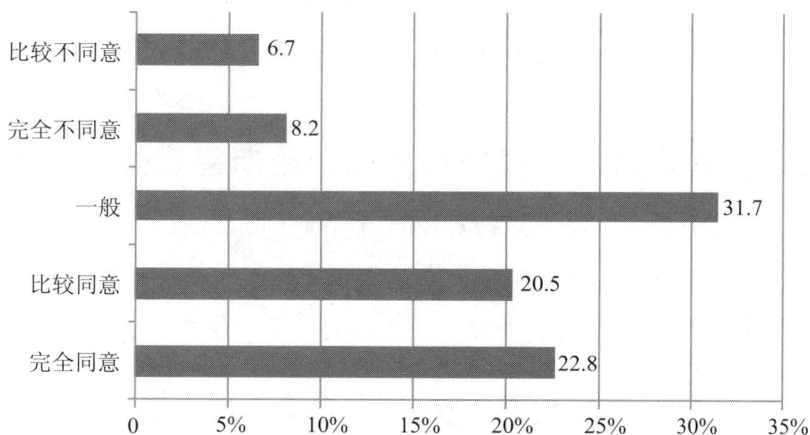

图 7-21　加班打乱了个人时间管理

>>三、调查对象的自我维权意识和维权能力的基本数据分析<<

本次调查研究除了对北京和上海地区建筑、房地产业的中、高级管理者的加班状况进行基本数据分析之外，还对调查对象的自我维权意识、维权能力也进行了数据分析，主要从以下几个角度进行研究和探讨。

(一)加班时间身体出现健康问题，单位的补偿情况

统计结果如图 7-22 所示，即使是企业的中、高级管理者，在加班时间身体

出现了健康问题，仍有 44.9% 的调查对象所在企业没有任何补偿，能给予全额补偿、和正常工作时间一样的不足 40%，还有 22.0% 只给予部分补偿，比正常工作时间低。如此高的无补偿比例一定会影响员工对企业的忠诚度，以及和谐劳动关系的建立，也说明企业对构建和谐劳动关系的观念淡薄和法律意识的淡漠，甚至完全不作为，同时也说明，我国的相关法律亟待完善。

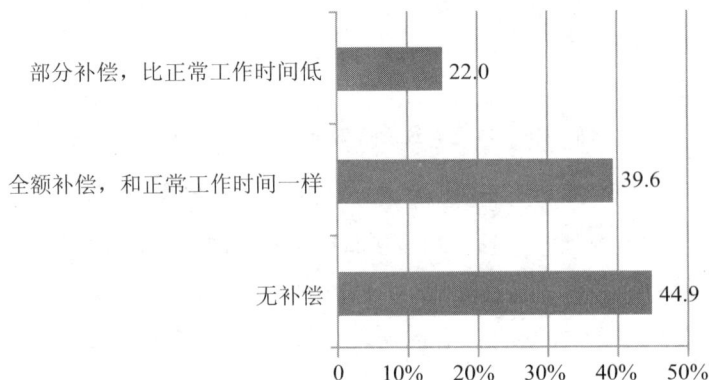

图 7-22　单位对加班时间出现健康问题的补偿情况

（二）单位对加班的一般补偿方式和最期望获得的补偿方式

统计结果如图 7-23 所示，调查对象所在企业的 43.4% 首选采取调休的方式对加班给予补偿，其次 33.6% 采取薪金酬劳的补偿方式，以年终奖金的方式给予补偿的仅为 11.6%。

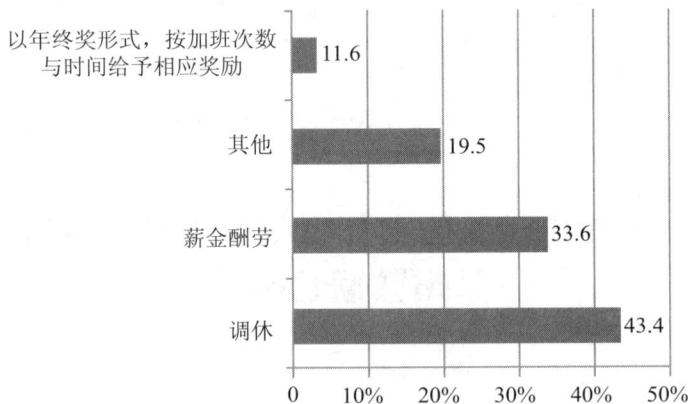

图 7-23　单位对加班的一般补偿方式

但是调查对象最希望的加班补偿方式却不是调休，而是薪金酬劳，比例超过了 50%，数据统计结果如图 7-24 所示，仅有 25.2% 的调查对象希望通过调休的方式对加班给予补偿，希望以年终奖金的形式给予补偿的仅为 17.3%。

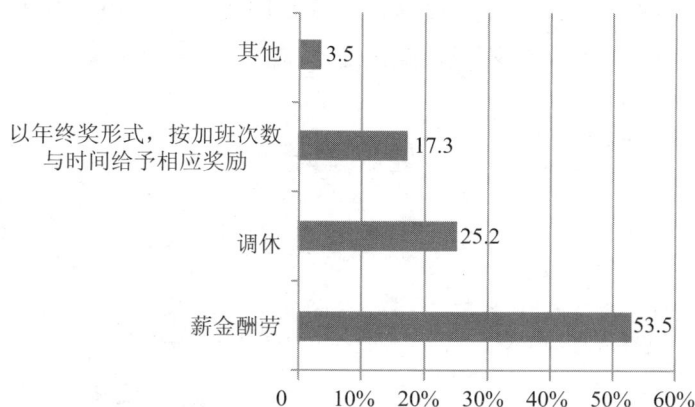

图 7-24　您最希望获得的补偿方式

通过比较被调查的中、高级管理者最希望的补偿方式，我们发现，企业管理制度与员工需求之间的错位，企业的管理制度缺少以人为本的理念，会影响到企业和谐劳动关系的构建，当然，我们也不排除企业的制度设立存在着缩减人工成本的动机，员工的诉求与利润相比，后者永远是企业首先考虑的因素，经济人假设充分证明了企业逐利的本质。

(三)是否因企业加班严重而曾经采取一些措施解决这一问题

统计结果如图 7-25 所示，超过 90％的调查对象不会因企业加班严重采取解决措施，而是保持沉默，此衡量指标充分说明北京和上海地区的建筑和房地产业的中、高级管理者对加班问题维权意识的淡薄。

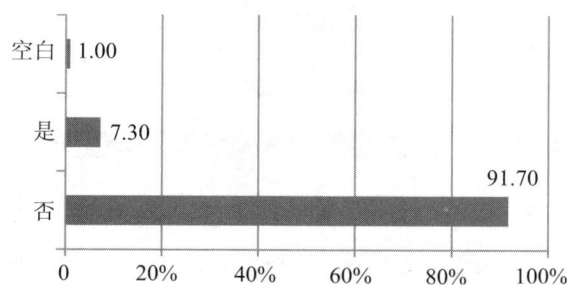

图 7-25　是否因企业加班严重而曾经采取一些措施解决这一问题

(四)所在企业或其他企业违法拖欠或克扣加班工资但员工保持沉默的原因

我们进一步分析员工保持沉默的原因，如图 7-26 所示，23.9％的调查对象担心影响与雇主的关系，加之加班事实举证困难，维权的胜算很小，为了保全饭碗而只能选择沉默。至于 24.3％ 的调查对象是因为数额较小，当事人不在意而选择沉默，与我们所调查的企业 80％ 是国企有关。

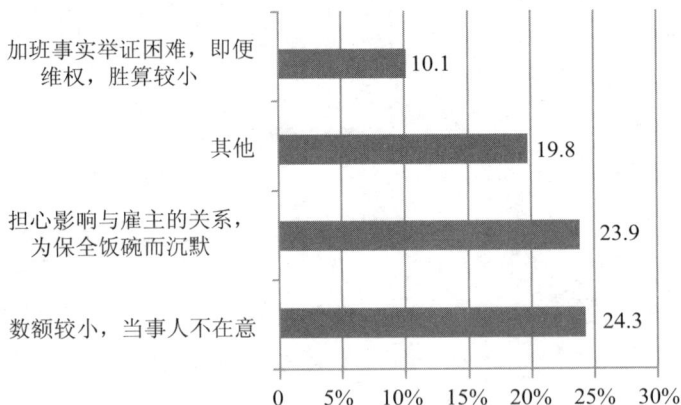

图 7-26　对于拖欠或克扣加班工资保持沉默的原因

(五)有没有机会和所在单位协商加班费用问题

此指标更加明确地说明了调查对象维权能力极其有限，即使我们的调查对象是企业的中、高级管理者，是企业的中坚力量，如图 7-27 所示，仍有 60.1％ 的人员没有机会和所在企业协商加班费用问题，能和企业协商加班费问题的应该只有高级管理者，与我们的调查对象中、高级管理者比例偏少有一定关系。

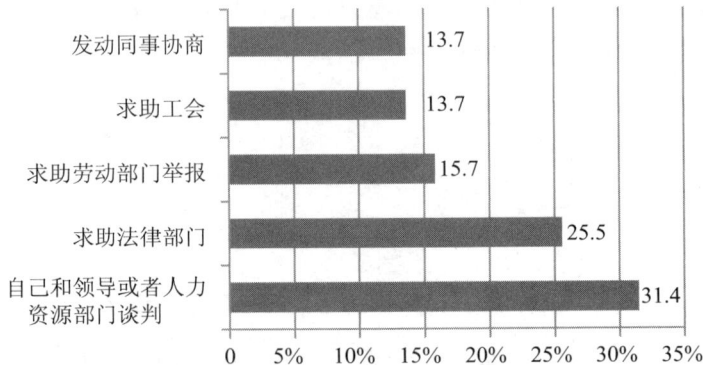

图 7-27　有没有机会和所在单位协商费用问题

(六)通过采用哪种途径来解决加班严重问题

管理者如果遇到加班问题严重，想要维权，通常采用的解决途径如图 7-28 所示，31.4％ 的调查对象会首选自己和领导者或者人力资源部门谈判。25.5％ 的调查对象会选择求助法律部门，其次是求助劳动部门，最后才想到向工会求助。

足见，工会在员工维权方面提供的帮助非常有限，几乎没有发挥应有的作用。

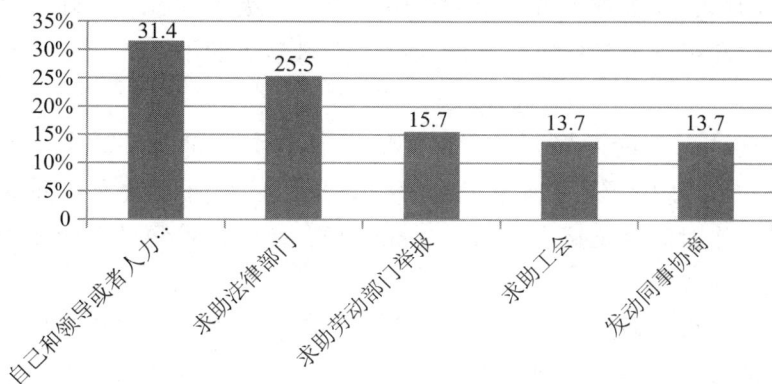

图 7-28　对加班严重问题采用的解决途径

第四节　结论与政策建议

目前，我国正处于经济发展的转型时期，作为国民经济支柱的劳动密集型的建筑业和资本密集型的房地产业面临巨大的压力，增长趋缓，企业中的中、高级管理者相应地也面临着较大的工作压力，或多或少面临着延长工作时间的问题。我们通过对北京和上海地区的中、高级管理者加班状况的问卷调查，进行数据描述统计分析，得出以下结论。

第一，加班时间过长折射出建筑与房地产业中、高级管理者存在过度劳动的现象。30％以上的北京、上海地区建筑和房地产业的中、高级管理者，在工作日（周一到周五）平均每次加班时数为 1～2 小时，20％以上加班时数为 2～3 小时。30％以上的北京、上海地区的建筑和房地产业中、高级管理者，至少在工作日（周一到周五）要加班 1 天，16％以上的中、高级管理者要至少加班 2 天，甚至还有每天都加班的管理者。总体而言，超过五成的北京、上海地区建筑和房地产业的中、高级管理者面临不同程度的加班问题，加班时间不等，存在着过度劳动的现象。而且，将近 75％ 的调查对象都属于被迫加班，而非自愿加班。

第二，北京和上海地区建筑、房地产业的中、高级管理者工作状态堪忧。超过 50％ 的调查对象觉得自己的工作强度超过了自己的正常承受程度。男性中、高级管理者的工作强度略高于女性中、高级管理者；上海地区建筑和房地产业的中、高级管理者的工作强度普遍要高于北京地区建筑和房地产业的中、高级管理者；党员的中、高级管理者的工作强度要略高于非党员的中、高级管理者；民企的中、高级管理者的工作强度明显高于国企的中、高级管理者；从事项目管理/事业部管理的中、高级管理者的工作强度最大，从事财务/行政/人事等的中、高级管理者的工作强度最小；研究生学历的中、高级管理者的工作强度最大，略高于其他学历的中、高级管理者，中专学历的中、高级管理者工作强度最小，而大专学历的中、高级管理者的工作强度却高于本科学历的中、高级管理者，其他职业差异不大。

此外，超过70％的人都会不同程度地在非工作时间里因工作的事情而感到焦虑。超过60％的人会经历因为工作时间太长而没有时间做家务和进行其他活动的情况，工作时间过长挤占了做家务或健身、社交、看父母和朋友等活动的时间，工作状态堪忧。

第三，上下班交通时间较长，加大了中、高级管理者的工作强度。几乎一半的北京、上海地区的建筑和房地产业的中、高级管理者，平均每天上下班共用时间超过2小时（按5天工作日计算，周平均每天上下班交通时间为10小时），32.5％的中、高级管理者平均每天的上下班交通时间为1小时。交通拥堵的问题在北京和上海显得尤为突出，管理者花费于上下班交通时间过长，挤占了员工的休息时间，使得上下班交通时间成为造成管理者疲劳的一个不容忽视的影响因素，加大了管理者的工作强度和工作压力，容易产生焦虑感。

第四，加班打乱了个人时间管理，挤占生活时间，造成工作和生活的失衡。43％的调查对象认为加班挤占了发展个人兴趣爱好的时间，接近五成的调查对象比较同意和完全同意加班会打乱个人时间管理，挤占个人休息时间和家庭生活时间，不利于兼顾家庭生活，造成了工作和生活的失衡。

第五，中、高级管理者缺少自我维权意识、维权能力薄弱。超过90％的调查对象不会因企业加班严重而采取任何解决措施，而是保持沉默，究其原因23.9％的中、高级管理者主要是担心影响与雇主的关系，加之加班事实举证困难，维权胜算很小，为了保全饭碗而不得不选择沉默。还有24.3％的调查对象是因为加班薪酬的数额较小，当事人不在意而选择沉默，与我们所调查的企业80％是国企有一定关系。而且超过六成的中、高级管理者根本没有机会和所在企业协商加班费用问题。这些数据都充分说明了管理者自我维权意识的淡薄和维权能力的薄弱。

第六，企业缺乏构建和谐劳动关系的观念，相关劳动法律不健全，亟待完善。调查对象中将近50％的中、高级管理者所在企业，员工在加班时间身体出现了健康问题时，得不到任何补偿，还有22％的企业只给予部分补偿，比正常工作时间要低。以上数据充分说明，北京和上海的建筑、房地产企业不重视构建和谐劳动关系，甚至完全不作为，相关法律规定需要尽快补充和完善。

为解决中、高级管理者出现的过度劳动问题，我们提出以下主要对策建议：

一是修订和完善劳动立法，加大执法力度。我国劳动法的修订和完善可借鉴他国经验，对哪些时间应该被纳入工作时间的范畴，应有比较详细的规定。须明确并非只有雇主要求的工作才是上班，雇主允许的工作也是工作时间，而且必须支付工资；因工作需要必须等待的时间也是工作时间；工作期间短时间的休息也必须算是工作时间；值班不超过 24 小时的职工即使在值班期间可以睡觉或做私事，也必须按工作时间对待。还须明确规定介于工作时间和休息时间的中间状态的时间是否属于工作时间，如午餐时间、值班时间、待命时间、晨会时间、培训时间、工间歇息时间，尤其是目前争议比较大的为完成工作任务的应酬时间等，应该如何界定，是否应归为工作时间，也须做出明确的条文规定。

二是增强工会解决加班严重问题的功能作用。我国工会在解决加班严重问题方面的功能极其有限，而西方国家的工会在缩减工作时间，争取工人劳动时间下降的过程中，扮演着重要角色。因此，我国工会在解决劳资矛盾和缓解不和谐劳动关系的功能作用上，需要不断增强。目前，北京地区的工会组织专门设立的"北京工会法律援助"微信公众号，是进步的体现。同时，我们建议设立专门的、职业化的第三方机构，可作为工会的重要补充，制定具体措施，帮助缓解中、高级管理者的工作压力，解决因工作时间延长产生的健康问题，甚至为劳动者提供法律援助。

三是提高建筑、房地产业中、高级管理者的自我维权意识和自我维权能力。建筑、房地产业的中、高级管理者在面临工作时间过长和过度劳动的问题时，缺少自我维权意识，同时维权能力相当薄弱，因此，需要加强自我维权意识，提高自我维权能力，熟悉法律的相关条文规定，以保护自己的合法权益。还需要改变加班是受到领导重视、体现自我价值的传统的、错误的工作观念，树立正确的加班观念，明确加班是效率低下、自身能力不足的体现。

第八章
大学教师工作时间影响因素的实证研究

自 20 世纪末期至今，来自全球范围内的高等教育规模扩张和高等教育财政紧缩的双重压力，使许多国家提高了对高等教育绩效的关注，加速了高等教育问责文化的形成，政府与民众常常对不用"坐班"的大学教师的工作态度和精力付出提出质疑：他们看上去工作轻松，受人尊重，他们每天都在工作吗？时间多长？与此同时，大学教师同行之间也时常相互询问：在大学具有三大职能的条件下，教师们的教学、研究和社会服务的时间是怎样分配的呢？不同的教师群体，如男女，高职称和低职称，重点大学教师和一般大学教师等，是不是工作时间长短不一、工作内容相互有异呢？有人批评高等教育质量下降的原因，是因为大学教师们没有投入足够的时间和精力去工作；有人计算教师工作时间与大学财政的直接关系，教师尤其是研究型的大学教师若投入更多的时间于教学，可节省大量的财政开支；有人辩论延长教师教学工作时间可以降低教学方面的支出，但节省下来的经费是以减少科研收入作为代价的。

无论是批评、计算还是辩论，它们至少给我们传递了如下信息：大学教师需要有一个合理的工作时间长度，否则对不起社会的信任、纳税人的贡献、学生的成长；大学教师需要有一个科学的时间分配结构，这关系到学生培养质量、科学研究成就、社会服务信用，还关系到高等教育机构的投入与收益，大学教师的精力投入与效益反馈。本章的研究建立在两个基础上：一是梳理国内外有关大学教师工作时间、时间分配结构、对工作时间的影响因素的相关文献；二是在全国范围内进行广泛调查并得到了第一手的分析数据。我们拟通过严格的实证研究来研究我国大学教师的工作时间长短及其时间分配结构，用事实来揭示不同的大学教师群体在工作时间及其分配结构上的差异，为制定既有人性又有责任意识的大学教师的激励与评价机制提供政策参考。

第一节　文献回顾

>>一、有关大学教师的工作时间<<

在讨论大学教师工作时间时，第一个问题就是大学教师的哪些活动时间应该包括在工作时间之中。最早进行教师工作量研究的库斯（L. V. Koos）1919 年将教师工作量定义为教学工作量，并对教学和非教学活动进行区分。[①] 但到了 20 世纪 60 年代以后，对大学教师工作时间的定义则宽泛起来，在大多数情况下，大学教师的工作时间指的是从事与职责、责任和兴趣相关的所有活动的时间总和，它包括准备教学、课堂教学、组织课程考试、指导毕业生论文、研究或创造性的工作、提供专业咨询和服务、管理、专业阅读、参与其他学术组织活动等。[②] 到了 21 世纪，大学教师工作时间的含义已经和以前有很大不同，涉及教师的全部工作，粗线条地说，包括教师的教学、科研和服务。美国的许多研究结果显示，大学教师每周工作时间超过了 50 小时。[③]"变革中的学术职业国际调查与研究"课题组 2008—2010 年进行的对 18 个国家及中国香港地区高等教育系统的调查发现，韩国、日本和加拿大的大学教师的周工作时间在 50 小时以上。[④]

>>二、有关大学教师工作时间的分配<<

早期研究中的大学教师工作时间仅指教学时间，随着大学职能的扩展，教师工作时间的含义也在不断丰富，因而出现了大学教师工作时间的分配问题。哈罗德·尤克（Harold E. Yuker）1974 年的研究将大学教师的工作分为七类：教学，与学生互动，研究、发表和创造性活动，职业发展，院校服务，公共服务，个人活动。[⑤]而理查德·舍普（Richard T. Serpe）等人 1990 年的研究及随后其他人的研

---

① Yuker H. E.，Faculty Workload：Facts，Myths and Commentary，*ERIC Higher Education Report*，1974，（6）：4-8.

② Yuker H. E.，Faculty Workload：Research，Theory and Interpretation，*ASHE-ERIC Higher Education Report*，1984，（10）：1.

③ Yuker H. E.，Faculty Workload：Research，Theory and Interpretation，*ASHE-ERIC Higher Education Report*，1984，（10）：63.

④ 沈红：《论学术职业的独特性》，载《北京大学教育评论》，2011 年第 3 期。

⑤ Yuker H. E.，Faculty Workload：Facts，Myths and Commentary，*ERIC Higher Education Report*，1974，（6）：15-23.

究，通常将大学教师的工作分为教学、研究和服务三类。[1] 杰夫瑞·米尔姆(Jeffery F. Milem)等人在 2000 年对 1972—1992 年间美国大学教师的时间分配进行的研究中，把大学教师的工作时间分为教学时间(包括教学准备时间)、研究和学术论文写作时间、咨询及与学生交流时间。[2] 阿尔伯特·林克(Albert N. Link)等人2008 年对美国研究型大学的教师工作时间分配进行了研究，他们将其分为教学、研究、有报酬的学术论文写作和服务四种类型。[3] 也有部分学者将大学教师活动时间的研究扩展至工作之外，如拉里·辛格尔(Larry D. Jr Singell)等人在其 1996 年的研究中将大学教师的活动时间一分为四：教学、研究、服务和闲暇。[4] 在"变革中的学术职业国际调查与研究"课题组进行的多国调查中，大学教师的工作时间被定义在教学、研究、服务、管理、其他学术活动几个方面。

>>三、有关大学教师工作时间及其分配结构的影响因素<<

人们对高等教育的关注，常常具体化为对大学教师工作状况和工作业绩的关注，其中对影响大学教师工作时间长短、影响其工作时间分配结构的因素关注度较高。尤克的研究指出，影响大学教师工作时间的因素有三：第一是教师之所在，如所在学科、所在机构和所在国别；第二是教学安排，如班级大小、课程层次、课程类型、教师参与程度等；第三是人口统计学方面的因素，如性别、职称和个性特征等。[5] 辛格尔等人的研究指出，大学类型、大学的使命和责任以及教师的个性特征，如性别、婚姻状况、学科领域等，对教师的时间分配结构产生了重要的影响。[6] 贝拉(M. L. Bellas)等人 1999 年的研究发现，性别、种族和家庭状况等因素对大学教师的工作时间分配有影响。[7] 米尔姆等人的研究重点涉及大

---

①　Serpe R. T. , et al. , *CSU Faculty Workload Study Final Report* (1990). http://www. eric. ed. gov/PDFS/ED348917.

②　Milem J. F. , Berger J. B. , Dey E. L. , Faculty Time Allocation, *The Journal of Higher Education*, 2000, 71(4)：463.

③　Link A. N. , Swann C. A. , Bozeman B. A Time Allocation Study of University Faculty, *Economics of Education Review*, 2008, (27)：365.

④　Singell L. D. Jr, Lillydahl J. H. , Singell L. D. Sr. , Will Changing Times Change the Allocation of Faculty Time, *The Journal of Human Resources*, 1996(Spring)：430.

⑤　Yuker H. E. , Faculty Workload：Research, Theory and Interpretation, *ASHE-ERIC Higher Education Report*, 1984, (10)：68-72.

⑥　Singell L. D. Jr, Lillydahl J. H. , Singell L. D. Sr. , Will Changing Times Change the Allocation of Faculty Time, *The Journal of Human Resources*, 1996(Spring)：445-448.

⑦　Bellas M. L. , Toutkoushian P. K. , Faculty Time Allocations and Research Productivity：Gender, Race and Family Effects, *The Review of Higher Education*, 1999, 22(4)：367-390.

学教师任职的机构类型、教师本人的学位状况、教师本人所属学科领域等因素对教师工作时间分配的影响，其主要结论中有两点是明确的：随着时间的推移，大学教师投入教学方面的时间并未减少，反而有显著的增加；研究型大学教师投入研究上的时间最多，其次是博士授予型大学教师。[1] 林克等人对美国研究型大学教师工作时间分配的研究发现：终身制度及职称晋升制度对大学教师的工作时间分配具有明显影响；相对于男性教师来说，女性教师花更多的时间在大学服务上，但在研究上花的时间较少。[2] 从我们进行的多国调查国际数据库中也发现，大学教师的工作时间及其分配确因其职称和所在机构的不同而有所不同。

>>四、国内学者的相关研究<<

以上文献基本反映的是国外学者的研究。国内研究大学教师工作时间及其时间分配的成果不多，这里可举出两例。西安交通大学陆根书等人基于 2008 年对地处陕西的 3 所高校的 500 名教师的问卷调查结果，于 2010 年发表了《大学教师的学术工作：类型、特征及影响因素分析》一文。他们发现，大学教师主要围绕教学和研究展开学术工作，用于教学和研究的平均时间占工作时间的 80％，用于服务与行政的时间不足 20％。具体而言，教学为主型大学教师的教学、研究、服务与行政三类活动的时间比例分别为 68％、19％和 13％；科研为主型大学教师的研究、教学、服务与行政的时间比例分别为 48％、36％和 16％；行政与服务为主型大学教师的服务与行政、教学、研究的时间比例分别为 53％、28％和 19％。[3] 其研究发现与本研究紧密相关。另一篇是苏州大学程晋宽于 2005 年发表的有关"美国大学教师工作量"的文章。文中介绍，美国大学教师工作量包括教学、科研和服务三个部分。不论什么类型的大学，多数教师每周工作 45 至 55 小时。而且美国大学教师的平均周工作时数处在变化之中：1977 年"美国教授职业调查"中得到的数据是 44 小时；1988 年"美国中学后教师调查"得到的数据是 53 小时。[4] 我们参与的国际合作中美国研究人员 2008 年的调查数据是 47.7 小时。当然，这些有关美国大学教师工作时间的数据是接受调查的、来自各层各类大学和各个学科领域、具有不同职称的教师的平均工作时间。

① Milem J. F. , Berger J. B. , Dey E. L. , Faculty Time Allocation, *The Journal of Higher Education*, 2000, 71(4)：471-473.

② Link A. N. , Swann C. A. , Bozeman B. A Time Allocation Study of University Faculty, *Economics of Education Review*, 2008, (27)：373-374.

③ 陆根书、黎万红、张巧艳、杜屏、卢乃桂：《大学教师的学术工作：类型、特征及影响因素分析》，载《复旦教育论坛》，2010 年第 6 期。

④ 程晋宽：《美国大学教师工作量浅析》，载《高等教育研究》，2005 年第 6 期。

上述文献研究说明，有关大学教师工作时间长短、工作时间分配、影响工作时间及其分配的主要因素的研究，在西方国家并不少见，但国内的研究相对很少，特别是基于大规模的全国调查的实证研究极为欠缺。

第二节　研究框架设计

>>一、数据来源<<

本章研究中的所有数据，来源于 18 个国家及中国香港地区合作进行的"变革中的学术职业国际调查与研究—中国大陆"（CAP-China）。[①] 调查时间在 2007 年秋季，数据统计完成并进入在德国建立的国际数据库时间为 2008 年 3 月。调查样本覆盖全国 11 个省份的 68 所高校，兼顾了多维度上的差异：东、中、西的区域性差异，"985"工程大学（简称"'985'大学"）和普通四年制本科大学（简称"一般大学"）的机构层次性差异，教师个人的性别和职称等方面的差异。本调查共发放问卷 4 200 份，回收有效问卷 3 612 份，有效回收率为 86%。在有效样本中，男、女性别比例为 54∶46；教授、副教授、讲师、助教四级职称比例为 13.4∶31.0∶34.2∶21.4；"985"大学和一般大学的层次比例为 11.5∶88.5。

>>二、研究思想<<

本章的理论思想源于组织管理和人力资源管理中有关职业生涯的"夹角管理理论"。该理论的核心思想是，个人和组织的目标和期望并不完全一致，存在着一定的夹角，人力资源管理往往通过调整个人矢量和组织矢量，使彼此之间向同一个方向靠拢，尽可能使两者合力最大，并通过组织和个人之间的相互依赖并存关系来共同实现彼此的愿望。[②] 在大学这种学术组织中，调整"教师个人承担的学术任务矢量"和"大学组织承担的职能行使矢量"之间的杠杆是教师评价，而教师评价可以分解在对教师工作时间、教学质量、科研成就、服务能力、管理成效等多方面的具体考察上。因此，教师工作时间长短和工作时间分配结构成为本章研究的"因变量"，而影响大学教师工作时间影响因素的实证研究是"工作时间杠杆"调整方向和力度的教师性别、职称高低、所在大学层次等成为本研究中的"自

---

① 沈红：《论学术职业的独特性》，载《北京大学教育评论》，2011 年第 3 期。

② 马力：《职业发展——构筑个人和组织双赢模式》，厦门大学博士论文，2004，第 207～208 页。

变量"。弄清楚这些自变量和因变量之间的关系，有助于调整大学教师和大学组织这两个矢量间存在的"夹角"并使其最小，使大学组织和教师个体乃至教师群体之间的发展合力达到最大。

>>三、数据统计<<

本章中的大学教师工作时间按周小时计数，而工作时间具体分为教学时间、研究时间、服务与管理时间三类。

我们主要采用定量研究方法，数据统计分析工具为 SPSS15.0。具体统计方法为描述性统计分析和多元线性回归分析。描述性统计分析主要揭示职称与大学教师工作时间及其工作时间分配之间的关系，并在引入性别和大学层次作为控制变量后，探讨职称对大学教师工作时间及其工作时间分配的影响。由于描述性统计分析是在没有控制其他自变量的情况下，考察各自变量对因变量的影响，如此得出的结论会有失偏颇，甚至会发生各自变量对因变量的影响结果相互冲突的情况。但当我们把多个自变量纳入一个回归方程中时，就可以在有控制的条件下，系统地检测有关自变量对因变量的单独影响及其贡献程度。因此，回归分析主要探讨大学教师性别、职称、大学层次对大学教师工作时间长短及其工作时间分配的影响程度。鉴于自变量的数据类型为分类变量，回归分析将自变量转化为虚拟变量纳入回归方程中，其中性别的参照变量为女性，职称的参照变量为助教，大学层次的参照变量为一般大学。

>>四、研究假设<<

研究假设一：性别。男教师比女教师工作时间长；男教师的科研时间比女教师多，女教师的教学时间比男教师多。

研究假设二：大学层次。"985"大学教师比一般大学教师的工作时间长；"985"大学教师的科研时间多，一般大学教师的教学时间多。

研究假设三：职称。低职称教师比高职称教师的工作时间长；高职称教师的科研时间比低职称教师多，低职称教师的教学时间比高职称教师多。

第三节　大学教师工作时间长短的影响因素

这里主要探讨大学教师职称高低对其周工作时间长短的影响，然后再引入教师性别和大学层次作为控制变量，讨论教师职称与其周工作时间长短的关系。

总体情况见图8-1，调查样本总体平均的周工作时间为43.7小时。就性别来说，男女教师工作时间长短差异显著（F 值为 22.426，Sig. 值为 0.000，p＜0.05），男教师的周工作时间高于女教师 5 小时。就大学层次而言，"985"大学和一般大学教师工作时间长短存在显著差异（F 值为 16.113，Sig. 值为 0.000，p＜0.05），前者的周工作时间高于后者 6.2 小时。在职称方面，不同职称教师的周工作时间长短差异在统计意义上也非常显著（F 值为 10.699，Sig. 值为 0.000，p＜0.05），正教授周工作时间最长，为 48 小时，副教授 44 小时，助教工作时间长于讲师，为 42.5 小时，讲师的工作时间最短，为 40.3 小时。同时，就同性别的大学教师来说，职称对其周工作时间长短的影响是显著的（Sig. 值分别为：男 0.001 和女 0.023，p＜0.05）。

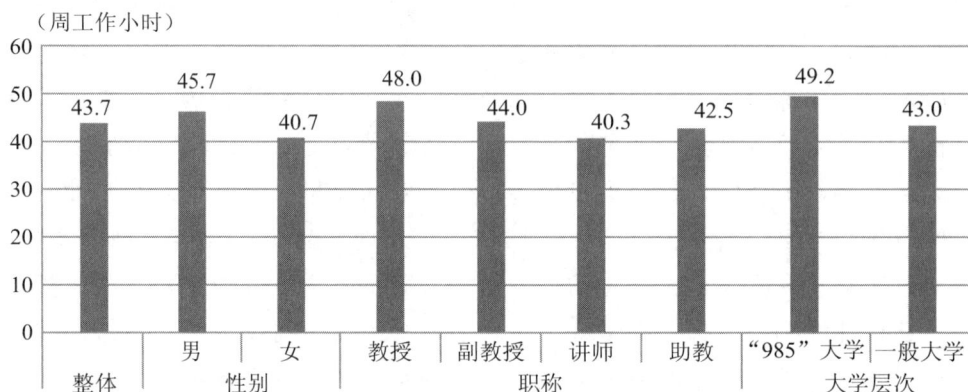

图 8-1　大学教师的周工作时数

>>一、教师性别与周工作时数<<

图 8-2 是我们以性别为控制变量时得到的不同职称条件下，大学教师周工作时数的差异。在四个职称段中，男教师都比女教师的工作时间长，最大差异发生在正教授段，男教授比女教授每周多工作近 6 小时；排在第二的是讲师段，男女教师差异近 5 小时；在副教授段的性别差异最小，男教师比女教师每周多工作 2.5 小时；助教段的男女教师工作时间差异是 3.1 小时。统计意义上的差异显著性分析结果显示，在教授和讲师这两个职称水平上，大学教师工作时间长短的性别差异是显著的（Sig. 值分别为 0.034 和 0.005，p＜0.05）。我们还可以专门分析一下女教师的工作时间状况：教授比副教授每周只多工作 1 小时，但助教比讲师每周多工作 3.4 小时，大学教师工作时间影响因素的实证研究是每周将近 6 小时。与此相对应，在男教师中，工作时间最长的也是正教授，最短的是讲师，教授与讲师的工作时间差异是每周近 7 小时。可以看出，在所有职称段的教师中，无论男女，讲师的工作时间都是最短的。从人性的角度来看，处于讲师段的教

师，也许其情感负担、经济负担、家务负担都相对最重；从"非人性"的角度看，讲师正好是高级职称和中低级职称的分界线，需要投入更多的精力和时间于工作和事业上，才可以跃过这个"界"得以晋升。

（周工作小时）

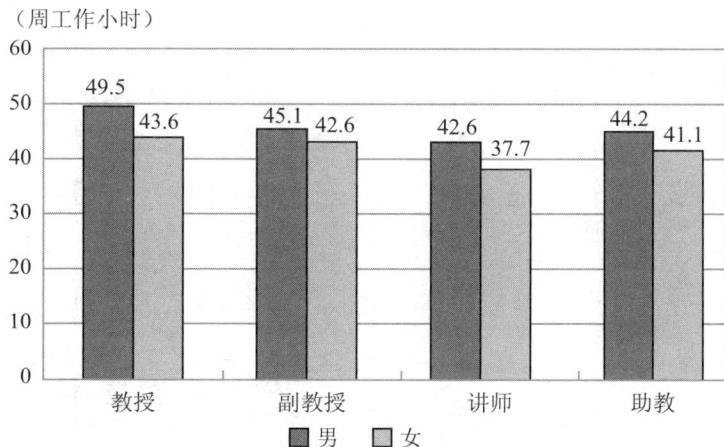

图 8-2　性别为控制变量下分职称的大学教师周工作时数

>>二、大学层次与周工作时数<<

图 8-3 描述的是引入大学层次作为控制变量之后的教师职称与其周工作时间的关系。我们知道，大学类型和层次不同，其发展使命、愿景、目标定位、职能设计也大不相同。本研究中，接受调查的 10 所"985"大学更多地强调科学研究，相应地，58 所一般大学更加注重教学。由图 8-3 可以发现，在"985"大学和一般大学工作的教师，其工作时间长短的差异主要发生在两个群体身上：正教授和助教。在这两个层次的大学中，工作时间长短的最大差异在助教群中，在"985"大学工作的助教比在一般大学工作的助教一周要多工作 13.3 小时，这多出来的时数是一般大学助教周工作时数的 1/3。在"985"大学工作的正教授比在一般大学工作的正教授一周多工作近 10 小时，这也不是一个小数字。相比之下，两个层次大学的副教授周工作时间相差 3.1 小时，讲师的周工作时间相差不到 4 小时。也就是说，在"985"大学任教的正教授和刚入职的助教，用工作时间来表示的工作负担比一般大学的正教授和助教要重很多（Sig. 值分别为 0.002 和 0.030，$p < 0.05$）；而副教授和讲师工作时间长短在大学层次上的差异却不很明显，均相当于相差半天的工作时间。

若专门分析"985"大学，正教授的周工作时间最长，为 56.5 小时，按一天工作 8 小时计算，相当于一周工作 7 天；助教稍短，一周的工作时间只比正教授少 1.7 小时；副教授和讲师的周工作时数则较短。统计来看，不同职称教师的周工作时间长短在统计意义上的差异显著（正、副教授 Sig. 值为 0.014，正教授与讲师 Sig. 值为 0.004，$p < 0.05$）。在一般大学，不同职称教师的周工作时间长短差异没有"985"大学的那样大，但统计差异也是显著的（F 值为 7.578，Sig. 值为 0.000，$p < 0.05$）。

（周工作小时）

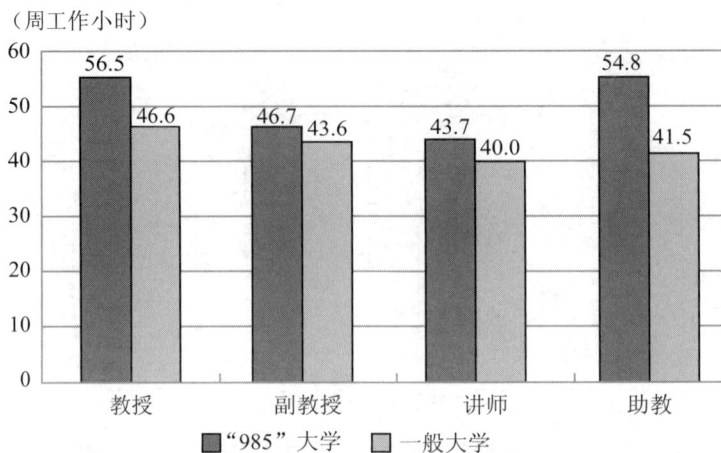

图 8-3　大学层次为控制变量下分职称的大学教师周工作时数

通过以上基本描述性统计分析可以看出，职称与大学教师的工作时间长短具有相关性，在控制了性别和大学层次变量之后，职称对大学教师周工作时间的长短仍然存在显著的影响作用。毋庸置疑，最高职称的正教授的周工作时间最长，刚刚入职的助教的工作时间也很长。

第四节　大学教师工作时间分配的影响因素

在讨论了大学教师职称高低对其周工作时间长短的影响之后，需要讨论职称高低对大学教师工作时间分配的影响。统计结果充分显示（见图 8-4），教学和研究"真的"是大学教师工作的重点，无论在哪个职称段，教学与研究所用时间均占教师周工作时间的 80% 以上，而其中的教学时间比例都是最高的。调查样本整体的统计平均是，教学、研究、服务与管理的时间分别约占 52%、33%、15%，也就是说，调查对象整体，不分职称、性别和所在大学层次，其研究时间平均占工作总时间的 1/3。

然而，不同的职称段，大学教师的工作时间分配结构是明显不同的。第一个发现：正教授花在教学与研究上的时间比较相近，分别约占 43% 和 39%，相差 4 个百分点；在其他三个职称段，教师的教学与研究时间比例都相差明显，其差距从大到小的顺序正好依职称水平从低到高排列，教学比科研高出的时间比例是：助教近 30%，讲师近 25%，副教授 21.4%。第二个发现：除正教授外，三个职

工作时间比例（％）

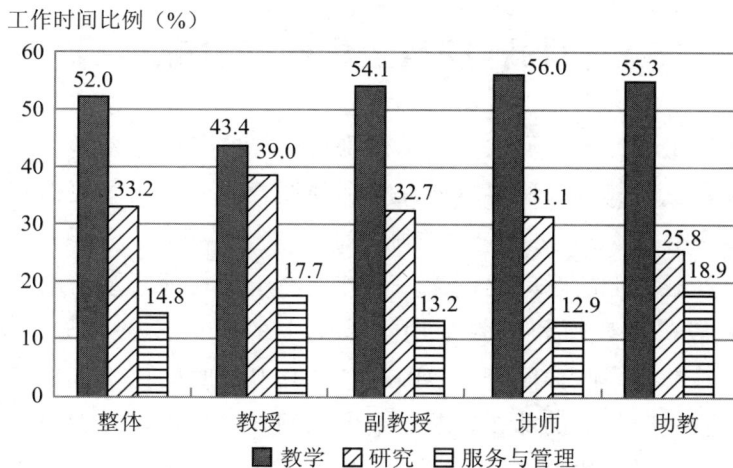

图 8-4　分职称的大学教师工作时间分配

称段教师的主要工作时间都在教学上，均占 55％ 左右。第三个发现：副教授和讲师的工作时间分配结构很接近。第四个发现：副教授和讲师的研究时间均约占其工作总时间的 1/3（几乎代表了被调查者整体所占的比例），助教的研究时间是其工作总时间的 1/4。第五个是一个有趣的发现：助教花在服务与管理上的时间竟然接近其工作总时间的 20％，比正教授还要高。但我们可从实践上感知正教授与助教在"服务与管理"上的不同：助教主要是为高级职称教师和院校行政事务服务；正教授主要是为政府和社会提供高级咨询和参与院校学术管理。我们对服务与管理进行了差异显著性检验，职称的不同对参与服务与管理比例高低的影响非常显著（Sig. 值为 0.000，$p < 0.05$）。有趣的是，在服务与管理时间比例上呈现出"中部凹陷"现象（"中部"指副教授和讲师）。

工作时间比例（％）

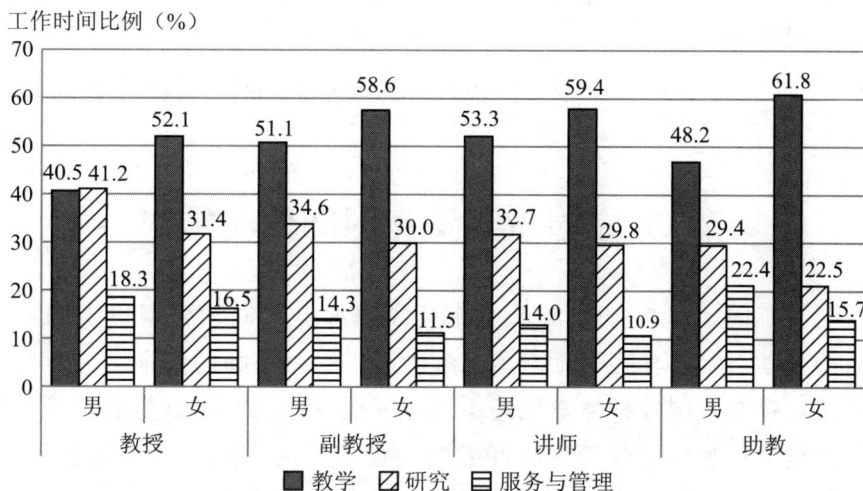

图 8-5　性别为控制变量下分职称的大学教师工作时间分配

>>一、教师性别与工作时间分配结构<<

在多年的定量研究中我们发现，整体平均往往掩盖群体差异，这正是数据统计中平均值使用上的弊端。所以本研究特别强调分组分析，以便得到更精确的差异图景。图 8-5 给我们提供了一个清晰的性别差异"照片"。第一，在相同职称段，女教师花在教学上的时间比例无一例外地高于男教师，突出的差异发生在助教和正教授两段，女教师和男教师用在教学上的时间比例差分别为 13.6％和11.6％。第二，在相同职称段，女教师花在研究上的时间比例都低于男教师，但其差异没有在教学时间上的那么显著，最大比例差发生在正教授段，男教授比女教授花在科研上的时间比例要高出近 10 个百分点。第三，在不同职称段，男教师的教学时间比例呈"中部凸起"，副教授和讲师花在教学上的时间都超过了50％；而女教师的教学时间是"职称越高，时间越少"。第四，在不同职称段，男教师的研究时间是"职称越高，时间越多"，其中最高和最低相差近12％；而女教师的科研时间比例在教授、副教授和讲师三段上相差不显著，均占30％左右，只有女助教的科研时间停留在22.5％。第五，服务与管理活动，在所有的相同职称水平上，男教师比女教师花在这方面的时间比例都高一些；在从高到低的前三个职称段，在相同性别的教师群内，"职称越高，时间越多"，助教则有其特殊性。第六，我们专门讨论男性正教授群。因为我们感知，在大学中，这是一群工作最累、负担最重、成就最大的人。按所用时间比例的高低，男性教授的研究、教学、服务与管理的时间分配是 41.2％、40.5％和 18.3％，研究时间稍高于教学，但基本上可以说呈 4∶4∶2 结构。最后，统计意义上的差异显著性分析结果也显示，不同职称的大学教师工作时间分配结构存在着显著差异（教学的大学教师工作时间影响因素的实证研究 Sig. 值为 0.000，研究的 Sig. 值为 0.000，服务与管理的 Sig. 值为 0.000，$p < 0.05$），职称越高，研究时间占工作时间总数的比例也越高。

>>二、大学层次与工作时间分配结构<<

大学层次不同，其教师学术工作任务的侧重点不同，分量也不同。具体而言，面对的教学对象，存在学术准备、学术潜力、对教师的要求等的不同；面对的科研要求，存在是国家整体发展还是地方区域发展的需要，是应对科研创新和科学进步的挑战还是应对教师评价和晋升的需求等的不同；面对的服务与管理，存在是作为智囊的政策咨询"参与进去"，还是作为旁观的学术代表"理论参考"，或是作为"门外"的接受性知晓等的不同。可以预见，大学层次对大学教师工作时间的分配结构会产生影响。

由图8-6可知，第一，在相同的职称段，大学层次不同影响到教师对工作时间的分配比例。一是"985"大学比一般大学更重科研：在教授层次是53.9%对应36.5%，副教授层次是45.9%对应30.9%，讲师层次是45.7%对应29.5%，助教层次是41.6%对应24.6%。在四个职称段因大学层次不同而产生的科研时间比例上的差值都在15%以上。二是一般大学教师花在教学上的时间普遍比"985"大学教师所用的时间要多：教授层次上的差异是15.8%，副教授层次上的差异是15.1%，讲师层次上的差异是12.0%，助教层次上的差异是25.2%。差异最大值发生在助教段，"985"大学的助教约32%的工作时间花在教学上，而一般大学的助教近60%的时间用于教学。第二，在不同的职称段，副教授与讲师的科研时间比例非常接近，"985"大学中几乎都为45%，一般大学都在30%左右。在一般大学中，副教授、讲师和助教在教学时间上的数值相近，都在57%左右。第三，在服务与管理时间上发生"中部凹陷"的情况同样出现在两个不同层次的大学中，在副教授段，两个层次的大学甚至没有差异；在正教授段，此项差异非常微弱；唯有讲师层次的差异明显（Sig. 值为0.064，$p < 0.1$）。第四，与前文对男性正教授的感知相近，"985"大学的正教授是工作压力最大和学术成就最大的群体，所以我们专门看看他们的时间分配结构：教学30%，研究54%，服务与管理16%。另外，也看看刚入职的"985"大学助教的时间分配结构，他们竟然与正教授的教学时间分配有相近之处（刚超过30%），与正教授不同的是，他们的研究时间刚超过40%，但服务与管理时间过多，达到了26.5%。若有心培养学术新人，将他们原用于服务与管理中10%的时间调整到研究上，他们的工作时间分配结构可能会是教学32%、研究52%、服务与管理16%，与正教授的就几乎相当了。

工作时间比例（%）

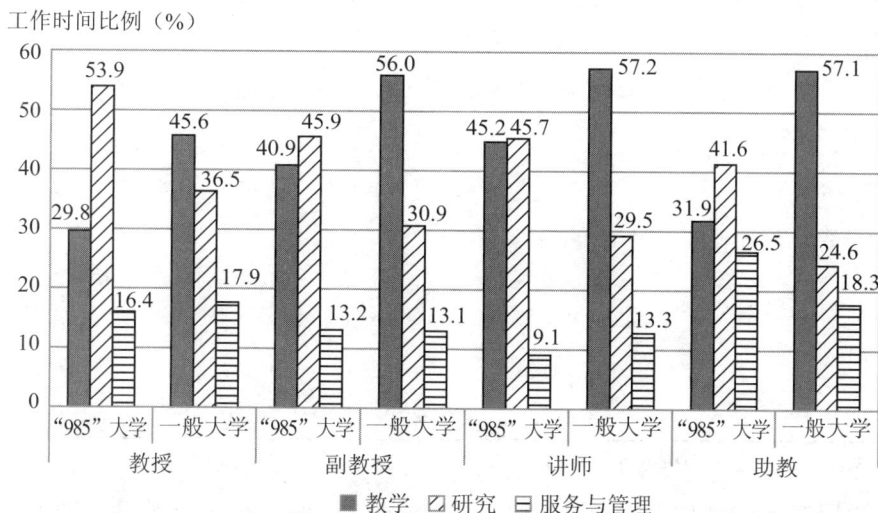

图8-6 大学层次为控制变量下分职称的大学教师工作时间分配

在以上的基本描述性统计分析中,我们已经看到了职称与大学教师工作时间分配结构的相关性。将性别和大学层次分别作为控制变量之后,职称对大学教师工作时间的分配结构仍然存在着影响。综合来看,最高职称的男性正教授,"985"大学的正教授,用于科研上的时间比例最高;最低职称的女性助教,一般大学的副教授和讲师以及助教,用于教学上的时间比例最高;最低职称的男性助教,"985"大学的助教,用于服务与管理上的时间比例最高。

第五节 大学教师工作时间长短及其
分配的回归分析

为进一步探究教师职称及性别和所在大学层次对其工作时间长短的影响程度和贡献大小,我们在大学教师工作时间影响因素的实证研究中用多元线性回归分析方法,对大学教师工作时间建立回归方程模型,通过线性回归分析,系统地检验和预测教师职称对大学教师工作时间长短的影响。

大学教师工作时间长短的多元线性回归分析如表 8-1 所示。观测表中的 Sig. 值可以看出,性别、大学层次、职称为正教授(助教为参照变量)这三个自变量对大学教师工作时间长短都具有显著影响。再来看标准化回归系数 Beta 值,以观测三个自变量对因变量的影响程度,可以看出,当职称为正教授时(助教为参照变量),职称和大学层次对教师工作时间长短的影响都最大(Beta 均为 0.065);其次是性别(0.063)。当职称为副教授和讲师时(助教为参照变量),职称对教师工作时间长短的影响并不显著。

表 8-1 大学教师工作时间长短的多元回归分析结果

变量	B	t	Sig.	Beta
Constant	40.459	23.902	0.000**	
性别	3.651	0.354	0.001**	0.063
(参照=女)				
大学层次	5.573	3.504	0.000**	0.065
(参照=一般大学)				
职称教授	4.160	2.153	0.031**	0.065
(参照=助教)				
副教授	0.731	0.401	0.689	0.013
讲师	−2.634	−1.405	0.160	−0.043

注:Sig. =0.000 ; *P<0.1 , **P<0.05。

继续用多元线性回归分析方法对大学教师工作时间分配结构建立回归分析模型(见表 8-2),用以系统检验各自变量对其工作时间分配结构的影响。观测回归分析中的 Sig. 值，可以看出，性别、大学层次、职称为教授这三个自变量对大学教师的教学时间和研究时间的分配比例都存在着显著影响；性别、职称为副教授和讲师（助教为参照变量）对大学教师的服务与管理时间比例产生的影响比较显著。再观测标准化回归系数 Beta 值的大小和正负。可以看出，性别、大学层次、职称为教授对大学教师教学时间分配的影响均是负面的，对研究时间比例大小的影响则都是正面的。其中，大学层次对教学时间的负面影响最大（Beta＝－0.162）；大学层次对研究时间分配的正面影响最大（Beta＝0.202），职称为教授对研究时间分配的影响紧随其后（Beta＝0.186）；职称为讲师对服务与管理时间分配的负面影响最大（Beta＝－0.146），而职称为副教授的负面影响与其相差无几（Beta＝－0.145）。

表 8-2　大学教师工作时间分配的多元线性回归分析结果

变量	教学	研究	服务与管理
Constant	－（0.000）	－（0.000）	－（0.000）
性别	－0.129（0.000**）	0.086（0.000**）	0.077（0.000**）
（参照＝女）			
大学层次	－0.162（0.000**）	0.202（0.000**）	－0.020（0.290）
（参照＝一般大学）			
职称教授	－0.133（0.000**）	0.186（0.000**）	－0.042（0.170）
（参照＝助教）			
副教授	0.010（0.750）	0.106（0.001**）	－0.145（0.000**）
讲师	－0.030（0.315）	0.083（0.005**）	－0.146（0.000**）
R²	0.078	0.075	0.021
F	49.188	46.837	12.667

注：表中数值为标准化回归系数 Beta 值，括号中为 Sig. 值。$R^2 = 0.019$；$F = 11.486$；* $p < 0.1$，** $p < 0.05$。

第六节　假设验证与研究发现

第一，性别对大学教师工作时间的影响显著。从性别视角来分析大学教师的工作时间以及工作时间分配是西方学者研究的热点和重点。多位西方学者的研究基本取得一致的观点：女教师花在工作上的时间普遍少于男教师；女教师在教学和服务上投入的时间较多，男教师花在研究上的时间较多。[1]这样的认识得到了

---

[1]　Link A. N., Swann C. A., Bozeman B. A Time Allocation Study of University Faculty, *Economics of Education Review*, 2008，(27)：365.

本研究的证实。我们还验证了研究假设一：从性别的角度看，男教师比女教师的工作时间要长（整体样本上每周长 5 小时）；男教师的科研时间比女教师的要多，女教师的教学时间比男教师的要多。

第二，大学层次对大学教师工作时间的影响显著。不同的大学其使命各异，更何况差异是发生在不同层次的大学，特别是"985"大学与一般大学之间。我们的分析结果验证了研究假设二：从大学层次的角度看，"985"大学教师确实比一般大学教师的工作时间长（整体样本上每周长 6 小时）；"985"大学教师的科研时间多，一般大学教师的教学时间多。

第三，职称对大学教师工作时间的影响显著。在引入了性别和大学层次作为控制变量之后，职称对大学教师工作时间以及工作时间分配结构的影响仍然非常显著。本研究发现，无论哪一层次的大学，教授花在教学上的时间比例都要少于本层次大学的副教授、讲师和助教，但并不存在教学时间比例上的副教授高于讲师、讲师高于助教的事实；同样，无论哪一层次大学，教授花在研究上的时间比例都要多于本层次大学的副教授、讲师和助教，并且存在着研究时间比例上的副教授高于讲师、讲师高于助教的事实，但本文并不能够验证我们的研究假设三。事实是，从职称的角度看，低职称教师不一定比高职称教师的工作时间长，调查样本整体上，正教授工作时间最长，讲师工作时间最短。另外，"低职称教师的教学时间比高职称教师多"也没有得到证实。只是"高职称教师的科研时间比低职称教师多"，无论在性别和大学层次上都得以验证。因此，本研究假设三实际上被证伪，这说明事实与假设相反。

本研究的诸多发现具有特别的意义，其中的四个对政府和大学的相关政策调整具有特别的价值。第一，正教授的工作时间整体上最长并尤以"985"大学的男性正教授为甚，"当上正教授就不努力了"的传言不攻自破。政策上需要适当释放这一群体人员的工作压力，减少不必要的行政参与，提供健康服务条件。第二，讲师工作时间相对最短，但同时面临的"升职"压力最大。政策上可从工作外围着手，为其提供有利于婚姻家庭健康、子女入园上学的后勤条件，使其安心工作并适当延长工作时间。第三，"985"大学助教的压力太重，其科研时间比例不比讲师和副教授低多少，甚至比一般大学的正教授还高很多，但在服务与管理上占用的时间太多。政策上要给他们创造条件，使潜力显著的顶尖大学初入职者稚嫩的学术翅膀不被折断，并得以"合方向性"的起步。第四，男性正教授群体的教学、研究、服务与管理的时间比例大体上为 40∶40∶20，其中"985"大学正教授的"三职能"时间比例是 30∶54∶16，这说明正教授是承担教学的，尽管研究型大学正教授的更多时间用在研究上，但其教学时间至少保持在 30%，正教授的时间分配结构事实留给政策调整的空间不大。

第三篇

工作时间专题研究

第九章
工作时间与收入水平

本章利用微观数据，探讨工作时间与收入水平的相关性。随着市场化改革的推进，我国劳动力市场发生了巨大的变化，处在巨大变革下的工作时间面临着标准化与灵活化的双重标准，国际化与本土化的双重挑战。首先以时间为轴，探讨了1990—2010年工作时间与收入水平的纵向相关性；接着，选取2010年为横截面，探讨了工作时间与收入水平相关性的行业差异和性别差异；最后，为工作时间与收入水平相关性的变化趋势寻找理论依据，并介绍了以美国为代表的西方发达国家的经验研究。

第一节　劳动力市场变革下的工作时间

>>一、中国的劳动力市场变革<<

从1978年的改革开放至今，中国的劳动力市场发生了翻天覆地的变化。改革从实行农业家庭承包制起步，劳动力剩余推动了改革的前进。从转移的途径和过程看，农村劳动力转移经历了下述三个阶段：第一阶段是在农业内部从种植业部门向林、牧、渔业部门转移，第二阶段是在农村内部向以乡镇企业为主要载体的非农产业转移，第三阶段是农村劳动力跨地区和向城镇的流动。大量农村剩余劳动力向城市的涌入推动了二元经济向一元经济的转轨。[①] 事实上，城镇化率的不断提高是这一转轨过程的具体表现。有数据表明，中国的城镇化率，即城镇人口占总人口的比重，从2011年突破50%之后，持续增长，已经于2013年达到了53.7%。

1993年召开的中共十四届三中全会是自由的市场经济政策得以全面实施的

---

① 蔡昉：《中国劳动力市场发育与就业变化》，载《经济研究》，2007年第7期。

枢纽。在这次会议上，通过了《中共中央关于建立社会主义市场经济体制若干问题的决定》。自此，中国的劳动力市场发展逐步完善，逐步标准化。随着新形式所有权的出现以及市场竞争的加剧，就业形式也发生了变化，从单一的终身雇佣制发展到多样的就业形式。这种改变为政府和工人双方都提出了挑战，一方面，政府为了使劳动关系标准化并维护工人的权利和利益，必须调整政策以适应这种新的变化；另一方面，这种改变对工人的素质提出了更高的要求，包括更高的受教育程度以及丰富的工作经验等。灵活的就业形式得到了政府的重视。在《中华人民共和国经济和社会发展的第十个五年规划》中明确指出，"引导工人改变就业选择，采用灵活的就业形式，比如兼职就业、季节性就业，促进自我雇佣的发展。"在 2002 年全国再就业工作会议上，中国政府的最高领导层又重申了灵活就业形式的重要性。①

随着对外开放的不断深入，国内劳动力市场开始融入国际劳动力市场。2014年 7 月 3 日，世界贸易组织（以下简称"世贸组织"）对中国的第五次贸易政策审议在日内瓦顺利结束。从 2001 年 12 月 11 日，中国正式成为世贸组织成员，中国已经走过了将近 13 个年头。中国劳动力市场受经济全球化的影响，无论从市场的组织安排，还是劳资双方的协调方式都在与世界接轨。

>>二、工作时间标准的探讨<<

随着经济的发展，保障工人的合法权益日益受到政府的重视。适度的工作时间作为工人合法权益的重要方面，应该受到政策制定者的重视。从世界范围看，发达国家对体面工作时间的重视先于发展中国家，而且保障措施日趋完善。我们需要学习发达国家的标准和被国际劳工组织已经认可的国际通行标准，这是工作时间标准的国际化。同时，我们需要结合中国的劳动力市场状况和体制完善程度，制定符合中国实际的标准，以实现工作时间标准的本土化。

(一)体面工作时间

在过去的几十年间，发展中国家和转型国家都在考虑工作时间问题，其中包括进一步减少工作时间、支持雇主的灵活性雇佣和雇员的灵活性就业以及推动业余工作的发展。然而，这些政策并没有如发达国家一般发展完善，欧洲国家的经验对于那些发展中国家或转型国家有着很好的指导意义。

---

① Xiangquan Zeng, Liang Lu, Sa'ad Umar Idris, *Working Time in Transition：The Dual Task of Standradizaion and Flexibilizaion in China*, International Labour Office, 2005，p. 1.

根据国际劳工组织的日常工作事项中关于劳动时间的规定，体面工作时间安排需要满足五个相互联系的标准：（1）保障健康和安全；（2）家庭友好型；（3）促进性别平等；（4）提高生产率；（5）提高工人在工作时间方面的话语权。

在发展中国家和转型国家，一些重要的工作时间议题需要被研究者关注，其中包括：跟踪实际工作时间的发展，分析政策和它们的潜在影响，评估法律规范的影响，识别工人的需求和偏好以及他们对工作时间的理解程度，进行对创新性公司的案例研究并考察对公司生产率，工人及其家庭福利水平的影响，评估工作时间与性别平等的关系。另外还包括以非正规方式就业工人的工作时间的研究。

（二）工作时间标准

随着发展中国家经济的崛起，对工人工作条件与生命安全的保障引起了社会的关注。过长的或者混乱的工作时间安排都会对工人的健康、家庭和生命安全造成伤害。在发展中国家，写入法律条款的工作标准对实际工作条件的改善影响很小，而且这种过长或者工作时间混乱的工作方式可能会对法律标准已经非常完善的国家造成影响。

1. 工作时间的限制：国际标准

减少工作时间是劳动法律最初的目标之一。对周工作时间或日工作时间加以规定的法律条款最早在19世纪中叶的欧洲国家颁布，该法律旨在减少童工的工作时间。随后，欧洲颁布了对成人工作时间加以限制的法律，直至第一次世界大战前夕，欧洲相对普遍地实行了每日工作10小时的时间限制。与欧洲相比，新西兰和美国更为先进，在20世纪初期便将周工作时间限定在48小时。第一次世界大战结束后，这一标准在大多数欧洲国家和包括墨西哥、乌拉圭在内的拉丁美洲国家普遍实行。随着旨在推动颁布工作时间全球化标准的工会运动发展到顶峰，国际劳工组织于1919年颁布了《第1号：工作时间（工业）公约》，该公约规定了8小时的日工作时间以及48小时的周工作时间。在1930年，国际性的执行标准拓展到了除农业外的所有行业，颁布了《第30号：工作时间（商业和政府）公约》。

2. 对正规工作时间的限制

尽管在第一次世界大战末期便规定了48小时的工作时间限制，但到了1935年，一些全国性的法律才规定了40小时的工作时间，直至1962年，国际标准才被确立。在《第116号：工作时间减少提议（1962）》中，详细阐释了如何将工作时间的规范标准有效应用于实践，该提议建立了以40小时周工作时间为原则的社会标准。为了成功实现这一目标，《提议》中做出了如下考虑：（1）在下述情况下：不降低总体产量或生产率，不威胁经济增长，不影响新兴行业的发展或者其在国际贸易中的竞争力，不造成最终将导致工人的实际收入减少的通货膨胀，根据该国经济发展的水平决定其工作时间的规定量；(2)应用现代科技、自动化和管理技术来提高生产率；(3)减少工作时间的国家仍然致力于提高公民的生活水平；(4)雇主和工人的组织利益不同，可能带来工作时间的减少。[①]

3. 中国工作时间的双重标准——标准化和灵活化

在全球竞争日益加剧的大环境下，中国经济经历了向市场经济的转型，工作时间面临着双重压力：标准化和灵活化。一方面，通过限制工作时间的长度和提供恰当的有关工作时间安排的管理框架已经在实行中；另一方面，在全球化的市场中获得一个有竞争力的优势日益变得重要，工作时间灵活化的重要性随之提升，尤其在工作场所。从20世纪90年代中期法定工时减少以来，学术界研究讨论的重点开始转向灵活工时制的问题。学者们认为，推行灵活工时制可以使企业减少无效工时，提高经济效益，增加社会就业数量，特别是对国有企业下岗职工再就业更有意义。因此，工作时间在中国变得日益复杂，需要从不同角度审视它的意义。

第二节　工作时间与收入水平关系的描述性分析

从20世纪90年代开始的劳动力市场变革一直伴随着国民收入的稳步提升。国民收入的提高既推动着劳动力市场变革，同时也是劳动力市场变革的成果之一。在劳动力市场变革的大背景下，工作时间面临着标准化与灵活化的双重标准，本土化与国际化的双重挑战。探讨工作时间与收入水平的关系有着非常重要的意义。

>>一、数据描述<<

本报告的数据来源为中国妇女社会地位调查，该调查是由全国妇联和国家统计局联合组织的全国性调查，从1990年起，每十年进行一次，旨在全面、客观地反映十年来中国妇女社会地位的状况和变化，探究社会结构变迁与妇女社会地位变化的关系，了解新时期妇女最关心、最直接、最现实的问题。第三期数据的采集以2010年12月1日为标准时点，内容包括健康、教育、经济、社会保障、政治、婚姻家庭、生活方式、法律权益和认知、性别观念和态度九个方面。该调查涵盖了被访者的收入情况和日常时间的具体安排，对本研究有着重要的实践意

[①]　Sangheon Lee, Deirdre McCann, Jon C. Messenger, *Working Time Around the World*, International Labour Office, 2007, pp. 9-12.

义。本节拟从纵向、横向两个角度来考察工作时间与收入水平的关系。纵向来看，1990—2010 年，国民收入实现了快速增长，我国劳动者从事有酬劳动的工作时间随着收入的增长也发生了相应的变化，我们需要认清这种趋势；横向来看，以 2010 年数据为研究重点，不同行业劳动者的工作时间与他们的收入水平呈现出不同的相关关系。

(一)样本描述

由于我国将 16～60 周岁的男性、16～55 周岁的女性规定为劳动年龄人口，所以本样本选取我国适龄劳动年龄人口。同时将被观察者的就业状态进一步限定在正从事有收入的工作/劳动。按照要求进行数据整理之后，得到的有效样本情况如下表所示：

表 9-1　中国妇女社会地位调查数据有效样本量

年份	样本总量（份）	女性样本量（份）	男性样本量（份）
1990	20 292	10 059	10 233
2000	15 078	7 596	7 482
2010	15 805	8 034	7 771

数据来源：中国妇女社会地位调查。

(二)劳动者的工作时间

根据调查问卷的设置，一位典型的劳动者通常将一天的工作时间做出如下划分：(1)有收入的工作/劳动/经营活动(含家庭手工/种植/养殖等)；(2)学习(含专业培训和借助媒体的学习等)；(3)工作/劳动/学习往返路途；(4)家务劳动(含做饭、清洁、照顾家人、日常采购等)；(5)看电视；(6)其他休闲活动(如打牌、看电影、聊天等)；(7)睡觉(含午休)。虽然不同的劳动者的时间配置方式不同，但整体来看，一位典型的劳动者的日常活动通常涵盖至少上述三部分内容，我们的报告重点关注劳动者从事有收入的工作/劳动/经营活动的时间。

>>二、国民收入的纵向变化<<

1990 年，是开始改革开放后的第 12 年，国内生产总值为 18 667.82 亿元，是 1978 年的 5 倍多；2010 年，国内生产总值为 401 512.80 亿元，是 1990 年的 21 倍多，是 1978 年的 110 倍。1990—2010 年，中国经济发展的速度令世界瞩目，经济的快速发展带来了居民收入的稳步提升。根据国家统计局的统计结果，1990 年，城镇居民家庭人均可支配收入为 1 510.2 元，农村居民家庭人均纯收入为 686.3 元；2010 年，前者上升到 19 109.4 元，后者上升到 5 919.0 元。根据世界银行制定的最新收入分组标准，中国已经从中低等收入国家升至中上等收入国家。

（亿元）

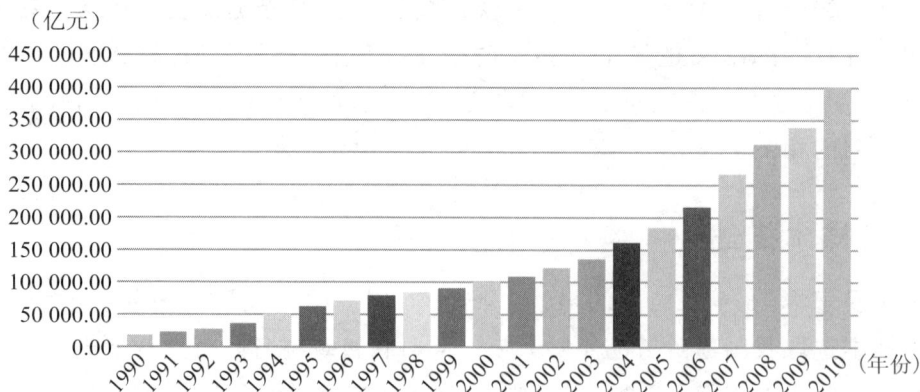

图 9-1　1990—2010 年中国国内生产总值汇总图

有酬劳动工资的提高是国民收入稳步提高的具体表现，同时也带来时间价值的提升。经济学中，将一位理性人一天可支配的时间分为闲暇时间和工作时间，时间价值的提升导致闲暇时间的机会成本增大，进而影响理性经济人对闲暇时间与工作时间的配置，最终对理性经济人的工作时间供给造成影响。

>>三、工作时间与收入水平关系的纵向分析<<

（一）工作时间的纵向变化

1990—2010 年，一位典型劳动者的日工作时间经历了先下降后上升的趋势。如下表所示，1990 年日工作时间为 404.38 分钟，2000 年日工作时间为 326.12 分钟，较 1990 年下降 19.4%。2000—2010 年，日工作时间由 326.12 分钟上升到 453.28 分钟，2010 年较 2000 年上涨了 39%。从性别角度观察工作时间的变化，我们发现尽管处在不同的社会发展阶段，劳动者工作时间的性别差异均十分明显。在 1990 年、2000 年以及 2010 年，男性比女性从事有收入工作/劳动/经营活动的时间分别多出了 17.0%、22.9% 以及 5.0%。

表 9-2　典型劳动者日均工作时间

年份	有收入的工作/劳动/经营活动时间（分钟）
1990	404.38
2000	326.12
2010	453.28

数据来源：中国妇女社会地位调查。

表 9-3　1990 年、2000 年、2010 年按性别划分的从事有收入工作/劳动/经营活动的劳动者工作时间

年份	男（分钟）	女（分钟）
1990	435.73	372.50
2000	400.89	326.12
2010	462.79	440.90

数据来源：中国妇女社会地位调查。

（二）工作时间与收入水平的关系

从前面对国民收入变动趋势的分析，我们发现从 1990 年至 2010 年，国民收入一直处在稳步上升的趋势。2000 年较 1990 年上涨了四倍多，2010 年较 1990 年上涨了二十倍多。微观来看，城镇居民家庭人均可支配收入与农村居民家庭人均收入也相应地呈现大幅度增长。如下表所示，以 1990 年为基准年，城镇居民家庭可支配收入在 2000 年和 2010 年分别上涨了 3.2 倍和 11.7 倍，农村居民家庭人均纯收入在 2000 年和 2010 年分别上涨了 3.3 倍和 7.6 倍。

表 9-4　城镇居民家庭人均可支配收入与农村居民家庭人均纯收入的纵向变化

年份	城镇居民家庭人均可支配收入（元）	农村居民家庭人均纯收入（元）
1990	1 510.2	686.3
2000	6 280.0	2 253.4
2010	19 109.4	5 919.0

数据来源：国家统计局。

宏观来看，工作时间的变化并没有与人均收入水平的变化呈现出稳定的正向或者负向关系。在不同的发展阶段，表现出了不同的相关关系。实际上，工作时间与收入水平的关系还要受到许多因素的影响，包括国内劳动制度的健全、劳动法规的完善程度以及国际环境等。

>>四、工作时间与收入水平关系的横向分析<<

前面，我们已经从宏观上分析了工作时间与收入水平的关系，但遗憾的是，我们并没有发现二者之间呈现出稳定的正向或负向关系。实际上，若聚焦于某一特定的年份，观察不同行业间二者的关系，会为我们带来更加深入的思考。

（一）不同行业间的典型劳动者工作时间

根据经济活动的同质性原则，即每一个行业类别都按照同一种经济活动的性质划分，而不是依据编制、会计制度或部门管理等划分，将所有行业划分为 20

大类，重点关注 19 类行业工作时间情况，如下表所示。该表详细描述了不同的行业的城镇就业人员的周工作时间在 40 小时及以下、41～48 小时以及 48 小时以上三个范围内的分布比例。在所有行业中，周工作时间在 40 小时及以下的人员数量占比最高的前三位行业分别为：公共管理、社会保障和社会组织，教育，电力、热力、燃气及水生产和供应业；周工作时间在 41～48 小时范围内，人员数量占比最高的前三位行业分别为：采矿业，制造业，房地产业；周工作时间在 48 小时以上范围内，人员数量占比最高的前三位行业分别为：住宿和餐饮业，批发和零售业，建筑业。

表 9-5　按行业划分的城镇就业人员工作时间百分比构成

行业分类		40 小时及以下（%）	41～48 小时（%）	48 小时以上（%）
总　计	100.0	46.9	20.3	32.8
农、林、牧、渔业	100.0	65.1	14.3	20.6
采矿业	100.0	47.5	29.4	23.1
制造业	100.0	37.2	27.3	35.5
电力、热力、燃气及水生产和供应业	100.0	66.7	17.7	15.6
建筑业	100.0	33.5	19.9	46.6
批发和零售业	100.0	31.4	21.1	47.5
交通运输、仓储和邮政业	100.0	41.2	18.2	40.6
住宿和餐饮业	100.0	21.6	23.3	49.4
信息传输、软件和信息技术服务业	100.0	45.2	19.2	35.6
金融业	100.0	64.4	17.2	14.1
房地产业	100.0	48.3	25.5	26.2
租赁和商务服务业	100.0	50.3	22.7	27.0
科学研究和技术服务业	100.0	65.6	18.6	13.3
水利、环境和公共设施管理业	100.0	64	16.3	19.7
居民服务、修理和其他服务业	100.0	34.9	19.8	45.3
教育	100.0	67.8	13.0	13.5
卫生和社会工作	100.0	63.3	18.2	18.5
文化体育和娱乐业	100.0	50.2	16.2	27.3
公共管理、社会保障和社会组织	100.0	79.9	11.1	9.0

数据来源：《中国人口和就业统计年鉴 2013》。

(二)不同行业间的工作时间与收入水平的关系

基于 2010 年第三期全国妇女社会地位调查的数据，参照"国民经济行业代码表"，对数据进行了二次整理，将所有数据按行业划分为 19 个类别。数据中只包含处在劳动年龄阶段且正从事有收入的工作/劳动的被调查者的数据。对整理后的数据进行相关性分析，分析结果如下表所示：

表 9-6　不同行业间工作时间与收入水平的关系

行业分类	工作时间与收入水平的关系（%）
农、林、牧、渔业	−3.5
采矿业	−2.1
制造业	5.8
电力、热力、燃气及水生产和供应业	9.58
建筑业	5.8
批发和零售业	−3.47
交通运输、仓储和邮政业	2.28
住宿和餐饮业	−1.98
信息传输、软件和信息技术服务业	5.85
金融业	6.65
房地产业	−19.63
租赁和商务服务业	−6.41
科学研究和技术服务业	−2.14
水利、环境和公共设施管理业	−8.36
居民服务、修理和其他服务业	−5.35
教育	6.15
卫生和社会工作	2.63
文化、体育和娱乐业	12.83
公共管理、社会保障和社会组织	0.64

数据来源：2010 年第三期全国妇女社会地位调查数据。

从整体上看，工作时间和收入水平呈现微弱的负向相关关系，但这种负向相关关系并非存在于每一个行业中。具体地看，在 19 个被分析的行业中，有 9 个行业的工作时间与收入水平呈现负向相关关系，其余 10 个行业均呈现正向相关关系。呈现负向相关关系的行业有：农、林、牧、渔业，采矿业，批发和零售业，住宿和餐饮业，房地产业，租赁和商务服务业，科学研究和技术服务业，水利、环境和公共设施管理业，居民服务、修理和其他服务业；呈现正相关关系的行业有：制造业，电力、热力、燃气及水生产供应业，建筑业，交通运输、仓储和邮政业，信息传输、软件和信息技术服务业，金融业，教育，卫生和社会工作，文化、体育和娱乐业，公共管理、社会保障和社会组织。

(三)工作时间与收入水平关系的性别差异

联合国发布的 2013 年人类发展报告《南方的崛起：多元化世界中的人类进步》确定了对保持世界发展势头具有重要作用的四个具体方面：促进公平（包括性别平等）、加强包括青年在内的公民话语权和参与权、应对环境压力和应对人口变化。性别平等是影响世界发展的重要方面。但遗憾的是，中国的性别不平等现象仍然十分突出。根据联合国开发计划署的数据，2012 年中国性别不平等指数为 0.213，位于全世界第 35 位，落后于日本、韩国、新加坡等国。性别不平等问题是一个经济个体在他的整个生命周期内都会面临的问题，这个问题会直接影响到家庭内部的时间配置和劳动力市场的表现。

行业特点的不同直接决定了不同行业的性别构成、收入与性别相关性的大小的不同。比如，在信息传输、软件和信息技术服务业，男性往往占比较高，并且更易获得高收入。所以，即使在相同的行业，工作时间与收入水平的关系同样存在着性别差异。认清这种差异，一方面有助于我们更加全面地认识工作时间与收入水平的关系；另一方面为解决性别歧视问题提供依据。

表 9-7　行业内部工作时间与收入水平相关性的性别差异

行业分类	男性（%）	女性（%）
农、林、牧、渔业	−3.65	−4.94
采矿业	−2.60	−20.52
制造业	0.42	2.85
电力、热力、燃气及水生产和供应业	11.47	7.76
建筑业	0.62	−8.50
批发和零售业	2.90	2.48
交通运输、仓储和邮政业	7.32	2.35
住宿和餐饮业	−4.40	−3.43
信息传输、软件和信息技术服务业	−3.80	1.07
金融业	8.06	5.46
房地产业	−18.25	−25.35
租赁和商务服务业	−3.77	−16.54
科学研究和技术服务业	0.77	−12.85
水利、环境和公共设施管理业	−14.98	0.00
居民服务、修理和其他服务业	−2.83	−7.83
教育	2.52	−4.58
卫生和社会工作	2.87	9.82

续表

行业分类	男性（%）	女性（%）
文化、体育和娱乐业	18.96	4.08
公共管理、社会保障和社会组织	1.09	−4.82

数据来源：2010 第三期全国妇女社会地位调查数据。

如表中所示，不同的行业间工作时间与收入水平的关系存在着明显的性别差异。在建筑业，信息传输、软件和信息技术服务业，科学研究和技术服务业，教育，公共管理、社会保障和社会组织这五个行业中，工作时间与收入水平的相关关系因性别不同而相反。同时，在水利、环境和公共设施管理等行业，男性与女性存在着明显的相关性差异。

第三节　工作时间与收入水平关系的理论分析

通过上一节的描述性统计分析发现，纵向来看，工作时间与收入水平的相关性在不同的社会发展阶段并不相同。而通过横截面分析，我们又发现，即使在相同的时间点，不同行业间，工作时间与收入水平的相关性也不一致。本节将依据经济学理论，结合中国实际情况，分析产生这种现象的潜在原因。

>>一、工作时间与收入水平的关系——传统观点<<

在经典西方经济学理论中，工作时间的供给图形呈背弯状。随着工资率的提高，劳动者意愿供给的工作时间呈现先增加后减少的变化趋势。这是因为，工资率的上涨将会带来替代效应和收入效应。当替代效应大于收入效应时，劳动者愿意供给更多的工作时间来替代闲暇。具体表现为，在工资率上涨的早期阶段，劳动者的劳动供给时间增加，闲暇减少。随着工资率继续上升，达到临界点后，收入效应将超过替代效应，劳动者倾向于减少工作，更多地享受闲暇时光。此时，工作时间供给开始向反方向弯折。若依据经典理论，在达到临界点之前，劳动者意愿供给的工作时间应一直增加。但遗憾的是，根据上一节我们整理的数据，1990—2010 年，意愿供给的劳动时间先减少而后增加，并不符合经典理论所阐释的情况。

>>二、工作时间的演变模型<<

孟续铎、杨河清(2012)提出工作时间演变模型，从宏观角度阐释了工作时间与收入水平之间的关系。该模型认为，在社会的不同发展阶段，由于经济增长和社会财富增加，工作时间将呈现先减少、再增加、最后又减少的趋势。在从最不发达国家向中低收入发展中国家过渡过程中，由于法律法规的逐渐完善、工会话语权的提升以及劳动者维权意识的加强，实时工作时间缩短。而从中低收入发展中国家向中高收入发展中国家过渡的过程中，伴随着二元经济向一元经济的转型、劳动者工资率的提高等变化，实时工作时间将会增多。[①]

按照世界银行公布的数据，2008 年的最新收入分组标准为：人均国民总收入低于 975 美元为低收入国家，976～3855 美元之间为中等偏下收入国家，3 856～11 905美元之间为中等偏上收入国家，高于 11 906 美元为高收入国家。[②] 而 1990年，我国的人均名义 GDP 为 344 美元，2000 年为 949 美元，2010 年为 5 447 美元，分属低收入国家，低收入国家与中等偏下收入国家的交界以及中等偏上收入国家。根据工作时间演变模型，1990—2000 年，实时工作时间应该减少，2000—2010 年，由于收入已经位于中等偏上收入国家之列，所以实时工作时间应该增加。理论模型所预测的变化趋势与三期全国妇女社会地位调查所揭示的有收入的劳动/工作/经营活动时间的变动趋势完全一致，所以工作时间演变模型是合理的。

>>三、工作时间与收入水平的相关关系 ——基于美国的经验研究<<

1970—2012 年，美国的 GDP 增长了 15 168 亿美元，达到 162 446 亿美元，增长了 15.1 倍。期间，美国人口增长了 1.08 亿，美国人均 GDP 增长了 46 037美元。GDP 年均增长额为 3 612 亿美元，增长率为 33.6%。美国 GDP 占份额降低了 9.8%，占美洲份额降低了 11.8%，占北美份额降低了 2.5%。42 年间，GDP 的最低值出现在 1972 年，为 10 759 亿美元；最大值出现在 2012 年，为16 2446 亿美元。1970—2012 年，美国的人均 GDP 增长了 10 倍，达到了 51 163美元。人均 GDP 年均增长为 1096.1 美元，增长率为 21.4%。[③]

根据人口普查和 CPS 的数据，受雇佣的美国人每周工作时间超过 48 小时的比例高于 25 年前。利用 CPS 从 1979 年到 2006 年的数据，我们发现，在高受教

[①]　孟续铎、杨河清：《工作时间的演变模型及当代特征》，载《经济与管理研究》，2012 年第 12 期。

[②]　收入标准：http://baike.baidu.com/link? url=_d1fpp6SWMp5rRDLckM8dDIuLASYxrocXif6Iba5V3RvOE0S0HLuyNi52fkQsWaEAZEhUwggyy9XohGJWC8Ld_.

[③]　GDP in United States：http://kushnirs.org/macroeconomics/gdp/gdp_usa. html#change.

育程度、高薪和岁数较大的人群中，周工作时间的增长最为明显。在赚取工资的人群中，残差工资不平等增长明显，对标准 40 小时的补偿性工资增长缓慢。

1970—1990 年，带薪就业的美国人中每周工作时间超过 48 小时的比例从 15.4％上涨到 23.3％。在 1980 年的人口普查和 2005 年的美国社区调查中，每周经常工作超过 48 小时的雇员的份额从 16.6％上涨到 24.3％。利用当期人口调查 1979—2006 年的数据研究发现，工作超时比例的增长在 1990 年之前最为严重，在 20 世纪 90 年代以后增速放缓，在 2000 年之后趋势反转。重点关注的人群包括高受教育程度、高工资、年龄较大的雇员。在分析了劳动的人口组成，职业或行业的变化，调查技术的改变以及互联网推动的家庭工作对劳动时间供给的影响之后，粗略考察了在行业和职业层面上工作超时变化的决定因素，最终发现超时工作的增长主要出现在具有下述特点的行业中：(1)残差工资不平等增长的行业；(2)对标准的 40 小时之外的工作进行补偿增长缓慢的行业。①

第四节 结论与政策建议

从 20 世纪 90 年代起，在经济转轨与全球化的大背景下，劳动力市场迎来了巨大变革。处在变革的劳动力市场下的工作时间的研究，面临着标准化和灵活化的双重标准，本土化和国际化的双重挑战。工作时间是劳动者为了履行劳动合同义务，在法律规定的限度内，从事本职工作时间。一方面，雇员按照合同的规定，完成雇主所安排的工作；另一方面，雇主有权给雇员指派任务，并遵照法规，保证集体合同和雇佣合同中所确定的工作条件。适度的工作时间是保障工人合法权益的重要体现。

随着经济的增长，国民收入的稳步提升，探讨工作时间与收入水平的关系具有现实意义。笔者从行业差异与性别差异两个角度考察了这种相关关系。研究结果表明，工作时间与收入水平在不同的行业间存在明显的差异，即使在相同的行业，也存在着明显的性别差异。接着，选取美国作为发达国家的代表，考察了美国雇员的工作时间与收入水平的关系，以期为国内的研究提供经验证据。研究发现，我国现阶段工作时间与收入水平的关系无法利用传统模型来解释，而描绘工作时间随社会发展阶段变化的工作时间演变模型可以很好地解释我国的工作时间变化趋势。

深刻理解工作时间与收入水平宏观上的相关性以及微观上的行业差异与性别差异，具有多方面的意义。赖德胜(2014)指出，"为使改革红利更好地惠及全体

---

① Peter Kuhn, Fernando Lozano, *The Expanding Workweek*? Understanding Trends in Long Work Hours among U. S. Men, 1979-2004，NBER Working Paper Series，Working Paper 11895.

人民，需要使就业优先战略得到更好落实，使教育得到更加公平的发展，使收入得到更加公平的分配，使社会保障更加公平可持续，而这些又要求正确处理好政府与市场的关系。"[1]保障就业优先、促进收入公平分配，是使改革红利惠及全体人民的重要手段。了解工作时间与收入水平上的相关性有助于我们利用上述方式实现改革红利惠及全体人民。另外，深刻理解这些变化可以为国家提供对劳动力市场进行宏观调控的依据，有利于国家制定正确的劳工政策和人力资源开发战略，从而提高劳动力市场运行效率，实现劳动力资源的优化配置，为企业、国家、个人提供基础性服务。最后，对工作时间与收入水平性别差异的研究有助于实现性别平等，保障人权。

---

① 赖德胜：《使改革的红利更好地惠及全体人民》，载《北京工商大学学报（社会科学版）》，2014 年第 1 期。

第十章
过度劳动与意外自然死亡

第一节　引　言

近年来，我国经济发展迅速，社会发展稳定，人们生活水平不断提高。然而，在迈向高收入国家的进程中，随着经济和社会快速发展，人们的生活节奏也相应加快，社会竞争压力不断加大，劳动力市场中出现一部分劳动者长期从事超负荷、超强度的工作，从而致使身体或精神健康遭受到严重的损害，甚至过劳致意外自然死亡。这对我国在科学发展观指引下持续、健康、和谐发展目标的实现造成了很大的阻碍。这一问题如果得不到及时有效的解决，则很有可能伴随着国家的快速发展进而演变成较为严重的社会问题，长期来看，会对我国社会经济的可持续发展产生十分不利的影响。近年来，我国劳动力市场上频繁出现劳动者因过度劳动致意外自然死亡的现象，"过劳死"一词也以越来越高的频率出现在公众视野中：

2005年1月5日，中国社科院边疆史地研究中心学者萧亮中，因劳累过度，夜间突然告别人世，年仅32岁。

2005年1月26日，46岁的清华大学工程物理系教授高文焕患肺腺癌，繁重的工作压力不仅使他错过了肺腺癌最佳治疗时期，而且导致病情进一步恶化。

2005年9月21日，网易代理首席执行官孙德棣因长期快节奏、超负荷工作，年仅38岁英年早逝。

2006年4月28日，连续加班30多天的深圳华为公司研发人员胡新宇猝死，年仅25岁。

2008年7月21日，同仁堂董事长张生瑜因突发性心脏病亡故，年仅39岁。

2009年6月5日，《新闻联播》48岁男主播罗京在全国观众的惋惜声中溘然长逝。[①]

2011 年 4 月，年仅 25 岁的普华永道上海办事处员工潘洁猝死。她的微博上早就高频次出现加班、身体透支的记录。[②]

2012 年 7 月，年仅 24 岁的杭州 4 钻淘宝网店女店主"艾珺 aj"在家中猝死，从她的微博可以看到"为什么 1 天只有 24 小时，我想做能充电的机器人""请大家爱惜颈椎""今天全身酸痛"等话语。[③]

2012 年 10 月 21 日，淘宝上一家名为"小彩衣柜"的网店店主许文俊因过度疲劳去世，年仅 29 岁。

2013 年 5 月 13 日，奥美中国 24 岁员工猝死。去世前，他已连续加班一个月，每天 23 点以后下班。[④]

……

改革开放近 30 多年来，我国进入经济起飞阶段，尤其是近些年，加快了迈向高收入国家的进程，成为当今世界经济增长速度最快的国家之一。毫无疑问，伴随着经济增长而来的是居民收入水平的大幅度提高，贫困人群的显著减少和人们生活水平的不断提升。然而，同期劳动力市场上频繁出现的劳动者意外自然死亡现象也向中国敲响了警钟！劳动力是市场中最基本的要素，要维持市场稳定健康的发展，必须保证劳动者的基本健康需求，需要对劳动力市场中存在的威胁劳动者身心健康的问题进行高度关注。我国领导人在 SARS 发生后首次把人民健康问题置于首位，同时也为这一重大的政治承诺做出了极大的努力。进入 21 世纪以来，我国在应对全民性健康问题的同时，也面临着就业人员的健康不断受到与工作相关因素的威胁和挑战的问题。随着经济和社会的迅速发展，保证就业人员的健康安全成为今后我国全面建设小康社会，保障经济社会协调、稳定发展的核心目标之一，这也是我国倡导以人为本作为主要内容的新科学发展观的重要体现。

第二节　概念界定

人们普遍认为，心血管障碍是意外猝死最常见的原因。[⑤] 工作压力可导致一

---

① 王丹：《中国社会经济持续健康发展不能承受之患》，载《中国工人》，2010 年 10 月 6 日。

② 腾讯新闻：http://news.qq.com/a/20130712/009307.htm。

③ 腾讯新闻：http://news.qq.com/a/20130712/009307.htm。

④ 中国时刻网新闻频道：http://www.s1979.com/news/society/201305/1787875517.shtml。

⑤ Kwon I. Analysis of Sudden Unexpected Natural Death in Legal Autopsy during 1990—1994, *Annual Report of National Institute of Scientific Investigation*，1995，27：127-135 (in Korean).

个先前就患有严重病症如高血压或动脉硬化等疾病的人意外猝死。[①] 我国政府已经对因过度劳累或工作压力致工伤及死亡的案例进行了补偿，但是到目前为止，我国官方既没有一个明确的定义也没有一个清晰的衡量标准来审核工作压力或过度劳累，因此，无法有效地对工作压力相关的心血管等疾病发作进行预防和赔偿。这一点与韩国的情况十分相似，所以本文引用了学者 Jungsun PAR，Young-Sook CHO，Kwan-Hyung YI，Kyung-Yong RHEE，Yangho KIM 和 Young-Hahn MOON 在其有关韩国工人意外自然死亡的研究中所定义的"意外自然死亡"一词来对中国各地区就业人员的健康情况进行研究。

Jungsun PARK 等人的研究对"意外自然死亡"（Unexpected Natural Death）的定义为，一个人在出现疾病征兆之前没有节制地从事日常工作而毫无征兆地发生的非偶然性死亡。[②] 此处的"征兆"是指严重的主观症状或客观迹象已经促使其去看过医生。意外自然死亡与从发病到死亡的时间（从发病到死亡的时间主要取决于一些因素，如适当的急救措施、转诊制度和心脑血管疾病方面的医学护理水平等）不相关。与意外自然死亡十分相近的是"猝死"，它是定义从发病开始 24 小时内发生的内部死亡的世界标准技术术语，得到世界各地的普遍接受和使用，但是本文仍然选择采用"意外自然死亡"作为术语。因为意外自然死亡所定义的范围要更广，能够更大程度地涵盖就业人员与工作相关的死亡现象，而"猝死"只是意外自然死亡中的一部分，意外自然死亡不仅仅限于发病后 24 小时内的死亡。

第三节　各地区意外自然死亡现状

根据《2012 年中国劳动统计年鉴》和《2012 年中国人口和就业统计年鉴》相关数据，可以得出如表 10-1 所示的 2011 年我国各地区（包括 31 个省、直辖市，此外还涉及新疆兵团的相关数据）认定的就业人员工伤情况。按照就业年鉴的统计口径，就业人员的工伤认定包括两个方面：一是当期认定的工伤件数；二是当期视同工伤件数。其中当期认定工伤件数由在工作时间和工作场所内由工作原因受到事故伤害、从事与工作有关的预备性或者收尾性工作受到事故伤害、因履行工作职责受到暴力等意外伤害、患职业病、因工外出期间由于工作原因受到伤害或者发生事故下落不明、在上下班途中受到机动车事故伤害和其他应当认定为工伤的情形等七方面的统计数字加总得出；当期视同工伤件数由在工作时间和工作岗

---

① Jungsun PARK，Young-Sook CHO：Unexpected Natural Death among Korean Workers，*J Occup Health*，1999（41），pp. 238-243.

② Jungsun PARK，Young-Sook CHO：Unexpected Natural Death among Korean Workers，*J Occup Health*，1999（41），pp. 238-243.

位突发疾病死亡或者在 48 小时之内经抢救无效死亡、在抢险救灾等维护国家利益以及公共利益活动中受到伤害、因战或因公负伤致残到用人单位后旧伤复发等三方面的统计数据加总得出。

2011 年，我国工伤总数达 1 201 527 件，工伤的地区分布情况如表 10-1 所示。由表 10-1 可以看出，2011 年就业人员工伤数量占比最高的前两个地区为浙江和广东，工伤数量分别为 234 382 人和 207 104 人，在全国就业人员认定工伤总数中所占比重分别为 19.51％和 17.24％，这两个地区的工伤数量已经约占全国 31 个省、市地区工伤总数的 40％，足以见得这两个省的工伤情况相对比较严重。内蒙古、海南、西藏、宁夏、甘肃、陕西、广西、青海和新疆等地区的认定工伤数量占比相对较少，都不足 1％，其中占比最低的地区为西藏，占比为 0.02％。然而，从绝对数量来看，这些地区就业人员的工伤情况还是必须引起重视的。尤其是在考虑到各地区的就业人数之后，各地区工伤发生率（各地区工伤数量相对于各地区就业人数的比率）就更能突显问题的严峻性。

表 10-1　2011 年就业人员认定工伤的地区分布

地区	认定工伤人数（占比％）	地区	认定工伤人数（占比％）
北京	25 263(2.10)	湖北	21 396(1.78)
天津	24 464(2.04)	湖南	49 698(4.14)
河北	46 766(3.89)	广东	207 104(17.24)
山西	14 666(1.22)	广西	10 731(0.89)
内蒙古	8 647(0.72)	海南	2 572(0.21)
辽宁	31 569(2.63)	重庆	58 769(4.89)
吉林	12 299(1.02)	四川	49 490(4.12)
黑龙江	10 960(0.91)	贵州	14 607(1.22)
上海	66 930(5.57)	云南	21 144(1.76)
江苏	102 097(8.50)	西藏	299(0.02)
浙江	234 382(19.51)	陕西	9 621(0.80)
安徽	25 500(2.12)	甘肃	4 954(0.41)
福建	26 800(2.23)	青海	2 907(0.24)
江西	15 011(1.25)	宁夏	4 081(0.34)
山东	66 539(5.54)	新疆	9 187(0.76)
河南	20 598(1.71)	新疆兵团	2 480(0.21)

数据来源：《2012 年中国劳动统计年鉴》，《2012 年中国人口和就业统计年鉴》。

2011 年，我国就业人员工伤死亡总数为 20 721 人，图 10-1 显示了 2011 年就业人员工伤死亡的地区分布情况。很明显地可以看出，河北、江苏、浙江、山东、广东和四川等各地区的工伤死亡人数占比（各地区工伤死亡人数相对于全国工伤死亡总数的比例）都超过 5％，其中最为严重的地区是广东，占比 8.49％，其次是山东，占比为 8.44％。工伤死亡数量占比最小的地区是西藏，占比为 0.06％。在中国劳动统计年鉴中，工伤死亡数量的统计口径与工伤数量一致，即包括当期认证工伤死亡数量和当期视同工伤死亡数量。通过上述介绍可以看出，我国工伤死亡的发生是比较频繁的，同时，由于工伤认定的主要标准在于是否发生在工作时间之内以及是否发生在工作场所内，这使得一些就业人员的死亡得不到工伤的认定，从而蒙受严重的损失。在我国工伤死亡发生较为频繁的背景下，就业人员的健康问题得到了政府部门和社会各方的关注，尤其是因认证标准的限制得不到认证的与工作相关的伤亡情况更是进入了公众的视角，广大学者立足于医学、社会学、心理学、经济学等多重视角进行深入研究，为就业人员的健康问题提出参考性政策建议。

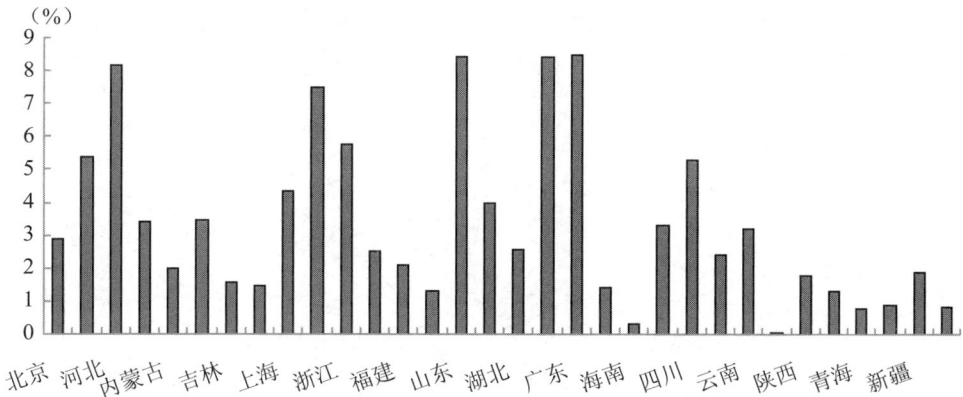

图 10-1 2011 年就业人员工伤死亡的地区分布

数据来源：《2012 年中国劳动统计年鉴》，《2012 年中国人口和就业统计年鉴》。

从中国劳动统计年鉴对就业人员工伤死亡的统计可以看出，在我国，被认定为工伤死亡多为就业人员在工作时间以及工作场所内发生了与工作相关的事故，换言之，这些认定为工伤死亡的情况多为意外非自然性死亡，即就业人员的死亡发生在与工作相关的事故中。我国对这些意外非自然死亡的认定和赔偿对于就业人员及其家属而言是非常有意义的举措，这是毋庸置疑的，尤其是在以人为本的核心价值体系提出以来，对于劳动者健康以及相关补偿等方面的努力是十分明显。然而，随着近些年劳动力市场上频繁出现的过劳死现象，在重视与工作相关的意外非自然性死亡的同时，也必须对就业人员的意外自然死亡给予密切关注。本文以就业人员的意外自然死亡情况作为研究内容，致力于分析影响就业人员意外自然死亡的各种因素，并相应提出预防和减少意外自然死亡的一些建议。

图 10-2 显示了 2011 年我国就业人员意外自然死亡的地区分布情况。2011 年，我国就业人员意外自然死亡总数达 5 750 人，其中广东意外自然死亡人数最

多，达 568 人，占全国意外自然死亡总数的 9.88％；在全国就业人员意外自然死亡总数占比中超过 5％的地区包括广东（9.88％）、山东（7.60％）、河北（7.41％）、河南（5.46％）、江苏（5.25％）和辽宁（5.13％）；西藏就业人员意外自然死亡数量为 4 人，占比 0.07％，是意外自然死亡发生频数最少的地区。各个地区的就业人数不同，仅仅根据各地区就业人员意外自然死亡的绝对数量判定就业人员的健康状况有失说服性，因此本章进一步对各地区就业人员意外自然死亡的发生率（各地区就业人员意外自然死亡人数相对于各地区就业人数的比率）进行了介绍，如图 10-3 所示。需要特别指出的是，由于计算所得数据极小，为了更好地进行比较，所以在实际意外自然死亡发生率的基础上分别乘以了 1 000 000，即图 10-3 中所示各地区就业人员意外自然死亡发生率的单位不是百分制。

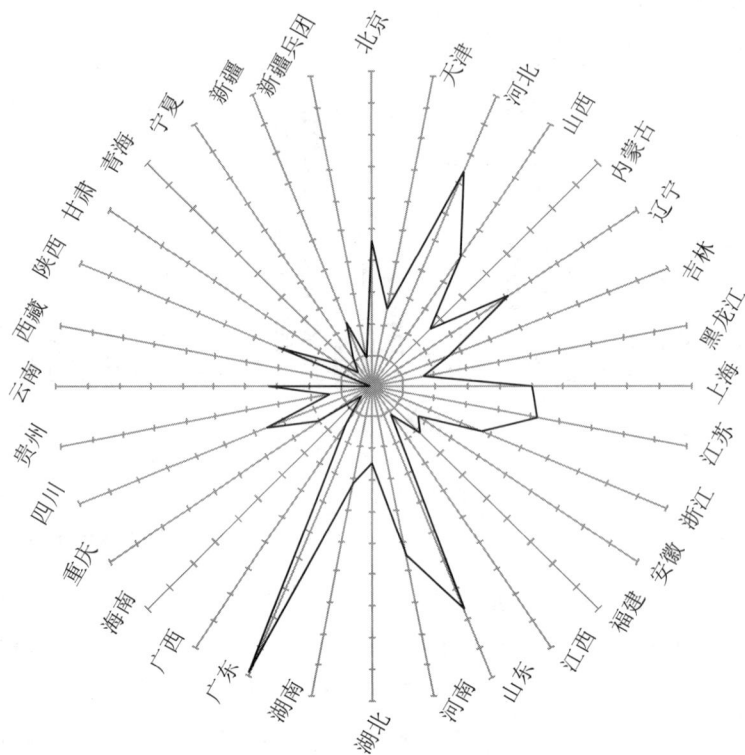

图 10-2　2011 年就业人员意外自然死亡的地区分布

由图 10-3 可以看出，就业人员意外自然死亡发生率最高的地区是上海，其次是北京，天津、宁夏、山西等地区的意外死亡发生率也较高。这与上海、北京和天津等地区的经济较为发达，人们生活节奏较快，工作竞争较为激烈相关；而在山西、宁夏等地区从事矿业生产等危险系数较高行业的就业人员较多且安全防范性措施和制度性规范薄弱，是这些地区就业人员意外自然死亡相对较多的主要原因。不同的地区有不同的地理、人文和经济社会环境，从而不同地区就业人员

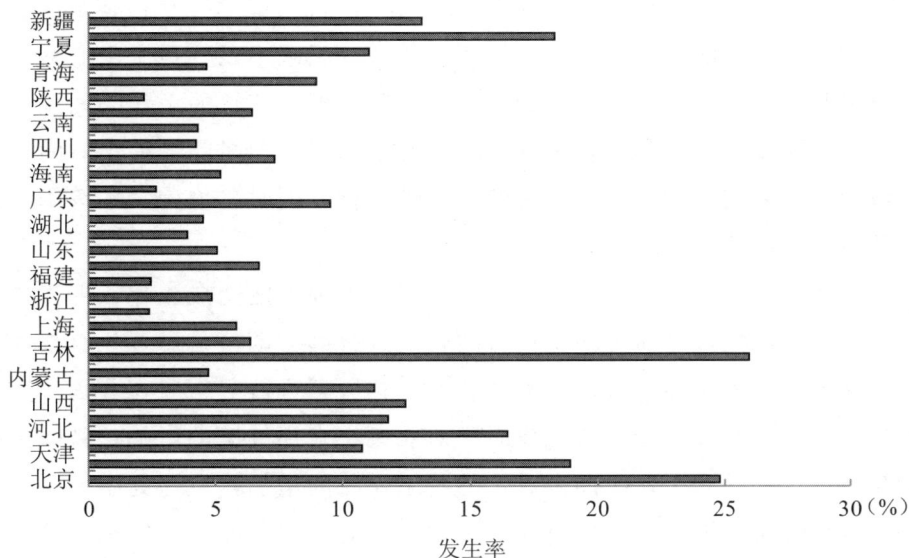

图 10-3　2011 年就业人员意外自然死亡地区发生率

意外自然死亡的发生也有一定程度的差异，但总体而言，导致各地区就业人员意外自然死亡发生的原因也存在一定的共性，下面针对意外自然死亡的影响因素进行深一层次的分析和讨论。

第四节　过度劳动与意外自然死亡

在阅读就业人员健康问题影响因素的大量相关文献的基础上，总结出影响就业人员意外自然死亡的主要原因为过度劳动，具体而言包括两个方面：一方面是工作时间过长，即就业人员因从事过长工时的劳动，长期超负荷工作，不堪重负致意外自然死亡；另一方面是压力过大，即就业人员因长期承受来自生活和工作的各种压力，得不到适当方式解压最终不幸致意外自然死亡。具体来说，造成就业人员压力过大的原因主要涉及就业人员的收入水平与住房保障、工作和生活环境、就业保障、工伤保障、医疗保障和养老保障等几方面，下面分别对就业人员意外自然死亡的各影响因素进行较为详细的分析。

>>一、工作时间<<

从医学角度来看，诊断长期超载负荷时所采用的标准为过多的工作量，认为过多的工作量可能会导致血管病变和高血压伴随慢性疲劳等后果。然而，"长期超载负荷"难以量化和评估。长期超负荷的工作涉及多方面因素，如工作时间长、工作事故、精神压力等，很复杂。其中，"工作时间长"提供了一种客观测量，也是一个简单且易理解的指标，与工作时间长相联的睡眠不足加重了身心疲劳。此外，工作时间长限制了个人的休闲和放松时间。此外，较长的工作时间意味着工人在工作中会更多面临化学和物理环境下的健康风险。[①] 因此，工作时间长已成为各领域学者研究与工作相关疾病时的一致性指标，同时也成为日本等国家在判定过劳死时的主要依据。

不言而喻，企业员工工作时间的长短与其劳动强度之间成正比，即工作时间越长，工作强度越大，进而可知工作时间长引致过度劳动，是过劳死直接而重要的原因。李珍珍、陈琳在对农民工健康状况影响因素进行分析时，分别从数据的描述性分析和实证性分析指出了工作时间对农民工自评健康的影响，其中在描述性分析时指出，从日常工作时间来看，随着工作时间增加，自评健康水平值越来越小，即自评健康水平与日工作时间成反比；同时在其研究中的实证部分也作出了验证，实证结果显示以 8 小时工作日为参照组，其他组的系数在 1% 的显著性水平上为负，从偏效应来看，日工作时间多于 8 小时的，农民工自评健康水平为很好的比例比参照组至少低 11 个百分点。[②] 这一研究与金成武的研究结果是一致的。金成武在其健康变量的讨论研究中指出，在其他情况相同的条件下，每工作日工作时间越长，健康状况不会越好；每月工作日数越多，健康状况不会越好。[③] 这些研究成果表明就业人员合理适度的工作时间对其健康状况具有重要影响。下面对我国各地区的工作时间情况进行较为深入地比较分析。

图 10-4 显示了 2011 年我国城镇就业人员周工作时间按照行业分布的情况，根据劳动法的规定，我国从业人员标准周工时不得超过 40 小时，但是，从图中可以清晰看出，城镇就业人员周工作时间超过 40 小时的比例达 51.6%，即大多数城镇就业人员的工作时间都超出了法定标准周工时；周工作时间超过 48 小时的城镇就业人数比例达 32.9%，这表明有近 1/3 的城镇就业人员在从事着较重的工作量。

由图 10-4 可以看出，我国不同行业间呈现出不同程度的就业人员加班现象，工作时间长短存在着较为明显的差异，根据周工时超过 40 小时的就业人数比例排名，前六位的行业为住宿和餐饮业、建筑业、批发和零售业、居民服务、修理和其他服务业、信息传输、软件和信息技术服务业和制造业。住宿和餐饮业周工

①　Yun Kyung CHUNG and Young-jun KWON, Long Working Hours and Work-related Cere-bro-cardiovascular Disease in Korea, *Industrial Health*, 2013(51), pp. 552-558.

②　李珍珍、陈琳：《农民工健康状况影响因素分析》，载《南方人口》，2010 年第 4 期。

③　金成武：《健康变量的讨论：以农民工健康状况研究为例》，载《中国劳动经济学》，2009年第 2 期。

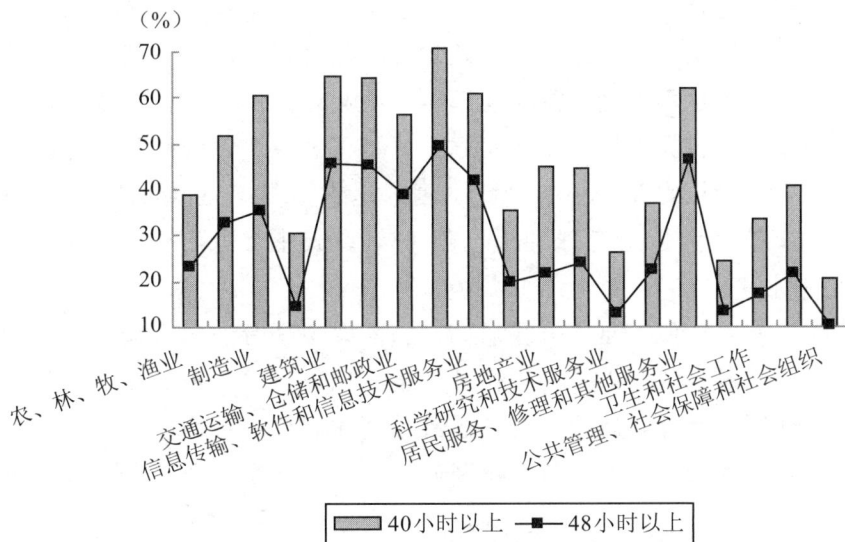

图 10-4　2011 年城镇就业人员周工作时间的行业分布

数据来源：《2012 年中国劳动统计年鉴》，《2012 年中国人口和就业统计年鉴》。

时超过 40 小时的城镇就业人数比例为 70.8％，由图 10-4 中的折线还可以看出，该行业有约 50％的就业人员周工作时间都超过了 48 小时。所有数据表明我国住宿和餐饮业就业人员的工作时间普遍过长，过度劳动问题十分突出。需要特别指出的是，制造业虽然排到了第六位，但是由于该行业就业人员从事的多为体力劳动，因此超身体负荷的劳动更容易发生，这也是许多学者，尤其是日本和韩国学者在研究过度劳动时往往选择在制造业抽取样本进行实证检验的原因。

>>二、收入水平与住房保障<<

近些年来，我国劳动力的价格在持续增长，居民收入水平在不断提高，2011 年我国城镇居民人均可支配年收入达 21 809.78 元，与 2010 年相比增长了 14.13％；各地区城镇居民人均可支配收入均呈现增长趋势，但增长的幅度呈现了显著差异，如图 10-5 所示。海南城镇居民人均可支配年收入的增长率最高，达 17.89％，其次是安徽，也高达 17.85％。从各地区城镇居民可支配年收入的绝对数来看，各地区差异较大。排在前两名的地区是上海和北京，分别为 36 230.48 元和 32 903.03 元；排名最后一位的地区为甘肃，其居民人均可支配年收入为 14 988.68 元，仅占上海和北京的 41％和 46％。由此可见，当前形势下，我国各地区居民的收入差距还是很大的。

尽管各地区居民的收入水平呈现出了一定的差异，但是整体来看都是以较大幅度不断增长的，这为居民提高生活质量创造了很好的物质基础。然而伴随收入增加而来的并不是预想的安居乐业，在劳动力市场上就业人员频繁出现与工作相关的身体和精神健康问题，甚至过劳致意外自然死亡。社会中就业人员收入水平在显著提升而压力也不断增加的现象不得不引起各方的注意。根据雷格斯的调查结果，中国是目前世界上压力最大的国家。在全球 80 个国家和地区的 1.6 万名职场人士中，认为压力高于去年的，中国内地占 75％，香港地区占 55％，分列第一和第四，都大大超出全球的平均值 48％。其中，上海、北京分别以 80％、67％排在前列。①

从现象上看，这似乎是十分矛盾的。当前，中国劳动力市场中显示的失业率并不是很高，同时，就业人员的工作环境也走向国际化，坚持 5 天周工作制和 8 小时的日工作制，此外，就业人员还享有带薪休假等一系列的福利；居民个人可支配收入逐年显著增加，经济状况不断好转，这一切发展和转变与社会中频出的就业人员意外自然死亡现象形成了鲜明的对照。收入增加了，物质条件相对好了，为什么压力更大了呢？本文认为可以从两个方面进行简单解释：一方面，随着劳动力市场上工资水平的提高，就业人员的时间价值显著增长，就业人员放弃 1 小时工作的机会成本增加，当机会成本大于享受闲暇的收益时，就业人员会选择放弃闲暇，努力把时间贡献给工作，以赚取更高收益；另一方面，与增加的收入同步而来的是人的欲望，生存需求满足之后，人们会向着更舒适、更富裕的生活而不断努力以追求精神需求的满足，而这些欲望相对于最初的生存需求更难满足，促使人不断给自己增加工作强度，各种压力逐渐侵蚀就业人员直至危害其健康。

与收入水平密切联系的是住房问题。只有做到安居，才能达到乐业，这一点充分显现在我国老百姓的身上。然而，当前我国的住房保障在很大程度上还不健全，住房保障体制不够合理。商品房在我国住房市场中占绝大多数比例，而众所周知的是，商品房面对的是拥有相对较高收入的消费群体，因此，从理论上而言，商品房只是为了满足市场中一部分消费者的住房需求。如图 10-5 所示的 2011 年我国各地区商品房销售价格增长趋势可知，除了北京和山西两个地区的商品房价格呈现了下降趋势以外，其他 29 个省、市地区均为上升趋势。其中有些地区商品房价格的增长特别厉害，甚至远远超过了其居民可支配收入的增长速度，这些地区包括河北、吉林、福建、江西、河南、湖北、湖南、四川、西藏、陕西和新疆等 11 个省、市地区，增长率差额最大的地区为江西，其商品房价格增长率比居民可支配收入增长率高 18.93％。

---

① 《雷格斯调查：中国人压力全球第一　京沪位前列》：http://news. sohu. com/20121017/n355064209. shtml。

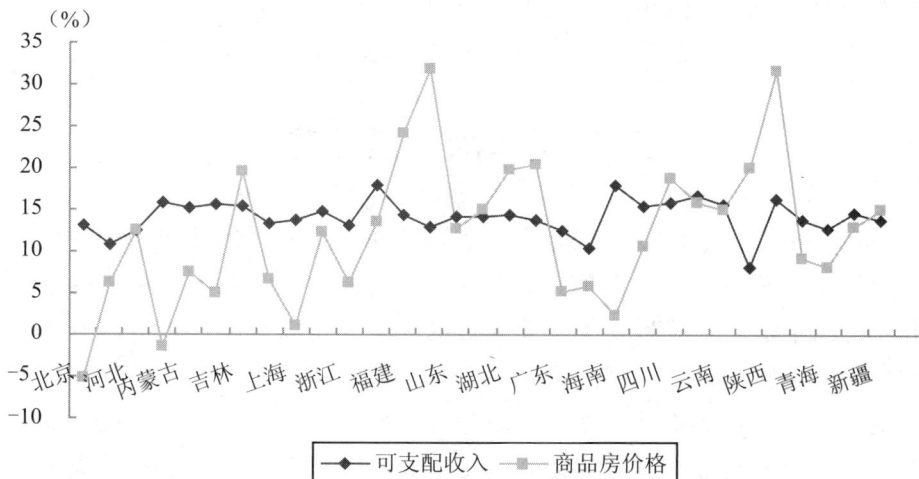

图 10-5　2011 年城镇居民人均可支配收入和商品房价格增长率的地区分布

数据来源：《2012 年中国区域经济统计年鉴》。

　　我国当前形势下的住房保障制度尚不够合理，这就导致了大多数人为了满足自住房的需求不得不选择购买商品房。然而，与大量商品房需求相伴相随的是奇高的房价，这令许多消费者望而生畏。当然，国家为了有效缓解住房市场中出现的商品房房价过高的现象，更好地满足低收入人群的住房需求，相继出台了"廉租房""经济适用房"等一系列保障住房的措施。

　　但是，根据"廉租房""经济适用房"保障的范围，基本上不包括城市白领阶层，因为这一类人群的收入不满足政策规定的低收入标准。根据《国务院关于深化城镇住房制度改革的决定》和《城镇经济适用住房建设管理办法》，经济适用房是以中低收入家庭为对象、具有社会保障性质的商品住宅，具有经济性和适用性的特点。根据规定，目前经济适用房的保障对象是中低收入的住房困难家庭。以北京为例，据北京 2001 年的购买条件，年收入低于 6 万元的家庭可以购买经济适用房。根据目前上海的规定和做法：廉租房是给"双困"家庭提供的住房保障，"双困"标准以住房面积和收入水平衡量。目前上海市确定的"双困"标准为：（1）暂定家庭人均月收入 280 元以下，并接受民政部门救助连续 6 个月以上；（2）家庭人均居住面积暂定为 5 平方米以下。① 由此可见，城市白领阶层基本上不在住房保障的范围内，很难享受住房的政策性保障，同时，白领阶层的收入水平又远远达不到轻松购买商品房的能力，这一类人群从而成为实实在在的住房市场"夹心层"。虽然国家出台了"二限房"政策来保障住房市场"夹心层"的购房需求，但是，受到户籍、工作年限以及暂住证等多方面因素的限制，真正能够享受"二限房"政策保

---

　　① 筑龙房地产网资讯：http://news.zhulong.com/read27707.htm。

障的人群还是有限。在这种只保两头而中间层不保的政策下，就业人员为了赚取更多收入以实现自购商品房，就不得不选择增加工作时间、提高工作强度。[①]

>>三、工作和生活环境<<

在劳动力市场上，许多就业人员从事着劳动强度大、条件恶劣的工作，同时却极少能享受到相关的劳动保护。就业人员的职业危害问题较为突出的企业未能在工作场所采取有效措施以保护就业人员的安全，从而对就业人员的身体健康直接威胁，更为严重的是威胁就业人员的生命安全，造成无法挽回的损失。本文主要研究的是劳动力市场上造成就业人员意外自然死亡的因素，这里提到的工作和生活环境主要是指就业竞争较为激烈、就业人员工作压力较大的环境状况。

根据《2012 年中国人口和就业统计年鉴》，2011 年，我国就业人口总数达76 420 万人，图 10-6 给出了就业人口的地区分布情况。从图 10-6 中可以看出，2011 年就业人口最多的地区为山东省，就业人员总数达 6 485.6 万人，占全国就业人员总数的 8%；北京和上海两个城市的就业人口分别为 1 069.7 万人和1 104.33 万人，由这个数字可以看出，北京和上海的就业形势已经非常严峻，就业人口基数较大，就业竞争压力较强，同时这些地区与居民生活息息相关的房价水平远高于其他地区，高额的房贷或者房租在很大程度上加剧了就业人员的从业压力，长期压力下导致就业人员频繁突发心脑血管等疾病致意外自然死亡。

我国当前正处在由计划经济转向市场经济、迈向高收入国家的进程之中，经济模式处于由数量扩张型到质量改善型的转变过程中，以往的数量扩张型经济增长模式是以资本为驱动的一种增长模式，在这种增长模式下，经济高速增长的同时伴随着就业吸纳能力的弱化；由数量型经济增长模式向质量型经济增长模式的转型使得计划经济体制下的隐性失业不断显现，失业问题持续凸显和失业率不断上升。在生态工业化和城市化进程加快的同时，人们生活的各个方面都经历着震荡和变迁。一方面，大幅度推进了现代化进程，从而使得人民生活水平相应有了很大程度的改善；另一方面，社会竞争日益加剧，随之而来的是人们的生活节奏加快，各种压力不断加大，逐渐渗透到人们生活以及工作之中。

同时，当前环境下，许多城市白领人员是独生子女，其家庭组合多数都是"421"模式，即夫妻双方父母、夫妻双方和一个孩子。在这种家庭组合模式下，家庭生活压力、父母养老压力、抚养孩子的压力以及工作压力一起加载在夫妻双方身上，使得夫妻双方相对于非独生子女的白领承受更大的精神负荷；此外，近些年来，我国家庭投资于孩子教育的成本过高，为人父母的就业人员一心想着在

---

① 蒋莹：《白领人员过度劳动原因分析》，载《合作经济与科技》，2012 年第 9 期。

即将达到退休年龄或者已经退休时，为子女筹备婚房、婚嫁的大笔费用，这些都促使其在年轻时尽量多努力工作，甚至长期进行高强度的工作来赚取尽量多的收入。[①] 在各种外部环境以及劳动者个人的成就动机、个人特质等内在原因的共同作用下，使劳动者知识技术的有限性和社会对劳动者职业素质要求的无限性形成巨大差异，客观上造成了劳动者极大的精神压力和心理负担，[②] 劳动异化现象日益明显。工作压力急剧增加，使许多职场人原本适度的劳动行为转变为"过度劳动"，导致中国人才不断透支生命。[③]

（万人）

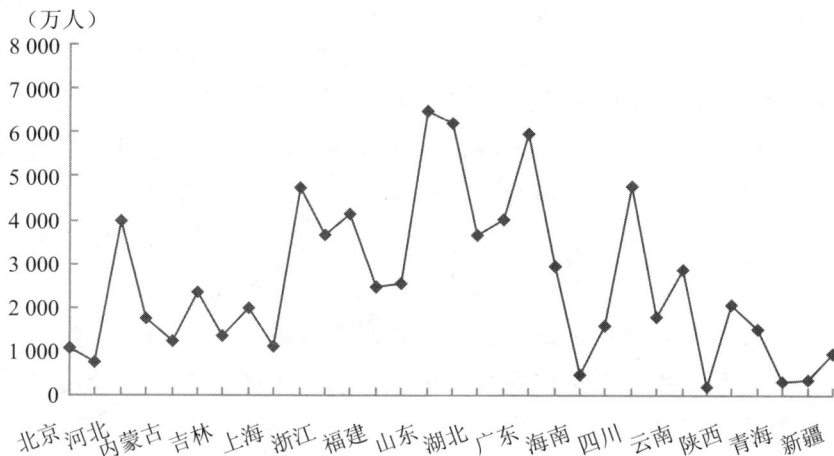

图 10-6　2011 年就业人口的地区分布
数据来源：《2012 年中国劳动统计年鉴》，《2012 年中国人口和就业统计年鉴》。

>>四、就业保障<<

目前，我国就业保障体系建设尚不够完善，还处于不断探索和积极完善的阶段，已经建立起来的就业保障体系也存在一定的局限性，就业保障体系的缺陷加上级政府和企业在认识上存在一定程度的差距，使得许多就业人员在实际生活中并未包含在就业保障体系覆盖范围之内，有的就业人员甚至享受不到基本的就业保障，进而承受着更大的工作和生活压力，因此，就业保障的缺失也是引起就业人员压力过大，导致过度劳动，甚至意外过劳死的重大诱因。具体来说，就业保障不健全的影响和表现主要有以下几方面：

---

① 蒋莹：《白领人员过度劳动原因分析》，载《合作经济与科技》，2012 年第 9 期。
② 黄河、耿东、丑纪岳：《疲劳蓄积度自测与过劳预防》，载《中国人力资源开发》，2009 年第 8 期。
③ 王素娟：《"过度劳动"的影响要素和形成机理研究》，载《教育投资与收入分配》，2013 年第 1 期。

（1）劳动力市场中供过于求，就业人员承受着过大的就业压力。当前，我国劳动力市场上呈现出较为严重的劳动力供给大于需求的现状。人力资源和社会保障部人员曾在采访中表示，在"十二五"期间，我国每年城镇需要安排的劳动力在2 500万左右，而每年城镇能够安排的劳动力大约是1 200万，"十二五"期间城镇劳动力供求缺口每年将达到1 300多万，比"十一五"期间压力更大。① 由此可见，我国当前的就业形势仍然非常严峻，就业人员的就业以及上岗后的工作压力相对较大，因此，在劳动力市场上现实的情况往往是，劳动力一旦找到工作，都会努力工作，主动延长自己的工作时间，尽力提升在工作中的业绩，从而确保自己已有的工作岗位。

（2）就业人员缺乏相关的技能及岗位培训，致使其就业能力不能有效提高。立足于投入与产出的出发点，用人单位和企业往往不愿意对那些随时会离开或者不会长期留下来的劳动者的技能及岗位培训进行投资。众所周知，就业人员若不接受技能及岗位培训，其了解业务、熟悉岗位以及掌握技能的过程会是一段较长的时间，这在很大程度上会影响用人单位和企业整体的竞争力。特别值得指出的是，就业人员技能及岗位培训的不足会直接阻碍其就业能力的进一步提高，进而对其职位晋升甚至工作保留造成很大的威胁，这个事实迫使许多技能水平低的就业人员为了保住工作自动加班，以弥补因技能不足而落下的工作内容。

（3）劳动力市场上相关的法律、法规不够完善，就业人员还处于绝对的弱势。当前，我国劳动力市场上就业人员的权益在很大程度上还不能够得到有效保障。虽然在我国劳动法、劳动合同法中有相关条款对用人单位和企业的行为进行了约束，但约束力并不是很大，法律、法规对用人单位和企业的一些违法违规行为实施处罚力度太小，这就在很大程度上决定了用人单位和企业在与雇员的劳动关系中占据绝对的强势地位，从而在劳动力市场中出现了一些在私营企业或者外企工作的就业人员持续工作时间超不过十年的现象。而这些劳动者一旦失业选择再次进入劳动力市场时，其再就业的压力往往超过了在现有工作岗位上坚持加班加点努力工作所承受的压力。

>>五、工伤保障<<

在我国劳动力市场中频出意外自然死亡等一系列就业人员健康问题的同时，并不是所有的就业人员都能在工伤或者意外自然死亡悲剧发生后得到国家相关部门给予认定的医疗救治和相关经济补偿。一方面，工伤保险覆盖的范围有限，致使就业人员受伤或者死亡后得不到保障。根据工伤保险政策法规的相关规定，用

---

① 蒋莹：《白领人员过度劳动原因分析》，载《合作经济与科技》，2012年第9期。

人单位应该为所有职工或者雇工缴纳工伤保险费，但事实并非如此。[①] 珠江三角洲工伤研究项目小组对 2001—2003 年广东医院在院工伤者的探访中发现，70% 以上的企业没有为职工购买工伤保险。[②] 因此，流动就业人员一旦发生伤病，负担只能由其自己承受。一般而言，流动就业人员在大病或工伤事故发生后往往就不再继续工作，而是选择回到家乡，在这种情况下，流动就业人员所有的健康后果都是由其个人承担，给那些本来困难的就业人员的家庭带来了很大的负担。

　　图 10-7 显示了 2011 年我国各地区就业人员工伤保险参保情况，其中纵轴为工伤保险的参保比例（等于各地区工伤保险的参保人数相对于各地区就业人员数量的比例）。从图 10-7 中可以看出，在全国 31 个省、市地区中，就业人员工伤保险参保比例的差异性非常大。根据《2012 年中国劳动统计年鉴》《2012 年中国人口和就业统计年鉴》的数据计算可知，2011 年我国就业人员工伤保险参保率仅为 23.2%，也就是说，劳动力市场中的绝大多数就业人员面临着工作中受伤甚至死亡后无保险进行保障的巨大风险；北京、上海的就业人员工伤保险参保率均超过了 80%，其中上海工伤保险参保率最高达 85.1%；其他地区的工伤保险参保率都明显处于较低的水平，西藏、云南和广西三个地区的就业人员工伤保险参保率还不足 10%，其中西藏地区的工伤保险参保率仅为 6.4%。

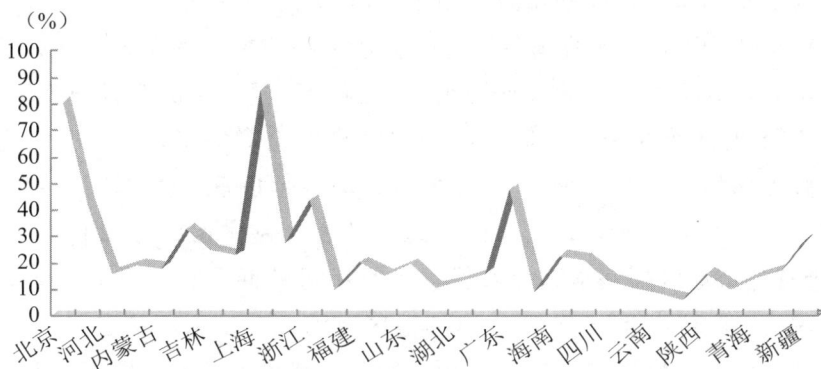

图 10-7　2011 年我国各地区就业人员工伤保险参保情况

数据来源：《2012 年中国劳动统计年鉴》，《2012 年中国人口和就业统计年鉴》。

[①]　郑珍珍、连鹏灵：《劳动力流动与流动人口健康问题》，载《中国劳动经济学》，2006 年第 10 期。

[②]　谢泽宪：《工伤事故六问》，上海社会科学院网站：www.sass.org.cn，2004。

>>六、医疗保障<<

一些企业和地方从 20 世纪 80 年代初就自发地开始探索改革传统的职工医疗保障制度，如实施对医疗费用的定额包干，只对超支的部分按照一定比例进行报销以及将支付的医疗费用和个人利益进行挂钩等办法，这些对传统职工医疗保障制度的改革实践显现了由传统的公费医疗制度向适度的自费医疗制度的转型和过渡，同时也为就业人员个人承担医疗费用奠定一定的基础。1998 年年底，城镇职工基本医疗保险制度在我国全国范围内基本得以推行，并取得了巨大的成就，这标志着在我国已经初步建立一个新型城镇职工基本医疗保险制度。

但是，新型城镇职工基本医疗保险制度在很多方面还不能与社会主义市场经济体制的要求以及城镇职工的健康需求相适应，距离健全的医疗保障制度体系还有很大差距，需要继续进行改革和完善。2011 年，我国基本医疗保险已经覆盖了 2.5 亿的职工和退休人员，相比 2010 年增加了近 2 千万人，可以看出我国职工基本医疗参保增幅还是较大的。这些参保的职工绝大多数在那些生产经营正常、盈利性较好的企业工作，而在那些生产效率差、运营困难的企业中，因资金能力有限无法承担医疗保险费用致使职工不能参保。

图 10-8 给出了 2011 年我国各地区职工基本医疗保险的参保情况。这里需要特别说明的是，因为本文主旨在研究就业人员在岗过程中的意外自然死亡问题，因此，图 10-8 所涉及的是在岗职工的基本医疗保险参保率，并不包括退休人员的基本医疗参保情况。如图所示，2011 年我国各地区职工基本医疗保险的覆盖程度有很大差异，除了北京、上海两个地区的职工基本医疗参保程度很高以外，其他 29 个省、市地区的基本医疗参保程度都相对较低。2011 年，全国职工基本医疗参保率为 24.8％，低于这个数值的地区有河北、安徽、福建、江西、山东、河南、湖北、湖南、广西、重庆、四川、贵州、云南、西藏、陕西、甘肃、青海和宁夏等 18 个省、市地区，其中最低的地区是西藏，其职工基本医疗参保率只有 9.9％。通过分析可知，我国对于职工基本医疗的保障水平还很低，各地区的保障力度悬殊，在基本医疗制度体系改革上还需要继续做出努力。

同时，因职工基本医疗保障力度很小，所以对于那些即使已享有基本医保的职工来说，也面临着难以承担高额医疗费的问题，需要得到医疗救助。从全国情况看，只有少数经济条件较好的城市和地区如北京、上海、广州等城市尚有能力建立社会医疗救助办法，而大多数地方财政没有能力或只有部分能力不敢轻举妄动，也有一些地方发生了违规动用基本医疗保险基金搞医疗救助的现象。[1]

---

[1] 乌日图：《医疗保障制度国际比较研究及政策选择》，北京：化学工业出版社，2003，第 5 页。

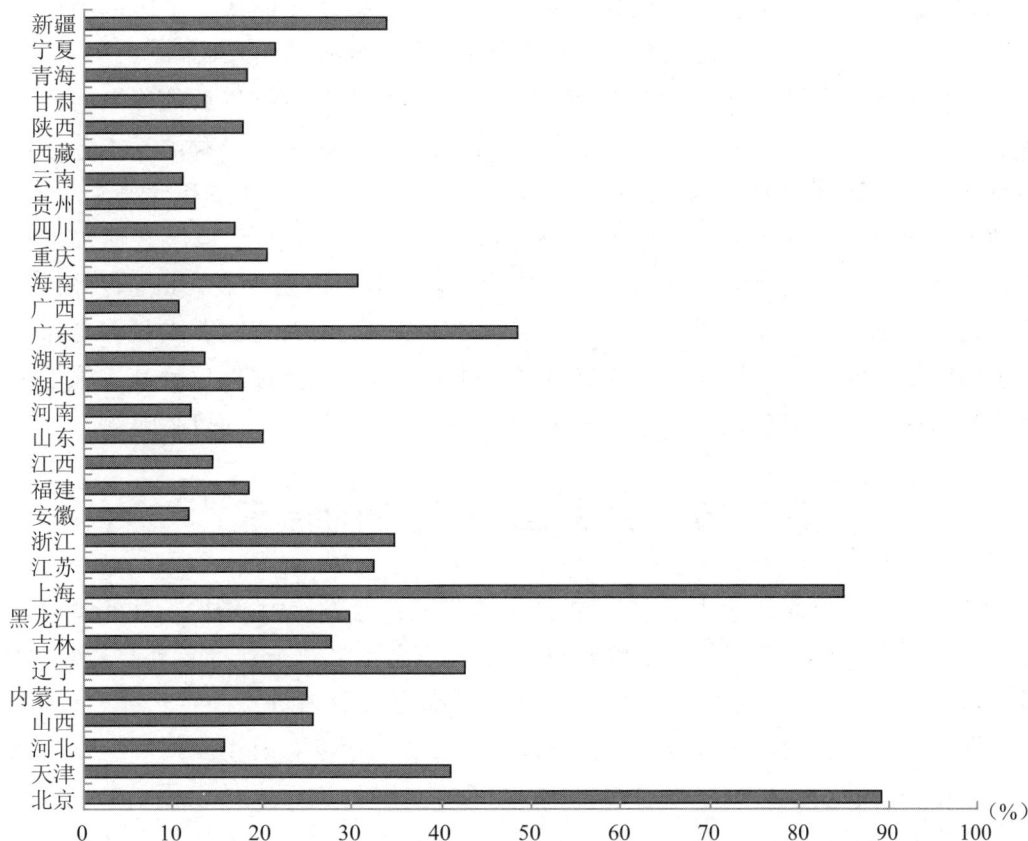

图 10-8　2011 年我国各地区职工基本医疗保险参保情况

数据来源：《2012 年中国劳动统计年鉴》，《2012 年中国人口和就业统计年鉴》。

>>七、养老保障<<

　　我国当代养老保险制度是在新中国成立之后建立起来的。1951 年，政务院颁布《中华人民共和国劳动保障暂行条例》，在条例中明确规定职工养老保险费用由企业负担，从此在我国建立起企业职工退休金养老制度。目前，新型社会养老保险制度在我国也已经建立了十几年，经过多年摸索和实践，我国已经建立起多层次的养老保险体系。但是，随着人口老龄化速度的加快，养老保险覆盖面较窄、隐性债务问题严重、个人空账问题频出以及养老统筹层次较低等一系列难题接踵而至，我国养老保险面临的挑战将越来越严峻。加之"421"家庭模式的增多，老无所依的压力正在侵蚀着许多就业人员，在这个背景下，年轻就业人员不得不努力工作，增加工作强度，赚取更多的收入以备将来潜在性的养老支出。

　　根据国家统计局人口和就业统计司所编《2012 年中国人口和就业统计年鉴》

《2012 年中国劳动统计年鉴》中的统计数据显示，到 2011 年年底，全国范围内仅有 2 156.5 万城镇职工参加了基本养老保险，占全国城镇就业人数的 60%，即还有近一半的就业人员未享受基本养老保险的保障，需要为退休以后的养老问题担忧。按照各地区就业人员基本养老保险参保情况进行分析可知，我国基本养老保障呈现明显的地区差异，福建、广西、贵州、云南、西藏、甘肃和青海 7 个省、市地区的城镇职工基本养老保险参保率都低于 60%，其中西藏地区参保水平最低，只有 13.1%。因此，与我国实际国情相结合，对当前就业人员养老保障体系中出现的一系列困难和问题进行分析，并制定与之相应的改善就业人员养老保障制度的对策，并对养老保障相关政策的实施过程进行有效监控以保障其实施效果成为当前社会建立健全就业人员养老保障体系过程中亟须解决的核心问题。

第五节　意外自然死亡的治理

劳动力市场上的就业人员是一个国家经济和社会发展过程中最为重要的资源，对我国来说，有关就业人员健康问题如"过度劳动""过劳死""意外自然死亡"等的研究已是一件迫在眉睫的事情。本文通过探究就业人员意外自然死亡问题，较为深入地分析影响就业人员意外自然死亡的各方面因素，有助于揭示工作时间和工作压力与就业人员健康之间的相互作用机制，帮助就业人员、用人单位和企业、政府等各方意识到工时长、压力大引致的过度劳动对就业人员生命健康造成损害的严重性，同时，也为预防过劳、避免意外自然死亡相关对策的制定提供了重要的理论基础。

>>一、在工作时间和工作压力方面，应努力进行缩减，建立有效协调的就业体制<<

对政府而言，要加大对过度加班企业的管理，同时努力创造良好的经济环境，平衡工资和物价水平，保证居民货币购买力水平，保持经济稳定、健康增长。制定一系列政策以规定企业加班时间的限定标准，并根据不同行业、同一行业内的不同企业、同一企业内的不同工作岗位的性质进行进一步研究和分析，尽可能地推行更有针对性的企业加班时间限制标准，以更有效地预防就业人员意外自然死亡现象的发生。

对企业而言，要加强对企业员工专业技能和安全健康知识的教育与培训。提升企业员工的技能，有助于增强员工的工作熟练程度，提高员工单位劳动时间的生产力水平，从而保证在固定工作量下，员工有效缩减完成任务的时间，同时，员工专业技能的提高，有助于员工减少工作过程中的失误，如有助于降低生产工人生产废品的概率，从而减少重复劳动，降低劳动时间。此外，企业可以采取各种方式为员工提供便利和丰富员工的生活，如为工人提供通勤车以缩短通勤时间；为单身赴任的员工提供定期探亲等福利，缓解其陌生环境等因素引起的压力；定时组织员工旅游、企业团队户外拓展等，以调整员工的心态，有效舒缓员工在工作中的压力，保证员工呈现更好的精神状态。

对就业人员个人而言，要努力形成健康平衡的工作生活模式，合理地对时间进行配置。就业人员应该主动接受专业技能培训，不断提升自身的技术水平，以有效缩短工作时间，减少加班的情况。同时，应该学习职业安全和健康的相关知识，增强对过劳死的认识，根据自己的实际情况衡量加班对自身身体健康的影响，选择适度加班甚至不加班，通过参加户外活动、增加体育锻炼等方式不断丰富生活内容，做到劳逸结合，舒缓因工作导致的精神压力，有效调节工作和生活的平衡，从而避免过度劳累导致的意外自然死亡。

>>二、在工伤保障方面，要努力改善工伤保障体系，增加工伤保障力度<<

首先，应该进一步拓宽就业人员工伤保险的覆盖范围。总体而言，建设、工矿等行业的乡镇企业、私营企业、小企业是工伤事故和职业病发生的重灾区，乡镇企业职工和农民工是受到工伤和职业病危害最大的群体。[①] 而这些行业和人群是医疗保障体系未来进行改革的过程中要关注的重点和难点。同时，就业人员工伤保险还应同步扩展到非企业性质单位的就业人员以及劳动力市场中的灵活就业人员。因为这些人群也同样面临着在工作场所和工作时间内发生与工作相关的伤害甚至死亡的可能性，因此需要工伤保险的基本保障。

其次，要建立健全一整套就业人员工伤保险体系。工伤保险是所有保险项目中管理环节最多的一类险种，包括预防、缴费、住院治疗、劳动能力鉴定、提供辅助器具、发放待遇、康复等，每个环节都需要制定相应的政策标准。[②] 虽然我国已经先后出台了一系列相关政策以配合《工伤保险条例》，但从整体来看还尚不够完善，涉及的内容还不够全面，还需进一步健全相关政策和办法。

再次，应该进一步加强就业人员工伤的预防和康复力度。对在工作中受到伤害的就业人员提供医疗救治和经济补偿等是工伤保险最直接的目的，但同时也要看到，这种保障方式只是一种事后补偿，而积极有效的工伤保障应该延伸工伤保险的保障范围，将工伤事故前、后均纳入到保障的考虑之中，加强就业人员生产

---

① 韩俊江：《中国社会保障制度完善研究》，东北师范大学学位论文，2007。
② 韩俊江：《中国社会保障制度完善研究》，东北师范大学学位论文，2007。

过程中的安全保障，注意工作过程中的工伤预防，从而尽可能地将工伤概率降低到最小。同时工伤保障还应充分重视就业人员遭受工伤后身体、心理和职业等多方面康复问题，为工伤人员生活、就业能力的快速恢复提供最大程度的帮助，从而减少其因此造成的生活和工作压力。

最后，建立并完善就业人员工伤保险的储备金制度，健全就业人员工伤补偿水平调整机制。对就业人员进行工伤保障的过程中实行有差别的保险费率和浮动的保险费率相结合的原则，这既是遵循公平原则的体现，又能引起用人单位和企业重视安全生产，从而对预防工伤起一定程度的积极作用。同时，为保障就业人员在遭受工伤后的基本生活、治疗和康复需求，在确立赔偿标准时应该考虑社会平均工资增长率、通货膨胀率等因素，确保合理、有效的工伤补偿水平调整机制的建立。

>>三、在就业保障方面，要努力促进劳动者就业，增加就业保障力度<<

一方面，各级政府应积极转变各地区的产业格局，促进产业结构升级和转变，从而保证高技能岗位的增加。我国政府部门应该及时调整产业结构，促进产业结构转型，大力投资科技、服务等高效产出的行业，尤其是要引导和发展高新技术产业，为劳动力市场提供更多高技能岗位，增加更多就业机会，这样既促进国家经济的进一步发展，又能有效缓解当前劳动力市场中就业难的问题。另一方面，我国政府应该完善劳动力市场上相关的法律、法规，增加对劳动力市场中各方面的监管力度。劳动法律、法规的制定要充分考虑到就业人员的利益，保障劳动者在劳动力市场中有效行使其权利。在劳动法律、法规中应该明确用人单位和企业的责任和义务，并对有侵害就业人员利益、损害就业人员身体健康行为的用人单位和企业实施惩罚，对情节较为严重的要加大惩罚的力度。此外，要充分利用劳动法律、法规减少劳动力市场中现存的各种歧视性问题，为就业人员提供一个公平竞争的就业平台。

>>四、在住房保障方面，要努力促进劳动者就业，增加住房保障力度<<

一方面，各级政府要努力在一定程度上对当前住房市场进行降温，采取有效措施对极高的商品房价格进行调整，确保商品房价格与当地居民收入水平相适应，保障一个合理的房价水平以使得一些收入水平较高的就业人员，如白领阶层对于商品房不会再"望楼兴叹"，而是在可承受范围内买得起商品房。另一方面，应该进一步增加"两限房"的建设，并在一定程度上适当放宽"两限房"的申请条件和标准，将中低等收入阶层的就业人员纳入到可申请范围内，使得这部分人群的住房问题也能够得到切实保障。

>>五、在医疗保障方面，减少医疗卫生费用的同时逐步引入商业医疗保险，增加医疗保障力度<<

一方面，促进我国医药卫生系统的改革，有效减少就业人员的卫生医疗费用。各级政府根据各地区的经济发展情况，结合实际加快医药卫生系统的进一步改革。通过改革就业人员医疗卫生费用的支付方式，有效减少就业人员医疗保险中出现的道德风险；通过对医药市场中的药品价格、医疗服务费等进行合理控制，在一定程度上有效解决当前我国出现的就业人员看病贵、看病难的问题，保证就业人员能够看得起病，从而减少因基本医疗保障的缺失带来的压力。另一方面，推行大病医疗保险的外包策略。当前，有关大病医疗的商业保险体系已经相对成熟，各级政府可以将就业人员大病医疗这一部分内容通过外包的方式解决，大病医疗的外包既能使得就业人员在患大病之后可以得到相对更多的补偿，又能在很大程度上有效地利用保险资源来减轻我国社会保障基金过大带来的压力。

>>六、在养老保障方面，要多元运营养老基金，增加养老保障力度<<

一方面，大力发展企业年金。企业年金是指在政府强制实施的公共养老金或国家养老金之外，企业在国家政策的指导下，根据自身经济实力和经济状况建立的，为本企业职工提供一定程度退休收入保障的补充性养老金制度。[①] 作为养老保险体系的"第二支柱"，企业年金很好地对基本养老保险的保障范围和力度进行了补充。另一方面，对养老金投资渠道进行适当拓宽。仅仅按照当前养老金的投资模式进行运营，会导致养老金实际支付能力在很大程度上缩水，进而不能有效保证就业人员的基本生活。各级政府可以根据各地区的实际情况选择对养老金投资渠道的适度拓宽，发展养老金的多元投资模式。

---

① 百度百科：http://baike.baidu.com/view/90463.htm? fr=aladdin。

第十一章

城市对劳动时间价值的溢价影响：理论及中国的经验

本章利用中国健康与营养调查 2006 年的数据，在总结国外已有的衡量劳动时间价值方法的基础上，选取投入法中的机会成本法和行业替代法计算无酬劳动的时间价值，并以有酬劳动与无酬劳动的总价值为因变量研究我国城市的溢价效应。本章采用的计量模型控制了工资方程中不可观测的劳动者特征和区位特征的相关性，通过 OLS 模型分析发现，具有相似个体特征的劳动力在城市时的劳动价值比农村高约 12％～19％，性别虚拟变量的系数明显低于仅考虑有酬劳动时的系数。通过分位数回归发现，在 75％分位数上的城市溢价效应最高，大致是15％～22％，在 25％分位数上的城市溢价约为 12％～14％，所以平均每天劳动价值更高的人在城市工作能够享受更多的聚集效应带来的好处。另外，在城市内部，每天劳动价值较低的劳动者更可能受到户籍因素的影响。

第一节　引　言

城市不仅是人类社会文明的象征，还是影响和推动经济发展的重要动力。城市化的发展过程实质上是劳动力及产业的集聚过程，劳动者追求效用最大化就是劳动者向高收入和低成本地区转移的过程。各国的研究普遍表明，城市中的劳动者具有更高的工资，代表着更高的劳动生产率。一些国外的研究证实了城市确实能够促进人力资本的积累，而不仅仅是拥有更高技能的劳动力向城市转移的反映。

在我国，城市正在持续扩张，这一城市化进程被视为全球城市化进程中继英国和美国城市化之后第三波影响世界的浪潮。1978 年，中国的城镇人口比例仅有 17.9％，但到了 2011 年年底，我国城镇人口达到了 6.9 亿，城镇化率达到51.27％，首次超过 50％。据麦肯锡全球研究院的报告，到 2025 年我国将有

9.25 亿人口居住在城市，其收入水平足以成为商品和服务的重要消费者。另外，在 2012 年年末，我国 15～59 岁劳动年龄人口绝对数量下降 345 万人，说明我国未来劳动供给将从主要依赖劳动力人口总量的增长转向依赖人力资本积累所带来的劳动效率的提升。① 在我国浩荡的城市化进程中，移居城市者的高劳动时间价值是否得益于城市的优势或是劳动者本身技能特征的回报？不同劳动价值的劳动者从城市的聚集经济中的获益是否具有差异？为研究此问题，本文采用 2006 年中国健康与营养调查（简称 CHNS）的数据，进行 OLS 与分位数回归的实证分析。

从世界范围来看，人类的时间价值处于不断提高的状态。诺贝尔经济学奖得主西奥多.W. 舒尔茨在其《人类时间价值的提高》一文中揭示了人类时间价值的长期增长趋势及其对经济发展的深刻影响。舒尔茨认为："较高的人类时间价格为解决许多社会难题提供了线索。这类社会难题包括社会制度会从支持产权向支持人权转变。凭借个人的人力资本，劳动者比以往更像一位资本家了。"② 虽然此言分析的是当时的美国社会，但现今的中国也同样适用。舒尔茨所说的人类时间价值也就是劳动时间的价值，关注人类时间价值的增长对于以人为中心、支持人权的制度转向具有重要意义。本文的研究仅选择一个角度，从城乡差异进行探究。

目前，国外关于时间价值的研究多集中于无酬劳动，并将其与有酬劳动分割开。以往的劳动经济学分析大部分没有考虑家庭部门，例如上文所述舒尔茨的文章中便以小时工资为代表。但是从根本上说，家庭部门中的无酬劳动具有与市场上的有酬劳动相同的性质，并且计算无酬劳动对于明确妇女的经济地位也具有重要意义。所以，本研究试图综合二者，以在一般意义上衡量劳动时间价值，进而研究城市对劳动时间价值的溢价影响。

第二节　文献与理论回顾

>>一、劳动时间及其价值<<

目前，在国际上有较多的对劳动时间及其价值的研讨，并且多数集中于无酬劳动，即住户为自身和其他住户成员最终消费而从事的没有报酬的工作。而国内的研究大多数是文献综述，近两年则有少数相关课题的研究成果。

在劳动时间方面，Diego Restuccia 和 Guillaume Vandenbroucke 观察到，19

---

① 王磊智等编：《城市化的中国：机遇与挑战》，上海：上海交通大学出版社，2013。
② ［美］舒尔茨：《报酬递增的源泉》，北京：北京大学出版社，2001。

世纪下半叶，美国人平均花费 7 年时间在校学习，每周工作 58 个小时；但 20 世纪末却是 14 年的在校学习时间和 40 小时的每周工作时间。[1] 他们假设同一代人对教育的选择相同，利用 Mark Bils 和 Peter J. Klenow 提出的模型论证了这种变化的主要原因是工资的提升和寿命的增加。Sheree J. Gibb 和 David M. Fergusson 研究了在新西兰的时间利用情况，发现有更多的女性参与有酬劳动，花费在有酬劳动的时间有增加的趋势，但其花费在无酬劳动或家务上的时间并未减少，所以她们正承受无酬与有酬劳动的双重压力，但调查显示男性和女性拥有相似的时间利用满意度。[2] Xiao-yuan Dong 和 Xinli An 使用我国 2008 年时间利用调查数据，以多种方法计算了我国的无酬劳动价值，分析了无酬劳动时间与性别的关系。[3] 齐良书等同样利用 2008 年时间利用调查数据，研究了有酬劳动时间分布状况，并发现农村居民为了满足自身经济需要所承受的负担比城镇居民更大，所以参与有酬劳动的比例更高，花费在有酬劳动上的时间也更长。[4]

在时间利用方面的另外一个重要的研究方向是对无酬劳动的估价。在国外，从人力资本的角度关注时间价值的文献多集中于研究或计量"无酬劳动时间"及"不工作的时间"（如交通、娱乐）的价值，而"有酬劳动时间"的价值则多以工资来衡量。在 1995 年第四次世界妇女大会后，时间利用调查因其在反映妇女无酬劳动贡献方面的作用而受到国际社会的普遍关注。Landefeld 和 McCulla 及 Giannelli 等人的研究表明，无酬劳动的价值不可忽视，约占 GDP 的 20%～50%。Michael Bittman 和 Duncan Ironmonger[5] 以及 Johanna Varjonen 和 Eeva Hamunen[6] 等以文献总结的形式梳理了目前时间价值衡量的方法和应用情况。在估算方法上，无酬劳动的经济价值可以分为产出法（又称直接法）和投入法（又称间接法）两大类。

产出法与国民账户核算体系（System of National Accounts，SNA）的市场生

---

[1] Restuccia D，Vandenbroucke G，(2012)，A Century of Human Capital and Hours，*Economic Inquiry*，p. 51.

[2] Sheree J. Gibb，David M. Fergusson，Joseph M. Boden，(2013)，Gender Differences in Paid and Unpaid Work：Findings from a New Zealand Birth Cohort，*Policy Quarterly*，9(3).

[3] Xiao-yuan Dong，Xinli An，(2014)，Gender Patterns and Value of Unpaid Care Work：Findings from China's First Large-Scale Time Use Survey，*Review of Income and Wealth*，60(1).

[4] 齐良书、安新莉、董晓媛：《从时间利用统计看我国居民的有酬劳动》，载《统计研究》，2012 年第 4 期。

[5] Michael Bittman，Duncan Ironmonger，(2011)，Valuing Time：A Conference Overview，*Social Indicators Research*，101(2).

[6] Johanna Varjonen，Eeva Hamunen，Katri Soinne，(2014)，Satellite Accounts on Household Production：Eurostat Methodology and Experiences to Apply It，*Statistics Finland*，2014.

产的估价方法一致，是衡量无酬劳动的产出量，并为每种产出指定一个价格，扣除中间投入品的价值，就可以计算出无酬劳动的经济价值。产出方法只在几个国家被使用，如法国、英国、芬兰等，主要原因是缺少家务劳动的产品和服务数量的统计数据。它的优点是不易因为同时从事不同劳动而产生遗漏。

投入法的原理是，通过时间利用调查统计无酬劳动所花费的时间，为其指定一个适当的工资率，从而计算出无酬劳动的经济价值。投入法又可分为机会成本法和市场替代法两大类，其中市场替代法又分为三种：行业替代法、综合替代法及混合替代法。

机会成本指为了得到某种东西而所要放弃另一些东西的最大价值，因此以此方法统计的无酬劳动的价值就体现为放弃的从事其他工作应获得的收入，即用个人在劳动市场上可获得的工资作为无酬劳动的工资率进行估算。此方法包含两个假设，与现实情况不太相符：一是时间利用以利益最大化为目标；二是无酬劳动与有酬劳动能够完全替代。其存在的主要问题是很可能夸大无酬劳动的贡献，并且对于收入不同的劳动者，原本相同的无酬劳动将被视为有不同的价值。

行业替代法是将无酬劳动按照所属行业进行划分，以同行业劳动的市场工资率作为无酬劳动的工资率。例如，食物的准备用厨师工资替代，对家人的照顾用家政服务员工资替代等。这种方法的缺点是使用专业人员的工资率进行估算，往往导致高估了劳动价值。

综合替代法是指假定全部服务都是由一位钟点工或者管家来提供，用其平均工资率来替代全部无酬劳动的工资率。其优点是简单直接，缺点是并非所有的无酬劳动都可以由钟点工或管家来完成，比如护理或是教育孩子或是需要特殊技能的工作。另外，志愿服务也不宜用此方法统计。

混合替代法是将行业替代法和综合替代法相结合，在对无酬家务劳动进行估价时采用综合替代成本法，在对护理工作和志愿服务工作进行估价时采用市场工资率进行计算。

>>二、城市的人力资本积累效应<<

很久以前研究者就发现，在人口密度较高的地区，劳动报酬也较高，如 Weber 说明了 19 世纪的德国城市工资溢价高达 50%。对于这一溢价现象，已有文献将主要原因归结为聚集经济及劳动力的个体差异。

Glaeser 和 Mare 的经典研究证明了在美国，确实是城市促进了人力资本积累，使得劳动者的生产效率获得了提升，这种城市带来的工资溢价在劳动者离开城市时没有消失。[1] Shihe Fu 和 Stephen Ross 利用美国个体微观数据发现，在加入交通成本后，聚集效应导致的工资溢价随之消失。[2] Yankow 的研究发现，美国大城市存在着 19 ％的工资溢价，通过固定效应模型控制劳动力自身差异后，2/3 的溢价也随之消失。[3] Luisito Bertinelli 和 Benteng Zou 则依据多国经验数据分析发现，城市化与人力资本积累之间呈 U 型关系，当城市化低于 40 ％时会阻碍人力资本的积累。[4] Francesco Cinnirella 和 Jochen Streb 通过考察 19 世纪普鲁士的数据，发现人力资本存量的增加不仅会带来生产率的提高，而且能增加创新活动。[5] Edward L. Glaeser 和 Matthew G. Resseger 的研究表明劳动生产率与大都市的人口密度有极强的联系，城市人口密度之所以重要是因为能够为传播知识提供方便。[6]

在国内，陆铭等利用中国家庭收入调查的数据发现，城市发展的规模经济效应有利于提高劳动力个人的就业率，较高技能和较低技能组别的劳动力均从城市规模的扩大中得到了好处，其中较低技能组别劳动力的受益程度最高。[7] 余向华等，使用 CHNS 微观数据从工资差异和机会差异双重视角研究了中国劳动力市场的户籍分割效应，发现在部门进入方面的机会歧视依然较大，户籍分割的工资效应被部分隐藏在部门差异、岗位差异等分割形式之下。[8] 时慧娜利用省级面板数据，讨论了城市化对人力资本投资及形成的作用机制，认为城市化通过生产方式转变增加人力资本需求，进而提升了人力资本价值，刺激人力资本投资扩大供给；劳动力迁移改善了人力资本供求之间的匹配，开放的环境及竞争氛围促进了供给和需求。[9]

---

[1]　Edward L. Glaeser, Matthew G. Resseger, (2010), The Complementarity between Cities and Skills, *Journal of Reginal Science*, 50(1).

[2]　Shihe Fu, Stephen Ross, (2013), Wage Premia in Employment Clusters How Important is Worker Heterogeneity, *Journal of Labor Economics*, 31(2).

[3]　Jeffrey J. Yankow, (2006), Why do Cities Pay More? An Empirical Examination of Some Competing Theories of the Urban Wage Premium, *Journal of Urban Economics*, 60.

[4]　Bertinelli L, Zou B, (2008), Does Urbanization Foster Human Capital Accumulation, *The Journal of Developing Areas*, 41(2).

[5]　Francesco Cinnirella, Jochen Streb, The Role of Human Capital and Innovation in Prussian Economic Development, *CESifo Working Paper*, 2013.

[6]　Edward L. Glaeser, David C. Maré, (2001), Cities and Skills, *Journal of Labor Economics*, 19(2).

[7]　陆铭、高虹、佐藤宏：《城市规模与包容性就业》，载《中国社会科学》，2012 年第 10 期。

[8]　余向华、陈雪娟：《中国劳动力市场的户籍分割效应及其变迁——工资差异与机会差异双重视角下的实证研究》，载《经济研究》，2012 年第 12 期。

[9]　时慧娜：《中国城市化的人力资本积累效应》，载《中国软科学》，2012 年第 3 期。

第三节　数据与变量描述

>>一、数据来源与变量说明<<

本文所使用的数据来自中国健康与营养调查（China Health and Nutrition Survey，CHNS），该数据包括对我国 9 个省份每年约 15 000 人的随机分层抽样调查，包含比较详细的个人信息及其部分时间利用情况，同时覆盖了农村和城市的数据，比较适合本次研究。由于其他年份的无酬劳动时间有效数据过少，参考已有文献可知与实际情况出入较大，所以本文只选用了 2006 年的数据，剔除了缺少工资数据、生活成本数据及缺少全部无酬劳动项目数据的样本，最终筛选出 1213 个样本，农村与城市的样本数占比约为 1∶1。

但是在无酬劳动时间统计方面，与 2008 年中国国家统计局的时间利用调查相比，中国健康与营养调查的范围不够全面。表 11-1 是二者共同包含的无酬劳动项目的对比，在 2008 年时间利用调查中统计的项目未在中国健康与营养调查统计的有：饲养宠物、动手维护修理和调试、家庭事务的安排与管理、照顾成年家人、对外提供帮助、社区服务与公益活动、有关交通活动。中国健康与营养调查所包括的项目类别在 2008 年时间利用调查中的时长大致占全部项目时长的 50%。但由于只能获得时间利用调查的数据汇编，故本文无法利用此数据进行回归分析。

表 11-1　时间利用调查与中国健康与营养调查无酬劳动项目对比

时间利用调查	中国健康与营养调查
准备食物及清理	为家人做饭
环境清洁整理	打扫房间
洗衣与整理衣物	洗、熨衣服
购买商品与服务	为家庭购买食品
照顾未成年家人	照顾自己家 6 岁及以下儿童
	帮助照看别人家的 6 岁及以下儿童

本研究涉及的变量的具体含义见表 11-2，每位劳动者的每天劳动时间总价值包括有酬劳动的价值与无酬劳动的价值，本文计算的是各个样本每天的价值。假设每月 4 周，则有酬劳动平均每天报酬的计算公式如下：

$$ic＝（每月工资＋全年奖金/工作月数）/（4×每周工作天数）\quad 式（11-1）$$

表 11-2　变量及其含义

变量名	含　义
ic	有酬劳动报酬(元)
spe	行业替代法计算的无酬劳动价值(元)
opp	机会成本法计算的无酬劳动价值(元)
tvspe	行业替代法对应的总价值(元)
tvopp	机会成本法对应的总价值(元)
exp	该劳动者所在家庭的消费支出(元)
age	年龄(年)
male	性别(男性＝1，女性＝0)
edu	受教育年限(年)
city	居住地(城市＝1，农村＝0)
hk	户口(城市＝1，农村＝0)

>>二、无酬劳动时间价值的估算<<

由于不同的无酬劳动价值计算方法各有利弊，相应的计算结果也不相同，所以较常见的做法是将几种方法的结果都列出。本文只计算了行业替代法和机会成本法对应的无酬劳动价值，主要原因是缺少其他方法所需的相关数据。虽然机会成本法在国外被大多数的研究者认为不适宜用于家庭卫星账户的相关统计，但本文也将其列出作为对比和参考。

对于行业替代法，由于中国健康与营养调查的数据统计的是样本去年的工资、奖金及工作时间，所以参考已有文献，本文使用 2006 年中国统计年鉴中的分地区分行业的职工平均工资数据，以居民服务和其他服务业代表打扫房间、洗熨衣服及为家庭购买食品，以住宿和餐饮业代表为家人做饭，以卫生、社会保障和社会福利业代表照看 6 岁以下儿童。假设各行业按照我国一般的工作制度，即一年工作 12 个月，一个月工作 22 天，一天 8 小时计算，得出各地区各行业每分钟的工资，根据中国健康与营养调查数据中的城乡工资比例调整，再分别乘以样本对应的劳动时间，即得到各个样本行业替代法的无酬劳动时间价值。计算公式如下：

spe ＝(购买食品时间＋洗熨衣物时间＋打扫房间时间)×

居民服务和其他服务业工资率＋(为家人做饭时间)×

住宿和餐饮业工资率＋(照顾自己家儿童时间＋照看别人家

儿童时间)×卫生、社会保障和社会福利业工资率　　　　式(11-2)

对于机会成本法，使用每天有酬劳动价值 ic 及中国健康与营养调查中样本每天工作的小时数，计算得到样本的每分钟收入，再乘以各样本每天的无酬劳动时间，就得到机会成本法计算的无酬劳动价值。计算公式如下：

$$opp = (ic \times 无酬劳动总时间)/(60 \times 每天工作小时数) \qquad 式(11\text{-}3)$$

>>三、描述性统计<<

首先，表 11-3 列出了按照城乡划分的各个变量均值和标准差。可以看出，城市的有酬劳动收入显著高于农村，2005 年农村日均有酬劳动收入约为城市的 69%。以行业替代法估算的无酬劳动价值低于以机会成本法估算的价值，这与预计相符，无酬劳动价值约占有酬劳动价值的 17%~23%。由于中国健康与营养调查的无酬劳动统计项目较少，所以估算的价值低于已有文献的估计价值。图 11-1 列出了分城乡无酬劳动各项目的平均每天所费时间，可以明显看出城市人口所花费的无酬劳动时间多于农村人口，农村人口每天的无酬劳动时间价值约为城市人口的 60%。从时间可用性的角度看，其主要原因可能是农村的经济水平较城市落后，有酬劳动的时间约束更强，而无酬劳动基本是在重要的事做完之后才进行的，所以在有酬劳动时间较多的情况下，农村人口的无酬劳动时间相对较少。另外从图 11-2 可以看出，女性的各项无酬劳动时间都多于男性，为家人做饭的时间占比最大。

表 11-3 分城乡描述性统计

变量	全部样本		城市		农村	
	均值	标准差	均值	标准差	均值	标准差
ic	56.41	123.30	66.58	169.21	46.01	36.81
spe	9.70	8.23	11.99	9.39	7.38	6.01
opp	12.21	53.71	15.23	73.73	9.14	16.62
tvspe	66.11	123.83	78.57	169.65	53.44	36.92
tvopp	68.62	173.53	81.81	239.29	55.21	46.78
lnexp	8.18	1.27	8.28	1.21	8.07	1.32
age	39.90	9.95	40.63	10.22	39.15	9.61
male	0.46	0.50	0.44	0.50	0.47	0.50
edu	11.35	3.13	12.04	3.12	10.64	2.98

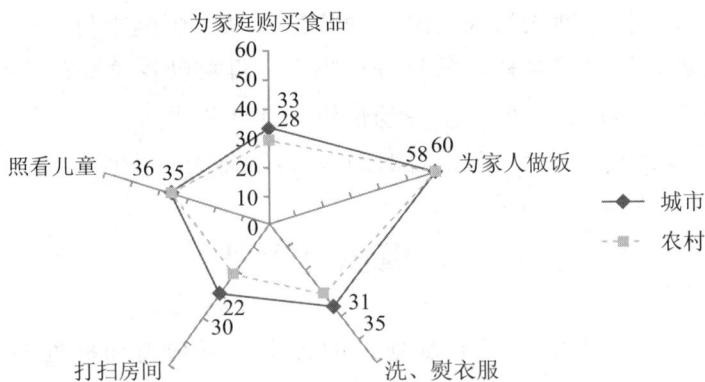

图 11-1　分城乡平均每天无酬劳动时间(分钟)

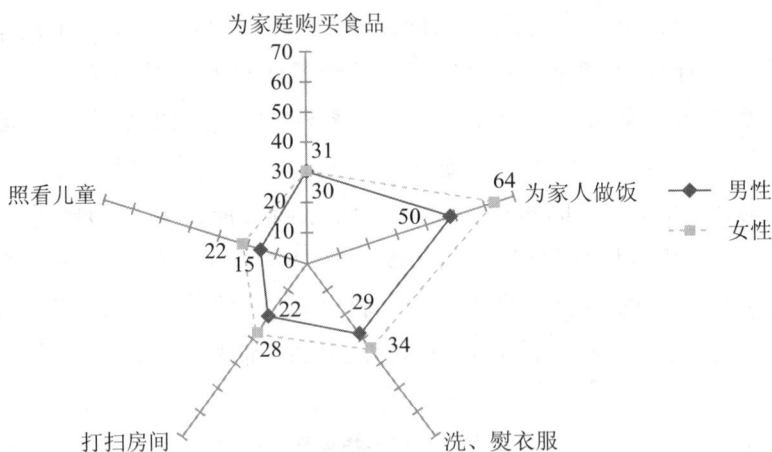

图 11-2　分性别平均每天无酬劳动时间(分钟)

第四节　回归分析

>>一、模型说明<<

根据 Gabriel 和 Rosenthal 的研究，通过家庭效用最大化，建立工资方程，以检验劳动者所在的城市区位因素对工资的影响。其简化后的对数工资方程如下：

$$\log(w_{ij}) = \beta_0 a_j + \beta_1 \log(p_j) + x_i \beta_2 + e_i + \varepsilon_{ij} \qquad 式(11-4)$$

其中，a_j 表示劳动者 i 所处区位 j 的性质，代表劳动者在 j 地区所能享受到的特有的无需直接支付货币的良好环境，如舒适的气候，完善的城市基础设施或是更多的就业机会等。p_j 表示该劳动者所在地区的生活成本，x_i 和 e_i 分别表示劳动者可观测的和不可观测的个人特征，ε_{ij} 表示随机扰动项。Gabriel 和

Rosenthal 之所以强调区位特质因素，是由于它可以控制工资方程中不可观测的劳动者特征和区位特征的相关性，即生产力水平较高的劳动者通常会选择生产力水平较高的城市，如果忽略区位特征就会因遗漏变量产生偏差。

首先参考上述模型，根据本文的研究需要，将无酬劳动的价值引入工资决定方程中。基本的 OLS 对数方程如下：

$$\ln tv_{ij} = \alpha + \beta_1 \ln \exp + X'_i \beta_2 + \gamma City_i + location_j + u_{ij} \qquad \text{式（11-5）}$$

其中，tv 表示每天劳动时间的总价值，分别用行业替代法和机会成本法计算；exp 表示中国健康与营养调查统计的家庭消费支出；X' 表示劳动的一系列特征变量，包括年龄、性别、教育水平；虚拟变量 $City$ 表示劳动者所在地是否为城市，本文用它观察城市的劳动时间价值溢价效应；$location$ 是一系列的省份虚拟变量，控制劳动者所处区位，假设 u_{ij} 是独立同分布的随机扰动项。

另外，由于 OLS 回归分析只是考察了解释变量对被解释变量的条件期望的影响，而如果条件分布不是对称分布则无法反映全貌，以至可能会掩盖一些重要信息。所以为获得更全面的结果，并且减少极端值的影响，本章根据 Koenker 和 Bassett 提出的分位数回归方法，再次估计城市的溢价效应。分位数回归可在考虑个体异质性的基础上识别出差异分布，获得更多结构性的认识，同时不依赖于 OLS 的正态性、同方差性要求。

>>二、OLS 与分位数回归结果<<

首先对比不加入无酬劳动时的工资方程的 OLS 回归结果与加入了无酬劳动价值时的工资方程的 OLS 回归结果，如表 11-4 的第（1）列、第（2）列及第（3）列所示，各变量系数都为正，大多数变量在 1％ 的显著性水平上。

在仅计算有酬劳动价值时，如第（1）列所示，各变量都在 1％ 的显著性水平上。在计算有酬与无酬劳动的总价值时，可以发现一个值得关注的区别在于性别虚拟变量在加入无酬劳动价值时系数明显降低，显著性也有所下降。正如描述性统计中所述，女性的无酬劳动时间特别是家务劳动时间普遍高于男性，因此综合比较，在控制其他变量的情况下，男性和女性平均每天的劳动价值不一定有较大差异。所以虽然在仅考虑有酬劳动时，女性的劳动价值低于男性，但是其中的原因可能不仅仅来源于就业市场的歧视，以及可观测的个体特征效应。正如马超等所指出的，也可能是由于传统"男主外、女主内"的家庭分工，使女性放弃了就业市场上的部分工资，而选择多费时间以带给家庭更多的福利。[1]

---

[1]　马超、顾海、李佳佳：《中国劳动力市场上的性别工资差异变化研究——来自面板分位数回归分解方法的证据》，载《世界经济文汇》，2013 年第 2 期。

另外，本文主要关注的城市虚拟变量在仅考虑有酬劳动时表示的城市溢价效应为 12.9%，用行业替代法计算总价值时的溢价效应为 18.6%，用机会成本法计算总价值时的溢价效应为 11.9%。验证了拥有类似个体特征的劳动者在城市能够实现更高的劳动价值。

表 11-4　OLS 回归结果对比

	(1)lnic	(2)lntvspe	(3)lntvopp
age	0.008 90***	0.005 84***	0.006 59***
	(4.31)	(3.99)	(3.83)
male	0.156***	0.052 4*	0.104***
	(3.91)	(1.86)	(3.13)
edu	0.068 2***	0.063 6***	0.079 0***
	(10.01)	(13.36)	(14.13)
city	0.129***	0.186***	0.119***
	(3.15)	(6.28)	(3.43)
N	1 213	1 213	1 213

注：括号内表示 t 统计量，* $p<0.10$，** $p<0.05$，*** $p<0.01$。

对于分位数回归，本文选择 0.25，0.5 及 0.75 三个分位数进行研究，回归结果见表 11-5。对于按两种方法估计的劳动时间价值，在 75% 分位数上的城市溢价效应最高，大致是 15%～22%，在 25% 分位数上的城市溢价大致是 12%～14%，所以平均每天劳动价值更高的人在城市工作能够享受更多的聚集效应带来的好处。对于年龄，在 50% 分位数上最低，在 25% 和 75% 分位数上较高。对于教育回报率，则是劳动价值较低的人群更高，大致是 7% 或 8%。

表 11-5　分位数回归结果

	lntvspe			lntvopp		
age	0.007 46***	0.005 50***	0.006 80***	0.007 45***	0.006 93**	0.009 40***
	(3.90)	(3.36)	(4.40)	(3.38)	(3.23)	(4.39)
male	0.050 2	0.069 6**	0.052 8*	0.126***	0.117***	0.055 8
	(1.44)	(2.21)	(1.77)	(3.08)	(2.84)	(1.33)
edu	0.072 4***	0.058 2***	0.052 5***	0.083 2***	0.071 3***	0.067 7***
	(12.64)	(10.94)	(10.44)	(12.48)	(10.25)	(9.64)
city	0.139***	0.151***	0.220***	0.124***	0.063 2	0.151***
	(3.73)	(4.58)	(7.14)	(2.89)	(1.45)	(3.50)
N	1 213	1 213	1 213	1 213	1 213	1 213

注：括号内表示 t 统计量，* $p<0.10$，** $p<0.05$，*** $p<0.01$。

以上关注的是城乡之间的差异，本文接着探究城市中的户籍因素带来的影响。仅考虑居住在城市的样本，在模型中加入户籍变量后的 OLS 和分位数回归结果见表 11-6。OLS 的回归结果显示，在其他条件相同的情况下，户籍因素的影响约为 11%～14.5%。在行业替代法对应的结果中，对于劳动价值较低的劳动者，户籍的影响在 5％的水平上显著，且系数较大。在机会成本法对应的结果中，50％分位数上的系数在 10％的水平上显著，且系数较大。两种方法统计的结果在 75％分位数上都不显著。由于国际上的研究大多认为机会成本法较不适宜，所以有理由认为每天劳动价值较低的劳动者可能更加受到户籍因素的影响。

表 11-6　城市内部 OLS 及分位数回归结果

	lntvspe				lntvopp			
	(1)OLS	(2)25％	(3)50％	(4)75％	(5)OLS	(6)25％	(7)50％	(8)75％
hk	0.111*	0.163**	0.098 7	0.120	0.145**	0.129	0.153*	0.111
	(1.82)	(2.06)	(1.40)	(1.57)	(2.01)	(1.22)	(1.66)	(1.27)
N	597	597	597	597	597	597	597	597

第五节　结论与政策建议

利用 2006 年中国健康与营养调查数据，本文选取了行业替代法和机会成本法两种方法计算了劳动者每天的无酬劳动价值，加上每天的有酬劳动价值以衡量劳动时间的总价值。研究统计发现，以行业替代法估算的无酬劳动价值低于以机会成本法估算的价值，无酬劳动价值约占有酬劳动价值的 17％～23％，农村的无酬劳动价值约为城市的 60％。

在回归分析中，以总价值代替以往研究中的工资，并控制了传统模型中不可观测的劳动者特征和区位特征的相关性，进而研究城市的劳动时间价值的溢价效应。通过 OLS 模型发现，具有相似个体特征的劳动力在城市的劳动价值比农村高约 12％～19％，从而验证了城市的劳动价值溢价效应，这一效应表示了城市聚集经济的作用。由于女性的无酬劳动时间，特别是家务劳动时间普遍高于男性，因此综合计算有酬与无酬劳动价值时，在控制其他变量的情况下，男性和女性平均每天的劳动价值并没有较大差异。所以，虽然在仅考虑有酬劳动时，女性的劳动价值低于男性，但是其中的原因可能不仅仅是来源于就业市场的歧视以及可观测的个体特征效应，而可能是由于"男主外、女主内"的家庭分工，使女性放弃了在就业市场上投入更多精力，选择多费时间以带给家庭更多的福利。

另外，本研究通过分位数回归发现，在 75％分位数上的城市溢价效应最高，大致是 15％～22％，在 25％分位数上的城市溢价大致是 12％～14％，所以平均每天劳动价值更高的人在城市工作能够享受更多的聚集效应带来的好处。对城市内部的劳动者而言，每天劳动价值较低的劳动者可能更加受到户籍因素的影响，这种效应导致了城市内部的劳动力市场分割，为实现城乡就业平等与同工同酬的目标，应健全劳动力市场用工制度，消除这一壁垒。

第十二章

基于时间配置理论的我国居民无酬劳动影响因素及价值分析

本章以时间配置理论为基础，运用中国健康与营养调查中的成人数据，运用文献研究、理论分析、统计和计量分析方法等，对我国居民的无酬劳动影响因素及其价值进行了分析。发现以往研究中没有对家庭劳动时间进行细分，只是笼统归纳为家务劳动时间；并且以往研究主要关注两性在时间配置上的差异，但忽视了中国特色的代际关系在其中所起的作用；此外，以往研究对家庭劳动时间所创造的价值认识不足，有学者在研究中认为家务劳动时间不能创造收入，而直接将其忽略。基于此，本章结合时间配置理论和国民经济核算原理，提出了时间四分法。按照生产活动的"第三方准则"、生产活动的产出形式、产出是否用于市场交换和是否纳入国民经济核算体系，将时间分为市场劳动时间、家庭市场劳动时间、无酬劳动时间和闲暇时间。

结合数据情况建立 Heckman 两阶段模型，对无酬劳动的影响因素进行回归分析，发现对样本无酬劳动时间影响最大的是性别，男性的无酬劳动时间比女性少 28.2%；其次是是否与父母同住，与母亲同住使无酬劳动时间减少 14.5%，与父亲同住使无酬劳动时间减少 12.7%；此外，城市居民的无酬劳动时间比农村多 12.1%，就业者的无酬劳动时间比未就业者少 7.53%；无酬劳动时间随着年龄增长会呈现先上升后下降的变化趋势，拐点出现在 50 岁左右。而婚姻状况、受教育年限和收入情况对无酬劳动时间的影响并不显著。通过建立模型引入父母特征和行为进一步分析父母等相关变量对无酬劳动的影响，发现父母的特征变量对子女的无酬劳动情况影响并不显著。此外，在简要回顾了我国无酬劳动价值估算的研究情况基础上，采用机会成本法对样本的无酬劳动经济价值进行了估算。计算得到样本总量的无酬劳动年平均价值为 5 315.35 元，无酬劳动总价值占当年地区 GDP 的比重为 25.6%，并且通过统计分析可以发现，经济越发达、单位无酬劳动价值越低的地区，无酬劳动价值占 GDP 比重越小。本章最后根据研究结果，针对实现男女平等、发展家庭养老和家庭服务业提出了相关政策建议。

第一节 引 言

当代社会飞速发展，随着人力资本投资的增加，劳动的时间价值也在不断上升。时间已成为日益稀缺的资源，并对人们的生活产生重要影响，如何对有限的时间合理进行配置越来越成为人们关注的焦点。时间配置领域的无酬劳动则一直没有受到应有的重视，根据联合国 1995 年《人类发展报告》指出，在全球范围内平均而言，人类用于无酬劳动的时间约占总劳动时间的一半，全世界无酬劳动的货币价值粗略估计为 16 万亿美元，占官方统计的全世界总产出的 70%。从 20 世纪 90 年代以来，关于无酬劳动的研究才逐渐进入人们的视野。目前针对无酬劳动的研究主要集中于对无酬劳动的时间调查和统计分析以及无酬劳动经济价值的估算。

我国对无酬劳动的相关研究目前还比较少，原因主要是：第一，无酬劳动价值的计量基础是对无酬劳动的时间进行测度，而住户的无酬劳动时间很难进行大规模精确测量；第二，无酬劳动的价值一般不以货币形式体现，不能给人们带来显性的收入增加，因此长期以来没能得到应有的重视。

以时间配置理论为基础，对我国居民的无酬劳动问题进行研究具有重要意义。从理论意义来看，首先，贝克尔所提出的"新家庭经济学"对居民的时间配置行为进行了开创性的研究，其后又有很多学者对其进行了深入研究，但时间配置理论在我国学术界并没有得到足够的重视，相关的研究成果也十分匮乏。对时间配置理论进行研究，有助于国内学者更深入地了解时间配置及家庭经济学的相关理论和研究方法。其次，以我国居民为对象进行研究，有助于丰富时间配置及家庭经济学理论。最后，无酬劳动的相关研究关系到经济学、社会学、人口学等多学科，全面重视各学科的交融特点，综合运用各种研究理论和分析方法，既有助于对无酬劳动问题有清晰全面的认识，也有助于引发多学科的研究思考和实践。

从现实意义来看，无酬劳动的相关研究对于提高居民的生活质量和制定完善的公共政策具有重要意义。首先，与男性相比，女性在家庭中承担了更多的无酬劳动，女性的总劳动时间远多于男性，女性承担的劳动负担并不比男性少，但由于对无酬劳动经济价值计量的缺失，女性对家庭和社会的贡献未能明确化，女性在家庭内外承担的双重劳动负担没有得到应有的重视，影响了女性社会地位的提高。对无酬劳动进行研究将有助于明确女性对家庭和社会发展的贡献，提高女性福利，促进男女平等。其次，无酬劳动的内容主要包括家务劳动、照顾老人及儿童等，无酬劳动的数量和质量将直接影响人们的生活质量和福利水平。例如，与出外就餐相比，家庭烹饪可以有效减少家庭成员肥胖水平和患病风险；父母对儿童的照料直接影响儿童的健康水平和文化素质。最后，无酬劳动与家庭服务业、医疗卫生服务、社会养老都有密切联系，对无酬劳动进行研究有助于服务业、医疗保障等公共政策的制定和完善。

第二节　分析框架及基本假设

>> 一、时间四分法及无酬劳动的界定 <<

在传统劳动—闲暇模型中，所采取的是时间二分法，即将居民的时间分为了劳动时间和闲暇时间两部分。但通过新家庭经济学的分析可以发现，时间是家庭配置的重要资源，并且时间投入也是有产出的。因此传统的时间二分法不能充分反映时间所带来的效用，也不符合家庭内部生产的实际情况，于是时间三分法被提出，即将居民的时间分为了市场劳动时间、家庭生产时间和闲暇时间。这种时间三分法与时间二分法相比，主要强调了家庭生产时间与闲暇时间的区别，但是时间三分法中对市场劳动和家务劳动的界定并不清晰。对于能够给居民带来收入的劳动应属于市场劳动，对于不能带来收入的劳动应属于家务劳动，而对于生产那些既可以在市场上交换获得收入又可以用于家庭消费的产品所付出的劳动，没有给出明确界定。例如，农户所种植的粮食，如果拿到市场交换将获得收入，那么所付出的劳动将作为市场劳动；如果农户将一部分粮食用于自身消费，那么这部分劳动又将成为家庭生产劳动的一部分。为了对居民劳动时间进行清晰界定，本文引入了国民经济核算体系中对于居民活动形式的界定，将时间分为四类。

首先，将时间分为生产性活动时间和非生产性活动时间两类。界定一种活动是否属于生产性活动的准则称为"第三方准则"，所谓"第三方准则"是指：如果一项活动能够委托给其他人完成，并且由其他人完成能够产生同样的预期结果；或者该活动的产出能够用于交换，该项活动就被认为是生产性的，否则就是非生产性的。非生产性活动也称为个人活动，例如吃饭、睡觉、体育锻炼等通常不能委托给他人代为完成。按照此标准，闲暇就是非生产性时间。

其次，再对生产性活动时间进行分类，凡是生产用于市场交换的产品或服务的时间，就属于纯市场劳动时间，也就是二分法中的工作时间和三分法中的市场劳动时间，该部分的产出都属于国民经济核算的内容。对于生产不用于市场交换的产品和服务的家庭劳动时间，根据联合国国民经济核算体系（SNA）（2008）的规定，其中有一部分也属 SNA 生产范围内的活动，具体而言，凡是生产用于自身消费的有形产品的家庭非市场劳动，如家庭自用农产品的生产和加工、钓鱼、打猎、伐木、砍柴、打井、制作衣物家具等，都属于 SNA 生产范围之内的活动，本文将其称为家庭市场劳动时间。凡是为家庭成员提供服务的非市场劳动，如照顾儿童或其他家庭成员，烹饪、清洁和修理等，都属于 SNA 生产范围之外的活动，本文将其称为家庭无酬劳动时间，以下简称无酬劳动时间。

国家统计局颁布的《国民经济核算体系(2002)》中对生产范围的规定基本沿用了联合国 SNA 中的规定，"国民经济核算的生产范围包括以下三个部分：第一，生产者提供或准备提供给其他单位的货物或服务的生产；第二，生产者用于自身最终消费或固定资本形成的所有货物的自给性生产；第三，自有住房提供的住房服务和付酬家庭雇员提供的家庭服务的自给性生产。"因此，家庭成员为本家庭提供的个人服务，即自给性服务被排除在 SNA 生产活动之外，被称为非 SNA 生产活动，如烹饪、采购、清洁整理、照料老人和儿童等。因此，根据上述分析，按照产出的是产品还是服务，可以将那些没有被纳入国民经济核算体系中的非市场劳动分为家庭市场劳动和家庭无酬劳动。

由此将居民时间分为四类：市场劳动时间、家庭市场劳动时间、家庭无酬劳动时间和闲暇时间(如下表所示)。其中的无酬劳动在其他研究中也被称为无偿服务、无付酬服务或非市场服务，我们研究的重点是无酬劳动的影响因素及价值估算。

表 12-1　时间四分法

第三方准则	生产活动			非生产活动
时间分类	市场劳动时间	家庭市场劳动时间	家庭无酬劳动时间	闲暇时间
产出形式	产品　　服务	产品	服务	休闲
是否流通	市场交换	不用于市场交换		
核算角度	SNA 生产活动		非 SNA 生产活动	

>>二、基本解释框架及模型扩展<<

借鉴之前学者的研究成果，我们在采用时间四分法的基础上，将分析对居民无酬劳动时间造成影响的因素，具体包括以下三个方面。

一是社会文化因素。根据社会学中男女性别角色的相关理论，男性和女性在家庭和社会中的分工是不同的，女性的生理和心理结构被认为应承担更多的家务劳动，并且之前学者的研究也无一例外地注意到这一点，在研究中引入性别这一变量，本文将采用该方法。此外，本文注意到在我国存在的非常具有特色的家庭文化。与西方社会以个人为中心不同，中国传统社会是以家庭为中心的，宗族和血亲关系在中国文化中有着重要意义。中国人讲究亲情仁爱，在父母和子女的关系上体现的不是西方社会简单的权利义务关系，一方面是子女对父母的孝道，另一方面是父母对子女的照顾与呵护。如果哪个父母把孩子养到 18 岁就撒手不管了，在中国人眼里一定是狠心的父母。在现实生活中，我们也会发现，即使是已经成年的子女，中国的很多父母仍然会帮助其操持家务，甚至承担的比子女还多。因此，从这一分析角度出发，本文将引入父母的特征变量进行分析，与以往研究相比，这也是本文的一个创新之处。

二是个人特征。根据以往研究的结论，居民的年龄、婚姻状况、受教育水平、工资率、工作情况等因素都会对时间配置产生影响，本文也将对这些因素进行分析。

三是家庭特征。对于已婚居民的分析，将包括子女数量、家庭收入、配偶的特征等，其中配偶特征与上述个人特征的内容类似。对于上文提到的社会文化因素，是否与父母同住，以及父母的健康水平、无酬劳动时间等一系列父母的特征量可以作为家庭影响因素纳入分析框架。

第三节　数据来源与描述性统计分析

>>一、数据来源及样本总体情况<<

数据来源是 2006 年中国健康与营养调查中的成人数据。该调查是由美国北卡罗来纳大学人口研究中心、美国国家营养与食物安全研究所和中国疾病与预防控制中心合作开展的调查项目。该调查旨在检验健康、营养和计划生育政策的影响以及研究中国社会经济的转变如何作用于整个人口健康和营养状况。到目前为止，该调查一共进行了 8 次，分别是 1989 年、1991 年、1993 年、1997 年、2000年、2004 年、2006 年和 2009 年。该调查采用多阶段整群抽样的方法，2006 年的调查范围包括辽宁、黑龙江、江苏、山东、河南、湖北、湖南、广西和贵州 9 个省和自治区，调查内容涉及住户、膳食、成人、儿童、社区等。其中成人调查的对象是年龄在 18 周岁以上的成人，调查内容包括人口学背景、工作情况、家务劳动、饮食消费、健康状况、卫生服务使用、膳食和活动情况、体格测量等，基本涵盖了本文研究中所涉及的内容。

该原始数据库中包括 9 788 个样本，经过筛选得到 8 244 个有效样本。其中男性 3 800 个，女性 4 444 个；城市 2 953 个，农村 5 291 个；东中西部地区样本量分别为 2 859 个、3 457 个和 1 928 个。其中东部地区包括辽宁、江苏和山东三省，中部地区包括黑龙江、河南、湖北和湖南四省，西部地区则包括广西壮族自治区和贵州省。

表 12-2　数据样本量情况　　　　　　　　　　　　　　　（单位：个）

样本量		东部	中部	西部	总计
城市	男性	486	608	286	1 380
	女性	562	692	319	1 573
农村	男性	844	970	606	2 420
	女性	967	1 187	717	2 871
总计		2 859	3 457	1 928	8 244

>>二、时间配置情况的描述性统计分析<<

根据调查问卷的内容，本文所研究的无酬劳动时间包括被调查者用于以下五方面活动的时间：为家庭购买食品的时间、为家人做饭的时间、洗熨衣服的时间、打扫房间的时间、照看自己家以及别人家孩子的时间。市场劳动时间则是指被调查者能够获取工资的工作时间，包括第一职业以及第二职业。家庭市场劳动时间则是指被调查者生产不出售的家庭消费品的时间，包括三部分内容：家庭农业生产时间、家庭饲养时间、家庭渔业生产时间。

根据统计分析，样本用于市场劳动的时间为 8.31 小时/天，用于家庭市场劳动和无酬劳动的时间均为 1.72 小时/天。其中男性的市场劳动平均时间是 8.41 小时/天，比女性多 0.26 小时/天。而女性的无酬劳动时间是 2.55 小时/天，为男性的 3 倍多，男性和女性用于家庭市场劳动的时间则比较接近，可见性别差异对居民的无酬劳动时间产生重要影响。此外，需要说明的是，样本市场劳动时间均值的计算是以调查数据中工作时间不为 0 的样本为统计对象的，而样本家庭市场劳动时间和无酬劳动时间的计算是以全部子样本为统计对象的。

表 12-3　两性时间配置情况　　　　　　　　　　　　（单位：小时/天）

	市场劳动	家庭市场劳动	无酬劳动
男性	8.41	1.8	0.75
女性	8.15	1.66	2.55
合计	8.31	1.72	1.72

按地区和性别对以上三种时间分别进行统计得到下述结论。东、中、西三个地区的样本用于无酬劳动的时间较为接近，可见地区因素对居民的无酬劳动时间并无明显影响；从样本的市场劳动时间来看，由高到低依次为东部、中部和西部，与三个地区的经济发达程度相吻合，可见经济越发达的地区，居民用于市场劳动的时间越多；从样本的家庭市场劳动时间来看，由高到低依次为西部、中部

和东部，这与中西部地区以农业生产为主有一定关系。从城乡分布来看，城市样本的市场劳动时间高于农村，而农村样本的家庭市场劳动时间高于城市，这与城乡之间不同的产业结构有密切联系，城市主要进行工业和服务业生产，而农村主要进行农业生产。此外，从无酬劳动时间来看，城市样本的均值（1.89 小时/天）要高于农村样本均值（1.62 小时/天），由于城市居民对生活品质有更多的要求，因此可能将更多的时间用于家务打理。

对无酬劳动时间的统计结论与以往研究的统计结论类似，石红梅通过对福建地区的调查统计发现，在 1990 年和 2000 年城镇女性的家务劳动时间分别为 273分钟和 213.52 分钟，平均每年减少 6 分钟；农村女性的家务劳动时间则分别为319 分钟和 246.94 分钟，平均每年减少 7 分钟。[①] 农村家务时间减少速度快于城市，在一定程度上说明了农业技术进步对改善农村居民生活产生较大影响，并对家务时间产生替代作用。

表 12-4　分地区无酬劳动时间配置情况　　　　　　（单位：小时/天）

		东部	中部	西部	合计
城市	男性	1.09	0.81	1	0.95
	女性	2.85	2.67	2.64	2.73
农村	男性	0.59	0.66	0.68	0.64
	女性	2.43	2.68	2.09	2.45
	合计	1.74	1.78	1.58	1.72

表 12-5　分地区市场劳动时间配置情况　　　　　　（单位：小时/天）

		东部	中部	西部	合计
城市	男性	8.86	8.39	8.29	8.49
	女性	8.60	8.25	8	8.27
农村	男性	8.51	8.11	7.93	8.29
	女性	8.05	8.01	7.69	8.03
	合计	8.59	8.21	7.94	8.31

表 12-6　分地区家庭市场劳动时间配置情况　　　　　（单位：小时/天）

		东部	中部	西部	合计
城市	男性	0.1	0.44	1.2	0.48
	女性	0.04	0.48	1.25	0.48

[①]　石红梅：《我国女性就业与家务时间配置的影响因素分析》，载《中共福建省委党校学报》，2006 年第 6 期。

		东部	中部	西部	合计
农村	男性	2.21	2.74	2.69	2.54
	女性	2.27	2.11	2.66	2.30
合计		1.44	1.67	2.22	1.72

　　针对样本无酬劳动时间的配置情况，以下将从个人特征及家庭特征等方面进行统计分析。从样本的年龄结构来看，平均年龄为 49.8 岁。从 18 岁开始每隔十岁对样本进行分类统计，可以发现随着年龄的增长，样本的无酬劳动时间呈现先上升后下降的趋势，样本总体拐点出现在 60 岁左右，与男性样本相同，而女性样本的拐点则出现在 50 岁左右。从两性的比较来看，女性无酬劳动时间始终多于男性，且在 50 岁之前一直为男性的 4 倍多，在 50 岁左右出现拐点，下降为男性的 2 倍到 3 倍，这与男性在退休后退出市场劳动，更多地参与家务劳动有一定关系。

表 12-7　不同年龄段无酬劳动时间配置情况

年龄 （岁）	无酬劳动时间（小时/天）			男女倍率
	男性	女性	合计	
18～30	0.45	1.88	1.18	4.18
30～40	0.63	2.63	1.75	4.17
40～50	0.65	2.75	1.78	4.23
50～60	0.84	2.84	1.92	3.38
60～70	1.00	2.71	1.89	2.71
70～80	0.89	1.86	1.44	2.09

　　从样本的婚姻状况来看，我们将样本分为在婚和非在婚两类，其中非在婚包括未婚、离婚、丧偶和分居四种情况。从统计结果来看，在婚样本的无酬劳动时间为 1.79 小时/天，非在婚样本则为 1.35 小时/天。无论城市还是农村，在婚女性的无酬劳动时间均多于非在婚女性，原因在于女性结婚后特别是生育后，将投入更多的时间进行做饭、打扫和照看孩子等家务劳动。而男性的情况则不同，城市在婚男性的无酬劳动时间多于非在婚男性，农村在婚男性的无酬劳动时间则少于非在婚男性。农村的情况比较容易理解，在农村按照传统的性别分工，男性结婚后洗衣、做饭等原本承担的家务劳动将由妻子承担，因此男性的无酬劳动时间相应减少。城市的情况可以根据以往研究的结论进行解释，随着两性平等观念的发展和城市女性越来越多地参与到市场劳动中，已婚男性也越来越多地承担家务劳动，根据第三期中国妇女社会地位调查的结果显示，有 88.6% 的人同意"男人也应该主动承担家务劳动"。因此，城市男性在婚后一是面临家务量比以前增加，

二是更多地参与家务劳动，共同造成了在婚男性的无酬劳动时间比非在婚男性多。

表 12-8　不同婚姻状况无酬劳动时间配置情况

性别	婚姻状况	无酬劳动时间（小时/天）		
		城市	农村	合计
男性	在婚	0.99	0.62	0.75
	非在婚	0.7	0.81	0.77
女性	在婚	2.96	2.61	2.73
	非在婚	1.92	1.63	1.75
	合计	1.89	1.62	1.72

从样本的受教育情况来看，平均受教育年限为 7.2 年。根据调查内容，将样本按教育程度和教育时间分为六类：小学毕业及小学以下、初中毕业、高中毕业、中等职业学校毕业、大专或大学毕业和硕士及以上。由于硕士及以上学历的样本量过小，因此得到的数据结论代表性不强，但通过其他组别的大样本量，仍可以发现随着学历的增加，样本的无酬劳动时间有小幅度的波动，表现为先下降后上升。

表 12-9　不同受教育程度无酬劳动时间配置情况

学历	无酬劳动时间（小时/天）			样本量		
	男性	女性	合计	男性	女性	合计
小学及以下	0.73	2.55	1.86	1 525	2 518	4 043
初中	0.72	2.61	1.61	1 316	1 188	2 504
高中	0.73	2.48	1.49	613	472	1 085
中等职业学校	1.01	2.55	1.72	230	195	425
大专或大学及以上	1.01	1.85	1.32	116	71	187

从样本的健康状况来看，根据调查问卷中自测健康水平的数据，将样本的健康水平分为非常好、好、一般和差四个等级，经过分析可以发现健康水平较差的样本组的无酬劳动时间虽然少于其他组，但差距并不大；而健康水平最好的组也不是无酬劳动时间最长的组。造成这一现象的原因主要是调查偏差，该健康自测水平的问题设计为"与同龄人相比，你觉得自己的健康状况如何"，由于每个样本个体的感受不同，做出的判断和选择标准必然是不同的，因此得出的结论也并不完全符合常识。此外，另一个原因可能是，健康水平越好的居民倾向于从事更多的市场劳动以获取收入，而将更少的时间用于家务劳动。

表 12-10 不同健康状况无酬劳动时间配置情况

健康水平	无酬劳动时间（小时/天）		
	男性	女性	合计
非常好	0.65	2.82	1.49
好	0.74	2.62	1.73
一般	0.83	2.59	1.86
差	0.61	2.07	1.42

　　根据以往研究，居民的工作情况及工资收入会对无酬劳动的时间产生一定影响，对样本按照是否工作分为就业和未就业两类，就业样本量为 2 167 个，其中男性为 1 320 个，女性为 847 个，未就业样本量为 6 077 个。按照就业情况对样本量的无酬劳动时间进行统计，可以发现无论男女，就业者的无酬劳动时间均少于未就业者，说明居民会在市场劳动和家庭劳动之间做出选择，市场劳动时间和无酬劳动时间有相互替代的效应。

　　为进一步研究工作情况对无酬劳动时间的影响，按工作类型对样本进行分类，共分为政府机关、国有企事业单位和研究所、国有企业、小集体、大集体、家庭联产承包农业、私营个体企业和三资企业 8 种类型。经过统计分析发现，在大集体（由县市省所属）工作的男性的无酬劳动时间最长为 0.93 小时/天，是最短的私营个体企业男性样本（0.505 小时/天）的近 2 倍，高于未就业的男性样本的平均值，无酬劳动时间第二和第三长的分别为国有企事业单位和研究所及国有企业，该结果表明在国有企事业单位工作的男性比其他单位工作的男性有更多的时间参与家务劳动。女性样本中，无酬劳动时间最长的是在政府机关工作的女性（2.43 小时/天），其次分别为国有企事业单位和研究所及小集体（由乡镇所属），无酬劳动时间最短的则是三资企业工作的女性（1.53 小时/天），最长与最短相差近 1 小时。上述结论说明工作单位类型会对居民的无酬劳动时间产生重要影响，按照贝克尔的时间配置理论，产生这种影响的原因可能是在私营、个体及三资企业工作的居民工资率较高，导致其将更多的时间用于市场劳动，更少的时间用于家庭内部的无酬劳动。但通过计算在不同单位工作的样本的平均工资率发现，私营、个体及三资企业的样本工资率虽然高于集体及家庭联产承包农业的工资率，但并不是最高的，样本中国有企事业单位的工资率最高。该平均工资率的计算是用样本月工资、月补贴和年奖金按月折算的金额的和，除以样本每天工作小时数乘以每周工作天数再乘以四的积，计算得到的。可见从工资率的角度并不能解释不同单位类型无酬劳动时间的差异，说明工作单位类型本身对无酬劳动产生了影响，私营、个体及三资企业工作的居民由于本身工作性质，导致工作时间较其他单位多，可能因此用于无酬劳动的时间较少。

表 12-11　不同就业状况无酬劳动时间配置情况

就业状况	无酬劳动时间（小时/天）		
	男性	女性	合计
就业	0.65	2.1	1.22
未就业	0.81	2.65	1.9

表 12-12　不同单位类型无酬劳动时间配置情况

工作单位类型	无酬劳动时间（小时/天）			平均工资率（元/小时）
	男性	女性	合计	
政府机关	0.63	2.43	1.07	13.28
国有事业单位和研究所	0.85	2.26	1.47	10.38
国有企业	0.74	2.07	1.18	8.83
小集体（乡镇所属）	0.63	2.19	1.34	5.14
大集体（县市省所属）	0.93	1.92	1.33	5.25
家庭联产承包农业	0.58	2.14	0.96	5.17
私营、个体企业	0.51	2.03	1.12	6.25
三资企业	0.51	1.53	1.07	7.07

　　根据前文提到的解释框架，父母参与家务劳动将对子女的家务劳动量产生重要影响，因此按照是否与父母同住将样本分为四类：与父亲同住、且与母亲同住；与父亲同住、且不与母亲同住；不与父亲同住、且与母亲同住；不与父亲同住、且不与母亲同住。经过统计发现，与父母同住将显著减少样本的无酬劳动时间，既与父亲、又与母亲同住的样本的平均无酬劳动时间为 0.64 小时/天，是既不与父亲、又不与母亲同住样本的约 1/3。同时还可以发现，与母亲同住比与父亲同住更能减少样本的无酬劳动时间，说明母亲比父亲能承担更多的家务劳动。

表 12-13　不同居住状况无酬劳动时间配置情况

居住状况	无酬劳动时间（小时/天）		
	男性	女性	合计
与父亲同住；且与母亲同住	0.4	1.25	0.64
与父亲同住；且不与母亲同住	0.87	2.13	1.09
不与父亲同住；且与母亲同住	0.58	1.75	0.76
不与父亲同住；且不与母亲同住	0.83	2.62	1.88

　　从样本的子女情况来看，考虑到子女的数量会对家务劳动时间产生较大影响，而子女的性别等因素影响程度较小，将调查问卷中男孩数量和女孩数量两个调查结果合并，得到子女总数，最少为 0，最多为 5。但子女数量调查仅针对所

有 52 岁以下的妇女，因此仅能得到对女性样本的统计分析。可以发现随着子女数量的增加，女性无酬劳动的时间呈上升趋势，虽然在子女数量为 3～5 个时有一定波动，但因为样本量较小，可以忽略。

表 12-14 不同子女数量无酬劳动时间配置情况

子女数量（个）	无酬劳动时间（小时/天）	样本量（个）
0	2.44	2 994
1	2.69	1 038
2	2.98	369
≥3	2.47	43

通过上述描述性统计分析，可以得到一些基本结论：男性的市场劳动时间多于女性，女性的无酬劳动时间多于男性；经济越发达地区的居民市场劳动时间越多；城市居民的无酬劳动时间多于农村；随着年龄的增长居民的无酬劳动时间呈现先上升后下降的变化趋势；在婚居民的无酬劳动时间多于非在婚居民；随着学历的提高，居民无酬劳动时间呈现先下降后上升的趋势，并带有一定的波动；未就业居民的无酬劳动时间要多于就业居民，且工作单位类型对居民无酬劳动时间有一定影响；与父母同住将显著减少居民无酬劳动时间；随着子女数量的增加，女性用于无酬劳动的时间也将增加。

第四节 无酬劳动影响因素的计量分析

>>一、计量模型的设定及修正<<

为了更清晰地了解上述因素对个体无酬劳动时间配置的影响程度，我们将采用计量经济分析方法进行深入分析。将样本无酬劳动时间作为被解释变量，根据数据情况，有 1 947 个样本的无酬劳动时间为 0，且是偶然断尾现象，属于被解释变量受限模型中的样本选择模型，应采用 Heckman 两阶段法对数据进行计量分析。为确定两阶段法中应选取的解释变量，以是否进行无酬劳动为被解释变量，建立一阶段模型，考察居民无酬劳动决策的影响因素；以无酬劳动时间为被解释变量建立二阶段模型，考察居民无酬劳动时间的影响因素。两个模型中的解释变量则为上述社会文化、个人及家庭等情况。模型具体形式为：

一阶段模型：

$$ytime = \alpha_0 + \alpha_1 gender + \alpha_2 marriage + \alpha_3 age + \alpha_4 age^2 + \alpha_5 edu + \alpha_6 urban +$$
$$\alpha_7 employment + \alpha_8 wage + \alpha_9 revenue + \alpha_{10} father + \alpha_{11} mother + \alpha_{12} east +$$
$$\alpha_{13} middle + \alpha_{14} ahealth + \alpha_{15} bhealth + \alpha_{16} chealth$$

二阶段模型：

$$time = \beta_0 + \beta_1\,gender + \beta_2\,marriage + \beta_3\,age + \beta_4\,age^2 + \beta_5\,edu + \beta_6\,urban +$$
$$\beta_7\,employment + \beta_8\,wage + \beta_9\,revenue + \beta_{10}\,father + \beta_{11}\,mother + \beta_{12}\,east +$$
$$\beta_{13}\,middle + \beta_{14}\,ahealth + \beta_{15}\,bhealth + \beta_{16}\,chealth$$

表 12-15　变量描述

被解释变量	变量名称	变量类型	变量解释	变量单位
ytime	是否进行无酬劳动	虚拟	ytime＝1 表示样本进行无酬劳动，即无酬劳动时间不为 0，ytime＝0 表示样本不进行无酬劳动，即无酬劳动时间为 0	
time	无酬劳动时间	连续	样本每天用于无酬劳动的时间	小时/天
解释变量				
gender	性别	虚拟	gender＝1 表示男性，gender＝0 表示女性	
marriage	婚姻状况	虚拟	marriage＝1 表示在婚，marriage＝0 表示非在婚	
age	年龄	连续	样本的年龄	年
edu	受教育年限	连续	样本的接受教育的年数	年
urban	城市/农村	虚拟	urban＝1 表示城市居民，urban＝0 表示农村居民	
employment	就业状况	虚拟	employment＝1 表示就业，employment＝0 表示未就业	
wage	工资率	连续	样本进行市场劳动每小时获得的现金，包括工资、补贴和奖金	元/小时
revenue	其他收入	连续	样本除工资、补贴、奖金之外的现金收入，退休职工包括退休金	元/月
father	是否与父亲同住	虚拟	father＝1 表示与父亲同住，father＝0 表示不与父亲同住	
mather	是否与母亲同住	虚拟	mather＝1 表示与母亲同住，mather＝0 表示不与母亲同住	
east	东部地区	虚拟	east＝1 表示东部地区，east＝0 表示其他地区	
middle	中部地区	虚拟	middle＝1 表示中部地区，middle＝0 表示其他地区	
ahealth	健康状况非常好	虚拟	ahealth＝1 表示健康状况非常好，ahealth＝0 表示其他情况	
bhealth	健康状况好	虚拟	bhealth＝1 表示健康状况好，bhealth＝0 表示其他情况	
chealth	健康状况一般	虚拟	chealth＝1 表示健康状况一般，chealth＝0 表示其他情况	

其中，表示样本的地区解释变量以西部地区为对照组，健康状况以健康水平差为对照组。此外，根据上述描述性统计分析，居民无酬劳动的时间随着年龄的增长有一个先上升后下降的趋势，可以推断无酬劳动时间是年龄的二次函数，模型中加入了年龄的平方项。

我们采用 Stata11.0 计量分析软件对数据进行操作，首先对数据及模型的有效性进行统计检验。考察数据中的 5 个连续变量的分布情况，从偏度及峰度可以看出，年龄和受教育年限基本符合标准正态分布，而无酬劳动时间、工资率和其他收入变量与标准正态分布相比，都存在右偏和尖峰的情况，需要进行调整。通过 Stata 软件中的幂阶梯对上述三个变量进行非线性转换，发现取对数后上述三个变量在偏度和峰度上都更接近正态分布，且具有很好解释意义，因此引入三个新的变量 lntime，lnwage 和 lnrev，来代替 time，wage 和 revenue。其中，lntime $=\log(\text{time})$，lnwage $=\log(\text{wage})$，lnrev $=\log(\text{revenue})$。

表 12-16　变量描述性统计

变量	观测值数目	均值	中位数	标准差	方差	偏度	峰度
time	8 244	1.72	1.5	1.63	2.67	1.15	5.74
age	8 244	49.8	50	15.59	243	0.09	2.41
edu	8 244	7.23	9	4.43	19.64	−0.16	2.23
wage	8 244	2.02	0	6.67	44.46	13.05	270.38
revenue	8 244	187.67	0	491.17	241 248.7	4.76	37.61

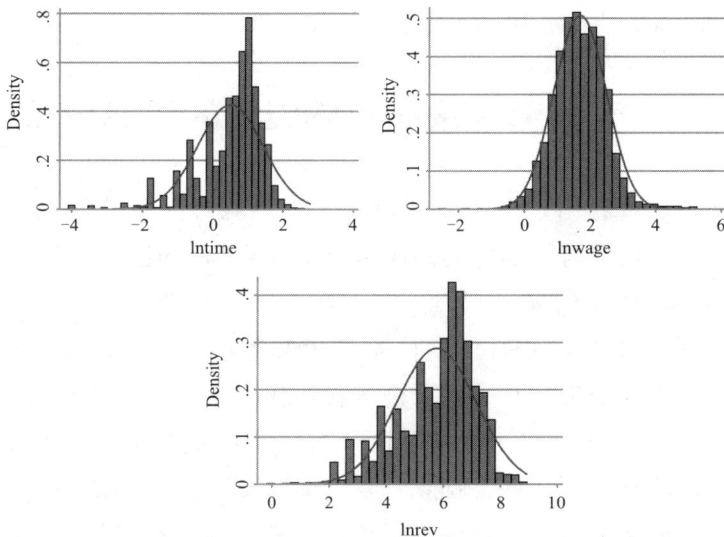

图 12-1　无酬劳动时间、工资率、其他收入的分布情况

其次对考虑模型中解释变量是否存在多重共线性，根据模型设定，是否就业

与工资率是否为 0 有较强的相关性，且计算二者的相关系数为 0.506 3，因此应将模型进行分解，分别考察就业与工资率对无酬劳动的影响，以消除共线性。此外，从以往研究的结论来看，认为女性的工资率与无酬劳动时间负相关，但并未指出是否就业对无酬劳动时间有何种影响，因此也有必要对工资率和是否就业的影响程度分别进行分析。模型修正为：

一阶段模型（一）：

$$ytime = \alpha_0 + \alpha_1 gender + \alpha_2 marriage + \alpha_3 age + \alpha_4 age^2 + \alpha_5 edu + \alpha_6 urban + \alpha_7 employment + \alpha_8 lnrevenue + \alpha_9 father + \alpha_{10} mother + \alpha_{11} east + \alpha_{12} middle + \alpha_{13} ahealth + \alpha_{14} bhealth + \alpha_{15} chealth \tag{1.1}$$

一阶段模型（二）：

$$ytime = \alpha_0 + \alpha_1 gender + \alpha_2 marriage + \alpha_3 age + \alpha_4 age^2 + \alpha_5 edu + \alpha_6 urban + \alpha_7 lnwage + \alpha_8 lnrevenue + \alpha_9 father + \alpha_{10} mother + \alpha_{11} east + \alpha_{12} middle + \alpha_{13} ahealth + \alpha_{14} bhealth + \alpha_{15} chealth \tag{1.2}$$

二阶段模型（一）：

$$lntime = \beta_0 + \beta_1 gender + \beta_2 marriage + \beta_3 age + \beta_4 age^2 + \beta_5 edu + \beta_6 urban + \beta_7 employment + \beta_8 lnrevenue + \beta_9 father + \beta_{10} mother + \beta_{11} east + \beta_{12} middle + \beta_{13} ahealth + \beta_{14} bhealth + \beta_{15} chealth \tag{2.1}$$

二阶段模型（二）：

$$lntime = \beta_0 + \beta_1 gender + \beta_2 marriage + \beta_3 age + \beta_4 age^2 + \beta_5 edu + \beta_6 urban + \beta_7 lnwage + \beta_8 lnrevenue + \beta_9 father + \beta_{10} mother + \beta_{11} east + \beta_{12} middle + \beta_{13} ahealth + \beta_{14} bhealth + \beta_{15} chealth \tag{2.2}$$

>>二、无酬劳动决策影响因素的回归分析<<

从计量结果可以看出，采用一阶段模型（二）在以工资率为解释变量的情况下，工资率的上升对参与无酬劳动的决策有负向影响，但除性别外，其他解释变量的系数在 95% 的置信水平下均不显著。虽然模型的正确预测百分比为 74.32%，但是所用数据的拟合优度检验 P 值却很小，说明模型的拟合优度并不好，可能遗漏了重要变量，有必要用是否就业代替工资率再次进行回归分析，即对一阶段模型（一）进行回归。从一阶段模型（一）的结果来看，性别、受教育年限、地区分布、健康水平、是否就业、收入情况及是否与母亲同住均对样本是否进行无酬劳动有显著影响。并且模型设定的正确率为 78.42%，数据的拟合优度检验 P 值也达到了 0.845。从计量结果来看，解释变量对无酬劳动决策的边际效应分别为，男性比女性参与无酬劳动的概率小 33.6%，就业会使无酬劳动的可能性降低 0.8%，与健康水平很差相比，健康水平非常好、好和一般均能增加无酬劳动的可能性。而受教育年限每增加一年对无酬劳动决策产生了正向影响，与以往研究结论有出入。此外，还发现与母亲同住对无酬劳动决策有重要影响，将使无酬劳动的可能性降低13.8%，与父亲同住，同样也会降低无酬劳动的可能性，但结果不显著。

表 12-17　第一阶段模型计量结果

	(1.1)		(1.2)	
	ytime	dy/dx	ytime	dy/dx
urban	0.047 3	0.012 07	0.107	0.033 3
	(0.70)	(0.70)	(0.57)	(0.57)
gender	−1.325***	−0.335 9	−1.329***	−0.361 5
	(−17.63)	(−19.88)	(−5.80)	(−7.41)
marriage	0.085 4	0.022 4	−0.332	−0.093 5
	(0.92)	(0.90)	(−0.98)	(−1.10)
age	0.001 35	0.000 347	−0.002 82	−0.000 882
	(0.48)	(0.48)	(−0.28)	(−0.28)
father	−0.090 0	−0.023 9	−0.176	−0.057 6
	(−0.45)	(−0.44)	(−0.48)	(−0.46)
mather	−0.458**	−0.138 2	−0.536	−0.184 5
	(−2.79)	(−2.45)	(−1.71)	(−1.60)
edu	0.036 1***	0.009 24	0.046 2	0.014 4
	(4.24)	(4.25)	(1.57)	(1.57)
employment	−0.286**	−0.080 5		
	(−2.75)	(0.031 84)		
lnwage			−0.162	−0.050 6
			(−0.63)	(−0.63)
lnrev	−0.186**	−0.047 51	−0.140	−0.043 8
	(−3.01)	(−3.02)	(−1.05)	(−1.05)
east	−0.080 3	−0.020 7	−0.078 0	−0.024 4
	(−0.94)	(−0.93)	(−0.31)	(−0.31)
middle	−0.216*	−0.056 8	−0.190	−0.060 6
	(−2.56)	(−2.50)	(−0.72)	(−0.70)
ahealth	0.454**	0.095 5	−0.206	−0.067 4
	(3.21)	(4.05)	(−0.43)	(−0.41)
bhealth	0.590***	0.143 2	−0.187	−0.058 4
	(5.82)	(6.16)	(−0.42)	(0.140 17)

续表

	(1.1)		(1.2)	
	ytime	dy/dx	ytime	dy/dx
chealth	0.613***	0.147 5	0.322	0.095 62
	(6.17)	(6.59)	(0.69)	(0.130 3)
_cons	1.302***		2.085**	
	(5.32)		(2.63)	
Pseudo R2	0.192 2		0.212 3	
LR chi2(14)	497.43		75.90	
correctly classified	78.42%		74.32%	
goodness-of-fit	0.845 1		0.090 2	
N	241 4		229 2	

注：t statistics in parentheses，* $p<0.05$，** $p<0.01$，*** $p<0.001$。

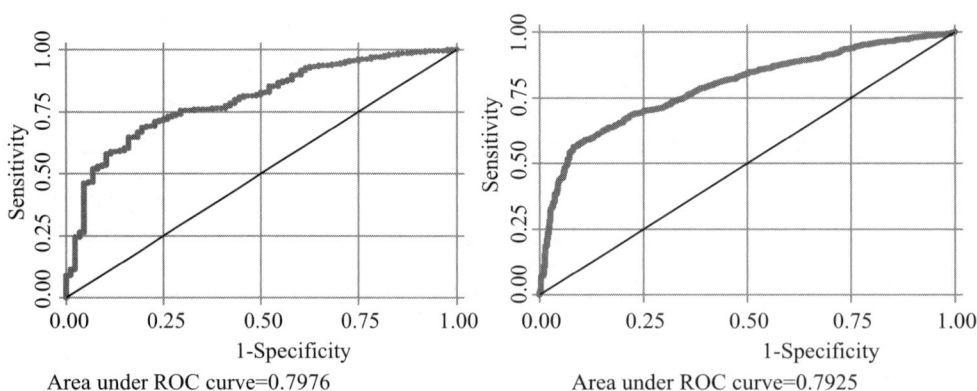

Area under ROC curve=0.7976   Area under ROC curve=0.7925

图 12-2　第一阶段模型设定情况检验

针对第二阶段模型，采用普通最小二乘法（OLS）对无酬劳动时间不等于 0 的样本进行回归。为了将不太显著的解释变量从模型中剔除，采用逐步回归的方法，按显著性水平逐步剔除不显著的解释变量，直到所有解释变量都符合所设置的显著性水平。

按二阶段模型（一）对无酬劳动时间不为 0 的所有样本进行分布回归，显示所有模型均通过了 F 检验，但是拟合优度指标并不很高，所选择的解释变量仅能解释无酬劳动时间变化的不到 30%。计量回归结果与上文描述统计分析结果一致，表明健康状况、受教育年限和地域分布对无酬劳动时间没有显著影响。在婚对无酬劳动时间有负向影响，但系数并不显著。剔除上述不显著变量后，模型（2.1.9）的结果表明，城市居民比农村居民的无酬劳动时间多约 12%，男性比女性的无酬劳动时间少 34%，就业者比未就业者的无酬劳动时间少 8% 左右，收入

表 12.18　第二阶段模型（一）计量结果

	(2.1.1) lntime	(2.1.2) lntime	(2.1.3) lntime	(2.1.4) lntime	(2.1.5) lntime	(2.1.6) lntime	(2.1.7) lntime	(2.1.8) lntime	(2.1.9) lntime
urban	0.124***	0.124***	0.124***	0.126***	0.125***	0.125***	0.128***	0.128***	0.126***
	(7.36)	(7.35)	(7.37)	(7.64)	(7.58)	(7.60)	(7.82)	(7.81)	(7.74)
gender	−0.344***	−0.344***	−0.345***	−0.342***	−0.341***	−0.341***	−0.342***	−0.342***	−0.342***
	(−20.50)	(−20.52)	(−20.91)	(−21.31)	(−21.28)	(−21.27)	(−21.35)	(−21.37)	(−21.39)
age	0.014 4***	0.014 4***	0.014 4***	0.014 2***	0.014 0***	0.013 7***	0.014 4***	0.014 3***	0.016 3***
	(3.64)	(3.64)	(3.65)	(3.64)	(3.59)	(3.53)	(3.72)	(3.71)	(4.40)
age²	−0.000 146***	−0.000 146***	−0.000 146***	−0.000 145***	−0.000 145***	−0.000 143***	−0.000 148***	−0.000 148***	−0.000 163***
	(−4.19)	(−4.20)	(−4.25)	(−4.28)	(−4.25)	(−4.21)	(−4.38)	(−4.38)	(−5.01)
employment	−0.089 9***	−0.089 6**	−0.089 6**	−0.085 6**	−0.084 3**	−0.082 7**	−0.077 6**	−0.078 8**	−0.075 6**
	(−3.26)	(−3.25)	(−3.25)	(−3.17)	(−3.13)	(−3.07)	(−2.91)	(−2.96)	(−2.85)
lnrev	0.022 1	0.022 4	0.022 0	0.025 5	0.027 1	0.027 8*	0.031 3*	0.031 3*	0.030 6*
	(1.45)	(1.47)	(1.45)	(1.79)	(1.91)	(1.96)	(2.25)	(2.25)	(2.20)
mather	−0.168***	−0.168***	−0.167***	−0.167**	−0.168***	−0.166**	−0.166**	−0.167**	−0.219***
	(−3.30)	(−3.30)	(−3.29)	(−3.28)	(−3.30)	(−3.27)	(−3.27)	(−3.28)	(−5.23)
father	−0.113	−0.113	−0.111	−0.110	−0.113	−0.116	−0.111	−0.112	
	(−1.84)	(−1.84)	(−1.82)	(−1.81)	(−1.86)	(−1.91)	(−1.84)	(−1.86)	
middle	0.027 3	0.027 0	0.026 8	0.027 6	0.028 0	0.028 9	0.012 5		
	(1.34)	(1.33)	(1.32)	(1.36)	(1.39)	(1.43)	(0.79)		
east	0.024 0	0.023 9	0.023 3	0.024 4	0.025 7	0.026 8			
	(1.16)	(1.16)	(1.14)	(1.20)	(1.26)	(1.31)			

续表

	(2.1.1) lntime	(2.1.2) lntime	(2.1.3) lntime	(2.1.4) lntime	(2.1.5) lntime	(2.1.6) lntime	(2.1.7) lntime	(2.1.8) lntime	(2.1.9) lntime
ahealth	0.041 2	0.035 4	0.035 6	0.036 4	0.027 7				
	(1.07)	(1.16)	(1.16)	(1.19)	(0.94)				
bhealth	0.022 2	0.016 5	0.016 6	0.017 4					
	(0.79)	(1.02)	(1.03)	(1.08)					
edu	0.001 47	0.001 50	0.001 44						
	(0.73)	(0.74)	(0.72)						
marriage	−0.005 66	−0.005 79							
	(−0.26)	(−0.26)							
chealth	0.006 90								
	(0.25)								
_cons	−0.061 5	−0.056 7	−0.057 2	−0.053 3	−0.041 3	−0.033 4	−0.045 7	−0.038 3	−0.097 9
	(−0.54)	(−0.50)	(−0.51)	(−0.47)	(−0.37)	(−0.30)	(−0.41)	(−0.34)	(−0.92)
R-squared	0.284 8	0.284 8	0.284 7	0.284 5	0.284 1	0.283 7	0.283 1	0.282 8	0.281 5
BIC	1 215	1 207.532	1 200.072	1 193.057	1 186.706	1 180.063	1 174.266	1 167.36	1 163.294
N	1 865	1 865	1 865	1 865	1 865	1 865	1 865	1 865	1 865

注：t statistics in parentheses，* $p < 0.05$，** $p < 0.01$，*** $p < 0.001$。

对无酬劳动时间有正向影响，但影响很小。同时，无酬劳动时间与年龄一次项正相关，与年龄二次项负相关，说明无酬劳动时间确实随年龄的增长先上升后下降，呈倒"U"型结构，且拐点出现在50岁。结果还表明，是否与父母同住对无酬劳动时间有显著影响，特别是与母亲同住，能减少约20%的无酬劳动时间，而与父亲同住能减少11%左右。此外，虽然根据贝叶斯准则，解释变量的个数越多，模型的信息准确值越大，但是BIC值的变化幅度并不大，并且运用Link检验方法对模型(2.1.9)进行遗漏变量检验，结果显示被解释变量拟合值的平方项不具有解释能力，模型没有遗漏变量。通过Stata软件还可以绘制模型(2.1.9)的残差和被解释变量预测值的散点图，显示了模型的预测值和实际值的分布情况。

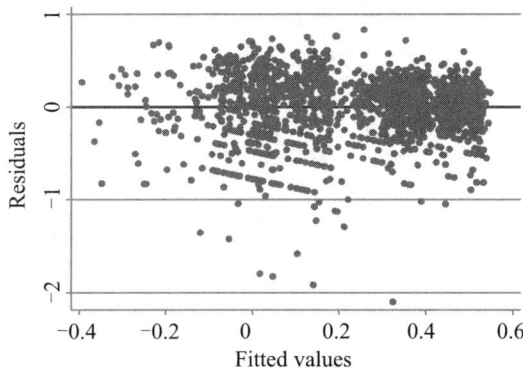

图 12-3 第二阶段模型计量拟合情况

按二阶段模型(二)对无酬劳动时间不为0的所有样本进行分布回归，发现工资率对无酬劳动时间并没有显著影响，与以往研究的结论有所不同。而性别、城乡分布、年龄、是否与父母同住依然对无酬劳动时间产生显著影响。根据模型(2.2.10)的结果，除性别外，其他解释变量的系数与模型(2.1.9)相比均有所下降，男性无酬劳动时间由比女性少34%上升为41%，说明是否就业能稀释性别对无酬劳动的影响。此外，运用ovtest命令对模型(2.2.10)进行内生性检验发现p值为0，拒绝原假设，模型存在一定程度的内生性，更说明应将是否就业纳入模型。

表 12-19(1) 第二阶段模型(二)计量结果(1)

	(2.2.1)	(2.2.2)	(2.2.3)	(2.2.4)	(2.2.5)
	lntime	lntime	lntime	lntime	lntime
urban	0.139*	0.119***	0.091 7***	0.091 8***	0.093 1***
	(2.48)	(7.06)	(9.81)	(9.82)	(10.38)
gender	−0.317***	−0.348***	−0.413***	−0.413***	−0.412***
	(−5.84)	(−20.80)	(−42.40)	(−42.71)	(−44.11)

	(2.2.1)	(2.2.2)	(2.2.3)	(2.2.4)	(2.2.5)
	lntime	lntime	lntime	lntime	lntime
age	0.021 2	0.015 6***	0.014 8***	0.014 6***	0.014 6***
	(1.35)	(3.95)	(7.40)	(7.54)	(7.53)
age2	−0.000 226	−0.000 152***	−0.000 136***	−0.000 133***	−0.000 134***
	(−1.31)	(−4.37)	(−7.09)	(−7.31)	(−7.34)
father	−0.365**	−0.098 8	−0.077 2**	−0.075 7**	−0.075 8**
	(−2.70)	(−1.61)	(−2.81)	(−2.78)	(−2.79)
mather	−0.055 2	−0.171***	−0.118***	−0.117***	−0.117***
	(−0.47)	(−3.35)	(−4.84)	(−4.83)	(−4.83)
bhealth	0.228	0.017 5	0.019 1	0.019 1	0.019 8
	(1.37)	(0.63)	(1.10)	(1.10)	(1.15)
chealth	0.202	0.003 04	0.008 83	0.008 87	0.009 36
	(1.20)	(0.11)	(0.51)	(0.51)	(0.54)
east	−0.093 4	0.016 0	0.048 2***	0.047 9***	0.048 6***
	(−1.30)	(0.78)	(4.17)	(4.15)	(4.24)
ahealth	0.143	0.031 6	−0.007 08	−0.007 09	−0.006 29
	(0.82)	(0.83)	(−0.34)	(−0.34)	(−0.30)
middle	−0.046 6	0.025 1	0.055 5***	0.055 4***	0.055 9***
	(−0.60)	(1.23)	(4.99)	(4.98)	(5.05)
edu	−0.001 48	0.000 152	0.000 567	0.000 543	
	(−0.18)	(0.08)	(0.48)	(0.46)	
marriage	0.007 69	−0.004 91	−0.005 53		
	(0.07)	(−0.22)	(−0.40)		
lnrev	0.003 02	0.035 7*			
	(0.08)	(2.43)			
lnwage	−0.003 41				
	(−0.05)				
_cons	−0.339	−0.133	−0.076 1	−0.076 8	−0.071 8
	(−0.87)	(−1.18)	(−1.43)	(−1.44)	(−1.38)
R-squared	0.347 1	0.280 7	0.306 2	0.306 2	0.306 1
N	204	1 865	6 297	6 297	6 297

注：t statistics in parentheses，* $p < 0.05$，** $p < 0.01$，*** $p < 0.001$。

表 12-19(2) 第二阶段模型(二)计量结果(2)

	(2.2.6)	(2.2.7)	(2.2.8)	(2.2.9)	(2.2.10)
	lntime	lntime	lntime	lntime	lntime
urban	0.095 7***	0.095 7***	0.096 1***	0.096 1***	0.095 9***
	(10.66)	(10.66)	(10.72)	(10.72)	(10.70)
gender	−0.414***	−0.414***	−0.414***	−0.414***	−0.413***
	(−44.19)	(−44.28)	(−44.28)	(−44.36)	(−44.31)
age	0.015 0***	0.015 0***	0.015 1***	0.015 2***	0.015 1***
	(7.74)	(7.76)	(7.84)	(7.92)	(7.88)
age2	−0.000 139***	−0.000 139***	−0.000 140***	−0.000 141***	−0.000 141***
	(−7.61)	(−7.61)	(−7.68)	(−7.73)	(−7.75)
father	−0.073 5**	−0.073 5**	−0.072 4**	−0.072 0**	−0.072 9**
	(−2.70)	(−2.70)	(−2.65)	(−2.64)	(−2.67)
mather	−0.122***	−0.122***	−0.122***	−0.123***	−0.123***
	(−5.04)	(−5.04)	(−5.05)	(−5.06)	(−5.08)
bhealth	0.0197	0.0206	0.0203	0.0162	
	(1.14)	(1.74)	(1.71)	(1.85)	
chealth	0.006 60	0.007 42	0.006 38		
	(0.38)	(0.59)	(0.51)		
east	0.013 1	0.013 0			
	(1.44)	(1.44)			
ahealth	−0.001 43				
	(−0.07)				
_cons	−0.043 7	−0.044 8	−0.044 1	−0.042 5	−0.030 8
	(−0.84)	(−0.91)	(−0.90)	(−0.86)	(−0.63)
R-squared	0.303 3	0.303 3	0.303 1	0.302 7	0.280 1
N	6 297	6 297	6 297	6 297	6 297

注: t statistics in parentheses, * $p<0.05$, ** $p<0.01$, *** $p<0.001$。

根据上述分析,对无酬劳动时间不为 0 的样本进行回归应采用模型(2.1.9),但采用怀特检验法对其回归结果进行检验发现,存在着异方差,因此采用加权最小二乘法(WLS)计算扰动项方差,并重新进行回归,得到结果为(括号内为标准差):

$$lntime = -0.338\ 7gender + 0.014\ 6age - 0.000\ 15age2 + 0.101\ 9urban -$$

$$(0.008\ 6)\quad(0.001\ 8)(0.000\ 016)\quad(0.007)\quad(0.012\ 3)$$

$$0.080\ 2employment + 0.034\ 9lnrevenue - 0.217mother - 0.046\ 3$$

$$(0.006\ 1)\quad\quad\quad(0.026\ 9)\quad\quad\quad(0.050\ 4)$$

该结果表明，对无酬劳动时间影响最大的两个因素是性别和是否与母亲同住。

根据上述对两个阶段模型的分析可以发现，是否就业会对无酬劳动决策和时间都产生显著影响，而工资率并没有显著影响，因此在将要采用的 Heckman 两阶段法回归中纳入是否就业，不纳入工资率。此外，健康状况会影响样本是否进行无酬劳动，但对无酬劳动时间的多少并没有显著影响，因此将健康状况纳入到 Heckman 两阶段法中的第一阶段模型中。两阶段模型修正为：

修正的一阶段模型：

$$\begin{aligned} ytime = &\gamma_0 + \gamma_1 gender + \gamma_2 marriage + \gamma_3 age + \gamma_4 age^2 + \gamma_5 edu + \gamma_6 urban + \\ &\gamma_7 employment + \gamma_8 lnrevenue + \gamma_9 father + \gamma_{10} mother + \gamma_{11} east + \\ &\gamma_{12} middle + \gamma_{13} ahealth + \gamma_{14} bhealth + \gamma_{15} chealth \end{aligned} \tag{3.1}$$

修正的二阶段模型：

$$\begin{aligned} lntime = &\delta_0 + \delta_1 gender + \delta_2 marriage + \delta_3 age + \delta_4 age^2 + \delta_5 edu + \delta_6 urban + \\ &\delta_7 employment + \delta_8 lnrevenue + \delta_9 father + \delta_{10} mother + \delta_{11} east + \\ &\delta_{12} middle + \delta_{13} ytime \end{aligned} \tag{3.2}$$

为了将两阶段法的结果与普通最小二乘法比较，建立如下 OLS 模型：

$$\begin{aligned} lntime = &\chi_0 + \chi_1 gender + \chi_2 marriage + \chi_3 age + \chi_4 age^2 + \chi_5 edu + \chi_6 urban + \\ &\chi_7 employment + \chi_8 lnrevenue + \chi_9 father + \chi_{10} mother + \chi_{11} east + \\ &\chi_{12} middle + \chi_{13} ahealth + \chi_{14} bhealth + \chi_{15} chealth \end{aligned} \tag{4}$$

按照两阶段法和最小二乘法分别进行回归，结果显示性别、年龄、城乡分布、是否就业、是否与父母同住仍然是影响无酬劳动时间配置的重要因素。但在两种模型中，各解释变量的影响程度不同，总体来说，两阶段法得到的系数要小于普通最小二乘法，符合计量回归的一般理论。根据两阶段法的结果，城市样本的无酬劳动时间要比农村多 12.1%，男性样本的无酬劳动时间比女性少 28.2%，就业者的无酬劳动时间比未就业者少 7.53%，与父亲同住使无酬劳动时间减少 12.7%，与母亲同住使无酬劳动时间减少 14.5%。结婚对无酬劳动时间有负向影响，受教育年限和收入情况对无酬劳动时间有正向影响，但是并不显著。

表 12-20　Heckman 两阶段法和 OLS 计量结果

	(3.1)	(3.2)	(4)
	select	lntime	lntime
urban	0.051 3	0.121 ***	0.124 ***
	(0.75)	(7.16)	(7.36)
gender	−1.340 ***	−0.282 ***	−0.344 ***
	(−17.55)	(−6.33)	(−20.50)

续表

	(3. 1)	(3. 2)	(4)
	select	lntime	lntime
marriage	−0.080 9	−0.002 42	−0.005 66
	(−0.82)	(−0.11)	(−0.26)
age	0.089 3 ***	0.010 1 *	0.014 4 ***
	(5.96)	(2.12)	(3.64)
age2	−0.000 786 ***	−0.000 110 **	−0.000 146 ***
	(−5.96)	(−2.59)	(−4.19)
father	0.167	−0.127 *	−0.113
	(0.81)	(−2.06)	(−1.84)
mather	−0.338 *	−0.145 **	−0.168 ***
	(−2.02)	(−2.72)	(−3.30)
edu	0.034 9 ***	0.000 059 6	0.001 47
	(4.06)	(0.03)	(0.73)
employment	−0.297 **	−0.075 3 **	−0.089 9 **
	(−2.85)	(−2.60)	(−3.26)
lnrev	−0.157 *	0.029 7	0.022 1
	(−2.53)	(1.89)	(1.45)
east	−0.123	0.031 2	0.024 0
	(−1.42)	(1.48)	(1.16)
middle	−0.243 **	0.039 4	0.027 3
	(−2.86)	(1.80)	(1.34)
ahealth	0.482 ***		0.041 2
	(3.38)		(1.07)
bhealth	0.575 ***		0.022 2
	(5.63)		(0.79)
chealth	0.603 ***		0.006 90
	(6.02)		(0.25)
_cons	−0.883 *	0.063 9	−0.061 5
	(−2.03)	(0.48)	(−0.54)
mills			R-squared
lambda		−0.122	0.284 8
		(−1.46)	
N		2 414	1 865

注：t statistics in parentheses, * $p<0.05$, ** $p<0.01$, *** $p<0.001$。

为进一步考察父母的个人特征及行为对无酬劳动的影响，在保留上述分析的显著解释变量基础上，建立模型引入父母特征变量，并命名为父母模型，其基本形式为：

$$\text{lntime} = \lambda_0 + \lambda_1 \text{gender} + \lambda_2 \text{age} + \lambda_3 \text{age}^2 + \lambda_4 \text{urban} + \lambda_5 \text{employment} + \lambda_6 \text{lnfatime} +$$
$$\lambda_7 \text{lnmatime} + \lambda_8 \text{faage} + \lambda_9 \text{maage} + \lambda_{10} \text{faedu} + \lambda_{11} \text{maedu} + \lambda_{12} \text{faemploy} +$$
$$\lambda_{13} \text{maemploy} + \lambda_{14} \text{lnfarev} + \lambda_{15} \text{lnmarev} + \lambda_{16} \text{faahealth} + \lambda_{17} \text{fabhealth} +$$
$$\lambda_{18} \text{fachealth} + \lambda_{19} \text{maahealth} + \lambda_{20} \text{mabhealth} + \lambda_{21} \text{machealth} \tag{5}$$

其中的父母特征变量包括父母的无酬劳动时间、年龄、受教育年限、是否工作、收入情况和健康状况等。

表 12-21　变量描述

解释变量	变量名称	变量类型	变量解释	变量单位
fatime	父亲无酬劳动时间	连续	样本的父亲每天用于无酬劳动的时间	小时/天
matime	母亲无酬劳动时间	连续	样本的母亲每天用于无酬劳动的时间	小时/天
faage	父亲年龄	连续	样本父亲的年龄	年
maage	母亲年龄	连续	样本母亲的年龄	年
faedu	父亲受教育年限	连续	样本父亲接受教育的年数	年
maedu	母亲受教育年限	连续	样本母亲接受教育的年数	年
faemploy	父亲就业状况	虚拟	faemploy=1 表示样本的父亲就业，faemploy=0 表示样本的父亲未就业	
maemploy	母亲就业状况	虚拟	maemploy=1 表示样本的母亲就业，maemploy=0 表示样本的母亲未就业	
farev	父亲其他收入	连续	样本的父亲除工资、补贴、奖金之外的现金收入，退休职工包括退休金	元/月
farev	母亲其他收入	连续	样本的母亲除工资、补贴、奖金之外的现金收入，退休职工包括退休金	元/月
faahealth	父亲健康状况非常好	虚拟	ahealth=1 表示样本的父亲健康状况非常好，ahealth=0 表示其他情况	
fabhealth	父亲健康状况好	虚拟	bhealth=1 表示样本的父亲健康状况好，bhealth=0 表示其他情况	
fachealth	父亲健康状况一般	虚拟	chealth=1 表示样本的父亲健康状况一般，chealth=0 表示其他情况	
maahealth	母亲健康状况非常好	虚拟	ahealth=1 表示样本的母亲健康状况非常好，ahealth=0 表示其他情况	
mabhealth	母亲健康状况好	虚拟	bhealth=1 表示样本的母亲健康状况好，bhealth=0 表示其他情况	
machealth	母亲健康状况一般	虚拟	chealth=1 表示样本的母亲健康状况一般，chealth=0 表示其他情况	

对基本数据进行筛选和匹配后，得到 584 个包含父母信息的子样本，其中男性占 72.6%，样本量约为女性 2.5 倍；在婚者占 41.4%；该子样本的平均年龄为 27.9 岁，男性平均为 29 岁，女性为 25 岁；样本父亲的平均年龄为 55.7 岁，母亲为 54.1 岁；样本的平均受教育年限为 10.5 年，其父亲的平均受教育年限为 7.8 年，母亲为 5.4 年；样本无酬劳动时间为 0.65 小时/天，其父亲的无酬劳动时间为 0.74 小时/天，都远低于总样本的平均值（1.72 小时/天），而其母亲的无酬劳动时间为 2.89 小时/天，远高于总样本均值。

由于数据中有 261 个样本的无酬劳动时间因偶然断尾出现 0 值，因此仍应采用 Heckman 两阶段法进行回归，建立如下模型：

一阶段父母模型：

$$\begin{aligned} ytime = {} & \varepsilon_0 + \varepsilon_1 gender + \varepsilon_2 age + \varepsilon_3 age^2 + \varepsilon_4 urban + \varepsilon_5 employment + \varepsilon_6 ahealth + \\ & \varepsilon_7 bhealth + \varepsilon_8 chealth + \varepsilon_9 lnfatime + \varepsilon_{10} lnmatime + \varepsilon_{11} faage + \varepsilon_{12} maage + \\ & \varepsilon_{13} faedu + \varepsilon_{14} maedu + \varepsilon_{15} faemploy + \varepsilon_{16} maemploy + \varepsilon_{17} lnfarev + \\ & \varepsilon_{18} lnmarev + \varepsilon_{19} faahealth + \varepsilon_{20} fabhealth + \varepsilon_{21} fachealth + \varepsilon_{22} maahealth + \\ & \varepsilon_{23} mabhealth + \varepsilon_{24} machealth \end{aligned}$$
(5.1)

二阶段父母模型：

$$\begin{aligned} lntime = {} & \varphi_0 + \varphi_1 gender + \varphi_2 age + \varphi_3 age^2 + \varphi_4 urban + \varphi_5 employment + \\ & \varphi_6 lnfatime + \varphi_7 lnmatime + \varphi_8 faage + \varphi_9 maage + \varphi_{10} faedu + \varphi_{11} maedu + \\ & \varphi_{12} faemploy + \varphi_{13} maemploy + \varphi_{14} lnfarev + \varphi_{15} lnmarev + \varphi_{16} faahealth + \\ & \varphi_{17} fabhealth + \varphi_{18} fachealth + \varphi_{19} maahealth + \varphi_{20} mabhealth + \\ & \varphi_{21} machealth + \varphi_{22} ytime \end{aligned}$$
(5.2)

通过回归结果可以发现，性别仍然是影响无酬劳动的显著且重要的因素，但是通过将父母的特征代入模型，无论是用两阶段法还是普通最小二乘法，得到的结果基本都是不显著的。并且样本的无酬劳动时间与解释变量之间也并没有显现出预期的正向或负向关系，说明父母的特征并未对无酬劳动产生明显影响，影响样本无酬劳动决策及时间的主要因素是是否与父母同住。

表 12-22 Heckman 两阶段法和 OLS 计量结果

	(5.1) select	(5.2) lntime	(4) lntime
gender	−0.681***	−0.366***	−0.330***
	(−3.34)	(−4.28)	(−4.41)
urban	−0.309	−0.007 33	0.007 81
	(−1.70)	(−0.10)	(0.11)

	(5.1)	(5.2)	(4)
	select	lntime	lntime
age	0.092 1	0.014 6	0.004 28
	(1.07)	(0.41)	(0.12)
age2	−0.001 40	−0.000 088 2	0.000 050 3
	(−1.07)	(−0.17)	(0.10)
employment	−0.285	−0.053 8	−0.038 4
	(−1.48)	(−0.73)	(−0.52)
lnfatime	−0.194	0.135*	0.152*
	(−1.05)	(1.99)	(2.27)
lnmatime	0.076 9	0.135	0.131
	(0.26)	(1.24)	(1.15)
faage	−0.024 5	−0.014 7	−0.012 9
	(−1.01)	(−1.62)	(−1.41)
maage	0.006 17	0.002 68	0.001 85
	(0.23)	(0.26)	(0.18)
faedu	−0.025 1	0.014 6	0.014 4
	(−0.91)	(1.36)	(1.30)
maedu	0.015 2	−0.012 8	−0.013 1
	(0.61)	(−1.29)	(−1.28)
faemploy	0.088 9	−0.091 7	−0.097 0
	(0.42)	(−1.08)	(−1.11)
maemploy	−0.400	0.032 0	0.050 5
	(−1.53)	(0.28)	(0.43)
faahealth	0.283	0.117	0.114
	(0.60)	(0.70)	(0.66)
fabhealth	−0.122	0.083 5	0.102
	(−0.31)	(0.59)	(0.71)
fachealth	−0.030 9	0.181	0.194
	(−0.08)	(1.29)	(1.34)
maahealth	0.013 2	−0.030 4	−0.036 4
	(0.03)	(−0.17)	(−0.20)
mabhealth	0.018 4	−0.077 7	−0.088 1
	(0.06)	(−0.57)	(−0.62)

续表

	(5.1)	(5.2)	(4)
	select	lntime	lntime
machealth	0.430	−0.015 6	−0.047 9
	(1.41)	(−0.12)	(−0.36)
edu	0.054 2*		
	(2.00)		
marriage	0.657**		
	(3.03)		
ahealth	−0.250		
	(−0.46)		
bhealth	−0.036 2		
	(−0.07)		
chealth	0.404		
	(0.75)		
east	−0.143		
	(−0.64)		
middle	−0.424		
	(−1.93)		
_cons	0.186	0.245	0.401
	(0.13)	(0.44)	(0.74)
mills			R-squared
lambda		0.141	0.178 3
		(0.79)	
N		313	209

注：t statistics in parentheses，* $p<0.05$，** $p<0.01$，*** $p<0.001$。

第五节　对无酬劳动经济价值的估算

>>一、无酬劳动价值的估算方法<<

关于无酬劳动的估算国内已有研究，数量很少且内容主要是概念介绍、理论回顾、方法综述和必要性研究等。唯一对无酬劳动经济价值进行实际估算的是罗乐勤，这位学者采用问卷调查方式，收集了福建省厦门市和浙江省义乌市义亭镇塔头一村两个样本的家庭无酬劳动时间使用数据，两个样本容量分别为 915 个和 189 个。研究使用综合市场成本替代法，得到的主要结论是，2006 年厦门市家庭无酬劳动价值占 GDP 比重约为 29.76%。①

对于无酬劳动的估算方法，理论上可以分为产出法（又称直接法）和投入法（又称间接法）两种。产出法的估算原理是，先计算出无酬劳动产出的种类和产出量，根据市场情况为每种产出制定相应价格，在扣除中间投入后，可计算得到无酬劳动的增加值，即无酬劳动的经济价值。投入法的估算原理是，先计量出无酬劳动所耗费的时间，并为其确定适当的工资率，从而计算出无酬劳动的经济价值。在运用投入法进行估算的过程中，时间利用的调查至关重要，只有经过严格的调查，才能对无酬劳动时间量做出准确测度。

关于无酬劳动工资率的确定有两种方法：一是"机会成本法"，即以居民在劳动力市场上的期望工资率作为其无酬劳动的工资率；二是"市场成本替代法"，即以同类服务的市场价格作为该无酬劳动的工资率。市场成本替代法又分为两种：一是"专业替代法"，其假定各种服务由不同的专业服务人员分别提供，则应该用不同服务的工资率分别替代不同无酬劳动的工资率，再分别用不同工资率乘以各项的无酬劳动时间，加总就得到了无酬劳动的经济价值；二是"综合替代法"，其假定全部服务都由一位服务人员提供，则用市场上服务人员的平均工资率替代全部无酬劳动的工资率，再用该工资率乘以无酬劳动的总时间，就得到了无酬劳动的经济价值。

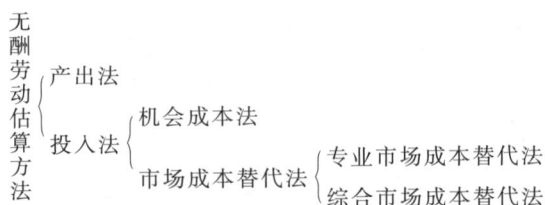

图 12-4　无酬劳动估算方法分类

>>二、无酬劳动价值的估算及分析<<

在实际应用过程中，以上两种方法都存在一定问题。产出法所面临的问题，一是无酬劳动产出种类及产出量难以确定；二是很多无酬劳动没有对应的市场，无法为其确定价格。因此，在实际核算中很少采用产出法来估算无酬劳动的经济价值。投入法中的机会成本法的主要问题在于，由于不同人的时间机会成本不同，同样的无酬劳动由不同的人来提供，其经济价值应该是不同的，而机会成本法用劳动力市场的平均工资率作为劳动者所有无酬劳动的机会成本，因此估算得

---

① 罗乐勤：《住户无付酬服务核算若干问题研究》，载《统计研究》，2008 年第 6 期。

到的结果是有偏差的。市场成本替代法进行估算的主要问题在于，由于专业的服务人员生产率要高于非专业人员，因此该方法容易高估无酬劳动的经济价值。

根据数据情况，鉴于无酬劳动的产出种类、产出数量和价格无法准确测度，并且缺乏可以与家庭无酬劳动相替代的各种专业服务行业的工资率的统计资料，本文将采用机会成本法对无酬劳动经济价值进行估算。机会成本法以贝克尔的时间配置理论和家庭生产理论为基础，基本思路是，将居民的市场工资率作为无酬劳动的估价。该估算方法可以应用于微观和宏观两个层面，计算公式分别为：

微观层面：$v = w \times T$

其中，v 表示个人无酬劳动的经济价值；w 表示无酬劳动的单位价格，即工资率；T 表示个人的无酬劳动时间。

宏观层面：$V = \bar{v} \times N$

其中，V 表示地区的无酬劳动经济价值；$\bar{v}$ 表示地区居民的无酬劳动平均价值；N 表示提供无酬劳动的总人数。

根据上述公式，首先在微观层面计算样本个体的无酬劳动价值，然后分地区对样本加总求平均值，得到各地区的无酬劳动人均价值，并计算出样本总量的无酬劳动人均价值为 5 315.35 元/年。各地区无酬劳动的人数则用地区总人口数乘以 18 岁以上居民所占比重得出。再从宏观层面上将人均无酬劳动价值与无酬劳动人口数相乘得到地区无酬劳动价值总量，并进一步计算出无酬劳动占地区生产总值的比重，为 25.60%，与以往研究的结论相接近，与其他国家相比相对较低。从结果来看，经济越发达的地区，无酬劳动价值占 GDP 比重越小。

表 12-23 不同地区无酬劳动价值情况

省份	人均无酬劳动价值（元/年）	人口数（万）	地区无酬劳动价值（亿元）	地区生产总值（亿元）	无酬劳动价值占GDP比重	人均GDP排名
辽宁	6 643.12	3 502.22	2 326.57	9 257	25.13%	8
江苏	7 752.87	6 191	4 799.80	21 548	22.27%	5
山东	7 201.37	7 633.38	5 497.08	21 846.7	25.16%	7
黑龙江	4 338.24	3 134.86	1 359.98	6 216.84	21.88%	12
河南	4 710.8	7 701.44	3 627.99	12 464.09	29.11%	16
湖北	4 740.71	4 668.26	2 213.09	7 497.17	29.52%	17
湖南	4 829.86	5 200.44	2 511.74	7 493	33.52%	20
广西	4 138.2	3 869.58	1 601.31	4 801.99	33.35%	27
贵州	3 028.69	3 080.74	954.63	2 259.67	41.29%	31
合计	5 315.35	44 981.92	23 909.46	93 384.46	25.60%	

数据来源：人口数及地区生产总值数据来源于《中国统计年鉴 2007》，均为 2006 年年末数。

第六节　结论与政策建议

本章以时间配置理论为切入点，采用时间四分法，运用中国健康与营养调查 2006 年的成人调查数据，采用 Heckman 两阶段法和 OLS 计量方法，分析了我国居民无酬劳动时间配置的影响因素，并对无酬劳动价值进行了估算，最终取得了以下三方面的成果。

第一，结合时间配置理论和国民经济核算原理，提出了时间四分法。按照生产活动的"第三方准则"、生产活动的产出形式、产出是否用于市场交换和是否纳入国民经济核算体系，将时间分为市场劳动时间、家庭市场劳动时间、无酬劳动时间和闲暇时间。

第二，针对数据中无酬劳动时间的偶然断尾现象，建立 Heckman 两阶段模型对数据进行回归分析，发现年龄、性别、是否就业、城乡分布、是否与父母同住是影响无酬劳动时间配置的重要因素。影响最大的是性别，男性的无酬劳动时间比女性少 28.2%；其次是是否与父母同住，与母亲同住使无酬劳动时间减少 14.5%，与父亲同住使无酬劳动时间减少 12.7%；此外，城市居民的无酬劳动时间比农村多 12.1%，就业者的无酬劳动时间比未就业者少 7.53%；无酬劳动时间随着年龄增长会呈现先上升后下降的变化趋势，拐点出现在 50 岁左右。而结婚对无酬劳动时间有负向影响，受教育年限和收入情况对无酬劳动时间有正向影响，但是并不显著。通过建立模型引入父母特征和行为进一步分析父母等相关变量对无酬劳动的影响，发现父母的特征变量影响并不显著，说明对无酬劳动决策及时间产生影响的是是否与父母同住本身。与以往研究相比，这是本文的一个重要创新之处。以往研究主要关注性别间的无酬劳动差异，特别是配偶的特征和行为的影响，较少关注父母的影响。与国外研究相比，这也是我国的特有现象，受我国传统家族观念和亲情观念的影响，现代人将更多的时间投入到工作中，父母会尽可能帮助子女分担家务，所以与父母同住会大大减少子女的无酬劳动时间。

第三，在简要回顾了我国无酬劳动价值估算的研究情况基础上，本文采用机会成本法对无酬劳动经济价值进行了估算。计算得到样本总量的无酬劳动年平均价值为 5 315.35 元，无酬劳动总价值占当年地区 GDP 的比重为 25.6%，并且通过统计分析可以发现，经济越发达、单位无酬劳动价值越低的地区，无酬劳动价值占 GDP 比重越小。

结合上述结论，笔者认为传统的文化观念仍然对女性的无酬劳动时间产生重要影响，构建平等的性别文化，促进男女平等参与家庭分工，对减少女性家务时间，改善女性生活质量有重要意义。从具体措施来看，要建立和实施倡导两性平等的法律政策，切实保护女性权益，使时间资源在两性间平等配置。虽然《宪法》

《劳动法》及《妇女权益保障法》中明确规定了女性享有平等就业、与男性同工同酬的权力，但在实际还存在着对女性的歧视，需要对招聘及用工中各种歧视女性的行为进行禁止和制裁。并针对女性在生命周期不同阶段的特点，对其进行权益保护，为其提供平等接受教育和培训的机会。

父母主动帮助子女承担家务劳动这一现象虽然普遍存在，但一直未引起学术界足够的重视。首先，无论是年轻人还是老年人，适当参与家务劳动对于保持身体健康，增加与家人交流都是非常有益的。有研究表明，特别是对老年人来说，多进行家务劳动有助于延年益寿。其次，随着经济的发展，我国人口老龄化问题越来越突出，在养老问题上，应更尊重老年人的意愿，将家庭养老与社区养老、社会养老相结合，完善老年人保障体系，切实保证老年人充分享有《老年法》中所规定的参与社会发展的基本权益。家庭养老过程中，老年人可以在力所能及范围内适当地参与家务劳动，而子女不应过分依赖父母，应主动承担家务劳动，并多与父母交流沟通，营造良好的家庭氛围。

通过对无酬劳动经济价值的估算，有助于纠正以往政策制定过程中忽视无酬劳动的倾向，更好地保护无酬劳动者的权益。例如，我国的养老保险和医疗卫生保障都以个人参与有酬劳动为前提，并且对有酬劳动的年限进行了规定。对于长期从事无酬劳动的居民来说，也有资格获得合理的社会保障，应尽快改变其仅依靠低保和救济的局面。此外，无酬劳动的经济价值也为家庭服务业的发展提供了政策依据，目前，我国正大力推荐家庭服务业的市场化、产业化和社会化，应对家庭服务业确定合理的扶持和监管力度，有效促进惠及城乡居民的多种形式的家庭服务业体系的发展。

第十三章
过度劳动的国际比较

在企业员工加班问题严重的今天，过度劳动问题已进入广大学者的视角。本文对日本、韩国、英国和美国等国家的过度劳动问题进行了较系统地梳理和比较，包括各个国家过度劳动以及过劳死的现状、判定过劳死的标准和赔偿情况、过度劳动及过劳死的原因分析以及在治理过度劳动、预防过劳死现象发生的过程中所作的努力。企业员工过劳问题已成为世界共同关注的焦点，由过度劳动引致的就业挤出效应、员工工作失误增多、工作效率下降、生活品质下降甚至"过劳死"等现象逐渐得到世界各国政府和学术界的重视，纷纷从多方面入手对企业员工的加班现象进行治理以抑制过度劳动，进而有效减少甚至避免"过劳死"的发生。

第一节　过度劳动相关概念

"过劳""过度劳动"和"过重劳动"这三个概念的意思相近而略有差异。"过劳"的英文是 overwork，即过度工作而且劳累。日本藤野等认为，"过劳"一般是指超出自己能力和精神容量的业务，包括时间、压力等；[①] 而"过重劳动"（overtime work）是指长时间劳动或使心理负担蓄积的劳动，它将劳动时间作为影响过劳的一个主要要因。[②] 在日本，"过劳"通常指的就是长时间的"过重劳动"。而对于"过度劳动"，日本学者千田教授认为，其主要是由于"过密及长时间劳动给劳动者带来过重的劳动负担"[③]，相比较而言，"过度劳动"一词是更侧重于经济学和社会学研究角度的概念。

---

① 藤野善久、崛江正之等：http://www.kawasaki-m.ac.jp/hygiene/2007/education/。

② 黄河：《从劳动时间论员工"过劳"现象及其防止》，载《中国人力资源开发》，2010 年第 9 期。

③ ［日］千田忠男：《现代日本の過度労働—過度労働を働き方に即して防止するために》，载《経済》，2003 年第 2 期。

在我国，理论界还未对"过劳""过度劳动""过重劳动"这三个概念进行严格的界定和区分，在现有研究中有很多学者将这几个概念混为一谈、交叉使用。过劳即过度劳累，指工作过度而极度疲惫，一般译为 overwork，但我国也有人将其译为 overfatigue，即"过度疲劳"。从我国现有关于过度劳动问题的文献来看，立足经济学和管理学角度来对过度劳动问题进行研究和讨论的学者较多。王艾青将过度劳动界定为"人力资源在较长时期的过度使用，即就业者在较长时期处于一种超出社会平均劳动时间和强度的就业状态"；[①] 随后王艾青又指出"过度劳动是指劳动者在就业岗位上超过了法定的劳动时间，同时又不能得到法定的加班劳动报酬的现象"。[②] 牛珍指出"过劳"是指因工作时间过长或工作压力过大而呈现出的一种生理和心理状态。通常情况下，过劳者不仅会伴有失眠、健忘、头痛、胸闷等生理症状，而且还会伴有情绪低落、工作热情丧失等心理症状，更为严重者甚至会精神崩溃或者猝死。[③] 郭玉辉在牛珍和王艾青所定义过度劳动基础之上认为，过度劳动是指就业者较长时期处于一种超出社会平均劳动时间和强度的工作状态，致使劳动者无法得到必要的休息，从而严重影响其健康的情形。根据上述定义可知，虽然各位学者对过度劳动概念的界定有一定程度的分歧，但基本上都指出了过度劳动是超时劳动，不过，需要特别注意的是，这些学者对过度劳动的界定并没有指出工时长对劳动者造成的负担，特别是心理负担，所以从劳动科学的角度看还尚待完善。

由于社会经济发展阶段、劳动方式等的不同，国内外对过度劳动的界定也有所不同，但较为普遍地认为过度劳动具有工作时间过长、劳动强度过大以及心理压力过大等特点。由于各个国家的发展阶段和现状不同，因此过度劳动问题也呈现出很大程度的差异，考虑到并不是很多国家都如日本一样存在着显著的过重劳动问题，因此为了方便对比，同时迎合从劳动经济学的角度对工作时间进行研究的目的以及为其他国家尤其是中国提供一些可参考的经验和教训，本文选用了过度劳动一词作为通篇的关键词。

与过度劳动紧密相连的一个概念就是"过劳死"。"过劳死"一词首次出现在20世纪70年代中后期的日本，是描述有关工人赔偿问题的一个社会医疗术语。医学权威 Tetsunojo Uehata 创造了"过劳死"一词，将其定义为这样一种情况："允许工人心理上不健全而继续工作的过程在一定程度上破坏了工人正常的生活节奏，从而导致体内疲劳的积累，并伴随着之前就患有的高血压的恶化和动脉硬

---

① 王艾青：《过度劳动及其就业挤出效应分析》，载《当代经济研究》，2007 年第 1 期。

② 王艾青：《过度劳动的经验分析及其对就业的影响》，载《工业经济》，2009 年第 3 期。

③ 牛珍：《职场人士"过劳"现象的成因与对策》，载《人才资源开发》，2010 年第 10 期。

化，最后导致致命的故障。"[1]Kenji IWASAKI 在研究中界定过劳死时指出，过劳死通常被认为是在过度劳累导致的脑血管疾病和缺血性心脏疾病中出现的死亡或永久伤残情况。更具体地说，与过劳死紧密联系的是沉重的工作量、持续不断的时间、工作和生活的失衡以及沉默遭受着对过度劳动不满却无能为力的痛苦。值得注意的是，过劳死不仅包括死亡，还包括永久性残疾，但是不包括工人因疲惫导致的车祸中死亡，或因疲劳导致的其他事故造成的死亡或永久性残疾。[2]

国内学者也对日本过劳死现象进行了相关研究。日化认为，"过劳死"是指由于长时间过度劳累而造成的突然死亡。具体地说，在超越生理性的劳动过程中，劳动者正常的劳动规律及生活规律遭到破坏，其结果导致体内疲劳蓄积，产生过劳状态。这种状态的长时间持续，诱使高血压、动脉硬化恶化，导致脑出血、脑梗塞、心脏功能不全等而造成死亡。这种原因的死亡，在日本称之为"过劳死"。[3] 张树岭将"过劳死"定义为员工（含管理者）献身于工作、过度劳累而死亡。[4] 王玲认为，"过劳死"主要是指由于长时间的劳动和工作压力过重造成肉体和精神上的劳累过度而引起的突发性非正常死亡。[5] 黄河、耿东和丑纪岳认为"过劳死"一般是指由于强制性的长时间加班、没有休息日等造成精神、肉体的负担，引起脑溢血、心脏麻痹等突然死亡现象。[6] "过劳死"的直接医学原因通常是心脏病发作和中风，学者在对产生这种现象的更深层次的原因进行研究后，形成较为一致的观点："过劳死"是与长时间工作相关的过度劳累导致心脑血管等疾病进而造成的死亡。

第二节　日本过度劳动问题

第一个有记载日本过劳死的情况发生于 1969 年，据报道，在日本最大报社的航运部门工作的 29 岁已婚男子工作时突然死于中风。日本劳动部的劳工赔偿局最终认为死亡原因为轮班工作和劳累过度。五年后，该男子的家人得到了赔

①　Uehata T. Study of Karoshi (the first report)，Examination of 17 Cases in Different Occupations，*Industrial Health*，1978，p. 20，p. 479.

②　Kenji IWASAKI，Health Problems due to Long Working Hours in Japan，Working Hours，Workers' Compensation（Karoshi）and Preventive Measures，*Industrial Health*，2006，p. 44，pp. 537-540.

③　日化：《日本人的"过劳死"及其社会文化成因》，载《外国问题研究》，1996 年第 2 期。

④　张树岭：《日本过劳死现象成因分析》，载《改革与理论》，2002 年第 6 期。

⑤　王玲：《日本"过劳死"社会现象与日本传统文化的影响》，载《西南民族大学学报（人文社科版）》，2008 年第 2 期。

⑥　黄河、耿东、丑纪岳：《疲劳蓄积度自测与过劳预防》，载《中国人力资源开发》，2009 年第 8 期。

偿。在随后的几年时间里，过劳死成为日本一个日益常见的现象。1987—1989年，仅被日本媒体报道过的过劳死病案达到 1 800 例。1994 年，据日本政府的经济研究所估计，25～59 岁之间因心脑血管疾病死亡的人群中，过劳死人数在 1 000 人左右，约占 5%。最惊人的是在 1995 年，包括日本著名的精工、全日空在内的 12 家大公司的总经理纷纷去世。2006 年 6 月，日本厚生劳动省公布的数据显示，2005 年，约 330 名日本人因工作过于劳累身患重病或者死亡，这个数字较 2004 年增加了 12.2%，创历史最高纪录。① 在对过劳死概念进行界定时，有的学者就已经明确提出自杀不属于过劳死的范畴，但在实际调查中显示，日本自杀事件中有相当的比例是与工作有关的，据日本国家警察厅估计，2009 年日本发生的 30 000 件自杀事件中有 10 000 件与工作有关。

>>一、日本过劳死的判定和赔偿<<

自 20 世纪 80 年代日本在法律上将过度劳累确认为死亡的一个原因以来，日本政府接收到的申请案件数量飙升，当然，遭到拒绝的案件数量也在增长。1988 年，只有约 4% 的申请是成功得到确认批准的，截至 2005 年这一比例上升到 40%。日本健康劳动福利部的专家委员会进行了文献的回顾，并查看相关的体检结果，发表了有关过度劳累与大脑和心脏疾病之间关系的报告。在日本最新修正的补偿标准（2001）中，已很明确地以更为量化的形式设定了判定为过劳死的加班时间标准：疾病发生前一个月内加班 100 小时及以上，或前 2～6 个月内每个月加班 80 小时及以上。由图 13-1 可知，得到认证的大脑和心脏疾病的数量呈上升趋势。② 2005 年日本已确认的患大脑和心脏疾病的过劳死案例为 330 例，而申请数量为 869 例。1995 年得到确认的案例与 2001—2002 年间得到确认的案例在数据上呈现出明显不同的增长趋势，在很大程度上是由于放宽了补偿标准。

日本有关过劳死判定的一个重要案例是 2002 年丰田公司员工内野健一的过劳死案例。2007 年 11 月 30 日，名古屋地方法院接受了内野弘子的诉讼。内野弘子的丈夫内野健一是丰田公司第三代的一名员工，也是一名"过劳死"的受害者，2002 年去世时只有 30 岁，而且死亡发生在凌晨 4 点在公司上班过程中。在去世前的 6 个月里，内野健一每个月加班时间超过 80 小时。作为丰田公司的质量控

---

① 新浪财经 http://finance.sina.com.cn/j/20060606/09122627636.shtml。

② Kenji IWASAKI，Health Problems due to Long Working Hours in Japan，Working Hours，Workers' Compensation（Karoshi）and Preventive Measures，*Industrial Health*，2006，p. 44，pp. 537-540.

（例）

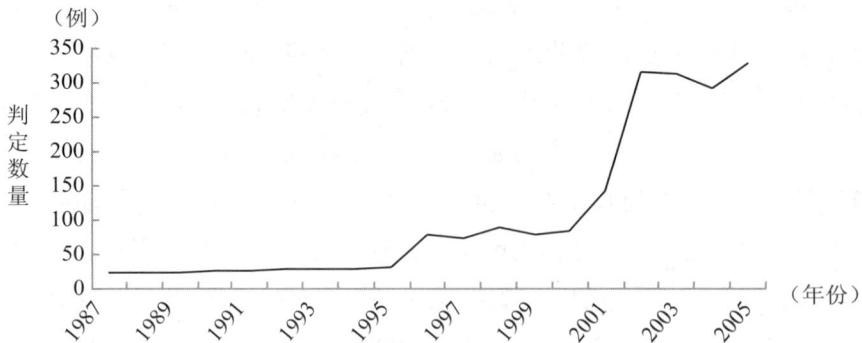

图 13-1　日本患大脑和心脏疾病员工的判定情况

制经理，内野先生将不在生产线上的大量时间用于培训工人、参加会议和撰写报告等工作，而丰田公司将所有这些时间几乎都归为内野先生的自愿和无偿。丰田劳动基准监督署作为劳工部的一部分，也作出相同的裁定。但名古屋地方法院裁定的结果为内野健一长时间加班的内容是其工作职责的一部分，即丰田公司应该为内野健一的死亡承担责任。2007 年 12 月 14 日，日本政府决定不对名古屋地方法院所做判决提出上诉。这个案件中，法院做出了重要的判决，因为它可能会增加企业的压力以把"自由加班"（雇员有义务但是无偿执行的工作）归为有报酬的工作范畴。这一案例也对那些以自由加班为常态的日本企业产生了有力的冲击。

如果死亡被判定为"过劳死"，死者的家属可以从日本政府获得每年约 2 万美元赔偿，在一些情况下还可以获得公司高达 100 万美元的赔偿。而对于没有得到登记和确认为"过劳死"的死者，其家属几乎得不到任何补偿。能否得到工人意外事故赔偿系统授予的得到赔偿的权利对幸存工人来说很关键。德永（Tokunaga）对已婚且有两个孩子、年收入 640 万日元（约 55 000 美元）死于过劳死的 45 岁男性工人家属，从工人事故赔偿系统中得到的总收益（包括赔偿制度中规定的一次性付款和退休金）进行了估计，其可得赔偿金额约 8 800 万日元（约 76 万美元）。[①]然而，在现实中，做到持续挣扎数年并赢得诉讼是非常难的。1988 年，为了维护幸存者的权益，日本成立了一个名为"过劳死热线"的非营利性组织，以帮助工人及其家属协商与过劳死相关的赔偿问题。

---

① Tokunaga Y. Overwork and Health Injuries, *The Keizai Bunseki*（The Economic Analysis），1994(133)，pp. 1-94.

>>二、日本企业员工加班情况<<

日本劳动标准法[①]（Labour Standards Law，LSL）在 1987 年大规模改版前有关工作时间的规定是（8，48），即 8 小时工作日和 48 小时工作周制。1987 年修订的劳动标准法推出了（8，40），即 8 小时工作日和 40 小时工作周制。然而，1998年以前，除了规定煤矿井下工作和健康劳动福利部规定的其他危险工作每天加班不得超过 2 小时以外，劳动标准法并没有对加班时间做出限制。1998 年，日本对劳动标准法又一次进行了修订，在修订中规定，劳动部部长（现健康劳动福利部部长）可以对加班标准进行限定。这次劳动标准法的修订为行政指引奠定了更坚实的法律基础。同年，劳动部部长制定了如表 13-1 所示的加班时间标准。[②]

表 13-1　劳资协议中关于加班时间的限制标准

计量加班的单位区间	最高加班时间（小时）
1 周	15
2 周	27
4 周	43
1 个月	45
2 个月	81
3 个月	120
1 年	360

该加班时间限制标准是根据不同的时间区间分别进行设定的，其中，一个星期内，加班时间不得超过 15 小时；一个月内，加班时间不得超过 45 小时；一年内，加班时间不得超过 360 小时。此处的加班时间是指超出法定周工作时间 40小时的工时部分。这些加班限制标准已成为劳资加班协议的标准。然而，有学者指出，限定标准的法律特征和法规中规定的例外情况的存在使得加班限定标准的法律约束力比较弱，例如，工人加班时间非常接近法律规定的加班最高限制，但是却因并没有超过最高限制而不受制裁。因此，国际劳工组织在其报告（2005）[③]

---

①　The Japan Institute for Labour Policy and Training（2003），*Labour Standards Law*（Provisional Translation），http://www.jil.go.jp/english/laborinfo/library/Laws.htm. Accessed July 1，2006.

②　Ministry of Labour Notification No.154（1998），Standards for the Limits on the Extension of Working Hours Set in the Agreement Stipulated in Labour Standards Law Article 36mParagraph 1（in Japanese）.

③　McCann D.（2005），Working Time Laws：a Global Perspective. International Labour Office，Geneva.

中将日本归为没有加班限定法律的国家之一。

日本劳动部(1989)指出,日本制造企业工人的加班时间高达德国同行的 2.7 倍,每年的节假日比德国人少 30 天。根据国际劳工组织 1993 年《世界劳动报告》,[①] 平均每个日本人每年工作 2055 小时,这个数字不包括额外的无偿加班时间。例如,平均每个银行员工每年工作 3 000 小时,即一年 250 个工作日里平均每天工作 12 小时。图 13-2 显示了根据劳动力调查,日本工人每星期的工作时间情况。[②] 从图 13-2 中可以看出,周工作时间至少 60 小时的员工有 639 万人,这相当于非农业工人总数的 12%;周工作时间至少 49 小时(包括工作 49~59 小时和至少 60 小时两个部分)的员工有 1 500 万人,占比 28%,其中比例以男性为主。同时,图 13-2 显示,报告中大多数过度劳累者即加班员工是男性,尤其是周工作时间至少 60 小时的男女员工比例呈现明显差距,男性员工为 552 万人,占比 86.38%,女性员工 87 万人,占比 13.62%,男女比例约为 6:1。根据日本统计局 1989 年的报告,周工作时间超过 60 小时的男女员工比例是 7:1。因此,有的学者在研究日本过劳死时主要立足于分析日本企业中男性员工的情况。

（百万人）

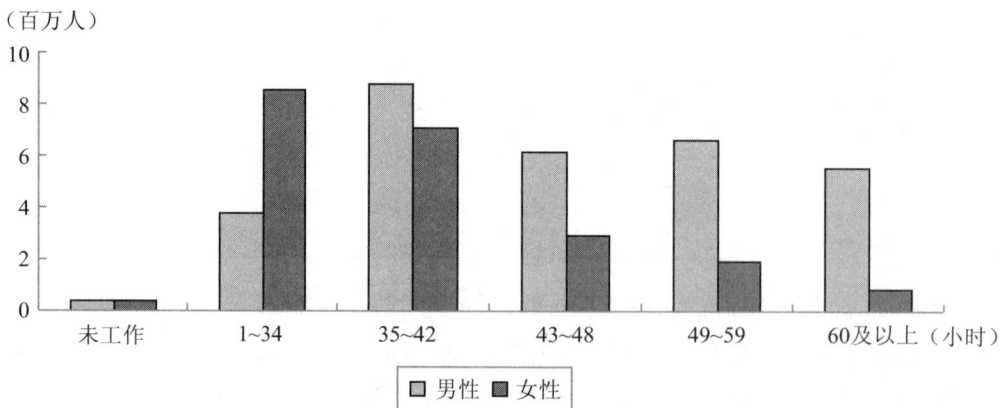

图 13-2 日本非农业工人每周的工作时间

数据来源:日本统计局,《2004 年劳动力调查年度报告》,2004 年非农业工人总数是 5 319 万。

图 13-3 显示了根据劳动力调查 1967—2004 年每年周工作时间至少 60 小时的员工数量的变化情况。[③] 在图 13-3 中可以看出,1975—1988 年,日本周工作时间至少 60 小时的工人数量迅速增加至 800 万,也正是在这一时期,过劳死成为

---

① Uehata T. Study of Karoshi (the first report): Examination of 17 Cases in Different Occupations, *Industrial Health*, 1978, p. 20, p. 479.

② Japan Ministry of Internal Affairs and Communications, Statistics Bureau (2004) Annual Report on the Labour Force Survey, Tokyo.

③ Japan Ministry of Internal Affairs and Communications, Statistics Bureau (1967—2004) Annual Report on the Labour Force Survey, Tokyo.

日本一个众所周知的涉及工人赔偿的健康问题。图中显示日本周工作时间至少60 小时的工人数量在 20 世纪 90 年代减少到 600 万以下，很多学者认为这主要是经济衰退所导致的结果。然而，这一数字之后又逐渐开始增加，到 20 世纪末又一次超过 600 万并呈现继续增长的趋势。

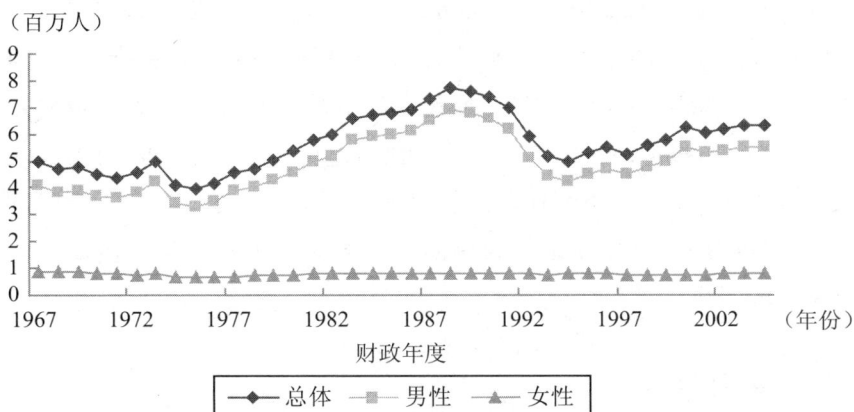

（百万人）

图 13-3 日本周工作时间至少 60 小时的非农业工人数量趋势

数据来源：日本统计局，《1967—2004 年劳动力调查年度报告》。

随着日本政府对过劳死现象的重视，并出台相关政策和法律、法规对企业加班现象进行限定和规范，日本的工作时间已经明显缩减。如图 13-4 所示，根据经济合作与发展组织（OECD）数据对日本 1970—2012 年的年平均工作时间分别进行了分析，总体的发展趋势显示了日本工人的年平均工作时间逐年减少的趋势。截至 2012 年，根据 OECD 报告显示，日本人每年工作的时间约为 1 745 小时（1970 年为 2 243 小时），美国人每年工作的时间为 1 790 小时，英国人每年的工作时间约为 1 654 小时。但也有学者提出质疑，认为日本官方所发布的统计数据没有包括"自由加班"的部分，具有误导性。

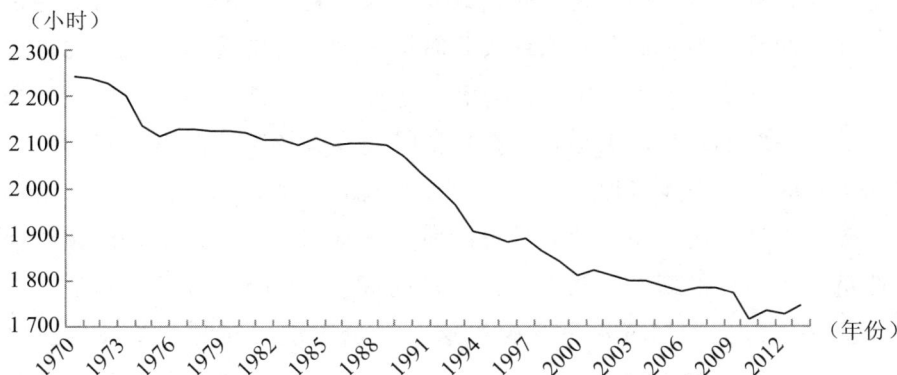

（小时）

图 13-4 日本 1970—2012 年年工作时间变化趋势

>>三、过度劳动原因分析<<

"过劳死"的直接原因是"内部环境"引起的大脑和心脏疾病，但导致"内部环境"成为死因的却是"外部环境"。过重的体力消耗及精神负担会刺激大脑皮质，然后在交感神经和副肾的作用下促使自律神经系统和内分泌系统产生过剩反应，导致血压的上升和动脉硬化的出现，加速血液的凝固机能，最终造成脑出血、脑梗塞和心脏功能不全等病症突发。[①] 不言而喻，企业员工工作时间的长短与其劳动强度之间成正比，即工作时间越长，工作强度越大，进而可知工作时间长引致过度劳动，是"过劳死"直接而重要的原因。下面对日本企业员工过度劳动的原因进行较为深入的分析。

(一)竞争因素

第一次石油危机导致了世界经济和日本经济的重要转折。美国于 1971 年 8 月停止了美元与黄金的挂钩制度，同时提高进口税。1972 年 2 月，日本实施浮动汇率制，引起日元的不断升值。由于日本银行实施买进美元的政策，从而导致了过剩流动性，田中角荣内阁的日本列岛改造论促使 70 年代泡沫经济不断升级。1973 年的第四次中东战争导致第一次石油危机爆发，较为突出的表现是石油价格狂升了 3 倍，那些以石油作为原材料或能源的产业因此受到了直接的冲击，世界经济一度处于高通货膨胀和低经济增长并存的滞胀时期。随着石油价格的上涨，各种初级产品的价格也紧随其后地不断攀升。石油价格的大幅度增长、日元的不断升值促使日本国内价格水平迅速上涨，日本经济于 1974 年出现战后第一次负增长。

日本经济在第一次石油危机爆发后处于低迷期，各企业选择裁减员工以降低企业成本来提升竞争力。很多企业雇佣兼职工人来取代全职工人，而那些以终身受雇身份在职的员工为了避免被取代成临时员工的命运就选择了主动加班和更努力地工作。对于被裁掉工人的工作内容和工作量，企业选择通过在职员工加班的形式来完成。一般来说，加班是企业在繁忙时期或者特殊情况下实施的临时性对策，但是当时的日本企业将加班推行为一种普遍的制度。原因在于，与增加员工的方式完成工作量相比，加班的方式可以使企业有利可图。日本《劳动基本法》规定，企业员工的加班报酬不得低于正常劳动时间工资的 125％。实际上，几乎没有一家企业在支付员工加班报酬时超过这一法定限度。同时，在日本法律中规

---

① 日化：《日本人的"过劳死"及其社会文化成因》，载《外国问题研究》，1996 年第 2 期。

定，"正常劳动时间工资"中不包括员工的奖金、交通补贴和家属补贴等内容。[①]在这样的情况下，对企业而言，即使按照法律规定的正常劳动时间工资的125%支付给员工加班报酬，也远比选择增添新员工的方式节省劳动成本。根据日本劳动省的测算结果，当企业支付员工的加班报酬达到正常劳动时间工资的162.9%时，其员工加班劳动成本方与增加员工的劳动成本持平。另外，有些国家规定应该按照正常劳动时间工资的150%支付员工加班报酬，节假日及加夜班按照正常劳动时间工资的200%支付员工加班报酬，同时还规定，若员工加班时间超过一定标准时，需要提高员工的加班报酬，而日本企业不但不会随着员工每天加班时间的延长而支付员工更多的单位时间报酬，反而设定支付给员工加班报酬的月度上限，即使一个月加班50小时，也只能领30小时的报酬。

（二）工资因素

与劳动时间长一样，日本企业员工工资水平低也被视为其国际竞争力强的重要原因。按照日本厚生劳动省的数据，日本制造业生产工人1990年的小时工资为1 555日元，是同期美国小时工资（1 688日元）的92.1%，西德小时工资（2 417日元）的64.3%，英国小时工资（1 669日元）的93.2%，法国小时工资（1 732日元）的89.8%。然而，同期日本的物价水平却明显高于其他国家，根据货币购买力平价计算得出的日本实际工资水平只是美国实际工资水平的69.4%，西德实际工资水平的68%。在日本工资水平低而物价水平高的社会经济背景下，很多劳动者被迫选择加班，依靠加班报酬以维持生活。根据"电机劳连"（日本工会组织）1989年的调查数据显示，90%的电机工人会对加班收入产生依赖，其中，30%的电机工人会认为若无加班收入就会无法维持正常生活状态。该项调查结果说明正常劳动时间的工资已经不能满足日本企业员工日常的生活消费需求。

日本家庭支出中有很大一部分用于住宅和孩子教育的投资。日本是学历社会，学历水平的高低决定着每个人一生中各阶段的工资和收入水平，日本人十分舍得在孩子的教育上进行投资。在日本，几乎所有的孩子都会去业余"私校""预备校"等辅导性机构参加补习。此外，日本的住宅用地价格十分昂贵，价格相对便宜且质量又较好的公营住宅供给十分短缺，日本人的住房条件较差。为了得到属于自己的安定住宅，日本人必须依靠住房贷款购房，然而，住房贷款还款期限一般为20年左右，[②] 这对还款人而言无疑是重大的经济负担和精神负担。在子女教育费及住房贷款的经济压力和精神压力下，日本人尤其是男性不得不拼命地工作，最后因过度劳累而死亡。

---

① 日化：《日本人的"过劳死"及其社会文化成因》，载《外国问题研究》，1996年第2期。
② 日化：《日本人的"过劳死"及其社会文化成因》，载《外国问题研究》，1996年第2期。

（三）住房因素

日本住房问题，在城市主要表现为"高、窄、远"。"高"即住房价格贵，这给劳动者带来了沉重的经济压力及精神压力，如上所述。住房问题是战后日本所面临的一个重要问题，战后初期，曾有 420 万户家庭住在十分狭窄的住宅中，经过几十年的建设，截至 1978 年，日本的住宅问题得到了一定程度的改善，实有住房数量达到 3 545 万套，平均每户家庭拥有住房 1.08 套，人均居住面积 19.2 平方米，较 1950 年人均居住面积 9.1 平方米增加了 1 倍，但住宅形势还是很严峻。[1] 1992 年，日本人均住宅面积约为 25 平方米，拥有较为宽敞的私人住宅者占 34.1%，而一般工薪阶层的住宅是十分窄小的，1978 年就已经被欧共体喻称为"兔小屋"，一直到 20 世纪末日本人狭窄的住宅状况仍然没有太大的改善。窄小加之隔音效果差的木结构，对于劳动者休息和消除疲劳十分不利。

同时如上所述，在日本，价格较为便宜且质量又较好的公营住宅供给十分短缺，如图 13-5 所示，横坐标为房屋建设年代，纵坐标表示公营住宅占住宅总数的百分比。从图 13-5 中可以清晰看出，1973—2008 年，日本的公营住房数量一直占比较低，除 1978 年和 1983 年等个别年份的占比稍微高于 5%，其余大部分年份的占比均不足 5%，由此可见，日本人面临着十分严峻的住房问题，为了获得较为舒适的生存环境，就必须努力工作以获得更高的收入来改变现状。由于城市中心住房用地价格昂贵，住房建设越来越远离城市中心，向郊区发展。"远"距离导致企业员工的通勤时间大幅度增加，员工的休息时间被上下班的通勤时间大量占用，每天往返通勤需花费至少 3 个小时的员工在不断增加，而且，上下班期间交通工具异常拥挤，在很大程度上耗费了员工的体力。

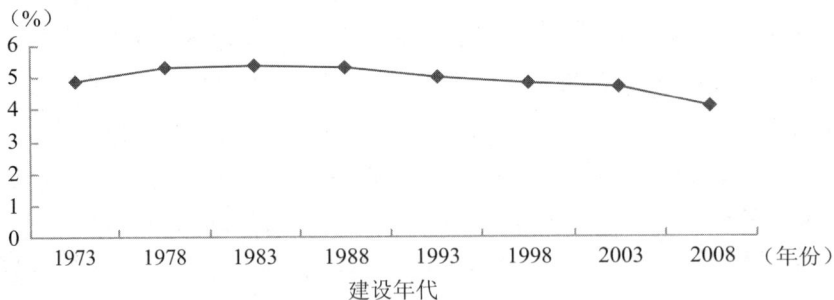

图 13-5　日本公营住房供给[2]

① 王重润、王浩润：《日本解决住房问题的若干举措》，载《中外房地产导报》，1996 年第 23 期。

② 黄修民：《日本公共住宅制度改革及发展趋势研究》，载《学术界》，2010 年第 4 期。

（四）文化因素

日本企业员工普遍具有辛勤工作和自我牺牲的职业精神，也因此在国际上享有盛誉。日本人的价值观形成受到日本传统文化尤其是日本武士精神和集团意识的影响，而这也成为导致工人过劳死的另一个更深层次的原因。1232 年，日本镰仓幕府颁布第一部武家法典《贞永式目》，在该法典中明确提出武士要克己奉公、重视团体利益等，对日本武士道德观念的形成产生了很大的影响。在长期的社会生活中，日本武士逐渐养成了忠诚、重视名誉、轻视死亡的文化心理，不断追求更高层次的自我实现，即不惜为主人奉献一切的精神，后来就转化成了一种单方面的绝对效忠精神。日本的企业精神与这种效忠的文化观念紧密相连。日本企业通过各种方式，如实行终身雇佣制度、推行员工持股、鼓励员工参与决策等，培养和提升员工的忠诚意识。很多日本企业员工往往把人生托付给某个特定的企业，其活动的封闭性以及对企业的过度依赖性表现得十分明显，以至于很多人逐渐变成只知道工作而不知道生活的工作机器。牺牲自我的忠诚自然会造成日本工人因过度劳累而死亡。在长期的历史浸润下，武士精神已经融入日本的民族性格之中，逐步成为日本文化精神的核心，成为日本人整体精神的重要内容。倡导忠诚和牺牲的武士精神激励员工为了企业成员的共同利益而不断奋斗，甚至为企业献身，具有难以估量的能量。[①]

另外，日本人从小就接受集团主义教育，主要表现在对群体和序列十分重视，强调个人为集体献身、对集体忠诚以及对权威绝对服从。在序列意识的基础上，日本形成了以"忠孝恭顺"为宗旨，成员服从集团，下级服从上级的集团性文化。在集团主义的氛围中，日本企业员工忘我工作，长时期承受一种无形压力，认为只要能得到较高的评价，即使牺牲也值得，否则，宁可"保节自杀"或"以死谢罪"。由此可见，日本人除了身体上过度劳累导致死亡外，与日本武士精神和集团意识密切相关的巨大精神压力也会导致过劳死。[②]

（五）企业制度因素

日本企业普遍采用内部流动制，即企业员工每隔几年要根据企业的命令和要求在企业内部进行一次工作调动，由于各种原因，很多工人要面临离开家庭单独赶往异地工作。每次单身赴任的时间期限为 3 年至 5 年不等，由于单身赴任要面

---

① 王玲：《日本"过劳死"社会现象与日本传统文化的影响》，载《西南民族大学学报（人文社科版）》，2008 年第 2 期。

② 王玲：《日本"过劳死"社会现象与日本传统文化的影响》，载《西南民族大学学报（人文社科版）》，2008 年第 2 期。

对全新工作内容和工作环境而导致的压力，同时，新环境造成的工人生活规律紊乱，以及子女教育、家庭问题等造成的精神负担等，对企业员工的身心健康有很大影响，使其积重难返，加速了"过劳死"的进程。

综上所述，日本把国际竞争和企业生存竞争转嫁给企业的员工，将其当作"经济动物"，最终导致"过劳死"问题的出现。产生"过劳死"的原因有很多，其中，工作时间过长是最主要的原因。马克思说："时间是人类发展的空间。一个人如果没有一分钟自由的时间，他的一生如果除睡眠、饮食等纯生理上的需要所引起的时间外，都替资本家服务，那么，他就连一个载重的牲口还不如。"[①]日本企业员工工作时间过长致使其时间完全被占用，导致其身体上的过度劳累和精神上的无限压力，以至于无法迅速恢复体力进行劳动力再生产，其严重程度着实令人发指。此外，日本低工资高物价的经济环境、严峻的住房形势、以武士精神和集团意识为主要内容的文化因素和以单身赴任为代表的企业制度等间接原因亦对"过劳死"的产生起着推波助澜的作用。

第三节　韩国过度劳动问题

在韩国，如果证实工作压力是工人死亡的一个原因，工人及其家属就可以得到相应的补偿，但是，韩国官方还没有一个明确的定义或者标准来衡量和审核工作压力或过度劳累。有的学者认为"猝死"是定义疾病发作 24 小时内发生的内部死亡的世界标准技术术语，得到世界各地的普遍接受和使用，因此用"猝死"对与工作相关的工人死亡现象进行研究和分析。但是也有学者坚持，"猝死"只是意外自然死亡中的一部分，工人的意外自然死亡不仅仅限于发病后 24 小时内的死亡，应选择采用"意外自然死亡"作为术语。如 Jungsun PARK，Young-Sook CHO 等其有关韩国企业员工意外自然死亡的研究中将"意外自然死亡"定义为一个人在出现疾病征兆之前，没有节制地从事日常工作而毫无征兆地发生的非偶然性死亡。[②] 此处的"征兆"是指严重的主观症状或客观迹象已经促使其去看过医生。意外自然死亡与从发病到死亡的时间（从发病到死亡的时间主要取决于一些因素，如适当的急救措施、转诊制度和心脑血管疾病方面的急诊医学护理水平等）不相关。

通过"过劳死"概念和特征的梳理，发现"意外自然死亡"和日化等学者对"过劳死"概念的界定基本是一致的，只是日化等在定义"过劳死"时用的是"突然死

---

① 日化：《日本人的"过劳死"及其社会文化成因》，载《外国问题研究》，1996 年第 2 期。

② Jungsun PARK，Young-Sook CHO：Unexpected Natural Death among Korean Workers，*J Occup Health*，1999(41)，pp. 238-243.

亡"，而 Jungsun PARK 在定义"意外自然死亡"时用的是"无征兆地病发的非偶然性死亡"。但是，考虑到"过劳死"在不同国家的判定标准不同，因此在本研究对韩国"过劳死"问题进行分析时，仍然沿用各学者对"过劳死"问题描述时使用的术语。

>>一、韩国过度劳动概况<<

根据 1999 年 Jungsun PARK，Young-Sook CHO 等学者对韩国 1994—1995 年所有工人索赔记录的审查和研究，得出了韩国企业员工意外自然死亡的性别和年龄分布，如表 13-2 所示，韩国 1994—1995 年的意外自然死亡索赔案例中涉及男性 812 人，占比 90.8%；涉及女性 82 人，占比 9.2%。这和日本过劳死的性别分布的总体趋势相一致，根据日本 2004 年劳动力调查报告，[①] 日本大多数过度劳累者即加班员工是男性，尤其是周工作时间至少 60 小时的男女员工比例呈现明显差距，男性员工为 552 万人，占比 86.38%，女性员工 87 万人，占比 13.62%，男女比例约为 6∶1。根据日本统计局 1989 年的报告，周工作时间超过 60 小时的男女员工比例是 7∶1。因此，有的学者在研究日本过劳死时主要立足于分析日本企业中男性员工的情况。同时，表 13-2 显示出韩国企业员工意外自然死亡的年龄分布情况，其中，40～59 岁年龄段的工人在意外自然死亡案例中占主导，占比 65%。

表 13-2　韩国意外自然死亡的性别和年龄分布

描述性特征		案例数（%）
性别	男性	812(90.8)
	女性	82(9.2)
	总体	894(100.0)
年龄（岁）	20～29	41(4.6)
	30～39	146(16.3)
	40～49	274(30.6)
	50～59	307(34.4)
	60 以上	126(14.1)
	总体	894(100.0)

图 13-6 显示了 1994—1995 年韩国各行业工人意外自然死亡索赔案例的发生

---

① Japan Ministry of Internal Affairs and Communications，Statistics Bureau（2004）Annual Report on the Labour Force Survey，Tokyo.

情况，纵坐标表示各行业意外自然死亡案例发生率，横坐标轴表示行业，包括采矿业、制造业、电力/燃气/水供给、建筑业、交通运输/仓储/通信业、其他社团/社会和个人服务活动。需要特别说明的是，图 13-6 中的各行业意外自然死亡案例发生率是用各行业意外自然死亡案例数比各行业工人数得出，此外，各行业工人总数参考了 1995 年韩国劳动部关于企业劳动状况的调查报告中各行业内至少有 5 名工人的工作场所的工人总数，同时，鉴于计算所得数据极小，为了更好地进行比较，所以在实际意外自然死亡发生率的基础上分别乘以了 100 000，下面对意外自然死亡案例的职业分布进行分析时也做了相似的处理。

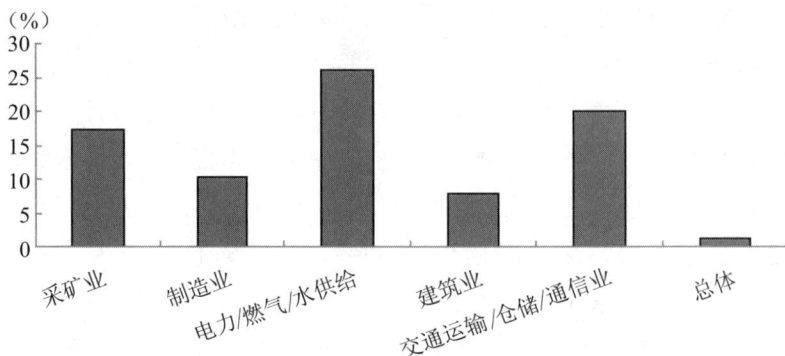

图 13-6　韩国各行业发生意外自然死亡案例的情况

图 13-7 给出了 1994—1995 年韩国企业员工意外自然死亡索赔案例的行业分布情况，纵坐标表示各行业意外自然死亡案例占比，横坐标轴表示行业，包括采矿业、制造业、电力/燃气/水供给、建筑业、交通运输/仓储/通信业、其他社团/社会和个人服务活动。各行业意外自然死亡案例占比是用各行业意外自然死亡案例数比各行业意外自然死亡案例总数得出。从图中可以看出，韩国意外自然死亡占比最多的行业是制造业，其次是建筑业，这与制造业和建筑业工人工作的模式多为直接身体力行去参与的形式有关。

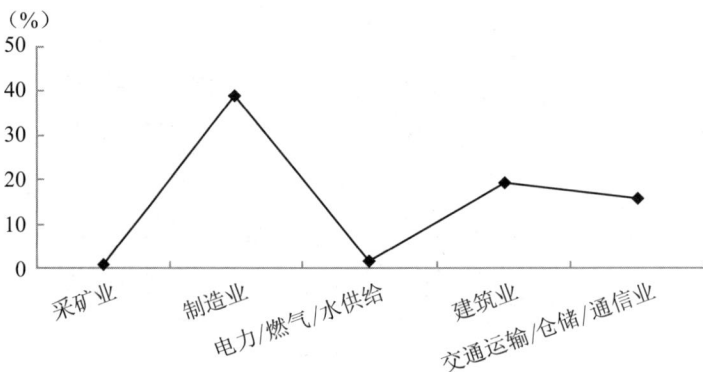

图 13-7　韩国各行业意外自然死亡案例的分布

图 13-8 显示了 1994—1995 年韩国各职业工人意外自然死亡索赔案例的发生情况，纵坐标表示各职业意外自然死亡案例发生率，横坐标轴表示职业，包括专业技术人员、文书及相关人员、销售人员、服务人员、生产及相关人员/运输设备操作人员/工人、其他，各职业意外自然死亡案例发生率是用各职业过劳死案例数比各职业工人数得出，此外，各行业工人总数参考了 1995 年韩国劳动部关于工资结构的调查报告中各行业内至少有 10 名工人的工作场所的工人总数，同时，鉴于计算所得数据极小，为了更好地进行比较，在实际意外自然死亡案例发生率的基础上也分别做了乘以 100 000 的处理。从图中可以看出，韩国发生意外自然死亡案例占比最多的职业为生产及相关人员/运输设备操作人员/工人，这些主要为制造业和建筑业的职业，因此，在很大程度上与意外自然死亡的行业分布是一致的。

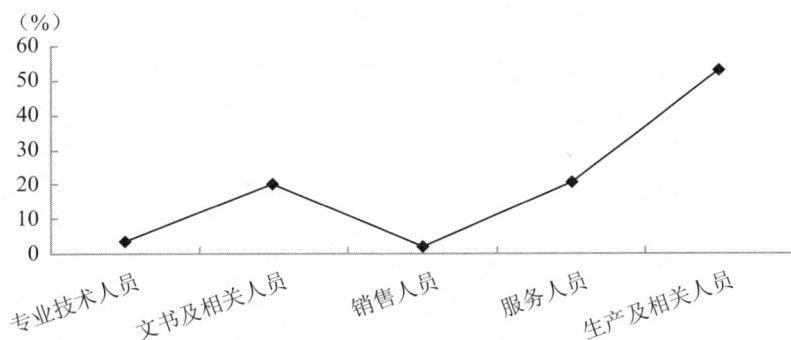

图 13-8 韩国各职业发生意外自然死亡案例的情况

图 13-9 给出了 1994—1995 年韩国企业员工意外自然死亡索赔案例的职业分布情况，纵坐标表示各职业意外自然死亡案例占比，横坐标轴表示职业，包括专业技术人员、文书及相关人员、销售人员、服务人员、生产及相关人员/运输设备操作人员/工人、其他。各职业意外自然死亡案例占比是用各职业意外自然死亡案例数比各职业意外自然死亡案例总数得出。从图中可以看出，韩国意外自然死亡案例发生率最高的职业是服务人员，这个发现值得引起韩国对第三产业从事服务工作的人员的工作相关意外自然死亡情况的重视，而不是仅仅关注目前占比最大的生产工人及相关职业的意外自然死亡情况。

综上，从图 13-6 和图 13-7 可以看出，在韩国各行业中，意外自然死亡索赔案例占比最高的是制造业，但意外自然死亡案例发生率最高的是电力/燃气/水供给业。从图 13-8 和图 13-9 可以看出，在韩国各职业中，意外自然死亡索赔案例占比最高的是生产及其相关人员/运输设备操作人员/工人，但意外自然死亡案例发生率最高的是服务人员。这些发现值得引起韩国对意外自然死亡情况进行重新认识，必须认识到不仅仅要关注目前意外自然死亡人数占比最大的职业和行业，

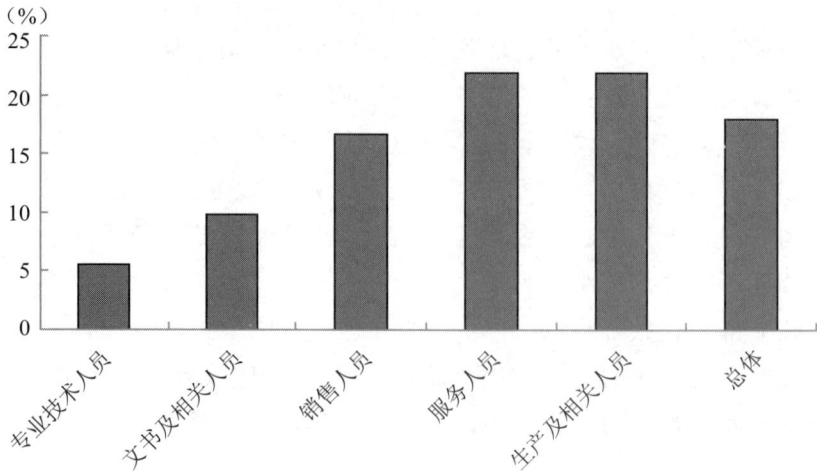

图 13-9　韩国各职业意外自然死亡案例的分布

即生产工人及相关人员和制造业，更要重视发生率排名首位的职业和行业，即服务人员和电力/燃气/水供给业的意外自然死亡预防工作，以有效降低意外自然死亡的发生概率。

图 13-10 显示了 1994—1995 年韩国企业员工意外自然死亡案例的病因分布，由图可知，造成韩国企业员工意外自然死亡的首要原因是脑血管疾病，有 47.3％的意外自然死亡案例的死亡原因是脑血管疾病；造成意外自然死亡的第二个原因是缺血性心脏疾病，有 29.9％的意外自然死亡案例的死亡原因是缺血性心脏病。脑血管疾病和缺血性心脏病这两个排名前两位的疾病成为韩国企业员工意外自然死亡的主要原因，解释了 77.2％的意外自然死亡案例的死因。这与 Dae-Seong Kim 和 Seong-Kyu Kang 在其对 1996—2009 年韩国企业员工与工作相关疾病的赔偿情况研究中得出的结论基本一致，[①] 如图 13-11 所示，图中显示出 1996—2009 年韩国企业员工与工作相关疾病的总体赔偿情况，以及 2003—2009 年韩国企业员工与工作相关心脑血管疾病赔偿情况。由图 13-11 可知，2003—2009 年韩国企业员工脑血管疾病的赔偿率曲线走势与总体疾病赔偿率曲线的走势完全一致，即赔偿率均显著下降，这与韩国在此期间与工作相关疾病的判定标准出台相关，随着相关标准的出现，申请赔偿的人数增加，但经过审批和判定为与工作相关的案例比例增长幅度相对较小，因此出现了韩国企业员工与工作相关疾病及脑血管疾病的赔偿率下降的结果。

---

① Dae-Seong Kim and Seong-Kyu Kang，*Work-related Cerebro-Cardiovascular Diseases in Korea*，J Korean Med Sci 2010，S105-111.

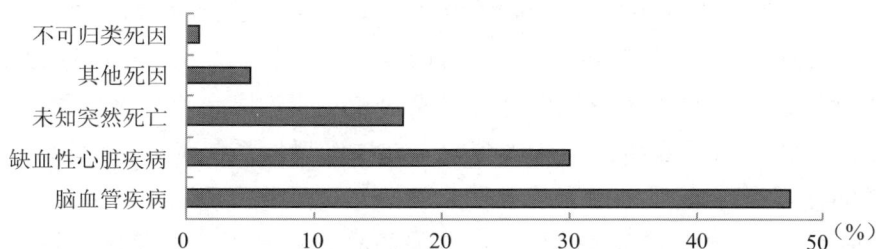

图 13-10　韩国意外自然死亡死因分析

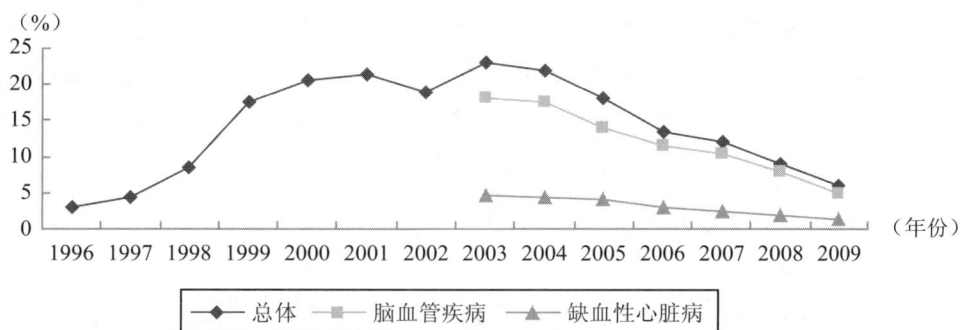

图 13-11　韩国 1996—2009 年心脑血管疾病赔偿率

>>二、韩国过劳死的判定和赔偿<<

在韩国对与工作相关的事故进行判定时，遵循两个原则：（1）由工作导致，该要求通常需要工人所受伤害与其工作性质之间有充分密切的关系；（2）发生在工作期间，该要求需要调查工人事故是否在工作时间、工作地点以及环境内发生，若工人在用人单位之外受伤，则通常被判定为工作期间以外发生的情况。在韩国，职业脑血管或心血管疾病的识别标准强调"发生在工作期间"的要求，因此，韩国在对与工作相关的事故（其中包括与工作相关的死亡）进行判定时呈现出的趋势是，如果工人在工作场所工作期间疾病发作，则容易被批准为与工作相关的事故。如果确定工人死亡发生在工作场所之外或者工人死亡时间未在工作时间内，则死者家属往往不会索赔。①

此外，在韩国很少进行尸检（尸体解剖），因此，很难确定因急性心脏疾病发作导致的意外自然死亡的原因。通过使用法院内部网络，对 2000—2010 年由过

---

① Jungsun PARK，Young-Sook CHO：Unexpected Natural Death among Korean Workers，*J Occup Health*，1999(41)，pp.238-243.

度劳累和/或心理压力导致的死亡索赔案例的司法测试进行分析,[1] 并根据确定的死因和预先存在的疾病对司法试验进行分类。通过对过劳死测试进行贴切分析,笔者发现许多测试都强调法医进行尸检的必要性,依此阐明死亡和过度劳累之间适当的因果关系。因此,有学者建议,在法医尸检系统的社会问题上,需要倡导韩国全社会建立起明确适当的与过劳死相关的因果关系以及社会公平规范。

在韩国,较其他索赔而言,与工作有关的心脑血管疾病索赔的费用非常高。2010 年,韩国所有索赔案例为 2986 件,其中与工作有关的心脑血管疾病索赔案例数占比 4.07%,达 284 件,而与工作有关的心脑血管疾病死亡索赔案例达 354件,占死亡索赔案例总数的 43.33%。因此,虽然与工作有关的心脑血管疾病案例数仅占总数的 2.5%,但其赔偿费占比却达到了 6.5%。2005 年与工作有关的心脑血管疾病赔偿费用和直接医疗社会经济成本的估计值分别为 130 亿美元和450 亿美元。在韩国 2010 年判定的所有心脑血管疾病(CVD)索赔案例中,有 62件案例获得批准,占比 19.4%,257 件案例被拒绝。获批准的 62 件心脑血管案例中,当事人更倾向于在全职员工数量处于 10～49 人的工厂工作(占获批准案件的 53.2%),相比较而言,未获批准的案件中,在全职员工数量处于 50 人以下的工厂工作的当事人数量占比为 37.7%,这种趋势显示了显著的统计性差异(p < 0.002)。获批准案例中的当事人最常见的特性表现为:年龄 40 岁以上(46.8%);男性(90.3%);脑出血(30.6%);幸存案例(59.7%);负面诱发疾病(54.8%);值班事故(61.3%);蓝领(64.5%)。然而,这些都不显著。[2]

1978 年,与工作有关的心脑血管疾病及其诊断标准通过总统令加入到韩国产业灾害补偿保险系统之中,2008 年韩国对诊断标准的更多细节进行了修订,并实施工业事故赔偿保险法案施行总统令,内容涉及长期工作压力、消除工作中脑出血的发生以及非严重的疾病等方向,于 2008 年 7 月生效。该标准规定[3]:

A. 一方面,脑血管疾病,即颅内出血、蛛网膜下腔出血和脑梗塞被认为是与工作相关的;另一方面,心血管疾病,包括心肌梗死和满足下列任一情况产生的壁间动脉瘤即被认为是与工作相关的:(1)由于工作环境的突然变化所带来的生理变化显著,包括心脑血管疾病发生之前的 24 小时内突然和意外的紧张、兴奋、恐惧和惊吓;(2)身体和精神负担过重,即心脑血管疾病发生之前的 7 天内,工作量的快速增加,换言之,工作的数量、持续时间、强度、责任以及环境的变

---

① 유성욱,유성호:과로사 인정기준에 관한 대법원 판례 경향에 대한 연구(基于法院测试的过劳猝死公认标准研究). *The Korean Journal of Legal Medicine*,2011(35),pp.105-113.

② Dae-Seong Kim and Seong-Kyu Kang,*Work-related Cerebro-Cardiovascular Diseases in Korea*,J Korean Med Sci 2010,S105-111.

③ Yun Kyung CHUNG and Young-jun KWON,Long Working Hours and Work-related Cere-bro-cardiovascular Disease in Korea,*Industrial Health*,2013(51),pp.552-558.

化对心脑血管的正常功能产生负面干扰和影响；（3）心脑血管疾病发生之前 3 个月内，由于工作的数量、持续时间、强度、责任以及环境发生变化引起长期超负荷，进而引起身体和精神负担对心脑血管的正常功能产生显著影响。然而，如果疾病的发展为自然恶化过程，则认为其与工作无关。B. A 部分中未列出但在医学和次序分析基础上显现出其激发或发展与工作之间有相当强关系的任意心脑血管都被认为是与工作相关的。

然而，由于诊断标准，特别是"长期超负荷"的最终标准没有具体化，获批准的索赔数量自 2005 年以来有所下降。结果，因判断和评价每一个索赔的全体陪审员不同，这些标准就呈现出不同的应用效果，许多人注意到最终批准决定中的差异。此外，所有索赔人收到的批准决议是由工作相关疾病评审委员会（Work-related Disease Adjudication Committee，WDAC）的一个区域办事处作出的。WDAC 负责对职业医学、临床医学及法律索偿进行监督。与工作有关的索赔批准决定需要多数 WDAC 成员的出席和批准。由于没有实际的指导方针，最终对工人赔偿要求确定的决定容易受 WDAC 每个成员主观看法的影响。一些学者提出反对意见，指出在 WDAC 审议的与工作有关的心脑血管疾病批准案例与拒绝案例之间缺乏长期超负荷的一致工作相关模式。

从医学角度来看，所采用的诊断标准（包括长期超负荷）坚持过多的工作量可能会导致血管病变和高血压伴随慢性疲劳等后果。然而，"长期超负荷"难以量化和评估。长期超负荷的工作涉及多方面因素，如工作时间长、工作事故、精神压力等很复杂。其中，"工作时间长"提供了一种客观测量，有利于与工作有关的心脑血管疾病索赔的批准，同时，"工作时间长"也是一个简单且易理解的指标。Yun Kyung CHUNG 和 Young-jun KWON 通过 ROC 法对与工作有关的心脑血管疾病索赔的"工作时间"审批进行预测计算，得出与工作有关的心脑血管疾病索赔审批时的工作时间临界值点为 60.75 小时，在该临界点处有较好的灵敏性和较高的特异性，灵敏性为 65%，特异性为 94%。[①]

此外，在韩国，工作时间长和心脑血管疾病之间的关系与许多西方国家截然不同，韩国的基准工时比经济合作与发展组织（OECD）其他成员国家略高，平均年工作时间为 2 193 小时，相比较而言，OECD 国家平均年工作时间为 1 749 小时。[②] 这表明，诊断标准应以长工时和与工作有关的心脑血管疾病之间的联系为有效依据进行定义，在长期超负荷的工作条件下，如韩国，定义诊断标准时尤其如此。

---

① Yun Kyung CHUNG and Young-jun KWON, Long Working Hours and Work-related Cerebro-cardiovascular Disease in Korea, *Industrial Health*, 2013(51), pp. 552-558.

② Ministry of Employment and Labor (2010), Average Annual Hours Actually Worked per Person in Employment, In: 2011 Yearbook of Employment and Labor Statistics, *Ministry of Employment and Labor*, 539, Ministry of Employment and Labor, Gwacheon.

>>三、韩国企业员工加班情况<<

在韩国,中小制造企业往往需要较长的工作时间,而且在很多情况下,呈现为劳动力密集型企业。根据韩国就业和劳动部官方统计结果,制造业的周加班时间平均为 7.13 小时,较大程度的多于服务业的加班时间,服务业务平均加班时间为 2.5 小时。韩国 1994 年的年平均工时是 2 453 小时,相当于每周工作大约50 小时。若将工作时间超出平均工作时间 30% 定为过度工作,则过度工作状态下的周工作时间达 65 小时,这一数字超出 1994 年韩国法定周工作时间 44 小时。

使用以劳动力调查数据作为其主要来源的 OECD 数据集,对韩国 1980—2011 年工作时间状况进行分析可得如图 13-12 所示的趋势。OECD 对韩国工作时间的估计基于韩国劳动力调查,同时考虑到未工作时间的问题,在除以就业量之前,对年工作时间总数做了一个向下的调整。从图 13-12 中可以看出,1980—2011 年期间,韩国人均年工作时间在显著下降,这得益于韩国政府、企业及相关各方对与工作相关的工人过度劳动问题加强了重视,并出台一系列政策和措施进行治理,从而使人均年工作时间的显著降低。但是,韩国人的基准工作时间仍然远远高于其他任何国家,这一点将在后面章节中进行工作时间的国际比较时予以较为详细地分析和说明,此处不再详述。

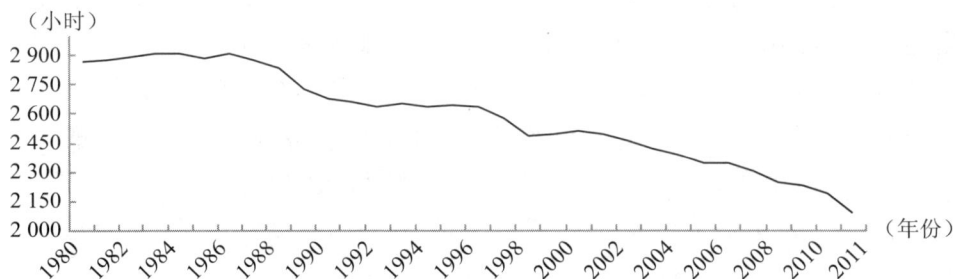

图 13-12 韩国 1980—2011 年年工作时间变化趋势

>>四、韩国过度劳动原因分析<<

韩国是世界上人口最稠密的国家之一,1989 年韩国每平方公里估计有 425人,比 20 世纪 80 年代末美国的平均人口密度多 16 倍。相比之下,在 20 世纪 80年代后期估计的中国每平方公里为 114 人,德意志联邦共和国每平方公里为 246人,日本每平方公里为 323 人。韩国的土地面积约 70% 是山区,人口集中在低地地区,所以韩国的实际人口密度要高于一般平均水平。早在 1975 年对韩国 35 个城市的人口密度进行了估计，每个城市至少有 5 万居民，估计结果为每平方公里为 3 700 人。由于不断有居民迁移到城镇地区，所以到 20 世纪 80 年代末，这个数字会毫无疑问地增长。

1980 年汉城人口密度为每平方公里 13 816 人，1988 年其人口密度增长到每平方公里 17 030 人。1980 年韩国第二大城市釜山的人口密度为每平方公里 7 272 人，1988 年其人口密度增长到每平方公里 8 504 人。京畿道围绕着首都，包含韩国第四大城市仁川，是韩国人口最稠密的省份；东北部的江原道是韩国人口密度最低的省份。韩国的极端拥挤是其经济发展、生活水平、社会态度和人际关系发展的一个主要因素。比大多数国家的人口规模大使韩国人不得不学会与人和平共处于狭小拥挤的空间中，当然，对空间中的有限资源以及空间本身的争夺非常激烈。人口的持续增长意味着生活和工作所需空间短缺的问题将变得更加严重。据韩国政府经济规划委员会显示，到 2023 年，预计韩国人口将趋于稳定，人口密度将增长为每平方公里 530 人。

正是面临上述资源的紧迫形势，使得韩国人在不断升级的竞争环境下不得不努力为更好的生活和工作条件而奋斗，为了增加收入，加班获得额外薪酬成为一种较为普遍的现象，同时，为了避免失去工作，很多企业员工往往选择主动增加额外的工作时间以取得企业老板的信任和欣赏。在这种情况下，原本基本工作时间就长于其他国家的韩国面临着更为严峻的企业员工过度劳动现象。

第四节　英国和美国过度劳动问题

过度劳累导致的死亡责任已经在日本的法律中得到确认，日本民法对这类死亡的补偿问题做了相应的规定。日本人用"Karoshi"表示由过度劳动导致的死亡，用"Karojisatsu"表示由过度劳动导致的自杀，这两个术语得到了广泛认可。在美国和英国，没有等价的术语，工作中的死亡往往只是由与健康和安全问题（如工伤事故，长期接触有害物质等）相关联的各方（法院、卫生安全执法机关、雇主、雇员以及较小程度上涉及工会）予以确认。直到最近，还没有有关对过劳死死者亲属进行赔偿的法律，这毫无疑问地成为美国需要思考的一个问题。

在日本，过劳死的概念在某些程度上是众所周知的，日本政府将它确认为可申请补偿的职业病。在美国，"有报道过类似的现象，例如……通常是在金融部门工作的精英商务人士，如华尔街股票经纪人。"[①]美国有很强的工作导向型文

---

① Tamie Kobayashi and Sam Middle Miss，Employers' Liability for Occupational Stress and Death from Overwork in the United States and the United Kingdom，*Common Law World Review*，2009(38)，pp. 137-169.

化，标准工作时间是每周 40 小时，有两个星期的带薪年假。然而，几乎 1/3 的劳动者通常工作超过 40 小时，1/5 的劳动者工作超过 50 小时。[1] 根据 1938 年公平劳动标准法案（FLSA）中第 13 条的规定，与近 20％ 的未获豁免工人相比，约有 44％ 的"豁免"工人（大多数是执行主管、监理人员和某些行政和专业的员工）每周工作超过 40 小时。[2]

2002 年 3 月，纽约记者马修赖斯（Matthew Reiss）总结了牛津健康计划医疗保险公司研究中的调查结果："有 1/5 的美国人表现出无论是生病还是有医疗预约的情况下都不会停止工作。同样，有 1/5 的美国人保留了享用自己假期的权利，然而这却被证明会导致人陷入早死的风险中。"[3]2005 年在杂志《财富》上发表了一篇有关美国全天候提供劳动服务的员工文化的文章，作者在文章中强调摆脱办公室工作时间传统："一周工作 40 小时似乎是过去的事情。从现在的实际情况来看，即使一周工作 60 小时（工人曾经最长的周工作时间），也被视为是兼职而已。"[4]

美国工人往往平均每周工作超过 40 小时，只有两个星期的有薪年假，但是工人却因害怕失去工作而很少享用本就为期不长的有薪年假，这是已在世界上许多公司内滋生并增长起来的"出勤主义"的症状。在美国，出勤主义尤其流行，主要表现出的特征可以引用以下描述："如果工人一周辛苦工作 60 小时就表示这个工人是企业的战士，愿意把工作放在生活优先事项的首位。"有学者在美国权威杂志上发表文章提出了美国公司管理职位上出现的"极限工作者"[5]现象，指出许多管理者努力应付挑战，每周工作时间高达 70 小时及以上，其中一些从事高压力高风险工作的管理者，在工作需求量增加的情况下会工作至少 100 小时。根据美国劳工统计局 2004 年的报告，约 17％ 的管理人员每周工作时间会超过 60 小时。以工作压力大、工作不稳定、强制加班和自愿牺牲为特点的工时长文化是要付出代价的。

长时间的劳累和压力会影响人们的私人生活，损害工人的健康，可能导致与压力相关的疾病，如慢性疲劳、癌症、心脏疾病，增加发生意外和受伤的风险。

---

① L. Golden and H. Jorgensen，Time After Time：Mandatory Overtime in the US Economy，*Economic Policy Institute Briefing Paper*，January 2002 (available from http://www. epinet. org/ briefngpapers/120/bp12O. pdf).

② Tamie Kobayashi and Sam Middle Miss，Employers' Liability for Occupational Stress and Death from Overwork in the United States and the United Kingdom，*Common Law World Review*，2009(38)，pp. 137-169.

③ M. Reiss，American Karoshi (March 2002)，*New International Magazine*.

④ J. Miller and M. Miller，Get a life! (November 2005) 28 Fortune 39-48.

⑤ S. A. Hewlett and C. B. Luce，Extreme Jobs：The Dangerous Allure of the 70-Hour Work-week，(2006) 84(12)，*Harvard Business Review*，pp. 49-59.

据美国压力研究所估计，工作压力将造成美国工业每年耗资 3 000 亿美元以处理和应对事故、旷工、员工离职、生产力下降、直接医疗、法律和保险费用、工人赔偿以及侵权诉讼。此外，国家补偿保险委员会声称，"一件精神压力索赔案件的平均成本比外伤索赔案件高 52%，而且这类索赔持续的时间比身体伤害索赔长 16 周。"①美国加利福尼亚州把精神压力确认为一种可获赔偿的伤害，其相关法律索赔案的数量在不断增加，1979—1988 年通过工人赔偿来满足压力索赔要求的案例数量增长了 700%。

当然，英国也受到了工时长的企业文化及其后果的影响。1998 年英国推出工作时间规定(WTR)，引入了 48 小时的最长工作周制，但是该规定的影响却受到限制，其中一个原因是工人可以自己选择以书面形式申请退出限定的 48 小时工作时间，以应对因管理或同事而产生的直接或间接压力。英国是欧洲目前仍然有这项豁免的唯一国家。

根据 2004 年英国工会联盟(TUC)的数据，英国有 400 万工人平均每周工作超过 48 小时，比 1992 年多 70 万人，1992 年还没有预防工时长的相关措施。②英国健康与安全执行局(HSE)在 2005 年调查中发现，大约 42 万英国人认为在 2004—2005 年度，他们一直承受着可致病的工作压力的水平。③ 更显著的是，2003 年英国工会联盟估计每年有超过 100 例与工作有关的自杀事件。④ 尽管如此，这些死亡都没有包含在英国工作场所死亡的数字之中，与工作相关的自杀不属于健康和安全机构监控的范围。政府也没有监控与工作有关的压力致死的统计情况。许多事故报道显示，工人选择自杀是由于承受不住工作压力和工作量的结果。据英国《工会和工会联盟的危害》杂志报道，近年来发生了大量与工作有关的自杀案件。⑤

综上所述，美国和英国这两个国家的过劳死及过度劳动是一个现实问题，到目前为止在很大程度上还未被认可。

---

① New York State (NYS) Workers' Compensation Board，Work-Related Mental Stress Injuries in the NYS Workers' Compensation System (September 1997)，ch. 6，67.

② TUC Welcomes European Parliament Challenge to UK on Long Hours，*TUC News Release*，11 February 2004.

③ Stress-related and Psychological Disorders，Health and Safety Executive's Stress Statistics.

④ Work to Death Factsheet (July-September 2003) Hazards 83，http://www. hazards. org/workedtodeath/dropdead. pdf.

⑤ Tamie Kobayashi and Sam Middle Miss，Employers' Liability for Occupational Stress and Death from Overwork in the United States and the United Kingdom，*Common Law World Review*，2009(38)，pp. 137-169.

第五节　工作时间的国际比较

　　工作时间的英语形式有两种，分别为 working time 和 hours worked，虽然这两个词组都表示工作时间，但是却分别代表了不同的含义。working time 是围绕工作、生活质量问题的一个宽泛概念，包括工作时间的安排，如加班、分段值班以及"即时制"的灵活工作计划；夜间工作和周末工作；兼职工作。而 hours worked 是对一个人在工作上所花费时间数量进行的纯粹定量测量。本文所用的工作时间概念是 hours worked，即企业员工花费在工作上的时间数量。

　　本文使用 OECD 数据集对 5 个国家的工作时间进行了跨国比较，反映出两个工作时间概念的体制性变化。从历史上看，美国先于其他工业国家率先做到削减工作时间，到 20 世纪 80 年代西欧赶上美国的步伐。[①] 此后，劳动力市场结构发生了一些变化，进一步促进了工作时间的减少。首先，由于法律和集体谈判协议的变化，许多发达国家的正常工作时间已经缩减。其次，妇女越来越多地参与到劳动力队伍中，平均工作时间少于男性。最后，在日益庞大的服务业兼职工作时间缓和了规模相对较小的制造业的加班工作格局。所有这些劳动力市场状况都值得讨论。

　　2012 年 OECD 工作时间报告对劳动力受雇情况（即人均年实际工作时间）进行了更广泛的衡量分析，结果表明在过去三十年中尽管受雇人员人均年实际工作时间显著下降，但人均年实际工作时间几乎没有下降。企业员工人均年工作时间大幅度下跌是由就业率（或就业人口比例）和工作年龄人口比例的增加所致。随着更多的妇女投身到劳动力队伍中，很多老员工留职而不是退休，就业率已经上升。妇女和老员工往往全职工作时间较少，或成为不断壮大的兼职工人队伍中的一部分。根据数据得出美国、日本、韩国、加拿大和英国 2000—2012 年就业人口比例和妇女劳动力参与率，以及这些国家 1996 年和 2006 年的兼职就业率如图 13-13～图 13-15 所示。

[①]　John Owen，Work-time Reduction in the U. S. and Western Europe，*Monthly Labor Rereview*，December 1988，pp. 41-45，on the Internet at www. bls. gov/opub/mlr/1988/12/rpt3ftll pdf（visited May 22，2009）.

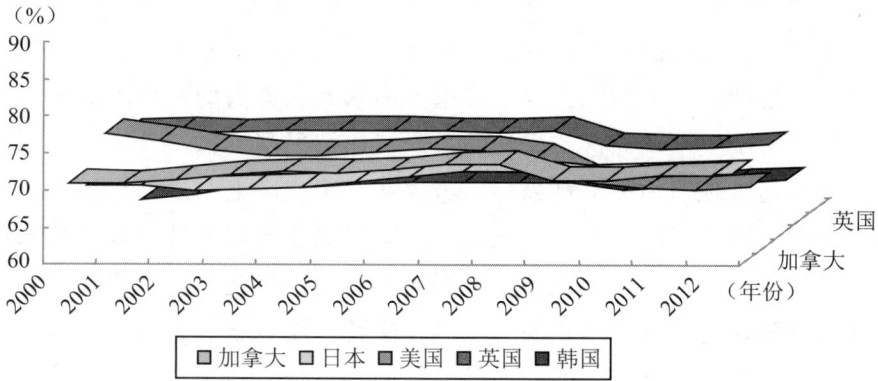

图 13-13　各国 2000—2012 年的就业人口比例

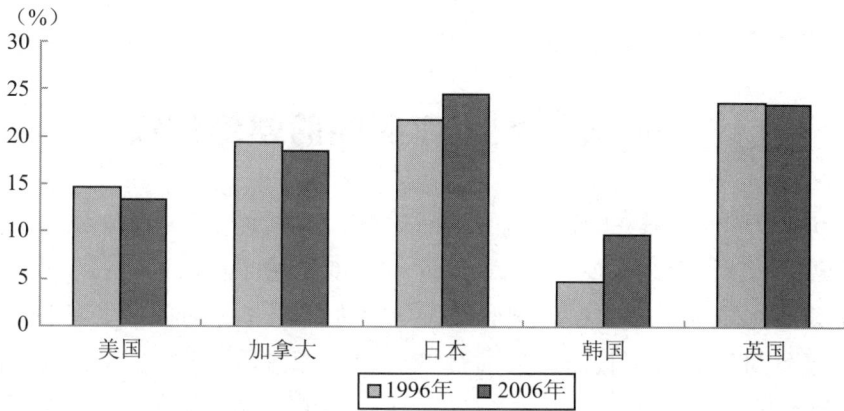

图 13-14　各国 1996 年和 2006 年的兼职就业率

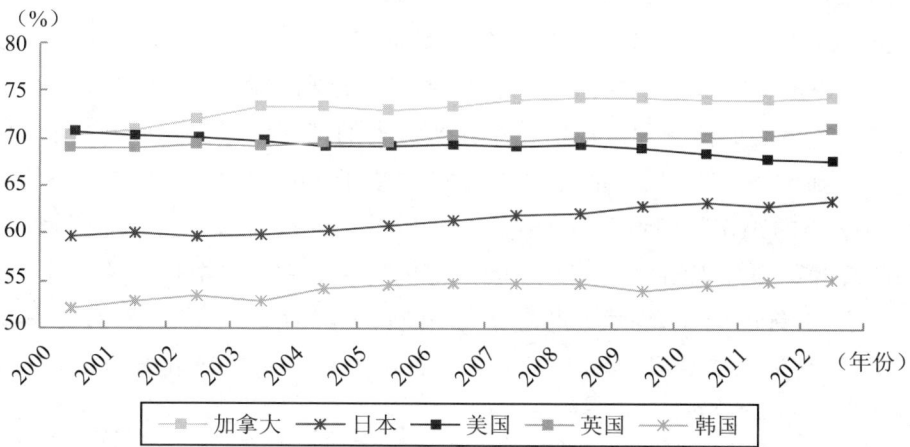

图 13-15　各国 2000—2012 年的妇女劳动力参与率

通过对比分析发现，这 5 个国家 2000—2012 年期间的就业人口比例基本上都呈现出先上升再下降的趋势，变动幅度较小。英国的就业人口比例最高，韩国就业人口比例最低，其他国家居中。美国、加拿大和英国的兼职就业率呈现下跌趋势，但下降幅度较小，即这些国家的兼职就业情况基本保持稳定；日本和韩国的兼职就业率均呈现明显的上升趋势，这也在一定程度上对这两个国家的过度劳动问题较为严重进行了解释，因为兼职就业时间很难进行统计，官方公布的工作时间数据中往往很难较为全面地包含兼职工作时间，因此就呈现出了随着公布的工作时间的下降，过度劳动问题甚至过劳死问题并没有显著解决的情况。在所研究的国家中，加拿大、日本、英国和韩国的妇女劳动参力与率呈现较为显著的上升趋势，这表明，在这些国家有越来越多的妇女参与到劳动力大军之中；与前 4 个国家形成鲜明的对比，美国的妇女劳动力参与率是呈现下降趋势的，这可能与美国浓厚的人文情怀以及人权主义有关。

>>一、主要国家工作时间的整体比较<<

Susan E. Fleck 在其《工作时间的国际比较：数据评估》一文中使用 OECD 和 BLS 两种数据集对 13 个 OECD 国家 1980—2006 年的工作时间进行了比较，结果显示，美国、加拿大、日本、韩国和英国等为人均年工作时间较长的国家。因为本文主要是针对因工时过长而导致的过度劳动问题进行的研究，所以，在 Susan E. Fleck 研究结果的基础上加入了 1970—1980 年以及 2006—2012 年的数据对工时较长的美国、加拿大、日本、韩国和英国 5 个国家进行进一步拓展和分析，得出各个国家自 1970 年以来的 42 年工作时间的发展趋势。

根据 OECD 数据集，1970—2012 年劳动者年平均实际工作时间趋势大致反映了与所讨论的 5 个国家工作时间相关的制度规范和法律。这些国家过去 42 年中发生了一些显著的体制和法律变化。在所考察的国家中，工作时间较长的国家包括美国、加拿大、日本、韩国和英国等，基于 OECD 数据集得出各个国家 1970—2012 年的工作时间情况，如图 13-16 所示。到目前为止，这些国家的劳动力市场制度和法律呈现出以下一些或者全部的特征：(1)正常工作周工时至少 40 个小时；(2)准许的周工作时间没有最大限制；(3)休假时间受制于工作任期；(4)对工作缺勤施以工资或离开惩罚；(5)享受休假时间的权利有限的或无合法保障。[①]

---

① Susan E. Fleck，International Comparisons of Hours Worked：an Assessment of the Statistics，132 *Monthly Lab*，Rev. 3，2009.

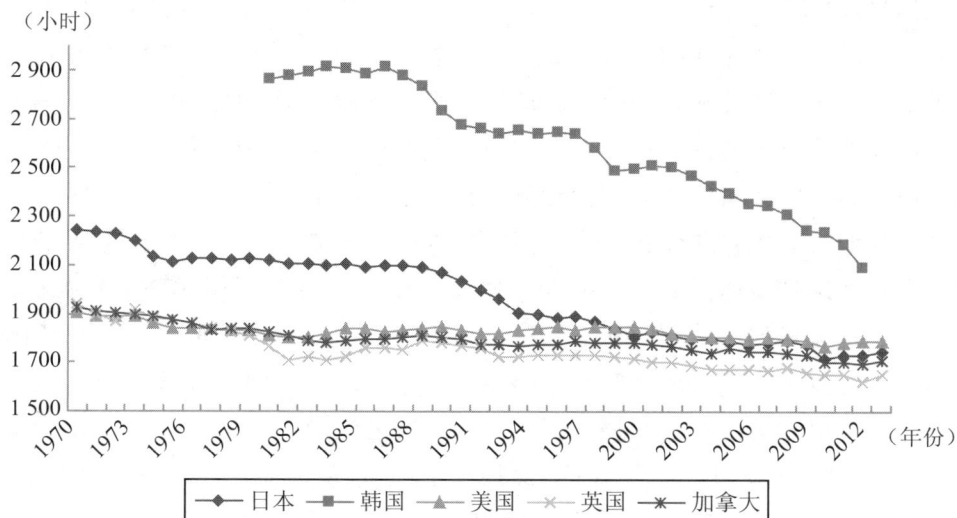

图 13-16　1970—2012 年年工作时间国际比较

注：根据数据可获得性提供了 1980—2011 年韩国工作时间数据。

从图 13-16 中可以看出，基于 OECD 数据集得出的各个国家的整体时间走势基本一致。总体而言，1980—2011 年韩国人年均工作时间远远高于其他所有国家。由 OECD 数据集得出结果（图 13-16）显示，韩国人均年工作时间在 2011 年达到 1980 年以来的最低值（2 090 小时），但也远远高于比其他国家的人均年工作时间。英国 2011 年人均年工作时间为 1 625 小时，在 5 个国家中处于最低水平，而韩国要比英国多 465 小时。相比较同一年的日本、美国、加拿大人均年工作时间而言，韩国高出的工作时间分别为 362、303 和 392 小时。因此可以看出，韩国人长工时情况要远比其他国家严重，因而面临着较为严峻的过度劳动问题。

同时，从图 13-16 中还可以看出，韩国和日本的人均年工作时间在显著减少，在 1980 年和 2011 年，韩国人均年工作时间减少了 774 小时，在 1970 年和 2012 年，日本人均年工作时间减少了 498 小时。正如前面有关日本和韩国的过度劳动分析章节中提到的，这两个国家的过度劳动问题尤其是过劳死问题的盛行引起了政府以及各界人士的关注和重视，随之出台了各种治理措施以及相关政策以遏制过度劳动现象，这在一定程度上有效地减少了企业员工的工作时间。从图中可以看出，英国和加拿大 1970—2012 年的人均年工作时间也整体呈现出下降趋势，但是下降幅度较小，在 1970 年和 2012 年，英国人均年工作时间减少了 283 小时，加拿大人均年工作时间减少了 215 小时；而美国的人均年工作时间在此期间呈现出了有升有降的波动，单看 1970 年和 2012 年的工作时间数值，减少了 112 小时，是 5 个国家中工作时间降低幅度最小的国家。

美国和日本对周工作时间的上限没有设定法律限制。对于带薪休假，美国的商业惯例呈现出的差异很大，一些企业只为工作任期满一年的员工提供假期，其他一些企业根据工作任期的长短增加休假天数，而约有 1/4 的企业根本没有为其员工提供带薪休假。日本和韩国的劳动法与商业惯例不同，规定其企业应该支付加班费以及增加员工的休假；然而，在商业惯例中，通常的情况是工人在生病时享用休假时间，因为病假往往是无偿的。在某些情况下，企业主会以扣除或不提供奖金或休假时间的方式惩罚工人缺勤。[①] 加拿大、英国、韩国和日本要求为全职员工提供法定带薪休假时间，而在美国法律中并没有对休假时间的提供（无论是带薪的还是无偿的）作出相关的要求。在工作时间较高的国家中，只有英国和意大利要求企业主为兼职或临时员工提供带薪年假。欧洲国家最近采用了欧盟授权的工作时间限制条件，因而显现出了与众不同的情况。[②]

1988—1997 年，日本法律将正常周工作时间从 48 小时减少到 40 小时；1997—2004 年，韩国紧随其后。尽管韩国在其国家法律中规定截至 2004 年逐步执行 40 小时工作周制，但相比较 OECD 其他国家而言，韩国人的周工作时间仍然较长。据 2007 年韩国劳动力调查报告显示，韩国近 60% 就业人员（调查过程中处于在职状态）的实际周工作时间达 45 小时及以上；而只有不到 30% 的就业人员周工作时间为 36～40 小时；不到 15% 的兼职人员（调查过程中处于在职状态）周工作时间为 35 小时或更少。在过去的 25 年中，其他 4 个 OECD 国家的劳动法相关内容变化不大。20 世纪 90 年代，英国和意大利依据欧盟法规对 2002 年和 2003 年的工作时间分别做出了限定。

考虑到中国目前正处于以迈向高收入国家为目标的进程之中，同时面临着工作时间过长、过度劳动严重甚至过劳死现象不断涌现的严峻问题，为了有效解决这些难题，需要借鉴经济较为发达国家的相关经验，吸取这些国家在迈入高收入国家过程中的教训。本文选择了对国与国之间的分别对比以更清晰了解这些经济较发达国家的工作时间情况，包括对经济水平占世界排名首位的美国和经济发展迅速但过劳死盛行的日本有关人均年工作时间进行的比较分析；对日本和人均年工作时间远远长于其他国家的韩国进行的比较分析。

---

① See Restriction on Dismissal, Holidays & Leave (South Korean Ministry of Labor, Apr. 29, 2009), on the Internet at English. molab. go. kr/english/Working/Standard Restrirtion. jsp (vsited May 22, 2009); Kazuya Ogura, Annual Paid Leave in Japan, *Japan Labor Review*, Spring 2004, pp. 100-108, on the Internet at www. jil. go. jp/english/documents/JLRO2-ogura. pdf (visited May 22, 2009).

② See Catherine Barnard, Simon Deakin and Richard Hobbs, Opting out of the 48-hour Week: Employer Necessity or Individual Choice? An Empirical Study of the Operation of Article 18(1)(b) of the Working Time Directive in the UK, *Industrial Law Journal*, December 2003, pp. 223-252.

>>二、美国和日本工作时间比较<<

根据图 13-17 显示，1970—1998 年日本工人的平均实际工作时间水平是远大于美国工人的平均实际工作时间水平的。这一阶段，日本过劳死现象盛行，日本政府出台了一系列的法律和相关政策进行治理，取得较为显著的成效，从图 13-17 中可以看出，日本企业员工平均年工作时间在明显下降，尤其是在 20 世纪 90 年代，这种下降趋势更为明显。而 1998 年以后，日本工人的平均实际工作时间水平可以与美国工人的平均实际工作时间水平相提并论，甚至低于美国，这似乎与许多文献多次提到的日本"长工时文化"已司空见惯，而很少提及美国过劳死现象的研究成果相悖。其实这种不一致性是可以解释的。

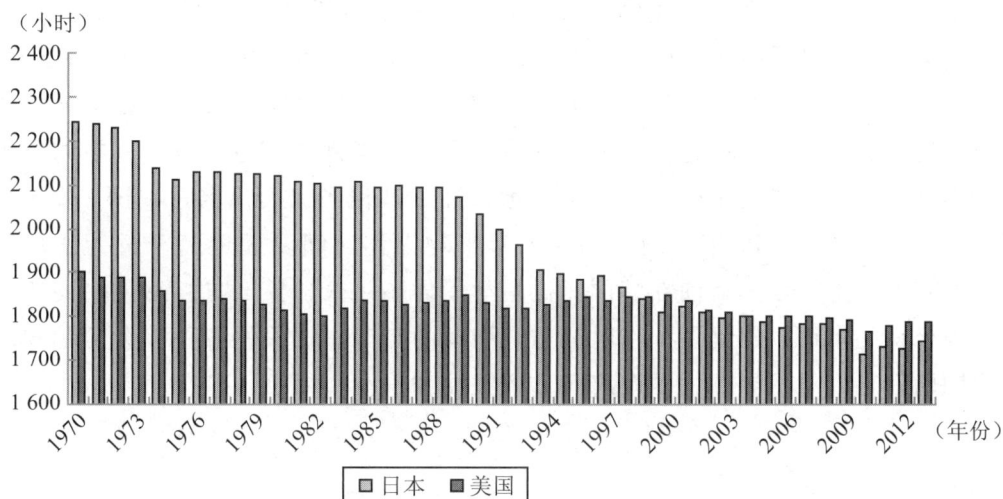

图 13-17 美国和日本 1970—2012 年年工作时间比较

首先，正如前面章节所述，日本人长期受到集团意识和武士精神的影响，自我奉献精神很强，同时在竞争性因素、工资因素、住房因素以及企业制度因素等各方面的影响下，自愿加班的现象十分严重，而且有很多加班是无偿的，这种无偿加班的时间占据了企业员工的大量时间，但这些时间的数据却是在统计过程中往往被遗漏的，因此造成了数据统计上的较大偏差。日本自由加班和隐性加班的无偿时间部分没有被统计到官方的数据集中，因此导致官方公布的数据不能有效准确地反映日本企业工人实际工作情况，从而显现出日本官方统计工作时间下降的趋势，但过劳死现象仍频繁出现的不一致性。其次，据 OECD 数据公布显示，近十几年来，美国的人均年工作时间虽然已经在一定程度上与日本持平，甚至超过了日本，但是随着美国健全的社会保障制度和医疗体系的建立、企业人文关怀程度的加强，可以降低工作时间适度的增加引发疾病的可能性。再次，美国人崇尚自由、平等，追求对生活的享受，喜欢旅游和户外运动。这些使得美国人能够有效地舒缓因工作造成的疲惫和压力，提高工作效率，并为其创新活动创造思想上的灵感，立足这一点，美国人本身具有的人文意识和精神在很多方面避免了过劳死这一惨痛现象的发生。最后，作为高新技术十分领先的发达国家，美国保证了其企业工人的工作强度并没有那么大，机械化和自动化水平的提高保证了美国人体力劳动量的降低，这也有效地缓解了工人的过度劳累问题。

>>三、日本和韩国工作时间比较<<

日本和韩国是世界上过度劳动问题最为严重的两个国家，由于经济、政治和文化等各个方面存在着差异，两个国家的过度劳动问题也呈现出不同的情况。因武士精神和集团主义文化的熏陶，日本人具有十分强烈的风险精神，与此同时，日本人面临着激烈的竞争、较低的工资、较高的物价等各种挑战，致使日本企业员工在主观和客观因素共同作用下的加班现象盛行，长时间的加班导致了日本闻名于世的过劳死现象；而韩国人在其密集的人口环境背景下为了争取有限的资源不得不努力工作，韩国也因其基准工时远远高于其他国家而出名，在图 13-18 中可以看出，1980—2011 年期间，韩国人年平均工作时间要远远高于过劳死现象频繁发生的日本。虽然目前在韩国无论是学术界还是医学界，"过劳死"一词还没有成为公认的术语，但是由工作时间过长引起的与工作相关的各种社会问题和医学问题已经得到学术界和韩国政府各方的关注和重视。

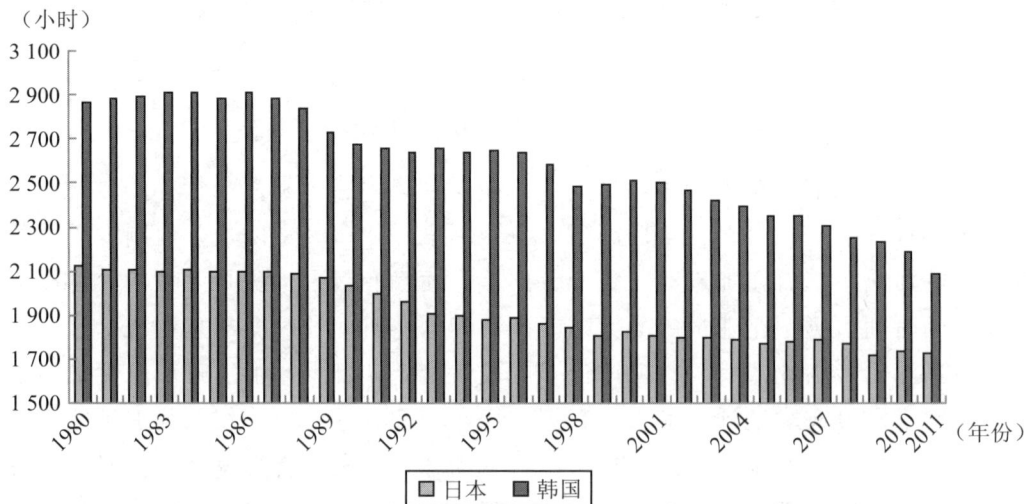

图 13-18 日本和韩国 1980—2011 年年工作时间比较

为了更进一步了解日本和韩国的过度劳动情况，对这两个国家的周工作时间进行了较为详细的比较分析，在 OECD 报告数据的基础上得出 2000—2012 年日本和韩国就业人口中周工作时间超过 40 小时的人口比例情况，如图 13-19 所示。从图中可以看出，在所考察的 13 年间，韩国就业人员中周工时超过 40 小时的人口比例高于日本，尤其是在 21 世纪初期，而在 2006 年以后的几年中，韩国和日本呈现出不同的走势，即韩国周工时超过 40 小时的就业人员比例呈现有升有降的波动，在 2011 年降到最低，但是 2012 年又很快增长起来；日本在 2006 年以后呈现明显的下降趋势，到 2009 年达到最低，虽然之后也有增长，但增长幅度很小，在近几年基本上呈现比较稳定的水平。

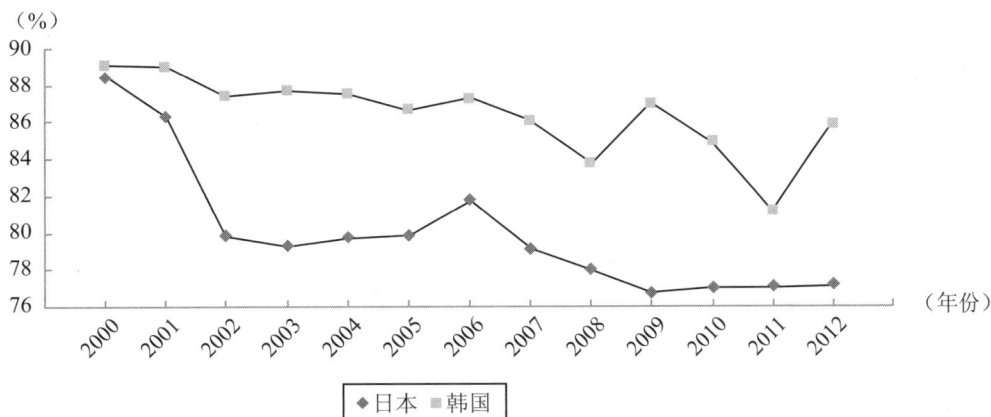

图 13-19 日本和韩国 2000—2012 年周工时超过 40 小时的情况比较

>>四、各国工时规范<<

在 20 世纪早期，有关工作时间法的可得信息十分有限，发展中国家的工作时间法信息更是少之又少。为了弥补这方面的知识缺口，国际劳工办公室在 2004 年开展了工作和就业条件项目，对各国工作时间法规进行编译，并将主要内容加入到工作时间法的在线数据库中。为了呼应之前对美国、日本、韩国、加拿大和英国 5 个长工时国家的对比，下面对这些国家的工作时间法律、规范进行对比性介绍，同时也将我国周工时的法定限制内容引入进来，以更好地了解我国与各国在工时法规方面的差异，如表 13-3 所示。

表 13-3 周工时限定

国家	年份	无普遍法定限制	40 小时	41～46 小时	48 小时
美国	1967		✓		
	1984		✓		
	1995		✓		

续表

国家	年份	无普遍法定限制	40 小时	41～46 小时	48 小时
	2005		✓		
日本	1967				✓
	1984				✓
	1995		✓		
	2005		✓		
韩国	1995			✓	
	2005		✓		
加拿大	1967		✓		
	1984		✓		
	1995		✓		
	2005		✓		
英国	1967	✓			
	1984	✓			
	1995	✓			
	2005	✓ *			
中国	1967				✓
	1984				✓
	1995		✓		
	2005		✓		

注：* 在劳工组织关于国家工作时间法的综述中显示，截至 2005 年英国虽然还没有一个普遍的工作时间法定限制，但是已有总时间不得超过 48 小时的限定。

数据来源：国际劳动组织工作时间法数据库（www.ilo.org/travdatabase）。

在第一次世界大战结束后，各国工作时间法普遍支持 48 小时的周工作时间限定，但是截至 1935 年，40 小时工作周制已经在一些国家的工作时间法中显现，到 1962 年，40 小时工作制已经在国际标准中占有一席之位。[①] 在国际劳工组织 1967 年编译的第一本《国际工作时间法综述》中也显现了各国倾向于 40 小时工作周制的趋势。在 1967 年的《国际工作时间法综述》中收录了 93 个国家的相关信息，除了中国、日本、澳大利亚、德国和意大利等 35 个国家推行 48 小时工作周制外，其他国家都采用了较低的周工作时间限定，如表 13-3 所示，加拿大和美国都推行的是 40 小时工作周制，而英国并没有一个普遍通用的工时限定标准。在接下来的近 20 年时间里，推行 40 小时工作周制的趋势得到了延续，1984 年，

---

① Sangheon Lee，Deirdre McCann and Jon C. Messenger，*Working Time Around the World*，First published in 2007 by Routledge：11.

在《国际工作时间法综述》中显现，40 小时工作周制的影响范围已经开始接近 48 小时，但日本和中国还是继续沿用着 48 小时的工作周制。

根据国际劳工组织 1995 年工作时间法综述，世界上很多国家在这一时期显著减少了工作时间的法律限定，例如巴西，1988 年在法律中变更周工作时间限定为 44 小时，替代了 1934 年开始实行的 48 小时工作周制；[①] 韩国也于 1989 年在其法律中对周工作时间限定标准进行了变更，如表 13-3 所示，根据国际劳工组织 1995 年工作时间法综述，韩国周工作时间已调低于 48 小时；日本和中国在同一时期也将周工作时间限定标准都从 48 小时调至 40 小时；加拿大、美国和英国在这一时期没有出现周工作时间限定标准的变更情况。截至 2005 年，40 小时工作周制已经成为最主要的周工时限定标准，在国际劳工组织 2005 年工作时间法综述所涉及的国家中，有一半的国家采用了 40 小时甚至更少的工作周制。例如，韩国已经在其工作时间法中将周工作时间标准限定从 1997 年经济危机时开始实行的 44 小时减少至 40 小时；英国虽然在这一时期还没有形成一个统一的工作时间限定标准，但是已有总时间不能超过 48 小时的倾向。

>>五、国际比较对中国治理过度劳动的启示<<

2002 年，日本健康劳动福利部推出"预防过度工作损害健康的综合项目"。该项目涉及三大重点领域：(1)将加班时间减少到每月 45 小时以内；(2)全面落实工人体检；(3)通过医生对过度劳累工人进行健康指导。2005 年，由医生为过度劳累的工人提供健康指导已经被写入日本修订的《工业安全与健康法》，从此产生法律效应。该法律规定，如果工人加班的时间超过一定限制，即月加班时间达到了 100 小时及以上(此标准引于日本《工业安全与健康法》)，并且工人也需要健康指导，则雇主必须为其安排医生的健康指导。修订法还规定，如果工人符合日本《工业安全与健康法》规定的以下两个条件，并且需要医疗保健，则雇主必须努力为其提供相同或类似的安排。一个条件是工人由于过度劳动而感到疲劳或为健康焦虑；另一个条件是符合各工作场所最初设置的加班时间标准，如月加班超过 45 小时。在符合上述两个条件的情况下，企业雇主要满足其员工对医生的健康指导的要求。立足于法律的约束力，日本为过度劳动的工人提供健康指导的力度还很弱，然而，这为预防过度劳动以保障工人健康打下了坚实的法律基础，仍然是一件很有意义的事情。

---

① Sangheon Lee，Deirdre McCann and Jon C. Messenger，*Working Time Around the World*，First published in 2007 by Routledge：12.

随着日本政府对过劳死现象的重视，日本企业也先后采取相应措施以有效缩减员工的工作时间，进而预防员工过劳死现象。日本丰田公司将加班时间限制到每年 360 个小时（每月约 30 小时）的范围，与此同时，日本一些企业实施公告通知，要求其员工回家或在特定的时间休息，而日本等企业则推出了远程办公模式，以有效减轻有子女的员工的负担。一些更为重视加班问题的大企业已开始严格禁止白天加班，要求工作人员在下午 5:30 及时离开办公室。在对过度劳动及其原因进行较为充分理解的基础之上，了解了日本、韩国、美国、英国和加拿大等国家对工作时间的调整以及在过度劳动防范过程中所作的努力，本文有针对性地提出了几点针对中国治理过度劳动问题的启示和建议。

第一，对企业而言，要加强对企业员工专业技能和安全健康知识的教育与培训。提升企业员工的技能，有助于增强员工的工作熟练程度，提高员工单位劳动时间的生产力水平，从而保证在固定工作量下，员工有效缩减完成任务的时间，同时，员工专业技能的提高，有助于员工减少工作过程中的失误，如有助于降低工人生产废品的概率，从而减少重复劳动，减少劳动时间。加强对员工安全健康知识的教育和培训，尤其是普及与过劳死相关的健康知识，促使员工增加适时减压、适度工作的意识，提高员工对自身健康的重视，倡导工作和生活相协调的生活模式。此外，企业可以采取各种方式为员工提供便利和丰富员工的生活，如为工人提供通勤车以缩短通勤时间；为单身赴任的员工提供定期探亲等福利，缓解其陌生环境等因素引起的压力；定时组织员工旅游、企业团队户外拓展等，以调整员工的心态，有效舒缓员工在工作中的压力，保证员工呈现更好的精神状态。

第二，对政府而言，要加大对过度加班企业的管理，同时努力创造良好的经济环境，平衡工资和物价水平，保证居民货币购买力水平，保持经济稳定、健康的增长。制定一系列政策以规定企业加班时间的限定标准，并根据不同行业、同一行业内的不同企业、同一企业内的不同工作岗位的性质进行进一步研究和分析，尽可能推行更有针对性的企业加班时间限制标准，以更有效地预防过劳死现象。特别地，要对自由加班加强有偿管理，迫使企业将员工的自由加班时间考虑到企业成本之中，从而促进企业主动改善员工的加班情况。良好的经济环境、平衡的工资和物价水平是保障居民购买力和维持居民正常生活的基本条件，政府必须致力于为居民提供一个健康稳定的经济环境，减少为依赖加班收入才能维持基本生活而过度加班的员工数量。同时，政府应该逐步转变一些传统观念，减弱文化中过分的效忠伦理和集团意识对个人的不良影响，从而使过劳死现象得到更有效的解决。当然，由于劳动价值观长期受传统文化的影响，改变传统文化观念的过程是一个十分长期的过程。

　　第三，对企业员工个人而言，要努力形成健康平衡的工作生活模式，合理地对时间进行配置。企业员工应该主动接受专业技能培训，不断提升自身的技术水平，以有效缩短工作时间，减少加班的情况。同时，企业员工应该学习职业安全和健康的相关知识，增强对过劳死的认识，根据自己的实际情况衡量加班对身体健康的影响，选择适度加班甚至不加班，通过参加户外活动、增强体育锻炼等方式不断丰富生活内容，做到劳逸结合，舒缓因工作导致的精神压力，有效调节工作和生活的平衡，从而避免过度劳累导致的死亡。

附　录

表 1　国内生产总值　　　　　　　　　　　　（亿元）

年份	国民总收入	国内生产总值	第一产业	第二产业			第三产业	人均国内生产总值（元）
				总值	工业	建筑业		
1978	3 645.2	3 645.2	1 027.5	1 745.2	1 607.0	138.2	872.5	381
1979	4 062.6	4 062.6	1 270.2	1 913.5	1 769.7	143.8	878.9	419
1980	4 545.6	4 545.6	1 371.6	2 192.0	1 996.5	195.5	982.0	463
1981	4 889.5	4 891.6	1 559.5	2 255.5	2 048.4	207.1	1 076.6	492
1982	5 330.5	5 323.4	1 777.4	2 383.0	2 162.3	220.7	1 163.0	528
1983	5 985.6	5 962.7	1 978.4	2 646.2	2 375.6	270.6	1338.1	583
1984	7 243.8	7 208.1	2 316.1	3 105.7	2 789.0	316.7	1 786.3	695
1985	9 040.7	9 016.0	2 564.4	3 866.6	3 448.7	417.9	2 585.0	858
1986	10 274.4	10 275.2	2 788.7	4 492.7	3 967.0	525.7	2 993.8	963
1987	12 050.6	12 058.6	3 233.0	5 251.6	4 585.8	665.8	3 574.0	1 112
1988	15 036.8	15 042.8	3 865.4	6 587.2	5 777.2	810.0	4 590.3	1 366
1989	17 000.9	16 992.3	4 265.9	7 278.0	6 484.0	794.0	5 448.4	1 519
1990	18 718.3	18 667.8	5 062.0	7 717.4	6 858.0	859.4	5 888.4	1 644
1991	21 826.2	21 781.5	5 342.2	9 102.2	8 087.1	1 015.1	7 337.1	1 893
1992	26 937.3	26 923.5	5 866.6	11 699.5	10 284.5	1 415.0	9 357.4	2 311
1993	35 260.0	35 333.9	6 963.8	16 454.4	14 188.0	2 266.5	11 915.7	2 998
1994	48 108.5	48 197.9	9 572.7	22 445.4	19 480.7	2 964.7	16 179.8	4 044
1995	59 810.5	60 793.7	12 135.8	28 679.5	24 950.6	3 728.8	19 978.5	5 046
1996	70 142.5	71 176.6	14 015.4	33 835.0	29 447.6	4 387.4	23 326.2	5 846
1997	78 060.9	78 973.0	14 441.9	37 543.0	32 921.4	4 621.6	26 988.1	6 420
1998	83 024.3	84 402.3	14 817.6	39 004.2	34 018.4	4 985.8	30 580.5	6 796
1999	88 479.2	89 677.1	14 770.0	41 033.6	35 861.5	5 172.1	33 873.4	7 159
2000	98 000.5	99 214.6	14 944.7	45 555.9	40 033.6	5 522.3	38 714.0	7 858
2001	108 068.2	109 655.2	15 781.3	49 512.3	43 580.6	5 931.7	44 361.6	8 622
2002	119 095.7	120 332.7	16 537.0	53 896.8	47 431.3	6 465.5	49 898.9	9 398
2003	135 174.0	135 822.8	17 381.7	62 436.3	54 945.5	7 490.8	56 004.7	10 542
2004	159 586.8	159 878.3	21 412.7	73 904.3	65 210.0	8 694.3	64 561.3	12 336
2005	183 618.5	184 937.4	22 420.0	87 598.1	77 230.8	10 367.3	74 919.3	14 185
2006	215 883.9	216 314.4	24 040.0	103 719.5	91 310.9	12 408.6	88 554.9	16 500
2007	266 411.0	265 810.3	28 627.0	125 831.4	110 534.9	15 296.5	111 351.9	20 169
2008	315 274.7	314 045.4	33 702.0	149 003.4	130 260.2	18 743.2	131 340.0	23 708
2009	341 401.5	340 902.8	35 226.0	157 638.8	135 239.9	22 398.8	148 038.0	25 608
2010	403 260.0	401 202.0	40 533.6	187 581.4	160 867.0	26 714.4	173 087.0	29 992
2011	472 115.0	472 881.6	47 486.2	220 412.8	188 470.2	31 942.7	204 982.5	35 181
2012	516 810.05	519 470.10	52 373.63	235 161.99	199 670.66	35 491.34	231 934.48	38 459.47

（亿元）

表2　各地区国内生产总值

年份 地区	2001	2002	2003	2004	2005	2006	2007	2008	2009	2010	2011	2012
北　京	3 710.52	4 330.40	5 023.77	6 060.28	6 886.31	8 117.78	9 846.81	11 115.00	12 153.03	14 113.58	16 251.93	17 879.40
天　津	1 919.09	2 150.76	2 578.03	3 110.97	3 697.62	4 462.74	5 252.76	6 719.01	7 521.85	9 224.46	11 307.28	12 893.88
河　北	5 516.76	6 018.28	6 921.29	8 477.63	10 096.11	11 467.60	13 607.32	16 011.97	17 235.48	20 394.26	24 515.76	26 575.01
山　西	2 029.53	2 324.80	2 855.23	3 571.37	4 179.52	4 878.61	6 024.45	7 315.40	7 358.31	9 200.86	11 237.55	12 112.83
内蒙古	1 713.81	1 940.94	2 388.38	3 041.07	3 895.55	4 944.25	6 423.18	8 496.20	9 740.25	11 672.00	14 359.88	15 880.58
辽　宁	5 033.08	5 458.22	6 002.54	6 672.00	8 009.01	9 304.52	11 164.30	13 668.58	15 212.49	18 457.27	22 226.70	24 846.43
吉　林	2 120.35	2 348.54	2 662.08	3 122.01	3 620.27	4 275.12	5 284.69	6 426.10	7 278.75	8 667.58	10 568.83	11 939.24
黑龙江	3 390.13	3 637.20	4 057.40	4 750.60	5 511.50	6 211.80	7 104.00	8 314.37	8 587.00	10 368.60	12 582.00	13 691.58
上　海	5 210.12	5 741.03	6 694.23	8 072.83	9 154.18	10 572.24	12 494.01	14 069.86	15 046.45	17 165.98	19 195.69	20 181.72
江　苏	9 456.84	10 606.85	12 442.87	15 003.60	18 305.66	21 742.05	26 018.48	30 981.98	34 457.30	41 425.48	49 110.27	54 058.22
浙　江	6 898.34	8 003.67	9 705.02	11 648.70	13 437.85	15 718.47	18 753.73	21 462.69	22 990.35	27 722.31	32 318.85	34 665.33
安　徽	3 246.71	3 519.72	3 923.10	4 759.32	5 375.12	6 112.50	7 360.92	8 851.66	10 062.82	12 359.33	15 300.65	17 212.05
福　建	4 072.85	4 467.55	4 983.67	5 763.35	6 568.93	7 583.85	9 248.53	10 823.01	12 236.53	14 737.12	17 560.18	19 701.78
江　西	2 175.68	2 450.48	2 807.41	3 456.70	4 056.76	4 820.53	5 800.25	6 971.05	7 655.18	9 451.26	11 702.82	12 948.88
山　东	9 195.04	10 275.50	12 078.15	15 021.84	18 516.87	21 900.19	25 776.91	30 933.28	33 896.65	39 169.92	45 361.85	50 013.24
河　南	5 533.01	6 035.48	6 867.70	8 553.79	10 587.42	12 362.79	15 012.46	18 018.53	19 480.46	23 092.36	26 931.03	29 599.31

续表

年份 地区	2001	2002	2003	2004	2005	2006	2007	2008	2009	2010	2011	2012
湖北	3 880.53	4 212.82	4 757.45	5 633.24	6 520.14	7 617.47	9 333.40	11 328.89	12 961.10	15 967.61	19 632.26	22 250.45
湖南	3 831.90	4 151.54	4 659.99	5 641.94	6 511.34	7 688.67	9 439.60	11 555.00	13 059.69	16 037.96	19 669.56	22 154.23
广东	12 039.25	13 502.42	15 844.64	18 864.62	22 366.54	26 587.76	31 777.01	36 796.71	39 482.56	46 013.06	53 210.28	57 067.92
广西	2 279.34	2 523.73	2 821.11	3 433.50	4 075.75	4 746.16	5 823.41	7 021.00	7 759.16	9 569.85	11 720.87	13 035.10
海南	558.41	621.97	693.20	798.90	894.57	1 044.91	1 254.17	1 503.06	1 654.21	2 064.50	2 522.66	2 855.54
重庆	1 765.68	1 990.01	2 272.82	2 692.81	3 070.49	3 907.23	4 676.13	5 793.66	6 530.01	7 925.58	10 011.37	11 409.60
四川	4 293.49	4 725.01	5 333.09	6 379.63	7 385.11	8 690.24	10 562.39	12 601.23	14 151.28	17 185.48	21 026.68	23 872.80
贵州	1 133.27	1 243.43	1 426.34	1 677.80	1 979.06	2 338.98	2 884.11	3 561.56	3 912.68	4 602.16	5 701.84	6 852.20
云南	2 138.31	2 312.82	2 556.02	3 081.91	3 472.89	3 988.14	4 772.52	5 692.12	6 169.75	7 224.18	8 893.12	10 309.47
西藏	146.04	166.56	189.09	220.34	251.21	290.76	341.43	394.85	441.36	507.46	605.83	701.03
陕西	2 010.62	2 253.39	2 587.72	3 175.58	3 675.66	4 743.61	5 757.29	7 314.58	8 169.80	10 123.48	12 512.30	14 453.68
甘肃	1 125.37	1 232.03	1 399.83	1 688.49	1 933.98	2 276.70	2 702.40	3 166.82	3 387.56	4 120.75	5 020.37	5 650.20
青海	300.13	340.65	390.20	466.10	543.32	648.50	797.35	1 018.62	1 081.27	1 350.43	1 670.44	1 893.54
宁夏	337.44	377.16	445.36	537.16	606.10	725.90	919.11	1 203.92	1 353.31	1 689.65	2 102.21	2 341.29
新疆	1 491.60	1 612.65	1 886.35	2 209.09	2 604.19	3 045.26	3 523.16	4 183.21	4 277.05	5 437.47	6 610.05	7 505.31

表 3　地区生产总值指数(上年为 100)

年份 地区	2001	2002	2003	2004	2005	2006	2007	2008	2009	2010	2011	2012
北　京	111.7	111.5	111.0	114.1	111.8	113.0	114.5	109.1	110.2	110.3	108.1	107.7
天　津	112.0	112.7	114.8	115.8	114.7	114.7	115.5	116.5	116.5	117.4	116.4	113.8
河　北	108.7	109.6	111.6	112.9	113.4	113.4	112.8	110.1	110.0	112.2	111.3	109.6
山　西	110.1	112.9	114.9	115.2	112.6	112.8	115.9	108.5	105.4	113.9	113.0	110.1
内蒙古	110.6	113.2	117.6	120.9	123.8	119.1	119.2	117.8	116.9	115.0	114.3	111.5
辽　宁	109.0	110.2	111.5	112.8	112.3	114.2	115.0	113.4	113.1	114.2	112.2	109.5
吉　林	109.3	109.5	110.2	112.2	112.1	115.0	116.1	116.0	113.6	113.8	113.8	112
黑龙江	109.3	110.2	110.2	111.7	111.6	112.1	112.0	111.8	111.4	112.7	112.3	110
上　海	110.5	111.3	112.3	114.2	111.1	112.7	115.2	109.7	108.2	110.3	108.2	107.5
江　苏	110.2	111.7	113.6	114.8	114.5	114.9	114.9	112.7	112.4	112.7	111.0	110.1
浙　江	110.6	112.6	114.7	114.5	112.8	113.9	114.7	110.1	108.9	111.9	109.0	108
安　徽	108.9	109.6	109.4	113.3	111.6	112.5	114.2	112.7	112.9	114.6	113.5	112.1
福　建	108.7	110.2	111.5	111.8	111.6	114.8	115.2	113.0	112.3	113.9	112.3	111.4
江　西	108.8	110.5	113.0	113.2	112.8	112.3	113.2	113.2	113.1	114.0	112.5	111
山　东	110.0	111.7	113.4	115.4	115.2	114.7	114.2	112.0	112.2	112.3	110.9	109.8
河　南	109.0	109.5	110.7	113.7	114.2	114.4	114.6	112.1	110.9	112.5	111.9	110.1
湖　北	108.9	109.2	109.7	111.2	112.1	113.2	114.6	113.4	113.5	114.8	113.8	111.3
湖　南	109.0	109.0	109.6	112.1	111.6	112.8	115.0	113.9	113.7	114.6	112.8	111.3
广　东	110.5	112.4	114.8	114.8	113.8	114.8	114.9	110.4	109.7	112.4	110.0	108.2
广　西	108.3	110.6	110.2	111.8	113.2	113.6	115.1	112.8	113.9	114.2	112.3	111.3
海　南	109.1	109.6	110.6	110.7	110.2	113.2	115.8	110.3	111.7	116.0	112.0	109.1
重　庆	109.0	110.2	111.5	112.2	111.5	112.4	115.9	114.5	114.9	117.1	116.4	113.6
四　川	109.0	110.3	111.8	112.7	112.6	113.3	114.2	111.0	114.5	115.1	115.0	112.6
贵　州	108.8	109.1	110.1	111.4	111.6	112.8	114.8	111.3	111.4	112.8	115.0	113.6
云　南	106.8	109.0	108.8	111.3	109.0	111.6	112.2	110.6	112.1	112.3	113.7	113
西　藏	112.7	112.9	112.0	112.1	112.1	113.0	114.0	110.1	112.4	112.3	112.7	111.8
陕　西	109.8	111.1	111.8	112.9	112.6	113.9	115.8	116.4	113.6	114.6	113.9	112.9
甘　肃	109.8	109.9	110.7	111.5	111.8	111.5	112.3	110.1	110.3	111.8	112.5	112.6
青　海	111.7	112.1	111.9	112.3	112.2	113.3	113.5	113.5	110.1	115.3	113.5	112.3
宁　夏	110.1	110.2	112.7	111.2	110.9	112.7	112.7	112.6	111.9	113.5	112.1	111.5
新　疆	108.6	108.2	111.2	111.4	110.9	111.0	112.2	111.0	108.1	110.6	112.0	112

表 4　全国各地区按现住地统计的人口　　　　　（万人）

年份 地区	2000	2001	2002	2003	2004	2005	2006	2007	2008	2009	2010	2011	2012
北　京	1 382	1 383	1 423	1 456	1 493	1 538	1 581	1 633	1 695	1 755	1 962	2 019	2 069
天　津	1 001	1 004	1 007	1 011	1 024	1 043	1 075	1 115	1 176	1 228	1 299	1 355	1 413
河　北	6 744	6 699	6 735	6 769	6 809	6 851	6 898	6 943	6 989	7 034	7 194	7 241	7 288
山　西	3 297	3 272	3 294	3 314	3 335	3 355	3 375	3 393	3 411	3 427	3 574	3 593	3 611
内蒙古	2 376	2 377	2 379	2 380	2 384	2 386	2 397	2 405	2 414	2 422	2 472	2 482	2 490
辽　宁	4 238	4 194	4 203	4 210	4 217	4 221	4 271	4 298	4 315	4 319	4 375	4 383	4 389
吉　林	2 728	2 691	2 699	2 704	2 709	2 716	2 723	2 730	2 734	2 740	2 747	2 749	2 750
黑龙江	3 689	3 811	3 813	3 815	3 817	3 820	3 823	3 824	3 825	3 826	3 833	3 834	3 834
上　海	1 674	1 614	1 625	1 711	1 742	1 778	1 815	1 858	1 888	1 921	2 303	2 347	2 380
江　苏	7 438	7 355	7 381	7 406	7 433	7 475	7 550	7 625	7 677	7 725	7 869	7 899	7 920
浙　江	4 677	4 613	4 647	4 680	4 720	4 898	4 980	5 060	5 120	5 180	5 447	5 463	5 477
安　徽	5 986	6 328	6 338	6 410	6 461	6 120	6 110	6 118	6 135	6 131	5 957	5 968	5 988
福　建	3 471	3 440	3 466	3 488	3 511	3 535	3 558	3 581	3 604	3 627	3 693	3 720	3 748
江　西	4 140	4 186	4 222	4 254	4 284	4 311	4 339	4 368	4 400	4 432	4 462	4 488	4 504
山　东	9 079	9 041	9 082	9 125	9 180	9 248	9 309	9 367	9 417	9 470	9 588	9 637	9 685
河　南	9 256	9 555	9 613	9 667	9 717	9 380	9 392	9 360	9 429	9 487	9 405	9 388	9 406
湖　北	6 028	5 975	5 988	6 002	6 016	5 710	5 693	5 699	5 711	5 720	5 728	5 758	5 779
湖　南	6 440	6 596	6 629	6 663	6 698	6 326	6 342	6 355	6 380	6 406	6 570	6 596	6 639
广　东	8 642	7 783	7 859	7 954	8 304	9 194	9 304	9 449	9 544	9 638	10 441	10 505	10 594
广　西	4 489	4 788	4 822	4 857	4 889	4 660	4 719	4 768	4 816	4 856	4 610	4 645	4 682
海　南	787	796	803	811	818	828	836	845	854	864	869	877	887
重　庆	3 090	3 097	3 107	3 130	3 122	2 798	2 808	2 816	2 839	2 859	2 885	2 919	2 945
四　川	8 329	8 640	8 673	8 700	8 725	8 212	8 169	8 127	8138	8 185	8 045	8 050	8 076
贵　州	3 525	3 799	3 837	3 870	3 904	3 730	3 757	3 762	3 793	3 798	3 479	3 469	3 484
云　南	4 288	4 287	4 333	4 376	4 415	4 450	4 483	4 514	4 543	4 571	4 602	4 631	4 659
西　藏	262	263	267	270	274	277	281	284	287	290	301	303	308
陕　西	3 605	3 659	3 674	3 690	3 705	3 720	3 735	3 748	3 762	3 772	3 735	3 743	3 753
甘　肃	2 562	2 575	2 593	2 603	2 619	2 594	2 606	2 617	2 628	2 635	2 560	2 564	2 578
青　海	518	523	529	534	539	543	548	552	554	557	563	568	573
宁　夏	562	563	572	580	588	596	604	610	618	625	633	639	647
新　疆	1 925	1 876	1 905	1 934	1 963	2 010	2 050	2 095	2 131	2 159	2 185	2 209	2 233

表 5　全国各地区按户口登记统计的人口

（万人）

年份 地区	2000	2001	2002 (0.988‰)	2003 (0.982‰)	2004 (0.966‰)	2005 (1.325‰)	2006 (0.907‰)	2007 (0.900‰)	2008 (0.887‰)	2009 (0.873‰)	2010	2011	2012
北 京	1 215	1 357	1 372	1 407	1 421	2 036	1 429	1 455	1 481	1 510	1 961	2 019	2 069
天 津	937	9 849	996	996	987	1 381	969	990	1 011	1 047	1 294	1 355	1 413
河 北	6 503	6 668	6 646	6 657	6 608	9 069	6 368	6 350	6 298	6 224	7 185	7 241	7 288
山 西	3 192	3 247	3 246	3 256	3 235	4 441	3 118	3 107	3 078	3 038	3 571	3 593	3 611
内蒙古	2 304	2 332	2 359	2 351	2 323	3 159	2 218	2 207	2 182	2 150	2 471	2 482	2 490
辽 宁	4 114	4 182	4 161	4 155	4 110	5 587	3 923	3 932	3 899	3 843	4 375	4 383	4 389
吉 林	2 654	2 680	2 669	2 668	2 640	3 595	2 524	2 507	2 476	2 435	2 746	2 749	2 750
黑龙江	3 610	3 624	3 781	3 769	3 724	5 056	3 550	3 519	3 469	3 407	3 831	3 834	3 834
上 海	1 508	1 641	1 601	1 606	1 670	2 354	1 653	1 671	1 685	1 681	2 302	2 347	2 380
江 苏	7 065	7 304	7 297	7 297	7 230	9 895	6 947	6 950	6 917	6 837	7 866	7 899	7 920
浙 江	4 322	4 593	4 577	4 593	4 568	6 483	4 552	4 584	4 590	4 547	5 443	5 463	5 477
安 徽	5 853	5 900	6 278	6 265	6 258	8 101	5 688	5 625	5 550	5 464	5 950	5 968	5 988
福 建	3 124	3 410	3 413	3 426	3 405	4 679	3 286	3 275	3 248	3 210	3 689	3 720	3 748
江 西	3 950	4 040	4 152	4 174	4 152	5 707	4 007	3 995	3 962	3 919	4 457	4 488	4 504
山 东	8 678	8 997	8 970	8 978	8 907	12 241	8 595	8 570	8 497	8 387	9 579	9 637	9 685
河 南	9 056	9 124	9 479	9 503	9 437	12 416	8 718	8 646	8 491	8 397	9 402	9 388	9 406
湖 北	5 587	5 951	5 927	5 918	5 851	7 558	5 307	5 241	5 170	5 086	5 724	5 758	5 779

续表

年份 地区	2000	2001	2002 (0.988‰)	2003 (0.982‰)	2004 (0.966‰)	2005 (1.325‰)	2006 (0.907‰)	2007 (0.900‰)	2008 (0.887‰)	2009 (0.873‰)	2010	2011	2012
湖南	6 218	6 327	6 543	6 552	6 504	8 374	5 880	5 838	5 765	5 682	6 568	6 596	6 639
广东	7 068	8 523	7 722	7 768	7 765	12 170	8 545	8 565	8 571	8 498	10 430	10 505	10 594
广西	4 349	4 385	4 750	4 766	4 741	6 168	4 331	4 344	4 325	4 289	4 603	4 645	4 682
海南	749	756	789	794	792	1 096	770	770	767	767	867	877	887
重庆	2 984	3 051	3 072	3 071	3 055	3 704	2 601	2 585	2 555	2 528	2 885	2 919	2 945
四川	7 976	8 235	8 570	8 574	8 492	10 870	7 632	7 520	7 372	7 247	8 042	8 050	8 076
贵州	3 459	3 525	3 769	3 793	3 778	4 937	3 467	3 459	3 413	3 378	3 475	3 469	3 484
云南	4 097	4 236	4 253	4 284	4 272	5 890	4 136	4 127	4 095	4 046	4 597	4 631	4 659
西藏	253	262	261	264	264	367	257	259	258	256	300	303	308
陕西	3 421	3 537	3 630	3 631	3 602	4 924	3 457	3 438	3 400	3 350	3 733	3 743	3 753
甘肃	2 474	2 512	2 555	2 563	2 541	3 434	2 411	2 399	2 374	2 341	2 558	2 564	2 578
青海	497	482	519	523	521	719	505	505	501	493	563	568	573
宁夏	547	549	559	565	566	789	554	556	553	550	630	639	647
新疆	1 852	1 846	1 980	1 883	1 888	2 658	1 868	1 887	1 900	1 898	2 181	2 209	2 233

表6　各地区人口自然增长率　　　　　　　　　　　　　　　　（‰）

年份地区	2001	2002	2003	2004	2005	2006	2007	2008	2009	2010	2011	2012
北　京	0.80	0.90	−0.10	0.70	1.09	1.29	3.40	3.42	3.50	3.07	4.02	4.74
天　津	1.64	1.45	1.10	1.34	1.43	1.60	2.05	2.19	2.60	2.60	2.50	2.63
河　北	4.98	5.28	5.16	5.79	6.09	6.23	6.55	6.55	6.50	6.81	6.50	6.47
山　西	7.16	6.72	6.22	6.25	6.02	5.75	5.33	5.31	4.89	5.30	4.86	4.87
内蒙古	4.98	3.68	3.07	3.55	4.62	3.96	4.48	4.27	3.96	3.76	3.51	3.65
辽　宁	1.64	1.34	1.07	0.91	0.97	1.10	1.53	1.10	0.97	0.42	−0.34	−0.39
吉　林	3.38	3.19	1.61	1.76	2.57	2.67	2.50	1.61	1.95	2.03	1.02	0.36
黑龙江	2.99	2.54	2.03	1.82	2.67	2.39	2.49	2.23	2.06	2.32	1.07	1.27
上　海	−0.95	−0.54	−1.35	0.00	0.96	1.58	3.04	2.72	2.70	1.98	1.87	4.2
江　苏	2.41	2.18	2.01	2.25	2.21	2.28	2.30	2.30	2.56	2.85	2.61	2.45
浙　江	3.77	3.79	3.28	4.95	5.02	4.87	4.81	4.58	4.63	4.73	4.07	4.6
安　徽	6.61	6.03	5.95	6.12	6.20	6.30	6.35	6.45	6.47	6.75	6.32	6.86
福　建	6.04	5.78	5.85	5.96	5.98	6.25	6.00	6.30	6.20	6.11	6.21	7.01
江　西	9.38	8.72	8.09	7.62	7.83	7.79	7.87	7.91	7.89	7.66	7.50	7.32
山　东	4.88	4.55	4.78	6.01	5.83	5.50	5.00	5.09	5.62	5.39	5.10	4.95
河　南	6.94	6.03	5.64	5.20	5.25	5.32	4.94	4.97	4.99	4.95	4.94	5.16
湖　北	2.44	2.21	2.32	2.40	3.05	3.13	3.23	2.71	3.48	4.34	4.38	4.88
湖　南	5.08	4.86	4.95	5.09	5.15	5.19	5.25	5.40	6.11	6.40	6.55	6.57
广　东	8.83	8.21	8.35	8.01	7.02	7.29	7.30	7.25	7.26	6.97	6.10	6.95
广　西	7.73	7.00	7.29	7.20	8.16	8.34	8.20	8.70	8.53	8.65	7.67	7.89
海　南	9.47	9.48	9.16	8.98	8.93	8.86	8.91	8.99	8.96	8.98	8.97	8.85
重　庆	2.80	3.28	2.69	2.85	3.00	3.40	3.80	3.80	3.70	2.77	3.17	4
四　川	4.37	3.89	3.12	2.78	2.90	2.86	2.92	2.39	2.72	2.31	2.98	2.97
贵　州	11.33	10.75	9.04	8.73	7.38	7.26	6.68	6.72	6.96	7.41	6.38	6.31
云　南	10.94	10.60	9.80	9.00	7.97	6.90	6.86	6.32	6.08	6.54	6.35	6.22
西　藏	12.10	12.76	11.10	11.20	10.79	11.70	11.30	10.30	10.24	10.25	10.26	10.27
陕　西	4.16	4.12	4.29	4.26	4.01	4.04	4.05	4.08	4.00	3.72	3.69	3.88
甘　肃	7.15	6.71	6.12	5.91	6.02	6.24	6.49	6.54	6.61	6.03	6.05	6.06
青　海	12.62	11.70	10.85	9.87	9.49	8.97	8.80	8.35	8.32	8.63	8.31	8.24
宁　夏	11.71	11.56	10.95	11.18	10.98	10.69	9.76	9.69	9.68	9.04	8.97	8.93
新　疆	11.13	10.87	10.78	10.91	11.38	10.76	11.78	11.17	10.56	10.56	10.57	10.84

表 7　登记招聘人数

（人）

年份 地区	2000	2001	2002	2003	2004	2005	2006	2007	2008	2009	2010	2011	2012
北京	825 000	659 050	582 000	582 000	582 482	550 000	638 584	851 689	1 172 429	1 222 457	1 811 089	1 783 262	1 621 815
天津	346 121	392 000	431 000	431 000	431 200	550 000	470 000	490 000	503 000	456 000	126 9704	76 4657	825 277
河北	493 272	1 047 553	1 022 000	1 199 000	1 544 538	1 893 000	1 750 338	1 567 429	1 592 295	1 431 692	2 171 966	2 609 930	2 297 523
山西	174 306	173 056	134 000	210 000	209 941	333 000	579 389	684 600	533 715	497 462	1 223 766	1 143 524	1 136 376
内蒙古	193 785	205 058	303 000	389 000	524 866	642 000	773 610	771 187	699 797	738 945	963 659	956 092	860 058
辽宁	750 228	870 972	1 233 000	1 271 000	1 427 065	1 394 000	1 802 345	1 939 966	1 447 828	2 136 523	5 197 901	3 970 703	4 208 548
吉林	151 562	372 584	348 000	396 000	559 689	580 000	739 863	698 556	731 128	916 323	983 245	1 315 551	1 158 514
黑龙江	243 181	190 735	457 000	773 000	1 166 130	1 377 000	1 142 252	1 142 234	1 265 857	1 305 797	1 295 246	1 528 955	1 515 302
上海	231 425	1 245 226	1 326 000	1 326 000	1 325 771	1 602 000	1 491 300	1 563 100	1 541 303	1 686 661	1 682 496	1 569 117	1 589 998
江苏	726 092	975 258	1 586 000	1 194 000	2 600 293	2 589 000	3 293 349	4 131 597	4 455 757	5 315 832	5 801 115	8 617 899	7 307 003
浙江	2 060 979	2 540 517	2 945 000	3 353 000	5 254 342	5 097 000	6 915 269	7 492 422	7 394 207	7 778 480	5 872 109	6 257 409	4 601 260
安徽	239 267	355 427	498 000	936 000	1 156 913	1 173 000	1 221 495	1 359 801	1 569 731	1 959 489	2 470 030	2 604 445	2 377 935
福建	613 770	722 986	1 113 000	1 113 000	1 112 666	2 807 000	3 015 375	2 889 419	3 315 106	3 121 718	4 074 660	3 969 144	4 061 271
江西	327 477	407 533	601 000	558 000	1 156 024	1 604 000	1 550 376	1 577 634	1 725 782	1 816 231	1 791 722	1 704 337	1 749 294
山东	813 454	1 013 441	1 270 000	2 127 000	2 770 329	2 926 000	3 297 990	3 345 560	3 332 623	3 581 204	3 490 948	4 735 823	4 073 346
河南	569 874	601 255	607 000	1 071 000	1 132 536	1 133 000	1 132 536	1 132 536	1 132 536	1 156 390	1 333 152	1 021 190	2 647 812
湖北	705 375	781 289	993 000	1 087 000	1 239 640	1 465 000	1 600 368	1 794 829	1 604 318	1 961 537	2 364 222	2 409 017	2 455 250

续表

年份 地区	2000	2001	2002	2003	2004	2005	2006	2007	2008	2009	2010	2011	2012
湖南	627 267	561 073	643 000	596 000	775 580	913 000	971 165	874 442	846 215	864 365	2 369 319	2 392 793	2 915 336
广东	2 151 196	2 264 219	2 959 000	5 055 000	6 047 186	5 836 000	9 906 496	12 301 819	12 319 538	13 483 865	8 951 958	8 927 992	13 339 559
广西	282 800	397 229	419 000	464 000	822 359	940 000	1 323 986	1 336 730	1 336 037	1 492 024	2 884 074	3 283 531	3 085 920
海南	104 871	56 587	50 000	50 000	49 967	183 000	224 734	209 319	226 033	213 893	549 580	679 545	600 625
重庆	224 561	252 631	273 000	304 000	303 734	328 000	459 868	596 275	672 864	834 654	810 778	1 104 566	1 032 762
四川	630 136	736 822	880 000	1 011 000	1 024 357	1 251 000	1 540 673	1 630 669	1 662 824	1 830 243	1 894 053	1 813 938	1 879 709
贵州	118 896	142 045	166 000	179 000	243 654	259 000	267 312	349 284	329 444	445 748	645 435	1 332 609	1 361 539
云南	244 913	349 247	303 000	389 000	484 476	702 000	741 318	656 619	609 463	670 308	722 269	869 434	640 958
西藏	70	1 203	3 000	6 000	17 683	22 000	35 809	30 455	28 036	25 414	28 259	23 925	25 981
陕西	404 956	446 089	447 000	533 000	646 296	891 000	1 117 760	1 091 139	1 306 397	1 300 523	2 552 466	1 561 307	1 344 263
甘肃	232 334	309 316	241 000	149 000	198 796	313 000	335 026	390 911	383 116	392 248	498 785	494 192	514 034
青海	243 067	352 189	268 000	355 000	377 939	428 000	448 727	490 016	482 595	557 072	595 252	509 246	566 013
宁夏	53 674	67 254	106 000	179 000	190 409	239 000	248 567	401 661	386 245	512 180	534 626	364 696	337 009
新疆	310 280	277 804	294 000	287 000	275 288	370 000	476 219	614 193	463 955	751 803	578 940	747 868	828 277

表 8　登记求职人数

（人）

年份 地区	2000	2001	2002	2003	2004	2005	2006	2007	2008	2009	2010	2011	2012
北　京	80 0000	860 000	878 000	878 000	877 890	520 000	522 259	466 856	408 197	402 830	335 296	274 230	568 511
天　津	1 415 442	1 140 000	1 254 000	1 254 000	1 254 000	765 000	648 000	660 000	705 000	633 000	1 530 230	947 840	988 013
河　北	666 295	1 325 455	1 092 000	1 267 000	1 604 100	1 943 000	1 899 799	1 672 612	1 557 509	1 404 796	1 618 187	1 907 907	1 814 001
山　西	212 838	186 962	168 000	294 000	294 303	352 000	608 888	716 534	530 960	482 879	1 466 054	1 085 112	1 304 816
内蒙古	257 706	299 356	312 000	563 000	588 074	608 000	829 738	806 759	741 530	735 274	906 762	927 652	756 806
辽　宁	1 173 113	1 409 413	1 625 000	1 534 000	1 773 663	1 712 000	1 871 184	1 956 966	1 332 797	2 192 477	4 406 652	2 644 242	2 189 781
吉　林	206 498	439 414	396 000	469 000	652 942	637 000	885 336	882 973	918 345	964 331	981 360	1 030 700	888 454
黑龙江	466 460	328 242	914 000	935 000	1 370 046	1 478 000	1 317 076	1 184 384	1 335 422	1 380 614	1 459 037	1 583 301	1 635 787
上　海	202 386	905 955	1 106 000	1 106 000	1 106 059	1 357 000	1 683 600	1 618 700	5 226 762	5 478 401	1 810 600	1 628 770	1 459 451
江　苏	851 301	1 043 624	1 644 000	1 792 000	2 553 715	2 644 000	3 197 075	4 164 451	4 962 727	5 525 029	5 027 504	7 290 663	6 792 138
浙　江	2 366 130	2 929 949	3 438 000	3 056 000	3 910 356	3 770 000	4 969 587	4 596 962	5 876 872	4 910 104	2 991 497	2 755 162	2 694 236
安　徽	551 212	467 923	582 000	1 162 000	1 269 819	1 324 000	1 274 679	1 305 304	1 379 555	1 519 926	1 667 088	1 621 128	1 737 780
福　建	767 551	904 672	1 194 000	1 194 000	1 193 964	2 157 000	2 112 122	2 222 630	2 510 676	2 695 673	3 075 004	2 735 453	2 790 036
江　西	468 305	589 337	705 000	614 000	1 374 762	1 823 000	1 581 784	1 448 890	1 846 380	1 929 917	1 162 481	1 188 840	1 600 013
山　东	1 039 103	1 189 644	1 419 000	2 277 000	2 781 331	2 805 000	3 079 782	3 046 311	2 712 838	2 951 400	2 363 231	3 358 892	3 185 307
河　南	1 161 360	1 202 146	813 000	1 322 000	1 368 127	1 368 000	1 368 127	1 368 127	1 368 127	1 404 538	1 176 372	1 324 196	2 027 476
湖　北	813 776	901 392	1 180 000	1 162 000	1 218 920	1 331 000	1 638 518	1 617 916	1 542 966	1 822 957	1 905 709	1 772 259	1 871 553

续表

年份\地区	2000	2001	2002	2003	2004	2005	2006	2007	2008	2009	2010	2011	2012
湖南	811 768	870 256	882 000	903 000	1 056 264	1 379 000	1 499 047	1 516 328	1 323 460	1 203 840	1 886 895	1 965 820	2 301 372
广东	2 249 179	3 201 598	3 007 000	4383 000	4 648 299	7 224 000	8 389 827	9 179 142	10 235 506	11 226 180	7 306 739	6 516 525	11 860 390
广西	410 337	638 998	504 000	687 000	802 479	955 000	1 031 069	1 226 129	1 458 582	1 399 853	1 686 118	1 482 168	1 566 623
海南	212 400	111 953	138 000	138 000	137 646	175 000	355 242	362 630	296 799	319 107	385 974	414 667	390 258
重庆	275 267	282 187	305 000	324 000	323 736	343 000	462 582	593 153	629 784	830 534	799 548	897 848	881 938
四川	711 456	758 818	909 000	981 000	912 958	1 085 000	1 407 031	1 720 498	1 555 995	1 753 289	1 379 583	1 273 189	1 273 320
贵州	137 762	156 795	197 000	199 000	213 496	195 000	251 588	327 520	310 755	348 800	530 519	621 019	578 324
云南	248 416	408 178	362 000	450 000	492 332	830 000	760 768	668 183	671 005	620 418	617 713	490 900	485 829
西藏	508	557	9 000	10 000	17 709	21 000	31 212	34 897	31 819	31 501	39 933	32 247	26 814
陕西	466 056	699 157	719 000	634 000	848 663	1 053 000	1 304 501	1 312 857	1 542 908	1 313 385	2 807 764	1 457 261	1 344 919
甘肃	281 505	336 128	290 000	178 000	189 672	287 000	421 124	461 293	504 181	472 252	417 784	417 261	421 552
青海	256 130	385 602	294 000	368 000	393 996	452 000	515 840	493 966	490 220	513 684	551 486	548 327	645 716
宁夏	105 102	143 881	220 000	110 000	211 612	327 000	346 395	502844	466 290	565 888	954 891	430 263	436 000
新疆	331 328	277 310	285 000	357 000	387 060	369 000	1 095 185	1 249 741	845 699	1 024 109	510 852	542 686	606 759

表 9 各地区职业介绍机构本年登记招聘人数与求职人数(2012/2000 年)

地区	登记招聘人数变化				登记求职人数变化			
	人数变化(人)	排名	增长比例(%)	排名	人数变化(人)	排名	增长比例(%)	排名
北 京	796 815	22	0.966	31	−231 489	30	−0.289	30
天 津	479 156	26	1.384	27	−427 429	31	−0.302	31
河 北	1 804 251	11	3.658	17	1 147 706	10	1.723	19
山 西	962 070	19	5.519	9	1 091 978	12	5.131	4
内蒙古	666 273	23	3.438	21	499 100	20	1.937	16
辽 宁	3 458 320	3	4.610	14	1 016 668	14	0.867	23
吉 林	1 006 952	18	6.644	6	681 956	17	3.302	6
黑龙江	1 272 121	15	5.231	11	1 169 327	8	2.507	11
上 海	1 358 573	14	5.870	7	1 257 065	6	6.211	3
江 苏	6 580 911	2	9.063	4	5 940 837	2	6.979	2
浙 江	2 540 281	7	1.233	29	328 106	24	0.139	29
安 徽	2 138 668	9	8.938	5	1 186 568	7	2.153	14
福 建	3 447 501	4	5.617	8	2 022 485	4	2.635	10
江 西	1 421 817	13	4.342	15	1 131 708	11	2.417	12
山 东	3 259 892	5	4.007	16	2 146 204	3	2.065	15
河 南	2 077 938	10	3.646	19	866 116	16	0.746	27
湖 北	1 749 875	12	2.481	22	1 057 777	13	1.300	21
湖 南	2 288 069	8	3.648	18	1 489 604	5	1.835	18
广 东	11 188 363	1	5.201	12	9 611 211	1	4.273	5
广 西	28 03 120	6	9.912	3	1 156 286	9	2.818	9
海 南	495 754	25	4.727	13	177 858	27	0.837	24
重 庆	808 201	21	3.599	20	606 671	18	2.204	13
四 川	1 249 573	16	1.983	24	561 864	19	0.790	26
贵 州	1 242 643	17	10.452	2	440 562	21	3.198	7
云 南	396 045	27	1.617	26	237 413	26	0.956	22
西 藏	25 911	31	370.157	1	26 306	29	51.783	1
陕 西	939 307	20	2.320	23	878 863	15	1.886	17
甘 肃	281 700	30	1.212	30	140 047	28	0.497	28
青 海	322 946	28	1.329	28	389 586	22	1.521	20
宁 夏	283 335	29	5.279	10	330 898	23	3.148	8
新 疆	517 997	24	1.669	25	275 431	25	0.831	25

表 10　分地区城镇登记失业人员数（年末数）

（人）

年份 地区	2000	2001	2002	2003	2004	2005	2006	2007	2008	2009	2010	2011 （万人）	2012 （万人）
北　京	33 000	52 000	60 000	69 579	65 000	106 000	104 000	106 275	103 000	81 550	77 255	8.1	8.1
天　津	105 000	114 000	129 000	120 264	118 000	117 000	117 000	149 942	130 000	149 966	160 983	20.1	20.4
河　北	174 000	195 000	222 000	256 917	280 000	278 000	287 000	292 987	322 000	345 006	351 365	36.0	36.8
山　西	97 000	122 000	145 000	130 514	137 000	143 000	156 000	161 049	175 000	216 466	203 868	21.1	21.0
内蒙古	126 000	145 000	163 000	175 889	185 000	177 000	180 000	184 572	199 000	201 428	208 110	21.8	23.1
辽　宁	412 000	555 000	756 000	720 049	701 000	604 000	541 000	445 249	417 000	416 188	389 317	39.4	38.1
吉　林	230 000	202 000	238 000	284 324	282 000	276 000	263 000	239 353	243 000	234 456	226 500	22.2	22.3
黑龙江	253 000	355 000	416 000	349 782	329 000	313 000	312 000	314 747	321 000	314 101	362 397	35.0	41.3
上　海	201 000	257 000	288 000	301 134	274 000	275 000	278 000	266 997	266 000	278 663	277 301	27.0	26.7
江　苏	304 000	361 000	422 000	418 448	429 000	416 000	404 000	392 631	411 000	407 443	406 482	41.4	40.5
浙　江	218 000	240 000	277 000	282 740	301 000	290 000	291 000	286 025	307 000	306 849	311 342	31.7	33.4
安　徽	165 000	199 000	226 000	251 477	261 000	278 000	282 000	271 738	293 000	300 765	268 631	33.1	31.3
福　建	91 000	132 000	150 000	146 218	145 000	149 000	151 000	148 521	150 000	151 902	144 929	14.6	14.5
江　西	167 000	173 000	178 000	216 198	224 000	228 000	253 000	243 446	260 000	272 984	262 577	24.6	25.7
山　东	375 000	354 000	397 000	412 792	423 000	429 000	437 000	434 729	607 000	451 237	595 139	45.0	43.4
河　南	214 000	231 000	254 000	263 070	312 000	330 000	354 000	330 714	365 000	384 594	381 571	38.4	38.3
湖　北	366 000	422 000	447 000	493 498	494 000	526 000	526 000	541 027	551 000	552 538	556 542	55.1	42.3

续表

年份 地区	2000	2001	2002	2003	2004	2005	2006	2007	2008	2009	2010	2011 （万人）	2012 （万人）
湖南	276 000	303 000	304 000	371 322	430 000	419 000	433 000	443 797	470 000	478 062	432 172	43.1	44.1
广东	302 000	345 000	365 000	354 611	359 000	345 000	362 000	362 227	381 000	395 093	393 029	38.8	39.6
广西	113 000	142 000	147 000	148 581	178 000	185 000	200 000	184 710	188 000	191 139	190 707	18.8	18.9
海南	37 000	38 000	40 000	36 452	47 000	51 000	52 000	54 098	56 000	52 971	47 738	2.9	3.6
重庆	101 000	137 000	162 000	161 583	168 000	169 000	154 000	141 256	130 000	134 412	130 166	13.0	12.4
四川	308 000	319 000	338 000	330 984	333 000	343 000	361 000	345 310	379 000	362 808	345 550	36.9	40.7
贵州	102 000	111 000	111 000	111 784	116 000	121 000	121 000	121 329	125 000	123 378	121 798	12.5	12.6
云南	68 000	80 000	98 000	121 156	119 000	130 000	138 000	140 226	148 000	153 987	156 899	16.0	17.4
西藏	10 000	0	13 000	0	12 000	0	0	0	0	20 158	20 789	1.0	1.6
陕西	114 000	140 000	135 000	139 490	185 000	215 000	215 000	209 546	208 000	214 757	214 206	20.9	19.5
甘肃	74 000	74 000	87 000	93 095	95 000	93 000	97 000	95 101	94 000	102 826	107 224	10.8	9.8
青海	18 000	24 000	29 000	30 743	35 000	36 000	37 000	37 248	39 000	40 646	42 424	4.4	4.1
宁夏	38 000	37 000	35 000	37 543	41 000	44 000	42 000	44 162	48 000	47 990	47 551	5.2	4.6
新疆	110 000	97 000	99 000	99 000	133 000	111 000	116 000	116 959	118 000	118 586	109 874	11.1	11.8

表 11　分地区城镇登记失业率(年末数)　　　　　　　　　　(％)

地区＼年份	2000	2001	2002	2003	2004	2005	2006	2007	2008	2009	2010	2011	2012
北　京	0.80	1.20	1.40	1.40	1.30	2.10	2.00	1.84	1.82	1.44	1.37	1.4	1.3
天　津	3.20	3.60	3.90	3.80	3.80	3.70	3.60	3.59	3.60	3.60	3.60	3.6	3.6
河　北	2.80	3.20	3.60	3.90	4.00	3.90	3.80	3.83	3.96	3.93	3.86	3.8	3.7
山　西	2.20	2.60	3.40	3.00	3.10	3.00	3.20	3.24	3.29	3.86	3.58	3.5	3.3
内蒙古	3.30	3.70	4.10	4.50	4.60	4.30	4.10	3.99	4.10	3.97	3.90	3.8	3.7
辽　宁	3.70	3.20	6.50	6.50	6.50	5.60	5.10	4.28	3.90	3.87	3.63	3.7	3.6
吉　林	3.70	3.10	3.60	4.30	4.20	4.20	4.20	3.92	3.98	3.95	3.80	3.7	3.7
黑龙江	3.30	4.70	4.90	4.20	4.50	4.40	4.30	4.26	4.23	4.27	4.27	4.1	4.2
上　海	3.50		4.80	4.90	4.50		4.40	4.22	4.20	4.26	4.35	3.5	3.1
江　苏	3.20	3.60	4.20	4.10	3.80	3.60	3.40	3.17	3.25	3.22	3.16	3.2	3.1
浙　江	3.50	3.70	4.20	4.20	4.10	3.70	3.50	3.27	3.49	3.26	3.20	3.1	3
安　徽	3.30	3.70	4.00	4.10	4.20	4.40	4.20	4.06	3.92	3.92	3.66	3.7	3.7
福　建	2.60	3.80	4.20	4.10	4.00	4.00	3.90	3.89	3.86	3.90	3.77	3.7	3.6
江　西	2.90	3.30	3.40	3.60	3.60	3.50	3.60	3.37	3.42	3.44	3.31	3.0	3
山　东	3.20	3.30	3.60	3.60	3.40	3.30	3.30	3.21	3.70	3.40	3.36	3.4	3.3
河　南	2.60	2.80	2.90	3.10	3.40	3.50	3.50	3.41	3.40	3.50	3.38	3.4	3.1
湖　北	3.50	4.00	4.30	4.30	4.20	4.30	4.20	4.21	4.20	4.21	4.18	4.1	3.8
湖　南	3.70	4.00	4.00	4.50	4.40	4.30	4.30	4.25	4.20	4.14	4.16	4.2	4.2
广　东	2.50	2.90	3.10	2.90	2.70	2.60	2.60	2.51	2.56	2.60	2.52	2.5	2.5
广　西	3.20	3.50	3.70	3.60	4.10	4.20	4.10	3.79	3.75	3.74	3.66	3.5	3.4
海　南	3.20	3.40	3.10	3.40	3.40	3.60	3.60	3.49	3.72	3.48	3.00	1.7	2
重　庆	3.50	3.90	4.10	4.10	4.10	4.10	4.00	3.98	3.96	3.96	3.90	3.5	3.3
四　川	4.00	4.30	4.50	4.40	4.40	4.60	4.50	4.24	4.57	4.34	4.14	4.2	4
贵　州	3.80	4.00	4.10	4.00	4.10	4.20	4.10	3.97	3.98	3.81	3.64	3.6	3.3
云　南	2.60	3.30	4.00	4.10	4.30	4.20	4.30	4.18	4.21	4.26	4.21	4.1	4
西　藏	4.10		4.90		4.00					3.80	3.99	3.2	2.6
陕　西	2.70	3.20	3.30	3.50	3.80	4.20	4.00	4.02	3.91	3.94	3.85	3.6	3.2
甘　肃	2.70	2.80	3.20	3.40	3.40	3.30	3.60	3.34	3.23	3.25	3.21	3.1	2.7
青　海	2.40	3.50	3.60	3.80	3.90	3.90	3.90	3.75	3.80	3.80	3.80	3.8	3.4
宁　夏	4.60	4.40	4.40	4.40	4.50	4.50	4.30	4.28	4.35	4.40	4.35	4.4	4.2
新　疆	3.80	3.70	3.70	3.50	3.50	3.90	3.90	3.88	3.70	3.84	3.23	3.2	3.4

表 12　各地区登记失业率排名

地　区	分地区城镇登记失业率（%）		分地区城镇登记失业率排名		排名变化
	2000 年	2011 年	2000 年	2011 年	
北　京	0.80	1.3	31	31	0
天　津	3.20	3.6	16	11	−5
河　北	2.80	3.7	22	7	−15
山　西	2.20	3.3	30	17	−13
内蒙古	3.30	3.7	13	8	−5
辽　宁	3.70	3.6	6	12	6
吉　林	3.70	3.7	7	9	2
黑龙江	3.30	4.2	14	1	−13
上　海	3.50	3.1	9	22	13
江　苏	3.20	3.1	17	23	6
浙　江	3.50	3	10	25	15
安　徽	3.30	3.7	15	10	−5
福　建	2.60	3.6	25	13	−12
江　西	2.90	3	21	26	5
山　东	3.20	3.3	18	18	0
河　南	2.60	3.1	26	24	−2
湖　北	3.50	3.8	11	6	−5
湖　南	3.70	4.2	8	2	−6
广　东	2.50	2.5	28	29	1
广　西	3.20	3.4	19	14	−5
海　南	3.20	2	20	30	10
重　庆	3.50	3.3	12	19	7
四　川	4.00	4	3	4	1
贵　州	3.80	3.3	4	20	16
云　南	2.60	4	27	5	−22
西　藏	4.10	2.6	2	28	26
陕　西	2.70	3.2	23	21	−2
甘　肃	2.70	2.7	24	27	3
青　海	2.40	3.4	29	15	−14
宁　夏	4.60	4.2	1	3	2
新　疆	3.80	3.4	5	16	11

表 13 各地区历年大专以上从业人员占就业总人数比例

（%）

地区\年份	1997	1998	1999	2001	2002	2003	2004	2005	2006	2007	2008	2009	2010	2011	2012
北 京	18	19.4	23	18.6	23.1	26.2	28.57	30.87	35.70	34.31	32.80	35.98	38.98	50.26	53.6
天 津	10.3	7.5	11.1	10.8	13.7	13.5	18.17	14.84	17.26	17.37	16.94	17.99	21.52	26.74	27.8
河 北	2.8	3.7	3.9	3.4	6.2	8.6	7.26	5.51	4.32	4.4	5.04	5.7	7.68	11.13	11.9
山 西	4.6	3.4	5.1	6.7	6.8	7.6	6.98	7.98	8.09	7.94	7.18	7.88	10.81	12.92	15.4
内蒙古	4.8	5.3	5.1	6.9	7.4	7.3	8.69	10.27	7.42	7.85	7.82	8.15	12.41	16.55	17.0
辽 宁	7.6	5.8	7	6.2	6.6	10.9	9.14	9.84	9.64	9.7	11.72	12.23	13.57	13.56	13.5
吉 林	6.1	6.1	5.9	6.9	8	7.7	7.92	8.20	6.46	7.46	7.63	8.55	10.64	12.36	13.5
黑龙江	6.6	5.3	4.9	6.4	6.4	6.3	5.69	8.57	7.31	7.49	6.47	7.11	10.26	9.49	9.4
上 海	11.6	12.9	15.1	17.1	16.2	20.3	24.36	21.90	28.39	27.68	29.20	31.32	28.31	32.13	33.7
江 苏	2.6	3.9	5	5.6	4.6	6.2	5.81	7.70	8.15	6.66	6.63	7.27	11.95	13.68	15.4
浙 江	3.2	3.6	3	3.8	7.9	8.2	10.45	6.47	8.74	8.03	8.90	10.38	11.56	15.92	17.6
安 徽	2.3	2.3	2	4.4	3	5.3	5.78	4.89	3.69	3.42	4.06	3.89	7.53	8.65	9.7
福 建	3.8	2.9	3.2	6.4	6.1	6.2	7.15	6.83	6.36	7.26	7.41	12.03	9.97	15.69	16.3
江 西	2.4	2.2	3.3	6.2	3.9	9.3	6.15	5.45	5.86	8.84	6.91	7.43	7.17	8.02	9.0
山 东	2.1	2	2.2	6.2	7.4	7.2	7.08	5.04	5.23	5.17	5.61	5.94	8.86	13.94	14.6
河 南	1.9	2.6	2.3	5.3	5.6	3.9	5.85	5.06	4.35	4.05	4.47	4.96	6.82	8.59	9.0
湖 北	4.6	3.8	4	5.8	4.9	5.5	5.88	5.97	7.57	6.82	7.05	7.87	9.20	14.09	13.8

续表

年份／地区	1997	1998	1999	2001	2002	2003	2004	2005	2006	2007	2008	2009	2010	2011	2012
湖南	2.4	2.4	3.4	4.9	5.4	5.9	6.65	5.53	5.51	5.55	5.61	5.68	7.89	14.76	14.3
广东	5.1	5.1	5	5.4	7.1	7.5	7.35	7.55	7.28	8.02	8.75	7.72	10.73	12.52	12.2
广西	1.2	1.2	0.9	3.6	3.8	5.6	6.53	5.10	5.25	4.24	3.72	4.45	7.36	7.96	9.0
海南	3.2	4.1	5.1	5.4	5.2	8.2	7.13	6.99	5.98	5.27	6.07	6.14	9.04	11.42	13.3
重庆	2.3	1.4	2.7	3.8	3.8	3.7	4.37	5.52	5.08	4.12	3.93	5.46	10.38	11.36	12.3
四川	2.5	2.6	2.2	5.5	4.7	4.6	4.25	4.21	3.72	4.07	3.31	5.46	7.01	8.84	9.6
贵州	2.8	2.2	2.7	4.6	4.5	7.2	5.95	4.55	3.37	4.12	4.50	3.62	7.08	8.39	8.2
云南	1.6	1.2	1.4	2.5	2.7	2	4.64	3.88	3.64	3.53	3.01	3.24	6.49	8.75	8.4
西藏	0.5	0.2		0.2	0.4	0.6	0.7	0.87	0.49	0.3	0.34	0.3	7.10	18.51	6.6
陕西	3.8	3.2	4.2	5.9	5.1	8.1	10.04	7.64	7.49	8.13	8.91	8.42	10.49	16.04	17.0
甘肃	2.1	2.4	3.2	4.6	3.8	5.9	7.38	5.76	3.58	3.97	5.17	5.04	8.12	11.49	12.1
青海	2.7	4.2	5.3	3.7	4.2	7.1	6.11	10.05	7.98	9.17	9.26	10.2	11.51	16.69	16.5
宁夏	4.4	2.9	4.4	7.2	7.8	7.7	10.27	9.86	8.84	9.26	9.32	9.3	12.74	14.96	14.3
新疆	7.8	8.2	10.5	10.8	14	13.6	13.55	12.29	11.18	10.6	11.26	11.29	13.86	15.95	18.0

表 14　各地区大专及以上受教育程度人口　　　　　　（人）

地　区	1990 年	2000 年	2010 年	2012 年
东部平均	2 689	5 682	12 446	4 860
北　京	9 301	16 843	31 499	6 143
天　津	4 668	9 007	17 480.2	2 553
河　北	955	2 698	7 296.04	3 232
辽　宁	2 596	6 181.68	11 965	6 519
上　海	6 534	10 940	21 951.6	4 392
江　苏	1 474	3 917.02	10 814.7	8 373
浙　江	1 170	3 189	9 330	6 473
福　建	1 227	2 967	8 361	2 262
山　东	975	3 331.09	8 694.45	7 367
广　东	1 338	3 560	8 214	8 027
广　西	791	2 389	5 977	2 281
海　南	1 244	3 167	7 768	694
中部平均	1 398	3 480	8 328	3 527
山　西	1 384	3 423	8 721	2 707
内蒙古	1 475	3 803	10 207.7	2 364
吉　林	2 154	4 926	9 890	1 955
黑龙江	2 139	4 797	9 067	3 093
安　徽	883	2 297	6 697	4 721
江　西	991	2 576.05	6 847.41	2 846
河　南	848	2 674	6 398	4 798
湖　北	1 566	3 898	9 532.77	5 514
湖　南	1 138	2 927	7 594.87	3 749
西部平均	1 187	2 938	7 837	2 093
重　庆	1 070	2 802	8 642.56	2 299
四　川	925	2 470	6 675.41	6 258
贵　州	777	1 902	5 291.99	1 749
云　南	807	2 013.24	5 778	2 438
西　藏	574	1 262	5 507.09	99
陕　西	1 672	4 137.92	10 556.1	3 150
甘　肃	1 104	2 665	7 519.96	1 790
青　海	1 490	3 298.79	8 615.92	423
宁　夏	1 609	3 690	9 152	452
新　疆	1 845	5 141	10 635	2 272

注：1990 年、2000 年、2010 年为每十万人；2012 年为全国人口变动情况抽样调查样本数据，抽样比为 0.831‰。

表 15 　按年龄分全国就业人员大专及以上受教育程度者占比 （％）

年份＼年龄（岁）	16～19	20～24	25～29	30～34	35～39	40～44	45～49	50～54	55～59	60～64	65＋	总计
2002	0.5	6.2	9.5	8.2	7.1	5.9	4.8	3.6	3.2	1.4	0.8	6
2003	6.8	0.4	7.3	11.1	9.5	8.0	7.4	5.5	3.9	3.1	1.1	0.7
2004	0.5	8.13	12.38	10.16	7.91	7.92	5.49	4.15	3.34	1.02	0.61	7.23
2005	0.5	8.4	12.9	10.2	7.6	7.2	5.1	3.7	2.5	0.8	0.6	6.8
2006	0.6	8.8	13.3	10.5	7.9	6.8	5.0	3.7	2.2	1.0	0.7	6.6
2007	0.7	8.4	13.8	11.0	8.1	6.6	5.3	3.7	2.1	0.7	0.4	6.6
2008	1.0	9.7	14.8	11.6	8.1	6.2	5.6	3.8	2.1	0.6	0.4	6.9
2009	1.1	9.2	15.2	12.3	9.2	7.0	6.5	4.6	2.9	0.7	0.6	7.3
2010	1.3	12.5	20.6	16.4	11.6	8.5	7.9	5.4	3.2	0.7	0.5	10.1
2011	2.6	18.8	25.9	21.0	14.8	10.4	8.8	6.6	3.7	0.9	0.5	12.9
2012	3.2	19.7	26.6	22.9	16.2	11.4	9.1	7.2	4.1	1.1	0.5	13.7

表 16 　全国就业训练中心结业与就业人数

年份	结业人数（人）	就业人数（人）	就业率（％）
2001	4 633 170	2 809 620	60.6
2002	5 034 090	3 181 555	63.2
2003	5 796 603	3 768 636	65.0
2004	7 155 655	4 662 924	65.2
2005	7 971 643	5 577 680	70.0
2006	8 896 578	6 488 160	72.9
2007	9 184 327	7 166 297	78.0
2008	8 632 205	7 044 980	81.6
2009	7 710 226	6 607 821	85.7
2010	7 257 643	5 995 558	82.6
2011	7 441 632	5 942 559	79.9
2012	7 558 849	6 925 624	91.6

表 17　全国职业技能鉴定劳动者数量　　　　　　　　　　（人）

年份	获得证书人数	初级	中级	高级	技师	高级技师
1996	2 146 895	727 215	1 094 809	271 346	51 262	2 263
1997	2 786 360	949 828	1 439 046	36 4024	30 506	2 956
1998	2 858 782	1 071 270	1 491 968	244 529	44 995	6 020
1999	2 924 206	1 280 322	1 356 103	249 480	35 165	3 136
2000	3 726 619	1 553 035	1 743 885	393 201	34 175	2 323
2001	4 570 081	1 756 881	2 236 967	523 010	49 689	3 534
2002	5 562 607	2 036 748	2 712 382	761 195	48 852	3 430
2003	5 839 222	2 124 504	2 870 097	768 890	69 501	6 230
2004	7 360 975	2 691 946	3 516 786	975 155	140 816	36 272
2005	7 857 292	2 732 405	3 756 905	1 133 278	195 577	39 127
2006	9 252 416	3 124 130	4 390 924	1 440 591	260 830	35 384
2007	9 956 079	3 687 419	4 518 674	1 429 235	274 176	46 575
2008	11 372 105	4 492 273	4 891 989	1 606 473	318 047	63 323
2009	12 320 051	5 251 357	5 134 383	1 516 357	336 623	81 331
2010	13 929 377	5 899 097	5 544 598	2 097 432	316 663	71 587
2011	14 820 504	6 533 022	5 464 700	2 464 290	286 769	71 723
2012	15 487 834	6 655 352	5 604 790	2 760 639	336 187	130 866

表18 按学历结构分大学毕业生数

（人）

学历\年份	2000	2001	2002	2003	2004	2005	2006	2007	2008	2009	2010	2011	2012
研究生	58 569	67 567	80 841	111 091	150 777	189 728	255 902	311 839	344 825	371 273	383 600	429 994	486 455
博 士	11 004	12 867	14 638	18 806	23 446	27 677	36 247	41 464	43 759	48 658	48 987	50 289	51 713
硕 士	47 565	54 700	66 203	92 285	127 331	162 051	219 655	270 375	301 066	322 615	334 613	379 705	434 742
普通本科专科生	949 767	1 036 323	1 337 309	1 877 492	2 391 152	3 067 956	3 774 708	4 477 907	5 119 498	5 311 023	5 754 245	6 081 565	6 247 338
本 科	495 624	567 839	655 763	929 598	1 196 290	1 465 786	1 726 674	1 995 944	2 256 783	2 455 359	2 590 535	2 796 229	3 038 473
专 科	454 143	468 484	681 546	947 894	1 194 862	1 602 170	2 048 034	2 481 963	2 862 715	2 855 664	3 163 710	3 285 336	3 208 865
成人本科、专科生	880 437	930 610	1 174 979	1 174 979	1 896 152	1 667 889	815 163	1 764 400	1 690 944	1 943 893	1 972 873	1 906 640	1 954 357
本 科	124 888	143 984	229 072	229 072	540 356	555 799	218 303	674 890	684 506	865 421	803 915	755 402	801 015
专 科	755 549	786 626	945 907	945 907	1 355 796	1 112 090	596 860	1 089 510	1 006 438	1 078 472	1 168 958	1 151 238	1 153 342
网络本科、专科生	0	0	4 292	11 633	393 715	759 627	885 117	828 225	901 522	983 521	1 105 529	1 299 253	1 360 870
本 科	0	0	1 224	6 332	211 728	392 310	436 707	377 161	403 824	405 549	422 543	460 149	477 949
专 科	0	0	3 068	5 301	181 987	367 317	448 410	451 064	497 698	577 972	682 986	839 104	882 921

表 19　各年龄段就业人员受教育程度　　　　　　　　　　　（％）

年龄（岁）	就业人员	未上过学	小学	初中	高中	大学专科	大学本科	研究生及以上
			2006 年					
合计	100.0	6.7	29.9	44.9	11.9	4.3	2.1	0.2
16～19	100.0	1.2	14.9	72.9	10.5	0.5	0.1	
20～24	100.0	1.2	11.8	62.6	15.5	6.0	2.7	0.1
25～29	100.0	1.6	14.5	54.7	15.9	8.2	4.6	0.5
30～34	100.0	2.1	20.8	53.6	13.1	6.7	3.4	0.4
35～39	100.0	2.7	26.3	52.1	11.0	4.8	2.8	0.3
40～44	100.0	3.4	25.8	49.6	14.4	4.3	2.2	0.3
45～49	100.0	6.4	32.6	37.8	18.2	3.5	1.4	0.2
50～54	100.0	10.6	46.3	30.3	9.1	2.6	0.9	0.1
55～59	100.0	15.2	56.9	21.4	4.2	1.7	0.6	
60～64	100.0	22.1	57.1	17.7	2.1	0.5	0.4	
65＋	100.0	37.1	51.9	8.9	1.4	0.3	0.3	
	就业人员	未上过学	小学	初中	高中	大学专科	大学本科	研究生及以上
			2007 年					
合计	100.0	6.0	28.3	46.9	12.2	4.3	2.1	0.2
16～19	100.0	1.1	12.2	73.9	12.0	0.6	0.2	
20～24	100.0	0.9	9.7	64.0	16.9	5.8	2.6	0.1
25～29	100.0	1.2	11.8	56.5	16.8	8.5	4.9	0.5
30～34	100.0	1.7	17.7	55.7	13.9	7.1	3.6	0.4
35～39	100.0	2.1	22.7	55.2	12.0	5.1	2.7	0.3
40～44	100.0	2.7	25.3	52.7	12.8	4.2	2.2	0.2
45～49	100.0	4.8	29.4	42.1	18.5	3.7	1.4	0.1
50～54	100.0	8.9	43.8	33.3	10.3	2.7	1.0	0.1
55～59	100.0	13.6	55.9	23.8	4.6	1.5	0.5	
60～64	100.0	20.1	58.7	18.3	2.2	0.5	0.3	
65＋	100.0	35.1	53.2	9.7	1.5	0.2	0.2	
	就业人员	未上过学	小学	初中	高中	大学专科	大学本科	研究生及以上
			2008 年					
合计	100.0	5.3	27.4	47.7	12.7	4.4	2.3	0.2
16～19	100.0	0.8	11.4	72.0	14.9	0.8	0.1	
20～24	100.0	0.8	9.1	61.5	19.0	6.7	3.0	0.1
25～29	100.0	0.9	10.6	56.2	17.5	8.8	5.4	0.6

年龄（岁）	就业人员	未上过学	小学	初中	高中	大学专科	大学本科	研究生及以上
				2008 年				
30～34	100.0	1.4	16.0	56.0	14.9	7.3	3.9	0.4
35～39	100.0	1.8	21.2	56.3	12.7	5.1	2.8	0.3
40～44	100.0	2.5	25.0	54.7	11.7	3.9	2.1	0.2
45～49	100.0	3.5	26.5	46.3	18.0	3.7	1.8	0.2
50～54	100.0	7.3	41.7	35.8	11.4	2.7	1.0	0.1
55～59	100.0	11.7	54.4	26.7	5.1	1.5	0.6	
60～64	100.0	18.6	59.9	18.6	2.2	0.4	0.2	
65＋	100.0	31.7	55.0	11.2	1.6	0.3	0.1	
	就业人员	未上过学	小学	初中	高中	大学专科	大学本科	研究生及以上
				2009 年				
合计	100.0	4.8	26.3	48.7	12.8	4.7	2.5	0.2
16～19	100.0	0.8	10.1	73.9	14.1	1.0	0.1	
20～24	100.0	0.8	8.0	62.9	19.2	6.4	2.7	0.1
25～29	100.0	0.9	9.4	57.1	17.3	8.8	5.9	0.5
30～34	100.0	1.3	14.6	56.4	15.4	7.5	4.3	0.5
35～39	100.0	1.6	20.0	56.3	12.8	5.7	3.2	0.3
40～44	100.0	2.2	25.0	54.6	11.1	4.3	2.5	0.2
45～49	100.0	3.1	25.6	48.0	16.8	4.1	2.1	0.3
50～54	100.0	6.6	39.0	37.2	12.5	3.3	1.2	0.1
55～59	100.0	10.7	51.7	28.9	5.8	2.0	0.8	0.1
60～64	100.0	16.3	60.5	20.3	2.2	0.4	0.3	0.1
65＋	100.0	29.0	56.3	12.5	1.6	0.3	0.2	0.0
	就业人员	未上过学	小学	初中	高中	大学专科	大学本科	研究生及以上
				2010 年				
合计	100.0	3.4	23.9	48.8	13.9	6	3.7	0.4
16～19	100.0	0.5	9.7	71.9	16.6	1.2	0.1	0
20～24	100.0	0.4	7.4	59	20.7	8.8	3.6	0.1
25～29	100.0	0.6	8.5	53.4	16.8	11	8.8	0.9
30～34	100.0	0.9	13.1	53.4	13.4	9.1	6.5	0.9
35～39	100.0	1.3	18.7	55	13.4	6.8	4.3	0.5
40～44	100.0	1.8	24.3	53.8	11.6	4.9	3.2	0.3
45～49	100.0	2.4	24.8	49.1	15.8	4.8	2.8	0.3

年龄（岁）				2010 年				
	就业人员	未上过学	小学	初中	高中	大学专科	大学本科	研究生及以上
50～54	100.0	5.1	36.1	38.2	15.2	3.6	1.6	0.2
55～59	100.0	8.7	50.7	30.4	7	2.2	0.9	0.1
60～64	100.0	13.8	62	20.9	2.6	0.5	0.2	0
65＋	100.0	24.6	58.9	14.1	1.8	0.3	0.2	0
				2011 年				
	就业人员	未上过学	小学	初中	高中	大学专科	大学本科	研究生及以上
合计	100.0	2.0	19.6	48.7	16.7	7.6	4.9	0.4
16～19	100.0	0.3	7.8	67.5	21.8	2.3	0.3	
20～24	100.0	0.3	4.7	50.6	25.7	13.0	5.7	0.1
25～29	100.0	0.2	5.4	48.2	20.3	13.9	11.1	0.9
30～34	100.0	0.4	8.5	50.2	19.8	11.2	8.8	1.1
35～39	100.0	0.6	12.5	55.4	16.8	8.6	5.6	0.6
40～44	100.0	0.8	18.0	56.0	14.9	6.0	4.0	0.4
45～49	100.0	1.1	19.7	53.2	17.1	5.3	3.2	0.3
50～54	100.0	2.3	29.4	43.3	18.4	4.5	2.0	0.1
55～59	100.0	4.8	46.3	37.0	8.3	2.6	1.0	0.1
60～64	100.0	8.6	60.3	26.8	3.4	0.6	0.3	0.0
65＋	100.0	17.2	64.3	16.3	1.7	0.3	0.2	0.0
				2012 年				
	就业人员	未上过学	小学	初中	高中	大学专科	大学本科	研究生及以上
合计	100.0	2.0	19.0	48.3	17.1	8.0	5.2	0.5
16～19	100.0	0.4	5.8	67.5	23.2	2.9	0.3	
20～24	100.0	0.2	3.9	49.9	26.2	13.6	6.0	0.1
25～29	100.0	0.2	5.0	47.1	21.2	14.5	11.2	0.9
30～34	100.0	0.4	7.1	48.8	20.7	11.8	9.8	1.4
35～39	100.0	0.5	10.8	54.1	18.3	9.5	6.1	0.7
40～44	100.0	0.8	16.0	56.5	15.2	6.7	4.3	0.4
45～49	100.0	1.1	19.7	54.0	16.1	5.6	3.2	0.3
50～54	100.0	2.1	26.2	45.4	19.2	4.7	2.3	0.2
55～59	100.0	4.9	43.2	38.3	9.5	2.9	1.1	0.1
60～64	100.0	7.2	59.0	28.8	3.9	0.7	0.4	0.0
65＋	100.0	16.2	64.0	17.2	2.1	0.3	0.2	0.0

表 20 各年龄段就业人员受教育程度增长比例(2012/2006) （%）

年龄(岁)	未上过学	小学	初中	高中	大学专科	大学本科	研究生及以上
合计	−4.7	−10.9	3.4	5.2	3.7	3.1	0.3
16～19	−0.8	−9.1	−5.4	12.7	2.4	0.2	0
20～24	−1	−7.9	−12.7	10.7	7.6	3.3	0
25～29	−1.4	−9.5	−7.6	5.3	6.3	6.6	0.4
30～34	−1.7	−13.7	−4.8	7.6	5.1	6.4	1
35～39	−2.2	−15.5	2	7.3	4.7	3.3	0.4
40～44	−2.6	−9.8	6.9	0.8	2.4	2.1	0.1
45～49	−5.3	−12.9	16.2	−2.1	2.1	1.8	0.1
50～54	−8.5	−20.1	15.1	10.1	2.1	1.4	0.1
55～59	−10.3	−13.7	16.9	5.3	1.2	0.5	0.1
60～64	−14.9	1.9	11.1	1.8	0.2	0	0
65＋	−20.9	12.1	8.3	0.7	0	−0.1	0

表 21 男性各年龄段就业人员受教育程度 （%）

| 年龄(岁) | 2006 年 | | | | | | | |
	就业人员	未上过学	小学	初中	高中	大学专科	大学本科	研究生及以上
合计	100.0	3.8	26.7	48.6	13.8	4.5	2.4	0.3
16～19	100.0	0.8	14.4	74.2	10.1	0.5	0.1	
20～24	100.0	0.9	10.7	64.8	16.4	5.1	2.6	0.1
25～29	100.0	1.0	12.3	56.5	17.3	7.7	4.6	0.5
30～34	100.0	1.1	16.7	55.9	14.9	7.0	3.7	0.5
35～39	100.0	1.4	20.6	56.1	13.0	5.1	3.3	0.4
40～44	100.0	1.4	18.6	54.3	17.3	5.1	2.9	0.5
45～49	100.0	2.7	24.6	44.1	22.5	4.2	1.7	0.2
50～54	100.0	4.5	39.2	38.9	12.6	3.5	1.2	0.1
55～59	100.0	7.1	53.7	29.4	6.3	2.6	0.8	0.1
60～64	100.0	11.7	59.0	24.6	3.1	0.7	0.6	0.1
65＋	100.0	24.5	60.4	12.2	2.0	0.4	0.4	
	2007 年							
	就业人员	未上过学	小学	初中	高中	大学专科	大学本科	研究生及以上
合计	100.0	3.4	25.0	50.2	14.3	4.6	2.3	0.2
16～19	100.0	0.9	11.2	74.5	12.6	0.7	0.1	
20～24	100.0	0.6	8.7	64.8	18.5	5.0	2.3	0.1

续表

年龄（岁）	就业人员	未上过学	小学	初中	高中	大学专科	大学本科	研究生及以上
				2007 年				
25～29	100.0	0.8	9.9	57.7	18.5	7.9	4.8	0.5
30～34	100.0	1.0	14.2	57.6	15.8	7.4	3.7	0.5
35～39	100.0	1.0	17.3	58.5	14.0	5.6	3.2	0.4
40～44	100.0	1.1	18.6	57.0	15.3	4.8	2.8	0.3
45～49	100.0	1.9	21.3	47.7	22.5	4.6	1.8	0.2
50～54	100.0	3.7	35.4	41.8	14.3	3.4	1.2	0.1
55～59	100.0	6.4	51.3	32.0	7.0	2.4	0.8	0.1
60～64	100.0	10.4	59.9	25.2	3.2	0.7	0.4	
65＋	100.0	23.1	60.9	13.3	2.2	0.3	0.2	

	就业人员	未上过学	小学	初中	高中	大学专科	大学本科	研究生及以上
				2008 年				
合计	100.0	3.0	24.0	50.9	14.7	4.6	2.5	0.2
16～19	100.0	0.7	10.7	72.5	15.3	0.7	0.1	
20～24	100.0	0.5	8.1	61.8	20.5	6.2	2.8	0.1
25～29	100.0	0.6	9.0	57.2	18.8	8.4	5.4	0.6
30～34	100.0	0.9	12.9	57.3	16.7	7.6	4.1	0.5
35～39	100.0	0.9	16.4	59.0	14.6	5.5	3.2	0.3
40～44	100.0	1.2	18.9	58.6	13.8	4.4	2.8	0.2
45～49	100.0	1.5	18.8	50.9	21.9	4.4	2.3	0.3
50～54	100.0	3.0	33.2	43.5	15.6	3.5	1.2	0.1
55～59	100.0	5.5	48.3	35.4	7.6	2.3	0.9	0.1
60～64	100.0	9.4	60.6	25.6	3.3	0.6	0.3	
65＋	100.0	20.7	60.9	15.5	2.3	0.4	0.2	

	就业人员	未上过学	小学	初中	高中	大学专科	大学本科	研究生及以上
				2009 年				
合计	100.0	2.8	23.0	51.6	14.7	4.9	2.7	0.3
16～19	100.0	0.7	9.9	75.0	13.5	0.8	0.0	
20～24	100.0	0.6	7.3	63.4	20.5	5.7	2.4	0.0
25～29	100.0	0.7	8.0	57.8	18.8	8.5	5.8	0.5
30～34	100.0	0.8	11.7	57.6	17.6	7.5	4.3	0.5
35～39	100.0	1.0	15.6	58.7	14.6	6.2	3.6	0.3
40～44	100.0	1.2	19.2	58.4	13.1	4.8	2.9	0.3

年龄（岁）	就业人员	未上过学	小学	初中	高中	大学专科	大学本科	研究生及以上
			2009 年					
45～49	100.0	1.3	18.2	52.3	20.1	4.9	2.8	0.3
50～54	100.0	2.8	30.3	44.1	16.9	4.1	1.6	0.2
55～59	100.0	5.0	45.1	37.0	8.6	3.0	1.2	0.1
60～64	100.0	8.5	60.0	27.0	3.4	0.6	0.3	0.1
65＋	100.0	18.8	61.7	16.5	2.3	0.4	0.3	0.0
	就业人员	未上过学	小学	初中	高中	大学专科	大学本科	研究生及以上
			2010 年					
合计	100.0	1.9	20.9	51.2	15.6	6.1	3.8	0.4
16～19	100.0	0.4	9.3	72.8	16.4	1	0.1	0
20～24	100.0	0.3	6.6	59.7	22	8	3.3	0.1
25～29	100.0	0.4	7.1	54.3	18.4	10.6	8.4	0.8
30～34	100.0	0.6	10.6	54.7	17.7	9	6.5	0.9
35～39	100.0	0.7	14.9	57	15.1	7.1	4.7	0.6
40～44	100.0	0.9	19.3	57	13.3	5.3	3.7	0.4
45～49	100.0	1.1	18.4	52.7	18.5	5.5	3.4	0.5
50～54	100.0	2.2	27.9	43.8	19.5	4.4	1.9	0.2
55～59	100.0	4	43.7	37.7	10	3.2	1.3	0.1
60～64	100.0	7.2	60.9	27.1	3.7	0.7	0.3	0
65＋	100.0	15.7	62.7	18.3	2.5	0.4	0.3	0
	就业人员	未上过学	小学	初中	高中	大学专科	大学本科	研究生及以上
			2011 年					
合计	100.0	1.0	16.9	50.3	18.6	7.7	5.1	0.5
16～19	100.0	0.3	7.7	68.1	21.9	1.9	0.1	
20～24	100.0	0.3	4.4	52.6	26.7	10.9	5.0	0.0
25～29	100.0	0.2	4.9	48.1	21.8	13.7	10.6	0.8
30～34	100.0	0.2	7.0	49.7	21.8	11.2	8.9	1.2
35～39	100.0	0.4	10.1	55.5	18.5	8.8	6.1	0.6
40～44	100.0	0.5	13.8	57.3	16.9	6.4	4.6	0.5
45～49	100.0	0.4	14.2	55.1	19.6	6.2	4.0	0.5
50～54	100.0	0.8	21.3	46.1	23.4	5.7	2.5	0.2
55～59	100.0	1.7	37.2	44.3	11.4	3.8	1.5	0.1
60～64	100.0	3.5	55.6	34.3	5.3	0.9	0.4	0.0
65＋	100.0	9.4	66.4	21.2	2.3	0.4	0.2	0.0

年龄(岁)	2012 年							
	就业人员	未上过学	小学	初中	高中	大学专科	大学本科	研究生及以上
合计	100.0	1.0	16.1	49.9	19.2	8.0	5.3	0.5
16～19	100.0	0.3	5.8	68.6	23.2	2.0	0.2	
20～24	100.0	0.1	3.7	51.5	28.5	11.4	4.7	0.1
25～29	100.0	0.1	4.6	47.2	23.2	13.7	10.5	0.7
30～34	100.0	0.3	5.7	48.4	22.4	11.6	10.2	1.4
35～39	100.0	0.3	8.7	54.2	19.9	9.4	6.8	0.7
40～44	100.0	0.5	12.7	57.0	17.1	7.3	4.9	0.5
45～49	100.0	0.6	15.1	55.3	18.3	6.3	4.0	0.4
50～54	100.0	0.8	18.4	47.7	24.2	5.7	3.0	0.3
55～59	100.0	1.9	33.2	45.6	13.3	4.3	1.6	0.1
60～64	100.0	3.3	52.9	36.3	5.9	1.1	0.5	0.0
65＋	100.0	8.8	64.8	22.5	3.1	0.5	0.3	

表 22　男性各年龄段就业人员受教育程度增长比例(2012/2006)　　　　(％)

年龄(岁)	未上过学	小学	初中	高中	大学专科	大学本科	研究生及以上
合计	−2.8	−10.6	1.3	5.4	3.5	2.9	0.2
16～19	−0.5	−8.6	−5.6	13.1	1.5	0.1	0
20～24	−0.8	−7	−12.7	12.1	6.3	2.1	0
25～29	−0.9	−7.7	−9.3	5.9	6	5.9	0.2
30～34	−0.8	−11	−7.5	7.5	4.6	6.5	0.9
35～39	−1.1	−11.9	−1.9	6.9	4.3	3.5	0.3
40～44	−0.9	−5.9	2.7	−0.2	2.2	2	0
45～49	−2.1	−9.5	11.2	−4.2	2.1	2.3	0.2
50～54	−3.7	−20.8	8.8	11.6	2.2	1.8	0.2
55～59	−5.2	−20.5	16.2	7	1.7	0.8	0
60～64	−8.4	−6.3	11.7	2.8	0.4	−0.1	−0.1
65＋	−15.7	4.4	10.3	1.1	0.1	−0.1	0

表 23　女性各年龄段年龄就业人员受教育程度　　　　（％）

年龄（岁）	2006 年							
	就业人员	未上过学	小学	初中	高中	大学专科	大学本科	研究生及以上
合计	100.0	10.2	33.7	40.6	9.6	4.0	1.8	0.2
16～19	100.0	1.6	15.4	71.4	10.9	0.5	0.1	
20～24	100.0	1.6	13.0	60.9	14.6	7.0	2.8	0.1
25～29	100.0	2.3	16.9	52.8	14.3	8.7	4.6	0.4
30～34	100.0	3.1	25.2	51.0	11.1	6.3	3.0	0.3
35～39	100.0	4.2	32.4	47.8	8.8	4.5	2.2	0.2
40～44	100.0	5.6	33.4	44.6	11.3	3.5	1.5	0.1
45～49	100.0	10.7	42.1	30.5	13.1	2.6	0.9	0.1
50～54	100.0	18.6	55.4	19.1	4.6	1.6	0.6	0.1
55～59	100.0	26.3	61.3	10.5	1.3	0.4	0.2	
60～64	100.0	36.8	54.2	7.8	0.6	0.2	0.2	
65＋	100.0	58.4	37.6	3.2	0.3	0.2	0.2	

	2007 年							
	就业人员	未上过学	小学	初中	高中	大学专科	大学本科	研究生及以上
合计	100.0	9.0	32.2	42.9	9.8	4.0	1.9	0.1
16～19	100.0	1.4	13.4	73.2	11.4	0.4	0.3	
20～24	100.0	1.2	10.8	63.3	15.1	6.5	2.9	0.1
25～29	100.0	1.6	13.8	55.2	14.9	9.1	5.0	0.4
30～34	100.0	2.5	21.5	53.6	11.9	6.7	3.4	0.3
35～39	100.0	3.1	28.5	51.7	9.8	4.7	2.1	0.2
40～44	100.0	4.3	32.5	48.1	10.0	3.5	1.5	0.1
45～49	100.0	8.1	38.6	35.6	14.0	2.8	1.0	0.1
50～54	100.0	15.5	54.8	22.3	5.1	1.7	0.6	
55～59	100.0	23.4	62.0	12.7	1.3	0.4	0.1	
60～64	100.0	33.1	56.9	9.0	0.8	0.1	0.1	
65＋	100.0	55.4	40.2	3.8	0.4	0.1	0.1	

	2008 年							
	就业人员	未上过学	小学	初中	高中	大学专科	大学本科	研究生及以上
合计	100.0	7.9	31.3	44.1	10.4	4.1	2.0	0.2
16～19	100.0	0.9	12.2	71.3	14.5	0.9	0.2	
20～24	100.0	1.0	10.1	61.1	17.4	7.2	3.1	0.1
25～29	100.0	1.3	12.3	55.2	16.0	9.2	5.5	0.7

年龄（岁）	就业人员	未上过学	小学	初中	高中	大学专科	大学本科	研究生及以上
				2008 年				
30～34	100.0	2.0	19.4	54.6	13.0	7.0	3.7	0.4
35～39	100.0	2.6	26.3	53.5	10.6	4.6	2.2	0.2
40～44	100.0	3.8	31.5	50.5	9.3	3.2	1.4	0.1
45～49	100.0	5.8	35.1	41.2	13.7	2.9	1.2	0.1
50～54	100.0	13.0	52.7	25.9	6.1	1.7	0.7	
55～59	100.0	20.2	62.6	15.0	1.6	0.4	0.2	
60～64	100.0	30.7	59.0	9.4	0.7	0.1	0.1	
65＋	100.0	49.2	45.8	4.5	0.5	0.1		

	就业人员	未上过学	小学	初中	高中	大学专科	大学本科	研究生及以上
				2009 年				
合计	100.0	7.1	30.2	45.3	10.5	4.5	2.3	0.2
16～19	100.0	1.0	10.3	72.7	14.7	1.2	0.1	
20～24	100.0	0.9	8.8	62.3	17.7	7.2	3.0	0.1
25～29	100.0	1.3	11.0	56.4	15.6	9.2	6.1	0.6
30～34	100.0	1.8	17.7	55.1	13.0	7.5	4.3	0.5
35～39	100.0	2.3	24.8	53.8	10.8	5.3	2.8	0.2
40～44	100.0	3.3	31.3	50.5	9.0	3.8	1.9	0.1
45～49	100.0	5.0	33.7	43.2	13.2	3.3	1.4	0.2
50～54	100.0	11.6	50.4	28.2	6.7	2.2	0.8	0.1
55～59	100.0	18.5	60.8	17.7	2.1	0.6	0.2	0.0
60～64	100.0	27.0	61.2	11.0	0.6	0.1	0.1	0.0
65＋	100.0	45.6	47.5	6.1	0.5	0.1	0.1	0.0

	就业人员	未上过学	小学	初中	高中	大学专科	大学本科	研究生及以上
				2010 年				
合计	100.0	5.2	27.6	45.8	11.7	5.8	3.6	0.3
16～19	100.0	0.6	10.2	70.8	16.8	1.5	0.1	0
20～24	100.0	0.5	8.3	58.3	19.2	9.7	3.9	0.1
25～29	100.0	0.8	10.1	52.4	15	11.4	9.3	1
30～34	100.0	1.3	16	51.9	14.3	9.2	6.4	0.9
35～39	100.0	1.9	23.2	52.7	11.5	6.4	3.9	0.4
40～44	100.0	2.8	30.1	50.1	9.6	4.4	2.6	0.2
45～49	100.0	4	32.6	44.7	12.6	4	2	0.2

2010 年								
年龄（岁）	就业人员	未上过学	小学	初中	高中	大学专科	大学本科	研究生及以上
50～54	100.0	9.2	48.3	30.1	8.8	2.5	1.1	0.1
55～59	100.0	15.1	61.2	19.5	2.6	0.6	0.3	0
60～64	100.0	230.4	63.6	11.7	1	0.2	0.1	0
65＋	100.0	39.6	52.4	7	0.7	0.1	0.1	0

2011 年								
	就业人员	未上过学	小学	初中	高中	大学专科	大学本科	研究生及以上
合计	100.0	3.2	23.1	46.7	14.3	7.6	4.7	0.4
16～19	100.0	0.3	8.1	66.7	21.5	2.9	0.4	
20～24	100.0	0.2	5.0	48.5	24.5	15.3	6.4	0.1
25～29	100.0	0.2	5.9	48.5	18.5	14.1	11.8	1.1
30～34	100.0	0.6	10.2	50.8	17.4	11.1	8.8	1.1
35～39	100.0	0.8	15.4	55.3	14.8	8.3	4.9	0.5
40～44	100.0	1.2	22.8	54.5	12.6	5.5	3.2	0.2
45～49	100.0	2.0	26.5	50.9	13.9	4.3	2.2	0.2
50～54	100.0	4.5	41.3	39.1	11.0	2.7	1.4	0.0
55～59	100.0	9.2	59.5	26.4	3.7	0.8	0.3	0.0
60～64	100.0	15.5	66.7	16.6	0.7	0.3	0.1	0.0
65＋	100.0	29.0	61.0	9.0	0.7	0.1	0.1	0.0

2012 年								
	就业人员	未上过学	小学	初中	高中	大学专科	大学本科	研究生及以上
合计	100.0	3.1	22.5	46.4	14.4	8.1	5.0	0.5
16～19	100.0	0.5	5.8	66.1	23.1	4.1	0.4	
20～24	100.0	0.3	4.2	48.0	23.4	16.3	7.6	0.1
25～29	100.0	0.2	5.5	47.0	18.8	15.4	12.0	1.1
30～34	100.0	0.5	8.8	49.2	18.8	11.9	9.3	1.4
35～39	100.0	0.8	13.3	54.0	16.4	9.7	5.2	0.6
40～44	100.0	1.2	19.8	56.0	13.0	6.1	3.6	0.3
45～49	100.0	1.7	25.3	52.4	13.4	4.8	2.3	0.1
50～54	100.0	3.8	37.0	42.3	12.2	3.2	1.4	0.1
55～59	100.0	9.2	57.4	28.0	4.1	0.9	0.4	0.0
60～64	100.0	12.4	67.2	18.9	1.2	0.2	0.2	0.0
65＋	100.0	26.6	62.9	9.6	0.8	0.1	0.0	0.0

表 24　女性各年龄段就业人员受教育程度增长比例(2012/2006)　　　　　(％)

年龄(岁)	未上过学	小学	初中	高中	大学专科	大学本科	研究生及以上
合计	−7.1	−11.2	5.8	4.8	4.1	3.2	0.3
16～19	−1.1	−9.6	−5.3	12.2	3.6	0.3	0
20～24	−1.3	−8.8	−12.9	8.8	9.3	4.8	0
25～29	−2.1	−11.4	−5.8	4.5	6.7	7.4	0.7
30～34	−2.6	−16.4	−1.8	7.7	5.6	6.3	1.1
35～39	−3.4	−19.1	6.2	7.6	5.2	3	0.4
40～44	−4.4	−13.6	11.4	1.7	2.6	2.1	0.2
45～49	−9	−16.8	21.9	0.3	2.2	1.4	0
50～54	−14.8	−18.4	23.2	7.6	1.6	0.8	0
55～59	−17.1	−3.9	17.5	2.8	0.5	0.2	0
60～64	−24.4	13	11.1	0.6	0	0	0
65＋	−31.8	25.3	6.4	0.5	−0.1	−0.2	0

表 25　各行业就业人员受教育程度　　　　　(％)

受教育程度	2006 年							
	总计	未上过学	小学	初中	高中	大学专科	大学本科	研究生及以上
就业人员(按行业)	100.0	6.7	29.9	44.9	11.8	4.3	2.1	0.2
农、林、牧、渔业	100.0	10.1	40.4	44.4	4.8	0.2		
采矿业	100.0	1.3	16.9	52.8	21.5	5.5	1.9	0.1
制造业	100.0	1.3	15.1	55.0	21.0	5.2	2.2	0.2
电力、燃气及水的生产和供应业	100.0	0.2	4.9	28.0	37.3	18.8	8.8	2.0
建筑业	100.0	1.7	21.6	55.6	15.2	4.4	1.5	0.1
交通运输、仓储和邮政业	100.0	1.0	11.4	53.9	25.5	6.2	2.0	0.1
信息传输、计算机服务和软件业	100.0	0.3	2.6	19.4	30.2	26.8	17.9	2.5
批发和零售业	100.0	1.4	13.8	49.6	26.8	6.1	2.1	0.1
住宿和餐饮业	100.0	1.4	13.7	57.1	22.9	3.9	1.0	0.1
金融业	100.0		1.2	12.6	28.1	37.0	19.7	1.4
房地产业	100.0	0.5	5.9	28.2	32.5	22.3	10.0	0.5
租赁和商务服务业	100.0	0.2	6.3	30.8	27.2	20.0	13.7	1.7
科学研究、技术服务和地质勘查业	100.0	0.2	2.0	13.5	25.0	25.5	28.1	5.6

受教育程度	2006 年							
	总计	未上过学	小学	初中	高中	大学专科	大学本科	研究生及以上
水利、环境和公共设施管理业	100.0	1.6	9.9	34.2	30.9	15.5	7.2	0.6
居民服务和其他服务业	100.0	2.5	16.8	55.9	20.7	3.1	1.0	
教育	100.0	0.2	1.3	8.7	22.9	37.7	25.0	4.3
卫生、社会保障和社会福利业	100.0	0.3	3.2	16.4	32.4	31.8	13.8	2.1
文化、体育和娱乐业	100.0	0.5	5.5	31.4	27.9	19.6	13.6	1.5
公共管理和社会组织	100.0	0.4	2.9	13.2	27.2	35.1	20.2	1.0
国际组织	100.0					20.0	80.0	

受教育程度	2007 年							
	总计	未上过学	小学	初中	高中	大学专科	大学本科	研究生及以上
就业人员（按行业）	100.0	6.0	28.3	46.9	12.2	4.3	2.1	0.2
农、林、牧、渔业	100.0	9.2	39.1	46.4	5.0	0.2		
采矿业	100.0	1.0	16.0	55.3	20.9	5.1	1.7	0.1
制造业	100.0	1.2	14.2	56.4	21.0	5.1	2.0	0.1
电力、燃气及水的生产和供应业	100.0	0.2	3.8	29.7	37.3	18.6	8.5	1.8
建筑业	100.0	1.4	20.3	58.8	14.2	3.8	1.4	0.1
交通运输、仓储和邮政业	100.0	0.5	10.6	55.8	25.0	5.9	2.0	0.1
信息传输、计算机服务和软件业	100.0	0.1	2.5	21.1	29.9	25.6	18.8	1.8
批发和零售业	100.0	1.3	12.8	51.2	26.3	6.2	2.1	0.1
住宿和餐饮业	100.0	1.0	12.2	59.7	22.4	3.8	0.8	
金融业	100.0	0.2	1.3	13.8	28.8	36.6	18.1	1.4
房地产业	100.0	0.4	6.5	30.2	31.4	21.0	9.9	0.6
租赁和商务服务业	100.0	0.5	5.2	31.2	27.3	19.9	14.4	1.5
科学研究、技术服务和地质勘查业	100.0	0.2	2.7	15.2	27.5	23.1	25.8	5.5
水利、环境和公共设施管理业	100.0	2.7	16.5	33.8	26.4	13.7	6.7	0.3
居民服务和其他服务业	100.0	1.8	14.6	57.5	21.0	3.6	1.4	0.1
教育	100.0	0.1	1.7	9.0	22.0	37.0	26.6	3.6
卫生、社会保障和社会福利业	100.0	0.5	2.9	16.0	33.4	32.4	13.4	1.4
文化、体育和娱乐业	100.0	0.4	5.7	32.3	27.6	19.7	13.4	0.9
公共管理和社会组织	100.0	0.3	2.5	14.8	27.7	35.6	18.3	0.9
国际组织	100.0			50.0	25.0		25.0	

受教育程度	2008 年							
	总计	未上过学	小学	初中	高中	大学专科	大学本科	研究生及以上
就业人员（按行业）	100.0	5.3	27.7	47.8	12.5	4.3	2.3	0.2
农、林、牧、渔业	100.0	8.2	38.2	47.9	5.4	0.3	0.04	
采矿业	100.0	0.9	14.9	56.5	21.5	4.4	1.6	0.1
制造业	100.0	1.1	13.8	56.0	21.3	5.4	2.2	0.2
电力、燃气及水的生产和供应业	100.0	0.2	4.4	30.2	37.3	17.7	8.9	1.2
建筑业	100.0	1.5	19.3	60.0	13.5	4.0	1.6	0.1
交通运输、仓储和邮政业	100.0	0.6	10.0	55.4	25.1	6.4	2.3	0.2
信息传输、计算机服务和软件业	100.0	0.2	2.2	21.6	28.2	26.0	19.6	2.1
批发和零售业	100.0	1.2	12.2	50.7	26.7	6.7	2.3	0.1
住宿和餐饮业	100.0	1.1	12.4	59.5	22.3	3.7	1.0	0.1
金融业	100.0		1.5	13.8	28.5	33.3	20.8	2.1
房地产业	100.0	0.7	7.9	33.3	29.1	19.6	8.7	0.6
租赁和商务服务业	100.0	0.4	6.0	27.6	29.8	20.7	14.1	1.4
科学研究、技术服务和地质勘查业	100.0	0.6	2.9	16.8	23.3	22.2	28.1	6.2
水利、环境和公共设施管理业	100.0	2.2	14.4	37.6	25.0	13.3	6.8	0.7
居民服务和其他服务业	100.0	1.7	14.3	55.2	23.0	4.5	1.3	0.1
教育	100.0	0.2	2.0	9.7	20.4	35.2	29.1	3.4
卫生、社会保障和社会福利业	100.0	0.3	2.5	16.2	32.0	32.9	14.7	1.3
文化、体育和娱乐业	100.0	0.4	6.7	33.6	27.2	18.5	12.5	1.2
公共管理和社会组织	100.0	0.4	2.8	14.4	27.0	34.2	20.0	1.3
国际组织	100.0			33.3			66.7	

受教育程度	2009 年							
	总计	未上过学	小学	初中	高中	大学专科	大学本科	研究生及以上
就业人员（按行业）	100.0	4.8	26.3	48.7	12.8	4.7	2.5	0.2
农、林、牧、渔业	100.0	7.7	37.5	48.9	5.5	0.4	0.05	0.00
采矿业	100.0	0.7	14.8	58.5	18.4	5.0	2.4	0.2
制造业	100.0	0.9	13.1	56.8	20.6	5.9	2.5	0.2
电力、燃气及水的生产和供应业	100.0	0.3	4.6	29.8	37.5	20.0	7.3	0.6
建筑业	100.0	1.4	19.2	60.7	13.4	3.6	1.7	0.0
交通运输、仓储和邮政业	100.0	0.6	9.4	55.3	25.4	6.7	2.5	0.1

受教育程度	2009 年							
	总计	未上过学	小学	初中	高中	大学专科	大学本科	研究生及以上
信息传输、计算机服务和软件业	100.0	0.2	2.4	21.7	26.4	26.3	20.6	2.4
批发和零售业	100.0	1.0	11.4	51.7	26.5	7.0	2.3	0.1
住宿和餐饮业	100.0	1.1	12.0	58.9	22.8	4.2	1.0	0.0
金融业	100.0	0.1	1.3	12.3	26.7	34.2	23.6	1.9
房地产业	100.0	0.8	8.0	31.9	29.5	19.0	10.2	0.6
租赁和商务服务业	100.0	0.5	5.0	29.5	28.9	19.5	15.1	1.5
科学研究、技术服务和地质勘查业	100.0	0.5	3.5	24.2	22.0	20.6	25.3	4.1
水利、环境和公共设施管理业	100.0	1.7	13.3	38.1	23.8	13.2	8.9	0.9
居民服务和其他服务业	100.0	1.8	14.5	55.7	21.9	4.5	1.6	0.1
教育	100.0	0.2	1.9	9.6	19.4	34.8	29.5	4.6
卫生、社会保障和社会福利业	100.0	0.3	3.3	16.5	29.4	31.8	17.3	1.4
文化、体育和娱乐业	100.0	0.7	5.8	32.1	27.1	17.2	15.7	1.5
公共管理和社会组织	100.0	0.4	2.8	13.8	25.1	35.4	21.3	1.1
国际组织	100.0			25.0	25.0	50.0		

受教育程度	2010 年							
	总计	未上过学	小学	初中	高中	大学专科	大学本科	研究生及以上
就业人员（按行业）	100.0	3.4	23.9	48.8	13.9	6	3.7	0.4
农、林、牧、渔业	100.0	6.3	37.2	50.1	5.8	0.5	0.1	0.01
采矿业	100.0	0.7	13.1	50.1	2.3	8.7	4.1	0.3
制造业	100.0	0.7	13.1	56.3	20.1	6.4	3.1	0.3
电力、燃气及水的生产和供应业	100.0	0.2	4.2	28.3	33.1	22	11.5	0.8
建筑业	100.0	1.1	19.9	60.5	12.5	3.9	2.0	0.1
交通运输、仓储和邮政业	100.0	0.5	10	54.5	24.1	7.4	3.2	0.2
信息传输、计算机服务和软件业	100.0	0.1	2.2	18.2	24.3	27	24.6	3.4
批发和零售业	100.0	0.8	11	50	25.8	8.7	3.5	0.2
住宿和餐饮业	100.0	1	13	58.4	21.3	4.8	1.4	0.1
金融业	100.0	0.1	1.2	12	24.2	32.6	27.1	2.9
房地产业	100.0	0.7	8.5	33.7	27.4	18.3	10.6	0.8
租赁和商务服务业	100.0	0.4	5.7	29.5	24.3	20.7	17.1	2.3
科学研究、技术服务和地质勘查业	100.0	0.1	2.2	13.6	18.7	23.9	32.4	8.9

续表

受教育程度	总计	未上过学	小学	初中	高中	大学专科	大学本科	研究生及以上
				2010 年				
水利、环境和公共设施管理业	100.0	2.3	16.8	35.7	22.2	13.9	8.5	0.7
居民服务和其他服务业	100.0	1.6	15.2	57	20.4	4.4	1.3	0.1
教育	100.0	0.1	1.7	9	18	33.3	33.2	4.7
卫生、社会保障和社会福利业	100.0	0.2	2.5	14.3	27.5	33.9	19.3	2.3
文化、体育和娱乐业	100.0	0.3	5.2	31.5	25.2	18.6	17.4	1.9
公共管理和社会组织	100.0	0.5	3.4	14.7	23	31.6	34.9	1.9
国际组织	100.0	0.2	1.2	12.8	15.3	15	36.3	19.1

受教育程度	总计	未上过学	小学	初中	高中	大学专科	大学本科	研究生及以上
				2011 年				
就业人员（按行业）	100.0	2.0	19.6	48.7	16.7	7.6	4.9	0.4
农、林、牧、渔业	100.0	4.3	35.5	53.3	6.3	0.5	0.11	0
采矿业	100.0	0.6	12	48.9	23.5	10	4.6	0.4
制造业	100.0	0.5	10.6	54.1	23.3	7.9	3.4	0.2
电力、燃气及水的生产和供应业	100.0	0.3	3	28.4	31.6	22.3	13.1	1.2
建筑业	100.0	0.6	17.2	60.9	14.7	4.3	2.3	0.1
交通运输、仓储和邮政业	100.0	0.5	8.6	48.7	28.2	9.8	3.9	0.2
信息传输、计算机服务和软件业	100.0	0.4	8.4	49.9	25.9	10.8	4.6	0.2
批发和零售业	100.0	0.6	11.1	55.5	24.3	6.5	2.1	0
住宿和餐饮业	100.0	0.4	7.2	45.1	26.7	11.6	8.3	0.8
金融业	100.0	0.1	3.2	22.6	21.7	26.9	23.5	2.0
房地产业	100.0	0.3	4.8	29.7	29.5	20.4	14.4	0.8
租赁和商务服务业	100.0	0.3	4.2	27.1	26.4	22.5	17.5	2.0
科学研究、技术服务和地质勘查业	100.0	0.2	3.3	15.2	19.4	23.5	29.0	9.5
水利、环境和公共设施管理业	100.0	1.7	13.2	29.9	28.3	16.0	9.9	1.1
居民服务和其他服务业	100.0	1.2	12.2	54.3	23.6	6.0	2.5	0.1
教育	100.0	0.2	3.0	15.3	18.3	27.4	31.9	3.9
卫生、社会保障和社会福利业	100.0	0.2	3.7	16.1	22.1	31.8	23.4	2.7
文化、体育和娱乐业	100.0	0.2	3.7	22.3	25.4	26.4	20.1	2.0
公共管理和社会组织	100.0	0.2	2.1	12.3	22.9	32.4	28.1	1.9
国际组织	100.0		1.8	7.6	31.1	47.1	12.2	0.3

受教育程度	2012 年							
	总计	未上过学	小学	初中	高中	大学专科	大学本科	研究生及以上
就业人员（按行业）	100.0	2.0	19.0	48.3	17.1	8.0	5.2	0.5
农、林、牧、渔业	100.0	4.3	35.5	53.3	6.3	0.6	0.11	0.01
采矿业	100.0	0.3	10.5	50.7	21.8	10.9	5.5	0.3
制造业	100.0	0.7	9.9	53.0	23.6	8.6	3.8	0.4
电力、燃气及水的生产和供应业	100.0	0.3	2.9	27.3	32.9	24.1	11.7	0.9
建筑业	100.0	0.5	15.4	61.9	15.0	4.5	2.7	0.1
交通运输、仓储和邮政业	100.0	0.6	8.0	47.3	29.2	10.7	4.1	0.2
信息传输、计算机服务和软件业	100.0	0.2	7.7	51.4	26.3	9.3	4.8	0.2
批发和零售业	100.0	0.7	10.7	54.9	25.4	6.1	2.2	0.1
住宿和餐饮业	100.0	0.3	7.2	39.2	25.8	14.3	11.9	1.3
金融业	100.0	0.2	2.6	19.8	23.4	28.3	23.4	2.3
房地产业	100.0	0.7	7.4	30.8	28.4	19.2	12.9	0.6
租赁和商务服务业	100.0	0.2	5.2	31.7	26.5	19.2	15.6	1.4
科学研究、技术服务和地质勘查业	100.0	0.2	2.6	17.8	21.1	23.6	26.4	8.3
水利、环境和公共设施管理业	100.0	1.1	10.6	33.4	24.6	17.7	11.6	1.0
居民服务和其他服务业	100.0	1.0	11.9	54.5	24.7	5.6	2.2	0.1
教育	100.0	0.1	3.0	13.0	16.5	28.6	34.3	4.5
卫生、社会保障和社会福利业	100.0	0.3	3.4	15.7	21.3	32.1	24.4	2.8
文化、体育和娱乐业	100.0	0.2	4.3	27.8	25.6	23.0	17.6	1.6
公共管理和社会组织	100.0	0.2	2.7	11.8	22.9	33.2	27.5	1.8
国际组织	100.0			31.6	50.3	3.2	14.8	

表 26　按职业就业人员受教育程度　　　　　　　　　　　　　　（％）

受教育程度	2006 年							
	总计	未上过学	小学	初中	高中	大学专科	大学本科	研究生及以上
就业人员（按职业）	100.0	6.7	29.9	44.9	11.8	4.3	2.1	0.2
单位负责人	100.0	0.3	5.0	28.9	29.4	21.6	13.3	1.5
专业技术人员	100.0	0.2	2.6	16.2	27.8	31.5	18.9	2.7
办事人员和有关人员	100.0	0.4	4.7	21.0	29.7	27.6	15.5	1.1
商业、服务业人员	100.0	1.6	13.9	51.4	25.5	5.7	1.8	0.1
农林牧渔水利业生产人员	100.0	10.1	40.4	44.5	4.8	0.2		
生产运输设备操作人员及有关人员	100.0	1.5	17.3	58.7	18.7	2.9	0.8	
其他	100.0	3.3	16.3	45.5	22.6	6.7	5.3	0.4

受教育程度	总计	未上过学	小学	初中	高中	大学专科	大学本科	研究生及以上
				2007 年				
就业人员（按职业）	100.0	6.0	28.3	46.9	12.2	4.3	2.1	0.2
单位负责人	100.0	0.3	5.0	30.9	29.2	20.5	12.6	1.5
专业技术人员	100.0	0.2	3.0	17.8	27.1	30.8	19.0	2.1
办事人员和有关人员	100.0	0.3	4.0	21.8	30.7	28.0	14.3	0.9
商业、服务业人员	100.0	1.4	13.1	53.1	25.0	5.6	1.8	0.1
农林牧渔水利业生产人员	100.0	9.2	39.1	46.4	5.0	0.2		
生产运输设备操作人员及有关人员	100.0	1.2	16.1	60.5	18.5	2.9	0.8	0.1
其他	100.0	2.3	20.6	50.7	19.0	5.1	1.9	0.4
				2008 年				
就业人员（按职业）	100.0	5.3	27.7	47.8	12.5	4.3	2.3	0.2
单位负责人	100.0	0.3	6.0	33.2	29.3	18.7	11.2	1.4
专业技术人员	100.0	0.2	2.6	17.5	26.0	30.3	21.1	2.3
办事人员和有关人员	100.0	0.4	4.7	22.2	29.7	27.0	14.9	1.2
商业、服务业人员	100.0	1.3	12.9	52.5	25.2	5.9	2.0	0.1
农林牧渔水利业生产人员	100.0	8.2	38.2	47.9	5.4	0.2		
生产运输设备操作人员及有关人员	100.0	1.2	15.3	60.1	19.1	3.3	0.9	0.1
其他	100.0	1.9	12.6	53.7	22.3	5.8	3.4	0.1
				2009 年				
就业人员（按职业）	100.0	4.8	26.3	48.7	12.8	4.7	2.5	0.2
单位负责人	100.0	0.6	5.8	34.0	26.7	18.4	13.2	1.3
专业技术人员	100.0	0.3	3.0	18.8	25.2	29.1	21.1	2.5
办事人员和有关人员	100.0	0.3	4.0	21.8	28.3	27.5	16.8	1.2
商业、服务业人员	100.0	1.2	12.1	53.1	24.9	6.3	2.2	0.1
农林牧渔水利业生产人员	100.0	7.6	37.5	48.9	5.6	0.3	0.0	0.0
生产运输设备操作人员及有关人员	100.0	1.0	15.0	61.2	18.2	3.6	1.0	0.0
其他	100.0	1.7	14.5	51.9	21.0	7.8	3.1	0.1

续表

2010 年							
受教育程度	总计	未上过学	小学	初中	高中	大学专科	大学本科	研究生及以上
就业人员（按职业）	100.0	3.4	23.9	48.8	13.9	6	3.7	0.4
单位负责人	100.0	0.2	5.1	29.4	26	21.1	16.2	2.1
专业技术人员	100.0	0.1	2.1	13.9	22.6	31.3	26.5	3.5
办事人员和有关人员	100.0	0.3	4.6	22.1	25.6	26.1	19.6	1.7
商业、服务业人员	100.0	1	12.3	51.7	24.3	7.6	2.8	0.1
农林牧渔水利业生产人员	100.0	6.3	37.2	50.2	5.8	0.5	0.1	0
生产运输设备操作人员及有关人员	100.0	0.8	15.3	61	17.9	3.8	1.2	0.1
其他	100.0	1.6	16.3	50.3	20.5	7.4	3.7	0.3

2011 年							
受教育程度	总计	未上过学	小学	初中	高中	大学专科	大学本科	研究生及以上
就业人员（按职业）	100.0	2.0	19.6	48.7	16.7	7.6	4.9	0.4
单位负责人	100.0	0.3	4.8	33.8	26.5	18.2	15.0	1.5
专业技术人员	100.0	0.2	3.8	21.1	22.3	26.3	23.6	2.8
办事人员和有关人员	100.0	0.3	4.1	20.0	26.1	27.3	20.7	1.5
商业、服务业人员	100.0	0.6	9.6	50.3	26.6	9.1	3.6	0.2
农林牧渔水利业生产人员	100.0	4.3	35.4	53.4	6.4	0.5	0.1	0.0
生产运输设备操作人员及有关人员	100.0	0.6	13.1	59.1	20.4	5.1	1.7	0.1
其他	100.0	1.2	12.8	44.7	23.7	11.9	5.4	0.3

2012 年							
受教育程度	总计	未上过学	小学	初中	高中	大学专科	大学本科	研究生及以上
就业人员（按职业）	100.0	2.0	19.0	48.3	17.1	8.0	5.2	0.5
单位负责人	100.0	0.1	4.5	32.5	27.6	19.5	14.5	1.3
专业技术人员	100.0	0.1	3.6	18.9	21.7	27.6	25.1	3.1
办事人员和有关人员	100.0	0.2	4.2	19.6	26.0	27.4	21.1	1.6
商业、服务业人员	100.0	0.7	9.7	49.2	27.3	9.3	3.6	0.2
农林牧渔水利业生产人员	100.0	4.3	35.4	53.3	6.4	0.6	0.1	0.0
生产运输设备操作人员及有关人员	100.0	0.6	11.9	59.9	20.5	5.2	1.8	0.1
其他	100.0	1.2	10.7	55.5	21.0	7.4	3.7	0.3

（元）

表 27　农村居民家庭人均纯收入

年份 地区	2000	2001	2002	2003	2004	2005	2006	2007	2008	2009	2010	2011	2012
全　国	702.3	771.9	840.22	918.38	998.46	1 174.53	1 374.80	1 596.22	1 853.73	2 061.25	2 431.05	2 963.43	3 447.46
北　京	2 819.06	3 312.84	3 429.68	3 480.30	3 698.74	4 524.25	5 047.39	5 605.65	6 389.31	7 326.19	8 229.19	9 578.85	10 843.48
天　津	1 638.28	1 797.67	2 060.23	2 152.55	2 358.69	2 720.85	3 247.92	3 582.67	4 064.95	4 408.33	5 261.97	6 829.24	7 922.26
河　北	949.25	978.38	1 043.67	1 072.33	1 110.92	1 293.50	1 514.68	1 754.33	1 979.52	2 251.01	2 653.42	3 423.95	4 005.28
山　西	726.05	789.84	866.47	897.50	987.52	1 177.94	1 374.34	1 520.95	1 713.55	1 789.93	2 108.60	2 684.87	3 175.50
内蒙古	287.63	300.11	320.03	344.60	394.79	504.46	590.70	716.86	806.48	900.42	1 036.78	1 310.86	1 459.05
辽　宁	882.96	914.6	1 020.62	1 056.59	1 075.86	1 212.20	1 499.47	1 719.74	2 035.53	2 239.75	2 649.97	3 179.75	3 630.24
吉　林	343.86	328.53	388.99	425.51	457.80	510.96	605.11	711.25	810.17	869.02	1 072.14	1 469.19	1 792.02
黑龙江	337.97	333.35	376.55	394.24	413.14	464.31	654.86	773.90	916.76	1 019.61	1 241.59	1 496.51	1 816.84
上　海	4 309.89	4 491.12	4 920.43	5 251.58	5 468.54	6 159.70	6 685.98	7 353.42	8 108.32	8 671.00	9 605.73	10 493.03	11 477.71
江　苏	1 663.11	1 819.79	1 993.74	2 189.06	2 443.35	2 786.11	3 104.77	3 443.03	3 895.50	4 238.54	4 896.39	5 969.02	6 775.89
浙　江	2 000.51	2 225.87	2 437.42	2 574.85	2 855.82	3 238.77	3 575.14	4 009.72	4 587.44	5 090.15	5 822.48	6 721.32	7 678.22
安　徽	547.83	610.65	707.68	818.92	884.62	1 010.05	1 184.11	1 470.05	1 737.84	1 882.42	2 203.94	2 723.17	3 243.47
福　建	1 069.01	1 163.2	1 246.01	1 353.79	1 488.47	1 650.65	1 855.53	2 099.92	2 421.46	2 678.35	3 094.60	3 889.54	4 474.49
江　西	744.47	805.09	927.35	1 022.14	1 017.51	1 227.94	1 441.34	1 611.45	1 842.36	2 018.98	2 394.62	2 994.49	3 532.72
山　东	850.56	965.67	1 056.7	1 095.45	1 178.32	1 437.57	1 671.54	1 950.78	2 263.46	2 496.57	2 958.06	3 715.25	4 383.22
河　南	473.68	517.63	567.07	635.59	753.99	853.95	1 022.74	1 267.70	1 499.93	1 621.75	1 943.86	2 523.77	2 989.36

续表

年份 地区	2000	2001	2002	2003	2004	2005	2006	2007	2008	2009	2010	2011	2012
湖 北	547.69	582.6	662.19	706.79	755.23	941.64	1 199.16	1 454.50	1 742.33	1 900.54	2 186.11	2 703.05	3 189.84
湖 南	789.74	840.11	914.31	988.35	1 081.23	1 228.79	1 449.65	1 712.31	1 990.52	2 234.01	2 655.59	3 240.81	3 847.59
广 东	1 362.16	1 527.17	1 714.11	1 965.78	2 173.21	2 562.39	2 906.15	3 202.13	3 684.47	4 089.69	4 799.52	5 854.68	6 804.43
广 西	483.75	543.82	686.57	784.60	857.63	907.36	974.32	1 128.75	1 283.39	1 465.22	1 707.18	1 820.37	2 245.95
海 南	151.38	199.99	304.81	329.87	397.32	473.06	555.72	665.16	808.63	972.68	1 261.86	2 004.63	2 475.57
重 庆	623.32	696.5	783.12	858.50	931.69	1 088.80	1 309.91	1 559.30	1 764.64	1 919.68	2 335.23	2 894.53	3 400.77
四 川	606.93	651.79	711.38	765.76	829.17	954.89	1 219.51	1 438.68	1 620.40	1 821.37	2 248.18	2 652.46	3 088.86
贵 州	274.9	317.54	386.86	458.84	505.24	583.28	715.49	846.85	1 002.68	1 074.32	1 303.85	1 713.52	1 977.73
云 南	263.58	283.36	286.17	318.22	325.86	348.31	441.81	521.63	617.47	684.95	930.00	1 138.55	1 435.87
西 藏	227.63	133.52	205.61		530.33	565.18	568.39	635.11	759.72	914.08	1 108.84	1 008.03	1 201.93
陕 西	445.97	498.02	550.51	615.92	690.38	756.71	848.26	1 036.18	1 243.57	1 428.46	1 734.48	2 395.45	2 727.85
甘 肃	355.03	405.99	447.41	488.73	527.58	586.71	637.37	716.43	867.98	994.94	1 199.45	1 561.97	1 787.72
青 海	312.3	351.34	401.51	454.06	460.90	560.52	653.30	790.88	983.16	1 081.59	1 269.81	1 775.39	1 989.69
宁 夏	484.02	527.63	526.68	592.30	618.37	702.10	823.09	1 021.37	1 260.04	1 518.94	1 788.28	2 164.24	2 510.53
新 疆	104.58	131.87	142.1	140.27	138.23	195.51	254.07	330.75	422.82	461.49	556.26	804.73	1 008.02

（元）

表 28　城镇居民家庭人均工资性收入

年份 地区	2000	2001	2002	2003	2004	2005	2006	2007	2008	2009	2010	2011	2012
全　国	3 500.63	3 745.98	5 739.96	6 410.22	7 152.76	7 797.54	8 766.96	10 234.76	11 298.96	12 382.11	13 707.68	15 411.91	17 335.62
北　京	5 678.55	6 239.26	8 999.40	10 152.14	11 590.45	13 666.34	16 284.17	17 318.72	18 738.96	21 105.61	23 099.09	25 161.22	27 961.78
天　津	3 920.84	4 152.18	6 050.76	6 663.54	7 508.72	8 174.64	9 259.72	10 882.24	12 849.73	14 389.10	16 780.41	18 794.08	21 523.81
河　北	3 378.50	3 456.85	4 497.24	4 924.32	5 589.89	6 346.53	7 065.29	8 325.67	8 891.50	9 830.57	10 566.30	11 686.60	13 154.52
山　西	2 728.86	3 140.95	4 704.72	5 527.89	6 338.80	7 103.45	7 877.30	9 057.81	9 019.35	9 741.38	10 784.74	13 146.47	14 973.64
内蒙古	2 989.50	3 392.55	4 552.32	5 235.96	5 893.79	6 669.48	7 552.68	9 300.62	10 284.43	11 267.40	12 614.46	14 779.08	16 872.58
辽　宁	2 541.51	2 809.88	4 692.60	5 204.18	5 806.05	6 103.41	6 611.44	8 213.06	9 494.59	10 420.60	11 712.68	13 093.86	14 846.05
吉　林	2 755.48	3 084.12	4 294.68	4 828.31	5 447.36	5 905.86	6 576.52	7 641.21	8 677.27	9 482.13	10 621.43	12 217.09	13 535.33
黑龙江	2 540.50	2 664.09	3 954.12	4 489.37	5 031.88	5 478.03	6 028.06	6 945.95	7 393.39	8 356.66	9 087.59	10 235.04	11 700.50
上　海	5 119.50	5 171.35	8 974.80	11 525.99	13 156.67	14 280.65	16 016.40	18 996.58	21 791.11	23 172.36	25 439.97	28 550.76	31 109.30
江　苏	3 307.85	3 472.64	5 494.32	6 091.04	6 869.00	8 397.15	9 501.35	10 791.22	12 319.86	13 480.72	14 816.87	17 761.58	20 102.05
浙　江	4 010.90	4 394.40	8 533.80	9 692.52	10 752.74	11 941.09	13 015.77	14 509.69	15 538.83	16 701.04	18 313.60	20 334.25	22 385.09
安　徽	2 672.86	2 859.25	4 438.56	4 878.30	5 583.71	6 425.54	7 430.86	8 683.96	9 302.38	10 362.39	11 442.43	12 915.97	14 812.54
福　建	4 225.45	4 622.20	6 869.28	7 499.01	7 996.08	8 791.56	10 164.49	11 175.25	12 668.82	14 211.49	15 682.48	17 438.81	19 976.01
江　西	3 362.29	3 685.09	4 598.64	5 108.21	5 541.74	6 222.55	6 897.94	8 411.73	9 105.96	9 789.79	10 613.83	11 654.36	13 348.06
山　东	4 631.85	4 982.71	6 702.72	7 418.42	8 327.11	9 026.55	10 442.06	11 814.19	12 940.62	13 985.83	15 731.23	17 629.40	19 856.05
河　南	2 641.47	2 791.00	4 288.80	4 757.86	5 322.07	6 095.49	6 861.49	8 058.81	9 043.52	9 910.46	10 804.88	12 039.24	13 666.49

续表

年份 地区	2000	2001	2002	2003	2004	2005	2006	2007	2008	2009	2010	2011	2012
湖北	3 620.05	3 821.45	5 278.20	5 847.66	6 390.81	6 576.92	7 573.56	8 809.80	9 474.81	10 331.51	11 460.49	12 622.44	14 191.04
湖南	4 379.49	4 387.30	5 408.16	5 984.74	6 807.36	6 805.30	7 401.73	8 612.48	9 070.97	9 854.09	10 782.04	11 550.09	13 237.06
广东	5 045.97	5 132.82	9 284.16	10 413.47	11 646.42	12 265.04	13 031.33	14 659.44	15 188.39	16 898.88	18 902.43	21 092.14	23 632.20
广西	3 813.90	4 370.15	5 835.84	6 149.78	6 737.70	6 975.39	7 419.40	9 075.18	10 321.20	11 193.64	12 061.82	13 550.16	14 693.47
海南	3 314.25	3 726.38	4 930.68	5 020.58	5 599.27	6 071.20	6 954.45	8 113.01	8 999.75	9 678.65	10 957.92	12 876.92	14 672.28
重庆	3 897.32	4 130.22	5 190.96	6 288.55	7 162.69	7 848.52	9 266.42	9 717.48	10 957.62	11 824.00	12 738.20	13 827.72	15 415.44
四川	3 298.69	3 321.47	4 552.32	4 910.82	5 461.35	5 838.27	6 675.99	8 147.31	9 117.00	10 132.43	11 310.70	12 687.29	14 249.32
贵州	3 243.42	3 508.89	4 007.40	4 668.50	5 135.14	5 516.18	6 507.12	7 750.15	7 811.16	9 005.57	9 627.99	10 754.45	12 309.17
云南	4 181.53	4 192.21	5 446.68	5 854.39	6 138.33	6 170.93	6 881.39	8 019.69	8 596.88	9 641.68	10 845.21	12 416.17	14 408.29
西藏	6 667.54	6 958.30	8 300.04	9 466.39	10 204.52	10 401.71	7 512.25	10 370.42	12 314.69	13 326.40	14 707.14	15 854.97	17 672.12
陕西	2 944.74	3 347.05	4 684.56	5 170.32	5 725.33	6 347.81	6 958.23	8 292.38	9 794.82	10 775.37	12 078.35	14 051.28	15 547.32
甘肃	3 427.04	3 645.29	4 866.00	5 269.23	6 087.37	6 486.84	7 008.40	8 140.72	8 354.63	9 182.24	9 882.50	11 195.26	12 514.92
青海	3 099.13	3 641.91	4 073.88	4 493.36	5 022.57	5 613.79	6 316.64	7 849.44	8 595.48	9 341.26	10 061.58	11 403.97	12 614.39
宁夏	2 925.15	3 242.54	4 366.80	4 670.76	5 166.44	5 771.58	6 450.79	7 667.77	8 793.54	9 597.11	10 821.22	12 396.71	13 965.62
新疆	3 846.07	4 614.02	5 665.44	6 219.72	6 394.50	6 553.47	7 490.69	9 012.19	9 422.22	10 232.91	11 327.91	12 653.43	14 432.12

表 29　按行业分城镇单位就业人员平均工资

（元）

行业	2003	2004	2005	2006	2007	2008	2009	2010	2011	2012
合计	13 969.00	15 920.00	18 200.00	20 856.00	24 721.00	28 898.00	32 244.00	36 539.00	41 799	46 769
农、林、牧、渔业	6 884.00	7 497.00	8 207.00	9 269.00	10 847.00	12 560.00	14 356.00	16 717.00	19 469	22 687
采矿业	13 627.00	16 774.00	20 449.00	24 125.00	28 185.00	34 233.00	38 038.00	44 196.00	52 230	56 946
制造业	12 671.00	14 251.00	15 934.00	18 225.00	21 144.00	24 404.00	26 810.00	30 916.00	36 665	41 650
电力、燃气及水的生产和供应业	18 574.00	21 543.00	24 750.00	28 424.00	33 470.00	38 515.00	41 869.00	47 309.00	52 723	58 202
建筑业	11 328.00	12 578.00	14 112.00	16 164.00	18 482.00	21 223.00	24 161.00	27 529.00	32 103	36 483
交通运输、仓储和邮政业	15 753.00	18 071.00	20 911.00	24 111.00	27 903.00	32 041.00	35 315.00	40 466.00	47 078	53 391
信息传输、计算机服务和软件业	30 897.00	33 449.00	38 799.00	43 435.00	47 700.00	54 906.00	58 154.00	64 436.00	70 918	80 510
批发和零售业	10 894.00	13 012.00	15 256.00	17 796.00	21 074.00	25 818.00	29 139.00	33 635.00	40 654	46 340
住宿和餐饮业	11 198.00	12 618.00	13 876.00	15 236.00	17 046.00	19 321.00	20 860.00	23 382.00	27 486	31 267
金融业	20 780.00	24 299.00	29 229.00	35 495.00	44 011.00	53 897.00	60 398.00	70 146.00	81 109	89 743
房地产业	17 085.00	18 467.00	20 253.00	22 238.00	26 085.00	30 118.00	32 242.00	35 870.00	42 837	46 764
租赁和商务服务业	17 020.00	18 723.00	21 233.00	24 510.00	27 807.00	32 915.00	35 494.00	39 566.00	46 976	53 162
科学研究、技术服务和地质勘查业	20 442.00	23 351.00	27 155.00	31 644.00	38 432.00	45 512.00	50 143.00	56 376.00	64 252	69 254
水利、环境和公共设施管理业	11 774.00	12 884.00	14 322.00	15 630.00	18 383.00	21 103.00	23 159.00	25 544.00	28 868	32 343
居民服务和其他服务业	12 665.00	13 680.00	15 747.00	18 030.00	20 370.00	22 858.00	25 172.00	28 206.00	33 169	35 135
教育	14 189.00	16 085.00	18 259.00	20 918.00	25 908.00	29 831.00	34 543.00	38 968.00	43 194	47 734
卫生、社会保障和社会福利业	16 185.00	18 386.00	20 808.00	23 590.00	27 892.00	32 185.00	35 662.00	40 232.00	46 206	52 564
文化、体育和娱乐业	17 098.00	20 522.00	22 670.00	25 847.00	30 430.00	34 158.00	37 755.00	41 428.00	47 878	53 558
公共管理和社会组织	15 355.00	17 372.00	20 234.00	22 546.00	27 731.00	32 296.00	35 326.00	38 242.00	42 062	46 074

表 30　按行业分城镇单位就业人员工资总额

（亿元）

年份＼行业	2003	2004	2005	2006	2007	2008	2009	2010	2011	2012
合计	15 329.64	17 615.00	20 627.07	24 262.32	29 471.51	35 289.50	40 288.16	47 269.89	59 954.66	70 914.2
农、林、牧、渔业	335.80	351.16	368.65	403.34	464.63	516.42	537.41	627.06	697.65	760.8
采矿业	662.86	831.84	1 031.25	1 259.57	1 500.48	1 847.29	2 089.12	2 458.84	3 174.24	3 600.7
制造业	3 772.66	4 316.44	5 056.63	6 035.77	7 241.15	8 498.91	9 302.20	11 140.79	15 031.37	17 668.1
电力、燃气及水的生产和供应业	551.99	646.78	741.82	858.00	1 012.73	1 180.36	1 283.45	1 468.28	1 755.73	1 999.6
建筑业	965.89	1 081.27	1 324.68	1 612.06	1 946.21	2 313.62	2 837.89	3 471.55	5 596.36	7 392.7
交通运输、仓储和邮政业	1 008.02	1 144.72	1 279.50	1 471.54	1 727.85	2 006.30	2 234.90	2 541.95	3 074.06	3 271.3
信息传输、计算机服务和软件业	355.97	404.32	491.83	587.41	699.08	862.83	996.23	1 171.65	1 475.59	1 769.4
批发和零售业	696.34	770.52	831.96	920.00	1 061.80	1 323.94	1 509.21	1 782.97	2 594.75	3 531.5
住宿和餐饮业	190.91	221.23	249.81	280.05	314.59	371.23	418.87	484.65	655.22	824.4
金融业	734.42	866.75	1 047.66	1 292.92	1 670.34	2 202.90	2 658.79	3 219.03	4 007.02	4 669.0
房地产业	202.72	243.25	293.01	338.37	426.18	520.84	607.78	745.58	1 052.54	1 271.3
租赁和商务服务业	305.23	351.38	449.79	565.56	668.90	893.68	1 021.39	1 198.45	1 325.28	1 531.2
科学研究、技术服务和地质勘查业	454.43	514.62	613.95	736.91	923.92	1 154.61	1 350.61	1 619.29	1 879.58	2 259.4
水利、环境和公共设施管理业	202.62	226.13	257.35	289.83	352.19	413.81	474.32	555.89	659.79	784.6
居民服务和其他服务业	66.40	71.84	85.13	102.50	115.82	132.11	146.78	168.44	197.89	217.1
教育	2 035.87	2 346.19	2 690.81	3 127.82	3 917.21	4 556.10	5 338.61	6 136.54	6 938.82	7 851.0
卫生、社会保障和社会福利业	782.08	902.27	1 047.81	1 226.09	1 496.57	1 789.26	2 095.30	2 506.41	3 078.65	3 718.5
文化、体育和娱乐业	217.88	251.55	275.81	314.85	378.12	429.31	488.51	543.74	642.07	735.4
公共管理和社会组织	1 787.56	2 072.73	2 489.63	2 839.73	3 553.75	4 275.97	4 896.80	5 428.79	6 118.07	7 058.3

表 31　按所有制分城镇单位就业人员平均工资

（元）

年份 单位类型	2000	2001	2002	2003	2004	2005	2006	2007	2008	2009	2010	2011	2012
合计	9 333	10 834	12 373	13 969	15 920	18 200	20 856	24 721	28 898	32 244	36 539	41 799	46 769
国有单位	9 441	11 045	12 701	14 358	16 445	18 978	21 706	26 100	30 287	34 130	38 359	43 483	48 357
城镇集体单位	6 241	6 851	7 636	8 627	9 723	11 176	12 866	15 444	18 103	20 607	24 010	28 791	33 784
股份合作单位	7 479	8 446	9 498	10 558	11 710	13 808	15 190	17 613	21 497	25 020	30 271	36 740	43 433
联营单位	10 608	11 882	12 438	13 556	15 218	17 476	19 883	23 746	27 576	29 474	33 939	36 142	42 083
有限责任公司	9 750	11 024	11 994	13 358	15 103	17 010	19 366	22 343	26 198	28 692	32 799	37 611	41 860
股份有限公司	11 105	12 333	13 815	15 738	18 136	20 272	24 383	28 587	34 026	38 417	44 118	49 978	56 254
其他内资	9 888	11 888	10 444	10 670	10 211	11 230	13 262	16 280	19 591	21 633	25 253	29 961	34 694
港、澳、台商投资单位	12 210	12 959	14 197	15 155	16 237	17 833	19 678	22 593	26 083	28 090	31 983	38 341	44 103
外商投资单位	15 692	17 553	19 409	21 016	22 250	23 625	26 552	29 594	34 250	37 101	41 739	48 869	55 888

表 32　城镇单位就业人员工资总额

（亿元）

年份 单位类型	2000	2001	2002	2003	2004	2005	2006	2007	2008	2009	2010	2011	2012
合计	10 954.7	12 205.4	13 638.1	15 329.6	17 615.0	20 627.1	24 262.3	29 471.5	35 289.5	40 288.2	47 269.9	59 954.7	70 914.2
国有单位	7 744.9	8 515.2	9 138.0	9 911.9	11 038.2	12 291.7	13 920.6	16 689.1	19 487.9	21 862.7	24 886.4	28 954.8	32 950.0
城镇集体单位	950.7	898.5	863.9	867.1	876.2	906.4	983.8	1 108.1	1 203.2	1 273.3	1 433.7	1 737.4	1 990.4
其他单位	2 259.1	2 791.7	3 636.2	4 550.6	5 700.6	7 429.0	9 357.9	11 674.3	14 598.4	17 152.1	20 949.7	29 262.4	35 973.8

表 33　2003—2012 年按行业分城镇单位就业人员平均工资增长

行业	增长幅度（元）	增长比例（%）
合计	32 800	2.3
农、林、牧、渔业	15 803	2.3
采矿业	43 319	3.2
制造业	28 979	2.3
电力、燃气及水的生产和供应业	39 628	2.1
建筑业	25 155	2.2
交通运输、仓储和邮政业	30 587	1.9
信息传输、计算机服务和软件业	22 494	0.7
批发和零售业	20 373	1.9
住宿和餐饮业	69 312	6.2
金融业	68 963	3.3
房地产业	29 679	1.7
租赁和商务服务业	36 142	2.1
科学研究、技术服务和地质勘查业	48 812	2.4
水利、环境和公共设施管理业	20 569	1.7
居民服务和其他服务业	22 470	1.8
教育	33 545	2.4
卫生、社会保障和社会福利业	36 379	2.2
文化、体育和娱乐业	36 460	2.1
公共管理和社会组织	30 719	2.0

表 34　2003—2012 年按行业分城镇单位就业人员工资总额增长

行业	增长幅度（元）	增长比例（%）
合计	55 585	3.6
农、林、牧、渔业	425	1.3
采矿业	2 938	4.4
制造业	13 895	3.7
电力、燃气及水的生产和供应业	1 448	2.6
建筑业	6 427	6.7
交通运输、仓储和邮政业	2 263	2.2
信息传输、计算机服务和软件业	3 176	8.9
批发和零售业	128	0.2

行业	增长幅度（元）	增长比例（%）
住宿和餐饮业	1 579	8.3
金融业	3 935	5.4
房地产业	1 069	5.3
租赁和商务服务业	1 226	4.0
科学研究、技术服务和地质勘查业	1 805	4.0
水利、环境和公共设施管理业	582	2.9
居民服务和其他服务业	151	2.3
教育	5 815	2.9
卫生、社会保障和社会福利业	2 936	3.8
文化、体育和娱乐业	518	2.4
公共管理和社会组织	5 271	2.9

表35　2000—2012 年按所有制分城镇单位就业人员平均工资增长

所有制	增长幅度（元）	增长比例（%）
合计	37 436	4.0
国有单位	38 916	4.1
城镇集体单位	27 543	4.4
股份合作单位	35 954	4.8
联营单位	31 475	3.0
有限责任公司	32 110	3.3
股份有限公司	45 149	4.1
其他内资	24 806	2.5
港、澳、台商投资单位	31 893	2.6
外商投资单位	40 196	2.6

表36　2000—2012 年城镇单位就业人员工资总额增长

单位类型	增长幅度（元）	增长比例（%）
合计	59 959.5	5.5
国有单位	25 205.1	3.3
城镇集体单位	1 039.7	1.1
其他单位	33 714.7	14.9

表 37 城镇地区按收入等级分家庭人均可支配收入

（元）

年份\等级	2000	2001	2002	2003	2004	2005	2006	2007	2008	2009	2010	2011	2012
最低收入户(10%)	2 653.02	2 802.83	2 408.6	2 590.17	2 862.39	3 134.88	3 568.73	4 210.06	4 753.59	5 253.23	5 948.11	6 876.09	8 215.09
(困难户)(5%)	2 325.05	2 464.8	1 957.46	2 098.92	2 312.50	2 495.75	2 838.87	3 357.91	3 734.35	4 197.58	4 739.15	5 398.17	6 520.03
低收入户(10%)	3 633.51	3 856.49	3 649.16	3 970.03	4 429.05	4 885.32	5 540.71	6 504.60	7 363.28	8 162.07	9 285.25	10 672.02	12 488.62
中等偏下户(20%)	4 623.54	4 946.6	4 931.96	5 377.25	6 024.10	6 710.58	7 554.16	8 900.51	10 195.56	11 243.55	12 702.08	14 498.26	16 761.43
中等收入户(20%)	5 897.92	6 366.24	6 656.81	7 278.75	8 166.54	9 190.05	10 269.70	12 042.32	13 984.23	15 399.92	17 224.01	19 544.94	22 419.10
中等偏上户(20%)	7 487.37	8 164.22	8 869.51	9 763.37	11 050.89	12 603.37	14 049.17	16 385.80	19 254.08	21 017.95	23 188.90	26 419.99	29 813.74
高收入户(10%)	9 434.21	10 374.92	11 772.82	13 123.08	14 970.91	17 202.93	19 068.95	22 233.56	26 250.1	28 386.47	31 044.04	35 579.24	39 605.22
最高收入户(10%)	13 311.02	15 114.85	18 995.85	21 837.32	25 377.17	28 773.11	31 967.34	36 784.51	43 613.75	46 826.05	51 431.57	58 841.87	63 824.15
高低收入组的比值	5.017 309	5.392 710	7.886 677	8.430 844	8.865 728	9.178 377	8.957 624	8.737 289	9.174 908	8.913 764	8.646 708	8.557 461	7.769 136

表 38 2000—2012 年城镇地区按收入等级分家庭人均可支配收入增长

等级	2012 年/2000 年增长	
	收入（元）	增长倍数
最低收入户（10％）	5 562.1	3.1
（困难户）（5％）	4 195.0	2.8
低收入户（10％）	8 855.1	3.4
中等偏下户（20％）	12 137.9	3.6
中等收入户（20％）	16 521.2	3.8
中等偏上户（20％）	22 326.4	4.0
高收入户（10％）	30 171.0	4.2
最高收入户（10％）	50 513.1	4.8
高收入组与低收入组的比值	2.8	1.5

表 39 高等教育毛入学率

年份	毛入学率（％）
2000	12.5
2001	13.3
2002	15
2003	17
2004	19
2005	21
2006	22
2007	23
2008	23.3
2009	24.2
2010	26.5
2011	26.9
2012	30.0

（元）

表 40　农村地区按收入等级分家庭人均纯收入

等级＼年份	2002	2003	2004	2005	2006	2007	2008	2009	2010	2011	2012
低收入户	857.13	865.90	1 006.87	1 067.22	1 182.46	1 346.89	1 499.81	1 549.30	1 869.80	2 000.51	2 316.21
中低收入户	1 547.53	1 606.53	1 841.99	2 018.31	2 222.03	2 581.75	2 934.99	3 110.10	3 621.23	4 255.75	4 807.47
中等收入户	2 164.11	2 273.13	2 578.49	2 850.95	3 148.50	3 658.83	4 203.12	4 502.08	5 221.66	6 207.68	7 041.03
中高收入户	3 030.45	3 206.79	3 607.67	4 003.33	4 446.59	5 129.78	5 928.60	6 467.56	7 440.56	8 893.59	10 142.08
高收入户	5 895.63	6 346.86	6 930.65	7 747.35	8 474.79	9 790.68	11 290.20	12 319.05	14 049.69	16 783.06	19 008.89
高收入组与低收入组的比值	6.88	7.33	6.88	7.26	7.17	7.27	7.53	7.95	7.51	8.39	8.21

表 41　高等教育本专科毕业生数

（人）

地区＼年份	2000	2001	2002	2003	2004	2005	2006	2007	2008	2009	2010	2011	2012
北　京	51 931	56 221	67 958	82 828	100 130	120 016	135 490	141 990	152 179	155 142	152 659	153 663	155 233
天　津	20 112	19 103	27 295	40 221	51 666	69 211	81 983	92 288	101 728	101 369	105 354	108 723	113 034
河　北	43 473	45 871	62 910	113 442	143 148	180 377	221 049	240 674	271 335	282 705	297 092	311 141	315 755
山　西	20 657	21 938	31 906	40 779	51 118	88 344	108 431	132 101	141 214	153 422	165 545	152 680	162 571
内蒙古	12 218	12 317	15 608	24 919	31 075	39 474	55 653	67 204	73 554	75 805	94 704	95 957	105 054
辽　宁	53 353	60 271	72 791	98 908	115 889	144 984	154 970	169 576	202 312	206 211	219 564	236 341	235 984
吉　林	30 480	34 808	37 825	52 605	65 011	83 982	102 484	108 700	117 946	127 411	135 951	141 569	146 517
黑龙江	35 180	37359	46 401	69 050	84 964	100 791	130 973	148 883	169 988	174 380	180 982	196 075	203 792
上　海	40 929	42 842	55 198	71 158	88 645	103 435	110 520	118 512	122 069	126 925	133 716	139 027	136 697
江　苏	75 643	79 838	104 079	137 048	197 423	229 679	257 296	309 593	380 924	412 672	478 868	477 137	470 254
浙　江	32 477	37 230	4 843	78 685	103 123	133 051	162 531	183 863	203 203	218 226	233 741	238 448	247 537
安　徽	29 830	34 388	44 318	65 685	88 440	116 958	144 183	181 209	191 120	205 749	232 225	256 135	265 477
福　建	24 307	28 449	36 775	47 792	52 818	64 792	94 979	114 073	130 379	142 814	153 449	173 702	178 492
江　西	25 903	27 602	35 047	47 167	65 386	97 781	141 085	218 965	264 549	213 303	225 943	225 802	232 048
山　东	58 355	69 583	94 697	117 253	166 959	224 611	268 384	355 735	411 143	431 598	444 003	472 882	474 266
河　南	45 709	46 120	71 226	108 975	134 293	165 159	202 144	267 225	302 492	334 115	382 486	432 994	435 308
湖　北	56 566	60 443	78 430	119 118	143 246	187 920	262 591	276 005	351 854	328 202	331 303	362 991	353 014

续表

年份 地区	2000	2001	2002	2003	2004	2005	2006	2007	2008	2009	2010	2011	2012
湖南	47 426	49 703	62 098	90 035	111 021	150 981	191 257	209 802	244 706	254 253	276 082	284 178	306 809
广东	51 432	58 835	84 696	105 533	125 229	157 082	196 036	233 129	282 469	309 190	334 187	357 521	404 011
广西	21 858	23 597	31 967	40 178	50 261	64 871	82 295	103 165	110 662	121 457	138 089	151 052	162 169
海南	4 021	3 860	3 939	5 846	7 854	11 788	16 436	19 581	23 391	30 844	36 791	39 150	40 887
重庆	22 187	24 316	30 712	42 653	50 599	59 381	76 512	89 962	99 747	114 515	122 811	130 702	137 635
四川	42 672	44 602	52 405	74 307	100 998	139 328	173 287	228 028	247 707	252 214	278 577	289 165	286 756
贵州	13 739	15 092	17 874	25 362	31 059	38 681	53 233	61 743	66 050	64 212	74 777	83 016	85 285
云南	18 573	19 419	25 620	31 337	34 836	47 731	63 566	73 039	79 311	85 891	95 379	109 531	118 944
西藏	764	1 050	1 686	1 745	2 108	3 172	3 846	4 346	5 840	8 454	8 266	8 159	8 580
陕西	36 587	42 884	51 603	79 785	110 975	140 592	162 314	195 450	217 294	211 963	235 507	258 878	265 279
甘肃	14 255	17 000	21 647	29 582	39 390	49 886	57 381	63 315	75 051	84 082	92 226	99 042	102 980
青海	2 202	2 561	2 763	4 771	5 802	8 227	8 609	9 547	9 753	10 437	11 207	12 582	11 661
宁夏	3 154	3 177	3 379	5 461	7 505	8 817	11 008	14 076	15 238	16 391	19 218	19 524	20 718
新疆	13 774	15 844	16 025	25 264	30 181	36 854	44 182	46 128	54 290	57 071	63 543	63 798	64 591

表 42　劳动争议案件处理情况　　　　　　　　　　　　　　　　　（件）

年份	当期案件受理数	结案数
2001	154 621	150 279
2002	184 116	178 744
2003	226 391	223 503
2004	260 471	258 678
2005	313 773	306 027
2006	317 162	310 780
2007	350 182	340 030
2008	693 465	622 719
2009	684 379	689 714
2010	600 865	634 041
2011	589 244	592 823
2012	641 202	643 292

表 43　按年龄分组的城镇就业人员调查周平均工作时间　　　　　　　（小时）

年龄（岁）＼年份	2003	2004	2005	2006	2007	2008	2009	2010	2011	2012
16～19	48.4	48.7	51.8	49.94	48.1	45.8	46.8	49.1	48.0	47.6
20～24	46.2	46.4	49.4	48.41	46.9	45.6	46.1	47.8	46.8	47.0
25～29	45.7	45.9	48.6	48.14	46.5	45.7	45.9	47.1	46.6	46.7
30～34	45.7	45.9	48.6	48.42	46.9	46.0	46.1	47.5	47.0	46.8
35～39	45.7	46.0	48.4	48.32	46.7	45.9	46.1	47.8	47.2	47.2
40～44	45.1	45.3	47.7	47.68	46.1	45.4	45.4	47.6	46.9	47.0
45～49	44.9	44.7	46.9	46.54	45.2	44.5	44.5	46.8	46.0	46.0
50～54	44.5	44.5	45.9	45.22	43.9	43.3	42.9	45.8	44.8	44.7
55～59	44.2	44.0	44.8	43.89	41.8	41.0	41.1	44.7	43.4	42.6
60～64	42.7	43.0	42.9	41.75	38.4	37.3	37.8	42.6	40.1	40.6
65＋	40.7	40.7		36.82	33.4	32.7	33.4	38.5	35.0	34.9

表 44　按职业分组的城镇就业人员调查周平均工作时间　　　　　（小时）

职业 ＼ 年份	2003	2004	2005	2006	2007	2008	2009	2010	2011	2012
单位负责人	44.3	44.0	47.2	47.26	47.7	47.5	47.5	47.1	47.7	48.2
专业技术人员	42.8	43.4	43.2	44.13	43.4	43.0	42.8	43.1	43.7	43.7
办事人员和有关人员	41.8	42.4	44.4	44.38	43.8	43.5	43.3	44.0	43.9	44.0
商业、服务业人员	49.4	49.3	52.0	51.97	50.3	49.1	49.0	49.8	49.5	49.6
农林牧渔水利业生产人员	44.2	42.9	43.0	41.93	38.2	37.7	37.7	41.5	38.2	38.3
生产、运输设备操作人员及有关人员	47.5	48.1	51.4	50.81	49.8	48.2	48.9	49.7	48.7	48.8
其他	46.7	46.8	48.9	48.42	46.7	46.8	46.3	47.8	47.7	49.8

表 45　按教育程度分组的城镇就业人员调查周平均工作时间　　　　　（小时）

教育程度 ＼ 年份	2003	2004	2005	2006	2007	2008	2009	2010	2011
未上过学	44.9	44.8	44.4	41.48	37.3	36.4	36.9	43.5	40.1
小学	47.2	46.1	47.8	46.42	43.4	41.7	42.3	47.2	45.0
初中	47.4	47.4	50.0	49.25	47.3	46.1	46.1	48.9	48.1
高中	44.4	44.9	47.8	47.72	46.8	46.0	46.1	47.2	47.1
大学专科	41.6	42.0	43.2	43.75	42.9	43.0	42.9	43.7	43.8
大学本科	41.1	41.2	41.9	42.12	41.7	41.7	41.5	42.1	42.4
研究生及以上	40.9	40.9	41.3	42.21	41.4	41.1	41.1	41.1	41.7

表 46　按性别分组的城镇就业人员调查周平均工作时间　　　　　（小时）

分组 ＼ 年份	2003	2004	2005	2006	2007	2008	2009	2010	2011	2012
男性	45.8	46.0	48.7	48.3	46.8	45.7	45.9	47.7	47.0	47.0
女性	44.9	44.9	46.7	45.9	44.0	43.1	43.2	46.1	45.2	45.2
男女周工时差距	0.9	1.1	2.0	2.4	2.8	2.6	2.7	1.6	1.8	1.8

表 47　2012 年各地区工伤认定情况

地区	合计	当期认定工伤件数								视同工伤件数				不予认定工伤人数	当期不予受理申请人数
		小计	在工作时间和工作场所内因工作原因受到事故伤害	工作时间前后在工作场所内从事与工作有关的预备性或者收尾工作受到事故伤害	在工作时间和工作场所内因履行工作职责受到暴力等意外伤害	患职业病	因工外出期间由于工作原因受到伤害或者发生事故下落不明	在上下班途中受到机动车事故伤害	其他应当认定为工伤的情形	小计	在工作时间和工作岗位突发疾病死亡或者在48小时之内经抢救无效死亡	在抢险救灾等维护国家利益、公共利益活动中受到伤害	因战、因公负伤致残的人到用人单位后旧伤复发		
全 国	1 173 998	1 167 243	1 032 833	8 728	10 809	15 941	33 604	64 440	888	6 755	6 295	260	200	10 676	6 631
北 京	23 818	23 555	18 506	230	310	1 477	1 534	1 490	8	263	251	7	5	83	33
天 津	19 965	19 800	17 235	224	193	385	630	1 124	9	165	162	2	1	81	52
河 北	49 497	49 001	42 305	213	426	531	1 521	3 989	16	496	474	10	12	261	118
山 西	14 457	14 190	11 973	92	92	1 015	361	656	1	267	266	1		80	38
内蒙古	8 542	8 341	6 995	39	78	309	429	491		201	194	7		95	42
辽 宁	30 015	29 640	26 535	191	239	480	910	1 145	140	375	357	3	15	160	125
吉 林	12 613	12 437	11 153	112	125	277	286	460	24	176	172	2	2	95	312
黑龙江	11 960	11 769	10 829	110	58	261	180	329	2	191	178	6	7	73	77
上 海	60 829	60 560	50 319	788	542	246	2 539	6 124	2	269	259	3	7	267	161
江 苏	106 637	106 261	91 662	584	710	481	2 234	10 587	3	376	367	6	3	1 181	475

续表

地区	合计	当期认定（视同）工伤件数													不予认定工伤人数	当期不予受理申请人数
		小计	认定工伤件数							视同工伤件数					
			在工作时间和工作场所内因工作原因受到事故伤害	工作时间前后在工作场所内从事与工作有关的预备性或收尾性工作受到事故伤害	在工作时间和工作场所内因履行工作职责受到暴力等意外伤害	患职业病	因工外出期间由于工作原因受到伤害或者发生事故下落不明	在上下班途中受到机动车事故伤害	其他应认定为工伤的情形	小计	在工作时间和工作岗位突发疾病死亡或者在48小时之内经抢救无效死亡	在抢险救灾等维护国家利益、公共利益活动中受到伤害	因战、因公致残的旧伤复发		
浙江	221 338	221 047	209 710	985	485	291	2 648	6 902	26	291	270	19	2	531	967
安徽	27 508	27 393	23 663	200	200	427	798	2 104	1	115	112	3		171	161
福建	27 817	27 707	24 992	141	186	281	672	1 435		110	106	3	1	279	253
江西	14 785	14 693	12 029	20	38	195	217	2 194		92	92			198	75
山东	67 406	66 938	51 905	1 356	1 086	1 144	3 374	8 030	43	468	438	14	16	521	254
河南	20 842	20 495	16 312	154	283	858	871	1 937	80	347	333	3	11	197	231
湖北	22 417	22 208	19 089	264	449	289	727	1 386	4	209	156	28	25	286	172
湖南	44 732	44 531	38 930	232	642	1 719	1 075	1 827	106	201	187	8	6	537	261
广东	196 756	195 975	180 875	815	1 838	605	6 085	5 646	111	781	673	42	66	3 111	1 263
广西	11 239	11 115	9 327	96	309	89	602	684	8	124	121	2	1	235	216
海南	2 468	2 442	2 031	21	111		111	155	13	26	23	3		68	3

续表

地区	当期认定（视同）工伤件数														不予认定工伤人数	当期不予受理申请人数
	认定工伤件数										视同工伤件数					
	合计	小计	在工作时间和工作场所内因工作原因受到事故伤害	工作时间前后在工作场所内从事与工作有关的预备性或者收尾性工作受到事故伤害	在工作时间和工作场所内因履行工作职责受到暴力等意外伤害	患职业病	因工外出期间由于工作原因受到伤害或者发生事故下落不明	在上下班途中受到机动车事故伤害	其他应当认定为工伤的情形	小计	在工作时间和工作岗位突发疾病死亡或者在48小时之内经抢救无效死亡	在抢险救灾等维护国家利益、公共利益活动中受到伤害	因战、因公负伤致残到单位后旧伤复发		
重庆	55 677	55 536	51 851	166	238	1 472	900	883	26	141	133	7	1	578	381
四川	47 495	47 252	40 215	300	1 227	1 573	1 726	2 139	72	243	199	42	2	584	468
贵州	18 182	18 084	16 215	237	164	693	427	333	15	98	80	5	13	193	114
云南	20 852	20636	18 408	104	302	182	1026	554	60	216	195	18	3	279	68
西藏	283	277	230	11	4	2	27	3		6	4	2		3	7
陕西	10 496	10 364	8 821	792	107	131	231	217	65	132	130	1	1	50	23
甘肃	5 304	5 222	4 504	99	47	89	239	244		82	82			55	47
青海	2 980	2 934	2 617	13	42	20	175	67		46	46			38	27
宁夏	4 247	4 204	3 321	60	87	135	191	358	52	43	42	1		75	36
新疆	10 425	10 268	8 277	62	165	215	739	809	1	157	145	12		240	141
新疆兵团	2 416	2 368	1 999	17	26	69	119	138		48	48			71	30

表 48　2012 年按就业身份、性别分的城镇就业人员周工作时间构成

就业身份	城镇就业人员	1～8 小时	9～19 小时	20～39 小时	40 小时	41～48 小时	48 小时以上
总　计	100.0	0.7	1.4	8.5	37.8	18.7	32.9
雇　员	100.0	0.3	0.4	4.1	47.1	20.7	27.4
雇　主	100.0	0.4	0.7	4.4	24.2	14.8	55.5
自营劳动者	100.0	1.7	4.2	20.9	17.2	15.0	40.9
家庭帮工	100.0	0.8	2.6	15.1	19.2	11.8	50.5
男	100.0	0.5	1.0	7.1	37.5	18.8	35.0
雇　员	100.0	0.3	0.3	3.8	46.5	20.2	28.9
雇　主	100.0	0.4	0.8	4.3	24.4	15.2	55.0
自营劳动者	100.0	1.2	2.9	16.7	17.4	16.4	45.4
家庭帮工	100.0	1.8	3.0	13.6	17.9	12.3	51.4
女	100.0	0.8	1.9	10.2	38.3	18.6	30.1
雇　员	100.0	0.3	0.5	4.5	48.0	21.3	25.4
雇　主	100.0	0.5	0.5	4.6	23.8	14.1	56.5
自营劳动者	100.0	2.3	6.0	26.9	17.0	13.1	34.7
家庭帮工	100.0	0.5	2.5	15.6	19.5	11.6	50.3

表 49　按户口性质分的城镇就业人员周工作时间构成

年份	户口性质	城镇就业人员	1～8 小时	9～19 小时	20～39 小时	40 小时	41～48 小时	48 小时以上
2007	总计	100.0	0.4	1.7	11.1	31.2	16.1	39.6
	农业	100.0	0.7	2.8	16.5	15.8	16.8	47.4
	非农业	100.0	0.2	0.5	5.1	48.2	15.2	30.9
2008	总　计	100.0	0.6	2.2	12.8	33.0	17.1	34.4
	农　业	100.0	1.0	3.5	19.4	17.6	18.1	40.3
	非农业	100.0	0.3	0.6	5.3	50.2	15.9	27.7
2009	总　计	100.0	0.6	2.3	14.8	33.3	18.3	30.8
	农　业	100.0	0.9	3.7	22.2	19.2	19.2	34.7
	非农业	100.0	0.2	0.6	6.2	49.5	17.2	26.3
2010	总　计	100.0	0.6	2.1	14.2	34.2	18.5	30.5
	农　业	100.0	0.9	3.4	20.3	20.6	18.7	36.1
	非农业	100.0	0.3	0.5	6.6	50.8	18.1	23.6

年份	户口性质	城镇就业人员	1～8 小时	9～19 小时	20～39 小时	40 小时	41～48 小时	48 小时以上
2011	总　计	100.0	0.4	1.0	7.6	37.9	15.3	37.7
	农　业	100.0	0.5	1.6	10.6	23.4	16.9	47.0
	非农业	100.0	0.2	0.3	4.2	54.6	13.6	27.1
2012	总　计	100.0	0.7	1.4	8.5	37.8	18.7	32.9
	农　业	100.0	1.0	2.4	13.4	21.1	20.2	42.0
	非农业	100.0	0.4	0.5	4.3	52.0	17.5	25.3

表 50　2012 年按行业、性别分的城镇就业人员周工作时间　（小时）

行　业	总计	男性	女性
总　计	46.3	47.1	45.2
农、林、牧、渔业	38.2	40.7	35.7
采矿业	45.7	46.2	44.2
制造业	48.2	48.2	48.0
电力、热力、燃气及水生产和供应业	43.3	43.5	42.9
建筑业	49.4	49.8	47.1
批发和零售业	50.2	50.9	49.7
交通运输、仓储和邮政业	48.8	49.6	45.3
住宿和餐饮业	51.4	51.9	50.8
信息传输、软件和信息技术服务业	47.8	47.7	47.9
金融业	43.2	43.6	42.8
房地产业	45.9	46.8	44.5
租赁和商务服务业	46.2	46.6	45.7
科学研究和技术服务业	43.4	43.2	43.6
水利、环境和公共设施管理业	43.8	43.7	44.1
居民服务、修理和其他服务业	49.1	50.0	48.1
教育	42.5	43.2	42.0
卫生和社会工作	44.1	45.1	43.4
文化体育和娱乐业	45.6	46.0	45.1
公共管理、社会保障和社会组织	41.8	42.1	41.3
国际组织	43.4	41.3	44.2

表 51　2012 年各地区工伤参保情况　　　　　　　　　　　　（人）

地　区	参保人数	享受伤残待遇人数	享受职业病待遇人数	一至四级伤残	其中职业病	五至六级伤残	其中职业病	七至十级伤残	其中职业病	其他伤残	其中职业病
全　国	19 010	1 633 790	106 232	186 018	45 701	92 122	15 021	495 355	19 376	860 295	26 134
北　京	897	39 920	7 487	6494	3 447	2 557	1 737	12 742	2 170	18 127	133
天　津	330	31 726	6 164	7 911	4 216	2 957	1 450	8 020	467	12 838	31
河　北	695	70 512	2 088	9 694	1 240	4 063	68	17 692	42	39 063	738
山　西	530	59 058	4 443	17 341	1 461	1 536	119	6 100	421	34 081	2 442
内蒙古	249	22 379	782	2 184	240	2 753	194	7 425	178	10 017	170
辽　宁	819	122 055	29 958	25 207	10 137	17 980	5 973	48 816	5 449	30 052	8 399
吉　林	359	39 193	3 173	8 780	2 194	5 269	435	19 439	429	5 705	115
黑龙江	471	55 413	6 176	10 393	2 400	12 857	1 349	23 048	2 338	9 115	89
上　海	899	57 961	1 669	3 632	882	1 130	230	36 282	549	16 917	8
江　苏	1421	109 961	2 754	8 793	1 119	1 915	204	39 322	444	59 931	987
浙　江	1 732	232 336	314	2 145	60	2 150	9	52 516	8	175 525	237
安　徽	458	75 287	5 566	5 363	309	2 805	9	15 468	410	51 651	4 838
福　建	541	30 475	1 541	1 476	212	344	43	6 406	266	22 249	1 020
江　西	411	48 027	4 080	5 724	2 942	2 575	307	15 919	701	23 809	130
山　东	1 340	90 871	7 268	16 465	3 555	5 234	691	25 572	976	43 600	2 046
河　南	721	36 379	2 506	4 910	1 146	1 265	394	6 233	279	23 971	687
湖　北	523	36 114	1 172	4 501	658	2 404	26	7 505	284	21 704	204
湖　南	694	69 051	1 180	2 709	284	1 684	54	14 137	476	50 521	366
广　东	2 963	149 596	1 343	3 073	113	10 717	13	51 531	103	84 275	1 114
广　西	312	14 101	731	2 154	286	725	80	3 009	44	8 213	321
海　南	119	2 939	53	178	9	84	13	246	13	2 431	18
重　庆	375	68 517	4 139	9 101	3 129	478	49	19 583	732	39 355	229
四　川	689	65 085	6 768	8 842	2 455	3 635	1 142	26 120	1 951	26 488	1 220
贵　州	238	24 428	652	1 208	166	1 207	66	11 461	254	10 552	166
云　南	295	29 079	522	3 425	367	463	34	3 975	61	21 216	60
西　藏	14	575		27		90		354		104	
陕　西	350	16 615	422	3 338	252	1 281	73	4 676	90	7 320	7
甘　肃	159	10 611	436	4 133	226	706	14	2 236	23	3 536	173
青　海	49	3 218	273	1 052	216	99	5	878	52	1 189	
宁　夏	64	3 098	210	509	136	175	22	1 157	52	1 257	
新　疆	226	14 346	1 727	3 267	1 279	725	191	6 213	107	4 141	150
新疆兵团	68	4 864	635	1 989	565	259	27	1 274	7	1342	36

后　记

这是我们编写出版的第四个《中国劳动力市场发展报告》，前三个报告的主题分别是"包容性增长背景下的就业质量""高等教育扩展背景下的劳动力市场变革"和"全面建成小康社会背景下的残疾人就业"，本报告的主题是"迈向高收入国家进程中的工作时间"。

时间是事物存在的基本维度，也是一种重要的资源，而且对于某一个体来说，时间是稀缺的资源，如何将时间在工作、闲暇之间有效配置是一个重要问题。但在不同的发展阶段，时间的经济价值是不同的。1918 年胡适在《新青年》上发表了《归国杂感》，对所见之种种他认为的怪现象进行了描述和批判性反思。他说："我回中国所见的怪现状，最普通的是'时间不值钱'。中国人吃了饭没有事做，不是打麻将，便是打扑克。有的人走上茶馆，泡了一碗茶，便是一天了。有的人拿一只鸟儿到处逛逛，也是一天了。更可笑的是朋友去看朋友，一坐下便生了根了，再也不肯走。"但随着经济的发展和人均收入水平的提高，时间的经济价值不断提升。诺贝尔经济学奖得主西奥多·舒尔茨在《人类时间价值提高的经济学》中认为，正是人类的时间价值提高了，时间更值钱了，才会有明显的技术进步和制度创新，作为大写的人才会得到更多的尊重。2012 年我们承担了国家社会科学基金重大项目"构建和谐劳动关系研究"，在研究过程中发现，我国劳动者普遍存在过度工作的问题，这也许是我国经济奇迹的密码之一，但也带来了诸多问题，不可持续。根据国家发改委的预测，通过"十三五"的努力，我国将接近高收入国家的行列，甚至进入高收入国家行列，时间的经济价值将大为提高。因此，弄清楚工作时间的现状及其决定因素，对于构建和谐劳动关系，推动实现"适度工作"或"适度劳动"，是一项非常有意义的工作，也是一项很紧迫的工作。

我要感谢研究团队的各位成员，虽然我们倡导"适度工作"，但研究的过程却经常是"过度工作"，周末、假期或晚上开会是家常便饭。不过在这过程中，我们的感情和友谊却越来越深了，配合得也更加默契。各章的作者如下：

导　　论　　赖德胜、孟大虎
第一章　　王　琦、常欣扬
第二章　　王　琦
第三章　　王　琦

第四章　　　杨河清、吴　君

第五章　　　李长安、刘　璐、田　新

第六章　　　石丹淅、赖柳华

第七章　　　刘　娜

第八章　　　沈　红、谷志远、刘　茜

第九章　　　李欣怡

第十章　　　高春雷

第十一章　　黄可鸿

第十二章　　潘旭华

第十三章　　高春雷

附　录　　　苏丽锋

除上述作者外，本报告的编写和出版，还得到了诸多领导和同仁的帮助。中国社会科学院荣誉学部委员赵人伟研究员，虽年事已高，但作为报告的总顾问，对报告的主题选择和写作给予了具体而细微的指导。中国社会科学院副院长蔡昉、国家发改委政策研究室主任施子海、人力资源和社会保障部劳动关系司司长聂生奎、人力资源和社会保障部就业促进司副司长张莹和桂桢、教育部高校学生司副司长荆德刚、国务院研究室社会发展司副司长乔尚奎、国家统计局人口与就业统计司司长冯乃林、全国总工会中国工运研究所所长吕国泉、中国社会科学院人口与劳动经济研究所党委书记兼副所长张车伟、国家发改委社会发展研究所所长杨宜勇、中国人事科学研究院院长余兴安、中国劳动保障科学研究院院长刘燕斌、中国劳动保障科学研究院国际劳动保障研究所所长莫荣、中国社会科学院《经济研究》杂志社社长王诚、中国人民大学劳动人事学院院长曾湘泉、首创集团党委副书记宋丰景等，通过各种方式对报告的研究和写作提出了许多建设性意见。北京师范大学经济与工商管理学院"长江学者"特聘教授、中国收入分配研究院院长李实对《中国劳动力市场发展报告》系列一直很关心，报告的很多数据来自他主持的 CHIPs，他还专门撰写书评对报告给予很高评价，这给了我们继续前行的动力。首都经济贸易大学杨河清教授和华中科技大学沈红教授不仅多次参加我们报告的发布会，还慷慨同意将其研究成果收入本报告。北京师范大学经济与工商管理学院孙志军教授、中国劳动保障科学研究院赵立卫研究员、中国人事科学研究院田永坡副研究员、对外经济贸易大学陈建伟助理研究员、首都师范大学公共管理学院廖娟副教授、北京工商大学学报王轶副研究员等，多次参加报告的研讨会和审稿会，对报告的完善提出了诸多有益的建议。

报告的研究和撰写需要数据的支撑。我们要特别感谢全国妇联妇女研究所政策法规研究室主任蒋永萍研究员，她对我们充分信任，慷慨地将"中国妇女社会地位调查数据"免费供我们使用。我们也要感谢腾讯财经中心主编韦洪波先生，当我们提出想借腾讯的平台收集有关工作时间的数据时，他爽快答应，并委派能干的罗小瑜女士与我们具体对接，在与他们的合作中，我们学到了很多。

本报告是国家社科基金重大项目"构建和谐劳动关系研究"的阶段性成果，同时，它也得到了教育部哲学社会科学发展报告培育项目、北京师范大学哲学社会科学研究报告支持项目、北京师范大学国家"985"工程专项的资助。感谢全国哲学社会科学规划办公室主任佘志远、教育部社会科学司司长张东刚、北京师范大学党委书记刘川生、北京师范大学校长董奇对于本报告的关心。感谢北京师范大学副校长杨耕，北京师范大学校长助理、学科规划与建设处处长陈丽，北京师范大学社会科学处处长范立双、副处长田晓刚，北京师范大学经济与资源管理研究院名誉院长李晓西，北京师范大学政府管理研究院院长唐任伍，北京师范大学国民核算研究院院长宋旭光，北京师范大学党委宣传部部长方增泉、副部长林香顺、副部长李美仙等，对本报告的研究和出版给予的诸多指导和帮助。感谢北京师范大学出版社社长吕建生、总编辑叶子、高等教育分社马洪立、胡廷兰等为本报告的出版所付出的大量心血，他们对学术出版的重视令人尊敬。

北京师范大学经济与工商管理学院的同事们对本项目的研究给予了多方面的支持，我必须特别提及的是王善迈教授、沈越教授、曲如晓教授、杨澄宇教授、张平淡教授、李宝元教授、胡海峰教授、邢春冰教授、武美芳老师、张秋兰老师、赵锐老师、刘洋老师等，他们为报告的研究和发行做出了特殊的贡献。同时，我指导的研究生闫琦、纪雯雯、瞿思典、刘易昂等，在资料收集、数据处理和项目运行过程中做了大量耐心细致的工作。在此，一并表示感谢。

赖德胜

2014 年 9 月 22 日

图书在版编目(CIP)数据

2014中国劳动力市场发展报告/赖德胜等著.—北京:北京师范大学出版社,2014.11
(当代中国发展报告)
ISBN 978-7-303-18116-2

Ⅰ.①2… Ⅱ.①赖… Ⅲ.①劳动力市场-研究报告-中国-2014 Ⅳ.① F249.212

中国版本图书馆CIP数据核字(2014)第243639号

营销中心电话	010-58802181 58805532
北师大出版社高等教育分社网	http://gaojiao.bnup.com
电子信箱	gaojiao@bnupg.com

2014 ZHONGGUO LAODONGLI SHICHANG
FAZHEN BAOGAO

出版发行:北京师范大学出版社 www.bnup.com
　　　　　北京新街口外大街19号
　　　　　邮政编码:100875
印　　刷:北京京师印务有限公司
经　　销:全国新华书店
开　　本:184 mm × 260 mm
印　　张:28
字　　数:539千字
版　　次:2014年11月第1版
印　　次:2014年11月第1次印刷
定　　价:85.00元

策划编辑:马洪立　胡廷兰	责任编辑:李洪波
美术编辑:王齐云	装帧设计:李尘工作室
责任校对:李　菡	责任印制:陈　涛